Dittmar/Rieck (Hrsg.)
William Labov: Sprache im sozialen Kontext

D1668906

Athenäum Taschenbücher
Linguistik

Norbert Dittmar · Bert-Olaf Rieck
(Hrsg.)

William Labov:
Sprache im sozialen Kontext

Eine Auswahl von Aufsätzen

Athenäum
1980

CIP-Kurztitelaufnahme der Deutschen Bibliothek

Labov, William:
[Sammlung (dt.)]
Sprache im sozialen Kontext / William Labov.
Norbert Dittmar ; Bert-Olaf Rieck (Hrsg.). –
Königstein/Ts. : Athenäum, 1980.
  (Athenäum-Taschenbücher ; 2151 : Sprachwiss.)
  ISBN 3-7610-2151-8

© 1980 Athenäum Verlag GmbH
Königstein/Ts.
Alle Rechte vorbehalten.
Ohne ausdrückliche Genehmigung des Verlags ist es auch
nicht gestattet, das Buch oder Teile daraus auf fotomechanischem
Wege (Fotokopie, Mikrokopie) zu vervielfältigen.
Gesamtherstellung Friedrich Pustet, Regensburg
Printed in Germany
ISBN 3-7610-2151-8

Inhalt

William Labov:
Vorwort zur Taschenbuchausgabe

Die vorliegende Sammlung meiner aus dem Englischen übersetzten Aufsätze gibt mir einen willkommenen Anlaß, mich direkt an jene deutschen Leser zu wenden, die sich für „das Studium der Sprache im sozialen Kontext" interessieren. Dies ist der Titel meines ersten Überblicksartikels, in dem ich die Art von Linguistik beschrieb, die ich die letzten fünfzehn Jahre über praktiziert habe. Der Aufsatz erschien in *Studium Generale* und wendete sich an europäische, insbesondere deutsche Leser. Leider war er in Englisch geschrieben und erreichte nur einen beschränkten Leserkreis. Dieses Buch hingegen ist ein wesentlicher und bedeutender Fortschritt im Gedankenaustausch zwischen amerikanischen und deutschen Linguisten, die ein gemeinsames Interesse an der Sprache, wie sie in der Alltagswelt gebraucht wird, haben. Norbert Dittmar, Bert-Olaf Rieck und allen anderen, die die Übersetzung und Herausgabe der für deutsche Leser relevanten Beiträge besorgt haben, gilt mein aufrichtiger Dank. Ich hoffe, daß mir das Buch dazu verhelfen wird, mehr über laufende Arbeiten im deutschen Raum zu erfahren.

Kontakte zwischen der amerikanischen und deutschen Linguistik hatten offenbar einen Tiefpunkt erreicht, als ich 1963 zum Fach stieß. Amerikanische Linguisten waren sich im allgemeinen der Tradition der historischen und vergleichenden Sprachwissenschaft des 19. Jahrhunderts bewußt; die relativ kleine Gruppe von Dialektologen nahm die laufende Forschung in Deutschland und in der Schweiz zur Kenntnis. Aber für die meisten amerikanischen Linguisten kam die Linguistik des 20. Jahrhunderts in Genf und Prag auf und wanderte dann nach Westen. Diese Einengung der nationalen linguistischen Horizonte ging Hand in Hand mit der Einengung der Sprachtheorie. Zu einem bestimmten Zeitpunkt wurde sogar die formale Elizitierung kontrastiver Daten zur Phonologie und Morphologie als das Hauptziel der Linguistik betrachtet, und alle anderen Bereiche wurden als nur nebensächlich eingestuft — einschließlich Phonetik, Semantik, Dialektologie und des sozialen Kontextes der Sprache. Sogar die historische Sprachwissenschaft wurde zu einem kleinen Winkel des theoretischen Gebäudes degradiert.

Neuere Strömungen haben zwar unsere Perspektive in mancher Hinsicht erweitert, verengten sie aber wieder in anderer Hinsicht. Die Belebung der strukturellen Linguistik durch den generativen Ansatz in der Syntax war ein beachtlicher Schritt nach vorn. Die Sprachtheorie öffnete sich, überwand die Barrieren, die die Linguistik von der Psychologie und Philosophie trennten, und durchkreuzte den Ozean bis zu kolonialen Vorposten der Sprachwissenschaft in der Alten Welt. Die formale Linguistik erweckte die Hoffnung, eine *Lingua Franca* zu werden, die die Verständigung unter Linguisten sehr verschiedener Orientierungen vorantreibt. Doch dieser hervorstechende Vorteil der syntaktischen Theorie wurde durch einen radikalen Rückgang von den akzeptierten Normen wissenschaftlicher Tätigkeit begleitet. So unwahrscheinlich das klingen mag, es wurde der Versuch gemacht, eine Allgemeine Sprachwissenschaft auf der Grundlage der individuellen Intuitionen der Theoretiker selbst zu entwickeln. Um diesen Rückzug von den objektiven Standards des Beobachtens und Experimentierens zu rechtfertigen, schufen Linguisten in den Vereinigten Staaten eine Reihe von *ad hoc*-Ideologien („Mentalismus" etc.) und formulierten damit eine weniger konsistente Version jenes Idealismus, den europäische Philosophen mehr als ein Jahrhundert vorher besser durchdacht hatten.

Dieser Rückzug auf eine strenge idealistische Position hatte zwei Konsequenzen: einerseits litt die formale Sprachtheorie unter erheblichen Schwankungen, andererseits wurde die Linguistik von den sozialen Belangen des Alltags isoliert — als Begleiterscheinung stellte sich in eine hohe Arbeitslosenquote unter Linguisten ein. Die Arbeiten in diesem Band stellen den Versuch dar, diese negativen Tendenzen umzukehren ohne dabei gleichzeitig die Fortschritte aufzugeben, die wir im Verständnis der Sprachstruktur durch formale Methoden erreicht haben.

Die Grundlage der sprachlichen Daten: Das Studium der Sprachgemeinschaft. Die Rückkehr zur Allgemeinen Sprachwissenschaft ließ sich bei meinen Untersuchungen von einem taktischen Zug leiten, einer Taktik allerdings, die einen wesentlichen Teil der allgemeinen Strategie ausmachte. Um über die flüchtigen und schwankenden Urteile von Informanten zur Korrektheit oder Grammatikalität hinauszugelangen, reichte die Beobachtung des Sprachgebrauchs allein nicht aus. Die inhärente Variation des Sprachgebrauchs ließ sich nur durch ein neues Prinzip der Belegbarkeit erfassen: die Verwendungsweise jeder einzelnen sprachlichen Form mußte innerhalb der geschlossenen Klasse aller möglichen Verwendungsweisen ermittelt werden. Dies wiederum erforderte es, die ganze Breite stilistischer Möglichkeiten zu erfassen, insbesondere den *Vernacular,* jene Form der Sprache, die Leute benutzen, wenn sie gerade nicht beobachtet werden. Das hier auftretende methodische Paradox konnte nur durch eine tiefere Kenntnis dessen gelöst werden, worüber Menschen im Alltag reden; es war also, um es allgemeiner zu fassen, die grundlegende soziolinguistische Frage zu klären: „Warum sagt jemand etwas?"

Linguisten begaben sich somit in die Sprachgemeinschaft; nicht als Gelehrte, Professoren oder Ermittlungsbeamte, sondern als Freunde und 'Schüler' jener, die sie aufsuchten, Die zunächst benutzten Methoden waren nicht weit entfernt von der Fragebogentechnik der traditionellen Dialektologen, aber nach und nach lernten wir, die Zwänge der formalen Interaktion zu durchbrechen, sozialen Interaktionsnetzen ('social networks') nachzugehen und den Sprachgebrauch unter Mitgliedern der Sprachgemeinschaft zu beobachten. Der unmittelbarste Nutzen wurde aus Untersuchungen einer solchen Sprachgemeinschaft mit Hilfe von Zufallsstichproben und individuellen Interviews gezogen. Neuerdings haben wir durch eine Kombination von Zufallsstichproben mit tiefgreifenden Untersuchungen von Wohnvierteln an weiterem Boden gewonnen. Solche zunächst in amerikanischen und englischen Stadtgemeinschaften durchgeführten Untersuchungen wurden auf Panama City (Cedergren 1973), Buenos Aires (Lavandera 1975), Paris (Lennig 1977), Belfast (J. und L. Milroy 1978) und Teheran (Modaressi 1978) übertragen[1]. Seither hat sich der Schwerpunkt der Untersuchungen von der Phonologie auf Morphologie, Syntax und Semantik verlagert.

----

1 H. Cedergren, *The interplay of social and linguistic factors in Panama.* Cornell University 1973. Unveröff. Diss.; B. Lavandera, *Linguistic structure and sociolinguistic conditioning in the use of verbal endings in si-clauses (Buenos Aires Spanish).* University of Pennsylvania 1978. Unveröff. Diss.; J. und L. Milroy, „Belfast: change and variation in an urban vernacular", in: P. Trudgill, Hg., *Sociolinguistic patterns in British English.* London 1978, 19 - 36; Y. Modaressi, *A sociolinguistic analysis of modern Persian.* University of Kansas 1978. Unveröff. Diss.

Im Laufe dieser Entwicklung ist eine Reihe wichtiger Initiativen von deutschen Linguisten ausgegangen. Ihre Arbeiten stellen nun einen beachtlichen Beitrag zur internationalen Bewegung mit der Perspektive einer empirisch orientierten, sozialpolitisch verantwortlichen, materialistischen Sprachwissenschaft dar. Unter ihnen war im großen und ganzen das Heidelberger Forschungsprojekt am einflußreichsten, obwohl Untersuchungen in Essen (Stölting 1975), Wuppertal (Meisel 1980), Berlin (Pfaff 1979, Quasthoff 1978) und Wien (Dressler, Leodolter und Chromec 1976) mittlerweile bekannt wurden[2]. Dennoch gibt es leider immer noch keine umfassende Einzeluntersuchung einer deutschen städtischen Sprachgemeinschaft. Die einzelnen Kapitel in diesem Buch unterstreichen die Tatsache, daß solche repräsentativen Erhebungen die Grundlage für die zuverlässigsten Rückschlüsse auf Sprachstruktur und Sprachwandel abgeben. Ich möchte hoffen, daß eine solche Untersuchung einmal in naher Zukunft durchgeführt wird und über das hinausgeht, was bisher über Sprachgemeinschaften herausgefunden wurde.

Fortschritte in der Beschreibung. Die quantitative Analyse linguistischer Strukturen geht von folgender, oben bereits erwähnter Überlegung aus: Man muß eine geschlossene Klasse, oder genauer: eine Algebra, aufstellen, die die Definition linguistischer Kategorien und ihrer Abgrenzungen ('boundaries') erlaubt. Einen allgemeingültigen Begriff von 'Abgrenzung' zu finden, bedeutet in der Allgemeinen Sprachwissenschaft einen Fortschritt. Die Theorie der distinktiven Merkmale – und in der Regel die gesamte formale Linguistik – setzt diskrete Kategorien als gegeben voraus. Der grundlegende Schritt bei empirischem Arbeiten besteht darin, die Art der Abgrenzung von bzw. des Übergangs zwischen Kategorien zu problematisieren: Es mag diskrete Abgrenzungen geben zwischen Nomen und Verb, Vokal und Halbvokal, statischem und Aktionsverb, Dialekt A und Dialekt B, Stil A und Stil B, aber wenn es solche diskreten Eigenschaften tatsächlich gibt, dann müssen sie nachgewiesen werden. Andererseits müssen wir auch in der Lage sein, nichtdiskrete Abgrenzungen, d.h. Übergänge, zu kennzeichnen, also jene Fälle, wo wir viele Zwischenwerte vorfinden. Wir suchen eine Theorie mit größerer Erklärungskraft, die die Sprachstrukturen nicht nur rein kategorisch betrachtet, sondern darüber hinaus das Ausmaß herauszufinden sucht, in dem die kontinuierliche Substanz der Welt kategorisiert ist, um schließlich vorauszusagen, wo wir mit diskreten und wo wir mit kontinuierlichen Abgrenzungen zu rechnen haben.

---

2 W. Stölting, „Wie die Ausländer sprechen: eine jugoslawische Familie", in: W. Klein, Hg., *Sprache ausländischer Arbeiter.* Göttingen 1975. (= Zeitschrift für Literaturwissenschaft und Linguistik, H. 18), 54 - 67; J. Meisel, „Linguistic simplification", in: S.W. Felix, Hg., *Second language development: trends and issues.* Tübingen 1980, 13 - 40; C. Pfaff, „Incipient creolization in ‚Gastarbeiterdeutsch'? An experimental sociolinguistic study", in: A. Valdman, Hg., *Studies in second language acquisition.* Rowley, Mass. 1979; W. Dressler, R. Leodolter und E. Chromec, „Phonologische Schnellsprechregeln in der Wiener Umgangssprache", in: W. Viereck, Hg., *Sprachliches Handeln – soziales Verhalten.* München 1976, 71 - 92; U. Quasthoff, „ Was ist Sprachsystem? Sprachtheoretische Überlegungen zum Verhältnis von Sprache und Sprechern", in: Dies., Hg., *Sprachstruktur – Sozialstruktur. Zur linguistischen Theoriebildung.* Königstein/Ts. 1978, 43 - 56.

Die in den hier übersetzten früheren Studien benutzten formalen Beschreibungsmittel reichten für erste Fortschritte in der Untersuchung von Sprachgemeinschaften aus. Dies gilt insbesondere für das soziale Bedingungsgefüge sprachlichen Verhaltens. Der mehrdimensionale Charakter der sprachinternen Umgebungen machte jedoch bald die Anwendung multivariater Verfahren unumgänglich. David Sankoff hat eine Reihe probabilistischer Modelle sprachlicher Variation ausgearbeitet und praktische Hilfsmittel zur Verfügung gestellt. Die einschlägigen Arbeiten in diesem Band haben es mit Variation in der Form zu tun: es handelt sich um alternative Wege, dasselbe zu sagen. Im Unterschied dazu ist das Heidelberger Forschungsprojekt zur Untersuchung syntaktischer Konstituentenstrukturen übergegangen. Hier handelt es sich natürlich, das läßt sich nicht vermeiden, um Variation in dem, was gesagt wird. Bei der Untersuchung des Zweitspracherwerbs von Erwachsenen hat man jedoch den Vorteil, daß die kognitiven Fähigkeiten mehr oder weniger konstant gehalten werden können. Untersucht man dagegen den Erst- oder Zweitspracherwerb von Kindern, ist man mit einem schwierigeren Problem konfrontiert: Kinder entwickeln ihre kognitiven Fähigkeiten Hand in Hand mit den syntaktischen. Die Aufgabe, diese zwei Prozesse auseinanderzuhalten, ist sicher eine der größten Herausforderungen für die empirische Untersuchung der Sprache. Wenn es überhaupt einen Bereich gibt, für den die Analyse von Variation gewinnbringend zu sein verspricht, so ist es die Untersuchung der Erlernung syntaktischer Strukturen. Hier hoffe ich, daß die für die Beschreibung des Zweitspracherwerbs von Erwachsenen entwickelten quantitativen Techniken nun auch in Untersuchungen zum Spracherwerb von Kindern Anwendung finden. Hier wirkt sich eine enge Verbindung zwischen den Erkenntnissen der formalen Linguistik und den Ergebnissen von Untersuchungen zur Variation als besonders fruchtbar aus. Unter meinen eigenen quantitativen Untersuchungen ist die Beschreibung des Erwerbs der Inversion bei Fragen vielleicht am besten gelungen. Meine Frau und ich haben die allmähliche Entwicklung transformationeller Relationen zwischen Frage- und Aussagesatz und die Zusammenfassung einzelner Phrasenstrukturregeln zu einem komplexen Regelschema, das dem Erwachsenensystem nahesteht, verfolgt.

Der Bezug zur historischen Sprachwissenschaft. Von Anfang an hatten meine Arbeiten einen sehr engen Bezug zur historischen Sprachwissenschaft und zur Theorie des Sprachwandels. Hier sieht man auch am deutlichsten, wie sich die Ideen Uriel Weinreichs auf mein Denken und meine Arbeitsmethoden ausgewirkt haben. Historische Sprachwissenschaftler haben Weinreichs Überlegungen zu einer Theorie des Sprachwandels mit Recht als eine Aufforderung zur Umorientierung des Gebietes auf die Untersuchung „geordneter Variation" aufgefaßt. (Der erste Teil von Weinreich, Labov und Herzog (1968) ist im wesentlichen Weinreichs Beitrag). Seitdem habe ich kontinuierlich weiter daran gearbeitet, eine Verbindung zwischen dem Studium des Sprachgebrauchs im Alltag und dem langen Prozeß der Sprachentwicklung über die Jahrhunderte wiederherzustellen.

Die Untersuchung des fortschreitenden Sprachwandels ist daher ein wiederkehrendes Thema dieser Aufsatzsammlung. Die Gegenwart wird herangezogen, um Licht in die Vergangenheit zu bringen, und die Vergangenheit wiederum wird benutzt, um die Gegenwart aufzuklären. Diese enge Beziehung zwischen historischer Sprachwissenschaft und synchroner Beschreibung wurde mit größtem

Nachdruck von C.J. Bailey (1971) [3] gefordert, der darauf bestand, daß es in der Vergangenheit keine wesentliche Trennung zwischen diesen beiden Zweigen der Linguistik gegeben hat und es auch in Zukunft nicht geben sollte. Ohne technische Hilfsmittel wie z.B. die multivariate Analyse entwickelte Bailey das Wellenmodell ('wave model'), das den engen Zusammenhang zwischen phonetischer Substanz, strukturellen Kräften und dem fortschreitenden Wandel reflektiert. Ein ähnlicher Weg der Verbindung diachroner und synchroner Beschreibung wurde von Dressler und seinen Mitarbeitern in Wien eingeschlagen. Solch eine Verbindung der historischen mit der synchronen Betrachtungsweise könnte für die zukünftige Entwicklung der deutschen Linguistik charakteristisch werden; dies hätte sicher beträchtliche Auswirkungen auf die Zukunft der Sprachwissenschaft insgesamt. Man muß sich nur klar machen, daß es keine einfache Aufgabe ist, fortschreitendem Sprachwandel auf die Spur zu kommen. Die Richtung des Wandels kann nicht unmittelbar aus dem Einblick in synchrone Strukturen geschlossen werden. Im Lichte der Beobachtungen zurückliegender Veränderungsprozesse und ihrer Variation über viele Jahrhunderte ist es möglich, Schlußfolgerungen aus der Analyse synchroner Daten zu ziehen; allerdings sind diese von der Realität ebenso entfernt wie andere abstrakte Überlegungen.

Daß Sprachdaten von lebenden Sprachen herangezogen werden sollten , ist in der deutschen Sprachwissenschaft nichts Neues. Die Junggrammatiker entfremdeten sich zwar letzten Endes von der Dialektologie aufgrund ihrer Unfähigkeit, mit den Fakten der Variation fertig werden zu können. Aber zunächst einmal stellten sie genau das Programm auf, dem wir heute zu folgen suchen. In der Einleitung zu den *Morphologischen Untersuchungen,* in der die Hypothese der Junggrammatiker zur Regelhaftigkeit des Lautwandels aufgestellt wurde, entwickelten Osthoff und Brugmann eine allgemeine Vorstellung davon, wie man überhaupt Sprachwissenschaft betreiben soll:

> „nur derjenige vergleichende sprachforscher, welcher aus dem hypothesentrüben dunstkreis der werkstätte, in der man die indogermanischen grundformen schmiedet, einmal heraustritt in die klare luft der greifbaren wirklichkeit und gegenwart, um hier sich belehrung zu holen über das, was ihn die graue theorie nimmer erkennen läßt, und nur derjenige, welcher sich für immer lossagt von jener ... forschungsweise, nach der man die sprache nur a u f d e m p a p i e r betrachtet, alles in terminologie, formelwesen und grammatischen schematismus aufgehen läßt und das wesen der erscheinungen immer schon dann ergründet zu haben glaubt, wenn man einen n a m e n für die sache ausfindig gemacht hat: nur der kann zu einer richtigen vorstellung von der lebens- und umbildungsweise der sprachformen gelangen ..." (Osthoff und Brugmann 1878: IX f.)

Der soziale Bezug. Der Nutzen der Sprachwissenschaft kann genauso wenig für selbstverständlich gelten wie die Behauptung, daß sprachliche Abgrenzungen diskret sind. Linguisten, die im guten Glauben versucht haben, ihre Kenntnisse in die Praxis umzusetzen, wurden oft enttäuscht und desillusioniert – beim Unterrichten von Fremdsprachen oder bei Versuchen, den Schulunterricht zu verbessern oder automatische Übersetzungen durchzuführen.

Wer glaubt, daß Wissen schon für sich genommen eine gute Sache ist, wird früher oder später unsanft erwachen. Sprachwissenschaft kann nur mit Hilfe po-

---

3 *Variation and language theory.* Center for Applied Linguistics. Washington, D.C. 1971.

litischer und akademischer Verbündeter von Nutzen sein. Und wenn die Sprachwissenschaft den ihr zustehenden Platz in der sozialen Ordnung der Dinge ausfüllen soll, wird das nicht dadurch geschehen können, daß Linguisten der Gesellschaft Geschenke machen, sondern eher dadurch, daß die schätzen lernen, was die Gesellschaft ihnen zu sagen hat.

Einige Beiträge in diesem Band sind Untersuchungen zum Black English Vernacular (BEV) in Harlem. Sie wurden mit dem Ziel durchgeführt zu prüfen, ob Dialektunterschiede zur Erklärung von Leseversagen beitragen können. Wir wissen jetzt eine ganze Menge über diesen Dialekt; das BEV ist vielleicht besser erforscht als jeder andere Nicht-Standard-Dialekt in der Welt. Aber für die Jugendlichen in Harlem, deren Sprachverhalten wir 1968 untersuchten, sprang dabei nichts heraus. Die meisten sind arbeitslos, viele wurden festgenommen, sitzen in Gefängnissen oder nehmen Rauschgift. Schulische Ausbildung und Lesefähigkeit werden sogar immer schlechter. Aber seit 1968 sind diejenigen, die an diesen Untersuchungen mitgearbeitet haben, beruflich vorangekommen, sie haben bessere Stellen und höhere Gehälter. Wir, die Forscher, haben also unsere Lage verbessert; sie, die Untersuchten, sind leer ausgegangen.

Was kann man denn nun tun, um die unvermeidliche Ausbeutung anderer zu verhindern? Ein Prinzip sollten wir auf jeden Fall beachten. Der Linguist, der Daten von Mitgliedern aus der Sprachgemeinschaft benutzt, steht in der Schuld der Betroffenen — sie sollte, wann irgend möglich, beglichen werden. Das Heidelberger Forschungsprojekt war sich dieses Prinzips voll bewußt. Obwohl es das erklärte Ziel der Gruppe war, die Probleme der ausländischen Arbeiter beim Erlernen des Deutschen zu untersuchen, sah sie hierin nicht die einzige Möglichkeit, die Schuld, in der sie bei den Informanten stand, abzutragen. Aufgrund ihrer engen sozialen Kontakte zu den spanischen und italienischen Arbeitern waren die Mitglieder der Gruppe in der Lage, ein soziales Leben in der Sprachgemeinschaft zu stimulieren und zu fördern, das zuvor nicht bestanden hatte. Die kurze Zeit, die ich in Heidelberg verbrachte, überzeugte mich davon, daß soziales Bewußtsein und linguistische Forschung in Deutschland weniger stark auseinanderklafften als sonstwo in der Welt.

In den Vereinigten Staaten ist es schon Tradition, daß die unterdrückte Klasse von den meisten Bereichen technischen Wissens ebenso ausgeschlossen ist wie von politischer und ökonomischer Macht. Ein besonders wirkungsvoller Beitrag zum Studium des Black English ist unser Bemühen, schwarze Studenten in die Linguistik einzubeziehen und auszubilden. Insbesondere mein Aufsatz „Die Logik des Nonstandard English" (1970a) war in dieser Hinsicht eine Hilfestellung und übte mehr Einfluss aus als alles andere, das ich geschrieben habe. Seit 1970 sind viele junge schwarze Studenten zur Linguistik gestoßen und haben bedeutende Beiträge zu unserem historischen und strukturellen Wissen über das BEV geleistet. Vor kurzem haben schwarze Linguisten und Rechtsanwälte die Initiative ergriffen, mit unserem Wissen über die Sprache auf die tiefgreifenden Schulprobleme in der schwarzen Sprachgemeinschaft Einfluss zu nehmen. In Ann Arbor, Michigan, wurde die Erziehungsbehörde im Namen von elf schwarzen Kindern wegen Nichtbeachtung der sprachlichen Unterschiede zwischen dem BEV und dem Standardenglischen der Schulen verklagt. Geneva Smitherman, eine schwarze Linguistin, und Kenneth Lewis, ein schwarzer Rechtsanwalt, arbeiteten erfolgreich bei der Durchführung eines Gerichtsverfahrens zusammen und gewannen den Prozeß, der nun als Präzedenzfall in den

Vereinigten Staaten gilt. Die Schulen sind nun rechtlich verpflichtet, auf die Kenntnisse des Black English zurückzugreifen, damit Kinder, die BEV sprechen, besser lesen lernen können. Mir kam in diesem Prozess die Ehre zu, als Sachverständiger auszusagen. So hat schließlich die Forschung, die ich 1965 begann, als Untersuchungsergebnis Eingang in die Rechtsprechung gefunden. Aber ich will noch einmal unterstreichen, daß die Forschung allein diese Wirkung nicht erzielt hätte. Eher ist es die Tatsache, daß die schwarze Sprachgemeinschaft Kenntnisse erworben hat, die dazu benutzt werden können, sozialen Wandel voranzutreiben.

Es gibt Wissenschaftler, die bezweifeln, daß Linguisten in sozialen und politischen Fragen Stellung beziehen können, ohne die Objektivität zu verlieren, die für ihre Arbeit notwendig ist. Wichtige Fragen müssen hier geklärt werden, denn es handelt sich nicht um ein einfaches Problem. Im vielleicht besten Falle kann der Linguist als Sachverständiger aussagen und offensiv argumentieren, wenn er alle Linguisten hinter sich hat. Wenn man über eine wissenschaftliche Fragestellung in einem Gebiet Übereinstimmung erzielt hat, hat man der Gesellschaft tatsächlich etwas zu sagen, und man kann dies dann mit größtem Nachdruck tun. Solche Übereinstimmung können wir natürlich nur erreichen, wenn wir uns zuerst mit unseren Kollegen verständigen, Ergebnisse vorlegen, die sie als objektiv erkennen können, und ebenso den Ergebnissen, die sie erarbeitet haben, volle Beachtung schenken. Vor fünfzehn Jahren gehörte die Struktur des Black English zu den umstrittensten Themen in der Linguistik. Heute halten wir den kreolischen Ursprung des Black English mittlerweile für erwiesen. Wir halten es für ebenso erwiesen, daß irische und englische Dialekte das BEV stark beeinflußt haben, daß das Englische von Schwarzen und Weißen im Süden der USA sich über mehrere Jahrhunderte gegenseitig durchdrungen hat, und schließlich, daß es einen langen Prozess der Dekreolisierung durchlaufen hat. Dies ist ein Ergebnis ständiger Kommunikation unter den betroffenen Linguisten. So kam es zu allmählicher Übereinstimmung, und als eine Folge davon konnte das Bundesland Michigan keine angesehenen Sachverständigen finden, die in der Lage waren, eine gegenteilige Ansicht zu vertreten.

Die Linguisten, die die Untersuchung der Sprache im deutschen Raum vorangetrieben haben, sind zu einem noch stärkeren Engagement für die Anwendung ihrer Wissenschaft übergegangen. Mit einigem Recht läßt sich annehmen, daß sich dieses Engagement auf zukünftige sprachwissenschaftliche Untersuchungen derjenigen Linguisten positiv auswirken wird, die mehr daran interessiert sind, ein Problem zu lösen als nur zu diskutieren. Ein solches ernsthaftes Engagement wird langfristig dazu beitragen, die Linguistik mit der Alltagswirklichkeit in Kontakt zu bringen, wo wir keine andere Wahl haben, als die Dinge zu beschreiben, wie sie sind, anstatt sie so zu sehen, wie wir es gerne wollen. Es wäre mir eine Genugtuung, wenn diese frühen Untersuchungen zur Sprachgemeinschaft diesem Ziel gedient hätten.

Übersetzt von den Herausgebern

Einleitung der Herausgeber

1

Was charakterisiert ein soziolinguistisches Paradigma der Erforschung von Sprache im sozialen Kontext? Auf diese Frage gibt es seit den Junggrammatikern zahlreiche Antworten. Die meisten fallen programmatisch und spekulativ aus. Hieraus erklärt sich, daß die Auseinandersetzungen um den sozialen Charakter der Sprache häufig mit ideologischer Schärfe geführt wurden. Es kann als das Verdienst Labovs gelten, daß er die 'soziale Bedeutung' für Teilstrukturen sprachlicher Varietäten *explizit*, d. h. methodisch kontrolliert, nachgewiesen hat. Da künftige soziolinguistische Arbeiten sich mit den Grundsätzen des Labovschen Ansatzes auseinanderzusetzen haben werden, sollen ihre theoretischen und empirischen Beschreibungs- und Erklärungsprinzipien im folgenden kurz umrissen werden.

Eine adäquate Sprachtheorie setzt nach Labov die Berücksichtigung sprachlicher Variation von Anbeginn an voraus:

1. Sprache und Sprachgemeinschaft sind grundsätzlich *heterogen*. Die Fähigkeit von Sprechern/Hörern zur Beherrschung heterogener Strukturen ist integrierter Bestandteil einer zugrundeliegenden Sprachkompetenz. Variation sichert die Funktionalität der Sprache und ihre kommunikative Flexibilität. Ihr Verlust oder Fehlen führt zu empfindlichen Störungen der Kommunikation.

2. Sprachvariation und *Sprachwandel* stehen in einem engen kausalen Zusammenhang. Entstehen, Ausbreiten und Verschwinden von Variation bedingen sprachlichen Wandel; die ihn im Spannungsverhältnis von Individuum und Gesellschaft vorantreibenden Mechanismen sind in einer Sprachtheorie zu erklären. Ähnliches gilt für den *Spracherwerb*: Die Entwicklungsstadien der Aneignung von Sprache durch das Kind auf der Folie der Interaktion genetischer, individueller und Umweltbedingungen sind in ihrem *dynamischen* Charakter zu erfassen.

3. Eine Sprachtheorie muß zwei Grundzüge der Sprache erfassen: a) die *Regelmäßigkeit ihrer manifesten alltäglichen Verwendung* und b) die *Regularitäten* des in ihr gespeicherten impliziten *sprachlichen Wissens*, die das Hervorbringen und Interpretieren sprachlicher Äußerungen steuern. Daher müssen bei Sprachbeschreibungen *Beobachtung* von Äußerungen ('äußerer' Aspekt) und *Intuition* für ihr Verstehen ('innerer' Aspekt) koordiniert und sorgfältig kontrolliert werden. Denn einerseits ist keine linguistische Analyse möglich ohne das Verstehen der *Bedeutung* von Äußerungen, andererseits müssen wir den grundsätzlichen Unterschied beachten zwischen dem, was jemand sagt, daß er sprachlich tue, und dem, was er sprachlich tatsächlich tut.

4. Evolution, Variation und Wandel von Sprache als flexiblem Medium der Kommunikation können langfristig und befriedigend nur durch die Berücksichtigung *außersprachlicher Faktoren* erklärt werden. In diesem Sinne ist Sprache eine *abhängige* Variable.

5. Eine adäquate Sprachtheorie kann sich nur in einem fruchtbaren Spannungsverhältnis von wissenschaftlicher Idealisierung und schonungsloser empirischer Kontrolle der vorgenommenen Idealisierungen entwickeln. Zwar nimmt die formale Präzision der Beschreibung proportional zur Einschränkung der Ana-

lyse auf wenige sprachliche Fakten zu, doch gilt andererseits: *„je mehr über eine Sprache bekannt ist, umso mehr können wir über sie herausfinden "*[1]. Diese Grundsätze haben sich in der Entwicklung einer linguistischen Methodologie niedergeschlagen, die sich in zahlreichen Untersuchungen als anwendbar und fruchtbar erwiesen hat. Da jene Sprache beschrieben werden soll, die in möglichst natürlichen (unbeobachteten) Situationen gesprochen wird, ein Erkenntnisfortschritt diesbezüglich jedoch nur durch systematische Beobachtungen möglich ist, muß die stilistische Variation sprachlicher Äußerungen je nach dem Grad der Formalität − Informalität der Sprechsituation kontrolliert werden. Variation in diesem Sinne hat *stilistische Bedeutung*. Stilistische Bedeutung ist von *sozialer* (schicht-, geschlechts-, alters-, gruppenspezifischer, ethnischer etc.) *Bedeutung* zu unterscheiden. Erstere ist eine unmittelbare Funktion der Sprechsituation, letztere eine Funktion des soziokulturellen und biographischen Hintergrundes der Sprecher. So haben Varianten unterschiedliche außersprachliche Bedeutung. Allerdings erfolgt ihre Ermittlung nach den gleichen Prinzipien: *Per definitionem* ist festgelegt, daß nur jene sprachlichen Teilstrukturen außersprachliche Bedeutung tragen, die auf das *Gleiche referieren*, d. h. die gleiche sprachliche 'Bedeutung' haben, bzw. − nach einer noch strengeren Bedingung − die *gleiche Distribution* haben. Die neuere Variationsforschung bezeichnet dies als das *Postulat der funktionellen Äquivalenz*. Untersucht wird also die Variation einer wohldefinierten, semantisch invarianten *Form*, die durch außersprachliche Faktoren determiniert ist. Diese Form nennt Labov *linguistische Variable*.Die relative Häufigkeit ihrer Varianten im Verhältnis zu ihrem Gesamtvorkommen wird quantitativ ermittelt. Regeln, die die unterschiedliche Gewichtung von Varianten einer Form relativ zu außersprachlichen Faktoren spezifizieren, werden *variable Regeln* genannt. Der Grenzfall der variablen Regeln sind *kategorische Regeln*, also solche, die keine Variation aufweisen, weil sie *immer* oder *nie* zur Anwendung gelangen. Kategorische und variable Regeln sollen Homogenität und Heterogenität von Sprachgemeinschaften ausgrenzen.

Die von Labov in die Linguistik eingeführte Theorie der variablen Regeln legt fest, daß die quantitativen Regelbewertungen als Funktion außersprachlicher Faktoren zu betrachten sind, die unabhängig von den linguistischen Beschreibungen definiert sind. Die unabhängig voneinander definierten und operationalisierten Datenmengen werden derart in Beziehung gesetzt, daß die sprachlichen als von den außersprachlichen abhängig gelten. Der Koeffizient dieser Beziehung drückt die Qualität bzw. 'Stärke' der Korrelation aus.

Das Labovsche Konzept der 'sozialen Bedeutung' von Sprache impliziert Positionen, die gegenwärtig in der Soziolinguistik kritisch diskutiert werden. Vorhandene linguistische Beschreibungsmodelle, im Falle Labovs die generative Transformationsgrammatik, werden übernommen und nur um eine probabilistische Komponente erweitert, die semantisch identischen Varianten der Form Rechnung trägt. Präzisiert wird dadurch z. B. das Konzept der 'optionalen Regel', im übrigen wird zu dem Beschreibungsmodell selbst weder ein origineller noch ein genuin soziolinguistischer Beitrag geleistet. Dies wird aus unterschied-

---

1 Labov 1970b; dt. Übersetzung 1972: 140

lichen Perspektiven von Hymes (1979) und Kay/McDaniel (1979)[2] kritisiert. Das für die Beschreibung von Variation von Labov formulierte *Vergleichbarkeitskriterium* der funktionellen Äquivalenz hat einerseits den Vorteil, daß es methodisch eindeutig kontrollierbar ist, andererseits schränkt es die Untersuchung der 'sozialen Bedeutung' von Varietäten auf die 'unteren' Ebenen der linguistischen Beschreibung ein, also Phonologie, Morphologie und Syntax. Eine solche Einschränkung der Soziolinguistik, die sie vor allem auf eine Übernahme von für andere Zwecke geschaffenen linguistischen Beschreibungsmodellen verpflichten würde, gilt es nach Lavandera (1978, 1979)[3] zu überwinden. Hiermit soll angedeutet sein, daß Labov eine methodische Basis für die Analyse von Variation geschaffen hat. Die weitere Entwicklung ist offen.

Mit Hilfe der in der Grammatik formulierten soziolinguistischen Regeln können Aussagen über die in einer Sprachgemeinschaft geltenden *Normen* gemacht werden. Diese sind nun nicht mit den objektiv beschriebenen, relativ zu sozialen Faktoren variierenden Differenzierungen gleichzusetzen, sondern als subjektive und soziale Bewertungen aufzufassen, die die Einstellungen der Sprecher zu den vorhandenen sprachlichen Differenzierungen reflektieren. In diesem Sinne unterscheidet Labov Beschreibung, Bedeutung und Bewertung von Variation. Die Beschreibung liefert eine Klassifikation sprachlicher Zustände in ihrer manifesten Variation. Ihre Bedeutung wird durch außersprachliche Faktoren expliziert. Ihre Bewertung durch Sprecher schafft einen Zugang zu den *Normen* und *sprachlichen Handlungsmaximen* einer Sprachgemeinschaft, von denen sich ihre Sprecher leiten lassen und die das gemeinsam geteilte Wissen darüber repräsentieren, welchen sozialen 'Platz' oder 'Wert' eine gegebene Variante auf dem 'Markt' des sprachlichen Prestiges hat. In einem ersten Schritt beschreibt Labov somit *manifeste* sozialbedingte Variation, in einem zweiten ihre *latente* Bedeutung, d.h. er sucht mit Hilfe von Einstellungsmessungen herauszufinden, welche normativen Maximen der beobachteten sprachlichen Differenzierung entsprechen.

Die subjektiven Korrelate objektiver sprachlicher Differenzierung, ihre latente Bedeutung, können dem oben erwähnten sprachlichen Wissen zugerechnet werden, das für den Sprecher/Hörer handlungsleitende Funktion hat. Ganz zu Unrecht wurde Labov des öfteren kritisch unterstellt (z.B. in Wunderlich 1972)[4], daß er die handlungskonstituierende Rolle des sprachlichen Wissens bei der Produktion und Interpretation von Äußerungen unberücksichtigt lasse. Sowohl die Kapitel 8 und 9 dieses Bandes als auch Labov/Fanshel (1977) widerlegen dies. Die kohärente Organisation von Sprechereignissen in verbalen Interaktionen verlangt ein komplexes sprachliches Wissen, das der Oberflächenform der Äußerungen implizit ist, aus ihr nur indirekt erschlossen werden kann und auf seine in-

---

2 Dell Hymes,*Soziolinguistik*. Zur Ethnographie der Kommunikation. Frankfurt am Main 1979; Kay, Paul und Chad D. McDaniel, ,,On the logic of variable rules'', in: *Language in Society* 8, 1979: 151-187.

3 Lavandera, Beatriz, ,,Where does the sociolinguistic variable stop?'', in: *Language in Society* 7, 1978: 171-182; dies., ,,Le principe de la réinterprétation dans la théorie de la variation'', in: N. Dittmar und B. Schlieben-Lange. Hgg., *La sociolinguistique dans les pays de langues romanes,*Tübingen, 1980.

4 Wunderlich, Dieter, ,,Zum Status der Soziolinguistik'' in W. Klein/D. Wunderlich, Hgg., *Aspekte der Soziolinguistik*, Frankfurt/M., 1972: 309-333

teraktive Bedeutung konstituierende Funktion zu untersuchen ist. Die kohärente textspezifische Verkettung von Sätzen durch Proformen, Anaphora, Kataphora, deiktische Ausdrücke, Thema-Rhema, semantische Kontiguität etc. stellt nur einen Teil dieses Wissens, nämlich des grammatischen, dar. Wesentlich komplizierter sind die Bedeutungsrelationen zwischen Sprechakten. Hier ist eine möglichst erschöpfende Sinnrekonstruktion zu leisten (vgl. Labov/Fanshel 1977). Labov zeigt, daß für eine solche Aufgabe das Searle'sche Konzept der Beschreibung von Sprechakten unzureichend ist. Zunächst einmal müssen Sprechaktregeln *interaktive Bedeutung* beschreiben. Sie müssen also die Bedingungen angeben, die das konventionelle Verständnis eines Sprechaktes unter Berücksichtigung der sozialen Situation, der Interaktionsbeziehung, der Rechte und Pflichten der Interaktanten etc. explizieren. Er weist weiter nach, daß jeder Sprechakt ein verbales Vor- und Nachfeld hat. Wird dies bei der Bestimmung der interaktiven Bedeutung von Sprechakten berücksichtigt, muß man Labovs Auffassung zustimmen, daß Sprechaktregeln hierarchisch zur Anwendung gelangen können: einen gewissen verbalen und situativen Kontext vorausgesetzt, kann ein Sprechakt zunächst eine *Frage,* auf einer höheren Ebene des Handlungskontextes eine *Aufforderung* und schließlich sogar eine *Herausforderung* sein (bei Searle dagegen wird einem Sprechakt eine Regel zugeordnet). Die bei der verbalen Interaktion zur Anwendung gelangenden Regeln sind also komplex. Bevor man dazu übergehen kann, ihr Vorkommen und ihre Variabilität in der Sprachgemeinschaft zu erfassen, muß man die invarianten Prinzipien herausfinden, die den Zusammenhang herstellen zwischen dem, was gesagt wird, und dem, was getan wird. Neuere Untersuchungen Labovs zielen darauf ab, jenes regelhafte Wissen der Interaktionsteilnehmer in Diskursen zu isolieren, das gemeinsam geteilt wird und dazu führt, daß Sprechaktfolgen als kohärente Sprechereignisse verstanden werden.

Das von Labov geprägte Paradigma soziolinguistischer Forschung hat somit zwei Komponenten: eine *quantitative*, in der die soziale Bedeutung wohldefinierter linguistischer Variablen ermittelt wird, und eine *qualitative*, in der es die invarianten Regeln herauszufinden gilt, die in natürlichen verbalen Interaktionen das Gesagte und Gemeinte mit Handlungen koordinieren. Das beide Verbindende ist die *empirische Arbeitsweise:* Regeln — welcher Art auch immer — sind durch *Datenmaterial* (Beobachtungen, Tonbandaufzeichnungen, Protokolle, etc) zu *belegen*, denn: „Methodologie... wird zum ersten Mal zur Notwendigkeit, wenn fortgesetzte Untersuchungen mehrere konkurrierende Theorien hervorbringen und wir herausfinden müssen, welche die richtige ist... Das Ziel der Linguistik muß die *Möglichkeit richtiger Aussagen* sein" (S. 2 in diesem Band).

2

An den Arbeiten William Labovs fällt ein für die Linguistik nicht gewöhnlicher Empiriebezug auf. Seine Hinwendung zur Empirie, die von dem Vertrauen auf die Intuition des Linguisten wegführt zur vielseitigen Feldforschung als der eigentlichen Aufgabe der Linguistik, ist aus biographischen Umständen und seinem wissenschaftlichen Werdegang erklärbar.

Labov hat zunächst Chemie studiert, war als Chemiker tätig und hat sich erst dann der Linguistik zugewandt. Die insgesamt zehnjährige Tätigkeit als Naturwissenschaftler in der Industrie hat seine Einstellung gegenüber der Linguistik offensichtlich mitgeprägt. Als er 1961 das Studium der Linguistik begann, trat er es entsprechend seinen Erfahrungen außerhalb der Institution Universität nach seinen eigenen Worten mit der Intention an, „Daten in der profanen Welt (des Alltags) zu erheben" (1972a: XIII). Obwohl ihn, so schreibt er am gleichen Ort, „eine einfache Durchsicht der Literatur davon hätte überzeugen können (...), daß es für solche empirischen Prinzipien in der Linguistik keinen Platz gab", ließ er sich nicht davon abhalten, die „vielen ideologischen Barrieren gegenüber dem Studium der Sprache im Alltag" zu überwinden.

Zwischen 1961 und 1965 entstanden seine beiden ersten großen empirischen Arbeiten: die Magisterarbeit „The Social Motivation of a Sound Change" (1963) und die Dissertation „The Social Stratification of English in New York City" (1966a). Sie behandeln die Variation phonologischer Variablen, deren soziale Bedeutung durch Korrelation mit außerlinguistischen Parametern sowie mit Hilfe von Bewertungstests bestimmt wird. Diese erste Phase wissenschaftlicher Tätigkeit Labovs ist gekennzeichnet durch die Weiterentwicklung von Methoden, die in der traditionellen Dialektologie sowie bei der Erforschung von Sprachen im Kontakt angewandt wurden. Tatsächlich lehnen sich Labovs erste Arbeiten an die durch Forscher wie Kurath und McDavid repräsentierte amerikanische Dialektologie an (siehe auch 1972c). Als seinen eigentlichen Lehrer bezeichnet Labov jedoch den früh verstorbenen Uriel Weinreich. Die von Weinreich geforderte Untersuchung der Rolle der sozio-kulturellen Situation im Hinblick auf die Ausbreitung und das Verschwinden sprachlicher Varietäten sowie der Kongruenz linguistischer und sozio-kultureller Differenzen[5] wurde von Labov empirisch in Angriff genommen. Die theoretischen Erkenntnisse Weinreichs und die empirischen Ergebnisse der ersten Untersuchungen Labovs sind organisch eingegangen in den für die Theorie der Sprachveränderung zentralen Aufsatz „Empirical Foundations for a Theory of Language Change" (Weinreich/Labov/Herzog 1968). Labov schildert den Einfluß, den Weinreich auf seinen wissenschaftlichen Werdegang und seine Arbeiten ausgeübt hat, in der Einleitung zu *Sociolinguistic Patterns* (1972a: XIV f.) so:

„Es ist mir unmöglich, den Anteil einzuschätzen, den Uriel Weinreich zu den hier dargestellten Untersuchungen beigetragen hat. Ich lernte von ihm in Seminaren über Syntax, Semantik, Dialektologie und Geschichte der Linguistik; er betreute die Arbeit über Martha's Vineyard, meine Magisterarbeit, und die Studie über New York, meine Dissertation. Im Zusammenhang mit diesen Arbeiten brachte er jedoch nicht seine eigene Auffassung und seine direkten Anregungen bezüglich des Weges, der einzuschlagen war, in den Vordergrund. Vielmehr mit Vorsicht, Zurückhaltung und durch sein Beispiel half er mir, die eigenen Projekte in die erfolgsversprechendsten Bahnen zu leiten. Weinreich besaß eine außerordentliche Fähigkeit, in der Linguistik anzuleiten; er selber unternahm selten einen falschen Schritt in seinen Forschungsprojekten (...). Vor kurzem hatte ich die Gelegenheit, einige von Weinreichs unveröffentlichten Skizzen und Projekten zum Multilingualismus und zur sozialen Variation in der Sprachgemeinschaft zu lesen; ich fand, daß sein Denken mein eigenes um viele Jahre antizipiert hatte und zweifellos eine größere Rolle in den hier berichteten Resultaten spielt als in sichtbaren Zitaten zum Ausdruck kommen mag. Mehr als aus irgendetwas

----

5 Siehe Uriel Weinreich, *Languages in Contact*. New York 1953 und ders., „Is a Structural Dialectology Possible?", in *Word* 14 (1954), 388-400.

anderem zog ich Gewinn aus Weinreichs fester Überzeugung, daß wir uns beständig in jene Richtung bewegten, der eine rationale und realistische Linguistik
zwangsläufig folgen muß."

Die zweite Phase der Forschungstätigkeit Labovs ist durch die Durchführung
eines größeren Projektes zur Erforschung von Nonstandard-Varietäten in New
York bestimmt. Zwischen 1965 und 1968 untersuchte er mit Mitarbeitern insbesondere das in Gettobezirken gesprochene *Black English* (Labov/Cohen/
Robins/Lewis 1968). Die Ergebnisse dieses Projektes zeigen eine deutliche Verfeinerung und Weiterentwicklung seiner bisher angewandten Methoden in mehrfacher Hinsicht. Die Originalität der Erhebungsmethoden ist ebenso hervorzuheben wie die gelungene theoretische Fundierung der Beschreibung sprachlicher
Variation. Über die Beschreibung phonologischer Variation hinaus untersuchte
Labov syntaktische Variabilität, führte eine Anzahl verschiedener Bewertungstests hinsichtlich der soziolinguistisch beschriebenen Varianten durch und bezog
auch funktionale Aspekte der Sprachverwendung in die Analyse mit ein, insbesondere ritueller Sprechakte und narrativer Strukturen. Was die Feldtechniken betrifft, so sind Einzelinterviews in der Untersuchung in Central Harlem
nur *eine* unter mehreren Elizitierungstechniken. Zur Erhebung von Daten
natürlichen Sprachverhaltens, die Labov ein zentrales Anliegen als Voraussetzung für die Beschreibung des *zugrundeliegenden* Sprachsystems ist, bedien-
ten er und seine Mitarbeiter sich der langfristigen teilnehmenden Beobachtung,
die zur Untersuchung von Alltagsroutinen insbesondere von Ethnomethodologen
entwickelt worden ist[6]. Die komplementäre Anwendung ethnomethodologischer
Untersuchungsprinzipien und quantitativer Beschreibungsinstrumente zeigt, daß
die Auswahl einer bestimmten Methode sinnvollerweise dem jeweiligen Unter-
suchungsziel und -zweck unterzuordnen ist und daß voneinander sehr verschiedene Methoden sich im Rahmen einer Untersuchung nicht zwangsläufig
ausschließen, sondern den Einblick in die Natur eines Sachverhalts vertiefen
können.

In den letzten Jahren hat sich Labov mit der Anwendung der Variationsanalyse auf den Spracherwerb sowie verstärkt mit Problemen der Diskursanalyse,
insbesondere mit der Untersuchung des therapeutischen Diskurses beschäftigt
(Labov/Fanshel 1977; deutsche Übersetzung in Vorbereitung).

3

Bedingt durch die Vielzahl und Vielfalt der Labovschen Arbeiten (vgl. das Verzeichnis im Anhang) schien es uns keine leichte Aufgabe, innerhalb des vorgegebenen Rahmens eines Taschenbuchs eine möglichst repräsentative Aufsatzsammlung zusammenzustellen. Die ausgewählten Beiträge sind ausnahmslos
der im Scriptor-Verlag erschienenen zweibändigen Ausgabe entnommen.[7] In der

----

6 Vgl. hierzu Arbeitsgruppe Bielefelder Soziologen, *Alltagswissen, Interaktion und gesellschaftliche Wirklichkeit*. 2 Bde., Hamburg (1973) und Elmar Weingarten, Fritz Sack und
   Jim Schenkein, Hgg., *Ethnomethodologie*. Beiträge zu einer Soziologie des Alltagshan-
   delns. Frankfurt (1976).
7 William Labov, *Sprache im sozialen Kontext*. Beschreibung und Erklärung struktureller
   und sozialer Bedeutung von Sprachvariation. Hg. v. N. Dittmar und B.-O. Rieck. Bd. 1
   Kronberg/Ts. 1976, Bd. 2 Königstein/Ts. 1978 (=Monographien Linguistik und Kom-
   munikationswissenschaft 23 und 33).

Einleitung zum 1. und zum 2. Band sind die Prinzipien der dort vorgenommenen Auswahl — verbunden mit einer inhaltlichen Vorstellung der einzelnen
Kapitel — ausführlich erläutert. Von den achtzehn Arbeiten, die die zwei-
bändige Ausgabe enthält, haben wir neun in diese Taschenbuchausgabe übernommen, davon zwei in gekürzter Fassung, um den vorgegebenen Umfang ein-
zuhalten (Kapitel 3 und 8 in diesem Band).

‾ Das erste Kapitel, ein programmatischer Aufsatz, geschrieben für das 1. Heft
der Zeitschrift *Language in Society*, ist Grundfragen der linguistischen Methodologie gewidmet (2;15)[8]. Die beiden folgenden Kapitel behandeln Probleme soziolinguistischer Feldforschung, wobei Kapitel 2 (1;1) eine kleine
in sich abgeschlossene Studie darstellt, die die Fruchtbarkeit eines überraschend einfachen Verfahrens demonstriert, das Labov „rasche und anonyme
Beobachtung" genannt hat, während Kapitel 3 (1;2) die in der umfangreichen
Untersuchung „The Social Stratification of English in New York City"(1966a)
benutzten Techniken der Definition von Variablen und Kontextstilen vorstellt.
Mit dem Zusammenhang von Sprachvariation und Sprachwandel befassen sich
das vierte und fünfte Kapitel. Kapitel 4 (2;12), das ebenfalls aus der genannten empirischen Untersuchung hervorgegangen ist, behandelt die spezielle Rolle,
die die untere Mittelschicht im Sprachwandel spielt; in Kapitel 5 (2;17) geht
es um Grundfragen der Untersuchung des Sprachwandels im sozialen Kontext.
In den Kapiteln 6 (1;4) und 7 (2;18) steht das Konzept der variablen Regel im
Vordergrund; dargestellt anhand von Daten zur Realisierung der Kopula in mehreren Varietäten des Englischen (Kap. 6) und an einem Beispiel aus dem Bereich des Erstspracherwerbs: der Erlernung der Syntax von Fragesätzen (Kap.7).
Die beiden letzten Kapitel schließlich, die — ebenso wie Kap. 6 — auf der umfangreichen empirischen Untersuchung von Non-Standard-Varietäten des Englischen von Farbigen in New York basieren (Labov/Cohen/Robins/Lewis 1968),
sind Resultate der fruchtbaren Beschäftigung des Autors mit einem Feld jenseits
von Phonologie und Satzgrammatik: mit dem Diskurs. Gegenstand der Analyse
ist in Kapitel 8 (2; 9) ein im Black English Vernacular geradezu zu einer Kunst-
form entwickeltes „Sprechereignis": die rituelle Beschimpfung; und Kapitel 9
(2 ; 10) behandelt Erzählungen persönlicher Erfahrung.

Wir hoffen, mit der getroffenen Auswahl von Aufsätzen, die uns in methodi-
scher Hinsicht bedeutsam und für die Arbeitsweise Labovs besonders charakteristisch scheinen, dem soziolinguistisch interessierten Leser sowohl einen Einblick in die Vielseitigkeit der Labovschen Arbeitsschwerpunkte und For-
schungsmethoden als auch Anregung und Anleitung für eigenes empirisches soziolinguistisches Arbeiten geben zu können.

Berlin/Heidelberg, März 1980   Norbert Dittmar und Bert-Olaf Rieck

----

8   Angaben in Klammern: *Band; Kapitel* der zweibändigen Ausgabe.
    Im folgenden beziehen sich Verweise ohne weitere Angabe auf Kapitel in der vorliegen-
    den Taschenbuchausgabe; Verweise auf Aufsätze, die nur in der zweibändigen Ausgabe
    (vgl. Anmerkung 7) enthalten sind, sind mit dem Zusatz *„Bd.1"* bzw. *„Bd. 2"* versehen.

1. Einige Prinzipien linguistischer Methodologie

Weniger als zwanzig Jahre trennen uns von der Zeit, in der das Studium von Methoden die herrschende Passion amerikanischer Linguisten war; jetzt ist der Status der *Methodologie* so schnell und so tief gefallen, daß sie in einem unerreichbaren außer-linguistischen Dunkel liegt, in das wir Spekulationen über den Ursprung der Sprache und Artikel über den Slang verwiesen haben. Es kann nicht geleugnet werden, daß die Beschäftigung mit methodischen Fragen mit einer gewissen absichtlichen Blindheit gegenüber Theorie und Praxis betrieben wurde; es gab eine Zeit, wo Methoden, die in das Licht der kanonischen Form der Dauerhaftigkeit und Stimmigkeit gerückt worden waren, in den Status von rituellen Texten erhoben wurden, obwohl sie selbst damals schon als hoffnungslos unpraktisch angesehen wurden. Aber selbst wenn Methodologie in der Linguistik kein genehmes Wort mehr ist, bleibt uns keine andere Wahl, als es wieder zu benutzen. Es ist ein offenes Geheimnis, daß die unbefriedigende und bequeme Befragung grammatischer Intuitionen von einer interessanten zu einer hoffnungslosen Beschäftigung geworden ist. Man braucht einen besser durchdachten Zugang zum Problem des intersubjektiven Wissens, wenn unsere Argumente etwas anderes als unsere eigenen polemischen Absichten widerspiegeln sollen.

Bei unserer Erforschung des Sprachgebrauchs in der profanen Welt stellen wir fest, daß die Methoden ständig an theoretischer Bedeutung gewonnen haben: erst als eine Notwendigkeit, dann als eine Technik und jetzt als ein Weg zur Entwicklung einer Theorie des Sprechens. Ein Kurs über profane Linguistik (secular linguistics) muß sich zuerst auf den Akt des Sprechens und die Methoden seiner Beobachtung konzentrieren. Aber er sollte auch eine Ausbildung in verschiedenen Methoden der historischen und synchronen Linguistik umfassen und von Texten, elizitierten Äußerungen und Intuitionen Gebrauch machen, die die Hauptstütze der wissenschaftlichen Arbeitsweise sind. Dieser Aufsatz stellt einige der Prinzipien vor, die die Sammlung empirischer Daten betreffen, sowohl in der profanen als auch in der scholastischen Sphäre der Linguistik. Die Prinzipien werden mit einem Minimum an anschaulichen Belegen dargelegt: der Leser sei auf das umfangreiche Belegmaterial in den angeführten soziolinguistischen Untersuchungen verwiesen.

Einige allgemeine Bemerkungen zu Methoden

Methodologie, so wie sie hier verstanden wird, ist kein vollständiges Programm, mit dem man Unwissenheit in Wissen verwandeln kann, sondern umfaßt eher eine Menge von Strategien, um die reichhaltigen Daten von wohlbekannten Sprachen in den Griff zu bekommen. Linguisten, die zum ersten Mal an eine Sprache herangehen, werden ihren Weg so gut wie möglich gehen müssen; auf jeden Fall werden ihre Ergebnisse viele Male von denen, die nach ihnen kommen, überarbeitet werden. Mit der angenehmen Seite, der erste zu sein, geht die Gewißheit einher, fehlzugehen. Das ist die Umkehrung des *Prinzips der Kumulation: je mehr über eine Sprache bekannt ist, desto mehr können wir über sie herausfinden.*

Methodologie, die zunächst einen gewissen Luxus darstellt, wird zum ersten Mal zur Notwendigkeit, wenn fortgesetzte Untersuchungen mehrere konkurrierende Theorien hervorbringen und wir herausfinden müssen, welche die richtige ist. Dieser Aufsatz ist in der Absicht entstanden zu zeigen, daß das Ziel der Linguistik die *Möglichkeit richtiger Aussagen* (possibility of being right) sein muß. Das ist bei einer Sache von allgemeiner und grundsätzlicher Bedeutung sicherlich extrem schwer, bestenfalls besteht eine geringe Chance, aber der Lohn besteht darin, daß die Arbeit einen Teil der fortgesetzten Ausarbeitung einer linguistischen Theorie für eine ferne Zukunft bilden kann. Es lohnt sich sicher, es zu versuchen: es ist vielleicht das einzige, das zu versuchen sich lohnt. Aber es ist unglücklicherweise nur zu wahr, daß dieses Ziel von zumindest einer größeren Tradition innerhalb der Linguistik aufgegeben worden ist. Angefangen von Chaos hervorragendem Aufsatz über 'The non-uniqueness of phonemic solutions . . .' (1934) und kulminierend in Harris' Argumenten für die Komplementarität von Grammatiken, die aus der String Analyse, der Transformationsanalyse und der Konstituentenanalyse hervorgehen (1965: 365), beobachten wir eine quietistische Tendenz zu behaupten, daß fast alle unsere Theorien Notationsvarianten voneinander sind, daß jede auf ihre eigene Weise wahr ist und ihren eigenen Erkenntnisgewinn einzubringen hat.[1] Aber was sich für die Religion anbietet, ist für die Wissenschaft selbstzerstörerisch. Meine eigene Meinung ist, daß solche äquivalenten Theorien triviale Varianten sind, und daß eine Beschränkung auf das Erörtern ihrer Verdienste eher ein Engagement für ästhetisches als für wissenschaftliches Arbeiten ist.

Unter den anderen Innovationen im Gefolge von Chomsky war auch ein Zug großer Ernsthaftigkeit in dieser Hinsicht. Er ist zweifellos interessiert an der Struktur der menschlichen Sprache und den Fähigkeiten des Geistes, der sie erlernt, nicht an den verschiedenen Weisen, die Sache zu betrachten. Da Chomsky glaubt, daß die linguistische Theorie durch Daten nicht ausreichend bestimmt ist (1966), schlägt er ein internes Bewertungsmaß vor, in der Hoffnung, daß es von gleicher Gestalt ist wie das, das der Sprachlerner tatsächlich benutzt. Aber das Einfachheitskriterium brachte viele Schwierigkeiten mit sich. Es wird oft von denen mißbraucht, die zu beweisen versuchen, daß sie recht haben und jemand anderer unrecht, und es stellt sich die Frage, ob es wirklich irgendwelche bedeutenden Probleme gelöst hat (Lakoff 1970a).

Hier kann die Linguistik aus dem Beispiel der entwickelten (Natur-)Wissenschaften profitieren. Wissenschaftliche Methodologie kann als Umkehrverfahren verstanden werden: man versucht sich selbst zu beweisen, daß man unrecht hat. Das heißt, Methodologie ist sorgfältiges und gewissenhaftes Suchen nach Fehlern in der eigenen Arbeit nach Karl Poppers Prinzip, daß die besten Theorien jene sind, die am einfachsten entkräftet werden können (1959). Recht zu haben bedeutet, daß man schließlich zutiefst und hoffnungslos gescheitert ist, sich einen Fehler nachzuweisen. Es ist gefährlich, diese Verantwortung irgend jemandem sonst zu übertragen, denn niemand wird das gleiche unabdingbare Interesse an dieser Aufgabe haben wie man selbst.

----

1   "Um diese Analysen in Verbindung zu bringen, ist es nötig zu verstehen, daß sie keine konkurrierenden Theorien sind, sondern sich eher gegenseitig bei der Beschreibung von Sätzen ergänzen. Es bedeutet nicht, daß Grammatik die eine oder andere von diesen Analysen darstellt, sondern daß Sätze gleichzeitig alle diese Eigenschaften aufweisen" (Harris 1965: 365).

Diese Art der methodologischen Selbstkritik bringt eine fortlaufende Verfeinerung unserer Methoden und führt Vorsichtsmaßnahmen und Gegenkontrollen ein, die typisch für die wissenschaftliche Haltung sind, die auch jetzt schon, auf der vorwissenschaftlichen Stufe, auf der wir uns derzeit befinden, mit Gewinn eingenommen werden kann. Aber eine solche methodologische Strenge wird oft zu Recht gleichgesetzt mit der Sackgasse, in die ein verbrauchter Ansatz geraten ist. Wenn die Methoden perfektioniert sind, ist die bedeutendste Arbeit oft getan, aber die Methodologen machen ohne Rücksicht auf diese Tatsache weiter und führen das hoffnungslos unrealistische Programm fort, daß alles, was beschrieben werden kann, auch beschrieben werden sollte. An diesem Punkt sehen wir eine zweite Art von Methodologie entstehen, eine revolutionäre Kritik, die neue Probleme und fundamentale Fehler in den älteren Methoden erkennt, die nicht mehr zu beheben sind.

Man verlangt dann eine neue Methodologie mit neuen Arten von Daten. Aber wenn neue Daten eingeführt werden müssen, stellen wir gewöhnlich fest, daß sie aus ideologischen Gründen ausgeschlossen oder überhaupt nicht als Daten anerkannt werden. Die neue Methodologie muß mehr tun, als Techniken zu entwickeln. Sie muß die Meinungen und Vorurteile umstoßen, die die neuen Daten aus dem Blickfeld ausgeschlossen haben. Da viele dieser Meinungen als eine Sache von tiefer persönlicher Überzeugung angesehen werden und fest begründeten Lebensgewohnheiten entstammen, ist diese Art von Kritik selten frei von Bitterkeit und Polemik, bis sich die alte Garde allmählich in akademischer Sicherheit und wissenschaftlicher Vergessenheit aufgelöst hat.

Wir können an die verschiedenen der Linguistik zur Verfügung stehenden Methoden herangehen, indem wir die Aktivitäten der Linguisten danach betrachten, wo man sie finden kann. Bei dieser Suche würden wir Linguisten finden, die in der *Bibliothek*, im *Busch*, in der *Studierstube*, im *Laboratorium* und *auf der Straße* arbeiten, und wir könnten danach jede Unterabteilung der Disziplin benennen. Aber in dieser Analyse wollen wir einen anderen Zugang wählen und das Rohmaterial untersuchen, das von jeder Spielart der Linguistik gesammelt wird, wobei wir die Linguisten nach ihren Produkten unterscheiden: *Texte, elizitierte Äußerungen, Intuitionen, Experimente* und *Beobachtungen*. Eine ausführliche Diskussion der experimentellen Methode würde uns über unser gegenwärtiges Ziel hinausführen; einige methodologische Probleme der Anwendung kontrollierter Experimente auf verbales Verhalten werden in Labov (1970a) erörtert. Dieser Aufsatz wird sich mit Prinzipien der Methodologie beschäftigen, die sich vor allem auf den Gebrauch von Texten, Elizitierungen, Intuitionen und Beobachtungen des Vernaculars beziehen.

Texte

Das grundlegende methodologische Faktum, das historische Linguisten in Angriff nehmen müssen, ist, daß sie keine Kontrolle über ihre Daten haben. Texte kommen durch eine Reihe von historischen Zufällen zustande; Laien mögen diese mißliche Tatsache bedauern, aber der kundige Historiker ist dankbar, daß überhaupt etwas übriggeblieben ist. Die große Kunst des historischen Linguisten besteht darin, das Beste aus diesen schlechten Daten zu machen. "Schlecht" sind die Daten in dem Sinn, daß sie vielleicht fragmentarisch, verfälscht oder oftmals von der tatsächlichen Sprachproduktion der muttersprachlichen Sprecher entfernt sind. Er stützt sich vor allem auf die Grundsätze historischer Wissenschaft — Vorsichtsmaßnahmen und Sicherungen gegen menschliche Fehlbarkeit und Bestechlichkeit. Der wichtigste von diesen ist die *Quellenangabe*, d.h. Originaltexte anderen zur Prüfung zugänglich zu machen, die andere Voreingenommenheiten und Vorurteile haben. In ihrem Bestehen auf der Überprüfbarkeit der Daten sind die historischen Linguisten dem durchschnittlichen deskriptiven Linguisten erheblich voraus. Der Historiker versucht uns seine Daten so direkt wie möglich zu präsentieren, während der deskriptive Linguist uns von diesen fernhält. Zwischen dem Leser und dem muttersprachlichen Sprecher steht die Ausbildung, die Erfahrung und die theoretische Ausrichtung des Linguisten; selten wird der Versuch unternommen, diese Kluft durch die Veröffentlichung von Tonbändern oder Protokollen zu überbrücken.

Das oberste methodologische Prinzip der historischen Linguistik bleibt die *Hypothese der Junggrammatiker:*

Aller lautwandel, so weit er mechanisch vor sich geht, vollzieht sich nach a u s n a h m s l o - s e n   g e s e t z e n , d.h. die richtung der lautbewegung ist bei allen angehörigen einer sprachgenossenschaft, außer dem fall, daß dialektspaltung eintritt, stets dieselbe, und alle wörter, in denen der der lautbewegung unterworfene laut unter gleichen verhältnissen erscheint, werden ohne ausnahme von der änderung ergriffen.   (Osthoff und Brugmann 1878)

Es ist nicht länger möglich, diese Hypothese, daß sich Wortklassen tatsächlich intakt und als Ganzes bewegen, als begründete Behauptung aufrechtzuerhalten. Obwohl die Einwände der Realisten des 19. Jahrhunderts ausgeräumt worden waren, wie es scheint, wurde jetzt die entscheidende Widerlegung von Wang und seinen Mitarbeitern geliefert, die die Existenz lexikalischer Diffusion anhand einer umfassenden Skala in der Geschichte der chinesischen Dialekte nachgewiesen haben (Chen und Hsieh 1971; Cheng und Wang 1970). Aber als methodologisches Prinzip war die junggrammatische Hypothese erfolgreicher: sie hat den grundlegenden Anstoß geliefert, eher nach Regelmäßigkeiten und zugrundeliegenden Bedingungsfaktoren des Lautwandels zu forschen, als Oberflächenvariation als Nennwert zu akzeptieren.

Unglücklicherweise hielten es die meisten historischen Linguisten für notwendig, die junggrammatische Hypothese als substantielle Beschreibung des Prozesses des Lautwandels zu verteidigen, und diese Voreingenommenheit brachte sie in Konflikt mit den gediegenen Daten der Dialektologen. Als Gauchat (1905) nachwies, daß sich Prozesse des Lautwandels in Charmey über drei Generationen mit Schwankungen und lexikalischen Oszillationen vollzogen, wiesen die Junggrammatiker diese und andere Beschreibungen des fortschreitenden Lautwandels als bloße "Dialekt-Entlehnungen" zurück (Goidanich 1926, Bloomfield 1933: 361). Wenn man die Unvollkommenheit des historischen Materials betrachtet, scheint es unumgänglich, sich auf Gegenwartsdaten zu stützen, um jenes Material zu interpretieren. Tatsächlich beruht unsere gegenwärtige Forschung über den fortschreitenden Lautwandel (Labov 1970d) auf dem *Prinzip der Gleichförmigkeit (uniformitarian principle): die sprachlichen Prozesse, die um uns herum stattfinden, sind dieselben wie jene, die das historische Material hervorgebracht haben.*[2]

----
2   Der Begriff 'Gleichförmigkeit' ist aus der Geologie entlehnt, wo er das jetzt allgemein anerkannte Prinzip von Hutton bezeichnet, daß die Prozesse, die jetzt um uns herum ablaufen — Verwitterung, Ablagerung, Vulkanismus etc. — dieselben sind wie diejenigen, die in der Vergangenheit den geologischen Zustand hervorgebracht haben.

Beim Abwägen der Beschränkungen des Prinzips der Gleichförmigkeit müssen wir uns fragen, ob die zunehmende Kenntnis des Lesens und Schreibens und ein Anwachsen der Massenmedien neue Faktoren sind, die den Verlauf des **Sprach-wandels** beeinflussen und in der Vergangenheit nicht wirksam waren. Aber selbst wenn das so sein sollte, können wir immer noch in den Mustern der Alltagssprache jene Art von Faktoren isolieren, die immer auf die gesprochene Sprache eingewirkt haben und den Großteil der sprachlichen Entwicklung in der Gegenwart bestimmen (Labov 1966a).

Die aufeinander bezogene Interpretation von Vergangenheit und Gegenwart kann man am deutlichsten am klassischen Problem des Great Vowel Shift sehen. Die gegenwärtige Kontroverse und das historische Material sind bei Wolfe (1969) zusammenfassend dargestellt. Die traditionelle Auffassung von Jespersen und Wyld akzeptierte die Belege von Hart und anderen Orthoepisten des 16. Jahrhunderts über den Weg, den die langen Vokale im Englischen gegangen sind: insbesondere, daß der diphthongierte hohe Vokal in *die* von [dɪi] zu [dɛi] gesenkt wurde. Aber Kökeritz, Dobson, Stockwell und andere fanden es schwierig, diese Ansicht zu akzeptieren: denn zur gleichen Zeit wurde der Vokal in *day* von [dæi] zu [dɛi] angehoben. Vermutlich wären die beiden dann verschmolzen, aber in Wirklichkeit geschah das nicht. Es ist eine Gegenthese aufgestellt worden (Stockwell 1966), daß *die* zuerst zentralisiert wurde und dann von [dɪ] zu [dəi] gesenkt wurde, aber es gibt wenige stichhaltige Belege, die diese Auffassung stützen. Unsere gegenwärtigen technischen Untersuchungen über ähnliche Fälle von fortschreitendem Wandel zeigen, daß in vielen verschiedenen Dialekten der neue hohe Diphthong /iy/ in *see* nach /ey/ als vorderer Vokal fällt − aber nicht auf die extreme vordere Position, die für gespannte Vokale typisch ist. Die Nuklei dieser fallenden Diphthonge folgen einem Prozeß der Zentralisierung, die klar auf dem Gebiet der vorderen Vokale liegt, aber mit gemäßigteren Positionen der sekundären Formanten. Dieser Einblick in gegenwärtige Lautverschiebungen kann uns kein sicheres Wissen darüber vermitteln, was im 16. Jahrhundert geschah; aber er kann Widersprüche zwischen der Theorie und den Belegen, wie sie oben zusammengefaßt wurden, auflösen. Wir wissen nun, daß es keinen Grund gibt, eine Verschmelzung von *die* und *day* zu erwarten, selbst wenn das mittelenglische *die* dem Muster einiger gegenwärtiger /iy/ Vokale folgt und zu [dɛi] und dann zu [dəi] gesenkt wird.[3] Die beiden Vokale können einander auf ihren Wegen passieren, wie Figur 1−1 zeigt. Indem wir an dieses historische Problem mit ganz anderen Arten von Daten als denen, die ursprünglich benutzt wurden, herangehen, erzielen wir größere Konvergenz hinsichtlich der Tatsachen bei verschiedenen Fehlerquellen. Beobachtungen von gegenwärtigen Prozessen des Wandels haben so einen erhöhten Wert für die Lösung älterer Probleme, wie es das *Prinzip der Konvergenz* ausdrückt: *der Wert neuer Daten zur Bestätigung und Interpretation älterer Daten ist direkt proportional zu den Unterschieden der zu ihrer Gewinnung benutzten Methoden.*

---

3 Selbst wenn örtliche Beobachter berichtet hätten, daß *die* und *day* zu dieser Zeit 'gleich' waren, würde daraus nicht folgen, daß sie tatsächlich gleich waren; und es hätte diese Wortklassen nicht daran gehindert, ihren entgegengesetzten Wegen ohne Unterbrechung zu folgen. Die jüngste Erforschung des fortschreitenden Lautwandels zeigt, daß muttersprachliche Sprecher konsistente Unterschiede der sekundären Formanten, die effektiv Wortklassen in natürlicher Rede trennen, nicht wahrnehmen (vgl. Labov 1970d und weiter unten).

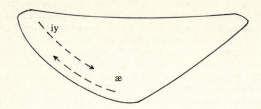

Fig. 1–1   *Wege, denen die fallenden (ungespannten) Nuklei und die ansteigenden (gespann-*
            ten) Nuklei bei fortschreitendem Lautwandel folgen.

Das Problem der Interpretation literarischer Texte, Briefe, Wortspiele und
Reime hat zwei Aspekte: (1) die Bestimmung des Verhältnisses zwischen dem
Schriftsystem und der gesprochenen Sprache und (2) die Bestimmung des Verhältnisses zwischen Reaktionen, die den normativen Erwartungen entsprechen,
und dem alltagssprachlichen Verhalten (vernacular). Das erste Problem ist bereits
untersucht und erörtert worden (Stockwell und Barritt 1961; Kuhn und Quirk
1953), aber das zweite wird immer noch weitgehend vernachlässigt. Sehr gute
Untersuchungen könnten durchgeführt werden, indem man gegenwärtige Roma-
ne, Briefe, Wortspiele, Gedichte und Wörterbücher mit dem tatsächlichen Stand
der heutigen Sprache vergleicht; das könnte die Interpretation früherer Doku-
mente erhellen. Dies würde eine vereinte Anstrengung von Sprachhistorikern und
Linguisten, die natürliches Sprechen untersuchen, erfordern – eine natürliche
Allianz, da dies die beiden Zweige der Linguistik sind, denen es besonders darum
geht, ihre Daten zu überprüfen und Fehler ausfindig zu machen.

Elizitierungen

Für viele Ethnologen ist die Linguistik als Ganzes im wesentlichen eine methodologische Notwendigkeit. Sie lernen eine Sprache, um sich in einen Kultur-
kreis zu begeben; wenn sie ihr Wissen in einer grammatischen Skizze darlegen,
tun sie es, um diesen Aspekt der Kultur zu bewahren, bevor er verschwindet,
und nicht um der allgemeinen Erfordernisse der linguistischen Theorie willen.
Der Ethno*linguist* sieht die Sache anders; er bemüht sich mehr um allgemeine
Probleme der Linguistik, aber auch er muß erkennen, daß er sich der Sprache
von außerhalb der Grammatik und der Kultur nähert. Weder nimmt er seine
muttersprachliche Intuition in Anspruch, um seine Grammatik zu verteidigen,
noch kann er hoffen, den Verlauf natürlicher Gespräche zu erfassen, es sei denn,
er gelangt über die normalen Stufen der Spracherlernung und ihre Aufzeichnung
wesentlich hinaus. Nur wenige Ethnolinguisten lernen eine Sprache gut genug,
um von Daten aus Gesprächen auf Straße und Marktplatz in größerem Umfang
Gebrauch zu machen. Die normale Verfahrensweise besteht darin, Texte zu
transkribieren – oft traditionelles Volksgut, Übersetzungen von Sätzen von
zweisprachigen Informanten zu elizitieren, Minimal-Paare vorzulegen und zu

fragen, ob sie "gleich" oder "verschieden" sind. Es wäre müßig, diese Methoden zu kritisieren, weil sie beschränkt sind; mit solchen Techniken haben Boas und Sapir den Bereich der für die linguistische Theorie – die früher zum großen Teil auf Texten und normativen Handbüchern einer kleinen Gruppe von europäischen Sprachfamilien basierte – zugänglichen Daten entscheidend erweitert. Dennoch sollte eine Besinnung auf unsere gegenwärtigen Feldtechniken deutlich machen, daß diese Daten auch normativ sind, modifiziert aufgrund bewußter Überlegungen und beherrscht von kulturellen Normen über richtige und falsche, gute und schlechte Sprache. Viele amerikanische Linguisten nahmen zuerst an, daß es solche Normen nur in Kulturen gäbe, die über eine Literatur verfügen, aber in einem der glänzendsten und scharfsinnigsten Beispiele von Selbstkritik zeigte Bloomfield (1927), wie sehr er sich in dieser Beziehung geirrt hatte.

In dem Maße, wie die Normen und die Realisierungen der Alltagssprache auseinanderklaffen, wird der traditionelle Ansatz der Feldforschung eine grobe und notwendigerweise unvollkommene erste Annäherung an eine Sprache sein. Der Minimalpaar- oder Kommutationstest, der lange als der zuverlässsigste aller Tests des sprachlichen Verhaltens galt, ist ein schlagendes Beispiel für diese Beschränktheit. In unserer vor kurzem durchgeführten Forschung über den fortschreitenden Sprachwandel haben wir festgestellt, daß Minimalpaare doppelt mangelhaft sein können. Es wurde schon früher beobachtet, daß muttersprachliche Sprecher unter Umständen Unterscheidungen bei Minimalpaaren machen, die sie in der tatsächlichen Rede nicht machen. Normenkonforme Reaktionen bewahren oft wirklichkeitsfremde, archaische oder eingebildete Unterschiede. Aber es wurde nicht erkannt, daß muttersprachliche Sprecher darin versagen können, Unterschiede, die sie beim natürlichen Sprechen regelmäßig machen, zu erkennen oder anzugeben (Labov 1970d): ihre Selbst-Darstellungen spiegeln oft eher die Strukturen jüngerer Sprecher wider als ihre eigenen oder verwischen regelmäßige phonetische Unterschiede, die zu subtil sind, um einer überzeugenden, durchdringenden Prüfung standzuhalten.

Das methodologische Hauptprinzip besteht hier darin, daß der Linguist sich der Art seiner Daten voll bewußt sein muß. Eine realistische Methodologie würde nicht darauf bestehen, daß er auf jegliche Beschreibung verzichtet, bis er mit dem Mann auf der Straße Beschimpfungen austauschen oder lokale Heilsvorstellungen mit dem ganzen Aufwand eines aufgeklärten Skeptizismus diskutieren kann. Aber wenn der Linguist das Vorhandensein solcher höheren Stufen der Kompetenz erkennt, kann er sein sich entwickelndes Verständnis der Sprache bei zweiten oder dritten Exkursionen ins Feld benutzen, um die Unterschiede zwischen vorherrschenden Normen und Verhalten herauszufinden; dadurch vertieft er den Wert seiner ursprünglichen Beobachtungen im Hinblick auf eine zunehmend dynamische und profane linguistische Theorie.

Die Kurse über *Methoden der Feldforschung*, die in unseren linguistischen Fachbereichen abgehalten werden, sind natürlich ziemlich domestiziert; es sind mehr Garten- als Feldvarietäten. Aber mit ihren wohlinformierten Informanten geben sie den Studenten die einzige Gelegenheit zu ernsthafter Praxis in Transkription und Analyse. Die Übungen in unseren traditionellen Lektüretexten sind sogar noch weiter entfernt von den Daten einer profanen Linguistik, aber sie erfordern gewissenhafte Arbeit. Es ist ein Verdienst der strukturellen Linguistik, daß sie den Studenten ernst nahm und versuchte, ihm jede Hilfe zu geben, die ihr möglich war. Gleason (1961), Pike (1947) und Nida (1949) gingen davon aus,

daß der Student, an den sie sich richteten, einige bedeutende Daten aus dem
Feld zurückbringen werde, und bemühten sich, ihm die grundlegenden Fertigkeiten wie phonetische Umschrift, Segmentierung, allophonische Gruppierung,
Erkennen bedingter Varianten, Minimalpaare und Kommutationstests beizu-
bringen. Der Erfolg dieses Ansatzes wird in den besten Dissertationen aus Kali-
fornien und Arbeiten aus dem 'Summer Institute of Linguistics' deutlich.

Aber die formale Methodologie, die aus dieser strukturalistischen Tradition
entstand, war in alarmierendem Maße unrealistisch. Sie verdiente voll und ganz
die Kritik, die Chomsky an den Auffindungsprozeduren übte. Obwohl es uns
heute schwerfällt, dies zu glauben, nahm eine Anzahl von Studenten die Behauptung von Bloch und Harris ernst, daß man eine Sprache untersuchen könne,
indem man auf der phonetischen Ebene, ohne Bezug auf die Bedeutung der
Wörter, mit der Analyse anfängt.[4] Es gab ein unausgesprochenes und infor-
melles methodologisches Prinzip, das Geltung erhielt und die Praxis beeinflußte,
welches wir das *Prinzip der bevorzugten Ignoranz* nennen können: *je weniger
der Linguist über eine Sprache weiß, desto genauer (objektiver? wissenschaftlicher?) wird seine Beschreibung sein.* Es ist unwahrscheinlich, daß die Theorie
der Unkenntnis jemals vollständig entwickelt werden wird, da die Fragen, die
wir heute stellen, eher gründliches als oberflächliches Wissen erfordern. Aber
angenommen, der Linguist könnte seine technischen Fertigkeiten der Segmentierung und Klassifizierung auf eine verläßliche (reliable) Weise anwenden,
würden die Ergebnisse gültig (valid) sein? Wie würde ein Validitätstest bei einem
solchen Verfahren aussehen?

Jene Art von Methodologie, die in den Auffindungsprozeduren der 40er
und 50er Jahre zum Ausdruck kommt, hat wenig zu tun mit den Prinzipien,
die hier vorgestellt werden sollen. Wir können dort nicht die sorgfältige Beschäftigung mit Fehlerquellen, das Suchen nach neuen Arten von Daten, nach über-
einstimmenden und bestätigenden Perspektiven erkennen, die unser Konzept
von Methodologie kennzeichnen.

Bei einer Reihe von Punkten wurde während dieser Erörterung der Ausdruck
'Fehlerquelle' benutzt, so daß es nützlich sein wird, die Art der Fehler zu um-
reißen, von denen wir sprechen. Es gibt natürlich Fehler bei der Messung, der
Erinnerung oder der Berechnung, die aber alle bei gründlicher Aufmerksamkeit
auf die Verfahren vermieden werden können. *Reliabilitätstests* helfen uns, solche
Fehler herauszufinden und sie auszumerzen. Aber es gibt uns mehr um einen
anderen Fehlertyp, der von einem Mißverständnis über die Funktion der Daten
herrührt. Die Daten werden vielleicht als Beleg für ein zugrundeliegendes Kon-
strukt, wie z.B. eine linguistische Regel, angeführt, wenn sie in Wirklichkeit vielleicht das Produkt vieler Faktoren sind und überhaupt keine einzelne Eigenschaft
repräsentieren. Wenn die Fehler durch Mißverständnisse oder durch vernach-
lässigte Kontextfaktoren von beschränkter Art sind (wie zum Beispiel aufgrund
der Interaktion mit einem bestimmten Interviewer), wird sich dies in einem
Verlust an Verläßlichkeit niederschlagen, wenn andere die Arbeit wiederholen.
Aber wenn sie allgemeiner Art sind (wie die Tendenz, eher das normative als

----

4 John Street teilte mir mit (im persönlichen Gespräch), daß er unter dem Einfluß Blochs
   einmal viele Monate damit verbrachte, eine phonetische Umschrift des Mongolischen
   zu erstellen, bevor er die Bedeutung irgendeines Wortes verstand. Der Versuch mißlang.

das tatsächliche Verhalten aufzuzeichnen), können wir reproduzierbare Ergebnisse erhalten, die hinsichtlich ihrer Anwendung auf die theoretische Problematik immer noch falsch sind. Um solche Ergebnisse aufzuspüren und auszumerzen, brauchen wir *Validitätstests*.

Unglücklicherweise finden wir keinerlei Begriff von Validität in der Methodologie, die von der deskriptiven Linguistik entwickelt wurde, um linguistische Daten zu elizitieren. Die Ernsthaftigkeit der Beschreibungsabsicht wurde zunichte gemacht durch einen modischen und ziellosen Relativismus in der Theorie. Eine schlichte und allgemein einleuchtende Tendenz, nach intersubjektiver Übereinstimmung zu suchen, führt zur Zurückweisung solcher defensiven Manöver. Es scheint vernünftig, wenn sich Ethnolinguisten von dem wachsenden Interesse innerhalb der Ethnologie leiten lassen, die Rolle des Beobachters einzuschränken und ihre Methoden soweit wie möglich offenzulegen sowie alles so zu arrangieren, daß ihre eigene Ausbildung, ihre Fertigkeiten und Beschränkungen durch die abschließende Analyse ausgeglichen werden. Das ist natürlich nur ein Ziel, das es anzustreben gilt, nicht eine Praxis, die jemals vollständig erreicht werden kann; aber es spiegelt eine Definition von Validität wider, die wir in einem späteren Abschnitt untersuchen wollen: daß unsere Beschreibungen auf die Sprache angewandt werden sollten, die gesprochen wurde, bevor wir die Informanten erreichen, und die immer noch gesprochen wird, nachdem wir sie verlassen haben.

Intuitionen

Es gibt keinen Zweifel, daß Chomsky Urheber der bedeutendsten methodologischen Revolution auf unserem Gebiet ist. Er richtete eine vernichtende Kritik gegen den extrem behavioristischen Ansatz, der die Existenz mentaler Konstrukte leugnete und Belege durch Intuition einfach ablehnte. Chomsky und seine Schüler haben aufgezeigt, daß es ein unübersehbares, scheinbar unerschöpfliches Reservoir an Daten gibt, die der Linguist seiner eigenen Sprachkenntnis entnehmen kann. Die Ergiebigkeit der Ergebnisse steht außer Frage. Wir wissen viel mehr über das Englische und über Sprache allgemein, als wir zuvor wußten, und diese Errungenschaft wird bleiben, gleichgültig, ob die gegenwärtige Version der generativen Theorie in dieser Form anerkannt und überdauern wird.

Die Frage bleibt, ob die generative Grammatik überhaupt eine Methodologie zur Verfügung hat, die über die Absicht hinausgeht, Intuitionen über die Grammatikalität auszuschöpfen. Zunächst sollten wir beachten, daß diese Strategie von der erfolgreichen Ausnutzung des *Saussure'schen Paradoxon* abhängt. Saussure behauptete (1962: 321), daß sich der Linguist auf den sozialen Aspekt der Sprache konzentrieren muß, auf die *langue*, die als so allgemein verstanden wird, daß jeder Sprecher über sie verfügt. Daraus folgt, daß man die *langue* erforschen kann, indem man irgend jemanden über sie befragt, sogar sich selbst; und das ist es, was Chomsky fortgesetzt tat. Andererseits können die detaillierten Einzelaspekte der *parole* nur durch eine soziologische Untersuchung unter der Bevölkerung ermittelt werden. Das *Saussure'sche Paradoxon* besteht also darin, daß *der soziale Aspekt der Sprache mittels der Intuition eines beliebigen Sprechers erforscht werden kann, während der individuelle Aspekt nur dadurch untersucht werden kann, daß das Verhalten einer ganzen Bevölkerung in Form einer Stichprobe erhoben wird.*

Die Entwicklung der generativen Grammatik hat eine stetige Bereicherung dieser durch Intuition gewonnenen Daten mit sich gebracht. Chomskys frühe Reaktion auf die Kritik an der Opposition grammatisch – ungrammatisch bestand darin, eine geordnete Skala der Grammatikalität vorzuschlagen (1961), aber im weiteren Verlauf der Entwicklung folgte jeder Verfasser seiner eigenen Neigung. Als die Urteile subtiler wurden, traten auch verschiedene Zwischenbezeichnungen in Erscheinung: außer ungrammatisch '*' finden wir fraglich '?', nicht sicher, ob ungrammatisch '?*' und ganz und gar ungrammatisch '**'. Außerdem wurden die Typen intuitiver Urteile, die als Belege angeführt wurden, stetig erweitert: (1) Die ursprünglichen Urteile über Grammatikalität (Wohlgeformtheit) schlossen natürlich (2) Urteile über Mehrdeutigkeit und (3) Urteile über korrekte Paraphrasen ein. Aber sogar von vornherein stellen wir fest, daß (4) Urteile über Gleichheit oder Verschiedenheit des Satztyps und (5) Intuitionen über unmittelbare Konstituenten gefordert und vorgebracht werden (Chomsky 1961). Die Tatsache, daß der Theorie der Markiertheit neue Bedeutung zugemessen wurde, führte dazu, daß (6) muttersprachliche Intuitionen über den Status der Markiertheit bzw. Unmarkiertheit angeführt wurden. Schließlich gibt es noch die stärkste aller Arten von Intuitionen, nämlich (7) das Gefühl, daß eine gegebene Theorie die richtige ist, oder daß eine andere Lösung 'gegen die Intuition verstößt' (is 'counterintuitive').

Es ist bedauerlich, daß diese Überproduktion an durch Intuition gewonnenen Daten nicht von einem methodologischen Interesse an der Verminderung von Fehlern oder der Suche nach intersubjektiver Übereinstimmung begleitet war. Die Schwächen, die Untersuchungen auf der Grundlage der Intuitionen in dieser Hinsicht aufweisen, sind uns allen bekannt, aber nicht jeder weiß, was man dagegen tun kann, ohne die Fortschritte preiszugeben, die wir gemacht haben. Ursprünglich hatte Chomsky gehofft, daß der Bereich der Übereinstimmung bei Urteilen über Grammatikalität so groß sein würde, daß die umstrittenen Bereiche leicht geklärt werden könnten, indem man dem allgemeinen Modell folgt. Aber das traf in der Praxis nicht zu. Die Suche nach entscheidenden Argumenten hat fast jeden dazu getrieben, Beispiele zu benutzen, die überhaupt keine Übereinstimmung verlangen. Als eines von zahlreichen Beispielen will ich Jackendoffs Artikel über 'Quantifiers in English' (1968) anführen. Unter den Sätzen, die als ohne Frage grammatisch bezeichnet werden, finden wir: *The three of the men that you met yesterday have not left yet* und *Of the men, the three of you met yesterday have not left yet.* Chomsky selbst hat festgestellt, daß er nicht umhin konnte, Argumente zu benutzen, die zugestandenermaßen auf persönlichen Urteilen basieren. In seinem Aufsatz 'Remarks on nominalizations' (1970) führt er Paare an, wie z.B. *our election of John (to the presidency)* versus **our election of John (to be) president* und merkt an: "Die Reaktionen auf diese Sätze variieren geringfügig: [sie] entsprechen meinen Urteilen". Er fügt dann hinzu: "Geht man von diesen Daten aus, . . . " und fährt in seiner Argumentation fort. Mit 'Daten' meint er nicht die Widersprüche, sondern die Belege aufgrund seiner eigenen Entscheidungen. So wertvoll und einsichtig solche Argumente sein mögen, sie können nicht allein zu einem sicheren Verständnis von 'richtig' und 'falsch' führen, das wir uns als Ziel gesetzt haben. Um intersubjektives Wissen zu erlangen, müssen wir uns wahrscheinlich auf die Intuition der obengenannten Typen (1) – (3) beschränken sowie ganz davon Abstand nehmen, die Intuitionen des Theoretikers selbst als *Beweis* anzuführen.

Jedes ernsthafte Nachdenken über Fehlerquellen muß dazu führen, daß solche Daten als äußerst suspekt betrachtet werden, solange sie nicht mit anderem Belegmaterial übereinstimmen.

Dennoch benutzen Linguisten weiterhin unüberprüfbare Beispiele und verteidigen diese, indem sie erklären, daß sie nur ihren eigenen Dialekt untersuchen. Wenn 'mein Dialekt' nicht mehr bedeutet als 'die Leute stimmen mit mir nicht überein', dann handelt es sich sicher um eine illegitime und unwürdige Flucht vor ernsthafter Arbeit. Das vielleicht alarmierendste Symptom dieses Rückzugs des Theoretikers auf die Introspektion ist, daß man es nicht mehr für richtig hält, diese durch Intuition gewonnenen Daten anzuzweifeln. Auf einer Tagung nach der anderen sind solche Fragen mit Achselzucken abgetan worden, weil die Redner ungehalten auf ihren eigenen Dialekt als einzige relevante Quelle für Belege verwiesen haben. Das Ergebnis ist, daß man kaum noch Fragen nach den Daten hört.

Eine Reihe von generativen Grammatikern untersucht jetzt aktiv die Eigenschaften von Syntaxdialekten (syntactic dialects), an erster Stelle Guy Carden. Carden hat Implikationsbeziehungen bei dialektalen Unterschieden in der Interpretation von Negationsträgern und Quantoren entdeckt (1970). Indem er zeigen konnte, daß eine bestimmte Interpretation von Quantoren mit Negationsträgern die Form der Frage-Anhängsel (tag questions) und andere Satztypen impliziert, hat Carden dem Begriff des Syntax*dialekts* einen Sinn gegeben. Er schenkte außerdem der Verläßlichkeit beträchtliche Aufmerksamkeit (persönliche Mitteilung). Er untersuchte 125 Fälle, in denen einem Informanten die gleiche Frage in einem zweiten Interview gestellt wurde und fand:

keine Veränderung	99	
Veränderung	20	(9 Interviewirrtümer, 2 systematische Veränderungen unter Druck, 9 offensichtlich zufällig)
mögliche Veränderung	6	(wo identische Reaktionen unterschiedlich kodiert worden sein könnten)

Bei diesem Grad der Verläßlichkeit müssen wir zustimmen, daß die Untersuchung von Intuitionen anderer auf einer soliden Grundlage steht; gleichzeitig hat Carden erkannt, daß sich das Problem stellt, die auftretenden Veränderungen zu erklären und zu kontrollieren.

Andere Untersuchungen von Informanten-Urteilen zeigen, daß wir es mit einem statistischen Phänomen zu tun haben, zumindest soweit sie bisher gewöhnlich durchgeführt worden sind. Die Studien über grammatische Akzeptabilität von Quirk und seinen Mitarbeitern bestätigen unsere informellen Beobachtungen, daß es selten ist, eine hundertprozentige Zustimmung oder Ablehnung für einen Satz zu finden. Untersuchungen von Urteilen über Frage-Anhängsel und andere syntaktische Probleme, die von Lehiste und von Wedge & Ingemann (1970) durchgeführt wurden, zeigten, daß solche Daten variabel sind und zu extremen Veränderungen neigen. Wir können im Rahmen der Masse der Reaktionen Implikationsbeziehungen feststellen (siehe Elliott, Legum & Thompson 1969), wenn wir auf eine gewisse Anzahl von Unregelmäßigkeiten vorbereitet sind. Es mag sein, daß wir bei der Untersuchung intuitiver Urteile ein ganz neues Verfahren entwickeln, Variationen Rechnung zu tragen. Aber bis jetzt ist es noch nicht gelungen, bei dieser Variation wiederholt regelmäßige Strukturen zu finden (vgl. Postal 1968; Labov 1970b und Heringers Ablehnung von Carden 1968). Allgemein müssen wir beobachten, daß es in der Natur der Sprache liegt, kategorische Urteile hervorzubringen; und wir sollten nicht vergessen, daß in den eher schwierigen und umstrittenen Gebieten Forschung betrieben wurde. Aber wenn wir uns auf Gebiete der Variation begeben, zeigt sich, daß intuitive Urteile weniger regelhaft sind als das Verhalten. Wir scheinen uns schnell von regelhaften Bereichen sozialer Übereinstimmung (*langue*) auf einen Bereich der intuitiven *parole* hinzubewegen. Es dürfte klar sein, daß eine große Anzahl von Kontroversen innerhalb der generativen Grammatik sich um ein Gebiet von idiosynkratischem Verhalten dreht, aus dem der soziale Zusammenhang verschwunden ist. Für seltene Satztypen ist es nur natürlich, daß jeder das Problem individuell für sich selbst lösen sollte; sofern er das tun kann, indem er ihm geläufige Regeln auf eine vorhersagbare Art und Weise erweitert, haben wir es mit *langue* zu tun; weichen jedoch die Individuen ohne jede beobachtbare Struktur voneinander ab, dann haben wir es mit echten Idiolekten zu tun. Aber gerade der Begriff des *Idiolekts* stellt sich natürlich als ein Irrtum der Saussure'-schen Vorstellung von der *langue* heraus, nämlich als eine Erscheinung, die die Sprachgemeinschaft charakterisiert. Unser Ziel besteht darin, eine Grammatik dieser Sprachgemeinschaft mit all ihrer internen Variation, ihren Stilwechseln und ihrem fortschreitenden Wandel zu schreiben (Weinreich, Labov & Herzog 1968). Wenn sich die Daten in unstrukturierte Idiosynkrasien aufzulösen beginnen − normative Urteile anstelle tatsächlichen Verhaltens − dann kommt die Linguistik nicht mehr vorwärts. Das ist nicht die Art der Daten, auf die wir eine Sprachtheorie gründen können, die dem geringsten der Ziele Saussures gerecht würde.

Beobachtungen

Es ist offensichtlich etwas ungewöhnlich, unter den Typen von Daten, die Linguisten benutzen, *Beobachtungen* zuletzt anzuführen. Aber die Beobachtung natürlicher Sprache ist tatsächlich die schwierigste von allen Methoden, die bis jetzt diskutiert worden sind. Texte, Elizitierungen und Intuitionen sind weit zugänglicher und werden leichter segmentiert und klassifiziert; aber die Fälle linguistischer Beschreibung und Theorie, die auf solchen Daten aufbaut, muß erst noch in ihrem Verhältnis zur Sprache als Mittel der Kommunikation im Alltagsleben interpretiert werden. Bei der Art, wie Äußerungen und Intuitionen elizitiert und erhoben werden, ist nicht ganz klar, in welchem Sinne diese Arbeit als *gültig* (valid) bezeichnet werden kann. Wenn ein anderer Linguist dieselben Urteile von muttersprachlichen Sprechern oder aufgrund seiner eigenen Introspektionen erhält, dann können wir sagen, daß die Methode *verläßlich* (*reliable*) ist. Aber Verläßlichkeit allein hilft uns nicht, eine solide Sprachtheorie in dem Sinne zu entwickeln, wie wir es beabsichtigen. Sehr oft produziert der Linguist tatsächlich seine eigenen Konstrukte.[5] Er hat dadurch ein weiteres Problem geschaffen, nämlich das Problem, diese Artefakte auf die natürliche Sprache zu beziehen.

---

5 Indem die Linguisten ihre Vertrautheit mit der Philosophie der Sprache vergrößern, besteht eine wachsende Tendenz, 'Gedanken-Experimente' als Mittel zur Herstellung von Daten zu benutzen. So entwickelt Jerry Morgan eine Idee von Zeitmaschinen (die er McCawley verdankt) als Mittel, Daten über die reflexive Form zu gewinnen. Was würde ein Forscher sagen, der in einer Zeitmaschine sitzt, wenn er ein Bild von sich sehen

Was würde es bedeuten, daß Elizitierungen oder Intuitionen gültig sind? Man könnte vernünftigerweise fordern, daß sie der Sprache des Alltagslebens, die benutzt wird, wenn der Linguist nicht anwesend ist, entsprechen. Diese Forderung ergibt sich aus der Tatsache, daß es sehr wenige Linguisten und sehr viele Sprecher gibt, eine Beobachtung, die man als das *Prinzip der Mehrheit der Sprecher* (principle of the vocal majority) bezeichnen könnte: *viele sprechen, aber wenige elizitieren.* Wenn also unsere Theorien bloße Artefakte der Tätigkeit sind, uns selbst zu analysieren, werden sie uns wenig über die natürliche Entwicklung der Sprache sagen können. Entweder haben unsere Theorien die Sprache zum Gegenstand, die der einfache Mann auf der Straße benutzt, wenn er mit seinen Freunden diskutiert oder zu Hause seine Kinder ausschimpft, oder sie haben in der Tat wenig Bedeutung.

Diejenigen, die literarische Texte sammeln, beobachten tatsächlich etwas, das unabhängig zustandegekommen ist: historische Linguisten befassen sich wirklich mit der Beobachtung von Sprache. Einige glauben, daß man die Struktur der Sprache insgesamt nur anhand ihrer höchsten literarischen Entwicklungsstufen beobachten kann und daß die gesprochene Sprache relativ verarmt ist. Aber wir sind ebenso wie unsere Vorgänger im Rahmen der amerikanischen Linguistik der Überzeugung, daß Texte nur in ihrer Beziehung zur gesprochenen Sprache verstanden werden können — daß die Hauptströmungen der Sprachentwicklung in der Alltagssprache zu finden sind; dies gilt selbst für hochliterarische Kulturen wie die unsrige.

Um Beobachtungen aus dem Alltagsleben einzuführen, müssen wir die herrschenden Meinungen und Ideologien einer gründlichen Kritik unterziehen und zwar mehr oder minder so, wie es Chomsky mit der Methodologie der Bloomfieldianer getan hat. Eine weitverbreitete Meinung, die angeführt wird, um von der Untersuchung der normalen Sprache abzuhalten, ist die, daß gesprochene Sprache inkohärent sei. Chomsky hat oft behauptet, daß ein Kind den größten Teil dessen, was es hört, als ungrammatisch ausschließen muß (1965:58). Diese Auffassung ist ein Mythos, der sich auf keinerlei Beweise stützen kann, außer vielleicht auf einige Transkriptionen von wissenschaftlichen Konferenzen. Jeder, der mit natürlicher Sprache arbeitet, stellt das fest, und es ist systematisch gezeigt worden, daß die Mehrheit der Sätze, die von normalen Leuten gesprochen werden, ohne Anwendung von Redaktionsregeln (editing rules) wohlgeformt sind. Außer einem geringen Prozentsatz können alle auf diese Wohlgeformtheit zurückgeführt werden, indem man einfache und universelle Redaktionsregeln anwendet (Labov 1966e).

Zweitens stellen wir fest, daß die meisten Forscher ihre eigene Sprachgemeinschaft als ungewöhnlich, voller Dialektmischung und chaotischer Variation im Vergleich zur Homogenität traditioneller Sprachgemeinschaften beschreiben.

---

würde, auf dem er sich selbst schlägt? Nach Morgan könnte er berichten 'Ich habe mich geschlagen' ('I slapped myself'). Wenn das neue Ich aus der Zeitmaschine heraus reagiert und sein jüngeres Ebenbild schlägt, kann ich davon berichten, indem ich sage 'Ich habe mich geschlagen'. Aber wenn das alte Ich sich in der Zeitmaschine befindet und das neue Ich schlägt, kann ich davon nicht berichten, indem ich sage 'Ich habe mich geschlagen' (1969:55). Wenn Morgan Erfolg haben sollte, verläßliche Reaktionen auf solche Gedankenexperimente zu erhalten, dann hätte er das Problem, diese Reaktionen auf die Sprache, so wie wir sie hier verstehen, zu beziehen.

Aber diese homogenen Sprachgemeinschaften sind ebenfalls Mythen. Wie Gauchat gezeigt hat (1905), weist selbst das abgelegenste Schweizer Dorf eine systematische Variation quer durch Geschlecht und Altersgruppe auf. Jüngere Untersuchungen von Sprachgemeinschaften in New England, New York, Detroit, Hillsboro, Salt Lake City und Norwich zeigen, daß diese Variation regelmäßigen Strukturen folgt, die uns sehr viel über die Entwicklung der Sprache und darüber, wie die Leute sie benutzen, sagen. Wir sehen immer wieder, daß die Grammatik einer Sprachgemeinschaft regelhafter ist als das Verhalten des Einzelnen (Labov 1966a; Shuy, Wolfram & Riley 1966; Levine & Crockett 1966; Cook 1969; Trudgill 1974).

Wir finden eine dritte ideologische Barriere in der Behauptung, daß alle diese Daten zu einer anderen, weit entfernten Disziplin gehören, die man Untersuchung der Performanz nennt und die in Angriff genommen werden muß, wenn wir die Fakten der Kompetenz in den Griff bekommen haben. Die Unterscheidung zwischen Kompetenz und Performanz mag ihren Nutzen haben, aber in ihrer jetzigen Form ist sie ziemlich inkohärent. Wenn Performanzfaktoren jene sind, die die Produktion von Sätzen erleichtern oder erschweren, dann würde fast unser ganzer transformationeller Apparat unter diese Rubrik fallen: Regeln der Extraposition, der Komplementierung, der Partikel-Bewegung, der Negativbindung und so weiter. Wir beginnen mit einer multi-dimensionalen Tiefenstruktur, die unmöglich hervorzubringen ist, und kommen schließlich zu einer linearen Anordnung, die leicht zu sagen und zu verstehen ist. Statt des links-eingebetteten *For anyone to do that is a shame* extraponieren wir und sagen *It's a shame for anyone to do that*; wir äußern dann mit größerer Leichtigkeit ein rechts-eingebettetes Komplement als Ergebnis dieser Extraposition.

Es gibt auch technische Neuerungen, die die Untersuchung der Alltagssprache erleichtern. Das Magnetophonbandgerät wurde in diesem Land gleich nach dem Zweiten Weltkrieg eingeführt. Aber die meisten Linguisten erkannten seine Bedeutung nur langsam an und behaupteten weiter, daß Daten, die sie persönlich notiert haben, verläßlicher seien als eine Tonbandaufnahme. Die meisten Linguistikstudenten in Doktorandenkollegs haben Zugang zu einem alten Wollensak*, wenn überhaupt, und haben die schwierige Kunst, gute Aufnahmen zu machen, nicht gelernt. Man sollte erwähnen, daß ein Mangel an professioneller Orientierung in bezug auf die Ausrüstung ein ernsthaftes Hindernis in der Entwicklung der Untersuchung der Sprache im Alltagsleben gewesen ist. Die einzige ernsthafte Beziehung zum technischen Instrumentarium findet sich bei Phonetikern, und es herrscht allgemein der Eindruck, daß gute Aufnahmen nur im Labor wichtig sind. Aber in Wirklichkeit werden zum Studium der Grammatik viel bessere Aufnahmetechniken als für die Phonologie benötigt; eine noch bessere Ausrüstung braucht man für die Analyse von Unterhaltungen in gewöhnlicher Interaktion.[6]

----

* [Anm. d. Hrsgg.]
  Hochwertiges stationäres Tonbandgerät.

6 Einige der jüngsten Entwicklungen in der Aufnahmetechnik, die für die Untersuchung
   von natürlicher Interaktion wichtig sind, stellen (vielleicht vorläufige) Rückschläge bezüglich der Wiedergabetreue dar. Kassettengeräte, die mit einer Geschwindigkeit von 4,75 cm
   pro Sekunde laufen, können uns nicht den Frequenzumfang bieten, der notwendig ist,
   um alle relevanten akustischen Eigenschaften des Sprachsignals aufzufangen. Aber ihr

Die stärksten Beschränkungen, die die Linguisten daran hindern, den Reichtum sprachlicher Daten, von denen sie umgeben sind, nutzbar zu machen, liegen in den Barrieren gegen eine Interaktion mit Fremden in der eigenen Kultur. Die häufigste Frage, die mir nach einer Vorlesung gestellt wird, die Daten von Sprechern außerhalb der Universität behandelt, lautet: 'Was sagen Sie zu diesen Leuten?' Das ist eine legitime und wichtige Frage. Aber bevor wir sie beantworten können, müssen wir den Grund für dieses Problem erkennen: die unbekannten und unbestimmten Ängste, daß diese Fremden uns auf irgendeine Weise etwas antun könnten. Jeder ist im Stillen davon überzeugt, daß er allein ängstlich und isoliert ist. Um sich gegen Vorwürfe von Unfähigkeit, Nachlässigkeit oder Feigheit zu schützen, entwickeln viele Akademiker eine Gegen-Ideologie: sie behaupten, daß diese anderen Leute außerhalb der Universität allein gelassen werden wollen; daß es unmoralisch ist, in ihre Privatsphäre einzudringen, indem man mit ihnen spricht.[7] Viele Akademiker halten es für notwendig festzustellen, (1) daß das, was sie tun, das ist, was Linguisten tun sollten und (2) daß es unmoralisch und keine einwandfreie Linguistik ist, wenn andere anders handeln. Aber eine solche defensive Haltung ist nicht notwendig, weil die Ängste, die Menschen beim Kontakt mit Fremden verspüren, das Ergebnis von Regeln der sozialen Interaktion sind, die jedermann geläufig sind. Um solche Barrieren zu überwinden, muß man ein allgemeines Verständnis dieser Regeln haben, wie sie vorteilhaft genutzt werden können und wo ihre Grenzen liegen. Mit einigen wenigen Ausnahmen setzt sich unsere Gesellschaft aus Leuten zusammen, die von diesen Barrieren zwischen sich und anderen wohl wissen, sie gerne überwinden möchten und froh sind, wenn ein anderer den ersten Schritt tut, der das ermöglicht.

Es gibt Unterschiede in der Persönlichkeit unter Linguisten, die unausweichlich zur Spezialisierung in der Bibliothek, im Busch, auf der Straße und in der Studierstube führen. Aber mir scheint, daß man sich der Tendenz widersetzen muß, die Grenzen der Linguistik so umzudefinieren, daß sie der eigenen Persönlichkeit entgegenkommen. Wir sehen diese Tendenz bei der Ablehnung von Texten gesprochener Sprache durch den Historiker, bei der Ablehnung von Intuitionen durch den Strukturalisten, bei der Ablehnung der Alltagssprache durch den Intuitionisten und bei der Ablehnung der eigenen Gesellschaft durch den Ethnologen.

----

kleines Format, der niedrige Preis und ihre Unauffälligkeit können kaum unberücksichtigt bleiben, wenn man natürliche Beobachtungen anstrebt. Es sind bei der Isolierung eingebauter Kondensator-Mikrophone gegen das Motorengeräusch Fortschritte erzielt worden, die von einiger Bedeutung für diese Art von Feldforschung sind, und es ist wahrscheinlich, daß die Verbindung von Stereo-Trennung mit diesem Typ der Ausrüstung ein weiterer konsequenter Schritt zum Studium natürlicher Gruppen sein wird.

7 Während der letzten Jahre habe ich eine Anzahl von Fragen akademischer Zuhörer gesammelt, die diese moralische Haltung zur Voraussetzung haben oder implizieren, z.B.: 'Unter welchem Vorwand sprechen Sie mit diesen Leuten?'. Ein Professor fragte mich: 'Wie schleichen Sie sich in diese Gruppen ein?' und ein wenig später fragte seine Frau: 'Wie treten Sie an sie heran?'. *Vorwand, herantreten* und *einschleichen* scheinen ein Merkmal von [−Schicklichkeit] zu teilen, das ich oben in der allgemeinen Formulierung zu erläutern versucht habe.

Unsere ersten Schritte bei der Untersuchung des Alltagslebens erlauben uns, etwas über die entscheidende Frage der Validität von Elizitierungen und Intuitionen zu sagen. Unter welchen Bedingungen weichen normenkonforme Reaktionen vom tatsächlichen Verhalten ab? Unter welchen Bedingungen können wir direkte Fragen über Grammatikalität stellen und Reaktionen erhalten, die in bezug stehen zu der Sprache, die in der gewöhnlichen Kommunikation benutzt wird? Im großen und ganzen können wir das nicht mit kleinen Kindern tun, obwohl Lila Gleitman die außergewöhnliche Fähigkeit von manchen Kindern als Grammatiker gezeigt hat (1970). Der Dialekt, den Kinder benutzen, ist nur einer von vielen Non-Standard-Dialekten, die mit einem dominanten Standard in Verbindung stehen. Unter dieser Bedingung können wir ein allgemeines *Prinzip des Wechsels vom untergeordneten zum dominanten Dialekt* (principle of subordinate shift) aufstellen: *Wenn man Sprechern eines untergeordneten Dialekts direkte Fragen über ihre Sprache stellt, dann werden ihre Antworten sich auf unregelmäßige Art und Weise in Richtung auf den* [*oder weg vom*] *übergeordneten Dialekt bewegen.* Dieses Prinzip wird wirksam, wann immer wir versuchen, die Regeln der Sprache der Arbeiterschicht, des Black English, des Patois oder Creole zu untersuchen, indem wir formale Elizitierungstechniken benutzen oder muttersprachliche Sprecher dazu anleiten, sich selbst Fragen zu stellen. Das soll nicht heißen, daß so etwas nicht gemacht werden sollte oder könnte, aber wenn keinerlei andere Daten vorhanden sind, muß man annehmen, daß die Ergebnisse in verschiedener − nicht genau bestimmter und unvorhersehbarer − Hinsicht nicht valide sein werden.[8]

Geht man davon aus, daß es möglich ist, ideologische, technische und soziale Zwänge zu überwinden, und beachtet man die Kluft zwischen der Befolgung von Normen und dem tatsächlichen Verhalten, bleibt bei der Untersuchung der Alltagssprache ein entscheidendes methodologisches Paradoxon. Es folgt aus fünf Prinzipien, die schon an anderer Stelle besprochen wurden (Labov 1970b) und die hier ganz kurz dargelegt werden sollen.

Das erste ist das *Prinzip des Stilwechsels: es gibt keine Sprecher, die nur einen einzigen Stil benutzen.* Wann immer wir zum ersten Mal mit einem fremden Sprecher in einer Situation zusammentreffen, müssen wir annehmen, daß wir nur einen begrenzten Teil seines gesamten sprachlichen Repertoires beobachten. Es gibt vielleicht einige sprachliche Merkmale, die sich von einem Stil zu einem anderen nicht verändern, aber jeder Sprecher wird eine Struktur von sprachlichen Variablen aufweisen, die sich von einem Kontext zu einem anderen verändern.

Das *Prinzip der Aufmerksamkeit* besagt, daß *Stile entlang einer einzigen*

----

[8] Es sind nicht nur die untergeordneten Dialekte von Erwachsenen, die von diesem Prinzip beherrscht werden. Sprachformen, die von Kindern benutzt werden, sind Non-Standard-Dialekte, die allgemein als nicht korrekt angesehen werden. Man kann daher erwarten, daß die direkte Elizitierung von Daten bei Kindern nicht ohne weiteres zu ihrer tatsächlichen Sprachproduktion in Beziehung zu setzen ist. Man hat allgemein festgestellt, daß formale Experimente und Elizitierungen bei Kindern eine linguistische Kompetenz zeigen, die unter der liegt, die in ihrer spontanen Performanz hervortritt (Brown 1973). Beobachtungen von Sprache im Gebrauch wurden zuerst auf diesem Gebiet entwickelt, und neuere Fortschritte in der semantischen Interpretation von Kindersprache gehen darauf zurück, daß dem Verhaltenskontext des Sprechens sorgfältige Aufmerksamkeit geschenkt wurde (Bloom 1970).

Dimension geordnet werden können, je nach dem Maß an Aufmerksamkeit, die dem Sprechen gewidmet wird. Ungeachtet der unterschiedlichen Art der stilistischen Einflüsse und des mehrdimensionalen Charakters stilistischer Regeln können alle Strukturen auf eine einzige geordnete Dimension projiziert werden, die für unsere Methodologie von Bedeutung ist. Zwanglose und vertraute Stile können an einem Ende und distanzierte, rituelle Stile am anderen Ende dieses Kontinuums angesetzt werden. Gegenwärtig können wir einige der Faktoren kontrollieren, die die dem Sprechen gewidmete Aufmerksamkeit verursachen (siehe unten), aber wir haben noch nicht das tatsächliche Verhaltensmerkmal quantifiziert: Aufmerksamkeit auf bzw. Kontrolle des Sprechens.[9]

Das dritte in dieser Reihe ist das *Vernacular-Prinzip, das besagt, daß der Stil, der seiner Struktur nach und in seinem Verhältnis zur Entwicklung der Sprache der regelmäßigste ist, das Vernacular ist, in dem dem Sprechen die geringste Aufmerksamkeit geschenkt wird.* Um dieses Prinzip vollständig zu rechtfertigen, müßte man ein großes Korpus soziolinguistischer Daten aus sehr vielen Quellen durchgehen (aber vergleiche besonders Labov 1966: Kap. XIV). Man kann auch die Auffassung vertreten, daß dieses Prinzip ganz natürlich aus dem oben angeführten *Prinzip der Mehrheit der Sprecher* folgt. Es ist der sehr häufige und selbstverständliche Gebrauch der Alltagssprache, der für ihre Verbreitung und Wohlgeformtheit verantwortlich ist. Das Wort 'Vernacular' hat manchmal zu dem Mißverständnis geführt, daß sich dieses Prinzip nur auf die Sprache von Analphabeten und der Unterschicht bezieht. Die meisten Sprecher einer jeden sozialen Gruppe haben einen Vernacular-Stil, verglichen mit ihren gewählten und gehobenen Sprachformen. Dieser höchst spontane und am wenigsten untersuchte Stil ist derjenige, den wir als Linguisten am ehesten heranziehen können, wenn wir den Sprecher in die Gesamtstruktur der Sprachgemeinschaft einordnen.

Man kann leicht sehen, daß das vierte Prinzip mit dem dritten interferiert. Das *Prinzip der Formalität* besagt, daß *jede systematische Beobachtung eines Sprechers einen formalen Kontext festlegt, in dem dem Sprechen mehr als das Minimum an Aufmerksamkeit gewidmet wird.* Unter 'systematischer Beobachtung' verstehen wir mehr als Anwesenheit oder Abwesenheit eines menschlichen Beobachters. Vom Tonbandgerät selbst geht eine unterschiedliche, aber anhaltende Wirkung dahingehend aus, daß das Sprechen zum formalen Ende des Spektrums verschoben wird.

Es bleibt dann noch *das Beobachterparadoxon: Um die Daten zu erhalten, die am wichtigsten für die linguistische Theorie sind, müssen wir beobachten, wie Leute sprechen, wenn sie nicht beobachtet werden.* Die verschiedenen Lösungen dieses Paradoxons bestimmen die Methodologie für die Untersuchung der Sprache im Kontext.

Diese Methodologie kann in Form einer kurzen Geschichte soziolinguistischer Methoden dargestellt werden. Den Ausgangspunkt bildet die traditionelle Praxis der Dialektologie, deren Hauptanliegen es ist, relativ kleine Ausschnitte lexikalischer oder morphologischer Informationen zu elizitieren. Das bedingt eine

----

9 Methoden, um die Aufmerksamkeit zu quantifizieren, wurden von Broadbent (1962) entwickelt, aber solche experimentellen Techniken wurden bis jetzt noch nicht benutzt, um das Maß an Aufmerksamkeit, das dem Sprechen gewidmet wird, zu messen.

lange Frage des Interviewers und eine kurze Antwort des Informanten — genau das Gegenteil unserer gegenwärtigen Praxis, die jede Frage auf maximal fünf Sekunden begrenzt. Aber die frühen Interviews auf Martha's Vineyard (Labov 1963) und in Detroit (Shuy, Wolfram & Riley 1967) enthielten viele solche langen Fragen mit kurzen Antworten.

Die Form des soziolinguistischen Interviews wurde zum großen Teil bei der Arbeit in der Lower East Side von New York und in Harlem entwickelt (Labov 1966a; Labov et al. 1968). Wir haben dort Wege erforscht, die Beschränkungen der Interviewsituation, wie sie im *Formalitätsprinzip* ausgedrückt werden, zu durchbrechen. Diesen Beschränkungen kann man ausweichen, indem man von der Annahme ausgeht, daß sie für eine bestimmte Zeit nicht wirksam sind oder daß sie durch stärkere Faktoren aufgehoben werden können. In der Lower-East-Side-Untersuchung wurden fünf Kontext-Situationen im voraus ermittelt, in denen das Vernacular mit größter Wahrscheinlichkeit auftreten würde, und in einem solchen Kontext wurde die zwanglose Sprechweise durch das Auftreten eines oder mehrerer voneinander unabhängiger paralinguistischer Merkmale bestimmt: Zunahme der Lautstärke, der Tonhöhe, des Tempos, der Atmung oder Gelächter.

Es kann ein halbes bis zu einem Jahr dauern, um eine Frage, die solche Reaktionen effektiv auslöst, zu entwickeln — denn das Thema ist nicht das einzig entscheidende Merkmal. Plazierung, Formulierung, Wahl des richtigen Zeitpunkts und Vortragsweise — all das trägt zu der Wahrscheinlichkeit bei, den Sprecher in dem Maße zu beteiligen, daß die formalen Beschränkungen überwunden werden. Eine der erfolgreichsten Fragen dieser Art ist die nach der Lebensgefahr: "Sind Sie jemals in einer Situation gewesen, wo Sie in ernster Gefahr waren, getötet zu werden, und wo Sie dachten, *jetzt ist es aus*? ... Was ist passiert?" Einen dramatischen Stilwechsel kann man in der folgenden kurzen Passage aus einem Interview mit einem achtzehnjährigen Jungen irisch-italienischer Herkunft in New York sehen. Sein gewählter Stil geht plötzlich zu nervösem Lachen, schwerem Atem und schnell hervorgestoßenen Äußerungen über. Die wichtigen linguistischen Variablen ändern sich zur gleichen Zeit: (ing) verschiebt sich von [ɪŋ] zu [ɪn]; (th) und (dh) verschieben sich zu [t] und [d], die Vereinfachung von Konsonanten-Gruppen steigt plötzlich an und Negativangleichung tritt auf. In der folgenden Transkription wird unterdrücktes Lachen, das normalerweise die Worte überlagert, mit [hh] oder [hhh] und der Wechsel zum zwanglosen Stil und wieder zurück durch Kursivdruck markiert.

(What happened to you?)	(Was ist Ihnen passiert?)
The school I go to is —	Die Schule, die ich besuche —
uh — Food and Maritime. That's	äh — Versorgung und Seefahrt, das ist
— uh — maritime training.	— äh — Seemannsausbildung.
And I was up in the masthead,	Und ich war oben im Masttop,
and the wind started blowing.	und der Wind fing an zu blasen.
I had a rope secured around me	Ich hatte ein Sicherungstau um,
to keep me from falling.	um nicht herunterzufallen.
But the rope parted [hh]	Aber das Tau löste sich [hh],
an' I was jus' hangin' there	und ich hing grad' noch
by my fingernails [hhh].	so an meinen Fingernägeln [hhh].
I never prayed to God so fast [hh]	Ich habe nie so schnell [hh] und so [hh]
and so [hh] *hard in my life!*	fest in meinem Leben zu Gott gebetet!
But I came out all right.	Aber ich kam gut davon.

(What happened?)
Well the guys came up an' ey' got me.

(How long were you up there?)
About ten minutes [hhh].
(Jees! I can see you're still sweatin'
thinkin'.about it.)

Yeh [hhh]. *I came down,*
I cou'n' hold a pencil in my han' [hhh],

I cou'n' touch nuttin'.
I was shakin' like a [hhh] *leaf.*
Sometimes I get scared t'inkin' about it.

But − uh − well it's training!

(Was passierte?)
Ja, die Jungen kamen hoch und sie hol-
ten mich.
(Wie lange waren Sie dort oben?)
Ungefähr 10 Minuten [hhh].
(Mensch, ich kann ja sehen, daß Sie
immer noch schwitzen, wenn Sie daran
denken.)
Ja [hhh]. Ich kam runter,
ich konnte keinen Bleistift in meiner
Hand halten [hhh],
ich konnte nichts anfassen,
ich zitterte wie [hhh] Espenlaub.
Manchmal bekomme ich Angst, wenn ich
daran denke.
Aber − äh − nun, das ist Ausbildung.

Wenn man solche Fragen ausarbeitet, muß man zum grundlegenden soziolinguistischen Problem zurückkehren: "Warum sagt jemand etwas?"[10] Es gibt
drei ergiebige Themen, die besonders geeignet sind, ein breites Spektrum von
Sprechern zu Äußerungen zu provozieren: (1) Tod und Lebensgefahr, einschließlich jeder Form von physischer Gewalt (Kämpfe, Unfälle, Krankheit, Operationen), (2) Sexualität und der ganze Ablauf der Interaktion zwischen den Ge-
schlechtern (Anträge, Verabredungen, Organisation des Haushalts), (3) moralische Entrüstung (z.B. "Wurden Sie jemals für etwas geschlagen, was Sie nicht
getan hatten?"). Über diese allgemeinen Überlegungen hinaus gibt es ein weites
Gebiet von lokalen Themen, Humor und Klatsch, die der Feldforscher als Nebenprodukt von teilnehmender Beobachtung aufgreifen muß. Fragen in bestimmten
lokalen Gebieten werden mithilfe eines Rückkopplungsverfahrens ausgearbeitet,
das fortschreitend mehr voraussetzt, je mehr der Feldforscher weiß.[11] Eine Ausgangsfrage "Haben Sie jemals Lotto gespielt?" würde so durch die Frage "Haben
Sie jemals einen großen Treffer gehabt?" ersetzt werden. Wenn man mit Rot-
wildjägern spricht, würde eine Ausgangsfrage wie "Wohin zielen Sie?" durch die
Frage "Lohnt sich ein Schuß auf die Keule?" ersetzt werden. In dem Maße, wie
der Außenseiter allmählich integriert wird, steigt die Qualität der erhaltenen
Äußerungen, und die emotionale Beteiligung des Sprechers nimmt stetig zu.

----

10 Das heißt, die Untersuchung von Methoden verstrickt uns in Grundfragen der Diskursanalyse. Naive Ansätze, um Äußerungen zu elizitieren, stützen sich weitgehend auf
Fragen, die oberflächlich Reaktionen bewirken. Experimentelle Methoden, die benutzt
werden, um die sprachliche Kompetenz von Kindern zu beurteilen, verwenden auch
direkte Fragen und erhalten systematisch irreführende Daten. Eine weitere Analyse der
Faktoren, die Kinder und Erwachsene zum Sprechen bringen, konfrontiert uns unvermeidlich mit Überlegungen bezüglich der Handlungen, die ausgeführt werden, und der
zugrundeliegenden Annahmen über die Rolle des Sprechers und des Angesprochenen.
Solche Überlegungen bilden die Grundlage für eine Untersuchung von Unterhaltungen,
die Sequenzierungsregeln von Regeln der Interpretation unterscheidet; die uns von der
Frage "Was ward gesagt?" zur Frage "Was wird getan?" bringt.
11 Solche Methoden sind den Techniken ähnlich, die von Ethnologen benutzt werden, wenn
sie Fragen entwickeln, die Kategorien und Vokabular der Eingeborenen-Kultur reflektieren (Black & Metzger 1965). Aber die extreme Formalität, die bei den bis jetzt vorgelegten Ansätzen benutzt wurde, ergibt irreführende Ergebnisse, wenn eine erhebliche
Kluft zwischen Normen und Verhalten besteht.

Ein Feldforscher, der nicht hinter einem Thema steht und es nur als Entschuldigung behandelt, Sprache zu elizitieren, wird sehr wenig für seine Mühe erhalten. Fast jede Frage kann beantwortet werden, ohne daß die Antwort mehr Informationen enthält als die Frage. Wenn der Sprecher mehr gibt, dann ist das ein Geschenk, das einer allgemeinen Bereitschaft zu gutem Willen zu verdanken ist, die er dem Feldforscher vertrauensvoll entgegenbringt. Ein gründliches Wissen setzt ein großes Interesse voraus, und als Belohnung für dieses Interesse wird der Sprecher vielleicht mehr geben, als man eigentlich erwarten darf. Deshalb muß sich der Feldforscher, der die ganze sprachliche Kompetenz seiner Informanten erschließen kann, ein gründliches Verständnis dessen, worüber er seine Fragen stellt, aneignen und außerdem ein umfassendes Wissen über die allgemeinen Formen menschlichen Verhaltens erwerben.

Über das Interview hinaus. Das Einzelinterview wird die Grundlage unserer Untersuchungen bleiben, denn nur dort kontrollieren wir wirklich die große Masse von Äußerungen und die komplexen Strukturen, die für die Untersuchung der Grammatik erforderlich sind. Aber die gerade beschriebenen Methoden, um die Zwänge des formalen Interviews zu überwinden, sind nur Ersatz für unser eigentliches Interesse und liefern uns nur Bruchstücke des Vernaculars.

Ein systematischerer Ansatz, das Vernacular des Alltagslebens aufzuzeichnen, besteht darin, es der Interaktion der natürlichen Peer-Group selbst zu überlassen, die Stilebene der produzierten Sprache zu kontrollieren. Die Techniken, die hier benutzt werden, entstammen der originellen Arbeit , die Gumperz in Hemnes in Norwegen gemacht hat (1964), wo er die Interaktion von geschlossenen und offenen Netzen von Mitgliedern der Ortschaft aufzeichnete. Die Forscher geben die Ausgangssituation vor, ziehen sich aber allmählich aus der Situation zurück; die Einwirkung der Tonbandaufnahme verschwindet nie ganz − wie unsere Prinzipien voraussagen, aber sie wird zum großen Teil von anderen Faktoren aufgehoben − von den gleichen, die im Alltag wirksam sind. Solche Techniken wurden in unserer Arbeit mit jugendlichen Peer-Groups in South Central Harlem weiterentwickelt (Labov et al. 1968: I, 57). Obwohl uns Gruppensitzungen den grundlegenden Standard geben, an dem wir unsere andere Arbeit messen können, liefern sie uns gewöhnlich nicht genügend Sprachdaten für jedes Individuum. Es ist möglich, einige der gleichen Interaktionsmechanismen für Interviews mit einem oder zwei Sprechern fruchtbar zu machen, wenn die Interviewer der gleichen Gemeinschaft angehören.

Es gibt große Unterschiede in der Qualität der Interaktion und im Typ der erhaltenen Information zwischen den Techniken, die Insidern zugänglich sind, im Vergleich zu den besten Interviews, die von Außenstehenden gemacht werden. Insider dringen tiefer ein; aber zur gleichen Zeit sind sie in der breiten Auswahl der Sprecher, mit denen sie sich befassen können, stärker eingeschränkt. Da sie eine feste Position innerhalb der Gemeinschaft haben, können viele Mitglieder nicht so frei mit ihnen sprechen, wie sie es einem Fremden gegenüber tun würden. Geschichten, die Insidern erzählt werden, tendieren dazu, fragmentarischer und weniger wohlgeformt zu sein als die, die man Außenstehenden erzählt. Man kann den *Außenstehenden* mit einem stumpfen Instrument, einem nützlichen Handwerkszeug für alle Arten von grober Arbeit vergleichen, während der Insider tiefer in einen engeren Bereich eindringen kann. Keine ernsthafte Untersuchung einer Sprachgemeinschaft sollte geplant werden, ohne beide Typen von Feldforschern gleich von Anfang an einzubeziehen.

Die Art der Langzeit-Beobachtung, die wir gerade beschrieben haben, wäre sehr wichtig für Untersuchungen des Spracherwerbs. Bis jetzt wurden noch keine Untersuchungen durchgeführt, die sich auf natürliche Gruppen von spielenden Kindern konzentrieren; man hat sich nur mit der Familie beschäftigt. Innerhalb dieses Paradigmas gab es einen beachtlichen Fortschritt bei den Techniken der Beobachtungen, die gemacht wurden, wobei dem körperlichen Verhalten des Kindes, das uns Hinweise bietet, die wir zur semantischen Interpretation benötigen, zunehmend Aufmerksamkeit gewidmet wurde (Brown 1970: 100; Bloom 1970: 15−33).

Die Familie als Ganze steht im Mittelpunkt unserer jüngsten Untersuchungen über fortschreitenden Lautwandel (Labov 1970). Das Hauptanliegen besteht darin, dem Zusammenhang zwischen den Abstufungen des Alters und den Auswirkungen auf fortschreitenden Sprachwandel nachzuspüren. Aber wir sind uns auch darüber im klaren, daß unsere Einzelinterviews uns nur eine Annäherung an das Vernacular liefern; Zusammenkünfte mit der Familie ermöglichen uns Beobachtungen spontaner Interaktion, um den überwiegenden Teil unserer Daten daran zu messen. Eine einzige Frage, die Angelegenheiten betrifft, die jeden Tag innerhalb der Familie erörtert werden, kann eine ausgedehnte Diskussion auslösen, in der der Interviewer allmählich aus dem Blickfeld gerät. Im folgenden Beispiel von einer Familie in East-Atlanta können wir den Anfang einer solchen Diskussion und das Entstehen einer Interaktion innerhalb der Familie beobachten, die uns den Vernacularstil liefert, den wir suchen. Es war eine Unterhaltung nach dem Essen im Haus von Herrn und Frau G.; um den Eßzimmertisch waren versammelt: Henry Sr., 59, seine Ehefrau, 55, ihre beiden Töchter Gail und Barbara und Barbaras Ehemann Bill. Bill arbeitet als Maschinenschlosser in einem Eisenbahnausbesserungswerk, in dem Henry Sr. Vorarbeiter ist.

Interviewer: Do you think there's a natural life span for people, or is it possible there's a way for you to live longer and longer?	Glauben Sie, daß der Mensch eine natürliche Lebensdauer hat oder ist es möglich, daß es einen Weg für Sie gibt, immer länger zu leben?
Herr G. [Haushaltsvorstand, 59]: Yep. They're gonna do that. They're provin' that every day.	Ja, die werden das machen. Die beweisen das tagtäglich.
Frau G. [55] [überschneidend]: They *are* livin' longer and longer. People *are* livin' longer. And that's health, you know. Back then, I don't see how they lived as long as they did . . . back − years ago.	Sie leben ja immer länger. Die Leute leben schon länger. Und das ist die Gesundheit, wissen Sie. Damals, ich verstehe nicht, wie sie überhaupt so lange leben konnten . . . früher, vor Jahren.

Sowohl der Ehemann als auch die Ehefrau antworten gemeinsam vom selben Standpunkt aus. Der Interviewer erkennt, daß er ein zentrales Thema der Familie berührt hat, da er vom Gespräch ausgeschlossen wird und die Unterhaltung aus eigener Kraft heraus weitergeht. Alle fünf Familienmitglieder reden mit, als zu dem vertrauten Thema über alte Sitten im Gegensatz zu den neuen übergegangen wird.

Interviewer: Yeh, well some —

Herr G.: What is it? Used to be forty
when I was young, and now it's sixty
something.

Frau G.: Oh — You take a woman back
when — even when I was a chil',
a woman thirty-five was *old*!

Barbara [Tochter]: Probably you took a
rocking chair.

Frau G.: Yeah, now that's really the truth,
they really were, and they looked old
— thirty-five.

Frau G.: And they were old.

Gail [Tochter]: You had to b'eak forty, you
were an old man [hh].

Herr G.: Back then, look what a woman
had to do.

Frau G.: Tha's why I know; that's what I said.

Bill [Barbaras Ehemann]: Nowaday all they
got to do is th'ow it in here, 'n' th'ow
it in there, 'n' they got a machine to
do it fo'em.

Ja, gut, einige —

Was denn? Es waren gewöhnlich 40
Jahre, als ich jung war, und jetzt sind es
60 und noch was.

Oh — nehmt eine Frau damals als —
sogar als ich ein Kind war, eine Frau war
mit 35 *alt*!

Wahrscheinlich hat man dann einen
Schaukelstuhl gehabt.

Ja, also das ist wirklich die Wahrheit,
sie waren's wirklich und sie sahen alt
aus — mit 35.

Und sie waren alt.

Du hast nur über 40 sein müssen, dann
warst du ein alter Mann [hh].

Damals, seht mal, was eine Frau zu tun
hatte.

Deshalb weiß ich's; das sag ich ja.

Alles, was sie heutzutage machen müssen, ist, etwas da hineinzuwerfen und
etwas dort hineinzuwerfen, und sie haben eine Maschine, die es für sie macht.

Bis Bill in Erscheinung tritt, stand das Thema nicht zur Debatte. Aber Bill greift
"Frau" von Henry Sr. auf und macht dies zum Hauptgegenstand der Unterhaltung; seine Frau lacht über seine vertraute Verhaltensweise. Frau G. gibt
eine direkte Antwort, aber als Bill mit seiner Frauen-Hetze weitermacht, nimmt
sie ein Stichwort ihres Mannes auf und bleibt mit einer vernichtenden Antwort
Sieger.

Frau G.: Well that's everything — we get a —

Bill [überschneidend]: They don't have to
exert theyself. Y'got a vacuum cleaner
'n' you push 'n' 'a's all you gotta do.

Barbara: [lacht]

Frau G.: Well that's not healthy. I think
it's good for you to do something —
work, far as that goes.

Bill: Back then — girls nowaday,
back then, if they had to wash
clothes —

Herr G. [überschneidend]: Well how about
the men? How about the men?

Frau G.: Men has never worked!

[allgemeines Gelächter]

Gut das ist alles — wir haben eine —

Sie müssen sich nicht anstrengen. Du
hast einen Staubsauger und du schiebst
ihn rum, und das ist alles, was du zu tun
hast.

Gut, das ist nicht gesund. Ich glaube,
es ist gut für dich, etwas zu tun —
Arbeit, soweit das geht.

Damals — Mädchen heutzutage,
damals, wenn sie Wäsche zu waschen
hatten —

Gut, und wie steht's mit den Männern?
Wie steht's mit den Männern?

Männer haben nie gearbeitet!

Die Unterhaltung ging dann noch weitere fünf Minuten ohne jedes Eingreifen des Interviewers weiter. Zwischen Bill und Henry Sr. entspann sich eine lange Diskussion darüber, was die schwerere Arbeit war – früher einen Vorschlaghammer zu benutzen oder heute mit einem Preßlufthammer zu arbeiten. Die Familienmitglieder engagierten sich und zeigten uns ihre unmittelbaren Interessen, ihre Art zu diskutieren, ihr Wertsystem und die grammatische Struktur ihrer Alltagssprache.

Indem wir uns vom Einzelinterview entfernen, werden unsere Daten weniger vollständig, aber sie sind der Sprache des Alltags näher. Ein weiterer Schritt in diese Richtung kann mit *raschen und anonymen Beobachtungen* gemacht werden. Hier können wir zwar sehr wenig über die Sprecher erfahren, aber wir können sehr viele von ihnen beobachten, und der Einfluß der Interviewsituation ist gleich null. Die Untersuchung des (r) in New Yorker Kaufhäusern (vgl. Kap. 2) liefert ein solches Modell und andere wurden bei der Arbeit mit dem Telefon, beim Fragen nach dem Weg oder bei Beobachtungen an der Straßenecke entwickelt. In jüngerer Zeit haben wir solche Techniken benutzt, um den Gebrauch des Spanischen in den Straßen von Harlem zu beobachten und den Geburtsort derjenigen, die die Sprache dort benutzen, festzustellen. Solche schnellen und anonymen Untersuchungen haben dieser Methode entsprechende Fehlerquellen, aber die Fehler sind zu denen von Interviews komplementär. Wenn die beiden Arten von Daten konvergieren, haben wir im wesentlichen den Einfluß von experimentellen und Beobachtungsfehlern ausgeschlossen.

Es bleibt noch ein beinahe unlösbares Problem – die Seltenheit vieler grammatischer Formen. Es wird ohne Zweifel immer nötig sein, unsere Beobachtungen durch Intuitionen zu erweitern. Aber wir fangen erst an zu lernen, wie man die Daten einer natürlichen Unterhaltung durch minimales Eingreifen anreichern kann. Wenn wir den Gebrauch einer gegebenen grammatischen Form ganz verstehen, dann sind wir in der Lage, sie in Unterhaltungen zu elizitieren, ohne sie selbst zu benutzen und so zu wirken, als würden wir irgendetwas Seltsames und Künstliches tun. Das wurde bisher nur bei einer kleinen Anzahl von grammatischen Merkmalen gemacht, wie zum Beispiel beim Präteritum, beim Passiv, beim Futur, beim Perfekt oder bei Relativsätzen. Allgemein können wir sagen, daß die künftige Untersuchung von Sprache im Kontext in großem Maße von der Entwicklung von Mitteln zur Anreicherung der Daten natürlicher Unterhaltung abhängen wird.

Konvergenz

Diese Diskussion beschränkte sich auf die Methodologie, die sich auf die Gewinnung von linguistischen Daten bezieht. Es bedarf eines zweiten Aufsatzes gleicher Länge, um die Methoden zu behandeln, die bei der Analyse angewandt werden. In einer solchen Erörterung wären wir in der Lage, die detaillierteren Belege durchzugehen, die das Vernacular-Prinzip rechtfertigen – daß der systematischste Stil derjenige ist, der gebraucht wird, wenn dem Sprechen ein Minimum an Aufmerksamkeit gewidmet wird. Wir würden auch die Möglichkeiten berücksichtigen, wie verschiedene Methoden einander stützen können. Auf den Seiten 9 bis 12 haben wir bemerkt, daß die Untersuchung von Intuitionen diese

Art der Konvergenz nicht erreicht hat, und es erscheint unwahrscheinlich, daß die gegenwärtigen Untersuchungen von Variation und Implikationen innerhalb intuitiver Urteile derartige Ergebnisse liefern werden. Wenn unsere Auffassung richtig ist, daß das meiste dieser Variation eine Art intuitiver *parole* darstellt, können wir kaum erwarten, daß einheitliche und konvergierende Strukturen auftauchen. In dem Vorgehen, Sprache in Sprachgemeinschaften zu beobachten, wurden wir dadurch am meisten bestärkt, daß wir eine solche Konvergenz in Prinzipien von großer Allgemeinheit erzielt haben. Eine Anzahl von Forschern hat Strukturen komplexer und regelmäßiger Interaktion von stilistischer und sozialer Schichtung für stabile linguistische Variablen wie (ing) wiedergefunden (Fischer 1958; Labov 1966a; Shuy, Wolfram & Riley 1967; Labov et al. 1968; Trudgill 1974). Die Überkreuzungsstruktur, die mit dem hyperkorrekten Verhalten der unteren Mittelschicht in Verbindung gebracht wurde, fand man in vielen unabhängigen Untersuchungen verläßlich wieder (Labov 1966a; Levine & Crockett 1966; Wolfram 1969). Uns liegt die unabhängige Bestätigung der Tatsache vor, daß Frauen nahezu eine Generation vor den Männern bei fortschreitendem linguistischem Wandel liegen, sich aber auch in formalen Situationen mehr auf den älteren Prestigestandard hinbewegen (Gauchat 1905; Labov 1966a; Shuy, Wolfram & Riley 1967; Wolfram 1969; Trudgill 1974).

Variable Beschränkungen bei der Kontraktion und Tilgung der Kopula wurden in verschiedenen voneinander unabhängigen Untersuchungen bestätigt (Labov 1970a; Wolfram 1969; Mitchell-Kernan 1969). Eine vollständige Darstellung der Methodologie der Analyse könnte diese konvergierenden Ergebnisse detailliert aufzeigen, aber bis jetzt wurde schon eine ausreichende Synthese erreicht, um den Anspruch zu rechtfertigen, daß Beobachtungen von natürlichen Äußerungen eine angemessene Basis für intersubjektive Übereinstimmung innerhalb der Linguistik bilden (Labov 1970b). Wenn diese Übereinstimmung erzielt worden ist, dann deshalb, weil man bei jeder Untersuchung auf mögliche Fehlerquellen geachtet hat. Die wirksamste Art, um Übereinstimmung erzielen zu können, liegt darin, sich einem einzigen Problem mit unterschiedlichen Methoden und komplementären Fehlerquellen zu nähern. Eine Anzahl von angeführten Untersuchungen hat Beobachtungen, Intuitionen, Elizitierungen, Texte und Experimente benutzt, um dieses Ergebnis zu erzielen. Hier müssen wir wieder auf das *Prinzip der Konvergenz* verweisen: *der Wert neuer Daten für die Bestätigung und Interpretation alter Daten ist direkt proportional zu den Unterschieden in den Methoden, die benutzt wurden, um sie zu gewinnen.*

Ungeachtet der Tatsache, daß es eine Vielfalt von methodischen Ansätzen gibt, tritt die Einheit der Linguistik doch deutlich hervor. Es ist nicht nötig, daß jeder die gleichen Methoden benutzt – es ist in der Tat weit besser, wenn wir das nicht tun. Sonst würden wir nicht von komplementären Prinzipien profitieren. Die Vereinheitlichung der Linguistik muß notwendigerweise durch das Verständnis der Linguisten fortschreiten, daß das Feld nicht definiert werden muß, um ihrem persönlichen Stil gerecht zu werden, sondern um auf breiter Basis die Komplexität des Problems anzugehen. Daten aus einer Vielzahl von unterschiedlichen Quellen und Methoden, die gründlich interpretiert werden, können dazu benutzt werden, um richtigen Antworten auf schwierige Fragen näherzukommen.

Übersetzt von Gunter Senft

2. Die soziale Stratifikation des (r) in New Yorker Kaufhäusern

"As this letter is but a jar of the tongue, ... it is the most imperfect of all the consonants."
John Walker,
Principles of English Pronunciation. 1791

Jeder, der die Sprache im sozialen Kontext zu untersuchen beginnt, stößt sogleich auf das klassische methodische Problem: Die Verfahren der Datengewinnung beeinflussen die zu gewinnenden Daten. Das wichtigste Verfahren zur Gewinnung eines großen Korpus von verläßlichen Sprachdaten einer Person ist das auf Tonband aufgezeichnete Einzelinterview. Die Sprache des Interviews ist formal — nicht in Bezug auf einen absoluten Maßstab, aber im Vergleich mit der Umgangssprache des täglichen Lebens. Im großen und ganzen ist das Interview sozial kontrolliertes Sprechen — überwacht und gesteuert infolge der Anwesenheit eines außenstehenden Beobachters. Aber auch wenn man von dieser Definition ausgeht, mag sich der Untersuchende fragen, ob die Antworten in einem auf Tonband aufgezeichneten Interview in ihrer Eigenart nicht erst durch die Beziehung von Interviewer und Interviewtem hervorgebracht werden. Eine Möglichkeit, diese Erscheinung in den Griff zu bekommen, ist die Beobachtung des Informanten in seiner normalen sozialen Umgebung — im Umgang mit seiner Familie oder "Peer-Group" (Labov et al. 1968). Eine andere Möglichkeit ist die Beobachtung der Alltagssprache in der Öffentlichkeit, außerhalb jeder Interviewsituation, um zu sehen, wie die Menschen Sprache im Kontext gebrauchen, wenn sie dabei nicht sichtbar beobachtet werden. In diesem Kapitel wird dargestellt, wie in einer Untersuchung der soziolinguistischen Struktur einer Sprachgemeinschaft von raschen und anonymen Beobachtungen (rapid und anonymous observations) systematisch Gebrauch gemacht wurde.[1]

Dieses und das folgende Kapitel werden vornehmlich die soziolinguistische Erforschung New Yorks behandeln. Grundlage für diese Untersuchung war eine sekundäre Zufallsstichprobe aus dem New Yorker Stadtviertel Lower East Side. Diese Daten sollen in den folgenden Kapiteln betrachtet werden. Aber bevor die systematische Untersuchung durchgeführt wurde, wurden umfangreiche Voruntersuchungen angestellt. Diese umfaßten siebzig Einzelinterviews und sehr viele anonyme Beobachtungen in der Öffentlichkeit. Diese Voruntersuchungen führten zur Definition der zu untersuchenden phonologischen Hauptvariablen, darunter (r): das Vorhandensein oder Fehlen von konsonantischem [r] in postvokalischer Position in *car, card, four, fourth*, etc. Die genannte Variable erwies sich als außerordentlich empfindlich in Bezug auf jede Art von Messung sozialer oder stilistischer Stratifikation. Auf der Grundlage der Vorinterviews war es möglich, eine empirische Überprüfung von zwei Hypothesen durchzuführen: erstens, daß die linguistische Variable (r) die Sprache New Yorks auf allen Ebenen sozial differenziert, und zweitens, daß kurze und unverbindliche Äußerungen (rapid and anonymous speech events) als Grundlage für eine systematische Unter-

---

1   Dieses Kapitel beruht auf den Kapiteln 3 und 9 von *The Social Stratification of English in New York City* (1966), überarbeitet aufgrund späterer Erfahrungen mit raschen und anonymen Beobachtungen. Ich danke Frank Anshen und Marvin Maverick Harris für ihre Hinweise auf aufschlußreiche Wiederholungen dieser Untersuchung (Allen 1968, Harris 1968).

suchung der Sprache benutzt werden können. Die Untersuchung des (r) in New Yorker Kaufhäusern, über die ich hier berichten möchte, wurde im November 1962 zur Überprüfung dieser Überlegungen durchgeführt.

Wir können die soziale Verteilung der Sprache in New York wohl nicht betrachten, ohne auf die Struktur der sozialen Schichtung zu stoßen, die das Leben der Stadt durchdringt. Diese Fragen werden in der größeren Untersuchung über die Lower East Side gründlicher erörtert. An dieser Stelle wollen wir nur kurz eine von Bernard Barber gegebene Definition betrachten: soziale Schichtung ist das Produkt sozialer Differenzierung und sozialer Bewertung (1957: 1–3). Der Gebrauch dieses Terminus impliziert nicht irgendeine bestimmte Art von Klasse oder Kaste, sondern einfach, daß der Entwicklungsprozeß der Gesellschaft systematische Unterschiede zwischen bestimmten Institutionen oder Menschen hervorgebracht hat und daß die durch diesen Prozeß differenzierten Formen in allgemeiner Übereinstimmung nach Status oder Prestige hierarchisch eingestuft worden sind.

Wir beginnen mit einer allgemeinen Hypothese, die die Vorinterviews nahelegen: *Wenn zwei beliebige Untergruppen von New Yorker Sprechern auf einer Skala der sozialen Schichtung hierarchisch angeordnet sind, dann sind sie durch den unterschiedlichen Gebrauch des (r) in derselben Rangfolge angeordnet.*

Es wäre leicht, diese Hypothese durch einen Vergleich von Berufsgruppen, die zu den wichtigsten Indikatoren sozialer Schichtung gehören, zu überprüfen. Wir könnten zum Beispiel eine Gruppe von Rechtsanwälten, eine Gruppe von Büroangestellten und eine Gruppe von Hausmeistern nehmen. Aber die Ergebnisse würden kaum über die der Vorinterviews hinausgehen, und solch ein extremer Fall von Differenzierung würde keine sehr genaue Überprüfung der Hypothese liefern. Es sollte möglich sein zu zeigen, daß die Hypothese so allgemein ist und der unterschiedliche Gebrauch des (r) die Stadt New York so vollkommen durchdringt, daß feine soziale Unterschiede im Index genauso widergespiegelt werden wie grobe.

Es schien deshalb das beste, anhand eines Falles von feiner Schichtung innerhalb einer Berufsgruppe einen sehr strengen Test durchzuführen: in diesem Fall mit Hilfe des Verkaufspersonals großer Kaufhäuser in Manhattan. Wenn wir drei große Kaufhäuser — unten, in der Mitte und oben auf der Preis- und Modeskala — auswählen, können wir erwarten, daß die Kunden sozial geschichtet sind. Können wir auch erwarten, daß das Verkaufspersonal eine vergleichbare Schichtung zeigt? Eine solche Annahme hinge von zwei Beziehungen ab: 1) zwischen dem Statusrang der Kaufhäuser und dem Rang einander entsprechender Tätigkeiten in den drei Kaufhäusern und 2) zwischen den Tätigkeiten und dem Verhalten derjenigen, die diese Tätigkeiten ausüben. Das sind keine unbegründeten Annahmen. C. Wright Mills weist darauf hin, daß Verkäuferinnen in großen Kaufhäusern dazu neigen, von ihren Kunden Prestige zu entlehnen oder zumindest Anstrengungen in diese Richtung machen.[2] Die Tätigkeit eines (aktiv im Beruf

---

2 C. Wright Mills, *White Collar* (New York: Oxford University Press, 1956), S. 173. Vgl. auch S. 243: "Die Neigung der Angestellten, gesellschaftliches Ansehen von Höherstehenden zu entlehnen, ist so stark, daß alle Sozialbeziehungen am Arbeitsplatz davon berührt werden. Verkäuferinnen in Kaufhäusern (...) versuchen häufig, wiewohl oftmals ohne Erfolg, aus dem Kontakt mit Kunden Prestige zu entlehnen und es gegenüber Arbeitskollegen wie auch sonstigen Freunden als Trumpf einzusetzen. In New York kann ein Mädchen, das in der 34. Straße arbeitet, nicht so viel Prestige mit Erfolg beanspruchen wie ein Mädchen, das in der Fifth Avenue oder der 57. Straße arbeitet."

stehenden) Menschen steht anscheinend in einer engeren Beziehung zu seinem Sprachverhalten als irgendein anderes einzelnes soziales Merkmal. Der hier dargelegte Befund deutet darauf hin, daß die Kaufhäuser tatsächlich in einer festen Rangordnung differenziert sind und daß Tätigkeiten in diesen Kaufhäusern von den Angestellten in derselben Rangordnung bewertet werden. Da sich aus sozialer Differenzierung und Bewertung — und seien sie noch so geringfügig — eine soziale Schichtung der Angestellten in den drei Kaufhäusern ergibt, erlaubt die Hypothese die Vorhersage des folgenden Resultats: die Verkäufer(innen) des in der Hierarchie am höchsten stehenden Kaufhauses werden die höchsten (r)-Werte haben; die des in der Mitte stehenden Kaufhauses werden mittlere (r)-Werte haben; und die des am weitesten unten stehenden Kaufhauses werden die niedrigsten (r)-Werte zeigen. Wenn dieses Resultat eintrifft, wird die Hypothese entsprechend der Strenge der Untersuchung bestätigt werden.

Die drei ausgewählten Kaufhäuser sind: Saks Fifth Avenue, Macy's und Klein. Der unterschiedliche Rang dieser Kaufhäuser kann auf vielfältige Weise belegt werden. Der Standort ist ein wichtiger Gesichtspunkt:

Höchster Rang: Saks Fifth Avenue
> an der 50. Straße und der Fifth Avenue gelegen, fast mitten im Zentrum der großen Modehäuser, zusammen mit anderen Kaufhäusern hohen Prestiges, wie Bonwit Teller, Henri Bendel, Lord and Taylor.

Mittlerer Rang: Macy's
> am Herald Square, der 34. Straße und der Sixth Avenue gelegen, in der Nähe des Bekleidungsviertels, zusammen mit Gimbels und Saks 34. Straße, zwei anderen nach Preis und Prestige in der Mitte liegenden Kaufhäusern.

Niedrigster Rang: S. Klein
> am Union Square, an der 14. Straße und am Broadway gelegen, nicht weit von Lower East Side.

Die Anzeigen- und Preispolitik der Kaufhäuser ist sehr deutlich stratifiziert. Kein anderes Element schichtenspezifischen Verhaltens ist in New York vielleicht so scharf differenziert wie die Lektüre einer bestimmten Zeitung. Viele Untersuchungen haben gezeigt, daß "Daily News" die Zeitung ist, die in erster Linie von Leuten der Arbeiterschicht gelesen wird, während die "New York Times" ihre Leserschaft aus der Mittelschicht bezieht.[3] Diese beiden Zeitungen wurden vom 24. bis 27. Oktober 1962 auf Anzeigen hin durchgesehen. Saks und Macy's inserierten in der "New York Times", wo Klein nur durch eine sehr kleine Anzeige vertreten war; in der "Daily News" hingegen erscheint Saks überhaupt nicht, während Macy's und Klein dort häufig inserieren.

Anzahl der Anzeigenseiten
24. - 27. Oktober 1962

	New York Times	Daily News
Saks	2	0
Macy's	6	15
S. Klein	1/4	10

---

3   Diese Aussage wird durch die Antworten auf die Frage nach der gelesenen Tageszeitung, die in der Untersuchung "Mobilization for Youth" in Lower East Side gestellt wurde, vollauf bestätigt. Die Leser der "Daily News" und der "Daily Mirror" (Erscheinen einge-

Betrachten wir auch die Preise der an diesen vier Tagen angebotenen Waren:
Da Saks gewöhnlich keine Preise angibt, können wir die Preise aller drei Kaufhäuser nur bei *einer* Ware vergleichen: bei Damenmänteln. Saks: $ 90,00;
Macy's $ 79,95 und Klein $ 23,00. Bei vier Waren können wir Klein und Macy's
vergleichen:

	Macy's	S. Klein
Kleider	$ 14,95	$ 5,00
Mädchenmäntel	$ 16,99	$ 12,00
Strümpfe	$ 0,89	$ 0,45
Herrenanzüge	$ 49,95 - 64,95	$ 26,00 - 66,00

Auch das Gewicht, das auf die Preisangabe gelegt wird, ist unterschiedlich.
Saks erwähnt Preise entweder überhaupt nicht oder verbannt die kleingedruckte
Zahl ganz unten auf die Seite. Macy's hebt die Preise stark hervor, fügt aber oft
den Slogan hinzu: "Wir bieten mehr als nur niedrige Preise." Klein hingegen be-
gnügt sich oft damit, die Preise für sich selbst sprechen zu lassen. Die Preise unterscheiden sich ebenfalls in ihrer Form: Saks gibt die Preise in ganzen Zahlen an,
z.B. $ 120, die Preise von Macy's liegen immer um einige Cent unter einem Dollar:
$ 49,95, und Klein zeichnet seine Waren gewöhnlich in ganzen Zahlen aus und
fügt den empfohlenen Preis, der immer viel höher und im Stil von Macy's gehalten
ist, hinzu: "$ 23,00, herabgesetzt von $ 49,95."

Bauweise und Ausstattung der Kaufhäuser differenzieren diese ebenfalls. Saks
ist das weiträumigste — besonders in den oberen Etagen — mit der geringsten
Menge an ausgestellten Waren. Viele Etagen sind mit Teppichen ausgelegt und
auf manchen ist eine Empfangsdame postiert, die die Kunden begrüßt. Klein, am
anderen Ende der Skala, ist ein Labyrinth aus Anbauten, schiefen Betonfußbö-
den und niedrigen Decken. Es enthält die größtmögliche Menge an ausgebreiteten Waren bei geringstmöglichen Unkosten.

Der für die Schichtung der Angestellten wichtigste Einfluß geht vom Prestige
des Kaufhauses und den Arbeitsbedingungen aus. Die Löhne schichten die Angestellten nicht in derselben Anordnung. Im Gegenteil, alle Anzeichen sprechen dafür, daß Kaufhäuser hohen Prestiges wie Saks niedrigere Löhne zahlen als Macy's.

Bei Saks sind die Angestellten nicht gewerkschaftlich organisiert und die
Lohnstruktur ist in der Öffentlichkeit nicht bekannt. Gespräche mit einer Anzahl von Männern und Frauen, die in New Yorker Kaufhäusern, darunter Saks
und Macy's, gearbeitet haben, zeigen jedoch allgemeine Übereinstimmung hinsichtlich der Richtung des Lohngefälles.[4] Einige Begebenheiten spiegeln die

----

stellt) auf der einen Seite und der "New York Times" und der "Herald Tribune" (Erscheinen eingestellt) auf der anderen Seite sind nahezu komplementär nach Sozialschich-
ten verteilt.

4   Die Angestellten von Macy's werden durch eine starke Gewerkschaft vertreten, während
die Angestellten von Saks keiner Gewerkschaft angehören. Eine frühere Angestellte von
Macy's meinte, es sei allgemein bekannt, daß die Löhne bei Saks niedriger seien als bei
Macy's und daß das Prestige des Kaufhauses dazu beitrage, den Zustand gewerkschaftli-
cher Nicht-Organisiertheit aufrechtzuerhalten. Bonusse und andere Zuschläge, heißt es,
vervollständigen das Bild. Es hat den Anschein, daß es für ein junges Mädchen schwieriger
ist, eine Anstellung bei Saks als bei Macy's zu bekommen. Infolgedessen hat Saks mehr
Spielraum in der Personalpolitik, und die Tendenz des Kaufhaus-Managements, junge
Mädchen auszuwählen, die in einer bestimmten Weise sprechen, mag ebenso eine Rolle
bei der Stratifikation der Sprache spielen wie die Anpassung der Angestellten an die Verhältnisse. Beide Einflüsse kommen zusammen und bewirken die Stratifikation.

Bereitschaft des Verkaufspersonals wider, von einem Kaufhaus mit größerem Prestige viel niedrigere Löhne zu akzeptieren. Die Geschäftsleitungen der Prestige-Kaufhäuser widmen der Pflege der Beziehungen zu ihren Angestellten große Aufmerksamkeit und ergreifen viele ungewöhnliche Maßnahmen, um sicherzustellen, daß das Verkaufspersonal das Empfinden hat, am allgemeinen Prestige des Kaufhauses teilzuhaben.[5] Eine Informantin aus der Lower East Side, die bei Saks arbeitete, war vor allem von der Tatsache beeindruckt, daß sie Bekleidung von Saks mit 25 % Rabatt kaufen konnte. Ein ähnliches Entgegenkommen von einem Kaufhaus mit weniger Prestige wäre für sie von geringerem Interesse gewesen.

Vom Standpunkt der Angestellten bei Macy's aus erscheint eine Tätigkeit bei Klein als beträchtlicher Abstieg. Arbeitsbedingungen und Löhne werden allgemein für sehr schlecht gehalten, und in der Tat ist das Prestige von Klein sehr gering. Wie wir sehen werden, reflektiert die ethnische Zusammensetzung der Kaufhausangestellten diese Unterschiede recht genau.

Ein sozioökonomischer Index, der die New Yorker nach Beruf einstufte, würde die Angestellten der drei Kaufhäuser auf der gleichen Höhe zeigen: auf einer Einkommensskala befänden sich die Angestellten von Macy's wahrscheinlich etwas weiter oben als die anderen. Ausbildung ist vielleicht der einzige objektive Index, der die Gruppen in derselben Rangfolge differenzieren würde wie es das Prestige der Kaufhäuser tut, wenngleich das nicht völlig sicher ist. Die Arbeitsbedingungen bei den Verkaufstätigkeiten in den drei Kaufhäusern stratifizieren diese jedenfalls in der Rangfolge: Saks, Macy's, Klein; das Prestige der Kaufhäuser führt zu einer entsprechenden sozialen Bewertung dieser Tätigkeiten. Auf diese Weise werden die beiden Aspekte der sozialen Schichtung — Differenzierung und Bewertung — in den Beziehungen zwischen den drei Kaufhäusern und ihren Angestellten deutlich.

Das übliche Verfahren bei einer Untersuchung von Kaufhausangestellten verlangt, daß man ein Verzeichnis des Verkaufspersonals von jedem Kaufhaus anfertigt, in jedem Kaufhaus eine Zufallsstichprobe zieht, mit jedem Angestellten einen Termin für ein Gespräch in der Wohnung vereinbart, die Interviews durchführt, die einheimischen New Yorker heraussucht, die Verweigerungen analysiert, eine Ersatzstichprobe zieht und so weiter. Das ist ein kostspieliges und zeitraubendes Verfahren, aber für die meisten Zwecke gibt es kein abgekürztes Verfahren, das genaue und verläßliche Ergebnisse liefert. In unserem Fall wurde ein einfacheres Verfahren, das sich auf die außerordentliche Gleichförmigkeit des Sprachverhaltens der untersuchten Personen stützt, zur Gewinnung von sehr beschränktem Datenmaterial benutzt. Diese Methode setzt eine systematische Stichprobe von zwanglosen und unverbindlichen Äußerungen voraus. In einer nicht genau bestimmten Umgebung angewandt, ist eine solche Methode anfällig für vielfältige Verzerrungen, und es wäre schwer zu sagen, welche Population man

---

5 Eine frühere Angestellte von Macy's erzählt mir von einem Vorfall, der sich vor einigen Jahren kurz vor Weihnachten ereignet hatte. Als sie einmal bei Lord and Taylor einkaufte, sah sie, wie der Generaldirektor der Firma gerade die Runde durch alle Abteilungen machte und jedem Angestellten die Hand schüttelte. Als sie ihren Kollegen bei Macy's von diesem Vorfall erzählte, war die häufigste Bemerkung: "Wie sonst bringst du jemanden dazu, für das bißchen Geld zu arbeiten?" Man kann sagen, daß die Angestellten von Kaufhäusern mit hohem Status von ihrem Chef nicht nur Prestigeanleihen machen — sie werden sogar absichtlich dazu angehalten.

untersucht hätte. In unserem Fall ist die Population wohldefiniert als das Verkaufspersonal (oder allgemeiner: jeder Angestellte, den ein Kunde sprechen hören könnte) in drei bestimmten Kaufhäusern zu einer bestimmten Zeit. Das Ergebnis wird ein Einblick in die Rolle sein, die das Sprechen beim Gesamteindruck, den die Angestellten auf den Kunden hinterlassen, spielt. Es ist überraschend, das dieses einfache und wenig aufwendige Vorgehen Resultate von hoher Konsistenz und Regularität erbringt und uns die Ausgangshypothese auf vielfältige und differenzierte Weise zu überprüfen erlaubt.

Die Methode

Die Untersuchung von zwanglosen und unverbindlichen Äußerungen ließ sich in der Kaufhaus-Situation verhältnismäßig leicht durchführen. Der Interviewer trat an den Informanten in der Rolle eines Kunden heran, der nach einer bestimmten Abteilung fragt. Diese Abteilung befand sich im vierten Stock. Wenn der Interviewer fragte: "Entschuldigen Sie bitte, wo gibt es Damenschuhe?" lautete die Antwort normalerweise: "Fourth floor." ("Vierter Stock").

Dann beugte sich der Interviewer vor und sagte: "Wie bitte?" Er erhielt dann gewöhnlich eine zweite Äußerung: *"Fourth floor"*, in gewählter Sprechweise mit emphatischer Betonung.[6]

Der Interviewer ging dann ein Stück den Gang entlang bis zu einer Stelle, wo er vom Informanten nicht mehr gesehen werden konnte, und notierte die Daten. Die folgenden unabhängigen Variablen wurden erfaßt:

Kaufhaus
Stockwerk innerhalb des Kaufhauses[7]
Geschlecht
Alter (geschätzt in Einheiten von fünf Jahren)
Tätigkeit (Abteilungsleiter, Verkäufer, Kassierer, Auffüller [stockboy])
Hautfarbe
ausländischer oder dialektaler Akzent, falls vorhanden

Die abhängige Variable ist der Gebrauch des (r) in vier Positionen,
  zwanglos: fou*r*th floo*r*
  emphatisch: fou*r*th floo*r*
in präkosonantischer und End-Position, in zwangloser wie in emphatischer Sprechweise. Zusätzlich wurden auch alle anderen Vorkommen des (r) aus zufällig gehörten oder zum Interview gehörenden Bemerkungen des Informanten notiert. Für jede deutlich gespannte (constricted) Realisierung der Variable wurde (r-1) eingetragen, für nicht gespanntes Schwa [ə], gedehnten Vokal oder völ-

---

6 Der Interviewer war in allen Fällen ich selbst. Ich war, wie in der Mittelschicht üblich, mit Jackett, weißem Hemd und Krawatte bekleidet und gebrauchte meine normale Aussprache, wie sie für einen aus New Jersey stammenden College-Absolventen typisch ist (*r*-Aussprache).
7 Aufzeichnungen wurden auch darüber gemacht, in welcher Abteilung des Kaufhauses der Angestellte arbeitete; aber die Zahlen für die einzelnen Abteilungen waren nicht so groß, daß sie einen Vergleich erlaubt hätten.

liges Fehlen wurde (r-0) eingetragen. Zweifelhafte Fälle oder partielle Gespanntheit wurden durch *d* wiedergegeben und in der endgültigen Tabellierung nicht verwendet.

Ferner wurden alle Fälle der Verwendung von Affrikaten und Verschlußlauten für den Endkonsonanten in dem Wort *fourth* und alle anderen Beispiele für die Verwendung von nicht der Norm entsprechenden (th)-Varianten notiert.

Dieses Interviewverfahren wurde in jeder Abteilung eines Stockwerks so oft durchgeführt, wie es möglich war, den Abstand zwischen den Informanten so groß zu halten, daß nicht bemerkt werden konnte, daß vorher die gleiche Frage gestellt worden war. Alle Stockwerke eines Kaufhauses wurden in der gleichen Weise untersucht. Im vierten Stock lautete die Frage natürlich anders: "Entschuldigen Sie bitte, welches Stockwerk ist das hier?"

Auf diese Weise kamen bei Saks 68, bei Macy's 125 und bei Klein 71 Interviews zustande. Die gesamte Interview-Zeit für 264 Personen betrug ungefähr 6,5 Stunden.

An dieser Stelle können wir einige allgemeine Betrachtungen über die Eigenschaften der 264 Interviews anstellen. Es handelt sich um Äußerungen, die für die zwei Beteiligten eine völlig verschiedene soziale Bedeutung haben. Was den Informanten betrifft, war der Wortwechsel eine normale Verkäufer-Kunde-Interaktion – fast unterhalb der Schwelle bewußter Aufmerksamkeit – in der die Beziehungen zwischen den Sprechern so zwanglos und unverbindlich waren, daß diese kaum behaupten würden, sich begegnet zu sein. Diese flüchtige Beziehung bedeutet die geringstmögliche Einwirkung auf das Verhalten der untersuchten Person; Sprache und Sprachgebrauch drangen überhaupt nicht ins Bewußtsein.

Aus der Sicht des Interviewers war der Wortwechsel eine systematische Elizitierung genau der erwünschten Formen, im erwünschten Kontext, in der erwünschten Reihenfolge und mit dem erwünschten Kontrast der Sprechweisen.

Stratifikation des (r)

Die Ergebnisse der Untersuchung zeigten eine klare und konsistente Stratifikation des (r) in den drei Kaufhäusern. In Fig. 2-1 wird der Gebrauch des (r) der Angestellten von Saks, Macy's und Klein in einem Stabdiagramm verglichen.

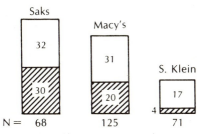

Fig. 2–1   *Stratifikation von (r) nach Kaufhaus. Schraffiert = % nur (r-1); nicht schraffiert = % zum Teil (r-1); % kein (r-1) nicht dargestellt. N = Gesamtzahl der Fälle.*

Da die Daten für die meisten Informanten nur aus vier Einheiten bestehen, wollen wir nicht einen kontinuierlichen numerischen Index für (r) verwenden, sondern alle Informanten in drei Kategorien einteilen.

nur (r-1): solche, deren Daten nur (r-1) und kein (r-0) verzeichnen

zum Teil (r-1): solche, deren Daten wenigstens ein (r-1) und ein (r-0) verzeichnen

kein (r-1): solche, deren Daten nur (r-0) verzeichnen.

Aus Figur 2-1 ersehen wir, daß insgesamt 62 Prozent der Angestellten bei Saks, 51 Prozent bei Macy's und 20 Prozent bei Klein nur oder zum Teil (r-1) verwenden. Die Stratifikation ist noch schärfer bei den Prozentsätzen für die Kategorie "nur (r-1)". Wie die Hypothese vorhergesagt hat, werden die Gruppen durch den unterschiedlichen Gebrauch von (r-1) in derselben Anordnung stratifiziert wie durch nicht-sprachliche Faktoren.

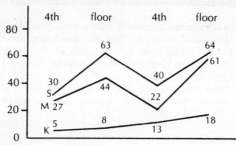

Fig. 2-2   *Prozentsatz der Kategorie "nur (r-1)" nach Kaufhaus für vier Positionen. (S = Saks, M = Macy's, K = Klein.)*

Als nächstes wollen wir die Verteilung von (r) in jeder der vier Standardpositionen untersuchen. Fig. 2-2 zeigt diese Form der Verteilung, in der die Kaufhäuser wieder in derselben Reihenfolge differenziert sind, spezifiert nach den vier Positionen. Zwischen Macy's und Klein besteht in jeder Position eine beträchtliche Differenz, während die Differenz zwischen Macy's und Saks schwankt. Bei emphatischer Aussprache des (r) in Endposition kommen die Angestellten von Macy's sehr nahe an den Wert von Saks heran. Es hat den Anschein, daß die Realisierung des *r* die Norm ist, die von der Mehrheit der Angestellten von Macy's zwar angestrebt, sehr häufig aber nicht befolgt wird. Bei Saks sehen wir auch einen Wechsel von zwangloser zu emphatischer Sprechweise, der aber weniger deutlich ist. Mit anderen Worten, die Angestellten von Saks besitzen größere Sicherheit im Sprachgebrauch.[8]

---

8   Der extreme Stilwechsel der Gruppe mit dem zweithöchsten Status erscheint durchweg in der Struktur New Yorks und ist mit einer extremen Sensitivität für die Normen einer außerhalb stehenden Bezugsgruppe verbunden (vgl. Kap. 4). In Tabelle 4-1 finden sich die Daten für den Index der sprachlichen Unsicherheit, der gleich der Anzahl der Fälle ist, in denen ein Sprecher zwischen seiner eigenen Aussprache eines Wortes und der korrekten Aussprache unterscheidet. Die zweithöchste Gruppe hat auf diesem Index die höchsten Werte. Wir finden parallele Erscheinungen bei Shuy, Wolfram und Riley (1967), Wolfram (1969) und Levine und Crockett (1966), die in ihrer Untersuchung von Hilsboro, North Carolina, herausfanden, daß die nach Schulbildung zweithöchste Gruppe den extremsten Stilwechsel des (r) zeigt.

Daß die Werte von (r-1) für Klein niedrig sind, sollte nicht die Tatsache verdecken, daß die Angestellten von Klein derselben Struktur stilistischer Variation des (r) folgen wie die Angestellten der anderen Kaufhäuser. Der Prozentsatz der *r* Aussprache steigt bei Klein von fünf bis auf achtzehn Prozent, wenn der Kontext emphatischer wird. Das ist prozentual ein wesentlich stärkerer und auch gleichmäßigerer Anstieg als bei den anderen Kaufhäusern. Es ist wichtig, im Gedächtnis zu behalten, daß diese Einstellung - daß nämlich (r-1) die angemessenste Aussprache bei emphatischem Sprechen ist - mindestens von einigen Sprechern in jedem Kaufhaus geteilt wird.

Tabelle 2-1
Verteilung von (r) nach Kaufhaus und Position im Wort

	Saks				Macy's				S. Klein			
	zwanglos		*emphatisch*		*zwanglos*		*emphatisch*		*zwanglos*		*emphatisch*	
(r)	*4th floor*		*4th floor*		*4th floor*		*4th floor*		*4th floor*		*4th floor*	
(r-1)	17	31	16	21	33	48	13	31	3	5	6	7
(r-0)	39	18	24	12	81	62	48	20	63	59	40	33
d	4	5	4	4	0	3	1	0	1	1	3	3
keine Daten*	8	14	24	31	11	12	63	74	4	6	22	28
Summe	68	68	68	68	125	125	125	125	71	71	71	71

* Die Kategorie "keine Daten" zeigt für Macy's in der Kategorie "emphatisch" verhältnismäßig hohe Werte. Diese Unstimmigkeit ist darauf zurückzuführen, daß das Verfahren für die Elizitierung der Wiederholung bei der Datengewinnung im Erdgeschoß von Macy's nicht standardisiert war und daher Werte für eine emphatische Antwort nicht regelmäßig erhoben wurden. Die Auswirkungen dieser Ausfälle werden in Tabelle 2-2 überprüft, wo nur vollständige Antworten verglichen werden.

Tabelle 2-1 zeigt die Daten im einzelnen, aufgeschlüsselt nach der Anzahl der Fälle für jede der vier Positionen des (r) für jedes Kaufhaus. Es sei angemerkt, daß die Anzahl der Vorkommen bei der zweiten Äußerung des Wortes *floor* deshalb erheblich geringer ist, weil einige Sprecher beim zweiten Mal nur "Fourth" sagen.

Da die Zahlen in der vierten Position etwas kleiner sind als in der zweiten, könnte der Verdacht entstehen, daß diejenigen Angestellten bei Saks und Macy's, die ein [r] sprechen, dazu neigen, vollständigere Antworten zu geben; sie lassen so den falschen Eindruck entstehen, daß die (r)-Werte in diesen Positionen zunehmen. Wir können das überprüfen, indem wir nur diejenigen Informanten vergleichen, die eine vollständige Antwort gegeben haben. Ihre Antworten können als vierstellige Zahl notiert werden, die die Aussprache in jeder der vier Positionen wiedergibt (vergl. Tab. 2-2).

Tabelle 2-2
Verteilung von (r) für vollständige Antworten

	(r)	% der gesamten Antworten bei		
		Saks	*Macy's*	*S. Klein*
nur (r-1)	1 1 1 1	24	24	6
zum Teil (r-1)	0 1 1 1	46	37	12
	0 0 1 1			
	0 1 0 1 etc.			
kein (r-1)	0 0 0 0	30	41	82
		100	100	100
N =		33	48	34

Auf diese Weise sehen wir, daß die Struktur der charakteristischen Rangfolge im Gebrauch des (r) in der Untergruppe derjenigen, die vollständige Antworten gegeben haben, erhalten ist, und daß das Weglassen des letzten "floor" durch einige Informanten diese Struktur nicht beeinflußt hat.

Der Effekt anderer unabhängiger Variablen

Neben der Stratifikation der Kaufhäuser könnten andere Faktoren die Struktur der *r*-Aussprache, die wir oben gesehen haben, erklären, oder sie könnte durch eine bestimmte Gruppe in der Population, nicht aber durch das Verhalten des gesamten Verkaufspersonals hervorgerufen worden sein. Die anderen unabhängigen Variablen, die nach dem Interview notiert wurden, erlauben uns, solchen Möglichkeiten nachzugehen.

Hautfarbe

In der Stichprobe von Klein sind wesentlich mehr farbige Angestellte als in der von Macy's, und in der von Macy's sind mehr als in der von Saks. Tabelle 2-3 zeigt den Anteil der farbigen Informanten und die Werte für ihre Antworten. Wenn wir diese Zahlen mit den Zahlen für die ganze Population vergleichen (Fig. 2-1), wird deutlich, daß ein hoher Prozentsatz von farbigen Informanten zu einem geringeren Wert für (r-1) beiträgt. Die farbigen Informanten bei Klein zeigten eine beträchtlich stärkere Tendenz zur *r*-Losigkeit.

Der höhere Prozentsatz farbiger Verkäufer(innen) in den in der Rangordnung tiefer stehenden Kaufhäusern entspricht der Struktur der sozialen Schichtung, denn farbige Arbeitskräfte erhalten normalerweise die weniger begehrten Arbeitsplätze. Daher steht der Beitrag der farbigen Sprecher zur gesamten Verteilung in Übereinstimmung mit der Hypothese.

Tabelle 2-3
Verteilung von (r) für farbige Angestellte

| (r) | % der Antworten bei | | |
	Saks	Macy's	S. Klein
nur (r-1)	50	12	0
zum Teil (r-1)	0	35	6
kein (r-1)	50	53	94
	100	100	100
N =	2	17	18
% der farbigen Angestellten	03	14	23

Tätigkeit

Es gibt noch andere Unterschiede zwischen den Kaufhausangestellten. Die Art der Tätigkeit derjenigen Angestellten, die mit Kunden in Berührung kommen, ist recht verschieden. Bei Macy's konnten die interviewten Angestellten als Abteilungsleiter (erkennbar an roten und weißen Nelken), als Verkäufer(innen), Kassierer(innen), Auffüller und Fahrstuhlführer identifiziert werden. Bei Saks kommen die Kassierer(innen) mit den Kunden nicht in Berührung, weil sie hinter Ladentischen arbeiten, und Auffüller sind nicht zu sehen. Die Arbeit geht in diesem Kaufhaus hinter den Kulissen vor sich und wird von den Kunden nicht wahrgenommen. Demgegenüber scheinen bei Klein alle Angestellten auf derselben Stufe zu stehen: es ist schwierig, zwischen Verkäufern, Abteilungsleitern und Auffüllern einen Unterschied festzustellen.

Auch hier wieder wird die außersprachliche Stratifikation der Kaufhäuser durch Beobachtungen im Verlauf des Interviews bestätigt. Wir können fragen, ob diese Unterschiede nicht wenigstens für einen Teil der Stratifikation des (r) verantwortlich sind. Für ein Ergebnis, das die strengstmögliche Überprüfung der Hypothese darstellte, wäre es wünschenswert zu zeigen, daß die Stratifikation des (r) eine Eigenschaft der homogensten Untergruppe in den drei Kaufhäusern ist, nämlich der Gruppe der weißen einheimischen (native) New Yorker Verkäuferinnen. Läßt man die männlichen Angestellten, alle nicht im Verkauf Tätigen, die schwarzen und die puerto-ricanischen Angestellten und alle jene mit einem ausländischen Akzent[9] beiseite, bleiben noch insgesamt 141 Informanten zu untersuchen.

----

9 In der gesamten Stichprobe befanden sich siebzehn Informanten mit einem ausländischen Akzent und einer mit dialektalen Merkmalen, die eindeutig nicht New Yorker Herkunft waren. Die fremdsprachigen Informanten bei Saks hatten einen französischen oder einen anderen westeuropäischen Akzent, während sie bei Klein einen jüdischen oder einen osteuropäischen Akzent hatten. In der Stichprobe von Klein waren drei Angestellte aus Puerto Rico, bei Macy's gab es einen und bei Saks keinen. Es waren 70 Männer und 194 Frauen. Die Männer zeigten in den Prozentsätzen des Gebrauchs von (r-1) die folgenden kleinen Unterschiede zu den Frauen:

	Männer	Frauen
nur (r-1)	22	30
zum Teil (r-1)	22	17
kein (r-1)	57	54

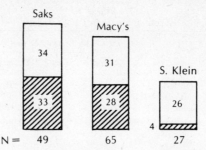

Fig. 2-3.   *Stratifikation von (r) nach Kaufhaus für weiße einheimische New Yorker
Verkäuferinnen. Schraffiert = % nur (r-1); nicht schraffiert = % zum Teil (r-1);
% kein (r-1) nicht dargestellt. N = Gesamtzahl der Fälle.*

Fig. 2-3 zeigt die Prozentsätze des Gebrauchs von (r-1) durch die einheimischen weißen Verkäuferinnen der drei Kaufhäuser in derselben Form der Darstellung wie in Fig. 2-1. Die Stratifikation ist in Richtung und Profil im wesentlichen die gleiche, wiewohl etwas kleiner im Umfang. Das stark verkleinerte
Sample von Klein zeigt immer noch den bei weitem geringsten Gebrauch von
(r-1), und Saks liegt in dieser Hinsicht vor Macy's. Wir können daher zu dem
Schluß kommen, daß die Stratifikation des (r) ein Prozeß ist, der alle Gruppen
der Stichprobe betrifft.

Die Heterogenität der Stichprobe von Macy's erweist sich für das folgende als
vorteilhaft. Fig. 2-4 zeigt die Stratifikation des (r) spezifiert nach Tätigkeiten bei
Macy's. Diese Stratifikation ist - in Übereinstimmung mit unserer Ausgangshypothese - viel schärfer als die der Angestellten insgesamt. Die Summe der Prozentsätze derjenigen, die nur zum Teil (r-1) benutzen, ist für die Abteilungsleiter und
die Verkäufer(innen) fast gleich, aber ein viel höherer Prozentsatz von Abteilungsleitern benutzt durchweg (r-1).

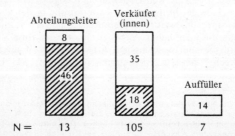

Fig. 2-4.   *Stratifikation von (r) nach Tätigkeiten bei Macy's. Schraffiert = % nur (r-1); un-
schraffiert = % zum Teil (r-1); % kein (r-1) nicht dargestellt. N = Gesamtzahl der
Fälle.*

Ein anderer interessanter Vergleich läßt sich bei Saks anstellen, wo zwischen dem Erdgeschoß und den oberen Stockwerken ein großer Unterschied besteht. Das Erdgeschoß von Saks sieht Macy's sehr ähnlich: viele Ladentische, an denen sich die Menschen drängen, Verkäuferinnen, die sich, fast Ellbogen an Ellbogen, über die Ladentische lehnen, und eine große Menge von ausgebreiteten Waren. Die oberen Stockwerke von Saks dagegen sind viel weiträumiger; es gibt lange Gänge, auf denen nur Teppiche liegen, und in den Stockwerken, die der neuesten Mode vorbehalten sind, gibt es Modelle, die den Kundinnen die jeweiligen Kleider vorführen. Empfangsdamen sind an strategischen Punkten postiert, um die Schaulustigen von den seriösen Käufern abzusondern.

Es dürfte daher folgerichtig sein, das Erdgeschoß von Saks mit den oberen Stockwerken zu vergleichen. Nach der Hypothese sollten wir einen Unterschied im Gebrauch von (r-1) finden. Tabelle 2-4 zeigt, daß das der Fall ist.

Tabelle 2-4
Verteilung von (r) nach Stockwerk bei Saks

(r)	Erdgeschoß	obere Stockwerke
% nur (r-1)	23	34
% zum Teil (r-1)	23	40
% kein (r-1)	54	26
	100	100
N =	30	38

Im Verlauf der Interviews wurden auch Daten über die (th)-Variable gesammelt, vor allem wie sie in dem Wort *fourth* vorkam. Die (th)-Variable ist eine der Hauptvariablen, die in einer Untersuchung der sozialen Schichtung in New York (Labov 1966) und an anderen Stellen (Wolfram 1969; Anshen 1969) benutzt wurden. Die am stärksten verpönte Variante ist der Gebrauch des Verschlußlautes /t/ in *fourth, through, think,* usw. Der Prozentsatz der Sprecher, die in dieser Position Verschlußlaute gebrauchten, stimmte mit den anderen Meßwerten der sozialen Schichtung, die wir betrachtet haben, völlig überein:

Saks 00%
Macy's 04%
Klein 15%

Damit hat die Hypothese eine Reihe von halb-unabhängigen (semi-independent) Bestätigungen erfahren. Zieht man den geringen Aufwand, mit dem die Daten gewonnen wurden, in Betracht, so liefert die Untersuchung offensichtlich umfangreiche Ergebnisse. Es ist allerdings richtig, daß wir eine Menge dessen, was wir über die Informanten gern wissen würden, nicht wissen: Geburtsort, sprachliche Sozialisation, Schulbildung, Teilnahme am kulturellen Leben New Yorks usw. Nichtsdestoweniger sind die Regularitäten der zugrundeliegenden Struktur so stark, daß sie trotz mangelnder Genauigkeit bei der Auswahl und Identifikation der Informanten klar hervortreten.

Differenzierung nach dem Alter der Informanten

Das Alter der Informanten wurde in Einheiten zu fünf Jahren geschätzt. Die geringe Verläßlichkeit dieser Zahlen erlaubt nur einen sehr groben Vergleich. Es sollte aber durch eine Einteilung der Informanten in drei Altersgruppen möglich sein festzustellen, in welche Richtung sich ein sprachlicher Wandel vollzieht.

Wenn, wie wir dargelegt haben, (r-1) eines der wichtigsten Charakteristika einer neuen Prestige-Aussprache ist, die die alte New Yorker Aussprache zu überlagern beginnt, können wir ein Ansteigen der r-Aussprache bei den jüngeren Verkäufern und Verkäuferinnen erwarten. Die gesamte nach dem Alter spezifizierte Verteilung zeigt jedoch keine Anzeichen eines Wandels (Tab. 2-5).

Tabelle 2-5
Verteilung von (r) nach geschätztem Alter

	Altersgruppen		
	15-30	35-50	55-70
% nur (r-1)	24	20	20
% zum Teil (r-1)	21	28	22
% kein (r-1)	55	52	58

Daß sich eine Tendenz nicht erkennen läßt, ist überraschend in Anbetracht anderer Ergebnisse, nach denen der Gebrauch von (r-1) als einer Prestige-Variante unter jungen Leuten in New York zunimmt. Es gibt klare Beweise für das Fehlen von (r-1) in New York in den dreißiger Jahren (Kurath und McDavid 1951) und für ein allmähliches Ansteigen in den Berichten von Hubbell (1950) und Bronstein (1962). Wenn wir die Verteilungen für die einzelnen Kaufhäuser genauer betrachten, stellen wir fest, daß die gleichmäßige Verteilung über Altersgruppen hinweg verschwindet. Fig. 2-5 zeigt, daß die erwartete negative Korrelation mit dem Alter zwar bei Saks erscheint, nicht aber bei Macy's oder Klein. Stattdessen zeigt Macy's die umgekehrte Tendenz auf einem niedrigeren Niveau, d.h. Ältere benutzen mehr (r-1). Klein zeigt keinerlei spezifische Korrelation mit dem Alter. Diese komplexe Struktur ist noch verwirrender, und man ist geneigt, ihr jede strukturelle Regelmäßigkeit abzusprechen. Aber obgleich der Umfang der Untergruppen etwas klein erscheinen mag, sind sie größer als viele der in den Erörterungen der vorhergehenden Seiten benutzten Untergruppen; und es ist, wie wir sehen, nicht möglich, diese Ergebnisse außer acht zu lassen.

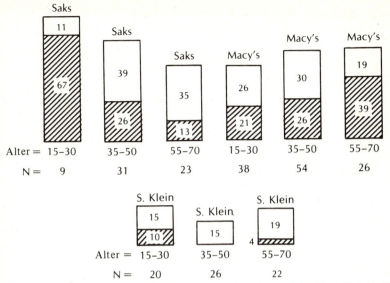

Fig. 2-5.   *Stratifikation von (r) nach Kaufhaus und Altersgruppe. Schraffiert = % nur (r-1); nicht schraffiert = % zum Teil (r-1); % kein (r-1) nicht dargestellt. N = Gesamtzahl der Fälle.*

Das Rätsel, das uns in Fig. 2-5 begegnet, ist eines der bedeutsamsten Resultate der Anwendung jener Methoden, nach denen wir bis hierher vorgegangen sind. Wo alle anderen Ergebnisse die Anfangshypothese bestätigen, kann ein einziges Ergebnis, das nicht in die erwartete Struktur paßt, unsere Aufmerksamkeit in neue und lohnende Richtungen lenken. Auf der Grundlage der Daten der Kaufhaus-Untersuchung allein konnten wir nur versuchen, Fig. 2-5 spekulativ zu erklären. Im ursprünglichen Bericht über die Kaufhaus-Untersuchung, geschrieben kurz nach Abschluß der Arbeit, haben wir dazu bemerkt:

"Wie können wir die Unterschiede zwischen Saks und Macy's erklären? Ich glaube, wir können folgendes sagen: Der Wandel von der Prestige-Aussprache Neu-Englands (ohne *r*) zur Prestige-Aussprache des Mittelwestens (mit *r*) wird am stärksten bei Saks empfunden. Bei Saks stehen die jüngeren Leute unter dem Einfluß der *r*-Aussprache, die älteren nicht. Bei Macy's wird diese Tendenz von einer großen Zahl jüngerer Sprecher, die in der sprachlichen Tradition New Yorks tief verwurzelt sind, weniger empfunden. Die Auffüller und die jungen Verkäuferinnen sind sich des Prestiges, das die *r*-Aussprache genießt, noch nicht völlig bewußt. Die älteren Leute bei Macy's dagegen neigen dazu, diese Aussprache zu übernehmen. Sehr wenige von ihnen vertrauen auf die alte Prestige-Aussprache, von der die Tendenz zur *r*-Losigkeit der älteren Verkäufer(innen) bei Saks getragen wird. Das ist eine ziemlich komplizierte Argumentation, die sicherlich durch längere Interviews in beiden Kaufhäusern gründlich überprüft werden muß, bevor sie akzeptiert werden kann."

Die komplexe Struktur der Fig. 2-5 gab der Interpretation und Erklärung beträchtliche Probleme auf; eine immer in Betracht zu ziehende Möglichkeit

jedoch war, daß sie infolge von vielen in raschen und anonymen Erhebungen
steckenden Fehlerquellen zustande gekommen war. Um die Ergebnisse der Kaufhaus-Untersuchung zu bestätigen und zu erklären, wird es notwendig sein, einen
Blick voraus auf die Ergebnisse der systematischen Interviews zu werfen. Bei der
Analyse der Ergebnisse der Hauptuntersuchung in der Lower East Side wurde
klar, daß Fig. 2-5 nicht ein Artefakt der Methode war, sondern vorhandene
soziale Strukturen widerspiegelte (Labov 1966: 342 ff.). Die der Kaufhaus-
Untersuchung am besten vergleichbaren Daten aus der Lower East Side sind die
Verteilung des (r) nach Alter und Schicht in Stil B - der relativ gewählten Sprechweise, die in einem Einzelinterview hauptsächlich benutzt wird (vgl. Kapitel 3
für die Definitionen der Stile). Wir können Saks, Macy's und Klein mit oberer
Mittelschicht, unterer Mittelschicht und Arbeiterschicht im großen und ganzen
gleichsetzen. Die Altersstufen, die sich mit denen der Kaufhäuser am besten
vergleichen lassen, sind 20-29, 30-39 und 40 und darüber. (Da die Schätzungen
in den Kaufhäusern ziemlich grob sind, brächte der Versuch, die Zahlen genau
zur Deckung zu bringen, keinen Gewinn.) Fig. 2-6 ist diejenige nach Alter und
Schicht spezifizierte Darstellung des Gebrauchs von (r) in der Lower East Side,
die sich mit Fig. 2-5 am besten vergleichen läßt. Wieder sehen wir, daß die Gruppe mit dem höchsten Status eine negative Korrelation von (r-1) mit dem Alter
zeigt: jüngere Sprecher gebrauchen mehr (r-1); die Gruppe mit dem zweithöchsten Status zeigt geringere Werte für (r) und eine positive Korrelation mit dem
Alter; die Arbeiterschicht schließlich zeigt noch niedrigere Werte und keine spezifische Korrelation mit dem Alter.

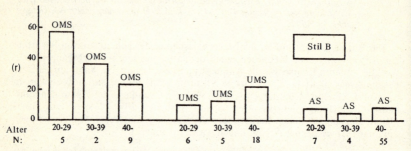

Fig. 2-6.   *Klassifikation von (r) nach Alter und Schicht in der Lower East Side: Stil B,
gewähltes Sprechen. (OMS = obere Mittelschicht, UMS = untere Mittelschicht,
AS = Arbeiterschicht)*

Das ist eine sehr eindrucksvolle Bestätigung der Hypothese, denn die beiden
Untersuchungen haben komplementäre Fehlerquellen. Die Untersuchung in der
Lower East Side benutzte eine sekundäre Zufallsstichprobe auf der Basis einer
Untersuchung der "Mobilization for Youth"* mit vollständigen demographi-
schen Informationen über jeden Informanten. Die Interviews wurden auf Band
aufgezeichnet, und von jedem Sprecher wurde eine große Menge von Daten für

---

* [Anm. d. Hrsgg.]
Vgl. Kap 3, S. 50

(r) in einem breiten Spektrum von Stilen gesammelt. Die Kaufhaus-Untersuchung dagegen enthielt eine viel größere Irrtumswahrscheinlichkeit in einer Reihe von Punkten: die geringe Datenmenge pro Informant, die Aufzeichnungsmethode, das Fehlen von Tonbandaufnahmen und das Vertrauen auf das Kurzzeitgedächtnis, die Auswahlmethode, die Schätzung des Alters des Informanten und der Mangel an Hintergrunddaten über die Informanten. Die meisten dieser Fehlerquellen sind in der Methode angelegt. Zum Ausgleich dafür hatten wir die Einheitlichkeit der Interviewmethode, den Vorteil, die Informanten in ihrer primären Rolle als Angestellte vorzufinden, und eine größere Anzahl von Fällen in einer einzelnen Zelle berücksichtigen zu können, die Einfachheit der Daten und vor allem nicht den Verzerrungseffekt des formalen linguistischen Interviews. Die Schwächen der Untersuchung in der Lower East Side lagen genau dort, wo die Stärken der Kaufhaus-Untersuchung lagen und umgekehrt. Die Unterschiede in der Methode sind in der folgenden Tabelle zusammengestellt:

	Untersuchung in der Lower East Side (LES)	Kaufhaus-Untersuchung (KH)
LES > KH		
Auswahlverfahren	Zufallsstichprobe	Informanten sind an bestimmten Plätzen zugänglich
Aufzeichnung der Daten	Tonbandaufnahme	Kurzzeitgedächtnis und Notizen
demographische Daten	vollständig	minimal: durch Beobachtungen und Rückschlüsse
Datenmenge	groß	klein
Stilspektrum	breit	schmal
KH > LES		
Stichprobenumfang	mittelgroß	groß
Ort	Wohnung, allein	bei der Arbeit, mit anderen
sozialer Kontext	Interview	Bitte um Auskunft
Beobachtungseffekt	maximal	minimal
gesamter Zeitaufwand pro Informant (Aufsuchen des Ortes und Interview)	4-8 Stunden	5 Minuten

Die Konvergenz der Untersuchung in der Lower East Side und der Kaufhaus-Untersuchung stellt die ideale Lösung in Bezug auf das Beobachter-Paradoxon dar: denn unser Ziel ist ja gerade zu beobachten, wie Menschen Sprache gebrauchen, wenn sie nicht beobachtet werden. Alle unsere Methoden beinhalten eine Annäherung an dieses Ziel. Wenn wir uns von zwei Seiten nähern und dasselbe Resultat erhalten, können wir sicher sein, daß wir über das Beobachter-Paradoxon hinaus zu jener Struktur vorgedrungen sind, die unabhängig vom Untersuchenden existiert.

Unterstellen wir die Struktur von Fig. 2-5 als soziale Tatsache, wie können wir sie erklären? Die Vorschläge, die wir in einem früheren Bericht über diese Untersuchung gemacht haben (vgl. S. 39), scheinen in die richtige Richtung zu führen, aber zur damaligen Zeit hatten wir weder die hyperkorrekte Struktur der unteren Mittelschicht noch die für fortschreitenden Wandel charakteristische Überkreuzungs-Struktur (crossover pattern) entdeckt. Wir müssen noch mehr Material aus den späteren Untersuchungen heranziehen, um dieses Problem zu lösen.

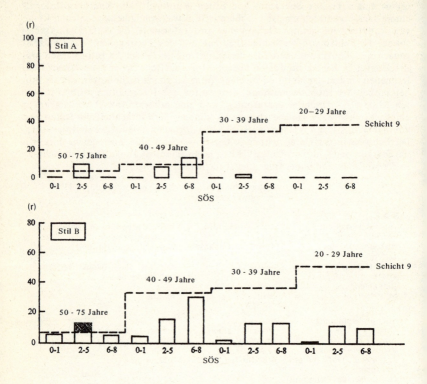

Fig. 2-7   *Entwicklung der Schicht-Stratifikation von (r) für zwangloses Sprechen (Stil A)
und gewähltes Sprechen (Stil B) in relativer Zeit. (SÖS = sozio-ökonomische
Schichtskala)*

Die Figuren 2-5 und 2-6 sind verkürzte Darstellungen der dreidimensionalen
Verteilung der neuen Norm der r-Aussprache nach Alter, Stil und sozialer
Schicht. Fig. 2-7 zeigt zwei Stilprofile aus der detaillierten Untersuchung der Be-
wohner der Lower East Side, unterteilt in vier Altersgruppen. Die gestrichelte
Linie zeigt uns, wie die Gruppe mit dem höchsten Status (Schicht 9) die neue
Norm der r-Aussprache in die zwanglose Sprechweise übernimmt. Im Stil A zeigen nur Sprecher der oberen Mittelschicht unter vierzig einen nennenswerten
Gebrauch von (r-1). Keiner der jüngeren Sprecher aus den anderen Sozialschich-
ten zeigt im Stil A ein dieser Norm entsprechendes Verhalten, wenngleich ein
gewisser Einfluß bei Personen mittleren Alters, insbesondere in der Gruppe
mit dem dem zweithöchsten Status (Schichten 6-8, untere Mittelschicht) zu erkennen ist. In Stil B ist diese Wirkung der Nachahmung noch stärker:

Die mittlere Altersgruppe aus der unteren Mittelschicht kommt der Norm der oberen Mittelschicht sehr nahe. In formaleren Stilen zeigt diese Untergruppe - was hier nicht dargestellt wird - einen noch stärkeren Anstieg der *r*-Aussprache, wobei sie über die Norm der oberen Mittelschicht in einer "hyperkorrekten" Struktur, die sich bei dieser Gruppe auch in anderen Untersuchungen (vgl. Kap. 4 in diesem Band; Levine und Crockett 1966; Shuy, Wolfram und Riley 1967) gezeigt hat, noch hinausgeht. Fig. 2-7 ist nicht ein Fall von Umkehrung der Altersverteilung von (r-1), eher ist der Höhepunkt in der Befolgung der neuen Norm um eine Generation verzögert. Die Gruppe mit dem zweithöchsten Status folgt der neuen Norm, wobei die Nachahmung in zusammenhängender Rede schwächer ist und Sprecher mittleren Alters die neue Form der jüngeren Sprecher der Gruppe mit dem höchsten Status übernehmen. Fig. 2-8 zeigt das schematisch.

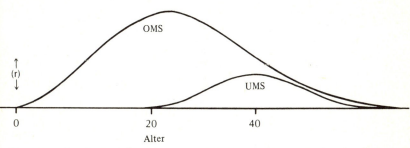

Fig. 2-8.   *Hypothetische Verteilung von (r) als einem aufkommenden Prestige-Merkmal.*
(OMS = obere Mittelschicht, UMS = untere Mittelschicht)

Unsere Untersuchungen geben nicht das genaue Profil des Gebrauchs von (r) bei jüngeren Sprechern der oberen Mittelschicht, da wir uns auf diese Altersgruppe nicht konzentriert haben. Bei späteren Beobachtungen sind mir einige junge Leute aus der oberen Mittelschicht begegnet, die 100 Prozent (r-1) gebrauchten, aber in den meisten Familien ist (r-1) noch eine Aussprache, die die traditionelle Aussprache unter den Jugendlichen überlagert. Fig. 2-8 gibt dies wieder. Wenn wir die Verteilung von (r-1) in einer einzigen Funktion ausdrücken wollen, können wir sagen, daß sie mit der Entfernung von der Gruppe mit dem höchsten Status negativ korreliert (wenn man Schicht 9 als 1, Schichten 6-8 als 2, Schichten 2-5 als 3 und Schichten 0-1 als 4 nimmt). Sie korreliert ferner positiv mit der Förmlichkeit des Stils und dem Maß an Aufmerksamkeit, das auf das Sprechen gerichtet ist (wenn man die zwanglose Sprechweise, Stil A, als 0, die gewählte Sprechweise, Stil B, als 1 nimmt usw.). Die Richtung des Stilwechsels wird näher bestimmt durch eine Funktion, die wir den "Index der Sprachlichen Unsicherheit" (ISU) nennen wollen, der für die Gruppe mit dem zweithöchsten Status den höchsten Wert annimmt (vgl. als quantitativen Index Tab. 4-1). Die Verteilung nach dem Alter muß die höchsten Werte für die obere Mittelschicht bei 20 Jahren und für die untere Mittelschicht bei 40 Jahren zeigen. Wir können diese Beobachtungen formalisieren, indem wir schreiben:

$$(r-1) = -a \,(\text{Schicht}) + b \,(\text{Stil}) \,(\text{ISU}) - c \left[(\text{Schicht}) \cdot 20 - (\text{Alter})\right] + d$$

Der dritte Ausdruck nimmt die kleinsten Werte an: für die obere Mittelschicht bei zwanzig Jahren, für die untere Mittelschicht bei vierzig Jahren, für die Arbeiterschicht bei sechzig Jahren usw. Fig. 2-7 rechtfertigt diese semi-quantitative Formel für eine Wellenwirkung, die jedoch noch eine Anzahl unspezifizierter Konstanten enthält.

Es besteht ein erheblicher Unterschied zwischen dem Verhalten der Gruppe mit dem höchsten Status und den anderen Gruppen. Die obere Mittelschicht beginnt in früher Jugend mit dem Gebrauch von (r-1) als einem veränderbaren Mittel, um eine gewisse, in allen Stilebenen zu findende Förmlichkeit auszudrükken. Bei den anderen Gruppen in New York ist (r-1) in der dialektalen, zwanglosen Sprechweise nicht verankert, für sie ist (r-1) eine Form, die ein gewisses Maß an auf das Sprechen gerichtete Aufmerksamkeit erfordert, wenn sie überhaupt verwendet wird. Wie bei vielen anderen äußeren Kennzeichen eines Stilwechsels geht die untere Mittelschicht im Prozeß der Korrektur einen Schritt zu weit. Dieser Prozeß wird spät im Leben erlernt. Als jene Sprecher, die jetzt vierzig bis fünfzig Jahre alt sind, aufwuchsen, war nicht (r-1), sondern (r-0) die Prestige-Norm. Vor dem zweiten Weltkrieg waren die New Yorker Schulen von einer "anglophilen" Tradition beherrscht, die lehrte, daß (r-1) ein provinzielles Merkmal, eine unkorrekte Inversion dieses Konsonanten sei und daß - in Übereinstimmung mit dem "international English" - die korrekte Aussprache des orthographischen *r* in *car* (r-0), [kɑ˙], sei.[10] Für New Yorker, die versuchten, die Prestige-Norm zu gebrauchen, war damals keine Anpassung in der Aussprache dieses Konsonanten notwendig - nur die Vokalqualität mußte korrigiert werden. Diese *r*-lose Norm ist in der förmlichen Sprechweise der über vierzigjährigen Sprecher der oberen Mittelschicht und der über fünfzigjährigen Sprecher der unteren Mittelschicht erkennbar. Sie taucht auch in Tests der subjektiven Reaktion bei älteren Sprechern auf. Die Sprecher der unteren Mittelschicht, die jetzt in förmlichen Stilen zu (r-1) übergehen, haben ihre Prestige-Norm aufgegeben und reagieren auf die Form, die von den jüngeren Sprechern mit hohem Status, mit

---

10 Vgl. z.B. *Voice and Speech Problems*, ein Text der 1940 von Raubicheck, Davis und Carll für die Schulen New Yorks geschrieben wurde (1940:336):
   "Es gibt viele Leute, die der Meinung sind, daß man sich bemühen sollte, die Aussprache mit der Schreibung in Einklang zu bringen, und aus irgendeinem seltsamen Grunde beschäftigen sie sich besonders mit dem *r*. Wir alle sprechen *calm, psalm, almond, know, eight, night* und *there* aus, ohne uns Gedanken zu machen . . . Doch Leute, denen es im Traum nicht einfallen würde, [kniː] oder [psaiˈkbɫədʒi] zu sagen, beharren auf dem Bemühen, das *r* in Wörtern wie [pɑːk] oder [fɑbə] auszusprechen, bloß weil ein *r* die Stelle kennzeichnet, wo unsere Vorfahren einen vibrierenden Laut (trill) gebrauchten . . . In der Mehrzahl der Fälle sprechen die Leute in einem Wort wie [pɑːk] nicht wirklich einen dritten Laut, sondern sprechen einfach den Vokal [ɑː] mit gegen den Rachen zurückgebogener Zungenspitze. Diese Art der Vokalartikulation ist als "Inversion" bekannt."
   Letitia Raubicheck war die langjährige Leiterin des Sprecherziehungsprogramms in den New Yorker Schulen und übte starken Einfluß auf den dortigen Englischunterricht aus. Die Norm des "international English" wurde von William Tilly von der Columbia Universität verfochten und hatte in den dreißiger und vierziger Jahren neben Raubicheck viele andere Anhänger. Soweit mir bekannt ist, hat diese Norm ihre beherrschende Stellung in der Schule völlig verloren. Aus einer genaueren Untersuchung des Verschwindens dieser Norm aus Rundfunksendungen und Schulen in den vierziger Jahren könnten wir sehr viel über den Mechanismus solcher Veränderungen in der Prestige-Form erfahren.

denen sie in Berührung kommen, benutzt wird. Viele Sprecher der oberen Mittelschicht dagegen halten - ungeachtet des vorherrschenden Trends - an ihrer ursprünglichen Norm fest. Die Struktur, die wir in der Kaufhaus-Untersuchung beobachtet haben, reflektiert folglich die sprachliche Unsicherheit der unteren Mittelschicht, die bei der älteren Generation zur Übernahme der völlig neuen Norm (r-1) zu Ungunsten der älteren Norm geführt hat. Der Prozeß der sprachlichen Sozialisation verläuft bei den Gruppen der unteren Mittelschicht, die nicht das College besuchen, langsamer als bei den Sprechern der oberen Mittelschicht, die sich in den oberen Klassen der High Schools an die neue Norm anzupassen beginnen. Bei denen, die nicht diesen Bildungsweg gehen, dauert es zehn bis zwanzig Jahre, bis sie ein Höchstmaß an Feingefühl für die hierarchische Gliederung der formalen Sprache in ihrer lokalen Umgebung erreicht haben.

Einige weiterführende Überlegungen zur Methode

Die wichtigste Schlußfolgerung aus der Kaufhaus-Untersuchung ist die, daß rasche und anonyme Untersuchungen eine wertvolle Informationsquelle für die soziolinguistische Struktur einer Sprachgemeinschaft sein können. Derartige Methoden können wir noch in einige Richtungen ausbauen und verbessern. Während einige Fehlerquellen der Methode inhärent sind, können andere bei genügender Aufmerksamkeit beseitigt werden.

Bei der Kaufhaus-Untersuchung hätte die Auswahlmethode systematischer sein können. Es wäre besser gewesen, wenn jede n-te Verkäuferin und jeder n-te Verkäufer ausgewählt oder eine andere Methode benutzt worden wäre, um eine Verzerrung durch Auswahl der in einer bestimmten Umgebung am leichtesten erreichbaren Person zu vermeiden. Solange eine solche Methode nicht den natürlichen Charakter der Äußerung beeinflußt, verringert sie die Auswahlverzerrung, ohne die Aussagekraft zu mindern. Die Methode ist ferner dadurch begrenzt, daß die Daten nicht auf Tonband aufgezeichnet wurden. Ich wußte bei der Transkription, was das Ziel der Untersuchung war; und es ist immer möglich, daß ein unbewußter Bias bei der Transkription dazu führte, daß einige zweifelhafte Fälle bei Saks als (r-1) und bei Klein als (r-0) notiert wurden.[11] Eine dritte Begrenzung liegt in der zur Elizitierung emphatischen Sprechens benutzten Methode. Fig. 2-2 deutet darauf hin, daß die Wirkung der stilistischen Variation möglicherweise gering im Vergleich zu den internen phonologischen Wirkungen von präkonsonantischer vs. End-Position ist. Die Prozentsätze für alle drei Kaufhäuser zusammen bestätigen das.

Prozentsätze der Kategorie "nur (r-l)" für jede Position

zwanglos		emphatisch	
fourth	floor	fourth	floor
23	39	24	48

---

11 Als die phonetischen Transkriptionen angefertigt wurden, wurden zweifelhafte Fälle durch ein *d* gekennzeichnet und in den später angefertigten Tabellierungen nicht berücksichtigt. Doch bleibt die Möglichkeit einer Verzerrung durch den Interviewer in der Entscheidung zwischen (r-0) und *d* und zwischen *d* und (r-l) bestehen.

Eine einfache Bitte um Wiederholung vermag nur begrenzt förmlicheres Sprechen hervorzurufen. Die Verwendung von Lesetexten, Wortlisten und Minimalpaaren in der Untersuchung von der Lower East Side erbrachte ein breiteres Spektrum von Stilen. Es ist vielleicht möglich, das stilistische Spektrum in raschen und anonymen Untersuchungen zu verbreitern, indem man durch die eine oder andere Technik Hörschwierigkeiten erkennen läßt.

Die Fehlerquellen in der Kaufhaus-Untersuchung werden durch die Vergleichbarkeit der drei Untergruppen, den Stichprobenumfang und die Erreichbarkeit der Population für eine Kontrolluntersuchung ausgeglichen. Obwohl der einzelne Sprecher nicht wiederaufgefunden werden kann, kann die entsprechende Population für Langzeit-Untersuchungen fortschreitenden Wandels ohne Schwierigkeiten erneut untersucht werden. Ein solches "Pseudo-Panel" ist beschränkt im Vergleich zu einer wirklichen Panel-Untersuchung derselben Individuen, aber die Vorteile hinsichtlich der Kosten und der Effizienz überwiegen bei weitem.

Mit derart vielversprechenden Ergebnissen in der Hand sollte es möglich sein, die benutzten Methoden zu verfeinern und zu vervollkommenen, und sie auf einen weiteren Bereich von Kontexten anzuwenden. In großen Städten ist es sinnvoll, einzelne große Institutionen, wie z.B. Kaufhäuser, auszuwählen, aber es gibt keinen Grund, rasche und anonyme Untersuchungen auf Verkäufer(innen) oder Institutionen dieser Art zu beschränken. Wir können uns jeder großen Gruppe von Menschen zuwenden, die sich in bestimmten öffentlichen Bereichen befinden und für öffentliche Interaktion zugänglich sind: Polizisten, Postbeamte, Sekretärinnen, Platzanweiser, Fremdenführer, Busfahrer, Taxifahrer, Hausierer und Demonstranten, Bettler, Bauarbeiter usw. Die in der Öffentlichkeit am klarsten zu identifizierenden Gruppen sind meistens am unteren Ende der Sozialskala versammelt, wobei die Verkäufer(innen) unter diesen dem oberen Ende zuzurechnen sind. Aber wir können einen größeren Kreis von Leuten erreichen, indem wir Käufer, Zuschauer bei Sportveranstaltungen, Vorführungen oder Baustellen, Hobby-Gärtner, Spaziergänger und ganz allgemein Passanten berücksichtigen. Hier kann der Charakter des Wohngebietes die gleiche differenzierende Funktion erfüllen wie die oben genannten drei Kaufhäuser. Viele Angehörige recht hoch angesehener akademischer Berufe sind der öffentlichen Interaktion zugänglich, insbesondere Lehrer, Ärzte und Rechtsanwälte. Der Öffentlichkeit zugängliche Ereignisse wie Gerichtsverhandlungen und öffentliche Anhörungen gestatten uns, die Sprache eines weiten Spektrums sehr unterschiedlicher, sozial lokalisierbarer Menschen zu beobachten.[12]

---

12 Während der Untersuchung in New York wurden Anhörungen des New York City Board of Education aufgezeichnet. Eine vorläufige Analyse der Daten zeigt, daß die Struktur der sozialen und stilistischen Stratifikation des (r) in der großen Vielfalt von Sprechern, die in diesen Anhörungen auftreten, leicht wiederzufinden ist. Gerichtsverhandlungen beim New York Court of General Sessions bieten ihrem Wesen nach sehr günstige Gelegenheiten für solche Untersuchungen, aber viele Beteiligte sprechen oftmals so leise, daß die Zuhörer sie nicht deutlich hören können. Gerade erst begonnen wurde mit der systematischen Untersuchung von Passanten. Plakins (1969) wandte sich an die unterschiedlichsten Fußgänger in einer Stadt in Connecticut mit Fragen nach dem Weg zu einem unverständlichen Platz, die in drei Höflichkeitsstufen formuliert waren. Sie fand systematische Unterschiede in der Form der Antwort, je nach der Kleidung (als Index der sozioökonomischen Stellung) und der Frageweise; auf höfliche Fragen wurden keine groben Antworten gegeben

In allen diesen Methoden steckt eine Verzerrung, die die Bevölkerungsgruppen begünstigt, die der öffentlichen Interaktion zugänglich sind, und die jene benachteiligt, die von der Öffentlichkeit abgeschirmt sind: Führungskräfte aus Wirtschaft und Politik, künstlerisch, wissenschaftlich oder illegal Tätige. Jede dieser Gruppen läßt sich bei genügend Phantasie untersuchen: die soziolinguistische Forschung sollte sich dem Problem stellen und rasche und anonyme Verfahren entwickeln, mit denen die Beschränkungen bequem durchführbarer Untersuchungen überwunden werden können. Aber es sollte betont werden, daß die Verzerrung durch das Fehlen der äußeren und nur schwer erreichbaren Bereiche des Sozialspektrums nicht so groß ist, wie es zuerst den Anschein hat, weil diejenigen, die für die Interaktion mit der Öffentlichkeit am ehesten zugänglich sind, wohl auch den unmittelbarsten Einfluß auf den Sprachwandel und das soziolinguistische System ausüben.

Seit der Kaufhaus-Untersuchung in Manhattan sind einige parallele Untersuchungen gemacht worden. In Suffolk County, Long Island, wurden rasche und anonyme Beobachtungen des Gebrauchs von (r) von Patricia Allen (1968) durchgeführt. 156 Angestellte aus drei stratifizierten Kaufhäusern wurden beobachtet. Im Kaufhaus mit dem höchsten Status (Macy's) gebrauchten nur 27 Prozent der Untersuchten kein (r-l), im in der Mitte liegenden Kaufhaus (Grant City) 40 Prozent und im Kaufhaus mit dem niedrigen Status (Floyd) 60 Prozent. Wir sehen, daß die New Yorker Struktur sich über die Stadtgrenzen hinaus ausgebreitet hat und zu einer vergleichbaren Stratifikation des (r) in drei Kaufhäusern führt, die etwas näher beieinander liegen als die in Manhattan untersuchten. Unsere eigene Analyse der Situation in New York zeigt, daß rasche und anonyme Untersuchungen dieser Art nicht vollständig interpretiert werden können ohne genauere Kenntnis der dialektalen Entwicklung des Gebietes und ohne eine systematischere Untersuchung der Verteilung der linguistischen Variablen und subjektiven Normen.[13] In diesem Fall sollten rasche und anonyme Untersu-

13 Allens Tabellen gleichen den New Yorker Strukturen bis auf einen größeren Unterschied; die Anzahl der Sprecher, die nur (r-l) gebrauchen, ist in allen drei Kaufhäusern annähernd gleich: 27 Prozent bei Floyd, 27 Prozent bei Grant City, 32 Prozent bei Macy's. Eine Überprüfung der Verteilung in relativer Zeit (apparent time) zeigte, daß diese Erscheinung auf das Vorhandensein einer Bimodal-Verteilung bei den (über dreißigjährigen) Erwachsenen im Kaufhaus mit dem niedrigsten Status zurückzuführen ist. Achtzig Prozent gebrauchten kein (r-l) und zwanzig Prozent gebrauchten durchweg nur (r-l); es gab niemanden, der variierte. Dagegen zeigten fünfzig Prozent der Erwachsenen in den beiden anderen Kaufhäusern variables (r). Das deutet auf das Vorhandensein eines älteren r-aussprechenden Dialekts, der jetzt durch die r-lose Struktur New Yorks verdrängt wird (Kurath und McDavid 1961), aber unter älteren Sprechern aus der Arbeiterschicht erhalten geblieben ist. Die Isolierung solcher bimodaler Strukturen ist ein schwieriges Problem (Levine und Crockett 1966) und erfordert zweifellos eine systematischere Untersuchung. Auf eine ähnliche Komplexität deuten die Ergebnisse einer raschen und anonymen Untersuchung von Kaufhäusern in Austin, Texas, durch M. M. Harris (1969) hin. In diesem Gebiet, in dem das r grundsätzlich ausgesprochen wird, scheint die Prestige-Norm unter Weißen ein schwach gespanntes (r) zu sein, wobei sich unter jüngeren Sprechern ein stark retroflexer Konsonant durchzusetzen beginnt. Für die wenigen untersuchten Schwarzen und Mexiko-Amerikaner scheint dieses stark gerollte (r) die bei gewählter Aussprache angestrebte Norm zu sein. Obwohl diese Ergebnisse lediglich Anregungen geben, stellen sie doch jene Vorarbeit dar, die notwendig ist, um Anhaltspunkte für eine systematischere Erforschung der entscheidenden Variablen der soziolinguistischen Struktur dieser Stadt zu gewinnen.

chungen als vorbereitend oder ergänzend zu anderen Methoden angesehen werden, nicht als Ersatz für diese. Doch gibt es Fälle, wo rasche Methoden Lösungen für Probleme liefern können, die mit konventionellen Methoden bisher nicht zu lösen waren. Wir haben Beobachtungen der Sprache von Telefonistinnen verwendet, um eine nationale Karte der Verschmelzung der unteren hinteren Vokale in *hock* und *hawk* und der Verschmelzung von *i* und *e* vor Nasalen in *pin* und *pen* zu erstellen. In unserer kürzlich durchgeführten Untersuchung der puerto-ricanischen Sprachgemeinschaft in New York benutzten wir solch eine natürliche experimentelle Situation, um herauszufinden, wieviel Prozent von denen, die wir auf der Straße Spanisch sprechen hörten, in den USA aufgewachsen waren und wieviel Prozent in Puerto Rico geboren waren (Labov und Pedraza 1971).

Künftige Untersuchungen der Sprache im sozialen Kontext sollten sich stärker auf rasche und anonyme Untersuchungen stützen, in der Absicht, unaufdringliche Methoden zur Kontrolle des Interaktionseffektes des Beobachters zu benutzen (Webb et al. 1966). Aber unsere raschen und anonymen Untersuchungen sind nicht passive Indikatoren sozialen Gebrauchs, wie z.B. Beobachtungen der Abnutzungsspuren auf öffentlichen Plätzen. Sie stellen eine Art nicht-eingreifenden Experimentierens dar, mit dem wir die Verzerrung durch die Experimentalsituation und die unberechenbare Interferenz von Prestige-Normen vermeiden, aber doch das Verhalten des Untersuchten kontrollieren. Wir fangen gerade erst an, Sprechakte, wie z.B. *nach dem Weg fragen*, zu untersuchen und die invarianten Regeln, die sie steuern, herauszufinden, um dann auf dieser Grundlage die Fähigkeit zu entwickeln, einen großen Teil des sozial festgelegten öffentlichen Sprechens in natürlicher Umgebung zu kontrollieren. Wir halten rasche und anonyme Beobachtungen für die wichtigste experimentelle Methode in einem linguistischen Forschungsprogramm, das die von gewöhnlichen Leuten bei ihren alltäglichen Verrichtungen benutzte Sprache zu ihrem wichtigsten Gegenstand macht.

Übersetzt von Bert-Olaf Rieck

3. Die Isolierung von Kontextstilen*

Die Untersuchung des Lautwandels in Martha's Vineyard** kann man als erste Stufe eines Programms zur Erforschung der Sprache im sozialen Kontext ansehen. Die zweite Stufe nahm ein viel größeres Problem in Angriff, nämlich irgendwelche Regularitäten in der umfangreichen Variation des Englischen in New York City zu entdecken.[1] Frühere Untersuchungen hatten eine völlig unsystematische Ausbreitung freier Variation in nahezu jedem Bereich des Lautsystems registriert (Labov 1966a: 2). Setzt man Struktur mit Homogenität gleich, so wird man in New York kaum Anzeichen einer Struktur finden. Neben einer umfangreichen sozialen Variation wurde darüberhinaus eine weitverbreitete stilistische Variation berichtet, die allgemein den Eindruck hinterließ, jeder könne alles sagen. Bezeichnend war Hubbell's Aussage über das (r):

Der Sprecher hörte ständig beide Arten der Aussprache; beide erscheinen ihm nahezu gleich natürlich, und es ist reiner Zufall, welche er verwendet. (1950:48)

Linguisten waren sich der Probleme stilistischer Variation stets bewußt. Gewöhnlich werden diese Varianten ausgeklammert – nicht weil sie unwichtig wären, sondern weil man die linguistischen Techniken als inadäquat für ihre Beschreibung ansieht. Die strukturelle Analyse abstrahiert normalerweise jene unveränderlichen funktionalen Einheiten der Sprache, deren Vorkommen durch Regeln vorhergesagt werden kann. Da stilistische Bedingungen das Sprachverhalten angeblich nur statistisch beeinflussen, wurden hierüber in der Regel eher Wahrscheinlichkeitsaussagen gemacht als Regeln formuliert, und jene scheinen deshalb vielen Linguisten uninteressant zu sein.

Meiner Meinung nach ist es jedoch eher so, daß die stilistische Variation bisher nicht mit ausreichend exakten Methoden behandelt worden ist, um das Ausmaß der vorhandenen Regelhaftigkeit festzustellen. Das Zusammenwirken vieler stilistischer Faktoren führt – in Verbindung mit anderen Einflüssen – zu scheinbar unberechenbarem Verhalten; aber diese scheinbare Unregelmäßigkeit ist jenen Inkonsistenzen vergleichbar, denen die historische Entwicklung der Vokale und Konsonanten zu unterliegen schien, bis einige subtilere Bedingungsfaktoren entdeckt wurden.

---

* [Anm. d. Hrsgg.]
  Dieser Aufsatz wurde für die Taschenbuchausgabe gekürzt. Die ungekürzte Fassung findet sich in: W. Labov, *Sprache im sozialen Kontext*. Band 1. Kronberg/Ts. 1976.
** [Anm. d. Hrsgg.]
  Martha's Vineyard ist eine Insel im Atlantischen Ozean, die zum US-Bundesstaat Massachusetts gehört. Labovs Untersuchung des Sprachwandels auf Martha's Vineyard, die zuerst 1963 in *Word* veröffentlicht wurde, findet sich in Labov (1972a: 1-42).
1 Dieses Kapitel wurde aus "The Social Stratification of English in New York City" (1966) modifiziert übernommen und stellt die Techniken zur Isolierung zwanglosen Sprechens und anderer Sprechstile dar; diese Techniken wurden 1963-64 in der Untersuchung der Lower East Side New Yorks entwickelt. Bis heute sind sie Grundlage zahlreicher Einzelinterviews und werden jetzt regelmäßig für Untersuchungen zum fortschreitenden Lautwandel in verschiedenen englischen, spanischen und französischen Dialekten verwendet. Für neuere Techniken auf der Basis der Gruppeninteraktion vgl. Labov et al. (1968: 1).

Im vorigen Kapitel haben wir uns bereits mit einem Verfahren befaßt, das dieser Variation zugrundeliegende System ausfindig zu machen. In der Kaufhaus-Untersuchung zeigte sich sowohl eine stilistische Variation als auch eine vertikale Stratifikation. Aber eine weiterführende Analyse der Sprachstruktur von New York erfordert wesentlich umfassendere Daten: ausführliche Interviews mit einzelnen Informanten, deren sozialer Status und deren früherer und jetziger Wohnort uns bekannt ist; hier wird die stilistische Variation ein außerordentlich bedeutendes Problem.

Die Untersuchung in New York begann mit 70 explorativen Interviews, anhand derer die phonologische Variation eines breiten Spektrums von Sprechern im Detail untersucht wurde. Die meisten Informanten wohnten in der Lower East Side, wo die Forschungsabteilung der "Mobilization for Youth" (MFY), einer Berufsausbildungsstätte, eine Volkszählung und eine soziologische Untersuchung durchgeführt hatte. Es war daher möglich, in der Lower East Side eine Sekundäranalyse auf der Grundlage des bereits von der MFY erstellten Samples zu machen.

In den explorativen Interviews traten fünf phonologische Variablen hervor, die in unterschiedlichen Stilen und Kontexten eine regelhafte Variation aufzuweisen schienen. Diese fünf Variablen wollen wir am Anfang detailliert betrachten. Um eine linguistische Variable zu definieren, müssen wir (a) das gesamte Spektrum der linguistischen Kontexte angeben, in denen sie vorkommen kann, (b) so viele phonetische Varianten definieren, wie wir vernünftigerweise unterscheiden können, (c) einen quantitativen Index aufstellen, um die Werte der Variablen zu messen. Diese Schritte werden wir im folgenden für die fünf Variablen in New York - (r), (eh), (oh), (th) und (dh) - vollziehen.

Weiter unten werden die Notationskonventionen aufgeführt, die bei der Diskussion der Variablen und auch weiterhin benutzt werden. Wie an anderer Stelle* gezeigt wurde, weist eine Variable auf signifikante Verteilungen der Varianten einer phonologischen Einheit hin und grenzt das ein, was sonst als freie und uneingeschränkte Variation betrachtet würde. Die Variablen (ay) und (aw) entsprechen den Phonemen /ay/ oder /aw/; die Variable (r) dagegen entspricht dem Vorhandensein oder Fehlen von /r/; und die Variable (eh) umfaßt die Phoneme /æh/, /eh/ und /ih/.

Einzelne Varianten oder Werte einer Variablen werden durch eine Zahl in runden Klammern, wie (r-1) oder (eh-4), gekennzeichnet. Indexwerte, die von den Durchschnittswerten einer Variante abgeleitet sind, werden mit Zahlen außerhalb der Klammern angegeben, wie (r)-21 oder (eh)-28. Eckige Klammern kennzeichnen phonetische Notation, die auf impressionistische Weise die gehörten Laute wiedergibt; Schrägstriche kennzeichnen Phoneme wie /eh/ oder /r/, d.h. das System kontrastiver Einheiten, unabhängig von unterschiedlichen grammatischen Umgebungen. Die abstrakteren morphophonemischen Einheiten oder systematischen Phoneme werden durch kursiv gedruckte Zeichen als *r* oder kurzes *a* wiedergegeben; sie entsprechen häufig der orthographischen Darstellung. Da wir es mit phonologischen Regeln der Oberflächenstruktur zu tun haben, befassen wir uns normalerweise nicht mit der Repräsentation dieser tiefenstrukturellen Ebene der Analyse; dennoch ist es sinnvoll, verschiedentlich darauf hin-

---

* [Anm. d. Hrsgg.]
Vgl. Labov (1972a. 1-42).

zuweisen, daß es Fälle gibt, die mit denen dieser autonomen Analyseebene zusammenfallen. Dies ist besonders nützlich, wenn man innerhalb einer kontinuierlichen Rangfolge phonetischer Formen diskrete Indexwerte festsetzt.

Der wichtigste Schritt in einer soziolinguistischen Untersuchung ist die genaue Analyse der linguistischen Variablen. Wir wollen die größte homogene Klasse isolieren, innerhalb derer alle Unterklassen in derselben Weise variieren. Tut man dies nicht, sondern wirft invariante Unterklassen hoher und niedriger Frequenz zusammen, dann kann man die soziolinguistischen Strukturen nicht genau bestimmen. Die regelhafte Struktur einer Variable kann durch eine große Zahl unregelmäßiger Fälle oder sogar durch Elemente, die in entgegengesetzter Richtung variieren, verdeckt werden. Haben wir jedoch die Variable erst einmal linguistisch definiert, dann sind wir in der Lage, dem wichtigen *Prinzip der Belegbarkeit* (principle of accountability) zu folgen: wir können Werte für alle Fälle angeben, in denen das variable Element in den von uns definierten relevanten Umgebungen vorkommt.

Die fünf phonologischen Variablen

(r): das Vorhandensein oder das Fehlen der konsonantischen Gespanntheit (constriction) für postvokalisches, präkonsonantisches und im Wortauslaut stehendes /r/; z.B. in Wörtern wie *beer, beard, bare, bared, moore, moored, bore, board, fire, fired, flower, flowered,* wo /r/ gewöhnlich durch einen vokalischen Gleitlaut (Halbvokal) [ə̯] repräsentiert wird; in unbetonten Silben in *Saturday, November,* wo wir nur ein Schwa [ə] haben; und in *bar, barred,* wo /r/ gewöhnlich durch eine Vokaldehnung wiedergegeben wird. Wir können allerdings auch lange Monophtonge mit hohen Vokalen erhalten, wie in *beer* [bɨ:] ,und gelegentlich hört man einen Gleitlaut (inglide) in *bar.*

Von der Variable ausgeschlossen sind jene Fälle, in denen /r/ auf einen halbzentralen Vokal (mid-central vowel) folgt, wie bei *her* und *bird.* Diese beiden Unterklassen haben in New York, wie in den meisten Dialektgebieten ohne *r,* eine abweichende historische Entwicklung und Realisierung (Labov 1966a: 10). Bei betontem *her* haben wir einen Wechsel von [hʌ~hʌr~h₃~h₃:] und in *bird* einen verpönten palatalen Gleichlaut (upglide) [bɜ̯ᵻd], der durch ein gespanntes /r/ [bɜ̯d] häufiger ersetzt wird als in den wichtigsten Unterklassen. Wir können diesem Faktor Rechnung tragen, indem wir *bird* und *her* im Lexikon mit /hr/ und /brd/ wiedergeben (vgl. Bloomfield 1933); der Terminus "postvokalisch" in unserer Definition schließt diese Klasse aus, und der phonetische Vokal wird durch eine spätere Regel eingeführt (vgl. Kap. 6).

Wir schließen das /r/ am Wortende auch dann aus, wenn das darauffolgende Wort mit einem Vokal beginnt, wie bei *four o'clock.* Es handelt sich hier um einen besonderen Fall in New York, der einen wesentlich höheren Prozentsatz von gespanntem /r/ aufweist.

Die beiden grundlegenden Varianten von (r) sind also:

(r-1) [r, ɚ, ə̯]   d.h. das Vorhandensein schwacher oder starker
                    konsonantischer Gespanntheit.

(r-0) [ə̯, ə, :]   d.h. Fehlen von Gespanntheit.

Grenzfälle werden in Klammern erwähnt und bei der statistischen Analyse nicht berücksichtigt. Sie treten relativ selten auf. Der (r)-Index ist dann der Mittelwert der registrierten Varianten multipliziert mit 100: d.h. der Prozentsatz an gespannten Formen.

(*eh*): die Höhe des Vokalkerns in gespanntem kurzem *a* oder / æ h/. Dieses Phonem erscheint in New York City als Ergebnis einer komplexen Spannungsregel (tensing rule), die bestimmte phonologische Unterklassen auswählt; das gedehnte vordere [æˁ:] wird dann durch eine Anhebungsregel (raising rule) affiziert, die den Vokal in [ɛˁ:ᶕ], [eˁ:ᶕ] und [ɪˁ:ᶕ] überführt.

Die Spannungsregel operiert über kurzem *a* vor den vorderen nasalen Konsonanten /m/ und /n/, den stimmlosen Frikativen /f, θ , s,ʃ/ und den stimmhaften Verschlußlauten /b, d,ž , g/. Die Regel variiert nach Typ und Vorkommen (types and tokens) bei den stimmhaften Frikativen /v, z/, so daß man die Aussprache von *razz, jazz, raspberry* nicht vorhersagen kann. Auf die erwähnten Konsonanten muß eine Wortgrenze # # oder Flexionsgrenze ≠ oder ein Obstruent folgen; wenn ein Vokal oder ein Liquid /r, 1/ unmittelbar folgt, findet die Spannungsregel keine Anwendung. So setzt New York dem nicht gespannten *wagon, dragon, cabin* das gespannte *waggin', draggin', stabbin'* entgegen. Im allgemeinen berücksichtigt die Regel keine Ableitungsgrenze +, die nichtgespanntes *passage, Lassie* etc. bewirken würde, obwohl es nach Zischlauten wie in *fashion, fascinate* etc. eine gewisse Variation gibt. Die Regel gilt nicht für unbetonte Wörter, d.h. für Funktionswörter, die Schwa als einzigen Vokal haben können: *am, an, can* (Aux), *has, had, as* etc. Es gibt lexikalische Ausnahmen wie gespanntes *avenue* und das je nach Kontext variierende gespannte *wagon, magic*, etc. Die Regel in ihrer allgemeinsten Form sieht so aus:

$$
\begin{bmatrix} + \text{unten} \\ - \text{hinten} \end{bmatrix} \rightarrow [+ \text{gespannt}] \quad \overline{[- \text{schwachbetont}]} \quad \left\{ \begin{matrix} \begin{bmatrix} + \text{nasal} \\ - \text{hinten} \end{bmatrix} \\ \begin{bmatrix} \alpha \text{ gespannt} \\ \alpha \text{ kont} \end{bmatrix} \end{matrix} \right\} \quad \left\{ \begin{matrix} \overset{\#}{[+ \text{ obstr}]} \end{matrix} \right\}
$$

Für weitere Einzelheiten der Spannungsregel in New York vgl. Trager (1940) und Cohen (1970). Es ist klar, daß es in mehrsilbigen und abgeleiteten Wörtern eine beträchtliche Variation gibt. Veraltete Wörter wie *lass* (Liebste) und *mastodon* sind ebenfalls ziemlich variabel. Da wir uns vor allem für die Hebung von gespanntem (eh) interessieren, konzentrieren wir uns am besten auf den invarianten Kern der Klasse gespannter Laute: einsilbige Wörter vor vorderen Nasalen, stimmhaften Verschlußlauten und stimmlosen Frikativen. Bei einsilbigen Wörtern kann diese invariante Klasse gespannter Laute einer Klasse immer nicht-gespannter und variabler Formen gegenübergestellt werden:

a) immer entspannt	*cap, bat, batch, pal, can* (Aux), *had, has*
b) variabel	*jazz, salf, bang*
c) gespannt	*cab, bad, badge, bag, half, pass, cash, bath, ham, dance*

Die dritte Wortklasse wird im Vernacular von New York gleichmäßig durch eine Anhebungsregel der Oberflächenstruktur erfaßt. Am besten wird das durch eine variable Regel dargestellt, die die Öffnung des Vokals variabel einschränkt:

$$\begin{bmatrix} + \text{ gespannt} \\ - \text{ hinten} \end{bmatrix} \longrightarrow \quad \langle \, x - \delta \text{ offen} \, \rangle$$

In dieser Form wirkt die Regel zunehmend auf alle vorderen Vokale, und zwar in dem Maße, wie der Bereich von x so zunimmt, daß er die am stärksten offenen (tiefen) Vokale und die weniger offenen (mittleren) Vokale einbezieht. Wie wir noch sehen werden, ist die Quantität δ eine Funktion von Alter, Geschlecht, Stil, sozialer Schicht und ethnischer Gruppe.

Für die Zwecke unserer Untersuchung ist es notwendig, diskrete phonetische Varianten für die (eh)-Variable zu unterscheiden. Obwohl die Höhe des Vokals eine kontinuierliche Variable ist, können wir solche diskreten Werte mit Hilfe anderer, relativ fixierter Wortklassen kodieren.

Skalierung des (eh)-Index

Nr.	Approximative phonetische Qualität	Entspricht dem Vokal von
(eh-1)	[ɪˤːə]	NYC *beer, beard*
(eh-2)	[eˤːə]	NYC *bear, bared*
	[ɛˤːə]	
ʹ(eh-3)	[æ^ː]	
(eh-4)	[æː]	NYC *bat, batch*
(eh-5)	[aː]	E. New England *pass, aunt*

Der letzte Punkt auf der Skala kommt nur bei Hyperkorrektur oder Nachahmung der älteren Prestigenorm des offenen *a* von Neu England vor.

Der Indexwert für (eh) wird bestimmt, indem jedes Vorkommen eines Elementes der Wortklasse (c) als eine der sechs Varianten kodiert wird, wobei man den Durchschnitt der Zahlenwerte errechnet und mit 10 multipliziert. (eh)-25 wäre also der Indexwert für jemanden, der die Hälfte der (eh)-Wörter mit (eh-3) und die andere Hälfte mit (eh-2) ausspricht. Jemandem, der immer einen gespannten Vokal benutzt, etwa entsprechend der Vokalrealisierung in *bat*, wird (eh)-40 zugeordnet.

In einer neuen Arbeit über den fortschreitenden Lautwandel haben wir die Hebung von (eh) mit spektrographischen Instrumenten sehr viel genauer untersucht. Unsere spektrographischen Analysen bestätigen die meisten der in der obigen Skala angegebenen impressionistischen Klassifizierungen und zeigen außerdem das Aufkommen einer scharfen Differenzierung von nicht-gespannten und gespannten Vokalen. Vokale, die durch soziale Korrektur beeinfluß werden, sind häufig zu Positionen primärer Formanten gesenkt bis zur Höhe des Vokals in *bat*, weisen jedoch höhere Positionen sekundärer Formanten auf — das heißt, sie werden wesentlich weiter vorn ausgesprochen. Zu weiteren Präzisierungen vgl. Labov (1972c) und Labov, Yaeger und Steiner (1972). Fig. 3—1 zeigt die Ergebnisse spektrographischer Messungen des Vokalsystems eines Informanten aus der Untersuchung in New York; es handelt sich um Jakob S., einen älteren Mann, der nur einen mittleren Grad der Hebung von (eh) zeigt, aber eine klare Differenzierung der Klasse gespannter und nicht-gespannter Laute. Innerhalb der Klasse gespannter Laute gibt es weitere Differenzierungen der drei Unterklassen mit kurzem *a* vor vorderen Nasalen, die die am weitesten fortgeschrittenen Positionen zeigen.

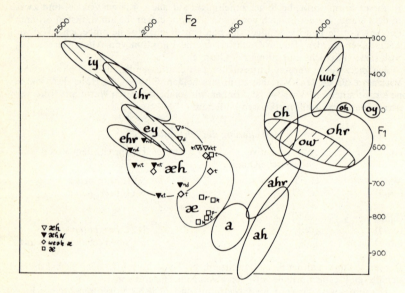

Fig. 3-1   *Vokalsystem von Jakob S., 57, aus New York (aus: Labov, Yaeger und Steiner 1972).*

(*oh*): Der entsprechende hintere Vokal (oh) wird in New York ebenfalls in unterschiedlichem Grad angehoben. Vokale in der Klasse von *off, lost, more, talk, caught, wash* etc. werden allmählich zu mittlerer und hoher Position angehoben. Eine Regel der Gespanntheit (tensing rule) ist nicht nötig: häufige Wörter mit kurzem *o* vor stimmlosen Frikativen /f, Θ , s/ und hinteren Nasalen / ŋ / wurden in einer früheren Epoche angehoben und gehören jetzt in New York zur Klasse von Wörtern mit langem offenem *o: off, lost, cloth, long, song, wrong.* Sie werden der gemischten Klasse von Wörtern zugeordnet, die zum langen offenen *o* zusammengeschmolzen sind und die gemeinsam mit *o* vor /r/ die Basis für die Variable (oh) bilden.

Die Hebungsregel für (oh) ist eine Generalisierung der Hebungsregel für (eh). Man braucht nur das Merkmal [- hinten] von der linken Seite der Regel zu entfernen. Die variable Beschränkung <- hinten> erscheint dann in der Umgebung für unterschiedliche soziale Schichten und ethnische Gruppen, wie wir in Kap. 4 sehen werden.

Eine lineare Sechs-Punkte-Skala entsprechend der für (eh) wird benutzt, um die Höhe dieses Vokals zu messen: die große Anzahl diakritischer Zeichen, die zur Wiedergabe der phonetischen Qualität notwendig ist, entspricht der Zusammenstellung von Bezugspunkten unterschiedlicher Art. Es ist sehr schwierig, diesen Vokal phonetisch zu beschreiben, und keine dieser Methoden ist befriedigend; die folgende Diskussion mag in gewissem Sinne hilfreich sein.

Skalierung des (oh)-Index

Nr.	Approximative phonetische Qualität	Entspricht dem Vokal von
(oh-1)	[u:ᵊ]	NYC *sure*
(oh-2)	[oᶜ:ᵊ]	
(oh-3)	[ɔˆ:ᵊ]	*for, nor* der amerikanischen Umgangssprache (General American)
(oh-4)	[ɔ:]	API Kardinal [ɔ]
(oh-5)	[ɒ]	E. New England *hot, dog*
(oh-6)	[a]	NYC *dock, doll*

(oh-4) entspricht in der Vokalhöhe der festgesetzten Position für den Kardinalvokal [ɔ] . Man hört es häufig in der Sprache von Bewohnern des New Yorker Hinterlandes und in vielen anderen Teilen des Landes, aber in der Sprache keiner Region ist es so konsistent, daß es als fester Bezugspunkt dienen könnte. (oh-3) ist etwas höher und kann einigermaßen exakt als der Laut identifiziert werden, der in *for, or, nor* dem [r] vorhergeht, und zwar in fast allen Regionen der USA, in denen [r] in diesen Wörtern ausgesprochen wird.

(oh-2) ist etwas höher als (oh-3), liegt weiter vorn und wird mehr gerundet. Der folgende zentrierende Gleitlaut wird häufig stärker markiert als bei (oh-3), ein Gleitlaut muß aber nicht unbedingt folgen. (oh-1) wird angehoben und über (oh-2) hinaus zentriert, eine Ebene, auf der *sure* meistens realisiert wird, und wird mit einer anscheinend beträchtlichen Gespanntheit gerundet ausgesprochen. Die Rundung unterscheidet sich ziemlich stark von der, die im britischen gespannten [ɔ:] zu beobachten ist: zu seiner Aussprache spitzen Frauen die Lippen; bei Männern klingt es ähnlich, hat aber eine andere phonetische Qualität, die durch eine bestimmte Krümmung der Zunge zu entstehen scheint.

Die impressionistische Transkription von (oh) wurde durch spektrographische Messungen in unseren Untersuchungen über den fortschreitenden Lautwandel überprüft und bestätigt. In Fig 3–1 können wir die Hebung von (oh) für Jakob S. erkennen, und zwar in einem ziemlich fortgeschrittenen Zustand der Variable.

(*th*) und (*dh*): Bei diesen beiden Variablen handelt es sich um die Anfangskonsonanten von *thing* und *then*; im größten Teil der USA sind sie als die Stereotypen *dese, dem* und *dose* bestens bekannt. Diese Konsonanten sind natürlich nicht unmittelbar mit dem Vokalsystem verbunden; sie sind in diese Untersuchung als ein Paar korrelierter Variablen einbezogen, die von den Prozessen strukturellen Wandels der drei ersten Variablen nicht betroffen sind.

	(th)	(dh)
1 interdentaler Frikativ	[θ]	[ð]
2 Affrikate	[tθ]	[dð]
3 ungespannter dentaler Verschlußlaut	[t]	[d]

In dieser Skala ist der Frikativ die Prestigeform, und der Verschlußlaut mit seinem [t] -ähnlichen oder [d] -ähnlichen Effekt wird überall als Form mit geringerem Prestige angesehen. Dieser Verschlußlaut kann auf unterschiedliche Weise gebildet werden, seine Haupteigenschaft aber ist es, daß man bei seiner Artikulation keinen turbulenten, reibenden oder kratzenden Laut hört. Die Affrikate ist die schnelle Abfolge der zwei Laute, genauer gesagt hört man sie als Frikativ mit plötzlichem Einsatz anstelle eines allmählichen Einsatzes.

Der gebildete Verschlußlaut ist in der Regel dental. Das [t] ist meist weniger stark aspiriert als das Phonem /t/, das [d] ist im allgemeinen nicht so stimmhaft wie das /d/. Bei Betonung können diese Laute mit /t/ und /d/ verschmelzen und dadurch zum Zusammenfallen der Phoneme /θ , t/ und /ð , d/ führen. Nichtsdestotrotz halten muttersprachliche Sprecher die beiden Wortklassen recht genau auseinander; in formalem Stil hören wir keine Hyperkorrektur der Art /ðaⁿðɛ :r/ für *down there*.

Die Nullvariante *'at, 'ere* etc. wird als (dh-2) klassifiziert mit demselben Wert wie die Affrikate.

Kontextstile

Die Voruntersuchung über das Englische in New York ließ für diese fünf Variablen in unterschiedlichen Sprechstilen und Kontexten eine regelhafte Variation vermuten. Das Problem besteht nun darin, den Kontext zu kontrollieren und die Sprechstile zu definieren, die innerhalb der Kontexte vorkommen, damit diese Hypothese einer regelhaften Variation überprüft werden kann.

Um genaue Informationen über das Sprachverhalten zu bekommen, müssen wir unter Umständen die Performanz einer großen Zahl von Sprechern miteinander vergleichen. Außerdem müssen wir eine Stichprobe untersuchen, die für eine wesentlich größere Gruppe, möglichst die ganze New Yorker Sprachgemeinschaft repräsentativ ist. Das ist ohne Zufallsauswahl nicht möglich. Um aber eine Zufallsauswahl durchzuführen und die Daten für viele Sprecher vergleichbar zu machen, sind wir auf strukturierte formale Interviews angewiesen. Das formale Interview selbst jedoch determiniert einen sprachlichen Kontext, in dem im allgemeinen nur ein Sprechstil auftritt, den wir als *gewähltes Sprechen* (careful speech) bezeichnen können. Die meisten sonstigen Äußerungen eines Informanten sind davon möglicherweise ganz verschieden. Vielleicht bedient er sich der gewählten Sprechweise in vielen anderen Kontexten, aber bei den meisten Gelegenheiten wird er seiner eigenen Sprache nicht so viel Aufmerksamkeit schenken, sondern einen eher ungezwungenen Stil verwenden, den wir *zwangloses Sprechen* (casual speech) nennen können. Dieses zwanglose Sprechen hört man auf den Straßen New Yorks, in den Kneipen, in der Untergrundbahn, am Strand oder wenn man Freunde in der Stadt besucht. Aber auch anonyme Beobachtung in diesen Kontexten wird eine Verzerrung aufweisen. Unsere Freunde bilden eine ganz bestimmte Gruppe, genauso wie diejenigen New Yorker, die in Kneipen gehen, Stockball auf der Straße spielen oder im Restaurant so laut sprechen, daß man ihnen zuhören kann. Nur wenn wir sorgfältig eine Zufallsstichprobe aus der gesamten Population ziehen, können wir beträchtliche Verzerrungen vermeiden. Das Problem besteht nun darin festzustellen, was in den Grenzen des Interviews geleistet werden kann. Zunächst geht es um die Situation, die im face-to-face Interview dominiert; wir bezeichnen sie als *Kontext B* und reservieren *Kontext A* für solche Situationen, in denen die sozialen Beschränkungen der Interviewsituation aufgehoben werden können.

Kontext B: Die Interviewsituation

Der am einfachsten zu definierende Stil ist der, den wir *gewähltes Sprechen* genannt haben. In unserer Untersuchung tritt dieser Sprechstil meist dann auf, wenn der Informant Fragen beantwortet, die formal als "Teil des Interviews" zu betrachten sind. Um es allgemeiner zu fassen: ein Interview, dessen erklärtes Objekt die Sprache des Sprechers ist, ist auf einer Skala der Formalität höher einzustufen als die meisten Gespräche.[2] Situation und Sprache sind nicht so formal wie bei einer öffentlichen Rede und weniger formal als bei einem Einstellungsgespräch, aber sicher formaler als bei einer ungezwungenen Unterhaltung zwischen Freunden oder Familienmitgliedern. Der von Joos (1959) eingeführte Terminus "konsultativ" scheint diese Stilebene gut zu bezeichnen. Der Grad an Spontaneität oder Wärme in den Antworten der Informanten kann stark variieren, aber die Relation von gewählter Sprechweise und der Sprechweise in weniger formalen Kontexten ist im allgemeinen konstant. Als gewähltes Sprechen definieren wir somit die Sprechweise, die im Kontext B auftritt; wir bezeichnen sie als *Stil B*.

Es ist verhältnismäßig einfach, von Kontext B aus den Kontext in eine formalere Richtung zu verschieben, wobei es verschiedene Möglichkeiten gibt, dieses Verfahren zu differenzieren. In der folgenden Diskussion behandeln wir die Definition und Kontrolle der formaleren Stile bis zum äußersten Ende der Skala, um dann zu versuchen, in die entgegengesetzte Richtung zu gehen.

Kontext C: Lesestil

Nach dem Hauptteil des Interviews, das etwa eine halbe bis eine Stunde dauert, wird der Informant gebeten, zwei Standardtexte vorzulesen. Der eine enthält die wichtigsten phonologischen Variablen, in aufeinanderfolgenden Absätzen konzentriert, der andere enthält Minimalpaare nebeneinander in einem Text. Beide sind in umgangssprachlichem Stil gehalten, um einen möglichst gleichmäßigen Redefluß zu gewährleisten und den Leser soweit wie möglich an der Ge-

---

2 Die formalen Interviews in der Lower East Side wurden als Untersuchung des "American Language Survey" durchgeführt, das einen Rahmen für die Analyse des Lesens, von Wortlisten, Einstellungen zur Sprache und für subjektive Reaktionstests lieferte. Unsere neueren Untersuchungen thematisieren die Sprache nicht offen als den zentralen Gegenstand der Analyse, sondern beziehen sich auf einen größeren Gegenstandsbereich, der die Sprache einschließt, z.B. "Lernen durch Alltagserfahrung" ("common-sense learning"). Die stilistischen Restriktionen sind trotzdem mehr oder weniger die gleichen; die zugrundeliegende Situation ist die, daß der eine Fragen stellt und der andere sie beantwortet. Der zwanglosere oder Vernacular-Stil wird vor allem denjenigen gegenüber angewendet, mit denen man die meisten sozialen Erfahrungen teilt, wobei dem Sprechen nur ein Minimum an Aufmerksamkeit geschenkt wird.

schichte zu interessieren. Durch dieses Interesse erhalten wir eine maximale Spanne zwischen Stil C und den noch folgenden formaleren, ohne daß wir Gefahr laufen, die Distanz zwischen B und C zu verringern: Auch der formalste Konversationsstil unterscheidet sich hinsichtlich der phonologischen Variablen noch stark vom Lesestil. Das Interesse an der Geschichte gewährleistet außerdem einen kontinuierlichen Redefluß mit den entsprechenden Sandhiregeln*. Eine Standardisierung hätte sich vielleicht auch auf andere Weise erreichen lassen, indem wir die Informanten genötigt hätten, sorgfältig und langsam zu lesen, aber sehr langsames Lesen ist von besonderen phonetischen Merkmalen begleitet, die den Vergleich zwischen Gesprächs- und Lesestil erschweren würden. Bei sehr langsamem Tempo wäre es beispielsweise schwierig, die Variable (r##V) zu kodieren, d. h. (r) am Wortende, auf das ein mit Vokal beginnendes Wort folgt, wie in *four o'clock*. Bei normaler Sprechweise würde eine Aussprache, bei der der Konsonant zwischen *four* und *o'clock* ausfällt, als ein Verstoß gegen eine von den meisten New Yorkern befolgte Regel aufgefaßt, nach der das [r] an dieser Stelle erhalten wird. Bei sehr langsamem Sprechen beginnt eine derartige Regel ihre Gültigkeit zu verlieren. Hinzu kommt, daß der Lesende die Minimalpaare bei sehr langsamem Sprechen eher bemerken könnte. Deshalb sind die beiden Texte so angelegt, daß sie zu recht zügigem Lesen anregen. (. . .)

Der erste Text "When I was nine or ten . . ." besteht aus fünf Absätzen, in denen die Hauptvariablen nacheinander gehäuft auftreten (Labov 1966a: 597). Im ersten Absatz fehlen die zu untersuchenden Variablen ganz. Im zweiten Absatz geht es um (oh); er beginnt mit "We *al*ways had *choc*olate milk and *cof*fee cake around *four* o'clock". (Die Vorkommen der Variable sind hier kursiv gedruckt, nicht aber im tatsächlich verwendeten Text.) Der dritte Absatz enthält (eh), wie bei "One *man* ·is IT: you run p*a*st him as f*a*st as you c*a*n and you kick a tin *can* so he c*an*'t t*ag* you". Der vierte Absatz konzentriert sich auf (r), wie bei "He d*ar*ted out about f*ou*r feet bef*ore* a c*ar*, and he got hit h*ar*d". Im letzten Absatz finden sich besonders häufig (th) und (dh), z.B. "There's some*th*ing strange about *th*at — how I can remember every*th*ing he did — *th*is *th*ing, *th*at *th*ing and *th*e o*th*er *th*ing". Mit diesem Text werden zwei Ziele verfolgt. Zunächst können wir im Kontext C mit größtmöglicher Effizienz messen, welchen Gebrauch der Sprecher von allen fünf Variablen macht. Das dichte Aufeinanderfolgen vieler Vorkommen führt, was bei den Wortlisten nicht der Fall ist, zu Ermüdungserscheinungen, die den Gebrauch einer kürzlich gelernten "überlagernden" Form von den Formen des ohne Anstrengung produzierten Vernacular abhebt. Daneben enthält dieser Text sämtliche Sätze, die im Test der subjektiven Reaktion verwendet werden. Den Informanten, die den Text selbst gelesen haben, ist bewußt, wenn sie diesen von anderen gelesen hören, daß sie eher die Art des Sprechens als den Inhalt beurteilen.

Im zweiten Text "Last Saturday night I took Mary Parker to the Paramount Theatre . . ." erscheint eine Anzahl von Wörtern, die Minimalpaare bilden, nebeneinander; er enthält auch diejenigen phonologischen Variablen, die in "When I was nine or ten . . ." untersucht werden. In diesem Text sind die Minimalpaare kursiv gedruckt; natürlich nicht in dem, den die Informanten vorlesen.

---

* [Anm. d. Hrsgg.]
"Sandhiregeln" sind Regeln der Satzphonetik, die Veränderungen im An- und Auslaut von Wörtern zwecks Aussprecheerleichterung betreffen.

Last Saturday night I took Mary Parker to the Paramount Theatre. I would rather have gone to see the Jazz *Singer* myself, but Mary got her *finger* in the pie. She hates jazz, because she can't *carry* a tune, and besides, she never misses a new film with *Cary* Grant. Well, we were waiting on line about half an hour, when some farmer from Kansas or somewhere asked us how to get to Palisades Amusement Park.

Naturally, I told him to take a bus at the Port Authority Garage on 8th Avenue, but *Mary* right away said no, he should take the I.R.T. to 125th St., and go down the escalator. She actually thought the ferry was still running. "You're certainly in the *dark*," I told her. "They tore down that *dock* ten years ago, when you were in diapers." "And what's the *source* of your information, Joseph?" She used her sweet-and-sour tone of *voice*, like ketchup mixed with tomato *sauce*. "Are they running submarines to the Jersey *shore*?"

When *Mary* starts to sound humorous, that's *bad*: *merry* hell is *sure* to break loose. I remembered the *verse* from the Bible about a good woman being worth more than rubies, and I *bared* my teeth in some kind of a smile. "Don't tell this man any *fairy* tales about a *ferry*. He can't got that way."

"Oh yes he *can*!" she said. Just then a little old lady, as *thin* as my grandmother, came up shaking a *tin can,* and this farmer asked *her* the same question. She told him to ask a subway *guard*. My *god*! I thought, that's one sure way to get lost in New York City.

Well, I managed to sleep through the worst part of the picture, and the stage show wasn't too hard to *bear*. Then I wanted to go and have a bottle of *beer*, but she had to have a *chocolate* milk at *Chock* Full O'Nuts. *Chalk* this up as a total loss, I told myself, I bet that farmer is still wandering around looking for the 125th St. Ferry.

In diesem Text stehen die Minimalpaare bei vergleichbarer Betonung so nahe beieinander wie möglich, so daß der Linguist ihre Aussprache ohne weiteres vergleichen kann; sie folgen aber so natürlich aufeinander, daß der Informant sich des Gegensatzes nicht bewußt wird. Die Beispiele mit (r) illustrieren diese Technik. In "You're certainly in the dark! They tore down that dock" können wir feststellen, ob der Kontrast zwischen *dock* und *dark* allein in der Länge besteht [a ∼ aː] oder in der Länge und Velarisierung /a ∼ ɒ ː/. In "She told him to ask a subway guard. My god! I thought" haben wir eine optimale Zusammenstellung von *guard* und *god*, die identisch sein oder sich in einer der drei oben beschriebenen Weisen unterscheiden können. Weniger elegant ist die Anordnung von "source of your information" und "tomato sauce". Hier wird /ohr/ in *source* mit /oh/ in *sauce* verglichen; wenn das /r/ nicht ausgesprochen wird, werden die beiden Wörter im allgemeinen als homonym betrachtet.[3] In diesen drei Fällen haben wir die Gelegenheit, den "gewählten" (careful), aber unreflektierten Gebrauch von /r/ zur Unterscheidung von Wörtern zu beobachten, die sonst homonym sein können; und wir machen einen direkten Vergleich mit eben diesem Kontrast in den Minimalpaaren (siehe unten). Dieser Text liefert uns auch die potentiellen Kontraste von: /ŋ∼ŋg/ in *Singer*∼*finger*, /ehrV∼erV∼ ærV/ in *Mary*∼*merry*, *Cary*∼*carry* und *fairy*∼*ferry*, /ehr∼ihr / in *bear*∼*beer*,

---

3   Unsere kürzlich durchgeführten spektrographischen Untersuchungen dieser Daten zeigen, daß *source* und *sauce* im allgemeinen nicht homonym sind, auch wenn der Sprecher das glaubt und sie für "gleich" hält. Der zweite Formant des Vokalkerns ist meistens tiefer (in Begriffen des normalen artikulatorischen Korrelates weiter hinten); in zusammenhängender Rede kann auch der erste Formant tiefer sein (d.h. der Vokal ist höher). Beim Minimalpaartest werden die Vokale enger zusammengebracht, aber die Unterschiede bezüglich des zweiten Formanten bleiben bestehen. Die phonetische Differenzierung dieser Nuclei ist die gleiche wie die, die gewöhnlich in Dialekten festgestellt wird, in denen das *r* ausgesprochen wird.

/en~in/ in *ten~tin*, /oy~əhr/ in *voice~verse*, /θ~t/ in *thin~tin*, /æh~ehr/ in *bad~bared*, /ohr~uhr/ in *shore~sure*,/æ ~æh/in *can* [N]ᵥ*can* [AUX], und /a~oh/ in *chock~chalk~chocolate*. Der beim Lesen verwendete Stil in Kontext C wird als *Stil C* bezeichnet werden.

Kontext D: Wortlisten

Einen weiteren Schritt in Richtung auf einen formaleren Kontext stellt die Betrachtung der Aussprache isolierter Wörter dar. Es werden drei Arten von Wortlisten für die Untersuchung der Variablen (r), (eh) und (oh) verwendet. Eine davon ist eine Liste, die der Informant auswendig kennt: die Wochentage und die Monate des Jahres. Die zweite ist eine gedruckte Liste von Wörtern mit dem gleichen oder einem ähnlichen Segment. Eine davon enthält die Variable (eh), die abwechselnd in ungespannter und gespannter Form auftritt.

Mit Hilfe dieser Liste erhält man also zum einen die Höhe dieses Vokals bei formaler Aussprache der gespannten Formen, und zum anderen erkennt man den störenden Einfluß der sozialen Korrektur auf die Spannungsregel des New Yorker Vernacular.[4] Die (oh) Liste ist nicht so komplex, da die Hebungsregel alle Elemente der Klasse /oh/ und /ohr/ beeinfluß. Ein Element der Klasse /a/ − *cock* − ist in dieser Liste enthalten: *Paul, all, ball, awful, coffee, office, chalk, chocolate, chock, talk, taught, dog, forty-four*.

Der dritte Typus von Wortliste setzt die phonologische Untersuchung fort, die mit dem Lesen von "Last Saturday night I took Mary Parker ..." begonnen wurde. Dem Informanten wird eine Liste von Wörtern gezeigt, die die meisten der im Lesetext enthaltenen Minimalpaare und einige andere enthält.

dock	dark
pin	pen
guard	god
"I *can*"	tin *can*
.....	.....

Der Informant wird aufgefordert, alle Wortpaare laut vorzulesen und dann zu sagen, ob sie genauso oder anders klingen als wie er sie sonst ausspricht. Wir haben damit nicht nur die unbewußten Kontraste in Stil C, sondern auch die bewußte Sprachverwendung des Informanten in Stil D und seine subjektive Reaktion darauf. Möglicherweise können alle diese Daten für eine strukturelle Analyse des Systems verwendet werden; hier geben uns die Mittelwerte der Variablen in den Wortlisten (ausgenommen (r) in den Minimalpaaren − siehe unten) die Indexwerte für *Stil D*.

Kontext D': Minimalpaare

Für die Variable (r) ist es angebracht, auf der Formalitätsskala noch einen Schritt weiter zu gehen. In den Wortlisten von Kontext D tritt (r) in zwei Situa-

---

4   Für eine detaillierte Untersuchung vgl. Cohen 1970. Die Untersuchung in der Lower East Side behandelte den Umfang der Hebung des gespannten Vokals, nicht die Selektion von Umgebungen durch die Spannungsregel. Variation im letzteren Falle scheint gegen soziale Korrektur immun zu sein und zeigt geographische und idiolektale Variation sehr komplexer Art, die bis zu einem gewissen Grad durch die implikative Ordnung der Umgebungen kontrolliert wird.

tionen auf. In der einen ist die Aussprache von (r) scheinbar zufällig, wie beim Lesen von *hammer* und *hamster* in der (eh)-Liste oder bei den Monatsnamen, die mit *-er* enden, oder bei Minimalpaaren wie *finger* und *singer, mirror* und *nearer.* Hier wird (r) zwar im formalen Kontext einer Wortliste ausgesprochen, zieht aber nicht die volle Aufmerksamkeit des Lesenden auf sich. Aber in Minimalpaaren wie *dock* und *dark, guard* und *god, source* und *sauce, bared* und *bad*, ist (r) das einzige differenzierende Element und erhält daher ein Maximum an Aufmerksamkeit. Diese Untergruppe des Stils D für (r) soll deshalb als *Stil D'* bezeichnet werden.

Das Problem des zwanglosen Sprechens

Bis jetzt haben wir Techniken erörtert, wie wir das formale Spektrum des Interviews durch Methoden ausweiten können, die sich ganz natürlich in den Rahmen einer Diskussion über Sprache einfügen. Aber schon innerhalb des Interviews müssen wir soweit wie möglich über die Interviewsituation hinausgehen. Wir müssen auf irgendeine Weise zu Zeugen der Alltagssprache werden, die der Informant benutzt, sobald sich die Tür hinter uns geschlossen hat: der Stil, in dem er mit seiner Frau streitet, seine Kinder schilt oder spricht, wenn er mit seinen Freunden zusammen ist. Das ist ein schwieriges Problem, aber wenn es gelöst werden kann, bedeutet dies einen großen Fortschritt, und zwar in zweierlei Hinsicht: zum einen in Bezug auf unser gegenwärtiges Ziel und zum anderen in Bezug auf die Theorie der stilistischen Variation insgesamt.
Zunächst ist es wichtig zu bestimmen, ob wir irgendwelche Mittel haben, um zu erkennen, wann wir erfolgreich zwangloses Sprechen elizitiert haben. Mit welchem Maßstab können wir den Erfolg messen? Im Laufe der vorliegenden Untersuchung haben wir mehrere Möglichkeiten ausprobiert, zwangloses Sprechen zu erhalten. Während der explorativen Interviews machte ich viele Tonbandaufnahmen von der Sprache, die im wahrsten Sinne des Wortes die Sprache der Straße ist. Dieses Material enthielt Aufnahmen der ungezwungenen und fröhlichen Aktivität vieler kleiner Kinder sowie einige Aufnahmen von Spielen junger Männer zwischen 18 und 25 Jahren auf der Straße, denen ich als anonymer Passant zugeschaut hatte. Es mag sein, daß es im Interview nicht ein einziges Gespräch gibt, das so spontan und offen ist wie dieses Material. Wenn aber die Informanten einen plötzlichen und deutlichen Stilwechsel in diese Richtung zeigen, dann können wir dieses Verhalten zu Recht als zwangloses Sprechen bezeichnen.
Eine weitere Kontrollmöglichkeit bietet die rasche und anonyme Beobachtung wie in der Kaufhaus-Untersuchung, die in Kapitel 2 beschrieben wird, und in der die Verzerrung durch die Anwesenheit des Linguisten völlig wegfällt. Hier können wir beurteilen, ob der Typus des Wechsels, der im Interview zu finden ist, uns eine Skala von Verhaltensweisen liefert, die den Verhaltensweisen des Alltagslebens vergleichbar sind.
Das unmittelbare Problem besteht darin, daß wir Interviewsituationen schaffen müssen, in denen zwangloses Sprechen einen Platz hat oder spontanes Sprechen möglich ist, und daß wir dann ein formales Verfahren erarbeiten müssen, um das Vorkommen dieser Stile bestimmen zu können. Unter *zwanglosem Sprechen* im engeren Sinne verstehen wir die in informalen Situationen, in denen kei-

nerlei Aufmerksamkeit auf die Sprache gerichtet ist, benutzte Alltagssprache. *Spontanes Sprechen* bezeichnet die bei aufgeregtem, emotional geladenem Sprechen verwendete Sprechweise, wenn die Zwänge einer formalen Situation außer acht gelassen werden. Schematisch dargestellt:

Kontext:	informal	formal
Stil:	zwanglos	gewählt/spontan

Man nimmt normalerweise nicht an, daß "spontanes" Sprechen in formalen Kontexten vorkommt; wie wir aber zeigen werden, tritt es im Verlauf des Interviews häufig auf. Spontanes Sprechen wird hier als Gegenstück zum zwanglosen Sprechen definiert; es tritt in formalen Kontexten auf, und zwar nicht als Reaktion auf formale Situationen, sondern trotz ihrer Zwänge.

Während es *a priori* keinen Grund für die Annahme gibt, daß die Variablenwerte beim spontanen Sprechen dieselben sind wie bei zwanglosem Sprechen, zeigen die Ergebnisse, daß beide Sprechweisen gemeinsam untersucht werden können. Wenn wir den Mechanismus der stilistischen Variation später noch genauer analysieren, werden wir eine zugrundeliegende Basis für diese Gleichsetzung zur Debatte stellen können. Zunächst wird jeder der beiden Begriffe entsprechend der Art des Kontextes verwendet; beide werden jedoch unter dem Oberbegriff *Stil A* oder allgemeiner, zwangloses Sprechen untersucht.

Die formale Definition zwanglosen Sprechens innerhalb des Interviews verlangt, daß mindestens eine von fünf Kontextsituationen sowie mindestens eines von fünf nicht-phonologischen Merkmalen vorhanden ist. Zuerst werden wir uns mit den Kontextsituationen befassen; sie werden als Kontext A_1 bis A_5 bezeichnet.

Kontext A_1: Sprechen außerhalb des formalen Interviews.

Im weiter gefaßten Kontext des Interviews gibt es drei Situationen, die nicht in die Grenzen des eigentlichen formalen Interviews fallen und in denen zwangloses Sprechen wahrscheinlich ist.

Oft sagt der Informant vor Beginn des eigentlichen Interviews beiläufig etwas zu einem Familienmitglied, oder er macht vielleicht ein paar wohlwollende Bemerkungen zum Interviewer. Wenngleich das nicht der gewohnte Kontext für eine gute Beobachtung zwanglosen Sprechens ist, wird der Interviewer sich mit dem formalen Ablauf nicht beeilen, wenn sich eine günstige Gelegenheit für ein solches Gespräch bietet. In einigen Fällen, in denen eine Hausfrau sich Zeit zum Geschirrspülen nahm oder eine Familie erst noch das Essen beendete, hörte der Interviewer ein gewisses Quantum zwanglosen Sprechens.

Nach dem Beginn des Interviews kann es Unterbrechungen geben, wenn jemand das Zimmer betritt oder wenn der Informant ein Glas Bier oder eine Tasse Kaffee anbietet. Im folgenden Beispiel enthalten die drei Absätze: (1) Sprechen im formalen Interview unmittelbar vor der Unterbrechung; (2) Sprechen, während eine Dose Bier für den Interviewer geöffnet wird; (3) die ersten Sätze nach der Wiederaufnahme des formalen Interviews.

(1) If you're not careful, you will call a lot of them the same. There are a couple of them which are very similar; for instance, *width* and *with*. (What about *guard* and *god*?) That's another one you could very well pronounce the same, unless you give thought to it.

(2). . . These things here − y'gotta do it the right way − otherwise (laughter) you'll need a pair of pliers with it . . . You see, what actually happened was, I pulled it over to there, and well . . . I don't really know *what* happened . . . Did it break off or get stuck or sump'm? . . . just the same as when you put one of these keys into a can of sardines or sump'm − and you're turning it, and you turn it lopsided, and in the end you break it off and you use the old fashioned opener . . . but I always have a spoon or a fork or a screw driver handy to wedge into the key to help you turn it . . . (laughter) I always have these things handy to make sure.

(3) (How do you make up your mind about how to rate these people?) Some people − I suppose perhaps it's the result of their training and the kind of job that they have − they just talk in any slipshod manner. Others talk in a manner which has real finesse to it, but that would be the executive type. He cannot (sic) talk in a slipshod manner to a board of directors meeting.

Der Stilwechsel von (1) zu (2) und zurück zu (3) wird sogar bei normaler Orthographie deutlich. Die prosodischen Merkmale (prosodic channel cues) und die phonologischen Variablen deuten in dieselbe Richtung wie die Veränderungen in Lexikon, Syntax und Inhalt.

Der Interviewer kann diese Gelegenheit soweit wie möglich ausnutzen, indem er sich von seinem Platz und dem Tonbandgerät entfernt und dadurch das Aufkommen einer zwanglosen Unterhaltung begünstigt. Ein großer Vorteil einer solchen Unterbrechung besteht darin, daß sie direkt neben sehr gewähltem Sprechen eintritt; wie im obigen Beispiel ist der Kontrast sehr ausgeprägt. Das plötzliche Auftreten völlig anderer Variablenwerte ist in diesem Beispiel besonders deutlich. Das Wort *otherwise* in Auszug (2) hat (dh) in der mittleren Position; in der gewählten Sprechweise des Informanten tritt an dieser Stelle selten ein [d] auf; hier jedoch erscheint es und fällt dem Hörer besonders auf.

In Kontext A₁ tritt zwangloses Sprechen insbesondere am Ende des Interviews auf. Es scheint am häufigsten zu sein, wenn der Interviewer seine Geräte eingepackt hat und schon die Türklinke in der Hand hat.[5]

Kontext A₂: Sprechen mit einer dritten Person

Der Informant kann an jedem Punkt des Interviews Bemerkungen zu einer dritten Person machen, wobei sich zwangloses Sprechen ergeben kann. Ein besonders markantes Beispiel findet sich im Interview mit einer 35 Jahre alten farbigen Frau, die in der Bronx aufgewachsen ist und jetzt als Witwe mit sechs Kindern in ärmlichen Verhältnissen in der Lower East Side lebt. Die folgenden drei Absätze zeigen den krassen Gegensatz zwischen der gewählten, ruhigen, kontrollierten Sprechweise, die sie dem Interviewer gegenüber benutzt, und der lauteren, schrilleren Sprechweise, in der sie mit ihren Kindern spricht. Die grammatischen und stilistischen Unterschiede, die in normaler Orthographie festgehalten sind, machen auch hier den Stilwechsel deutlich.

(1). . . Their father went back to Santo Domingo when they had the uprising about two years ago that June or July . . . he got killed in the uprising . . . I believe that those that want to go and give up their life for their country, let them go. For my part, his place

---

5 Der Interviewer ist in keiner dieser Situationen passiv. Indem er aktiv zur Entwicklung einer informalen Situation beiträgt, kann er die Entstehung zwanglosen Sprechens begünstigen. Am Ende des Interviews kann er auch seine Rolle als Interviewer beenden und sich wie irgend ein anderer müder, schwitzender oder schläfriger Angestellter verhalten, der mit der Arbeit fertig ist und jetzt wieder er selbst sein kann.

was here with the children to help raise them and give them a good education . . . that's from my point of view.

(2) Get out of the refrigator, Darlene! Tiny or Teena, or whatever your name is! . . . Close the refrigator, Darlene! . . . What pocketbook? I don't have no pocketbook − if he lookin' for money from me, dear heart, I have no money!

(3) I thought the time I was in the hospital for three weeks, I had peace and quiet, and I was crying to get back home to the children, and I didn't know what I was coming back home to.

Unterbrechungen des Interviews durch Telefonanrufe bieten manchmal ausgezeichnete Möglichkeiten, zwangloses Sprechen zu untersuchen. In einem Interview unterbrach das Telefon uns genau in der Mitte. Die Informantin Dolly R. war gerade von einem Sommerurlaub in North Carolina zurückgekommen, und eine ihrer Cousinen wollte wissen, wie es ihrer Familie ging. Ich verließ mit ihrem Neffen den Raum und unterhielt mich ruhig in einem anderen Zimmer mit ihm; 20 Minuten lang sprach die Informantin in einem sehr informalen Stil über die neuesten Ereignisse, und wir erhielten auf die Weise eine ausgezeichnete Aufnahme einer sehr spontanen Form des Sprechens. Der Kontrast ist so ausgeprägt, daß die meisten Hörer nicht glauben wollen, daß es sich beide Male um dieselbe Person handelt. Dolly R.'s Stil mir gegenüber war freundlich, entspannt, scheinbar locker und zwanglos; als sie über den gesunden Menschenverstand sprach, sagte sie:

(4) Smart? Well, I mean, when you use the word *intelligent* an'*smart* I mean − you use it in the same sense? . . . (Laughs) So some people are pritty witty − I mean − yet they're not so intelligent!

Obwohl das Lachen und die Ungezwungenheit dieser Passage sie einer "zwanglosen" Kategorie zuzuordnen scheinen, kann man ohne einen Vergleich mit anderen Stilen kein absolutes Urteil abgeben. Die Werte der linguistischen Variablen entfernen sich verdächtig weit vom Vernacular − (r) ist fast durchgängig [r], und nur in *they're* taucht ein Nonstandard-(dh) auf. Dagegen ein Abschnitt aus dem Telefongespräch:

(5) Huh? . . . Yeah, go down 'e (r)e to stay. This is. So you know what Carol Ann say? Listen at what Carol Ann say. Carol Ann say, "An then when papa die, we can come back" (belly laugh) . . . Ain't these chillun sump'm (falsetto)? . . . An' when papa die, can we come back? . . . (laughs).

Das Lachen ist in diesem Abschnitt ganz anders als in Abschnitt (4): es bezieht den ganzen Körper ein, beginnt tief unten und endet hoch, vibrierend von irgendwo tief unten. Wenn wir es hören, merken wir, daß das Lachen in Abschnitt (4) im Vergleich dazu gezwungen ist − ein "ha ha ha" aus dem Repertoire der Weißen. Auch die Stimmqualität und der persönliche Ausdruck sind in (5) ganz anders, und die Intonationskurven verlaufen extrem gegensätzlich.[6] Die pho-

---

6 Wir verwendeten diese beiden Abschnitte für einen Family Background Test bei unseren Interviews mit Erwachsenen in South-Central Harlem (Labov et al. 1968, 2:4.7). Viele Informanten fühlten sich durch Absatz (5) stark verunsichert; beim Zuhören rutschten sie auf ihren Stühlen herum. Sie vermuteten natürlich, diese Szene sei extra für das Tonband aufgenommen worden; und diesen intimen, der Familie vorbehaltenen Stil in einer so öffentlichen Situation zu benutzen, bedeutet für jeden, "Onkel Tom" zu spielen. Sie konnten natürlich nicht wissen, daß Dolly R. sich damals gar nicht bewußt war, daß sie aufgenommen wurde, und daß sie meinte, das Gespräch, das sie aus dem Nebenzimmer hören konnte, sei das eigentliche Interview.

nologischen und die grammatischen Variablen sind gänzlich verschieden. Im Fall von Dolly R. ist der Kontrast so scharf, daß wir gezwungen sind, die Grenzen unserer Methoden, mit deren Hilfe wir das Vernacular elizitieren, zur Kenntnis zu nehmen: zumindest einige Sprecher wechseln mit Hilfe unserer besten Techniken in der Interviewsituation wenigsten teilweise zum Vernacular; es gibt aber keine Garantie dafür, daß wir die größere Strecke der Distanz zwischen den beiden Stilen überwunden haben. Wir haben eine Richtung bestimmt, nicht aber das Ziel.

Kontext A3: Abschweifende Antworten

Bei manchen Interviewtypen müssen lange, abschweifende Antworten, plötzliche Ausbrüche oder Rhetorik unterbunden werden, damit man mit der Arbeit durchkommt. In unseren Interviews verwendeten wir genau die entgegengesetzte Taktik. Wenn ein Informant erkennen ließ, daß er gern länger reden wollte, wurde er nicht daran gehindert; je weiter er vom Thema abkam, desto bessere Möglichkeiten hatten wir, seine natürliche Sprechweise zu studieren. Besonders manche älteren Sprecher kümmern sich wenig um die Fragen, die ihnen gestellt werden. Sie haben häufig bestimmte Lieblingsansichten, die sie ausdrücken möchten, und sind sehr geübt darin, im Handumdrehen vom Gesprächsgegenstand zu dem Thema, das ihnen am meisten am Herzen liegt, überzugehen.

Kontext A3 bildet einen Übergang von den Kontexten, in denen die zwanglose Sprechweise formal adäquat ist, zu den Kontexten, in denen die emotionale Haltung oder die Einstellung des Sprechers sich über jede formale Einschränkung hinwegsetzt und spontanes Sprechen auftritt.

Kontext A4: Kinderreime und -bräuche

Das ist eines von zwei Themen innerhalb des Interviews, die einen Kontext herstellen sollen, in dem spontanes Sprechen aufkommen kann. Die für einen solchen Wechsel erforderliche Atmosphäre wird durch eine Reihe von Fragen geschaffen, die allmählich zum Thema der Seilspringreime, Abzählreime, Kampfregeln und ähnlichen Bereichen der aus der Kinderzeit stammenden Sprache überleiten, in der man zu einer von der Gesellschaft der Erwachsenen deutlich unterschiedenen kulturellen Welt gehört. (. . .)

Männer wie Frauen sind imstande, Abzählreime wie "Eeny meeny miny moe" oder "Engine, engine, number nine" aufzusagen. Wenn das nicht geht, erhält man spontanes Sprechen bei Männern häufig dadurch, daß man sich die Regeln für Murmelspiele, für das komplizierte New Yorker Skelley-Spiel, Faustball oder Stockball erklären läßt.

Kontext A5: Lebensgefahr

In einem späteren Interviewabschnitt führt eine Reihe von Fragen zu folgendem Punkt:

Haben Sie schon einmal eine Situation erlebt, in der Sie glaubten, ernsthaft in Lebensgefahr zu sein — wo Sie dachten: "Jetzt ist es aus"?

Wenn der Informant bejaht, wartet der Interviewer ein paar Sekunden und fragt dann: "Wie ging das zu?" Wenn der Informant mit seiner Antwort beginnt, ist er gezwungen zu beweisen, daß er tatsächlich in Lebensgefahr war; er erscheint in kläglichem Licht, wenn sich zeigt, daß es keine wirkliche Gefahr gab. Häufig engagiert er sich so sehr bei der Erzählung, daß er den kritischen Moment noch einmal zu durchleben scheint und Anzeichen emotionaler Spannung auftreten. Ein derartiges Beispiel findet sich in einem Interview mit sechs Brüdern von zehn bis neunzehn Jahren aus einer irisch-italienischen Unterschicht-Familie. Während die anderen Jungen sich in zahlreichen Kontexten frei und spontan geäußert hatten, gab der älteste Bruder, Eddie, ziemlich reservierte und überlegte Antworten. Bis zu diesem Punkt hatte er kein Beispiel für zwangloses oder spontanes Sprechen geliefert. Innerhalb weniger kurzer Sätze trat plötzlich ein auffälliger Stilwechsel bei ihm ein. Am Anfang seiner Erzählung benutzte er seine normale gewählte Sprechweise:

(6) (Was passierte dann?) The school I go to is Food and Maritime — that's maritime training — and I was up in the masthead, and the wind started blowing. I had a rope secured around me to keep me from falling — but the rope parted, and I was just hanging there by my fingernails.

Jetzt wurde der Atem des Sprechers schwer und unregelmäßig; seine Stimme begann zu zittern, und der Schweiß stand ihm auf der Stirn. Hin und wieder lachte er nervös.

(7) I never prayed to God so fast and so hard in my life . . . (What happened?) Well, I came out all right . . . Well, the guys came up and they got me. (How long were you up there?) About ten minutes. (I can see you're still sweating, thinking about it.) Yeh, I came down, I couldn't hold a pencil in my hand, I couldn't touch nuttin'. I was shakin' like a leaf. Sometimes I get scared thinkin' about it . . . but . . . uh . . . well, it's training.

Alle phonologischen Variablen in Passage (7) sind in Richtung auf die typischen Formen der zwanglosen Sprechweise verschoben, einschließlich (th), (dh) und (ing). Ganz zum Schluß kehrt Eddie mit Mühe zu seinem gewählten Stil zurück: "Das ist eben Training!" (. . .)

Paralinguistische Merkmale (channel cues) zwanglosen Sprechens

Die oben beschriebenen fünf Kontexte sind nur der erste Teil der formalen Kriterien für die Identifizierung von Stil A im Interview. Natürlich genügt es nicht, einen bestimmten Kontext festzusetzen, um zwangloses Sprechen beobachten zu können. Wir suchen auch in der Art der sprachlichen Äußerung Anzeichen dafür, daß der Sprecher einen anderen Redestil als Stil B verwendet. Würde man sich nur auf die phonologischen Variablen stützen, ergäbe dies ein zirkuläres Argument, denn es sind ja gerade die Werte dieser Variablen in Stil A und B, die wir durch die Isolierung der Stile bestimmen wollen. Die besten Hinweise geben paralinguistische Merkmale: Modulationen der Stimme, die das Sprechen insgesamt beeinflussen.[7] Unsere Beweisführung muß den allgemeinen Methoden lingui-

---

7   Die "channel cues" würde man in der Terminologie von Dell Hymes (1962) eher als Modifikationen der *Form der Botschaft* (Message Form) denn des *Kanals* (Channel) ansehen. In dem von Hymes vorgeschlagenen System entsprechen die formaleren Lesestilen ein Wechsel im Kanal; die Elizitierung von zwanglosem Sprechen wird durch Veränderungen von *Kontext* (Setting) und *Thema* (Topic) gefördert, und die phonologischen Variablen erscheinen als Variationen im *Code*.

stischer Analyse folgen: die absoluten Werte von Tempo, Tonhöhe, Lautstärke und Atmung mögen irrelevant sein, aber kontrastierende Werte hinsichtlich dieser Charakteristika sind Kriterien für eine Differenzierung zwischen Stil A und Stil B. Ein *Wechsel* im Tempo, ein *Wechsel* in Tonhöhe, ein *Wechsel* in Lautstärke oder Atemtempo sind sozial signifikante Anzeichen für einen Stilwechsel in Richtung auf einen spontaneren oder zwangloseren Sprechstil.

Wenn eines dieser vier paralinguistischen Merkmale in einem entsprechenden Kontext auftritt, wird die Äußerung, die es trägt, als Stil A notiert und gewertet. Das fünfte paralinguistische Merkmal betrifft eine andere Modulation der Stimme: Lachen. Es kann die zwangloseste Art des Sprechens begleiten, wie das bei Eddie D.'s nervösem Lachen der Fall ist; und häufig hört man es, wenn die entscheidenden und besonders dramatischen Augenblicke in der "Lebensgefahr"-Erzählung beschrieben werden. Da der Atem beim Lachen schneller ausgestoßen wird als bei normalem Sprechen, wird in der darauffolgenden Pause die Luft immer ruckartig eingeatmet. Obwohl der Interviewer dieses rasche Luftholen während des Interviews nicht immer bemerkt, zeigen die in dieser Untersuchung verwendeten Aufnahmetechniken diesen Effekt recht deutlich; man kann Lachen deshalb als eine Variante des Atemtempowechsels, des vierten paralinguistischen Merkmals ansehen.[8] (. . .)

Die Ordnung der stilistischen Variation

Mit Hilfe der oben skizzierten Techniken für die Isolierung von Stilen können wir jetzt danach fragen, wie diese stilistische Dimension mit unseren abhängigen Variablen zusammenhängt. Zu diesem Zweck können wir für die fünf phonologischen Hauptvariablen folgende Ordnung aufstellen:

Variable	Zwanglos A		Gewählt B		Lesen C		Wortlisten D		Minimalpaare D'
(r)	x	>	x	>	x	>	x	>	x
(eh)	x	>	x	>	x	>	x		
(oh)	x	>	x	>	x	>	x		
(th)	x	<	x	<	x				
(dh)	x	<	x	<	x				

Ein separater Stil D' für Minimalpaare bezieht sich nur auf (r). Die (th)- und (dh)-Variablen werden nicht durch Wortlisten, sondern nur im Lesestil untersucht. Wir haben dann insgesamt 19 Punkte, für die die Mittelwerte der Variablen in eine stilistische Ordnung (stylistic array) gebracht werden können. Wenn ihr Gebrauch, wie wir annehmen, mit dem stilistischen Kontinuum korreliert, sollten wir finden, daß das Maximum der ersten drei bei Stil A liegt und bei B, C, D und

---

8 Das oben zitierte Beispiel von Dolly R. zeigt, daß wir das Lachen auch als kontrastierendes Kriterium werten können — ein Wechsel in der Art des Lachens ist wichtiger als das Lachen selbst.

D' stetig abnimmt; und schließlich, daß die letzten beiden bei A ihr Minimum haben und bei B und C kontinuierlich zunehmen.

Der erste in New York aufgewachsene Informant, bei dem diese Methode angewendet wurde, war Miss Josephine P., 35, die mit ihrer aus Italien stammenden Mutter in derselben Wohnung in der Lower East Side wohnte, in der sie geboren war. Miss P. ging in der Lower East Side in die High School und besuchte fast vier Jahre lang ein College. Zur Zeit des Interviews arbeitete sie als Empfangsdame bei Saks Fifth Avenue. Josephine P.'s Sprechweise ist lebhaft und schnell; sie scheint ein aufgeschlossener Mensch zu sein, der ohne Schwierigkeiten freundschaftliche Kontakte zu Fremden aufnehmen kann. Ihr gewähltes Sprechen in Kontext B scheint zunächst der zwanglosen Sprechweise der meisten Sprecher zu entsprechen. Wir nahmen zwei kurze Beispiele für zwangloses Sprechen auf, die sich von ihrer Sprache in Kontext B unterschieden. Damit haben wir die vollständige Reihe der Mittelwerte der Variablen für diese Sprecherin.

Tabelle 3-1
Mittelwerte der Variablen für Josephine P.

Variable	A	B	C	D	D'
(r)	00	03	23	53	50
(eh)	25	28	27	37	
(oh)	21	23	26	37	
(th)	40	14	05		
(dh)	34	09	09		

Wie erwartet, steigen die (r)-Werte für Josephine P. von 00 auf 50 an; auch (eh) und (oh) steigen an, obwohl B und C für (eh) fast gleich sind. Bei Stil D zeigt sich ein starkes Ansteigen der Werte, was für Sprecher aus der unteren Mittelschicht allgemein typisch ist (vgl. Kap. 4). In Stil A befinden sich die (th)- und (dh)-Variablen auf einem niedrigen Niveau und fallen in formaleren Stilen auf sehr niedrige Werte zurück, wie bei einer Sprecherin mit ihrem sozialen Hintergrund zu erwarten ist.

Die beiden Passagen zwanglosen Sprechens, die als Gegenstück zu Stil B aufgenommen wurden, traten im Kontext A_1 auf, d.h. außerhalb des Interviews. In der einen Passage sprach Josephine P. bewegt von ihrem verstorbenen Vater, wie sie ihn aus ihrer Kindheit in Erinnerung hatte, und von den Puppen, die er ihr aus der Fabrik mitgebracht hatte, in der er arbeitete. Die damit verbundenen paralinguistischen Merkmale waren Lachen, ein erhöhtes Sprechtempo und ein Wechsel in der Atemgeschwindigkeit. In der zweiten Passage äußerte sie sich sehr entrüstet über das Verhalten anderer Mieter, wobei Tonhöhe und Lautstärke zunahmen. Beide Abschnitte wurden nach dem Interview aufgenommen, als ich mit Josephine P. und ihrer Mutter einen Kaffee trank.

Im Rahmen eines normalen dialektologischen Interviews wäre die gesamte Unterhaltung mit Josephine P. als frei und spontan akzeptiert worden; da unser Verfahren aber davon ausgeht, daß das Sprechen in Kontext B nicht wirklich zwanglos sein kann, wurden alle für Stil A relevanten Kontexte untersucht. Das Auftreten eines völlig anderen Sprechmusters in den Meßwerten für die fünf Variablen vor allem in Stil A — für (th) und (dh) — bestätigt unsere Erwartung. Ohne die Proben zwanglosen Sprechens müßten wir feststellen, daß Josephine P. für diese Variablen selten Affrikaten oder Verschlußlaute gebraucht.

In der Gesamtstruktur gibt es zwei Abweichungen von der erwarteten Ordnung, beide kleiner als 5%. Das ist bemerkenswert, betrachtet man die unregelmäßigen Fluktuationen der Variablen, die die einzelnen Abschnitte kennzeichnen. Beispielsweise kommt (th) in der zwanglosen Sprechweise in dieser Reihenfolge vor: 1221221111; und in der gewählten Sprechweise gibt es eine kontinuierliche Reihe 22111111111112121. In dieser Sequenz scheint es kein strukturelles Muster oder System zu geben, und doch ist sie Teil jener größeren Struktur, die sich in der stilistischen Ordnung manifestiert. Die Gesamtzahl von Einheiten, auf der die stilistische Ordnung von Josephine P. basiert, ist klein; eine relativ geringe Anzahl von Vorkommen ergibt die Progressionen, trotz der Variationen innerhalb eines jeden Stils. Die Anzahl der Beispiele für jede Zelle ist in der folgenden Häufigkeitstabelle angegeben.

Tabelle 3-2
Häufigkeiten für Josephine P.

Variable	A	B	C	D	D'
(r)	18	66	44	15	4
(eh)	4	4	28	13	
(oh)	10	11	19	11	
(th)	10	29	20		
(dh)	26	65	35		

Diese Häufigkeitstabelle zeigt drei schwache Punkte auf, bei (r) für D' und bei (eh) für A und B, wo es jeweils nur vier Vorkommen der Variable gibt. Der geringe Umfang der Daten bedingt, daß Irrtümer in der Wahrnehmung und in der Transkription ebenso wie die inhärente Variation des Individuums das Endergebnis erheblich beeinträchtigen können. Vergleicht man diese Tabelle mit der obigen Tabelle der Mittelwerte der Variablen für Josephine P., so wird deutlich, daß die niedrigen Häufigkeiten genau mit den Punkten zusammenfallen, an denen geringe Abweichungen von der Gesamtstruktur festgestellt wurden. Wir können daraus folgern, daß sich das Verhalten der Informantin bei einer größeren Anzahl von Vorkommen von (eh) in A und B und (r) in D' als vollkommen regelhaft erweisen würde.

Der nächste nach dieser Methode interviewte New Yorker war Abraham G., 47 Jahre alt, ein High-School-Absolvent, der als Sohn polnischer Juden in der Lower East Side geboren wurde. Er lebte in einer Sozialwohnung und verdiente seinen Lebensunterhalt als Taxichauffeur. Im Gegensatz zu Josephine P. verfügte dieser Sprecher offensichtlich über ein ganzes Register von Stilen. In Kontext B war sein Stil flüssig, aber reflektiert; er spiegelte seine Erfahrung in zahlreichen Vereinssitzungen als Vorsitzender der Ortsgruppe der American Legion wider. Sein Stil B, in dem Ausdrücke vorkommen wie *the armed forces* für 'army' und *fair and equitable* für 'fair', war offensichtlich nicht sein zwangloser Stil. Es gelang ihm sogar, bei der Frage nach einer lebensgefährlichen Situation mehrere lange und aufregende Geschichten von drohenden Überfällen zu erzählen, ohne die gehobene Sprechweise von Stil B aufzugeben. Jedoch unterbrach er sich in der Mitte des Interviews, um mir eine Dose Bier anzubieten und gab den auf S. 63 wiedergegebenen lustigen Monolog von sich, der die wichtigste Grundlage für die Spalte "Stil A" in der Tabelle darstellt. Die Lücke für (th) in Stil A ist der Punkt, wo das nur ein einziges Mal vorkommende (th) — als Verschlußlaut — nicht für die Berechnung herangezogen werden konnte. Die einzige offensichtliche Unregelmäßigkeit ist der Richtungswechsel für (oh) in Stil D: wie spätere Untersuchungen ergaben, ist das nicht ungewöhnlich.

Tabelle 3-3
Mittelwerte der Variablen für Abraham G.

Variable	A	B	C	D	D'	N				
(r)	12	15	46	100	100					
(eh)	35	36	39	40		8	60	39	7	5
(oh)	10	18	29	20		6	22	18	13	
(th)		17	00			3	11	16	11	
(dh)	72	33	05			1	20	20		
						18	78	35		

In den meisten Fällen isoliert das Interviewverfahren Stil A in mehr als einem Kontext. Typisch ist der Fall von Mrs. Doris H., 39 Jahre alt. Sie ist eine in Staten Island aufgewachsene Farbige, die die High School absolviert hat; ihr Mann ist Polizist in New York City. Mrs. H. verfügte über ein breites stilistisches Spektrum, von den gewählten und wohl durchdachten Antworten in Kontext B bis zu spontanen humorvollen Äußerungen, die sie als einen Menschen mit bemerkenswertem Witz und Charme kennzeichneten. Ihre Tabelle zeigt spontanes Sprechen in Kontext A_2 (Sprechen mit einem Dritten), als sie ihren dreizehnjährigen Sohn wegen seiner Neigung zum Angeben rügt; in Kontext A_3 (abschweifende Antwort), als sie ausführlich über das taktlose Verhalten einiger Freunde berichtet (mit wörtlichen Zitaten); in vier Fällen in Kontext A_4 (Kinderreime) und in Kontext A_5 (Lebensgefahr). In diesen sieben Passagen von Stil A sind die auffälligsten paralinguistischen Merkmale eine plötzliche Zunahme der Lautstärke und Lachen; gelegentlich erhöhten sich Tempo und Atemgeschwindigkeit. Die entsprechende Ordnung der Variablen nimmt außer bei (eh) ziemlich gleichmäßig von rechts nach links zu. Die Unregelmäßigkeit von (eh) erklärt sich zum Teil daraus, daß Stil A nur durch drei Vokale vertreten ist. Wir stellen fest, daß niedrige Werte bei (r) in Stil D' im allgemeinen ziemlich regelmäßig sind, selbst wenn es nur vier Vorkommen gibt. Die dominierende Wirkung der Formalität des Kontextes scheint zu ziemlich einheitlichen Ergebnissen zu führen. In allen anderen Kontexten jedoch scheinen drei oder vier Vorkommen ungenügend, um Werte zu liefern, die sich in ein regelhaftes Muster fügen. Dieses Problem verschwindet, sobald wir die Werte für Individuen addieren, um solche für soziale Gruppen zu erhalten. Die andere Abweichung, bei (eh) in Stil D, wird durch genügend Belege gestützt und weist erneut darauf hin, daß eine Umkehrung von (eh) und (oh) in Stil D häufiger vorkommt als sonst in der Struktur. Das breite Spektrum der (r-1) Aussprache, von 00 bis 100, das wir hier sehen, ist ein häufig auftretendes Charakteristikum der linguistischen Sprecherschicht, zu der Mrs. H. gehört — der unteren Mittelschicht (vgl. Kap. 4).

Tabelle 3-4
Mittelwerte der Variablen für Doris H.

Variable	A	B	C	D	D'		N			
(r)	00	31	44	69	100					
(eh)	30	26	32	29		29	64	55	19	4
(oh)	18	21	23	25		3	10	25	13	
						16	21	18	11	
(th)	80	24	12			5	29	24		
(dh)	50	22	16			28	85	42		

Diese bisher untersuchten drei New Yorker sind in ihrem Verhältnis zur Sprache und in ihrer offenen Ablehnung des New Yorker Vernacular typisch für die Sprachgemeinschaft. Die Struktur des Stilwechsels wird jedoch nicht durch offen hervortretende Werte bestimmt; sie bleibt auch dann gleich, wenn die von dem Individuum vertretenen expliziten Normen ins Gegenteil verkehrt sind. Das Beispiel von Steve K. illustriert diesen entscheidenden Punkt. Es handelt sich um einen sehr lebhaften jungen Mann von 25 Jahren, Assistent eines Redakteurs, der in der fünften Etage eines Hauses ohne Fahrstuhl in der East Side wohnte. Von Brooklyn, wo er als New Yorker in der dritten Generation aufgewachsen war, war er erst drei Jahre zuvor in die Lower East Side gezogen. Seine Großeltern waren jüdische Einwanderer aus Osteuropa.

Steve K. kann in vieler Hinsicht als abweichender Fall bezeichnet werden. Er studierte vier Jahre lang Philosophie am Brooklyn College, hatte das Studium aber ohne Abschluß abgebrochen; er hatte sich von der akademischen Betrachtungsweise abgewendet und suchte als leidenschaftlicher Anhänger Wilhelm Reichs Selbstverwirklichung, indem er sich als sexuelles Wesen begriff.[9] Er hatte ein ausgeprägteres Sprachbewußtsein als die meisten Leute. Als einziger Infomant war er sich der fünf Hauptvariablen bewußt und glaubte, seinen eigenen Sprachgebrauch kontrollieren oder zumindest auf ihn Einfluß nehmen zu können. Er hatte bewußt versucht, seine durch das College ausgebildete Neigung zu formalem Sprechen abzubauen und die natürliche Sprechweise früherer Jahre wieder aufzunehmen. Mit anderen Worten, er lehnte das Wertsystem ab, das in der stilistischen Ordnung der obigen Beispiele zum Ausdruck kommt; mit seinen eigenen Worten: er wollte "zurück nach Brooklyn".

Angesichts Steve K.s Selbstreflexion und seines Wertsystems könnten wir annehmen, im Spektrum seiner Variablen eine völlig andere Struktur vorzufinden — wenn wir der Meinung wären, daß die hier wirkenden sprachlichen und sozialen Faktoren bewußter Einflußnahme unterliegen. — Wie die Werte zeigen, ist das nicht der Fall. Abgesehen davon, daß die Werte für (th) und (dh) auf einer sehr niedrigen Ebene liegen, ähnelt die Struktur der von Abraham G. Nur (eh) für Stil D weicht von einer regelmäßigen Progression ab.

----

9 Steve K.s Definition eines *erfolgreichen Menschen* zeigt in knapper Form seinen Standpunkt: "Ein Mensch, der seiner selbst voll bewußt ist . . . seiner Sexualität und seiner Emotionen, . . . der immer weiß, was er für einen Menschen empfindet, dem er begegnet."

Tabelle 3-5
Mittelwerte der Variablen für Steve K.

Variable	A	B	C	D	D'		N			
(r)	00	06	08	38	100					
(eh)	28	33	34	30		37	70	49	16	3
(oh)	22	23	25	30		6	16	25	13	
(th)	09	00	00			5	27	18	11	
(dh)	15	06	05			11	12	24		

Für New Yorker im Alter von Steve K. bleiben alle diese Variablen bei normalem Sprechen wirksam, unabhängig davon, welche bewußten Korrekturen angestrebt werden. Kein einziger in New York aufgewachsener Sprecher des Samples war imstande, im Gespräch 100% (r-1) zu produzieren, einschließlich jener vielen Sprecher, die dieses Ziel bewußt anstrebten, nachdem über die Variable (r) gesprochen worden war. Steve K. beispielsweise behauptete, daß seine gegenwärtige Aussprache ein bewußter Schritt zurück zur Zeit vor seinen College-Tagen sei, als er alle oder nahezu alle (r) als (r-1) ausgesprochen habe. Ich bat ihn daraufhin, den *r*-Abschnitt aus "When I was nine or ten" nochmals zu lesen und alle (r) als (r-1) auszusprechen.

Sein erster Versuch schlug völlig fehl, der zweite ebenfalls. Ich bat ihn, etwas langsamer zu lesen. Er fing wieder an und erreichte einen (r)-Index von 33. Beim dritten Versuch kam er auf 45. Ein vierter Anlauf ergab 61, und beim fünften Versuch schien er sich auf 69 einzupendeln. Er gab dann zu, daß er in seiner College-Zeit nicht so oft (r-1) gesprochen haben konnte.

Steve K.'s Unfähigkeit, mit einigen Sätzen, die nur dreizehn (r) enthalten, zurechtzukommen, läßt vermuten, daß der ursprüngliche Lesewert von 38 der Struktur sehr nahekommt, die sich in seiner College-Zeit gefestigt hatte. Trotz seiner tiefgreifenden ideologischen Neuorientierung bleibt das Sprachmuster, das von ebenso tiefgreifenden Kräften bestimmt wird, konstant. Es ist unwahrscheinlich, daß er beim Lesen längerer Passagen aus eigener Kraft entweder auf Null zurückgehen oder aber wesentlich höhere Werte erreichen könnte als 38.

Man könnte viele ähnlich verlaufene Tests anführen. Der Sprecher mit den konsistentesten Werten und einem Höchstmaß an Selbstkontrolle in der Untersuchung war Warren M., 27, Sozialarbeiter und College-Absolvent. Auf dem College war er intensiv in Sprecherziehung geschult worden; er hatte viel Theater gespielt und war mit Recht stolz auf die Kontrolle, die er über seine Stimme ausüben konnte. Beim ersten Lesen des *r*-Absatzes kam er auf einen Index von 68. Nach einer eingehenden Diskussion über das (r) las er noch einmal, um eine völlig konsistente Version zu produzieren. Bei sehr langsamem Lesen kam er auf 90; bei schnellem Lesen auf 56; bei sorgfältigerem Lesen auf 80 und bei einer Wiederholung auf 80; bei Konzentration auf die Stimmqualität erreichte er 63; "Jabberwocky" sagte er mit 88 auf.[10]

---

10 Wie in Anmerkung 5 angedeutet wurde, zeigt sich hier, daß eine hohe Konzentration von Wörtern mit (r) größere Schwierigkeiten macht als ein langer Text mit verstreuten (r). Ein ähnlicher Effekt war für den Absatz mit (th)-Konzentration zu bemerken: einige Sprecher sahen den Satz *this thing, that thing, and the other thing*, einige machten vor dem Versuch sogar eine Atempause, aber als sie das fünfte oder sechste Vorkommen erreicht hatten, wurden sie müde und produzierten (dh-3).

Merwin M., ein weniger gewandter Sprecher im selben Alter konnte seine Leistung von (r) -28 auf (r) -50 steigern. Man kann annehmen, daß ein Wechsel älteren Sprechern schwerer fällt, und daß nur sehr junge Sprecher ihre Sprechstruktur durch bewußte Aufmerksamkeit radikal verändern können.

Martha S., eine sehr gewählt sprechende jüdische Informantin aus der Mittelschicht von 45 Jahren, wurde gebeten, nach vorheriger Diskussion mehrere Passagen zu lesen.

Variable	Erstes Lesen	Bewußte Anstrengung
(r)	45	47
(eh)	40	40
(oh)	28	29

Der (eh)-Index hatte den von der Sprecherin angestrebten Wert schon erreicht, aber die Werte für (oh)-Einheiten schwankten noch beträchtlich, und die geringe Zunahme bei (r) und (oh) zeigt ihre Unfähigkeit, das gewünschte Resultat zu erreichen. Ihre dreizehnjährige Tochter Susan S. dagegen vermochte beim Lesen einen (r)-Index von 50 und nach der Diskussion einen von 75 zu erreichen. Ihr normaler (oh)-Index von 15 stieg auf 28, als sie ihre Mutter imitierte.

Noch eindrucksvoller war das Beispiel der zehnjährigen Bonnie R. Während ihre Eltern bei der Lektüre nicht mehr als 5 oder 10% (r-1) verwendeten, war sie in der Lage, sich von einem (r)-Index von 14 auf 64 zu steigern, nachdem diese Variable im Familieninterview diskutiert worden war.

Das Zwingende, das der Struktur des Stilwechsels innewohnt, scheint für die Extreme der Sozialskala ebenso zu gelten wie für deren Zentrum. Unten können wir die Werte zweier New Yorker mit völlig verschiedener Ausbildung und sozialem Status vergleichen. Auf der einen Seite haben wir die Werte von Bennie N., einem vierzigjährigen LKW-Fahrer, der nur die unterste Stufe der High School beendet hat. Auf der rechten Seite stehen die Werte von Miriam L., 35, die das Hunter College und die St. Johns Law School besucht hat und jetzt als Rechtsanwältin in der Lower East Side arbeitet (Stile und Variablen wie oben).

Tabelle 3-6

Mittelwerte der Variablen für Bennie N.					Mittelwerte der Variablen für Miriam L.				
00	00	13	33	33	32	47	39	56	100
19	21	26	22		28	38	40	39	
15	20	24	20		20	26	30	30	
168	81	58			00	00	00		
153	96	38			25	04	02		

Die absoluten Werte dieser Variablen sind einander ebenso entgegengesetzt wie bei irgendeinem beliebigen Paar von Sprechern, das wir wählen. Aber die Struktur der stilistischen Variation ist im wesentlichen die gleiche. In diesem Vergleich kann man eine Aussage über das Thema finden, das diese Untersuchung leitet. daß nämlich New York eine Sprachgemeinschaft ist, die durch eine gemeinsame Bewertung derselben Variablen, die zur Differenzierung der Sprecher

dienen, vereint wird. Die oben dargestellten Strukturen sind konkreter Ausdruck dieser Bewertung.

Selbstverständlich sind die Unterschiede zwischen den Sprechern sehr real.
Bennie N. gebraucht im Gesprächsstil kein (r-l); in ihrer zwanglosesten Sprechweise benutzt Miriam L. ziemlich viele (r-l) Varianten. Der (eh)-Laut von
Bennie N. ist im allgemeinen der von *where*; Miriam L. tendiert zum Laut von
that und *bat* und erreicht das im allgemeinen auch. Für Bennie N. sind Verschlußlaute praktisch normale Formen von (th) und (dh); Miriam L. benutzt immer nur
die Prestigeform von (th) und nur wenige Affrikaten für (dh) außer in sehr zwanglosem Stil. An diesem Punkt kann man sich fragen, ob der Unterschied zu einem
großen Teil darauf zurückzuführen ist, daß Miriam L. sich der formalen Interviewsituation bewußt ist und im Interview niemals zwanglos spricht, während
Bennie N. sich nicht so sehr darum bemüht, einen guten Eindruck zu machen.
Vielleicht ist der zwanglose Stil, den Miriam außerhalb des Interviews verwendet,
letztlich nicht so viel anders.

Die Ergebnisse der Untersuchung insgesamt zeigen, daß das nicht der Fall ist.
In diesem besonderen Fall kann ich den Zweifel teilweise ausräumen, da ich eine
Viertelstunde in Miss L.'s Büro wartete, während sie mit einem Klienten über Ge-
schäftliches sprach. Der Klient schien ein alter Freund von ihr zu sein, außerdem
wußte Miss L. nicht, wer ich war, und das Thema Sprache war noch nicht ange-
sprochen worden. Wir können die Aufnahmen von dieser Unterhaltung mit Stil
A und B im Interview vergleichen: erstere scheint irgendwo zwischen Stil A und
Stil B zu liegen, vielleicht näher bei B. Auf jeden Fall ist der im Interview elizitierte zwanglose Stil wesentlich weniger formal als der, den Miss L. täglich im Büro verwendet.

	Mit Klient	Stil A	Stil B
(r)	40	32	47
(eh)	30	28	38
(oh)	27	20	26
(th)	00	00	00
(dh)	00	25	04

Die Struktur der stilistischen Variation

In der Untersuchung der Lower East Side haben wir vorgeschlagen, die Unregelmäßigkeit im sprachlichen Verhalten der New Yorker Sprecher zu reduzieren,
indem wir über den Idiolekt, d.h. die Sprechweise einer Person in einem einzigen Kontext, hinausgehen. Zunächst isolierten wir die wichtigsten Variablen, die
bei der Bestimmung einer kohärenten Struktur für diese Idiolekte störten. Nachdem wir ein breites Spektrum von Stilen in weitgehend vergleichbaren Interviewsituationen definiert und isoliert hatten, konnten wir ein regelmäßiges Verhaltensmuster, das das Vorkommen dieser Variablen steuert, in der Sprache vieler
Individuen feststellen.

Der Begriff *Struktur* wird in der linguistischen Diskussion so oft verwendet,
daß seine Bedeutung uns manchmal entgleitet; nicht selten wird er mit der Bezeichnung einer bestimmten Art von Einheit identifiziert, die ursprünglich aus

struktureller Analyse hervorgegangen ist. So kann eine Liste von Phonemen als eine strukturelle Aussage gewertet werden, obwohl es außer der Tatsache, daß jede Einheit verschieden ist, keinen strukturellen Gesichtspunkt gibt, der die Einheit der gegebenen Liste ausmacht. Die ausgezeichnete Definition von Webster's New International Dictionary (zweite Auflage): *"Struktur*: die Interrelation von Teilen, die durch den allgemeinen Charakter des Ganzen dominiert werden", beschreibt die Struktur stilistischer Variation, wie sie auf den vorhergehenden Seiten dargestellt worden ist. Aber zu dieser Beschreibung hat die Linguistik des 20. Jahrhunderts die Forderung hinzugefügt, daß linguistische Strukturen aus diskreten Einheiten bestehen müssen, die in einer Alles-oder-Nichts-Beziehung alternieren.[11]

Die oben dargestellten Dimensionen stilistischer Variation können dieser Forderung nicht gerecht werden — zumindest nicht mittels der Belege, die dargelegt wurden. Die scharfen Kontraste von Stil A bis Stil D sind zum Teil Artefakte der Methode. Stellt man sich diese Dimension als Kontinuum vor, dann ist unsere Methode, das Kontinuum zu unterteilen, völlig adäquat; nimmt man dagegen an, daß es in diesem Kontinuum natürliche Einschnitte gibt, was bedeutet, daß man in natürlichen Situationen nicht gleichmäßig und ohne Unterbrechung von der gewählten zur immer zwangloseren Sprechweise übergeht, dann muß das durch andere Methoden gezeigt werden.

Wenn es einen Kontrast zwischen gewählten und zwanglosen Stilen gibt und die von uns verwendeten Variablen dabei eine wesentliche Rolle spielen, dann scheinen sie nicht als Alles-oder-Nichts-Signale zu wirken. Der Gebrauch einer einzigen Variante — selbst einer so verpönten Form wie des zentralisierten Diphthongs in "boid" für *bird* — ruft im allgemeinen keine starke soziale Reaktion hervor; er kann lediglich zu der Erwartung führen, daß solche Formen wieder vorkommen können, so daß der Hörer allmählich ein sozial signifikantes Muster wahrnimmt. Jeder Sprecher beginnt gelegentlich ein mit (dh) beginnendes Wort mit einem scharfen Einsatz, der als Affrikate / d ð / interpretiert werden kann. Allerdings treten diese Formen in der Prestige-Sprechweise so selten auf, daß man sie vernachlässigen kann. Jede durch sie hervorgerufene Erwartungshaltung verschwindet wieder, ehe man die nächste hört. Es ist die Häufigkeit, mit der Bennie N. solche Formen verwendet, die soziale Bedeutung hat, und es ist im wesentlichen das Niveau der Häufigkeit, das mit einem anderen Niveau in der oben dargestellten Struktur kontrastiert.

Gibt es Einschnitte im Kontinuum möglicher Häufigkeiten? Wie die Gesamtuntersuchung der Stratifikation in New York zeigte, variiert dies von einer Variablen zur anderen. Allerdings wird man die für phonemische Einheiten typische Alles-oder-Nichts-Reaktion weniger in der Performanz als in der sozialen Bewertung finden. Ob wir nun die stilistische Variation als ein Kontinuum expressiven Verhaltens oder als einen subtilen Typus diskreter Alternativen verstehen — auf jeden Fall ist klar, daß sie mit Hilfe quantitativer Methoden behandelt werden

---

11 So besteht die phonologische Struktur aus diskreten Einheiten, den Phonemen, die ihrerseits Produkte der natürlichen Ökonomie der Sprache sind. Die strukturellen Einheiten des Vokalsystems sind nicht Artefakte des analytischen Verfahrens; das Verfahren der Kategorisierung, das das Kontinuum in hohem Maße in diskrete Einheiten teilt, kann getestet und beobachtet werden.

muß. Wir können nicht genau vorhersagen, wann ein bestimmter Sprecher einen Frikativ oder einen Verschlußlaut produziert. Ein Komplex von mehreren Faktoren trägt dazu bei, stilistische Regelmäßigkeiten auf der Ebene des Individuums zu verdecken. Bemerkenswert ist, daß die Grundeinheit stilistischen Kontrastes eine Häufigkeit ist, die durch eine so geringe Zahl wie zehn Vorkommen einer einzelnen Variable gebildet wird.

Die hier entwickelten Methoden zur Isolierung von Kontextstilen waren Vorarbeiten für eine allgemeine Analyse der sozialen und stilistischen Stratifikation in New York. Aber sie haben ziemlich allgemeine Bedeutung und wurden seither mit Erfolg in vielen anderen Kontexten verwendet. Die Techniken für die Erweiterung des formalen Endes des stilistischen Spektrums wurden häufiger angewandt als die Techniken für die Isolierung zwanglosen Sprechens, aber beide Richtungen wurden verfolgt (vgl. Shuy, Wolfram und Riley 1967; Wolfram 1969; Cook 1969; Sankoff und Cedergren 1971; Trudgill 1974). Die Methoden für die Überwindung der Zwänge, die sich aus der Interviewsituation ergeben, sind natürlich nur eine Möglichkeit, zwangloses Sprechen zu elizitieren, und nicht unbedingt die entscheidende. In neueren Arbeiten haben wir mehr Wert auf Gruppensitzungen gelegt, in denen die Interaktion der Gruppenmitglieder den Effekt der Beobachtung weitgehend aufhebt und uns dadurch einen direkteren Zugang zum Vernacular bei gleichzeitiger geringerer Beeinflussung durch den Beobachter ermöglicht (vgl. Gumperz 1964; Labov et al. 1968; Legum et al. 1971). Trotzdem wird man immer auf individuelle Face-to-Face-Interviews zurückgreifen müssen, um jenes umfangreiche Korpus von akkurat aufgezeichnetem Sprechen zu bekommen, das für eine detaillierte Untersuchung der Sprache eines Individuums nötig ist. Einzelinterviews wurden mit einer Zufallsstichprobe von 100 erwachsenen Sprechern in South Central Harlem gemacht, und die hier entwickelten Techniken wurden für die Isolierung zwanglosen Sprechens eingesetzt (Labov et al. 1968). In neueren instrumentellen Untersuchungen über den fortschreitenden Lautwandel waren individuelle Interviews erforderlich, um das große Korpus fortlaufender Rede zu erhalten, das nötig ist, um das Vokalsystem jedes Individuums vollständig aufzuzeichnen. In einer Reihe explorativer Interviews in mehreren Regionen der Vereinigten Staaten und Englands haben wir die Techniken für die Elizitierung des Vernacular in Face-to-Face-Interviews weiter entwickelt. Von daher scheint es wahrscheinlich, daß die hinter den hier beschriebenen Methoden stehenden Prinzipien eine Grundlage für zukünftige soziolinguistische Untersuchungen abgeben werden.

Übersetzt von Elisabeth Thielicke

4. Hyperkorrektheit der unteren Mittelschicht als Faktor im Sprachwandel

Unser Ansatz zum Studium der Sprache betrifft zu einem großen Teil die Isolierung von invarianten funktionalen Einheiten sowie die invarianten Strukturen, die diese Einheiten zueinander in Beziehung setzen.[1] Mit diesem Ansatz zur Analyse von Sprache sind schon beträchtliche Fortschritte gemacht worden, aber auf vielen Gebieten haben wir einen Punkt erreicht, der einen anderen Ansatz erforderlich macht: einen Ansatz, bei dem eher die variablen als die konstanten Merkmale der Sprache im Mittelpunkt stehen. Die empirische Untersuchung sprachlicher Varianten zeigt uns, daß sprachliche Struktur nicht auf die invarianten funktionalen Einheiten wie Phoneme, Morpheme oder Tagmeme beschränkt ist; es gibt vielmehr eine Ebene der variablen Struktur, die ganze Systeme funktionaler Einheiten zueinander in Beziehung setzt und die die Distribution subfunktionaler Varianten innerhalb jeder funktionalen Einheit regelt. Aus diesem Typus einer variablen Struktur wird so auf einer subtileren Beobachtungsebene ein neuer Typus einer invarianten Struktur.

Die Untersuchung sozialer Variation in der Sprache ist bei der Untersuchung von variablen sprachlichen Strukturen lediglich ein Aspekt von vielen. Eine Motivation für den Linguisten, solche Strukturen zu untersuchen, liegt darin, daß sie empirische Belege liefern, um alternative strukturelle Analysen auf der funktionalen Ebene aufzulösen und so empirische Lösungen für Probleme bereitzustellen, deren Bedeutung sonst nicht erkannt werden würde. Zweitens sind variable Strukturen durch quantitative Methoden definiert, die die detaillierten Untersuchungen sprachlicher Veränderungen in ihrem fortschreitenden Wandel zulassen. Das zentrale theoretische Problem, mit dem sich die vorliegende Arbeit befaßt, ist der Mechanismus des Sprachwandels, bei dem die Dynamik sozialer Interaktion eine bedeutende Rolle zu spielen scheint.

Man kann davon ausgehen, daß der Prozeß des Sprachwandels drei Phasen umfaßt (vgl. Sturtevant 1947, Kap. 8). Am *Anfang* (origin) eines Wandels steht eine von zahllosen Varianten, die nur von wenigen gebraucht wird. Während der *Verbreitung* (propagation) des Wandels wird sie von einer solch großen Anzahl von Sprechern übernommen, daß sie auf einer breiten Front sozialer Interaktion im Gegensatz zur älteren Form steht. Während der *Endphase* (completion) des Wandels wird sie durch die Eliminierung konkurrierender Varianten zur Regel. In dieser Erörterung wollen wir uns in erster Linie mit der zweiten Phase beschäftigen: während dieser Phase zeigt sich, daß soziale Signifikanz zwangsläufig mit der Varianten und ihrer Opposition zur älteren Form verbunden ist.

Innerhalb der sozialen Kräfte, die Druck auf sprachliche Formen ausüben, lassen sich zwei bestimmte Typen unterscheiden, die wir *Druck von oben* und *Druck von unten* nennen können. Mit *unten* ist "unter der Schwelle bewußter

---

1   Dieses Kapitel basiert auf einem Vortrag, der zum ersten Mal bei einer Konferenz über Soziolinguistik an der University of California, Los Angeles, 1964 gehalten und zum ersten Mal in William Bright, Hrsg., *Sociolinguistics* (The Hague: Mouton 1966) veröffentlicht wurde.

Wahrnehmung" gemeint. Druck von unten wirkt auf ganze sprachliche Systeme als Reaktion auf soziale Motivationen, die relativ unklar sind, aber dennoch größte Bedeutung für die allgemeine Sprachentwicklung haben. In dieser Darstellung werden wir uns primär mit sozialem Druck von oben befassen, der den klar erkennbaren Prozeß der sozialen Korrektur individueller sprachlicher Formen repräsentiert. Innerhalb dieses Prozesses wird die spezielle Rolle der unteren Mittelschicht, oder allgemeiner, die Rolle der Gruppe mit dem zweithöchsten Status im Mittelpunkt des Interesses stehen.

Die Rolle der Hyperkorrektheit während der Verbreitung des Sprachwandels wurde in der Studie über Martha's Vineyard (Labov 1963) dargestellt. Hier wollen wir das hyperkorrekte Verhalten einer einzigen sozialen Schicht innerhalb der Sprachgemeinschaft von New York und die Konsequenzen dieses Verhaltens für den Prozeß des Sprachwandels untersuchen.

Die meisten der Belege, die vorgelegt werden, basieren auf der quantitativen Messung phonologischer Indices, jedoch werden auch lexikalische und grammatische Eigenschaften berücksichtigt. Die Methoden der Auswahl, Definition und Messung von phonologischen Variablen und der Definition und Isolierung von Kontextstilen wurden in Kap. 2 (Bd. 1) dargestellt. Diese Methoden wurden bei der Untersuchung der Lower East Side von New York, einem Gebiet mit einer Bevölkerung von 100 000 Einwohnern, angewandt. Die Studie griff auf Informanten der 'Mobilization for Youth'-Untersuchung zurück.* Insgesamt wurden 207 Erwachsene und Kinder interviewt. Die meisten der hier vorgelegten Daten basieren auf Äußerungen von 81 in New York aufgewachsenen Erwachsenen, deren Sprache sehr detailliert untersucht wurde. Darüberhinaus werden aber auch Daten von verschiedenen anderen Untergruppen verwertet.

Die Methoden der quantitativen Analyse wurden auf das Problem angewandt, wie die phonologische Struktur einer Gemeinschaft als ganzer im Gegensatz zur Sprache von Individuen zu beschreiben ist. Tatsächlich konnte festgestellt werden, daß die Sprache der meisten Individuen kein einheitliches und rationales System bildete, sondern von Schwankungen, Widersprüchen und Veränderungen gekennzeichnet war, die nicht im Sinne eines einzelnen Idiolekts erklärt werden konnten. Aus diesem Grund hatten frühere Forscher vieles im sprachlichen Verhalten der New Yorker als Produkt puren Zufalls, als "gänzlich wahllos" beschrieben (Hubbell 1950: 48; vgl. Bronstein 1962: 24). Aber wenn die Sprache irgendeiner Person in irgendeinem Kontext vor dem Gesamtmuster der sozialen und stilistischen Variation der Gemeinschaft dargestellt wurde, erwies sich ihr sprachliches Verhalten als in hohem Maße determiniert und strukturiert. [. . .]

----

* (Anm. d. Hrsgg.)
  Vgl. Kap. 11 (Bd. 2), Anm. 4.

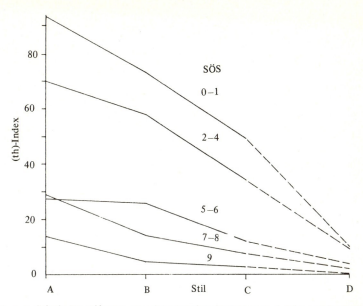

Fig. 4-1   *Schicht-Stratifikation einer linguistischen Variable mit stabiler sozialer Bedeu-*
tung: (th) in thing, through *usw. SÖS (sozioökonomische Schicht)-Skala:*
0 – 1: Unterschicht; 2 – 4: Arbeiterschicht; 5 – 6, 7 – 8: untere Mittelschicht;
9: obere Mittelschicht. A: zwanglose Sprechweise; B: gewählte Sprechweise;
C: Lesestil; D: Wortlisten.*

Fig. 4–1 zeigt ein komplexes Muster regelmäßiger Relationen. Jeder Wert
für eine gegebene soziale Schicht in einem gegebenen Stil ist niedriger als der
Wert für den nächsten informaleren Stil und höher als der für den nächsten formaleren Stil; er ist auch niedriger als der Wert der Gruppe mit dem nächstniedri-
geren Status und höher als der Wert der Gruppe mit dem nächsthöheren Status
(mit einer Ausnahme). Aus dieser Abbildung ist klar ersichtlich, daß die Frikativ-
form des (th) die Prestigeform New Yorks ist (wie überall in den Vereinigten
Staaten) und daß die Verschlußlaute und Affrikaten stigmatisierte Formen sind.
Alle sozialen Schicht-Gruppen stimmen in der zunehmenden Reduzierung des
Gebrauchs von Verschlußlauten und Affrikaten in. formaleren Stilen überein, und

----

*   [Anm. d. Hrsgg.]
    Für die Bestimmung der *phonologischen Indices* und der *Kontextstile* vgl. Kap. 2, Bd. 1,
    S. 31 ff. und 36 ff. Die hier benutzte *sozioökonomische Schicht-Skala* (SÖS-Skala) ist
    eine Zehn-Punkte-Skala, die auf drei gleichgewichteten Indikatoren basiert: (1) Beruf
    (des Ernährers der Familie des Informanten), (2) Ausbildung (des Informanten) und
    (3) Einkommen (der Familie). Benachbarte Schichten werden von Labov zu "Schicht-
    Gruppen" (class groups) zusammengefaßt. Vgl. für eine detaillierte Darstellung dazu
    Labov (1966a, Kap. 7).

es gibt innerhalb eines jeden Stils eine scharf umrissene Stratifikation der Variablen. Mit anderen Worten: wir haben eine Struktur, die aus zwei invarianten Mengen von Relationen besteht.

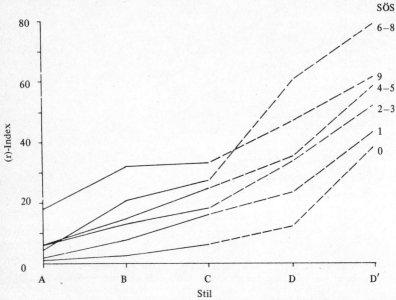

Fig. 4-2   *Schicht-Stratifikation einer linguistischen Variable im Prozeß des Wandels: (r) in* guard, car, beer, beard, board *usw. SÖS (sozioökonomische Schicht). Skala: 0 – 1: Unterschicht; 2 – 4: Arbeiterschicht; 5 – 6, 7 – 8: untere Mittelschicht; 9: obere Mittelschicht. A: zwanglose Sprechweise; B: gewählte Sprechweise; C: Lesestil; D: Wortlisten; D': Minimalpaare.* *

Hyperkorrektes Verhalten der unteren Mittelschicht

Im Gegensatz dazu zeigt Fig. 4–2 eine andere Struktur. Man sieht, daß an einem Extrem im Diagramm nur eine soziale Schicht-Gruppe einen gewissen Grad der *r*-Aussprache in zwangloser Sprechweise zeigt. Das heißt, im Alltagsleben hat (r–1) die Funktion eines Prestigemerkmals der Gruppe mit dem höchsten Status. Die untere Mittelschicht, 6 – 8, zeigt nur den gleichen, geringfügigen Wert der *r*-Aussprache wie die Arbeiterschicht und die Unterschicht. Aber wenn man den Verlauf hin zu den formaleren Stilen verfolgt, zeigt die untere Mittelschicht einen steilen Anstieg in den (r)-Werten, bis dieser bei den Stilen D und D' den Wert der oberen Mittelschicht übersteigt. Das Überkreuzungs-Muster weicht scheinbar von der Regelmäßigkeit des Verhaltens, das von den anderen Schichten gezeigt wird, ab, und entsprechend weicht Fig. 4–2 von der Regel-

----

* [Anm. d. Hrsgg.] Siehe Anm auf S. 79

mäßigkeit der Fig. 4—1 ab. Um dieses Phänomen zu beschreiben, soll der Terminus *Hyperkorrektheit* benutzt werden, da die Sprecher der unteren Mittelschicht in ihrer Tendenz, die für formale Stile als korrekt und angemessen
erachteten Formen zu benutzen, über die Gruppe mit dem höchsten Status hinausgehen. (Das ist natürlich eine Erweiterung des üblichen Gebrauchs des Terminus, der eine regelwidrige Verwendung einer mangelhaft gelernten Regel
bezeichnet, wie zum Beispiel die hyperkorrekte Kasusmarkierung bei *Whom
did you say is calling?)* Hätte sich die Abweichung von Fig. 4—2 nur in einem
Fall gefunden, wäre sie schwer zu interpretieren gewesen. Man könnte sie dann
als Unregelmäßigkeit entweder in der Methode oder im sprachlichen Verhalten
auffassen. Aber wir finden ein ähnliches Überkreuzungs-Muster in verschiedenen
anderen Strukturen. Fig. 4—3 beispielsweise ist das Diagramm für die schichtenspezifische Verteilung von (eh), d.h. die Höhe des Vokals in *bad, ask, dance*
etc., wie in Kapitel 3 definiert.

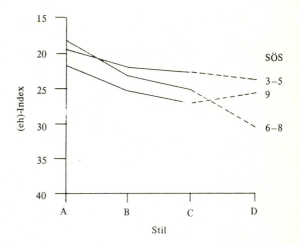

Fig. 4—3   *Schichtspezifische Stratifikation für (eh). SÖS = sozioökonomische Schicht-
Skala. A: zwanglose Sprechweise; B: gewählte Sprechweise; C: Lesestil;
D: Wortlisten.*

Die schichtspezifische Stratifikation zeigt vier Schicht-Gruppen, wobei der
Wert der unteren Mittelschicht den Wert der oberen Mittelschicht im formalsten
Stil übersteigt. Das heißt: Beim Lesen einer Wortliste, wie zum Beispiel *bat, bad,
back, bag, batch, badge*, zeigen die Sprecher der unteren Mittelschicht die
größte Tendenz [bæt, bæːd, bæk, bæːg . . .] zu sagen, obwohl sie im alltäglichen
Sprachgebrauch eher [bɛːəd] sagen, homonym mit *bared:* "I had a [bɛːəd] cut;
I [bɛːəd] my arm."

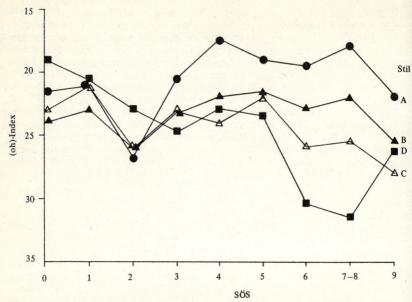

Fig. 4—4   *Stil-Stratifikation von (oh). SÖS = sozioökonomische Schicht-Skala. A: zwang-*
lose Sprechweise; B: gewählte Sprechweise; C: Lesestil; D: Wortlisten.

Wir finden ein ähnliches hyperkorrektes Muster für die sozial signifikante Va-
riable (oh). Fig. 4 — 4 ist ein Diagramm der stilistischen Stratifikation für diese
Variable. Die vertikale Achse in Fig. 4 — 4 repräsentiert den phonologischen
Index, der sich aus Einstufungen parallel zu denen für (eh) zusammensetzt.
In Fig. 4 — 4 ist der Indexwert für jede sozioökonomische Schicht in jedem
Kontextstil aufgezeichnet, und die Werte für den gleichen Stil sind durch hori-
zontale Linien verbunden. Dieses Diagramm erhält alle in den Originaldaten
enthaltenen Informationen und ermöglicht uns, die Differenzierung im stilisti-
schen Verhalten ganz genau zu verfolgen. Für die Unterschicht, 0 — 2, hat die
Variable (oh) keine soziale oder stilistische Siginifikanz, wie die chaotische
Verteilung der Werte in den vier Kontextstilen zeigt. Es gibt eine enge Verbindung zwischen stilistischer und sozialer Variation und Abweichungen auf einer
Achse der Variation sind, wie wir hier sehen, gewöhnlich von Abweichungen
auf der anderen begleitet. Die Unterschicht zeigt noch nicht einmal ansatzweise
das geschichtete Muster der drei höherrangigen Schichten. Die obere Gruppe der
Arbeiterschicht beginnt, hohe Werte von (oh — 1) — [uːᵊf] — in zwangloser
Sprechweise zu zeigen, Werte, die ebenso charakteristisch für die untere Mittelschicht sind. Aber die soziale Signifikanz ist für die Arbeiterschicht nicht genau
dieselbe wie für die Mittelschicht, da die Sprecher der Arbeiterschicht in formalem Stil nur eine geringfügige Tendenz zur Normanpassung (correction) dieses
Vokals hin zu offeneren Werten zeigen. Die untere Mittelschicht zeigt dagegen
eine extreme Tendenz zur Normanpassung beim Lesen von Wortlisten, wie zum

Beispiel *Paul, all, ball, awful, office*, mit bestimmtem, aber unbeständigem Streben hin zu (oh–5): [pɔːɭ, ɒl, bɔːɭ, ɒfəl, ɒfɪs, duːᵊg . . .]. Die höchstrangige Gruppe, die obere Mittelschicht, zeigt eine mehr gemäßigte Tendenz sowohl in zwanglosen als auch in gewählten Stilarten; als Folge davon sehen wir das bekannte Überkreuzungs-Muster in Fig. 4–5, dem Diagramm der schichtenspezifischen Verteilung der Variablen (oh).

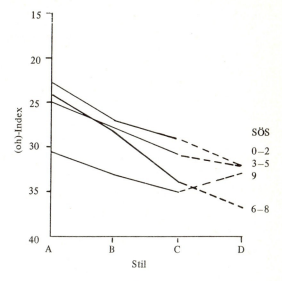

Fig. 4–5 *Schichtspezifische Stratifikation für (oh). SÖS = sozioökonomische Schicht-Skala. A: zwanglose Sprechweise; B: gewählte Sprechweise; C: Lesestil; D: Wortlisten.*

Vergleichen wir nun die Figuren 4–2, 4–3 und 4–5, so wird deutlich, daß sie das gleiche hyperkorrekte Verhalten der unteren Mittelschicht zeigen. Diese Abweichung von der regelmäßigen Struktur ist eigentlich keine Abweichung, sondern eher ein wiederkehrender Aspekt einer regelmäßigen Struktur, die sich sehr von der in Fig. 4–1 unterscheidet. Fig. 4–1 repräsentiert die Struktur, die typisch ist für Variablen, die nicht in den Prozeß des Sprachwandels einbezogen sind. Ein ähnliches Muster kann man in dem parallelen Fall von (dh), dem anlautenden Konsonanten von *this, that* etc. oder bei der morphologischen Variablen des Suffixes *-ing* finden. Andererseits ist das Muster von (r), (eh) und (oh) dasjenige phonologischer Variablen, die, wie wir sehen werden, in den Prozeß des Sprachwandels einbezogen sind. Die besondere Rolle der unteren Mittelschicht in diesem Muster zeigt sich in der Sensitivität dieser Gruppe für sozialen Druck von oben. Wir können das Verhalten dieser Schicht besser verstehen, wenn wir anderes Material untersuchen, das über die Tabellierung der objektiven Performanz hinausgeht.

Hypersensitivität der unteren Mittelschicht in subjektiven Reaktionen

Wir brauchen uns bei der Untersuchung der sozialen Schichtung von Sprache nicht auf Belege objektiver Differenzierung des Verhaltens zu beschränken. Soziale Schichtung umfaßt zwei Aspekte: Differenzierung und soziale Bewertung. Bei der Untersuchung der Lower East Side wurden Methoden entwickelt, um unbewußte, subjektive Reaktionen auf individuelle Werte phonologischer Variablen zu messen. Diese Tests der subjektiven Reaktion sind Hauptgegenstand von Kap. 13 (Bd. 2); wir werden hier nur auf die Informationen zurückgreifen, die für das hyperkorrekte Muster der unteren Mittelschicht relevant sind.

Beim Test der subjektiven Reaktion (SR-Test) wird den Informanten eine Tonbandaufnahme mit 22 Sätzen vorgespielt, und sie werden gebeten, die Sprechweise von jedem gehörten Satz auf einer Skala der Berufseignung zu bewerten. Es handelt sich nur um fünf verschiedene Sprecher, die alle denselben Standardtext lesen, in dem die Werte der wichtigsten phonologischen Variablen sukzessive konzentriert sind. Da der Informant nicht genau wissen kann, wie er irgendeinen gegebenen Sprecher in vorhergehenden Sätzen der Serie bewertet hat, ist jede Bewertung tatsächlich von den anderen unabhängig. Es ist deshalb möglich, die Bewertung eines Sprechers für eine gegebene Realisierung einer phonologischen Variablen mit seiner Bewertung in einem "Null-Abschnitt" zu vergleichen, der keine der Variablen enthält. Einflüsse der Stimmqualität, des Lesestils etc. werden ausgeschlossen, und die unbewußten Reaktionen auf Werte einer einzigen Variablen werden isoliert.

Während des Tests der subjektiven Reaktion auf (oh) hörten die Versuchspersonen drei verschiedene Sprecher hohe Vokale in dem Satz "We [o:ʿwe. z] had [tʃoʿ:klɪt] milk and [kʊːᵊfi] cake around four o'clock" benutzen. Wenn die Bewertung eines Informanten für alle drei Sprecher gleich oder niedriger ist als seine Bewertung desselben Sprechers im Null-Abschnitt, wird seine Reaktion als (oh)-negativ bezeichnet. Der Prozentsatz der Informanten, die (oh)-negative Reaktionen zeigen, beträgt für jede Schicht-Gruppe:

Unterschicht	0 – 2	24%
Arbeiterschicht	3 – 5	61%
untere Mittelschicht	6 – 8	79%
obere Mittelschicht	9	59%

In dieser Tabelle erkennen wir das subjektive Korrelat einer Reihe von objektiven Mustern, die wir oben erörtert haben. Die Unterschicht, die nicht an einem Muster sozialer oder stilistischer Variation für (oh) teilhat, zeigt keinerlei Sensitivität für (oh) im SR-Test. Zweitens findet sich hier ein Beleg für ein sehr allgemeines Prinzip, das durchgängig bei allen Ergebnissen des SR-Tests zu finden ist: Diejenigen, die den häufigsten Gebrauch eines stigmatisierten Merkmals in zwangloser Sprechweise aufweisen, zeigen die größte Sensitivität für dieses stigmatisierte Merkmal in subjektiven Reaktionen. So zeigen zum Beispiel italienische Männer aus der Arbeiterschicht, die den häufigsten Gebrauch von Verschlußlauten für (th) aufweisen, auch die größte Sensitivität für dieses stigmatisierte Merkmal in den Äußerungen anderer. Hier in diesem Fall zeigen die Arbeiterschicht und insbesondere die untere Mittelschicht, die hohe (oh)-Vokale in zwangloser Sprechweise aufweisen, die meisten negativen Reaktionen auf hohe (oh)-Vokale im SR-Test. Schließlich sehen wir, daß die untere Mittelschicht Hyperkorrektheit zeigt, indem sie die obere Mittelschicht hinsichtlich ihrer negativen Reaktion auf hohes (oh) übertrifft.

Ein ähnliches Muster findet sich bei subjektiven Reaktionen auf (eh), das sich von dem für (oh) nur dadurch unterscheidet, daß wir ein größeres Maß an Sensitivität bei den beiden unteren Schichten feststellen. Folgende Prozentsätze (eh)-negativer Reaktionen weisen die vier Schicht-Gruppen auf:

Unterschicht	0 − 2	63%
Arbeiterschicht	3 − 5	81%
untere Mittelschicht	6 − 8	86%
obere Mittelschicht	9	67%

Hier sehen wir wieder das hypersensitive Verhalten der unteren Mittelschicht, die heftiger auf hohe (eh)-Vokale reagiert als die Schicht mit dem höchsten Status (und hier schließt sich die Arbeiterschicht an).

Im Fall des (r) zeigt die untere Mittelschicht ein Maß von Sensitivität für diese Variable, das über die Reaktion der oberen Mittelschicht hinausgeht, obwohl das Verhalten der oberen Mittelschicht im täglichen Sprachgebrauch näher an die Norm herankommt. Der Test der subjektiven Reaktion auf (r) wird im nächsten Kapitel detailliert beschrieben. Wesentlich ist, daß er den Grad mißt, in dem die Reaktionen eines Informanten mit dem Status von (r−1) als Prestigemerkmal übereinstimmen. Die Prozentwerte der (r)-positiven Reaktionen der verschiedenen Schicht-Gruppen zeigen wiederum das hypersensitive Muster der unteren Mittelschicht:

Unterschicht	0 − 1	50%
Arbeiterschicht	2 − 5	53%
untere Mittelschicht	6 − 8	86%
obere Mittelschicht	9	75%

Wenn dieses hypersensitive Verhalten tatsächlich mit fortschreitendem Sprachwandel zusammenhängt und mit Erkenntnissen über objektive Performanz übereinstimmt, dann sollten wir feststellen, daß die untere Mittelschicht in der Reaktion auf die Variable (th) *nicht* über die obere Mittelschicht hinausgeht (vgl. Bd. 2, Kap. 13). Die Prozentwerte der (th)-sensitiven Reaktionen der verschiedenen Schicht-Gruppen zeigen, daß dies tatsächlich der Fall ist. Es gibt hier kein Anzeichen für eine hypersensitive Reaktion der unteren Mittelschicht:

Unterschicht	0 − 2	58%
Arbeiterschicht	3 − 5	76%
untere Mittelschicht	6 − 8	81%
obere Mittelschicht	9	92%

Bis jetzt haben wir die Bewertung der Sprechweise anderer betrachtet. In einem anderen Teil des linguistischen Interviews untersuchten wir die Bewertung des eigenen Gebrauchs der Variablen durch die Informanten. Sie wurden gebeten, diejenige von 4 verschiedenen Aussprachen eines gegebenen Wortes (*cards, chocolate, pass*, etc.) auszuwählen, die ihrer eigenen gewöhnlichen Aussprache des Wortes am nächsten kam. Dieser Selbstbewertungstest zeigt recht klar, daß die außergewöhnliche Übereinstimmung bei der subjektiven Reaktion auf die Sprechweise anderer nicht einer genauen Wahrnehmung der eigenen Sprachproduktion entspricht. Im Gegenteil, die Informanten identifizierten ihre eigene Sprechweise mit den subjektiven Normen, die die Richtung der stilistischen Variation steuerten. Die meisten Versuchspersonen gaben zum Beispiel an, Varianten von (eh) und (oh) zu benutzen, deren Werte niedriger lagen als ihre — selbst im formalsten Stil — tatsächlich produzierten Äußerungen.

Hier und an Hand anderer Belege zeigt sich, daß der New Yorker Sprecher eher seine lautliche Intention als die Laute, die er tatsächlich spricht, wahrnimmt. In diesem Sinn ist das Muster, daß die Richtung der stilistischen Variation steuert, von einer strukturierten Menge sozialer Normen determiniert. Es ist im weitesten Sinn phonemisch.

Das Verhalten der unteren Mittelschicht in diesem Test stimmt mit dem bereits dargestellten hyperkorrekten Muster überein. Sprecher der unteren Mittelschicht zeigen die größte Tendenz, sehr niedrige Werte für (eh) anzugeben — das heißt, sie gaben an, [pæːs] statt [pɛːᵊs] zu sagen — und sie zeigen bei weitem die größte Tendenz, tiefe (oh)-Vokale anzugeben — sie behaupten, [tʃɒklɪt] gesagt zu haben, wenn sie in Wirklichkeit [tʃɔːɬklɪt] gesagt haben. Andererseits zeigte die untere Mittelschicht keine hyperkorrekte Tendenz zu unrichtigen Angaben bei der Selbstbewertung von (th).

Sprachliche Unsicherheit der unteren Mittelschicht

Die starken Schwankungen der unteren Mittelschicht innerhalb der stilistischen Variation, ihre Hypersensitivität für stigmatisierte Merkmale, die sie selbst benutzt, und die nachlässige Wahrnehmung ihrer eigenen Sprechweise, all das deutet auf einen hohen Grad sprachlicher Unsicherheit bei diesen Sprechern hin. Man kann sprachliche Unsicherheit direkt mit verschiedenen Methoden messen, die unabhängig von den phonologischen Indices sind. In dem Aufsatz "The Reflection of Social Processes in Linguistic Structures"* haben wir den Index der sprachlichen Unsicherheit (ISU) erörtert, der den "eigenen Gebrauch" und die "Korrektheit" bei 18 lexikalischen Einheiten einander gegenüberstellt. Tabelle 4—1 zeigt die prozentuale Verteilung der Werte für die vier Schichten, wobei beim ISU vier Stufen unterschieden werden. Die untere Mittelschicht zeigt eine viel größere Konzentration auf den höchsten Stufen des Indexes als jede andere Gruppe — ein Ergebnis, das untermauert wird durch die Haltung der Informanten dieser Schicht gegenüber der Sprache von New York.

----

* [Anm. d. Hrsgg.]
  Dieser Aufsatz (Labov 1968, wieder abgedruckt in Labov 1972a), der bereits zweimal ins Deutsche übersetzt worden ist, wurde — wie in der Einleitung zu Bd. 1 schon erwähnt — nicht in diese Ausgabe aufgenommen. Die Stelle, auf die hier Bezug genommen wird, findet sich bei Badura/Gloy (Hrsgg.) auf S. 319 und bei Holzer/Steinbacher (Hrsgg.) auf den S. 346 f. (Für die genauen Angaben vgl. das Verzeichnis der Veröffentlichungen von W. Labov am Ende dieses Bandes.)

Tabelle 4-1

**Verteilung der Werte des Indexes der sprachlichen Unsicherheit
nach sozioökonomischer Schicht (in %)**

ISU-Werte	Sozioökonomische Schicht			
	0 – 2	3 – 5	6 – 8	9
0	44	50	16	20
1 – 2	25	21	16	70
3 – 7	12	25	58	10
8 – 13	19	4	10	–
	100	100	100	100
N =	16	28	19	10

Im allgemeinen zeigen New Yorker eine starke Abneigung gegenüber dem Klang der Sprache von New York. Die meisten haben versucht, ihre Sprache auf die eine oder andere Art und Weise zu verändern und würden sich aufrichtig geschmeichelt fühlen, wenn man ihnen sagte, daß ihre Sprache nicht wie die eines New Yorkers klingt. Nichtsdestoweniger werden die meisten Informanten auf Grund ihrer Sprache als New Yorker identifiziert, wann immer sie die Metropole verlassen. Sie glauben fest, daß die Leute außerhalb von New York die Sprache New Yorks aus irgendeinem Grund nicht mögen. Die meisten New Yorker haben einen festen Glauben an die Korrektheit der Sprache und streben bewußt danach, in gewählter Sprechweise diese Korrektheit zu erreichen.

In all diesen Fällen übertreffen die Sprecher der unteren Mittelschicht alle anderen New Yorker.[2] Die tiefe sprachliche Unsicherheit der Sprachgemeinschaft von New York wird am deutlichsten am Beispiel der bewußten Aussagen der Informanten aus der unteren Mittelschicht und an ihrem unbewußten Verhalten.

Die Rolle der unteren Mittelschicht beim Sprachwandel

Wir können nun an die Frage des Sprachwandels herangehen, und insbesondere an die Frage, wie der Sprachwandel die phonologischen Variablen beeinflußt. In dieser Erörterung basiert der grundsätzliche Ansatz zur Untersuchung des Wandels auf internem Belegmaterial, und zwar wird die Verteilung sprachlichen Verhaltens auf verschiedenen Altersstufen der Bevölkerung untersucht. Diese Verteilung stellt eine Dimension dar, die wir relative Zeit nennen wollen, im Gegensatz zu realer Zeit. In dem vollständigen Bericht über die Untersuchung in New York ist das Verhältnis von relativer und realer Zeit genau analysiert worden, und wir haben die folgenden Fälle betrachtet (Labov 1966a, Kap. 9):

---

2 Mit der Ausnahme, daß eine Anzahl von Informanten aus der unteren Mittelschicht behauptete, sie seien von Leuten außerhalb New Yorks als nicht aus New York kommend identifiziert worden.

1. Stigmatisiertes Merkmal	A. nicht im Begriff, sich zu wandeln
	B. im Begriff, sich zu wandeln
2. Prestigemerkmal	A. nicht im Begriff, sich zu wandeln
	B. im Begriff, sich zu wandeln
3. Wandel von unten	A. frühe Phase
	B. spätere Phase mit Korrektur von oben

Wir können zu Beispielen für jeden dieser Fälle empirische Daten finden, die die Analyse im allgemeinen bestätigen. Im einzelnen entspricht die Variable (th) dem Fall eines stigmatisierten Merkmals, das nicht vom Wandel betroffen ist, (oh) einer frühen Phase des Wandels von unten und (eh) einer späteren Phase des Wandels von unten mit Korrektur von oben. Die letzteren Fälle werden durch die Tatsache kompliziert, daß die Hauptdynamik nicht auf dem Gebiet der sozialen Schichtung liegt, sondern eher im gegensätzlichen Verhalten ethnischer Gruppen. Im verbleibenden Teil dieser Erörterung werden wir den Fall der Variablen (r) betrachten, eines Prestigemerkmals, das vor kurzem in die Sprache New Yorks eingeführt worden ist. Diese Variable bedeutet natürlich mehr als eine einfache phonemische Veränderung: in dem Maße, wie (r−1) Eingang findet, tritt eine ganze Reihe von Verschiebungen ein, die die Haupttendenz der Entwicklung des Vokalsystems von New York umkehren.

Zunächst einmal müssen wir das Verhältnis von realer und relativer Zeit für ein Prestigemerkmal im Wandlungsprozeß betrachten. Für die höchstrangige Gruppe, die die größte sprachliche Sicherheit aufweist, stimmen diese beiden Dimensionen weitgehend überein. Die ältesten Mitglieder der oberen Mittelschicht neigen dazu, ihre alten Prestigeformen so zu bewahren, wie sie schon relativ früh in ihrer Entwicklung konsolidiert wurden, und die jüngeren Mitglieder übernehmen die neuere Prestigeform. Betrachten wir die Gruppe darunter, das ist gewöhnlich die untere Mittelschicht, dann sehen wir, daß hier die umgekehrte Situation vorherrscht. Die große sprachliche Unsicherheit dieser Sprecher führt zu Schwankungen in ihren Normen für formale Kontexte, und sie neigen selbst in mittlerem Alter dazu, die neuesten Prestigemerkmale von jüngeren Sprechern der oberen Mittelschicht zu übernehmen. In dieser Hinsicht übertreffen sie die jüngeren Mitglieder ihrer eigenen Schicht, die noch nicht in dem Maß der Struktur sozialer Schichtung und ihren Konsequenzen ausgesetzt waren.

Von den Informanten aus der Arbeiterschicht könnte man erwarten, daß sie dem gleichen allgemeinen Verhaltensmuster folgen wie die untere Mittelschicht, aber in einem weniger ausgeprägten Grad. Nur die Unterschicht wird zu einem großen Teil unempfänglich sein gegenüber der Tendenz, der neuesten Prestigenorm zu folgen. Auf der Basis dieser allgemeinen Überlegungen erwarten wir das folgende Schema des Verhältnisses zwischen jüngeren und älteren Angehörigen der vier Schicht-Gruppen hinsichtlich ihres Gebrauchs des Prestigemerkmals:

	Unterschicht	Arbeiterschicht	Untere Mittelschicht	Obere Mittelschicht
Jüngere	gering	[geringer]	geringer	stark
Ältere	gering	[stärker]	stärker	gering

Wir können jetzt die empirischen Daten betrachten, die diesem Diagramm entsprechen. Fig. 4−6 zeigt die Verteilung von (r)-Werten in zwangloser Sprechweise. Für die beiden höheren Altersgruppen gibt es keinen Hinweis einer sozialen Bedeutung von (r); aber für alle Informanten unter 40 findet man eine ausgeprägte Schichtung in der (r−l) allein zum Merkmal der Gruppe mit dem höchsten Status geworden ist. Während diejenigen über 40 ein sehr heterogenes Muster in ihrer subjektiven Reaktion auf (r) zeigen, weisen die Personen zwischen 18 und 39 Jahren vollständige Übereinstimmung in ihrer positiven Bewertung dieses Prestigemerkmals auf. Man beachte, daß bei der älteren Gruppe die untere Mittelschicht den höchsten Grad an (r)-positiver Reaktion aufweist.
[...]

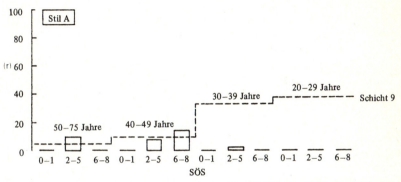

Fig. 4−6   *Entwicklung der schichtspezifischen Stratifikation des (r) für zwanglose*
Sprechweise (Stil A) in relativer Zeit. SÖS = sozioökonomische Schicht-Skala.

Die Daten für sukzessiv förmlicher werdende Sprechstile sind in Fig. 4−7 dargestellt. Ausgehend von Stil B, der gewählten Sprechweise, zeigt sich für alle Schichten und Altersstufen eine steigende Tendenz, mehr (r−l) zu benutzen. Aber es sind die Angehörigen der unteren Mittelschicht in den mittleren Jahren, die die höchste Tendenz zeigen, ihren Gebrauch von (r−l) in formalen Sprechstilen ansteigen zu lassen, bis sie bei den Stilen D und D' über das Niveau der oberen Mittelschicht hinausgehen. Die schraffierten Bereiche in Fig. 4−7 geben den Grad an, in dem ein gegebener Indexwert das Niveau der oberen Mittelschicht übersteigt.

Fig. 4−7 ist eine komplexe Struktur, die vier Variablen in Beziehung setzt. Von oben nach unten zeigt sich ein stetiges Anwachsen von (r−l) bei steigender Formalität des Kontextstils; von links nach rechts zeigt sich ein Muster schichtspezifischen Verhaltens, das sich mehrere Male wiederholt und bei dem die untere Mittelschicht die Arbeiterschicht und die Unterschicht im Gebrauch von (r−l) anführt. Schließlich zeigt das größere Links-Rechts-Muster eine

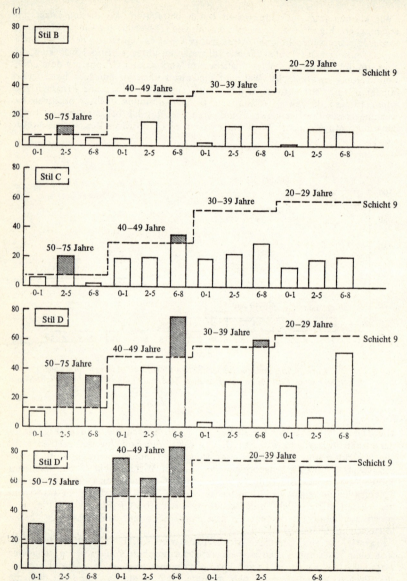

Fig. 4−7   *Schichtspezifische Verteilung von (r) in relativer Zeit für die Stile B − D'.*
B: gewählte Sprechweise; C: Lesestil; D: Wortlisten; D': Minimalpaare
Die Ziffern 0 − 9 bezeichnen die Skala der sozioökonomischen Schicht.

komplexe Beziehung zwischen Altersstufe und (r), wobei die jüngeren Sprecher der Schicht 9 mehr und mehr (r−1) aufweisen, während das Umgekehrte für die Korrelation von Alter und (r−1) in den drei unteren Schichten gilt.

Vor dem Hintergrund aller in dieser Erörterung vorgelegten Daten scheint die komplexe Struktur von Fig. 4−7 verständlich, wenn nicht beinahe vorhersagbar. Diese Daten ermöglichen es, frühere Ergebnisse, die verwirrend erschienen, zu erklären, wie zum Beispiel die unerwartete Konfiguration, die sich aus der Untersuchung in drei Kaufhäusern in New York (vgl. Kap. 2) ergab. In Fig. 2−5 sahen wir, daß das Kaufhaus mit dem höchsten Status, Saks, den erwarteten Anstieg von (r−1) bei abnehmendem Alter zeigte. Das Kaufhaus mittleren Ranges, Macy's, aber zeigte das umgekehrte Verhältnis auf einem niedrigeren Niveau. Das Kaufhaus mit dem niedrigsten Status, Klein, wies kein eindeutiges Muster auf. Als wir Fig. 4−7 in die Form von Fig. 2−5 brachten, erhielten wir Fig. 2−6, Stil B. Die beiden Diagramme stimmen Punkt für Punkt, Merkmal für Merkmal überein. Diese Übereinstimmung stellt die bestmögliche Verifizierung der Ergebnisse beider Untersuchungen dar, da sie an die Daten mit vollkommen entgegengesetzten Methoden herangegangen sind. Die möglichen Fehlerquellen sind komplementär: überall, wo die Kaufhaus-Untersuchung anfällig gegenüber Fehlern ist, ist die Lower-East-Side-Untersuchung besonders verläßlich und umgekehrt.

Die Übereinstimmung zwischen den beiden Untersuchungen begründet die Validität der oben gegebenen Analyse des Verhältnisses von relativer und realer Zeit für ein Prestigemerkmal, das vor kurzem in die sprachliche Struktur einer Gemeinschaft eingeführt worden ist.

Die Rolle der Hyperkorrektheit im Mechanismus des Sprachwandels

Es gibt genügend Belege, um die Auffassung vertreten zu können, daß das Eindringen von (r−1) in New York in der Tat ein Prozeß jüngeren Datums ist, der in den Jahren, die unmittelbar auf den Zweiten Weltkrieg folgten, ein deutliches qualitatives Anwachsen erkennen ließ. Spuren einer ähnlichen Entwicklung lassen sich auch in anderen *r*-losen Gebieten finden, aber nirgendwo hat sie so stark die ganze Struktur der Gemeinschaft durchdrungen. Wir können natürlich den Einfluß des Rundfunks betrachten, aus dem *r*-lose Muster fast ganz verschwunden sind, aber das ist ein Faktor, der alle Teile der Vereinigten Staaten beeinflußt. Um die besondere Entwicklung New Yorks zu erklären, ist es notwendig, soziale und sprachliche Mechanismen in Betracht zu ziehen, die für New York spezifisch sind.

Man kann die Sprachgemeinschaft von New York als ein Sammelbecken negativen Prestiges ansehen. Das ist kein neues Muster: der Prestige-Dialekt scheint, solange wir ihn verfolgen können, entlehnt gewesen zu sein; und der Prozeß, den wir hier miterleben, ist primär ein Prozeß, durch den der ältere *r*-lose Prestige-Dialekt, der vom östlichen Neuengland entlehnt war, durch einen *r*-aussprechenden Dialekt des nördlichen Mittelwestens ersetzt wird. Doch die Unterschiede zwischen neueren und älteren Formen sind vom Standpunkt der phonologischen Struktur her gesehen erheblich. Alle New Yorker Informanten wuchsen als Sprecher eines *r*-losen Dialekts auf. Da sie die *r*-Aussprache erwarben, lange nachdem sich ihr erstes Sprachmuster verfestigt hatte, war es ihnen selbst im formalsten Kontext nicht möglich, Konsistenz im Gebrauch von (r−1) zu erreichen.

Das Ergebnis dieser Untersuchung deutet insgesamt auf die folgende Reihenfolge von Ereignissen bei der Genese der komplexen sprachlichen Strukturen hin, die wir hier dargestellt haben. Die erste Erfahrung des Kindes mit dem Gebrauch des Englischen, im Alter von 2 − 3 Jahren, ist gewöhnlich geleitet vom Beispiel seiner Eltern. Aber im Alter von etwa 4 − 13 Jahren wird sein Sprachmuster geleitet und geregelt durch das der Gruppe der Halbwüchsigen, mit der es spielt. Das sind die Gleichaltrigen, die durch ihre Sanktionen alle Abweichungen vom Dialektmuster der Gruppe beseitigen können. Es scheint, daß diese Phase der Präadoleszens jene Altersstufe ist, in der die automatische Muster der motorischen Produktion festgelegt werden: alle nach dieser Phase erworbenen Gewohnheiten werden in der Regel zusätzlich zu den motorisch kontrollierten Mustern durch Selbstkontrolle aufrechterhalten.

Während des ersten Jahres in der High School beginnt der Sprecher, sich jene Menge evaluativer Normen anzueignen, die hier dargestellt wurde. Er wird gegenüber der sozialen Bedeutung seiner eigenen Sprachform sowie gegenüber der anderer Formen sensitiv. Im Alter von 17 oder 18 Jahren scheint ein vollständiges Vertrautsein mit den Normen der Gemeinschaft erreicht zu sein. Andererseits wird die Fähigkeit, Prestige-Formen der Sprache zu benutzen, wie zum Beispiel die *r*-Aussprache, erst relativ spät erworben: Dieser Prozeß scheint beim Jugendlichen im Alter zwischen 16 und 17 Jahren einzusetzen. Ein Jugendlicher aus der Arbeiterschicht oder der unteren Mittelschicht erreicht niemals die Sicherheit im Gebrauch dieser Prestige-Formen, die ein Jugendlicher aus einer Familie der oberen Mittelschicht besitzt. Wie wir gesehen haben, wird ein Sprecher aus der unteren Mittelschicht selbst im Alter zwischen 30 und 40 Jahren darauf bedacht sein, seinen gewählten Stil und seine Vorstellung von der Prestige-Norm zu verändern, um den jüngsten Standards gerecht zu werden. Im Gegensatz dazu hat der College-Absolvent − teils durch ausgedehnten Kontakt mit Sprechern der Prestige-Norm, teil durch die Anerkennung seiner Kommilitonen − einen gewissen Grad von Sicherheit im Gebrauch des Englischen erlangt. Ungeachtet der Tatsache, daß er so auf eine erworbene sekundäre Prestige-Aussprache angewiesen ist, kann der Gebrauch dieser Form von dieser Zeit an relativ konstant bleiben.

Aus der Lower-East-Side-Untersuchung können wir Belege systematischer Art ableiten, mit deren Hilfe wir den allmählichen Erwerb dieser soziolinguistischen Normen und den unterschiedlichen Grad der Aneignung bei verschiedenen Schichten zeigen können. Fig. 11−3 (Bd. 2, S. 114) ist eine Darstellung, die sich zusammensetzt aus allen Formen von sprachlichem Verhalten, die die Wahrnehmung dieser Normen zeigen. Für jede gegebene Variable kann ein Informant folgendes aufweisen: ein regelmäßiges Muster des Stilwechsels in Richtung auf die Prestige-Norm, eine durch die Norm beeinflußte Selbsteinschätzung, in bezug auf die Norm sensitive Tests der subjektiven Reaktion und eine offen zu Tage tretende Wahrnehmung des soziolinguistischen Merkmals als Stereotyp. Die vertikale Achse gibt den Gesamtwert für den Erwerb soziolinguistischer Normen an und die horizontale Achse das Alter der Informanten. Alle Informanten, die in Fig. 11−3 vorkommen, sind Kinder der eigentlichen Informanten der Lower-East-Side-Untersuchung. Horizontale Linien verbinden Geschwister, so daß die ansteigende Richtung dieser Linien den Grad der Aneignung der

Normen nach dem Alter zeigt. Wenn wir den sozioökonomischen Status der Familien untersuchen, so wird sofort klar, daß es eine deutliche Differenzierung nach der sozialen Schicht gibt. Kinder aus Familien der oberen Mittelschicht fangen weiter oben in der Skala an und zeigen eine vollständigere Reaktion auf soziolinguistische Normen als Kinder aus der unteren Mittelschicht usw. Während sich alle Familien generell in die gleiche Richtung bewegen, sind Jugendliche der Unterschicht im Alter zwischen 18 und 19 Jahren immer noch an einem relativ niedrigen Punkt auf der Skala zu finden. Daraus folgt, daß diese Jugendlichen dann, wenn sie eine befriedigende Kenntnis der soziolinguistischen Normen erworben haben, nicht mehr in der Lage sind, ihre Basisvarietät (basic vernacular) so zu verändern, daß sie eine konsistente Kontrolle über ihre Sprachproduktion erlangen.

Wir müssen nun an das folgende Problem herangehen: Wie kann solch ein Mechanismus zur Verfestigung der *r*-Aussprache als muttersprachliches Muster (native speech pattern) für zwanglosen und gewählten Sprechstil führen? Die Phase, in der primäre Sprachmuster sich verfestigen, ist durch einen Zeitraum von mindestens vier oder fünf Jahren von der Phase getrennt, in der sekundäre Prestige-Formen gelernt werden. Der Halbwüchsige mag in seinem Sprachmuster von ein oder zwei Jahre älteren Jugendlichen beeinflußt werden, aber man kann sich schlecht vorstellen, daß er mit vier oder fünf Jahre älteren Jugendlichen in engem Kontakt steht. Es scheint also, daß dieser Mechanismus nur zu permanenter Schichtung führen kann und daß die *r*-Aussprache niemals in die präadoleszente Phase Eingang findet.

Aber man muß berücksichtigen, daß die ursprüngliche Konsolidierung von New York als *r*-losem Gebiet dem gleichen Muster gefolgt sein muß, das wir jetzt miterleben, nur in umgekehrter Reihenfolge. *R*-lose Sprache war ursprünglich eine Prestige-Form, dem Stil des südlichen britischen Englisch nachgebildet. Die gegenwärtige Struktur der *r*-losen Gebiete um Boston, New York, Richmond und Charleston zeigt offensichtlich, daß die Einführung einer Prestige-Form in das muttersprachliche Muster erfolgreich war. Wenn der Prozeß schon einmal zum Abschluß kam, kann er wieder zum Abschluß kommen.

Der Schlüssel zu diesem Rätsel liegt vielleicht in der Hyperkorrektheit der unteren Mittelschicht. Wir haben gesehen, daß Sprecher der unteren Mittelschicht mittleren Alters dazu neigen, die formalen Sprachmuster der jüngeren Sprecher der oberen Mittelschicht zu übernehmen. Diese Tendenz führt zu einem Rückkoppelungsmechanismus, der möglicherweise in der Lage ist, die Verbreitung eines Prestigemerkmals zu beschleunigen. Anstelle einer allmählichen, von Generation zu Generation erfolgenden Verbreitung eines Merkmals von der Gruppe mit dem höchsten Rang zu der Gruppe mit dem niedrigsten Rang existiert hier ein Mittel, mit dem die Ablaufgeschwindigkeit des Prozesses völlig verändert werden kann. Jugendliche aus der unteren Mittelschicht (und in geringerem Maße Jugendliche aus der Arbeiterschicht) haben Kontakt mit der neuen Prestige-Aussprache in zweierlei Hinsicht. Auf der einen Seite sind sie vertraut mit der Sprache derer, die das College besuchen, gleichgültig ob sie dieser Gruppe angehören oder nicht. Auf der anderen Seite benutzen ihre Eltern (und ihre Lehrer) auch dieses Prestige-Merkmal in den formalsten Situationen. Normalerweise hat der Dialekt, der von ihren Eltern benutzt wird, nur einen geringen Einfluß auf ihre eigene primäre (native) Dialektform: Hinsichtlich ihrer eigenen Sprechweise macht es keinen Unterschied, ob jene aus Maine oder Brooklyn kommen. Aber es ist nicht unmöglich, daß der wiederholte Gebrauch von (r−1) durch ihre Eltern im frühesten Stadium des Spracherwerbs vielleicht den Grundstein zu automatischer und einheitlicher r-Aussprache legt. Ein solcher Einfluß ist heute in New York nicht stark, außer vielleicht bei einigen Familien der oberen Mittelschicht. Aber es kann sehr wohl eintreffen, daß vielleicht eine halbe Generation später der Gebrauch der r-Aussprache in gewählten Stilen seitens der Erwachsenen so weit angestiegen ist, daß Kinder dieses Muster mit ihren frühesten motorisch kontrollierten Gewohnheiten erwerben. Man glaubt vielleicht, daß Eltern nur zwanglose Sprachmuster benutzen, wenn sie mit ihren kleinen Kindern sprechen, aber im Gegenteil, ich habe oft Informanten die gewähltesten Formen der r-Aussprache benutzen hören, wenn sie mit ihren Kindern schimpften. Da die r-Aussprache als Norm für den gewähltesten Kommunikationsstil übernommen worden ist, wurde sie vielleicht für viele Interaktionen zwischen Eltern und Kind angemessen. Hyperkorrektheit ist sicherlich am ausgeprägtesten bei Frauen − und es mag sein, daß die Mutter aus der unteren Mittelschicht und der Grundschullehrer diejenigen sind, die diese Art von Sprachwandel besonders beschleunigen.

Die Existenz eines hyperkorrekten Musters in New York ist zweifelsfrei nachgewiesen worden. Die Rolle, die die Hyperkorrektheit bei der Beschleunigung des Sprachwandels u.E. spielt, haben wir in der Hoffnung dargestellt, daß weitere empirische Untersuchungen diese Theorie vielleicht bestätigen oder widerlegen. Ähnliche Untersuchungen können mit Gewinn in anderen Städten durchgeführt werden, vielleicht in solchen, die nicht eine solche Bandbreite stilistischer Variation in der Sprachgemeinschaft aufweisen. Weiterhin ist es notwendig, die soziale Motivation, die dem systematischeren und verborgeneren Prozeß des Wandels von unten zugrunde liegt, gründlicher zu erforschen. Alle diese Untersuchungen werden dazu beitragen, das wichtige Problem zu klären, wie sich der Mechanismus des Sprachwandels vollzieht und durchsetzt.

Übersetzt von Gunter Senft

5. Die soziale Bedingtheit des Sprachwandels

Das Studium des Sprachwandels in seinem sozialen Kontext ist von einigen als ein unberührtes, von anderen als ein unfruchtbares Feld dargestellt worden.[1] Eine kurze Durchsicht dessen, was in der Vergangenheit zu diesem Thema geschrieben worden ist, zeigt, daß es sich eher mit einem verlassenen Hinterhof vergleichen läßt, auf dem die verschiedensten Arten ineinander verschlungener, sekundärer Wissenschaft wuchern. Das Thema ist mit langatmigen, inhaltsleeren und in die Irre führenden Essays so übel abgehandelt worden, daß man Linguisten verstehen kann, die sagen, man solle lieber die Finger davon lassen. Doch die Konsequenzen, die das Beiseitelassen der sozialen Dimension des Sprachwandels nach sich zieht, sind weitreichend. Uns bleibt dann nur eine so begrenzte Auswahl von Fakten, daß wir nicht anders können, als die Argumente unserer Vorgänger zu wiederholen; wir finden uns in der Situation, daß wir endlos über schlechte Daten disputieren, anstatt mit Gewinn die reiche Produktion neuen sprachlichen Wandels um uns herum wahrzunehmen.

Trotzdem haben Sprachhistoriker im letzten halben Jahrhundert einen Ansatz sich zu eigen gemacht und mit Schärfe verteidigt, der die Gesellschaft völlig außer acht läßt. Um zu verstehen, warum sie dies taten, wird es nützlich sein, sich die Geschichte der Beziehungen zwischen den Sprachwissenschaftlern und der Gesellschaft, und wie es ihnen gelang, einander aus dem Weg zu gehen, kurz wieder einmal zu vergegenwärtigen. Dieser Rückblick wird drei Fragen aufwerfen: ob die expressiven und direktiven Funktionen der Sprache entscheidende Faktoren beim Sprachwandel sind; ob grammatische Regeln von hoher Abstraktheit durch soziale Kräfte beeinflußbar sind; und ob die sprachliche Evolution völlig dysfunktional ist. Dieses Kapitel kann als diachronisches Gegenstück zu Labov (1970b) angesehen werden – ein Aufsatz, der sich fast ausschließlich mit den synchronischen Aspekten der ersten beiden Fragen befaßte. Es werden Daten aus neueren Untersuchungen zum fortschreitenden Wandel vorgelegt werden, um zu zeigen, wie sprachliche Veränderungen in einen sozialen Kontext eingebettet sein können, wie sie bewertet werden und wie Wandel zu einer bestimmten Zeit und an einem bestimmten Ort ausgelöst werden kann. Diese Untersuchungsergebnisse werden dann auf die drei oben gestellten Fragen angewandt werden.

1. Die linguistische Auffassung von Sprache als Element der gesellschaftlichen Wirklichkeit

Jeder Linguist ist sich dessen bewußt, daß Sprache ein Element der gesellschaftlichen Wirklichkeit ist, aber nicht jeder mißt dieser Tatsache die gleiche Bedeutung zu. Wenn Linguisten über Sprachwandel schreiben, finden wir ein sehr

----

1 Dieses Kapitel ist die überarbeitete Fassung des für *Current Trends in Linguistics*, Band 11, hrsg. von Thomas Sebeok (Den Haag: Mouton, 1973), zu diesem Thema verfaßten Kapitels.

unterschiedliches Maß an Interesse für den sozialen Kontext, in dem diese Veränderungen auftreten. Einige erweitern ihr Blickfeld, so daß es ein breites Spektrum von Fakten über die Sprecher und ihr außersprachliches Verhalten miteinschließt, während andere das ihre einengen und soviel als möglich beiseite lassen. Wir können im allgemeinen aus der Art, wie ein Autor Sprache definiert, voraussagen, inwieweit er die sozialen Faktoren beim Sprachwandel berücksichtigen wird. Darüberhinaus werden sich diejenigen, die ihr Hauptaugenmerk auf die Übermittlung kognitiver oder referentieller Information richten, mehr mit dem Individuum beschäftigen, diejenigen dagegen, die sich mit affektiven und phatischen Gebrauchsweisen von Sprache befassen, mit gesellschaftlichen Fragen.

Es ist nicht schwierig, Autoren des 19. Jahrhunderts zu finden, die auf die Bedeutung der sozialen Faktoren beim Sprachwandel hinweisen. Whitney war fest überzeugt:

> „Sprache (speech) ist nicht ein persönlicher Besitz, sondern ein gesellschaftlicher; sie ist dem Einzelnen nicht als Individuum eigen, sondern als Mitglied der Gesellschaft." (1901:404)

Bei der Betrachtung der Funktionen der Sprache betonte Whitney statt des Primats der "Vorstellungen" eher die kommunikative Funktion in einem sozialen Sinn:

> "Der Mensch spricht also in erster Linie nicht, um zu denken, sondern um sein Denken mitzuteilen. Seine sozialen Bedürfnisse, seine sozialen Instinkte zwingen ihn zum Ausdruck." (401)

Eine entgegengesetzte Auffassung finden wir bei Hermann Paul, dessen individualistischer Ansatz sich in den meisten aktuellen Theorien zum Sprachwandel widerspiegelt (siehe Weinreich, Labov und Herzog 1968). Paul sah die Sprache der Gemeinschaft als eine grobe Mischung der wohlgeformten Sprache Einzelner. Auf dieser Grundlage schiebt er das Problem, die Mannigfaltigkeit der Sprache zu erklären, als eigentlich recht durchschaubar beiseite:

> "Gehen wir von dem unbestreitbar richtigen Satze aus, daß jedes Individuum seine eigene Sprache, und jede dieser Sprachen ihre eigene Geschichte hat (. . . scheint) die Entstehung der Verschiedenheit (. . .) ja danach selbstverständlich." (Paul 1886: 37)

Für Paul war die Funktion der Sprache, "Vorstellungsgruppen" zu organisieren, ein Prozeß, der sich "bei jedem Individuum auf eigentümliche Weise" entwickelt (1886:22). Sweet studierte Paul und nahm diesen Standpunkt auf und unterstützte ihn; er gibt zu bedenken, daß alle allgemeinen Prinzipien des Wandels "der Hauptfunktion der Sprache . . . dem Ausdruck von Vorstellungen" (1900:34) untergeordnet sind. Wir dürfen uns also nicht wundern, daß Sweet Sprache ohne irgendeinen Bezug zum sozialen Kontext als "den Ausdruck des Denkens mittels sprachlicher Laute" (1900:1) definiert. Seine Erklärungen des Sprachwandels kreisen dementsprechend um so individuelle Züge wie "Faulheit" oder "Nachlässigkeit".

Den Schwerpunkt auf den kognitiven oder darstellenden Funktionen der Sprache behielt auch die Prager Schule in ihren synchronischen Studien bei. Andere Funktionen wurden natürlich anerkannt: in der Nachfolge Bühlers und Laziczius' unterteilte Trubetzkoy die Phonologie in drei Bereiche: die

Kundgabe-, die Appell- und die Darstellungsphonologie oder eigentliche Phonologie. Der Haupteffekt dieser Einteilung bestand darin, den Linguisten von jeder Beschäftigung mit sozialen Faktoren und nicht-kognitiven Funktionen zu befreien. Wenn der Linguist ein paar Seiten einem anekdotischen Überblick über diese Dinge gewidmet hatte, dann konnte er mit der eigentlichen Sache fortfahren (1939:17f.). Martinet (siehe unten) scheint nach der Art, wie er den Sprachwandel angeht, ein direkter Nachkomme dieser Tradition zu sein.

Bloomfield übernahm von Paul die gleiche individualistische Psychologie, obwohl er ihren subjektiven Charakter kritisierte (1933). Bloomfields Stimulus-Response-Modell zeigt Sprache als den Besitz des Individuums; sein Modell des Lautwandels basiert auf der Annahme eines absolut regelmäßigen, jedoch nicht beobachtbaren Prozesses, der sich im Sprachmuster des Einzelnen vollzieht. Größere soziale Faktoren werden als verhältnismäßig vage und wirre Prozesse unter den Kapitelüberschriften "Fluctuation in the frequency of forms" ("Fluktuation in der Häufigkeit von Formen") und "Dialect borrowing" ("Dialektentlehnung") vorgestellt.

Chomsky und Halle, die von Bloomfield und Paul in so vielen anderen Punkten abweichen, führen die Tradition fort, auf der Grundlage individueller Modelle der Sprecher-Hörer-Beziehung Spekulationen anzustellen. Chomsky schließt bewußt jegliche soziale Variation aus dem Gegenstandsbereich der Linguistik aus (1965:3); Halle (1962) legt ein Modell des Sprachwandels vor, in dem das Kind die Sprache seiner Eltern individuell umstrukturiert.

Obwohl man Pauls individualistischen Auffassungen im Hauptzweig der Linguistik gefolgt ist, hat es von vielen, die Whitneys Interesse am sozialen Kontext der Sprache und ihrem breiteren Spektrum sozialer Funktionen teilten, beträchtlichen Widerspruch gegeben. Als Beispiel sei die bekannte Position Meillets angeführt:

> "Aus der Tatsache, daß Sprache eine gesellschaftliche Institution ist, folgt, daß die Linguistik eine Gesellschaftswissenschaft ist, und die einzige Variable, die wir heranziehen können, um sprachlichen Wandel zu erklären, ist gesellschaftlicher Wandel, aus dem sprachliche Veränderungen nur folgen." (1921:16−17)

Meillets Kollege Vendryes fährt über 20 Jahre später in der gleichen Richtung fort:

> "Sprache ist also das soziale Faktum par excellence, das Ergebnis von sozialem Kontakt. Sie ist zu einem der stärksten Bänder geworden, die Gesellschaften zusammenhalten, und sie verdankt ihre Entwicklung der Existenz der sozialen Gruppe." (1951:11)

Jesperson folgte Sweet in vielem, aber er legte großes Gewicht auf die Rolle der Sprache bei der sozialen Interaktion:

> "Die Sprache einer Nation ist die Menge der Gewohnheiten (set of habits), mithilfe derer die Angehörigen dieser Nation gewohnt sind, untereinander zu kommunizieren." (1946:21)

Obwohl Jespersen tief in seiner "begrifflichen" Grammatiktheorie verwurzelt war, finden wir in allem, was er geschrieben hat, ein Interesse für die expressiven und direktiven Funktionen der Sprache, das stark in seine Erörterungen des Sprachwandels miteingeht. Sturtevant schrieb in der gleichen Tradition:

"Eine Sprache ist ein System willkürlicher lautlicher Symbole, mit dessen Hilfe Angehörige einer sozialen Gruppe aufeinander ein- und zusammenwirken." (1947: 2)

Sturtevants Erklärungsvorschläge zum Mechanismus des Sprachwandels (1947: 74ff.) legten großes Gewicht auf die Zumessung (assignment) gesellschaftlicher und gefühlsbetonter Werte.

"Es ist klar, daß wir die Regelmäßigkeit phonetischer Gesetze erst verstehen werden, wenn wir wissen, wie Rivalität unter Phonemen zum Sieg eines dieser Phoneme führt . . . Bevor ein Phonem sich von Wort zu Wort ausbreiten kann . . . ist es notwendig, daß einer der beiden Rivalen eine Art von Prestige erwirbt."(1947:80–81)

Doch Sturtevant war ein später Vertreter von Meillets dahinschwindender Auffassung, daß wir nach einer Erklärung für die Fluktuationen des sprachlichen Wandels im fluktuierenden Verlauf der sozialen Ereignisse zu suchen hätten. Der vorherrschende Trend findet durch viele bedeutende Linguisten Ausdruck, die sich jeglichem Engagement dieser Art erbittert widersetzen und darauf bestehen, daß wir uns auf rein innerhalb der Sprache bleibende, linguistische Erklärungen beschränken müßten. **Martinet zum Beispiel erklärt**, es seien einzig die *Resultate* des Einflusses von außen, die zu untersuchen der Linguist kompetent sei. In seiner Eigenschaft als Linguist lehnt er es ab, "soziologische" Konditionierung zu erforschen (1964:52). Kurylowicz ist sogar noch rigoroser:

"Sobald wir Sprache im engeren Sinne verlassen und uns auf außersprachliche Faktoren berufen, geht eine klare Eingrenzung des Feldes linguistischer Untersuchung verloren. So kann z.B. der physiologische (artikulatorische) Aspekt eine Folge gesellschaftlicher Faktoren sein, wobei die letzteren selbst wiederum verursacht sind durch bestimmte politische oder ökonomische Fakten (Eroberung, Umsiedelungen, bei denen Zweisprachigkeit auftritt) . . . Es scheint, daß das Feld einer im wörtlichen Sinne linguistischen Erklärung abgesteckt sein muß durch den *linguistischen* Aspekt des betreffenden Wandels, d.h. durch den tatsächlichen Zustand des Systems vor und nach dem Wandel ('l'état momentanée des termes du système' – Saussure)." (1964: 11)

Kurylowicz möchte die linguistische Argumentation von jeder ihre Reinheit trübenden Einmischung und Hilfe säubern; er verzichtet auf den Gebrauch von Dialektgeographie, Phonetik, Psychologie und Kulturanthropologie zur Rekonstruktion der Geschichte einer Sprache, um zu einer "höheren begrifflichen Grundlage" aufzusteigen (1964:30).

So scheinen also die Linguisten in dieser Angelegenheit in zwei größere Lager gespalten zu sein. Gruppe A, die "soziale" Gruppe, schenkt bei der Erklärung von Sprachwandel sozialen Faktoren große Aufmerksamkeit, sieht expressive und direktive Funktionen der Sprache eng verknüpft mit der Vermittlung referentieller Information, untersucht fortschreitenden Wandel und sieht ablaufenden Wandel in Dialektkarten widergespiegelt; und sie betont die Bedeutung der sprachlichen Vielfalt, des Kontakts zwischen Sprachen und des Wellenmodells der sprachlichen Evolution.

Linguisten der Gruppe B, der "asozialen" Gruppe, konzentrieren sich auf rein sprachinterne — strukturelle oder psychologische — Faktoren bei der Erklärung des Wandels, trennen affektive oder soziale Kommunikation von der

Kommunikation von "Vorstellungen", glauben, daß fortschreitender Lautwandel nicht unmittelbar beobachtet werden kann, und daß Dialektkarten oder Untersuchungen von Gemeinschaften nichts anderes zeigen als die Ergebnisse von Dialektentlehnung; sie halten die homogene, einsprachige Gemeinschaft für typisch und bleiben mit ihrer Arbeit innerhalb des Stammbaummodells der sprachlichen Evolution.

Es wäre unfair zu behaupten, Linguisten der Gruppe B würden soziale Faktoren bei der Erklärung des sprachlichen Wandels völlig außer acht lassen. Es ist eher so, daß sie den Einfluß der Gesellschaft als ohne Belang für das normale Funktionieren der Sprache definieren und das Wirken gesellschaftlicher Faktoren als dysfunktionales Eingreifen in die normale Entwicklung (Bloomfield 1933) ansehen, oder als seltene und unsystematische Interventionen. So entwickelt Martinet, was wir wohl eine "zur Katastrophe tendierende" Ansicht von den Beziehungen zwischen gesellschaftlichen und sprachlichen Ereignissen nennen können. Er argumentiert, außerordentliche soziale Umwälzungen könnten in seltenen Zeiten das sprachliche Gleichgewicht stören und damit eine Welle sprachlicher Reorganisation auslösen, innerhalb derer rein sprachinterne Faktoren die Aufeinanderfolge der Veränderungen über "Jahre, Jahrhunderte und Jahrtausende" regeln (1964:522). So hatte der Einfluß des normannischen Französisch auf das Englische im 12. und 13. Jahrhundert tiefgreifende Folgen, die noch heute durch eine lange Reihe miteinander verknüpfter Neuanpassungen spürbar sind. Im Rahmen ihrer eigenen Perspektive teilen Chomsky und Halle (1968) diesen Standpunkt. Sie argumentieren, daß die zugrundeliegenden Formen des Englischen seit dem Mittelenglischen sehr wenig Veränderungen durchgemacht hätten, und daß der letzte schwerwiegende Wandel im System wahrscheinlich die Ersetzung der germanischen Betonungsregel durch die romanische als Ergebnis der Normannischen Invasion sei.

So gibt es Bereiche, in denen man sich allgemein über die Wirkungen gewisser gewaltiger sozialer Veränderungen auf die Sprache einig ist. Niemand würde die Bedeutung von Eroberungen, Invasionen und massenhafter Einwanderung, mit der Auslöschung, Überlagerung oder Verschmelzung ganzer Sprachen in der Folge, leugnen wollen. Wir können nach Lehmann (1963) drei Untertypen unterscheiden: (1) eine Invasion, bei der die Sprache des unterworfenen Volkes so gut wie verschwindet, wie im Fall des Keltischen auf den Britischen Inseln; (2) eine Eroberung, bei der die Eroberer schließlich die Sprache der Unterworfenen annehmen, mit daraus folgenden umfangreichen Veränderungen in einem sozial geschichteten Wortschatz, wie im Fall der normannischen Vorherrschaft; (3) eine Invasion, die zu einer innigen Vermischung von zwei Bevölkerungsgruppen, mit wesentlichen Übernahmen des Vokabulars und sogar von Funktionswörtern führt, wie im Fall der skandinavischen Invasionen Englands. Es wäre interessant, sofern möglich, auch noch die Bedingungen für jedes dieser Ergebnisse anzugeben, doch das Problem scheint historischer und politischer Natur und damit dem größeren Blickfeld einer interdisziplinären "Soziolinguistik" angemessen.[2]

---

2 Jede Erörterung der Geschichte des Studiums von Sprachwandel in seiner sozialen Einbettung muß das eine Feld berücksichtigen, wo es nie irgendwelche Zweifel über die Bedeutung des sozialen Kontexts gegeben hat: beim Studium der Pidgin- und der kreolischen Sprachen. Seit der Zeit Schuchardts (1909) haben es die Kreolisten für notwen-

Die Streitfrage ist deshalb nicht die Bedeutung sozialer Faktoren, sondern eher, ob sie eng mit den am meisten systematischen Prozessen des phonologischen und grammatischen Wandels zu tun haben. Nehmen solche Veränderungen auf die soziale und stilistische Schichtung der Sprache und auf die expressive Information, die durch soziale und stilistische Variation vermittelt wird, Rücksicht? Müssen wir diese Faktoren in Betracht ziehen, um die beobachteten Regelmäßigkeiten des Sprachwandels zu verstehen? In diesen Fragen divergieren die Gruppen A und B kraß, indem die eine mit "ja", die andere mit "nein" antwortet. Ohne individuellen Meinungen zu viel Gewalt anzutun, können wir in Gruppe A solche Linguisten zusammenfassen, wie Whitney, Schuchardt, Meillet, Vendryes, Jespersen und Sturtevant. In Gruppe B würden dann Paul, Sweet, Trubetzkoy, Bloomfield, Hockett, Martinet, Kurylowicz, Chomsky und Halle finden.

Aber bis jetzt haben wir in dieser Dichotomie Meillets Lehrer und Kollegen Saussure noch nicht untergebracht. Auf den ersten Blick scheint Saussures Definition von *langue* ihn eindeutig in Gruppe A zu plazieren:

> "der soziale Teil der menschlichen Rede ... unabhängig vom Einzelnen ... besteht nur kraft einer Art Kontrakt zwischen den Gliedern der Sprachgemeinschaft" (1962: 17).

Da Saussure als der einflußreichste Linguist des Jahrhunderts gilt und Meillet als einer der herausragendsten auf dem Gebiet der historischen Linguistik, und da Jespersen gegenwärtig mit dem größten Interesse gelesen und zitiert wird, ist es durchaus nicht klar, warum Gruppe A nicht das dominierende Element in der Linguistik des 20. Jahrhunderts sein sollte. 1905 sagte Meillet voraus, dieses

----

dig erachtet, soviel als möglich über die gesellschaftlichen Bedingungen in Erfahrung zu bringen, unter denen diese Sprachen geformt und umgeformt wurden (siehe insbesondere Sidney Mintz, "The socio-historical background to pidginization and creolization" (Der gesellschaftlich-historische Hintergrund von Pidginisierung und Kreolisierung) in Hymes 1971 und den Hymes-Band ganz allgemein). Viele der systematischen Prozesse beim Sprachwandel, die wir in der "normalen" sprachlichen Evolution gerne aufspüren würden, können in beschleunigter Form in den kreolischen Sprachen beobachtet werden. Zu den detailliertesten Untersuchungen des systematischen morphologischen Wandels gehören die von Bickerton (1971a, b). Er demonstriert, daß Sprecher des auf dem Englischen basierenden Creoles von Guyana sich durch ein sehr breites Spektrum von Pronomen-Paradigmen, Kopularegeln und Stellungsregeln für Satzergänzungen (complementizer placement rules) in einer regelhaften Implikationsreihe bewegen, die den historischen Prozeß der Entkreolisierung widerzuspiegeln scheint, der die Gemeinschaft als Ganzes betrifft. Bickerton argumentiert wie Bailey (1971), daß solche regelmäßigen Verteilungen über Stil- und soziale Schichtschranken hinweg direkte Widerspiegelungen fortschreitenden Wandels seien. Die Saussuresche Zweiteilung in synchronisch und diachronisch wäre dann in sich zusammengebrochen, und die neue Version des Wellenmodells des Sprachwandels würde symmetrische Verteilungen durch Zeit, Raum und Gesellschaft zeigen (1971:182). Bailey und Bickerton argumentieren weiter, daß die kreolischen Beispiele keine Sonderfälle seien – d.h., daß die Geschichte der meisten Sprachen parallele Prozesse aufweise. Dieses jüngste Wiederaufleben von Kräften der Gruppe A fällt mit der Auffassung von Wang und seinen Mitarbeitern zusammen, Grammatiken müßten als in Zeit und Raum ausgedehnt betrachtet werden (Wang 1969; Chen und Hsieh 1971). Der Ruf nach einer endgültigen Abkehr von der Saussureschen Unterscheidung zwischen synchronisch und diachronisch stellt einen scharfen Gegensatz dar zur Methode der Gruppe B, linguistische Daten und Aktivitäten in unterschiedliche und abgegrenzte Bereiche aufzuteilen.

Jahrhundert würde sich mit Nachdruck der Aufgabe widmen, die Ursachen des Sprachwandels innerhalb der sozialen Matrix, in die die Sprache eingebettet ist, zu isolieren. Aber das geschah nicht. In Wirklichkeit gab es in den 50 Jahren, die auf Meillets Äußerung folgten, so gut wie keine empirischen Untersuchungen zum Sprachwandel in seinem sozialen Kontext. Es ist eindeutig die Gruppe B, die Theorie und Praxis der heutigen Linguistik beherrscht; die meisten Linguisten stimmen wohl mit Chomsky überein, der zum Gegenstand linguistischer Beschreibung den "idealen Sprecher-Hörer in einer vollkommen homogenen Sprachgemeinschaft", etc., nimmt (1965:13).

Gäbe es nicht gute Beweise für das Gegenteil, so würden die großen Leistungen und die hohe Autorität der unter Gruppe B angeführten Linguisten für die Richtigkeit ihrer die Gesellschaft außer acht lassenden Sehweise sprechen. Wir können vier allgemeine Bedingungen unterscheiden, die die Vorherrschaft der Auffassung der Gruppe B in den zurückliegenden Jahrzehnten begünstigen, und die eher mit dem geistigen Klima in der Linguistik, als mit den wesentlichen Problemen zu tun haben, um die es geht.

1. Der Grundstein des Erfolgs der Gruppe B hängt mit dem, wie wir es nennen können, Saussureschen Paradox zusammen. Saussure behauptet, *langue* sei eine gesellschaftliche Tatsache, ein Wissen, das praktisch jedes Mitglied der Sprachgemeinschaft besitzt. Daraus folgt, daß man etwas über die *langue* erfahren kann, indem man einen oder zwei beliebige Sprecher der Sprache − ja sogar sich selbst − befragt. Andererseits enthüllt die *parole* individuelle Unterschiede zwischen Sprechern, die nur vor Ort, durch eine Art soziologischer Untersuchung, erforscht werden können. So kann also der gesellschaftliche Aspekt der Sprache in der Abgeschlossenheit des eigenen Arbeitszimmers studiert werden, während der individuelle Aspekt gesellschaftsbezogene Forschung im Zentrum der Sprachgemeinschaft erfordern würde.

Das Saussuresche Paradox erklärt, wie Bloomfield das Englische, "wie es in Chicago gesprochen wird", aus der Kenntnis seiner eigenen Sprache heraus analysieren konnte (1933:90−92). Die Popularität der Saussureschen Zweiteilung in *langue* und *parole* wurde weiter gefestigt, als sie zu Chomskys Unterscheidung zwischen Kompetenz und Performanz umgeformt wurde. Beide Verfahrensweisen illustrieren, wie Linguisten ihre Methoden so abwandeln können, daß sie ihrem persönlichen Arbeitsstil entsprechen, ohne das Prinzip zu verletzen; es steht außer Zweifel, daß Selbstbeobachtung (introspection) eine Methode ist, die vielen Linguisten genau entspricht.

2. In ihren Beziehungen zu anderen Disziplinen haben die Linguisten traditionsgemäß mehr zur Psychologie als zur Soziologie hin tendiert. Den Pfad zwischen Sprache und Denken hat man zur Genüge betreten; Sprachpsychologen von Wundt und Paul bis zu Bühler und Jean Piaget haben in der linguistischen Literatur immer herausragende Stellungen eingenommen. Andererseits scheint Emile Durkheims Einfluß auf Meillet eine Art historischer Zufall gewesen zu sein, der sich nicht wiederholt hat.

So konnte für Linguisten nichts natürlicher sein, als Sprachwandel durch die Eltern-Kind-Beziehung zu erklären. Um Spracherwerb zu erklären, muß man nur die Mutter als Sprecher und das Kind als Hörer betrachten; um sprachlichen Wandel zu verstehen, betrachtet man das Kind zuerst als Hörer, dann als Sprecher. Viele führen gerne "Gedankenexperimente" durch, in denen sie sich in die Position eines imaginären Kindes versetzen, das sich mit erfundenen Daten einer imaginären Mutter herumschlägt. Dieses Bild ergibt sich natürlicherweise aus der kleinen Menge Daten, die wir zur Kindersprache haben − und die traditionsgemäß von Eltern gewonnen wurden, die ihre eigenen Kinder beobachtet haben. Jüngere psycholinguistische Versuche konfrontieren das Kind mit der Testsituation; ebenso wie der Linguist traditionsgemäß den Informanten zu einer förmlichen Elizitationssitzung bestellt, so bestellt der Sprachpsychologe das Kind ins Labor, damit es sich dort mit Klötzen oder Matrizen abquält, und hofft, irgendeinen Sinn zu finden in Antworten auf sinnlose Fragen. Da niemand dem Kind in seinen Bereich folgt, um seine tagtägliche Interaktion mit anderen Mitgliedern der Gesellschaft zu beobachten, wäre es seltsam, wenn unsere Erklärungen seines sprachlichen Verhaltens solche sozialen Faktoren berücksichtigen würden.

3. In der zweiten Hälfte des 19. Jahrhunderts waren Sprachhistoriker für den Einfluß der Dialektologie recht offen. Als ein hervorstechendes Beispiel kann man die Wirkung von Wintelers Monographie über den schweizerdeutschen Dialekt von Kerenzen auf Osthoff und Brugmann anführen (Weinreich, Labov und Herzog 1968:115). Aber im 20. Jahrhundert scheint die Dialektologie als Disziplin jede Orientierung nach der theoretischen Linguistik hin verloren zu haben, und Dialektgeographen haben sich im allgemeinen damit zufrieden gegeben, ihre Materialien zu sammeln und zu veröffentlichen. Das Kapitel, in dem Bloomfield diesen Gegenstand behandelt, ist seltsam losgelöst von seinen anderen Kapiteln (Malkiel 1967); wie andere bemerkt haben (Sommerfelt 1930) ließen sich die bestfundierten und aufsehenerregendsten Ergebnisse der Dialektologie, wie die von Gauchat (1905), nicht in den Rahmen des junggrammatischen Denkens einfügen. Erst in den fünfziger Jahren zeigten die Arbeiten von Martinet (1955), Moulton (1962) und Weinreich (1954) die theoretische Kraft der Areallinguistik wieder auf.

4. Das Verschwinden der gesellschaftsinteressierten Gruppe von Linguisten aus dem Blickfeld ist in erster Linie bedingt durch die Grenzen ihrer eigenen Arbeiten und Schriften zum sozialen Kontext der Sprache. Sie stützten sich fast gänzlich auf eine intuitive Erklärung einiger weniger anekdotischer Begebenheiten, die ihrem eigenen allgemeinen Erfahrungsschatz entstammten. Wenn wir die Bemerkungen Whitneys, Meillets, Jespersens oder Sturtevants lesen, können wir nicht behaupten, irgendeiner dieser Autoren hätte mehr über den Einfluß der Gesellschaft auf die Sprache *gewußt* als jemand sonst; sie waren einfach bereit, über ihn mehr zu sprechen. Typisch für Whitneys Argumente zur gesellschaftlichen Natur der Sprache ist eines, das er anführt, um zu beweisen, daß "äußere Umstände" der wichtigste Faktor im Sprachwandel seien:

> "Während eine Schweizer Familie Robinson ihre Sprache intakt erhält und sie mit Namen für die neuen und fremdartigen Örtlichkeiten und Erzeugnisse bereichert, mit denen ihre ungewöhnlichen Umstände sie in Berührung bringen, verliert ein Robinson Crusoe die seine fast, da ihm ein Gefährte fehlt, mit dem er sich ihrer bedienen könnte." (1901:405)

Wir begegnen bei diesen Autoren Hunderten von "Gedankenexperimenten", die an die Stelle tatsächlicher Daten treten. Wiederum ist es Whitney, der sagt:

> "Ließe man zwei Kinder miteinander aufwachsen, völlig ohne sie Sprechen zu lehren, so würden sie unausweichlich, Schritt um Schritt, Ausdrucksmittel zum Zwecke der Kommunikation erfinden; wie rudimentär diese wären, wie langsam sie zunähmen, das können wir nicht sagen . . . " (404)

Das "Isolations"-Gedankenexperiment taucht immer wieder auf:

> "Stellen Sie sich eine ungebildete englische Familie vor, die es auf eine Korallen-
> insel im Pazifik verschlagen hat und die dort über eine Reihe von Generationen
> isoliert bleibt. Wieviel von unserer Sprache würde für sie auf einmal unnütz wer-
> den!" (138)

Wir stellen zu unserer Bestürzung fest, daß Whitney in einer Welt von "Fakten"
lebt, die für ihn offensichtlich sind, aber nicht für uns, Fakten von der Art der
auf dem gesunden Menschenverstand beruhenden "Erfahrung", die in Frage
zu stellen man noch nie unternommen hat:

> "Die Tatsache der Variation in der Geschwindigkeit sprachlichen Wachstums ist
> sehr offensichtlich." (137)

Der Stil der Argumentation, den das 20. Jahrhundert zur Behandlung gesellschaftlicher Dinge geerbt hat, ist bemerkenswert ähnlich. Wir finden meistens
eine Reihe von Anekdoten, die darauf angelegt sind, Vorstellungen zu beweisen, die schon als wahr akzeptiert sind. So berichtet Vendryes, wenn er die
Saussuresche Auffassung von der Gleichförmigkeit der *langue* erörtert:

> "Wir wissen, welches Mißgeschick Theophrastus von Lesbos auf dem Markt in Athen
> widerfuhr. Als er nach dem Preis einer Ware fragte, erkannte ihn eine Frau aus dem
> Volke aufgrund seiner Sprache als Fremden." (1951:240)

Mit schlimmer Regelmäßigkeit bringen wir die bekannten, von den Schiffbrüchi-
gen der Gedankenexperimente bevölkerten einsamen Inseln vor:

> "Wenn ein einzelner Franzose auf einer einsamen Insel einen Perser trifft, wird
> jeder von ihnen über das hinwegsehen, was sie voneinander unterscheidet, und sie
> werden natürlicherweise versuchen, gemeinsame Sache zu machen." (239)

Wir brauchen nur das Wort "sozial" im Index irgendeines der oben genannten
Autoren — in Gruppe A oder Gruppe B — aufzuschlagen, um weiteren Gedankenexperimenten und weiteren Anekdoten zu begegnen. So erklärt Bloomfield
die Mannigfaltigkeit der Sprache durch imaginäre Unterschiede in der Kommuni-
kationsdichte, die er in einem komplizierten Gedankenexperiment entdeckt
hat, das jede Äußerung eines jeden Sprechers in einer Sprachgemeinschaft auf-
listet (1933:46). Da das Experiment undurchführbar ist, gibt Bloomfield zu, daß
er "gezwungen ist, zur Hypothese Zuflucht zu nehmen". Die Hypothese wird
dann mit einer weiteren Hypothese über sprachlichen Wandel angereichert — der
nämlich, daß das relative Prestige von Sprecher und Hörer über Entlehnung und
Formenfluktuation bestimmen. Die zwei Hypothesen — beide ohne Belege angeführt — werden dann in einem weiteren Gedankenexperiment, das angeblich
eine endgültige Begründung für die Richtung und Geschwindigkeit des Sprachwandels liefert, kombiniert:

> "Hätten wir ein Diagramm, auf dem die Pfeile solchermaßen mit Werten versehen
> sind (durch Abstufungen, die das Prestige des Sprechers in bezug auf jeden Hörer
> widergeben), so könnten wir zweifellos die künftigen Häufigkeiten sprachlicher
> Formen weitgehend vorhersagen." (1933:403)

Es fällt schwer zu glauben, daß Bloomfield mit seinem feinen Gespür dafür, ob
etwas beweiskräftig ist oder nicht, solchen Argumenten viel Gewicht zugebilligt
hat — selbst, wenn es seine eigenen sind. Der traditionellen Art und Weise des

Umgangs mit sozialen Fakten folgend, behauptete er auch, dieses Feld läge außerhalb des Kompetenzbereichs des Linguisten.

Obgleich einige unserer präzisesten Linguisten Gedankenexperimenten und Anekdoten noch immer zugeneigt sind, tendieren sie dahin, diese auf Gebiete außerhalb ihrer normalen linguistischen Tätigkeit zu beschränken. Sie bemerken solchen Mangel an Substanz natürlich, sobald er bei anderen auftritt. Um die stark auf die Haltung der Gruppe B fixierte Position von Martinet, Kurylowicz und Chomsky zu verstehen, müssen wir wissen, wogegen sie reagiert haben. Argumente bezüglich Rasse und Klima in der älteren Literatur erscheinen uns heute zu absurd, um sie ernst zu nehmen, aber dies waren die Arten von "externen" Argumenten, gegen die Martinet und Kurylowicz angingen.[3]

2. Drei wesentliche Fragen zum Sprachwandel

Historische und strategische Überlegungen beeinflußten die Entscheidung der Linguisten, sich nicht in ein Studium der gesellschaftlichen Einbettung des Wandels hineinziehen zu lassen. Aber für ihren Standpunkt in den wesentlichen Fragen, um die es hier geht, gibt es auch eine solide Grundlage. Wenn wir uns, entgegen der vorherrschenden Position in der gegenwärtigen linguistischen Praxis, dazu entschließen, die soziale Einbettung sprachlicher Evolution zu untersuchen, müssen wir mindestens drei schwerwiegende Fragen stellen, die am Ende gelöst sein müssen.

a. Die Stellung sozialer Variation

Spielt die soziale und stilistische Variation der Sprache eine wichtige Rolle beim Sprachwandel? Mit "sozial" meine ich jene Züge der Sprache, die verschiedene Untergruppen in einer heterogenen Gesellschaft kennzeichnen; und mit "stilistisch" die Veränderungen, mithilfe derer ein Sprecher seine Sprache dem unmittelbaren Kontext des Sprechakts anpaßt. Beide gehören zum "expressiven" Verhalten — das ist die Art, in der der Sprecher, zusätzlich dazu, daß er darstellende Information über die Welt gibt, dem Hörer etwas über sich selbst und sein Denken mitteilt. Soziale und stilistische Variation setzen die Möglichkeit voraus, "die gleiche Sache" auf mehrere verschiedene Arten zu sagen: das heißt, die Varianten sind identisch in bezug auf den Referenz- oder Wahrheitswert, aber unterschieden in ihrer sozialen und/oder stilistischen Bedeutung.

Martinet nimmt zur Frage der sozialen Variation eine stark ablehnende Haltung ein. Unter der Überschrift "Communication alone shapes language" ("Kommunikation allein prägt Sprache") argumentiert er:

----

3 Sogar Sweet hatte ein Lieblingsargument bezüglich der Wirkung des Klimas auf die Sprache, zu dem er immer wiederkehrt. Er ordnet die germanische Hebung von indoeuropäisch lang ā zu ō der Tatsache zu, daß Sprecher im nördlichen Klima versuchten, die kalte, feuchte Luft von ihrem Mund fernzuhalten, indem sie ihre Lippen und Kiefer nicht so weit öffneten, wie Sprecher im Mittelmeerraum (1900).

"Es sind deshalb die kommunikativen Gebrauchsweisen der Sprache, denen unsere Aufmerksamkeit gelten muß, wenn wir die Ursache sprachlicher Veränderungen entdecken wollen. Was wir herausfinden werden und formulieren können, wird nicht notwendigerweise auf solche sprachliche Äußerungen zutreffen, die nicht dem Zweck der Kommunikation dienen. Doch wir werden in der Lage sein, diese zu vernachlässigen, da sie ja nach dem Modell kommunikativer Äußerungen gebildet sind und so nichts bieten, was nicht auch in jenen zu finden ist." (1964b:170)

Natürlich könnte der Begriff "Kommunikation" alle Arten expressiver Kommunikation beinhalten, aber es wird klar, wenn man den breiteren Kontext liest, daß er alle Information über den Sprecher, die in der sprachlichen Form enthalten ist, wie auch "phatischen" Ausdruck ausschließen soll. Die nicht-darstellende Information, die wir unter dieser Fragestellung betrachten, wird normalerweise gleichzeitig mit anderen Botschaften mitgeteilt, so daß es sich darum handelt, einen Aspekt zu vernachlässigen und andere zuzulassen.

"Um unsere Analyse zu vereinfachen, gehen wir davon aus, daß die sich im Prozeß der Evolution befindliche Sprache die einer streng einsprachigen Gemeinschaft und völlig homogen ist, in dem Sinn, daß beobachtbare Unterschiede aufeinanderfolgende Stufen desselben Gebrauchs darstellen und nicht gleichzeitige unterschiedliche Gebrauchsweisen . . . wir müssen über die (sozialen und geographischen) Variationen hinwegsehen, so wie wir es oben im Fall der deskriptiven Linguistik getan haben." (1964b:164)

Martinets Position erlaubt es uns, den Satz "spielen eine wichtige Rolle" näher zu bestimmen. Wenn die Antwort auf die ursprüngliche oben gestellte Frage *a* positiv ist, dann stimmt mit der Strategie von Chomsky und Martinet etwas nicht, und sie liefert inhaltsleere oder irrige Aussagen zum Sprachwandel und seinen Ursachen. Im Hauptteil dieser Abhandlung werde ich Beweise vorlegen, um zu zeigen, daß dies der Fall ist.

b. Die Abstraktionsebene

Können Phonologie- und Grammatikregeln von hohem Abstraktheitsgrad durch soziale Faktoren beeinflußt werden? Einer der Faktoren, die zum Niedergang des Ansatzes der Gruppe A geführt haben, ist der, daß die Linguisten ihre Aufmerksamkeit stetig von Wortschatz, Phonetik und Flexionsmorphologie weg verlagert haben, hin zu Regeln der abstrakten Phonologie und Syntax, die auf einer "höheren Ebene" wirksam sind — das heißt, sie befinden sich weiter oben in der geordneten Folge, sie würden bei einer Veränderung die Leistung vieler anderer Regeln mit berühren und enthalten mehr abstrakte Information. Wir sind uns in zunehmendem Maße bewußt, daß die meisten Regeln der Grammatik alles andere als bewußt wahrgenommen werden. Mit der Feststellung, daß gesellschaftliche Faktoren die systematische Entwicklung einer Sprache wesentlich beeinflussen, erhebt sich deshalb ein größeres Wahrnehmungsproblem, da Sprecher sich der meisten der tieferen Beziehungen nicht einmal vage bewußt sind. Wie gelangen solche gesellschaftlichen Faktoren dahin, den Prozeß des Erlernens von Sprache zu beeinflussen?

Mitglieder der Gruppe A neigten dazu, sich stark auf die Rolle des Worts, das soziale Einflüsse aufnimmt und wiedergibt, zu konzentrieren. Die Feststellung von Dialektgeographen, daß jedes Wort seine eigene Geschichte hätte

(Meillet 1921:29, Malkiel 1967), harmoniert mit dieser Ausrichtung. Gleichzeitig wurde erkannt, daß grammatische Partikel wenig häufig entlehnt werden
und beständiger gegenüber äußerer Einwirkung auf die Sprache sind. Dies scheint
sogar noch zutreffender für jene Regeln, die die Oberflächenstruktur mit den
zugrundeliegenden Formen in Bezug setzen. Sogar wenn soziale Faktoren Aussprache und Vokabular einer Sprache tiefgreifend verändern sollten, und möglicherweise die Oberflächenformative ebenso, so könnten wir immer noch argumentieren, Sprachwandel in Regeln auf höherer Ebene sei nur eine interne
Umorganisation und stände nicht einmal entfernt mit dem unmittelbaren sozialen Kontext in Beziehung. Wir werden diese Frage in bezug auf einige komplexe
phonologische Regeln prüfen; die Antwort liegt keineswegs auf der Hand, aber
sie ist, wie man sehen kann, im Bereich des Zweifels angesiedelt.

c. Die Funktion der Vielfalt

Erfüllt die sprachliche Diversifikation irgendeine Anpassungsfunktion? Durch
das 19. Jahrhundert hindurch wurden viele Analogien hergestellt zwischen
sprachlicher und biologischer Evolution, nicht zuletzt von Darwin selbst, der
beide als "eigentümlich parallel" ansah. Er beobachtete in der Sprache und in
biologischen Arten Entsprechungen der Form aufgrund der Gemeinschaft der
Abstammung, und er verglich das Allgemeinwerden phonetischen Wandels mit
entsprechendem Wachstum in Pflanzen und Tieren. Sprachen und Arten zeigen
beide die Reduplikation von Teilen, die Auswirkungen langwährenden Gebrauchs, verkümmerte Elemente, hierarchische Anordnung, typologische vs.
genetische Taxonomien, Vorherrschaft und Aussterben, Zwitterbildungen
und Veränderlichkeit (1871:465). Aber Darwin fand es nötig, die Analogie
zu vervollständigen und für das Überleben des Tauglichsten in der Sprache zu
argumentieren, wobei er als seine Autorität Max Müller zitierte:

> "In jeder Sprache ist ständig unter den Wörtern und grammatischen Formen ein
> Kampf ums Überleben imgange. Die besseren, die kürzeren, die einfacheren Formen
> gewinnen fortwährend die Oberhand, und sie verdanken ihren Erfolg ihrem eigenen
> ihnen innewohnenden Wert."

Kein Linguist würde sich heute dieser Ansicht anschließen, die unserer Vorstellung von der Arbitrarität des sprachlichen Zeichens genau entgegenläuft.
Sprachen scheinen nicht immer besser zu werden, und wir sehen keinen An-
haltspunkt für Fortschritt in der sprachlichen Evolution (Greenberg 1959).
Mit Ausnahme der Entwicklung des Wortschatzes können wir nicht von anpas-
sungsfähiger Ausstrahlung (adaptive radiation) auf irgendeinem Gebiet der
Sprache reden. Die Vielfalt der Sprachen ist nicht unmittelbar und offensichtlich funktional, wie es die Vielfalt der Arten sein mag. Wir haben keinen unmittelbaren Nutzen davon, wenn wir die Russen oder die Sprecher des Gälischen
nicht verstehen können, und die Zeit, die wir darauf verwenden, ihre Sprachen
zu lernen, scheint kein Beitrag zum Überleben unserer eigenen zu sein. Wir
müssen ernsthaft die Möglichkeit in Betracht ziehen, daß die Vielfalt der Sprache
dysfunktional ist, und daß wir schlechter dran sind, als wenn wir alle eine untereinander verständliche Art von Post-Indoeuropäisch sprächen.

Was systematischen phonetischen Wandel anbelangt, so empfanden die meisten Linguisten, sowohl von Gruppe A wie von Gruppe B, den Prozeß der Diversifikation als völlig negativ. Es waren einzig die Auswirkungen von Analogie oder sogar bewußtem sozialem Eingreifen, die das Gleichgewicht wiederherstellten.[4] Die Auffassung, daß Lautwandel zerstört und Analogie wiederaufbaut, ist so verbreitet, daß sie von den meisten Linguisten fast als sicher angenommen wird. Tatsächlich sieht Martinet (1955) in der Symmetrie, die durch die Tendenz, Lücken zu füllen, hervorgerufen wird, einigen Wert, und andere Linguisten finden in der Vereinfachung und Verallgemeinerung von Regeln Positives. Für den Bereich der Grammatik gilt es immer noch zu zeigen, daß Analogie systematisch sein kann, oder daß systematischer grammatischer Wandel vorkommt (Kurylowicz 1964).

Im großen und ganzen scheinen Linguisten noch immer mit dem Prinzip konfrontiert zu sein, nach dem die Diversifikation der Sprache verursacht wird durch die systematischen und destruktiven Auswirkungen von Lautwandel (für den normalerweise das Gesetz des geringsten Kraftaufwands verantwortlich gemacht wird) und durch den Zusammenbruch der Kommunikation zwischen isolierten Gruppen. Dieses Ergebnis zerstört nicht nur den Parallelismus zwischen sprachlicher und biologischer Evolution, sondern es ist auch seltsam konservativ: es entwirft die Auffassung, daß die von keinem Wandel betroffene, homogene Sprachgemeinschaft von Chomsky und Martinet das Ideal sei, nach dem wir streben sollten, und daß jeder Grad an Heterogenität unsere kommunikativen Kräfte vermindert. Weil dies ein unattraktives und allem Anschein nach unrealistisches Resultat ist, neige ich dazu, es zurückzuweisen; einige der verfügbaren Belege für diese Ansicht werden im Schlußteil vorgebracht werden.

3. Die Untersuchung des fortschreitenden Lautwandels: das Prinzip der Gleichförmigkeit (Uniformitarian Principle)

Wenn wir uns daran machen, die drei oben ausgeführten Fragen zum Lautwandel zu lösen, stehen wir sofort einer ernsten Schwierigkeit gegenüber: wir haben zu wenig Information über den Gesellschaftszustand, in dem die meisten sprachlichen Veränderungen stattfanden. Die Zufälle, die historische Aufzeichnungen beherrschen, liefern wohl kaum die systematischen Erklärungen, die wir brauchen. Einige Sprachhistoriker sind anhand der zur Verfügung stehenden Texte zu bemerkenswerten und aufschlußreichen Ergebnissen gelangt; H.C. Wyld wird als das brillanteste Beispiel zitiert werden. Aber solche Bemühungen sind nie von mehr als bescheidener Überzeugungskraft gewesen, und man hat immer die Möglichkeit, aufgrund anderer bruchstückhafter Belege zu widersprechen. Die einzigen haltbaren Lösungen zu den gerade aufgeworfenen Problemen des Sprachwandels findet man durch die Untersuchung fortschreitenden Wandels.

Linguisten der Gruppe B haben oft, zur Verteidigung von junggrammatischen Prinzipien und auf der Grundlage ihrer Gedankenexperimente, behauptet, der

----

4   So verstanden, wurde Darwins Argument umgekehrt. Er dachte, daß die phonetischen Prozesse, die Wörter verkürzten, sie notwendigerweise auch verbesserten, so daß das tauglichste oder kürzeste überlebte.

Sprachwandel sei zu langsam, zu subtil oder zu wenig faßbar, als daß er, so wie er um uns herum abläuft, untersucht werden könnte. In den Arbeiten, die unten zitiert werden, gibt es überwältigende Beweise für das Gegenteil, daß nämlich die Untersuchung von ablaufendem Wandel durchaus möglich ist. Die Beweise werden uns Rückenstärkung und Hilfe bei der Interpretation der Resultate historischer Untersuchungen sein. Wenn wir sie so verwenden wollen, müssen wir notwendigerweise nach einem *Prinzip der Gleichförmigkeit (uniformitarian principle)*[5] verfahren. Wir gehen davon aus, daß die Kräfte, die heute das Zustandekommen des Sprachwandels bewirken, von der gleichen Art und Größenordnung sind wie jene, die in den vergangenen fünf- oder zehntausend Jahren wirksam waren.

Es tauchen natürlich mit der Ausbreitung der Fähigkeit des Lesens und Schreibens, mit der Annäherung weitverbreiteter Sprachen und der Entwicklung wissenschaftlichen Vokabulars neue Faktoren auf. Doch stellen sie nur kleinere Eingriffe in die Struktur der Sprache dar. Wenn es relativ gleichbleibende, alltäglich auftretende Effekte der gesellschaftlichen Interaktion auf Grammatik und Phonologie gibt, behauptet das Prinzip der Gleichförmigkeit, daß diese Einflüsse heute auf die gleiche Weise wie in der Vergangenheit weiterwirken. Sollte dieses Prinzip irgendwie unzutreffend sein, können unsere Deutungen der Vergangenheit durch die Gegenwart weit daneben liegen; aber es gibt heute Anzeichen dafür, daß das Prinzip in der Linguistik so erfolgreich sein wird, wie es in der Geologie ist. Um Gauchat, den brillantesten der frühen Forscher auf diesem Gebiet zu zitieren:

> " . . . die gesprochenen Dialekte sind die lebenden Vertreter von Phasen, die die literarischen Sprachen im Laufe der Zeit durchlaufen haben. Die Mundarten (patois) . . . könnten uns als Führer zu einem besseren Verständnis der Geschichte der akademischen Sprachen dienen." (1905:176)

Es kann sofort eingewandt werden, daß wir den Wandel, "wie er sich vollzieht", nicht buchstäblich beobachten. In den meisten der Studien, die hier referiert werden, beobachtete der Untersuchende die Distribution in *relativer Zeit*, daß heißt das unterschiedliche Verhalten von Sprechern verschiedener Altersstufen. Wir unterscheiden diese Vorgehensweise von regelmäßigem und wiederholtem Abstufen nach Alter, bei dem mindestens eine Datenreihe zu einem kontrastierenden Zeitpunkt in der wirklichen Zeit erstellt wird. Im Fall von Martha's Vineyard hatten wir die Aufzeichnungen von vor dreißig Jahren im Sprachatlas. Gauchats Untersuchung von Charmey (1905) wurde 24 Jahre später durch die ergänzenden Beobachtungen von Hermann (1929) auf die wirkliche Zeit bezogen. Aber auch wenn wir alle paar Jahre Untersuchungen derselben Gegend wiederholen würden, könnte immer noch behauptet werden, wir untersuchten nur einzelne Stufen und nicht den fortschreitenden Wandel.

---

5 Ein aus der Geologie entlehnter Begriff; die Vorstellung, die um die Wende des 18. Jahrhunderts von James Hutton in die geologische Theorie eingeführt worden war. Hutton zeigte, daß die Gebirge, Vulkane, Küsten und Schluchten, die wir heute haben, eher das Resultat beobachtbarer Prozesse sind, die noch um uns herum ablaufen, als gewaltsamer Erschütterungen irgendwann an einem weit zurückliegenden Zeitpunkt der Vergangenheit ("Katastrophismus"). Die Doktrin der Gleichförmigkeit ist eines der akzeptierten Prinzipien der gegenwärtigen Geomorphologie — vielleicht ihr fundamentaler Lehrsatz.

Solch ein Argument basiert auf der Sicht sprachlichen Verhaltens als System einheitlicher, homogener Regeln, das sich einheitlich verändern kann, etwa so, wie ein gelber Lichtstrahl allmählich zu orange verändert werden kann; die Annahme ist dabei die, wir könnten theoretisch den Wandel auf die gleiche Weise beobachten, wie wir den Sonnenuntergang verschiedene Farben annehmen sehen. Aber diese Ansicht basiert auf einem fehlerhaften Modell der homogenen Sprachgemeinschaft. Wie Gauchat zeigte, "ist die phonetische Einheit von Charmey . . . gleich null." Stattdessen finden wir unterschiedliches Verhalten, in dem ein allmählicher Wandel in der Häufigkeit vor sich geht, mit der gewisse Regeln in verschiedenen Umgebungen angewandt werden.

Die interne Evolution linguistischer Regeln bringt Veränderungen in der Anordnung und Wichtigkeit gewisser "variabler Beschränkungen" mit sich – was ein zu abstraktes Objekt ist, als daß es im üblichen Sinn unmittelbar beobachtet werden könnte. Wir können von diesem Prozeß zu einzelnen Zeitpunkten Momentaufnahmen machen, aber wir können nicht beobachten, wie die Regeln sich von einem Augenblick zum anderen wandeln. Betrachten wir die Regel, die das tiefe hintere /ɑ:/ in Charmey diphthongiert hat.

$$
\emptyset \;\rightarrow\; < \begin{bmatrix} -\text{kons} \\ -\text{vok} \\ +\text{hinten} \end{bmatrix} > \Big/ \begin{bmatrix} +\text{gespannt} \\ +\text{tief} \end{bmatrix} <+\text{betont}> \; < \begin{matrix} [+\text{kons}] \\ <-\text{zentral}> \\ \{ {}^{+\text{ant}}_{-\text{kor}} \} \end{matrix} >
$$

Dies ist eine variable Regel, die besagt, daß ein hinterer Gleitlaut nach einem tiefen geschlossenen Vokal variabel erscheint, und daß die Regel häufiger auf betonte Wörter (in Endstellung) Anwendung findet, noch häufiger, wenn der Endkonsonant kein /r/ (d.h. zentral) ist, und – diese Bedingung ist von geringerer Bedeutung – häufiger, wenn der Endkonsonant ein Labial ist. Die von lat. *porta, corpus* abgeleiteten Formen wurden selten von [pwɔrtə, kwɔ] zu [pwaᵒrtə, kwaᵒ] diphthongiert.[6] Als Hermann 1929 Charmey besuchte, fand er die Regel in einem weiter fortgeschrittenen Zustand: sie hatte in allen Umgebungen vollständige Anwendung gefunden, außer vor /r/, wo sie jetzt ziemlich verbreitet war.

$$
\emptyset \;\rightarrow\; < \begin{bmatrix} -\text{kons} \\ -\text{vok} \\ +\text{hinten} \end{bmatrix} > \Big/ \begin{bmatrix} +\text{tief} \\ +\text{gespannt} \end{bmatrix} \underline{\quad} \; < {}^{[+\text{kons}]}_{*-\text{zentral}} >
$$

Die Regel besagt jetzt, daß der Vokal variabel diphthongiert wird, daß die Regel aber überall dort, wo auf den Vokal kein /r/ folgt, ohne Ausnahme Anwendung findet.[7] Es ist klar, daß wir die Veränderung dieser Regel nicht von einer

----

6 Obwohl der Vokal vor *r* von Gauchat als offenes *o* [ɔ] angegeben wird, und obwohl die Hauptdiphthongierungsregel *a* betrifft, können diese beiden Phone als bedingte Varianten analysiert werden, womit wir es dann mit der gleichen Regel zu tun haben. Eine spätere Regel tilgt *r* in Endstellung.

7 Die Kennzeichnung mit einem Stern deutet in einer variablen Regel auf ein Merkmal hin, welches, wenn es vorhanden ist, verursacht, daß die Regel kategorisch, d.h. ausnahmslos Anwendung findet (Labov 1972a:Kap. 3).

Äußerung zur nächsten verfolgen könnten, denn es muß eine gewisse Zeitspanne vergehen, bevor die neue Ordnung der variablen Beschränkungen einem
Beobachter, auch wenn er den Ort des Geschehens nie verließe, sichtbar werden
würde. Die in der Regel gezeigten qualitativen Veränderungen bringen (1) das
Auftauchen des "kategorischen" Symbols '*' für alle Umgebungen außer den
nicht-zentralen mit sich, und (2) als eine Konsequenz davon das Verschwinden der labialen und Betonungsbeschränkungen, die in der allgemeinen Weiterentwicklung jetzt getilgt sind.

Zuguterletzt muß etwas über die Unterscheidung gesagt werden, die oft
zwischen dem "Ursprung" und der "Ausbreitung" (propagation) eines Wandels
getroffen wird (Postal 1964:284, Sturtevant 1947, Sommerfelt 1930). Als
Vertreter derjenigen, die fortschreitenden Wandel untersuchen, finde ich eine
solche Unterscheidung nicht schlüssig. Was ist der Ursprung eines sprachlichen
Wandels? Ganz sicher nicht der Akt irgendeines einzelnen Menschen, der sich
verspricht, oder der sich ganz individuell etwas Unübliches angewöhnt. Wir definieren Sprache, in Übereinstimmung mit anderen Linguisten der Gruppe A, als
ein Instrument, das von den Mitgliedern der Gemeinschaft benutzt wird, um
miteinander zu kommunizieren. So verstanden sind idiosynkratische Gewohnheiten nicht Teil der Sprache, und idiosynkratische Veränderungen genauso-
wenig. Deswegen können wir nur dann sagen, die Sprache habe sich gewandelt,
wenn eine *Gruppe* von Sprechern ein anderes Muster benutzt, um miteinander
zu kommunizieren.

Nehmen wir an, ein bestimmtes Wort oder eine bestimmte Aussprache sei
tatsächlich von einem Einzelnen eingeführt worden. Sie (bzw. es) wird erst
dann ein Teil der Sprache, wenn sie von anderen übernommen wird, d.h. wenn
sie sich ausbreitet. Deshalb *ist* der Ursprung eines Wandels seine "Ausbreitung"
oder seine Übernahme durch andere. Von da an haben wir nur eine Fortführung
des gleichen Musters. Wir schließen die Möglichkeit der gleichzeitigen, voneinander unabhängigen Erneuerung durch eine Anzahl von Sprechern nicht aus;
aber wir finden die Auffassung absurd, eine ganze Sprachgemeinschaft würde
gleichzeitig ohne Bezug untereinander, ohne ein allmähliches Weitergeben des
Musters von Sprecher zu Sprecher einen Wandel vollziehen. Jede empirische
Studie, angefangen mit der Gauchats, zeigt, sogar in den isoliertesten und engst-
möglich gefügten Sprachgemeinschaften, solch eine systematische Differenzierung.

In diesem Kapitel werde ich Daten aus acht dieser empirischen Untersuchungen von Sprachgemeinschaften benutzen:

*1. Louis Gauchats Untersuchung der phonetischen Unterschiede bei drei Gene-
rationen französisch sprechender Schweizer in der Ortschaft Charmey (1905),
mit Hermanns folgendem Bericht (1929).*

Die hauptsächlichen Lautveränderungen, die in ihrem Ablauf beobachtet wurden, sind in Tabelle 5−1 zusammengefaßt. Sie zeigt (a) die Palatalisierung
von ł → y, die in der mittleren Generation variabel voranschreitet und in der
jüngsten abgeschlossen ist; (b) die Monophthongierung von /ao/, die in der
ältesten Generation variabel und in der mittleren vollendet ist; (c) die Diphthongierung von hinterem ɒ → ɑ°, die in der mittleren Generation beginnt und in
der jüngsten außer vor /r/ abgeschlossen ist; (d) die Diphthongierung von ɛ → ɛ¹,

die in der ältesten Generation beginnt, in der mittleren variabel und in der
jüngsten vollendet ist, außer bei solchen Wörtern, wo zugrundeliegendes /r/
auf den Vokal folgt.

Tabelle 5 – 1
Vier fortschreitende Lautveränderungen im Schweizer Französisch
von Charmey, 1899

	I 90–60 J.	II 60–30 J.	III unter 30 J.
(ɬ)	ɬ	ɬ ~y	y
(aw)	aᵒ ~(ɑː)	ɑˑ	ɑˑ
(ey)	ɛ ~(ɛⁱ)	ɛ ~ɛⁱ	ɛⁱ
(ɒ)	ɒ	ɒ ~aᵒ	aᵒ

Quelle: Gauchat (1905)

2. *Ruth Reichsteins Untersuchung der phonemischen Variablen bei Pariser
   Schulkindern (1960) vor dem Hintergrund von Martinets Untersuchung
   im 1. Weltkrieg.*

Reichstein testete etwa 570 Schülerinnen mit neun Minimalpaaren, die sich auf
/a ~ɑ/, /ɛ ~ɛː/, /ɛ̃ ~œ̃/ bezogen, auf phonemischen Kontrast; diese Unterschiede schienen mit großer Schnelligkeit zu verschwinden, und der Vergleich nach
Gegend und Schichtstruktur zeigt, daß einige innere Arbeiterbezirke führend
waren.

3. *Meine eigene Untersuchung zur Zentralisierung von (ay) und (aw) auf Martha's Vineyard, verglichen mit früheren, von Interviewern für den Linguistischen Atlas gemachten phonetischen Aufzeichnungen.*

Diese Untersuchung zeigte (a) fortschreitende Zentralisierung von /ay/ in der
ältesten Generation, sowie (b) eine weniger fortgeschrittene Zentralisierung
von /aw/ in der mittleren Generation, die bei jüngeren Sprechern den ersten
Prozeß überholte: siehe Tab. 5–2. Die Atlasdaten zeigen keine Zentralisierung

Tabelle 5 – 2
Zentralisierung von (ay) und (aw) bei 3 Generationen von Sprechern des Englischen:
Martha's Vineyard, Massachusetts

	Generation	(ay)	(aw)
Ia	(über 75 J.)	25	22
Ib	(61–75 J.)	35	37
IIa	(46–60 J.)	62	44
IIb	(31–45 J.)	81	88
III	(14–30 J.)	37	46

von /aw/ im Jahre 1933. Neuere spektrographische Untersuchungen derselben Sprecher (Labov 1972d) haben das ursprüngliche Bild des Mechanismus bestätigt und wesentliches an Detail hinzugefügt.

4. *Meine eigene, durch unsere gegenwärtigen instrumentellen Untersuchungen (1972d) bestätigte und erweiterte Studie zur Entwicklung der Vokale in New York (1966a). Der Bezug zur wirklichen Zeit wird durch den Vergleich mit vier anderen, bis 1896 zurückreichenden Berichten sichtbar gemacht.*

Die Untersuchungen in New York zeigen (a) ein Zunehmen in der Schichtung von finalem und präkonsonantischem /r/ bei Sprechern unter 40; (b) eine Spannung und Hebung von kurzem a zur Variablen (eh) und eine Hebung von langem offenem o zur Variablen (oh), von tiefer in hohe Position, verbunden mit gleichzeitigem Zusammenfall von mittleren und hohen Gleitvokalen (ingliding vowels); (c) eine Verschiebung nach hinten und Hebung des Kerns von /ay/ und /ah/ in *guy* und *God*, mit der entsprechenden Verschiebung nach vorn des Kerns von /aw/. Fig. 5−1 (auf der folgenden Seite) zeigt aus den spektrographischen Aufnahmen der Vokalsysteme von vier New Yorkern der Arbeiterschicht vier Stufen in der wie in einer Kette aufeinanderfolgenden Verschiebung von /ahr → ohr → uhr/, durch welche die Wortklassen von *lard, lord* und *lured* miteinander in Verbindung treten.

5. *Die von Levine und Crockett vorwiegend mittels Fragebögen und formalen Aussprachetests durchgeführte Untersuchung von Hillsboro, North Carolina (1966); eine Untersuchung der schwarzen Bevölkerung derselben Stadt mit den gleichen Methoden durch Anshen (1969).*

Levine und Crockett haben bislang nur über die Aussprache von finalem und präkonsonantischem /r/ berichtet. Sie fanden eine starke Verschiebung in Richtung auf eine neue Norm der *r*-Aussprache, parallel zu 3a, aber auch Belege für eine ältere Norm *r*-loser Aussprache von hohem Prestige, die ebenfalls weiterexistiert.

6. *Eine jüngere Untersuchung des Englischen von Salt Lake City und seiner Umgebung von Stanley Cook (1969), die eine frühe Stufe in der Entwicklung eines städtischen Dialekts aufzeigt.*

Das hervorstechendste Merkmal im Wandlungsprozeß war die Verschiebung nach vorn von (aw), die unter jungen Collegeangehörigen am stärksten war und sich allmählich von Salt Lake City aus ausbreitete. Cook untersuchte auch die Verschmelzung in ländlichen Gebieten (und das Stereotyp der Umkehrung) von /ɑr/ und /ɔr/ in *far* und *for;* sie erwies sich als weit fortgeschrittener Wandel, der in gewissem Maße offener Korrektur unterlag. Cook konnte die Geschichte der Verschmelzung in einer ländlichen Sprachgemeinschaft, ihre Stigmatisierung und Umkehrung unter jüngeren Sprechern nachverfolgen, sowie eine Tendenz zu hyperkorrekter Hebung von /ɔr/ zu [oᵛɚ] unter jüngeren Sprechern in den Stadtaußenbezirken zeigen. Die Trennung der beiden Wortklassen unter ländlichen Sprechern geht aus Tab. 5−3 (S. 114) hervor.

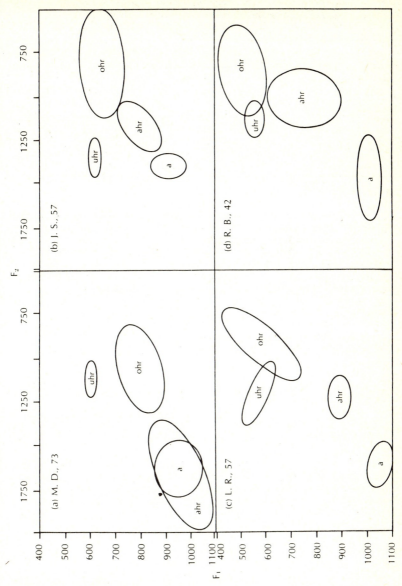

Fig. 5–1   *Vier Stufen in der Kettenverschiebung ahr → ohr → uhr in New York.*

Tabelle 5-3
In zwangloser Sprechweise für (ar) und (or) benutzte Laute:
Minersville, Utah

Sprecher	N		ɑ	ɒ	ɔˇ	ɔˆ	Ω	o
Ältere Informanten	5	(ar)	89	–	11	–	–	–
(60 J. und mehr)		(or)	40	8	–	53	–	–
Kein College besu-								
chende Jugendliche	2	(ar)	100	–	–	–	–	–
(ca. 17 J.)		(or)	14	–	29	54	4	–
Collegestudenten	2	(ar)	100	–	–	–	–	–
(ca. 21 J.)		(or)	–	–	–	100	–	–

Quelle: Cook (1969)

7. *Eine Untersuchung der sozialen Stratifikation des Spanischen in Panama*
   von Henrietta Cedergren (1970), die fünf über vier sozioökonomische Grup-
   pen verteilte sprachliche Variablen zeigt.

Cedergren stellte fest, daß eine dieser Variablen – die Retroflexion und Frikativierung von /č/ – dabei war, sich schnell zu wandeln, während die anderen über
Altersgruppen hinweg ziemlich stabil bleibende Verteilungen zeigten.

8. *Die Untersuchung der sozialen Stratifikation der Sprache in Norwich, Eng-*
   land, von Peter Trudgill (1974), bei der die gleichen grundlegenden Interview-
   techniken gebraucht werden wie in 4, und die ein Stilspektrum von der
   Umgangssprache bis zu Wortlisten von einem Sample von 60 Informanten
   aus fünf sozialen Schichten gewinnt.

Trudgill stellte ebenfalls fest, daß verschiedene sprachliche Variablen sich in
einem Veränderungsprozeß befanden, und zwar sowohl von "oben" als auch
von "unten" in der sozialen Hierarchie. Die Verschiebung nach hinten von kurzem /e/ zu [ʌ] vor /l/ ist der Fall, den wir, neben Trudgills Erkenntnissen zur
Unterschiedlichkeit der Geschlechter im Ablauf des Wandels, im Detail betrachten wollen.

   Es gibt natürlich viele Untersuchungen sekundärer Daten, die uns beträchtlichen Aufschluß über die gesellschaftliche Einbettung des Sprachwandels
verschaffen. Die für unsere Zwecke nützlichste Untersuchung historischer Texte
ist die von H.C. Wyld in *A History of Modern Colloquial English* (erstmals veröffentlicht 1921). Wyld interessierte sich stark für den Einfluß von Schicht-
dialekten auf die Geschichte des Englischen und für ihren Ursprung in regionalen Dialekten, weil er selbst Sprecher eines Schichtdialekts, der "Received
Pronunciation"* war. Wir können von seiner detaillierten Untersuchung der

---

* [Anm. d. Übers.]
   Received Pronunciation: an britischen *public schools* gelehrter Soziolekt des britischen
   Englisch mit hohem Sozialprestige; umgangssprachlich ungenau als "Oxford English"
   bezeichnet.

Schreibung in solchen Dokumenten wie den Cely-Papieren, den Paston-Briefen, dem Tagebuch Machyns und den Verney-Memoiren profitieren, die von Autoren mit einem breiten Spektrum an sozialem Hintergrund stammen.[8]

Wir könnten die Liste der Quellen unbegrenzt erweitern, wollten wir qualitative und fragmentarische Darstellungen von fortschreitendem Wandel miteinschließen. Aber quantitative Untersuchungen tatsächlicher Sprachgemeinschaften müssen notwendigerweise den Vorrang haben. Wir können aus qualitativen Beobachtungen, die in ein Drei-Kategorien-System gefaßt sind, einige Schlüsse ziehen: und zwar, daß eine bestimmte Form oder Regel niemals, variabel oder immer auftritt. Aber viel nützlicher sind sprachliche Variablen, die sich frei zwischen 0 und 1 bewegen, so daß $0 \leqslant x \leqslant 1$, wobei x die Proportion aller erlaubten Umgebungen darstellt, in denen die Regel tatsächlich Anwendung findet. Hier sind wir in einer besseren Position, das Fortschreiten eines Wandels aufzudecken oder eine überzeugende Darstellung davon zu geben, wie der Wandel mit gesellschaftlichen Faktoren zusammenhängt. Ein Blick auf die Tabellen 5–1 bis 5–3 zeigt, daß die meisten der Beziehungen in einer qualitativen Darstellung nicht sichtbar würden. Im Fall Gauchats werden wir sehen, daß die interessantesten und wichtigsten Feststellungen der qualitativen Tabelle 5–1 quantitatives Detail hinzufügen. In unseren neuesten Untersuchungen zum Lautwandel können wir mithilfe von Instrumentenmessungen eine höhere Exaktheitsstufe erreichen; das ist bis jetzt bei zwei der oben beschriebenen Untersuchungen geschehen (Labov 1972d; Labov, Yaeger und Steiner 1972).

4. Die Einbettung des Sprachwandels in seinen sozialen Kontext

Wir können mindestens fünf verschiedene Probleme ausmachen, die mit der Erklärung des Sprachwandels verknüpft sind (Weinreich, Labov und Herzog 1968), aber nicht jedes von ihnen hat mit der sozialen Einbettung des Wandels zu tun. Die universellen *Beschränkungen* (constraints), die auf den Sprachwandel einwirken, sind definitionsgemäß unabhängig von einer bestimmten Sprachgemeinschaft. Die Frage der Lokalisierung des *Übergangs* (transition) zwischen zwei beliebigen Stufen des Sprachwandels ist ein internes sprachliches Problem. Das *Einbettungsproblem* (embedding problem) hat zwei Aspekte: der Wandel wird als eingebettet in eine Matrix von anderen sprachlichen Veränderungen (oder Konstanten) gesehen und gleichzeitig als eingebettet in einen gesellschaftlichen Komplex, der mit sozialen Veränderungen in Korrelation steht. Das *Bewertungsproblem* (evaluation problem) besitzt ebenfalls eine wichtige gesellschaftliche Komponente – die nämlich, zu zeigen, wie Mitglieder der Sprachgemeinschaft auf den fortschreitenden Wandel reagieren, und herauszufinden, welche expressiven Informationen die Varianten vermitteln. Schließlich können wir damit rechnen, daß gesellschaftliche Faktoren mit dem Problem der *Auslösung* (actuation) engstens zusammenhängen: warum der Wandel

---

8   Asta Kihlbom (1926) hat darauf hingewiesen, daß in Wylds Interpretationsweise seiner Daten einige schwerwiegende Mängel stecken, da er nicht Einblick in die Originalmanuskripte nahm und da viele der Briefe der Handschrift von Sekretären statt der der Unterzeichnenden selbst entstammen. Aber Wylds allgemeinere Rekonstruktion der betreffenden Abläufe scheint davon nicht berührt zu werden.

gerade zu der bestimmten Zeit und an dem bestimmten Ort stattfand, wo
er sich tatsächlich ereignete.

Es sollte also klar sein, daß ein volles Verständnis des Sprachwandels viele
Untersuchungen erfordert, die nicht eng mit der sozialen Einbettung verknüpft
sind, sowie andere, die sich weit ins Netz der sozialen Fakten hinein erstrecken.
Unsere anderen Untersuchungen der universellen Beschränkungen, die der Ausbreitung von Lautverschmelzungen entgegenwirken (Herzog 1965:211), der
universellen Prinzipien der Vokalverschiebung (Labov, Yaeger und Steiner
1972, Kap. 4) und des internen Übergangs von Regeln (ibid., Kap. 3) befassen
sich mit der Sprachgemeinschaft nur als Lieferant von Daten. Um die Daten
zusammenzubekommen, die wir brauchen, um die drei in Abschnitt 2 gestellten Fragen beantworten zu können, müssen wir uns in vollem Umfang auch
der Daten bedienen, die zur sozialen Einbettung, zur Bewertung und zur Auflösung der sprachlichen Veränderungen, die momentan studiert werden, ver-
fügbar sind.

Unser erstes Problem ist es, die Aspekte des sozialen Kontexts der Sprache,
die am engsten mit dem Sprachwandel verknüpft sind, zu bestimmen. Wir
könnten, dem deskriptiven Programm von Hymes (1962) folgend, mit einer
vollständigen Darstellung der unmittelbaren sozialen Einbettung des Sprechereignisses beginnen. Wir würden alle sozialen Beziehungen betrachten, die
zwischen Sprechern, Angeredeten, Zuhörerschaften und Bewohnern der gesellschaftlichen Bereiche des Sprechereignisses (Schule, Kirche, Beruf, Familie . . .) bestehen. Wir könnten dann fragen, ob Veränderungen in der Sprache
Veränderungen in den Beziehungen zwischen diesen Beteiligten und sozialen
Einbettungen widerspiegeln. Beispielsweise werden wir momentan Zeugen
einer fortlaufenden Reihe von Veränderungen im Gebrauch der Pronomina
des Respekts der zweiten Person im Spanischen (Weinberg und Najt 1968), Französischen (Lambert 1969), Serbo-Kroatischen und in anderen Sprachen. Wir
vermuten, daß an der konventionellen Reaktion älterer Leute etwas Wahres
ist: daß junge Leute nicht mehr den gleichen Respekt vor dem Alter haben
wie früher. Aber welche unabhängigen Maßstäbe für respektvolles Verhalten
würden uns zeigen, daß es sich hier um mehr als einen Wandel von Konventionen oder an der Oberfläche bleibenden Ausdrucksweisen handelt? Wir haben
zunehmend höher entwickelte Mittel, sprachliches Verhalten aufzuzeichnen
und zu messen, was unsere Beobachtungen an die Sprache, die in der alltäglichen sozialen Interaktion verwendet wird, heranführt. Aber wir haben keine
gleich gut entwickelten Maßstäbe für Autorität, Respekt oder Vertrautheit.
Wir würden deshalb gut daran tun, unsere sprachlichen Daten mit wie auch
immer gearteten Messungen für soziale Stellung oder soziales Verhalten zu
korrelieren, die verläßlich von anderen zu anderen Zeiten wiederholt werden
können.

Es scheint also vernünftig, sprachliches Verhalten mit Skalierungen des
zugeschriebenen und erworbenen Status der Sprecher zu verbinden. Während
Veränderungen des sprachlichen Ausdrucks momentane Veränderungen gesellschaftlicher Haltungen registrieren können, werden wir uns mehr mit wohl-
etablierten Bereichen des sprachlichen Ausdrucks befassen — damit, wie der
Einzelne sich gewöhnlich in verschiedenen gesellschaftlichen Umgebungen
präsentiert. Innerhalb der Zeitspanne eines Augenblicks gibt unsere Sprache
genügend Information, die Frage des Hörers "Was hältst Du von mir?" zu beant-

worten. Aber die Sprache des Sprechers liefert auch allgemeine Information über ihn selbst und beantwortet die Frage des anderen, "Wer bist Du?" und "Was bist Du?". Es handelt sich hierbei um den zugeschriebenen Status – ethnische und religiöse Zugehörigkeit, Kaste, Geschlecht, Familie – und den erworbenen Status – Schulbildung, Einkommen, Beruf und möglicherweise Zugehörigkeit zu einer Peer-Group. Wandlungen in der Sprache können damit mit Veränderungen in der Stellung der Subgruppen, mit denen der Sprecher sich identifiziert, korreliert werden. Neuere Belege zeigen, daß die meisten beginnenden Wandlungen signifikanten sozialen Distributionen folgen, bevor sie irgendwelche stilistischen Verschiebungen zum Ausdruck bringen (vgl. Cook 1969 zu /aw/).

Sozioökonomische Schicht

Der soziale Status eines Einzelnen wird durch die subjektiven Reaktionen von anderen Mitgliedern der Gesellschaft bestimmt, aber es ist einfacher für Außenstehende, objektive soziale und ökonomische Indikatoren zu benutzen, um die Position bestimmter Individuen annäherungsweise festzustellen. In den USA erhalten wir die klarste Gesamtschichtung mit verschiedenen Kombinationen von Beruf, Schulbildung, Einkommen und Wohngebiet. Wenn wir historische Aufzeichnungen untersuchen, schätzen wir Personen der Oberschicht normalerweise nach familiären Verbindungen und Titel ein; weniger exponierte Individuen können am leichtesten nach ihrem Beruf und ihrem gewohnheitsmäßigen Umgang eingeordnet werden.

> "Henry Machyn, der Tagebuchschreiber, scheint nach seinen eigenen Worten ein einfacher Geschäftsmann, möglicherweise ein Bestattungsunternehmer, mit einer Vorliebe für Volksfeste – speziell für Beerdigungen (wie es natürlich war) – und für Klatsch gewesen zu sein. Von den bedeutenden Personen, die er erwähnt, kannte er nicht mehr als ihre Namen und ihre Gesichter, die er beim Vorbeireiten in irgendeiner Prozession flüchtig gesehen hatte, und hin und wieder den einen oder anderen Tratsch, den er, wie man zu denken geneigt ist, von anderen Zuschauern in der Menge aufgeschnappt hat." (Wyld 1936:141)

Machyns Status ist ein wichtiges Problem: er liefert uns Belege dafür, wie die untere Mittelschicht einige bedeutende sprachliche Variablen im Londoner Englisch des 16. Jahrhunderts behandelt hat. Zum Beispiel schreibt er die meisten seiner −*er*-Wörter mit −*ar*-: *armyn*, 'ermine'; *hard*, 'heard'; *sarmon*, 'sermon'. Wyld sieht in diesem Wechsel von −*er*− und −*ar*− einen klassischen Fall für den Zusammenhang zwischen der Bewegung sozialer Schichten und sprachlichem Wandel. Er stellt die Frage: Wie kam es, daß viele Wörter, die jetzt mit einem mittleren, zentralen Vokal [ɝ] gesprochen werden, wie *clergy, heard*, usw., im 17. und 18. Jahrhundert von guten Sprechern mit [ɑɚ] gesprochen wurden? Wenn die Aussprache mit [ɑɚ] "falsch" war, wie wurde sie dann von der Aristokratie überhaupt angenommen?

Wyld sammelt ein beträchtliches Datenkorpus, um zu zeigen, daß die Aussprecheweisen mit [ɑɚ] im 15. Jahrhundert von Dialekten des Südostens her in den Londoner Dialekt gelangten und im privaten Schriftverkehr von Londonern der Mittelschicht wie Machyn bis zur Mitte des 16. Jahrhunderts stark vertreten sind. Von diesem Zeitpunkt an tauchen solche Schreibweisen mit zunehmender Häufigkeit im Englisch der Oberschicht auf, bis sie am Ende des 18. Jahrhunderts zurückzugehen beginnen.

> "Wir haben hier ein sprachliches Merkmal, das seinen Weg vom Regionaldialekt in die Sprache der Londoner Mittelschicht fand, von dort in die Hochsprache (Received Standard) überging, um dann später von einer frischen Einflußwelle der Mittelschicht verdrängt zu werden." (1936:11)

Die letztendliche Ablehnung der [ɑɚ]-Aussprache durch die Sprecher der Mittelschicht zugunsten der am schriftlichen Standard orientierten Aussprache war ein natürliches Nebenprodukt aufwärts gerichteter Mobilität.[9] Die neue Bourgeoisie war nicht in der Lage zu erfassen, welche −er− geschriebenen Wörter von vornehmen Aristokraten [ɑɚ] gesprochen wurden, und sie konnte sich natürlich nur an den greifbaren orthographischen Standard halten.

Wir sehen in dieser Entwicklung drei Prozesse sozialer Einbettung: (1) die Umwandlung eines regionalen Dialekts in einen städtischen Dialekt der Unterschicht; (2) die Ausbreitung eines sprachlichen Merkmals nach oben von einer niedrigeren in eine höhere Schicht; (3) den Rückgriff auf eine an der Schreibung orientierte Aussprache durch eine aufwärts mobile Gruppe. Wir können für Wylds diesbezügliche Auffassung leicht weitere Belege finden. Die [ɑɚ]-Aussprache erscheint noch heute in Dialekten des Südostens.[10] Und wir werden sehen, daß es für die Aufwärtsbewegung von Innovationen oder Übernahmen aus der Unterschicht in die Standardsprache reichlich Belege gibt.

Seltsamerweise basiert ein Großteil der spekulativen Literatur zur Dialektentlehnung auf der Vorstellung, jede Bewegung sprachlicher Formen vollziehe sich von der Gruppe mit höherem zu der mit niedrigerem Prestige.[11] Wenn Linguisten der Gruppe B dieses Thema behandeln, bestehen sie unweigerlich auf einem solchen Prinzip.

> "Unter seinen Berufskollegen zum Beispiel wird ein Sprecher diejenigen imitieren, von denen er glaubt, sie hätten die höchste 'soziale' Stellung." (Bloomfield 1933: 476)

Dies ist nur eine Bemerkung, die nicht mehr Berechtigung hat, als irgendeine der anderen allgemeinen Beobachtungen in Bloomfields Behandlung der Dialektentlehnung. Untersuchungen zu gegenwärtigen Lautwandlungen zeigen, daß eine sprachliche Innovation bei jeder beliebigen Gruppe ihren Anfang nehmen und sich von dort ausbreiten kann, und daß dies die normale Entwicklung ist; daß eben diese Gruppe die mit dem höchsten Status sein kann, es aber nicht notwendig oder auch nur häufig sein muß.

Wir können in Machyns Sprache zwei weitere Beispiele für einsetzenden Wandel finden, der schließlich die Oberschicht erreichte. Eines ist die hohe Aussprache von Wörtern mit −ea− von Mittelenglisch ę als [i:], was in Machyns

---

9   Eine andere auf der sozialen Mobilität der Sprecher beruhende Analyse der Daten von New York (Labov 1966c) liefert eine ebensogute, oder sogar bessere Korrelation mit sprachlichem Verhalten, als die Analyse, die sich auf die sozioökonomische Stellung der Sprecher stützt.

10   Dies belegen die von Howard Berntsen gesammelten und in unseren laufenden Untersuchungen zum fortschreitenden Lautwandel analysierten Daten.

11   Als allgemeines Prinzip von Gabriel Tarde 1890 in seinen *Lois de l'imitation* ausgedrückt und seither als *Tardes Gesetz* (Tarde's law) bekannt.

y-Schreibung in *prych, spyking, bryking, brykefast* sichtbar wird. Schließlich wurde diese Sorte Wörter von der Mittelvokalposition von Wörtern mit langem ā abgetrennt, so daß *meat* mit *meet* zusammenfiel anstatt mit *mate*. Zweitens bemerken wir bei Machyn eine ausgesprochene Tendenz zum Verlust des −r− vor −s , was *Woseter* 'Worcester', *Dasset* 'Dorset' ergibt und eine Tradition fortführt, die letztendlich im 18. Jahrhundert zu einer völlig r-losen Aussprache für alle Londoner führte.[12]

In neueren Untersuchungen stellte Reichstein (1960) fest, daß verschiedene ablaufende Phonemveränderungen, die sie untersuchte, in Pariser Arbeitervierteln am fortgeschrittensten waren. Unsere eigenen Untersuchungen der Pariser Vororte stellen die extremste Anhebung und Verschiebung von /a/ nach hinten unter Jugendlichen der Arbeiterschicht fest, so daß *casser la tête* zu [kɔselatɛt] und *j'sais pas* zu [špo] angehoben werden kann.[13] In unseren anderen explorativen Untersuchungen der Dialekte von Boston, Rochester, Detroit und Chicago finden wir die fortgeschrittensten Formen vieler Vokalverschiebungen bei Jugendlichen der Arbeiterschicht. In Chicago sind es Jugendliche der Arbeiterschicht, die die extremste Spannung und Hebung von kurz a und die Verschiebung von kurz o nach vorne zeigen, verbunden mit der Senkung ungespannter kurzer Vokale /i/ und /e/ in mittlere und tiefe Position. Fig. 5−2 zeigt ein solches extremes Vokalsystem, und zwar das eines 17-jährigen Mädchens aus der Arbeiterschicht. In ihrem Satz *That ended that* [ðiːˇət ɐndɪd ðiːˇət] beobachten wir, daß der tiefe Vokal /æ/ in die hohe Position gehoben und der mittlere Vokal /e/ zur tiefen Position hin geöffnet wird.

Dialektstudien, die sich auf die Sprache von Collegestudenten stützen, erfassen solche bemerkenswerten Transformationen von Vokalsystemen nicht, bevor sie nicht schon weit fortgeschritten sind und schon unterdrückt werden.

----

12 Mit r-los meinen wir, daß es eine kategorische Regel für die Vokalisierung von konsonantischem r in finaler und präkonsonantischer Position gibt: immer dann, wenn es nicht direkt von einem Vokal gefolgt wird. Diese Sprechweise wurde im 19. Jahrhundert in all jenen Städten der USA angenommen, die ihren Blick auf England als Zentrum kulturellen Prestiges richteten: Boston, New York, Richmond, Charleston und Atlanta, nicht aber Philadelphia.

13 Diese Daten entstammen der Feldforschung von Bryan Simblist von der Yale University. Obwohl die Pariser Jugendlichen aus der Arbeiterschicht, die wir untersucht haben, ein großes Maß an phonetischer Distanz zwischen vorderem und hinterem a bewahren, ist die lexikalische Distribution dieser Unterscheidung von der in der Standardsprache recht verschieden.

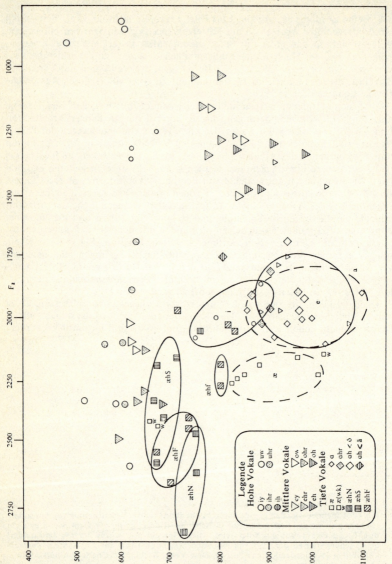

Fig. 5—2   *Vokalsystem von C.M., 16 Jahre, Chicago. (Wiedergegeben mit Genehmigung der Indiana University Press aus W. Labov, "The Internal Evolution of Linguistic Rules", in R. Stockwell und R. Macaulay (Hgg.) Historical Linguistics and Generative Theory.)*

Nicht immer ist es die Arbeiterschicht, die den Sprachwandel anführt. Oft ist es eine Gruppe mit höherem Status, vergleichbar der Machyns. Tab. 5 - 4 gibt systematische Daten zu einer der Wandlungen im Vokalsystem von New York, die sich derzeit im Prozeß befinden: der Hebung und Verschiebung von /ay/ nach hinten mit gleichzeitiger Verschiebung von /aw/ nach vorne. Die Zahlen beziehen sich hier auf eine Skala, auf der null für einen tiefen, zentralen Kern bei entweder /ay/ oder /aw/: $[a^I, a^U]$, steht, was für die ältesten Sprecher charakteristisch ist. Durchgängige Aussprache von /ay/ als $[ɒ^I]$ ergäbe (ay)–40, und durchgängiges /aw/ als $[æ^U]$ würde auch einen Wert von 40 zeigen. Tab. 5–4 zeigt, daß die Bewegung von /ay/ in den Mittelschichtgruppen begonnen, sich aber am stärksten in der unteren Mittelschicht fortgesetzt zu haben scheint, von wo sie sich allmählich in die Arbeiterschicht ausbreitete, während Sprecher der oberen Mittelschicht sie vermieden. Die Verschiebung von /a/ nach vorne ist in der unteren Mittelschicht am stärksten, breitet sich aber in dieser Generation allmählich aus und erreicht die anderen Gruppen.

Tabelle 5–4
Durchschnittswerte von (ay) und (aw) für alle weißen New Yorker Informanten,
nach "halben" Generationen gegliedert

		(ay)				(aw)			
		sozioökonomische Schicht				sozioökonomische Schicht			
Alter	Generation	0–2	3–5	6–8	9	0–2	3–5	6–8	9
5–19	II–B	7	23	22	12	8	20	17	8
20–34	II–A	5	18	24	10	–	7	10	4
35–49	I–B	8	17	18	20	4	7	8	1
50–64	I–A	5	10	10	15	2	7	5	5
65 +	0	0				0			

Quelle: Labov (1966a)
Index von (ay) und (aw) = durchschnittliche phonetische Einstufungen x 10

Innovation durch die Gruppe mit dem höchsten Status ist normalerweise eine Art mehr oder weniger bewußter Entlehnung von äußeren Quellen; mit einigen Ausnahmen entstehen Prestigeformen.[14] Die ursprüngliche Ausbreitung der r-losen Aussprache in den USA war an den Londoner Vorbildern des frühen 19. Jahrhunderts orientiert – ein "Wandel von oben", der sich von den Zentren anglophilen Einflusses nach außen ausbreitete.[15] Die gegenwärtige Umkehr dieses Trends im ganzen Osten der USA kann in Boston und im Süden (Levine und Crockett 1966) genauso festgestellt werden wie in New York (Labov 1966a). Dies ist eine andere Form des Wandels von oben, die die Prestigebezie-

---

14 In *The Pickwick Papers* (deutsch: Die Pickwickier) kennzeichnet Dickens Sam Weller und seinen Vater durch die stigmatisierte Verwechslung von *v* und *w*; er macht sich auch über einen geckenhaften jungen Lord mit einer stereotypen Labialisierung von prävokalischem *r* lustig, das im Text jedesmal als *w* gedruckt ist.
15 Diese Ausbreitung erreichte einen Radius von etwa 150 Meilen (= 225 km) um Boston, Richmond und Charleston, aber war auf die unmittelbare Umgebung von New York beschränkt.

hungen umkehrt. Es gibt eine scharfe Abgrenzung zwischen älteren Sprechern, die noch immer die früheren anglophilen Normen erkennen lassen, und den jüngeren Sprechern, die die neue Rundfunknorm der "gesamtamerikanischen" *r*-Aussprache übernommen haben. Wandel von oben kann ziemlich regelmäßig sein; er kann jede Subgruppe proportional zu ihrer Entfernung vom Prestige-zentrum und zur Förmlichkeit der Sprechsituation beeinflussen. Ein Linguist, der Informanten interviewt, wird diese Übernahmen von oben deutlicher bei der Lektüre von Texten beobachten als in zusammenhängender Rede; in der unkontrollierten Alltagssprache beobachten wir lebhafter die Auswirkungen des Wandels von unten, im Fall der oben angeführten Bewegungen von (ay) und (aw).[16] Tabelle 5—5 zeigt die durchschnittlichen Indizes der *r*-Aussprache in zwangloser Sprechweise für New Yorker: sie ist ganz deutlich ein Phänomen der oberen Mittelschicht, das die natürliche Sprechweise anderer Gruppen nicht berührt hat. Tab. 5—6 zeigt, wie diese Prestigeform Sprecher in dem formalsten Stil beeinflußt: den Prozentsatz derer, die die völlig *r*-lose Norm beim Lesen von Wortlisten benutzen. Die zweithöchste Statusgruppe — die untere Mittelschicht — ist am stärksten betroffen; kein erwachsener Sprecher blieb bei der alten Norm. Dies ist einer der vielen Fälle, wo das ausgeprägte Muster des "hyperkorrekten" Verhaltens bei der zweithöchsten Statusgruppe sichtbar wird, ein wichtiges Element im Mechanismus des sprachlichen Wandels (siehe Kap. 4).

Tabelle 5—5
(r) in zwangloser Sprechweise nach Alter und sozialer Schicht

Alter	Sozioökonomische Schicht					N		
	0—1	2—5	6—8	9				
8—19	00	01	00	48		4	11	4 4
20—29	00	00	00	35		3	5	5 3
30—39	00	00	00	32		—	2	4 3
40—49	00	06	10	18		5	18	7 3
50—	00	08	00	05		4	7	1 3

Tabelle 5—6
Prozentsatz von (r)-00 Sprechern bei Wortlisten (Stil D) nach Alter und sozialer Schicht

Alter	Sozioökonomische Schicht					N		
	0—1	2—5	6—8	9				
8—19	50	50	50	25		2	8	2 4
20—39	67	75	00	20		5	17	9 4
40—49	20	18	00	25		3	7	1 3
50—	64	27	00	33		11	11	1 3

Quelle: Labov (1966a)

----

16 In den ersten Stufen eines Sprachwandels kann eine konsistente Struktur sowohl in for-malem Stil als auch in zwangloser Sprechweise beobachtet werden. Das ist bei der Aus-sprache der meisten New Yorker von vorderem /aw/ und hinterem /ay/ der Fall. Erst in den fortgeschrittenen Stufen des Wandels weisen formale Stile Korrekturen und un-regelmäßige Verteilungen auf.

Ein paralleles Beispiel dieses hyperkorrekten Musters erscheint in der quantitativen Studie zur *r*-Aussprache von Hillsboro; wie Tab. 5–7 zeigt, war die größte Verschiebung vom "Satzstil" zum Wortlistenstil nicht bei der Collegegruppe, sondern bei der Gruppe mit *High-School*-Bildung zu verzeichnen. Im ersten Fall lasen die Informanten Sätze mit Leerstellen; ihre Aufmerksamkeit wurde weniger auf die Wörter des Texts, die /r/ enthielten, als auf das Problem gelenkt, diese Leerstellen mit einem lexikalischen Element zu füllen. In der Wortliste war die Aufmerksamkeit direkt auf die Variable gerichtet, und die zweithöchste Statusgruppe reagierte auf diesen Unterschied deutlicher als irgendeine der anderen. Wenn wir zu den Altersbeziehungen in Tab. 5–6 zurückkehren, stellen wir fest, daß in den Gruppen aus der Arbeiterschicht sowohl die älteren als auch die jüngeren Sprecher dazu neigen, an den früheren Normen festzuhalten; nur in den Gruppen mittleren Alters werden die neuen Prestigenormen übernommen. Wie wir unten sehen werden, neigt offen zu Tage tretende Korrektur (overt correction) dazu, eher unsystematisch zu sein, wenn sie spät im Leben auftritt, und sie betrifft eher einzelne Wörter als allgemeine Regeln.[17] Wir können fragen: kann die Gruppe mit dem höchsten Status jemals unbewußt Innovationen einführen?

Tabelle 5–7

Häufigkeit von finalem und präkonsonantischem [r] *für weiße Sprecher in Hillsboro, North Carolina*

	Satzliste	Wortliste	Zunahme
Alter			
21–39 J.	56,6	65,1	8,5
40–59 J.	54,2	60,3	6,1
60 J. und darüber	44,5	49,3	4,8
Schulbildung			
College	52,7	58,9	6,2
High School mit Abschluß	54,6	65,6	11,0
High School ohne Abschluß	50,0	57,0	7,0
Volksschule oder kein Schulbesuch	52,6	57,3	4,7
Geschlecht			
männlich	52,3	57,4	5,1
weiblich	52,9	61,1	8,2

Quelle: Levine und Crockett (1966:223)

----

17 Sprecher, die die Norm der formalen *r*-Aussprache spät im Leben erworben haben, zeigen regelmäßige und vorhersagbare Verschiebungsmuster, erreichen aber keine Konsistenz. Die Wortklassen, die /r/ enthalten, sind ziemlich genau definiert; dennoch tritt in *idear, lawr and order* und gelegentlich *Gard* für *God* ein gutes Maß an Hyperkorrektion auf.

In dem Maße, in dem eine Sprachgewohnheit mit einer Gruppe von hohem Prestige verknüpft ist, unterliegt sie der öffentlichen Aufmerksamkeit. Konservative Kritiker werden schnell auf sie aufmerksam machen, so wie Gill eine Modeaussprache des 17. Jahrhunderts lächerlich machte, die langes ā zu [i:] anhob und damit *capon* als [ki:pn] wiedergab (Wyld 1936).

Nicht jeder Sprachwandel ist an eine spezielle soziale Gruppe gebunden. Die Hebung von mittelenglisch ē zu [i:] scheint "der Sprache aller Gegenden und Schichten in London gemeinsam" gewesen zu sein (Wyld 1936:207). In Gegenden der USA scheint der Zusammenfall von kurzem offenem *o* und langem offenem *o* in gewissen Gebieten jeden zu betreffen.[18] Aber hier spreche ich von allgemeinen Eindrücken; es kann nicht geleugnet werden, daß in jedem Fall, der näher untersucht wurde, herausgefunden wurde, daß die eine oder andere gesellschaftliche Gruppe in der Entwicklung eines Sprachwandels merklich führte.

Der Unterschied zwischen einem fortschreitenden und einem bereits fortgeschrittenen Wandel (change in progress – advanced change) ist manchmal an der Struktur der sozialen Distribution klar sichtbar. Ein Wandel kann zuerst in einer gesellschaftlichen Gruppe beginnen, die irgendwo in der sozialen Hierarchie angesiedelt ist. Solange er sich entwickelt und nach außen hin ausbreitet, kann man noch die pyramidenförmige Struktur über verschiedene Altersstufen hinweg erkennen, wobei die höchsten Werte bei den jüngsten Sprechern der Ausgangsgruppe liegen. Aber wenn der Wandel ein fortgeschrittenes Stadium erreicht, und alle gesellschaftlichen Schichten betroffen sind, wird er oft stigmatisiert, und die soziale Korrektur der formalen Sprechweise beginnt die ursprüngliche Struktur zu verwischen. In diesem Fall erhalten wir eine lineare Distribution, bei der die höchste gesellschaftliche Schicht die geringste Verwendung des stigmatisierten Merkmals in normaler Konversation zeigt. Wir können dies in Cedergrens Untersuchung des Spanischen von Panama City (1970) deutlich sehen. Tab. 5–8 zeigt Cedergrens Beobachtungen zur sozialen Stratifikation von fünf Variablen im Spanischen von Panama für vier gesellschaftliche Schichten.

Die sprachlichen Variablen in Tab. 5–8 können kurz wie folgt definiert werden:

(R):   Stimmloswerden, Frikativierung, Pharyngalisierung und Tilgung von /r/ am Silbenende, wobei diese Prozesse mit Werten von 1 bis 6 bezeichnet werden.

(PARA):   der Wechsel der vollen Form der Präposition *para* mit *pa*, mit jeweiligen Werten von 1 bzw. 2.

(ESTA):   der Wechsel der vollen Form *esta* mit *ta*, mit jeweiligen Werten von 1 bzw. 2.

(S):   der Wechsel im Silbenauslaut von [s], [h] und [∅] mit jeweiligen Werten von 1, 2 bzw. 3.

(CH):   Anfangsstadium von /č/ mit palatalem im Gegensatz zu retroflexem und reduziertem Verschlußlaut, mit jeweiligen Werten von 1 bzw. 2.

----

18 Es gibt Ausnahmen von der Einheitlichkeit dieses Zusammenhangs von *hock* und *hawk*, *don* und *dawn*. In Phoenix zum Beispiel scheint er charakteristischer zu sein für den angloamerikanischen Bevölkerungsteil als für die Schwarzen oder den Bevölkerungsteil spanischer Herkunft.

Die Zahlen in Tab. 5—8 sind die arithmetischen Mittel der Werte der Variablen. Die gesellschaftlichen Schichten reichen von der höchsten (I) zur niedrigsten (IV), wobei die ersten vier Variablen eine lineare Distribution mit den niedrigsten Werten für die ranghöchste gesellschaftliche Schicht zeigen.

Tabelle 5—8

Soziale Schichtung von fünf spanischen Variablen in Panama

Variable	Soziale Gruppen			
	I	II	III	IV
(R)	1,62	1,88	2,29	2,29
(PARA)	1,11	1,37	1,39	1,69
(ESTA)	1,26	1,56	1,62	1,71
(S)	2,03	2,24	2,31	2,36
(CH)	1,88	2,24	2,13	2,00

Quelle: Cedergren (1970)

Aber die (CH)-Variable zeigt ein kurvilineares Muster, das darauf hindeutet, daß der Wandel seinen Ursprung in der Gruppe II mit dem zweithöchsten Status hat. Daß (CH) einen Wandel darstellt, der sich im Prozeß befindet, geht deutlich aus der Tab. 5—9 hervor, die die Verteilung der Werte nach Altersgruppen für die gleichen fünf Variablen aufführt. Wir können sehen, daß (CH) die einzige Variable mit einer nur in eine Richtung verlaufenden linearen Progression durch die Altersgruppen ist, mit einem dramatischen Ausbreitungstempo in den jüngsten Gruppen, das den Werten durchaus vergleichbar ist, die für den fortschreitenden Wandel auf Martha's Vineyard und in New York festgestellt wurden.

Tabelle 5—9

Entwicklung von fünf spanischen Variablen nach Altersgruppen

Variable	Alter				
	11—20	21—30	31—40	41—50	61—70
(R)	2.28	1.90	1.95	2.23	1.46
(PARA)	1.31	1.34	1.48	1.33	1.39
(ESTA)	1.64	1.50	1.67	1.57	1.41
(S)	2.34	2.22	2.15	2.18	2.19
(CH)	2.15	2.29	2.05	1.81	1.31

Quelle: Cedergren (1970)

Die Situation in Panama allein würde noch nicht das Prinzip rechtfertigen, daß ein kurvilineares Muster der sozialen Schichtung mit den frühen Stufen eines fortschreitenden Wandels korrespondiert. Aber auch in New York stellen wir fest, daß von fünf Hauptvariablen, die wir untersucht haben, zwei eine kurvilineare Distribution zeigen: die Hebung von (eh) in *bad, ask, dance* ist unter Sprechern der oberen Arbeiterschicht am fortgeschrittensten, und die Hebung von (oh) in *off, all, water* ist in der unteren Mittelschicht am fortgeschrittensten. Die Distribution in relativer Zeit zeigt deutlich, daß die beiden Variablen unter den ältesten Sprechern noch dabei sind, sich herauszubilden; die Hebung findet sich hauptsächlich in der gesellschaftlichen Schicht, die im Moment die extremsten Formen zeigt. Trudgills Untersuchung der soziolinguistischen Struktur von Norwich (1974) befaßt sich mit einer Anzahl phonologischer Variablen, die eine lineare soziale Schichtung zeigen − und zwar analog zu der hierarchischen Verteilung der sozialen Schichten. Aber eine Variable zeigt eine kurvilineare Distribution − die Verschiebung von /e/ nach hinten zu [ʌ] vor /l/ in *belt, held*, usw. Trudgill zeigt, daß die Distribution dieser Variablen in relativer Zeit deutlich einen fortschreitenden Wandel anzeigt, bei dem Sprecher der oberen Arbeiterschicht die Führung haben.

Um dieses Prinzip zu verstehen, ist es notwendig, den Unterschied richtig einzuschätzen zwischen dem regelmäßigen Fortschreiten des Wandels von unten in den frühen Stufen eines Lautwandels und der späteren Korrektur von oben, die eintritt, wenn das sich wandelnde Merkmal von denen bemerkt wird, die gesellschaftliche Normen setzen. Wenn das neue sprachliche Merkmal mit einer niedrigeren sozialen Gruppe verknüpft ist, wird es normalerweise stigmatisiert, und früher oder später wird sein Gebrauch in umgekehrter Beziehung zum sozialen Status stehen. Die späteren Stufen eines Wandels können dann eine lineare Distribution zeigen, obwohl seine vorderste Front ursprünglich in einer mittleren Gruppe lag. Wenn die sprachliche Innovation sich von der allerniedrigsten gesellschaftlichen Gruppe nach oben ausbreitet, was aber selten geschieht, bewegt sie sich zur gesellschaftlichen Hierarchie von Anfang an parallel. Es kommt manchmal vor, daß ein Merkmal durch die höchste Schicht ins gesellschaftliche System eingeführt wird, doch in der Regel ist dies keine Gruppe, von der Erneuerungen ausgehen.

Wir haben nun mit einiger Ausführlichkeit die Einbettung des Sprachwandels in einen Typ der gesellschaftlichen Struktur dokumentiert: in das sozioökonomische System der Schichtunterschiede (class differentials). Wandel kommt nicht ohne Bezug auf schichtenspezifische Strukturen vor; vielmehr dringt die neue Struktur wie ein Keil ein, wobei die eine oder andere Gruppe die Rolle der Speerspitze übernimmt. Das Merkmal ist selten auf eine bestimmte Schicht beschränkt (falls es nicht stigmatisiert wird und den Rückzug antritt − siehe unten Abschnitt 5). Es ist deshalb schwer zu sehen, wie Martinet oder Chomsky diese Situation angehen würden. Würde die vom abstrahierenden Linguisten angenommene homogene Gesellschaft die neue Form enthalten oder nicht? Wenn nicht, an welchem Punkt würde der Verfechter der Abstraktion die Entscheidung treffen, sie in sein homogenes System aufzunehmen, und dann, warum?

Ich kann mir zwei Richtungen vorstellen, die der abstrahierende Linguist einschlagen könnte. Er könnte einfach von der sozialen Schicht abstrahieren und die neue Form fakultativ für jeden sein lassen. Er würde dann argumentieren, ihre Verknüpfung mit einer bestimmten Bevölkerungsschicht sei linguistisch nicht von Belang. In diesem Fall würde die neue Möglichkeit plötzlich als losgelöstes Faktum auftauchen, ohne Richtung und ohne Erklärung. Unsere Erörterung der Bewertung solcher wohl-entwickelter sprachlicher Wandlungen wird deutlich machen, wie viel Bedeutung die Möglichkeit der Auswahl in Wirklichkeit haben kann.

Eine zweite Alternative wäre, den Gedanken, die *langue* als Gemeineigentum zu beschreiben, fallen zu lassen, und einfach die Sprache einer Schicht zu beschreiben. Wenn die Sprachgemeinschaft nach Schichten unterschieden ist, könnten wir so die homogenen Gruppen herausgreifen, die existieren, und ihre Sprache beschreiben. Als ein erster Schritt mag dies praktisch sein, aber es folgen Komplikationen daraus, wenn wir entdecken, daß es andere gesellschaftliche Strukturen wie die Kaste oder die ethnische Gruppe gibt, die mit der sozioökonomischen Schicht in engem Zusammenhang stehen.

Ethnische Gruppe und Kaste

Der Beginn des gegenwärtigen Interesses an soziolinguistischer Forschung kann in der 1960 erschienenen Veröffentlichung von Ferguson und Gumperz, *Linguistic Diversity in South Asia*, gesehen werden. Einige der Papiere betreffen den Gegensatz literarisch – umgangssprachlich, aber andere beschreiben Kastenunterschiede: im Kannada (Bright und McCormack), Tamil (Pillai), Bengali (Dimock und Chowdhury) und Hindi (Gumperz und Naim). Bright interessierte sich in erster Linie für die Auswirkungen von Kastenunterschieden auf Sprachwandel. Obwohl seine Vergleiche zweier Dialekte des Kannada sich nur auf zwei Informanten stützen – Collegestudenten –, sind seine Schlußfolgerungen von größtem Interesse. Der Nicht-Brahmanische Dialekt (NB) übernahm fremdsprachliche Wörter und fremdsprachliche Phonemmuster (Englisch und Sanskrit) weniger leicht als der Brahmanische Dialekt (B); B war widerstandsfähiger gegen grammatischen Wandel und phonologischen Wandel von innen.

Zum Beispiel hat B /f, z, ɔ/ aus dem Englischen eingeführt, wo NB heimisches /p, j, a/ an die Stelle gesetzt hat, so daß B [kɔfi] 'coffee' = NB [kāpi]; und B hat Sanskrit /š/ in [šānti] 'peace', während NB [sānti] hat. Andererseits zeigt B ursprüngliches /ē/ in Wörtern, wo NB zu /yā/ differenziert hat, wenn ein mittlerer oder tiefer Vokal in der nächsten Silbe vorkommt: B [pēte], NB [pyāte].

Eine spätere, sekundäre Untersuchung des Tamil und des Tulu zeigte die gleiche allgemeine Struktur.

> "Die Tulubelege zeigen die Brahmanen als Haupterneuerer in den bewußteren Varietäten des Wandels – bei der Bedeutungsverschiebung, der lexikalischen und der phonologischen Entlehnung. In den weniger bewußten Prozessen des phonologischen und morphologischen Wandels, die heimisches Material betreffen, erneuern beide Dialekte, B und NB." (Bright und Ramanujan 1964)

Bright und Ramanujan kommen zu dem Schluß, daß Ober- und Unterschichtdialekte sich unabhängig voneinander erneuern; die mehr bewußten Übernahmen kennzeichnen regelmäßig die Oberschicht, während die weniger bewußten Wandlungen beide Schichten betreffen. Dann weisen sie darauf hin, daß die Brahmanen diese Wandlungen offensichtlich korrigieren können, wie im Kannada und Tamil. Diese Beobachtungen aus Südasien fügen sich gut in die allgemeinen Prinzipien des Wandels ein, die aus unseren Untersuchungen in New York hervorgehen, in denen das Verhalten der Gruppe mit dem höchsten Status mit den anderen kontrastiert.[19]

In der Entwicklung des Vokalsystems von New York stellen wir fest, daß ethnische Identität eine wichtige Rolle spielt — für einige Merkmale sogar wichtiger ist als die sozioökonomische Schicht. Die ethnische Differenzierung der Spannung und Hebung von kurz ɑ in *bad, ask, dance* — der (eh) Variablen — wird in Tab. 5-10 dargestellt. Die Zahlen stellen den durchschnittlichen Öffnungsgrad des Vokals dar. Durchgängige Aussprache von *bad* mit [æ·] auf der Ebene von nicht-angehobenem *bat* würde einen (eh)-Wert von 40 ergeben. Wenn der Kern aller solcher Wörter mit kurzem *a*, die gespannt wären, dann auf die Ebene von [e:] gehoben würde, würde der Index (eh)-20 und für die Ebene von [i:] (eh)-10 aufweisen. Obwohl alle Gruppen ein allmähliches Abnehmen der Öffnung des Vokals mit dem Alter zeigen, weisen New Yorker italienischer Herkunft in jeder Altersstufe die größte Abnahme auf. Dieser ethnische Unterschied ist in allen sozialen Gruppen außer der niedrigsten, die von diesem Prozeß nicht erfaßt ist, sichtbar.

Tabelle 5—10
Verteilung von (eh) nach Alter und ethnischer Gruppe in New York

Alter	Juden	Italiener	Schwarze
8—19	22	20	24
20—39	23	19	28
40—49	27		
50—59	29	18	33

Quelle: Labov (1966a:357)

Wenn wir von ethnischer Identität als einem Teil des gesellschaftlichen Kontextes eines sprachlichen Wandels sprechen, stellt sich sofort die Frage nach einem Substrat. Ist die zugrundeliegende Muttersprache die Ursache für diesen Unterschied? Die Martinet'sche Auffassung würde zu dieser Erklärung neigen, da wir hier Einfluß von außen als reflektiert "im Druck einer anderen Sprache" betrachten. Aber die Erklärung mithilfe von Sprachkontakt bringt sich selbst zu Fall. Das Italienische hat kein [æ], und italienischstämmige Amerikaner der ersten Generation neigen dazu, ihren heimischen italienischen tiefen Vokal a für die englischen Wörter mit kurzem a zu benutzen. Es wäre dann sichtbar, daß die Tendenz der Italiener der zweiten Generation, kurz ɑ zu heben, nicht die Antwort ist, die eine strukturelle Version der Kontakttheorie vorhersagen würde: sie kehrt den direkten Einfluß des Italienischen um. Jiddisch hat eben-

---

19 Laufende Untersuchungen von Maxine Berntsen in Phaltan sind darauf angelegt, die soziale Distribution von Non-Standard-Elementen des Marathi zu überprüfen, wobei viele der gleichen Techniken wie in den Studien in New York gebraucht werden. Berntsens vorläufige Ergebnisse zeigen, daß Ausbildung heute ein wichtigerer Determinant des sprachlichen Verhaltens ist als die Kastenzugehörigkeit.

falls kein [æ], aber Sprecher des Jiddischen der ersten Generation neigen dazu, englisches kurzes a zu [ɛ] zu heben. Jüdische Sprecher des Englischen der zweiten Generation haben eine etwas geringere Tendenz, diesen Vokal zu heben als die Italiener. Dieses Resultat kann im Lichte anderer soziolinguistischer Daten zu Sprechern der zweiten Generation interpretiert werden, die einheimischen Status anstreben, indem sie sich so weit als möglich vom gering angesehenen Muster ihrer Eltern entfernen. Dies ist eine andere Art des "Hyperkorrektions"- oder Umkehreinflusses, der beim Sprachwandel eine entscheidende Rolle zu spielen scheint.

Wir sehen jetzt, daß Sprachwandel sich auch aufgrund seiner Verknüpfung mit einer bestimmten Kaste oder ethnischen Gruppe unterschiedlich entwickeln kann, und daß verschiedene ethnische Gruppen die gleiche Variable auf unterschiedliche Weise benutzen können. Eine abstrakte Behandlung dieser Daten könnte immer noch zu der Entscheidung führen, die Verknüpfung mit Kaste und ethnischer Gruppe als linguistisch ohne Belang zu vernachlässigen. Der zweite Ansatz − nämlich homogene Gruppen in das Zentrum des Interesses zu stellen − ist nun um einiges erschwert. Eine Gruppe Arbeiter genügt nicht mehr; wir müssen unbedingt darauf bestehen, daß es *italienische* Arbeiter sind.

Lokale Identität

Zusätzlich zu den kreuzweise klassifizierenden (crossclassifying) Zuweisungen zum Schicht- und Kastenstatus entwickeln Gemeinschaften oft konkretere Kategorien, nach denen Individuen eingestuft werden. In ländlichen Gemeinden (oder in städtischen Siedlungen) ist lokale Identität eine äußerst wichtige Kategorie der Zugehörigkeit − eine, die für sich zu beanspruchen oft unmöglich und die zu erwerben schwierig ist. In vielen kleinen Städten in New England gibt es eine große Subkategorie von "Sommergästen". Dann gibt es "Zugereiste" oder "Fremde" (outsiders), Leute, die für immer in die Stadt gezogen sind, die aber einige Jahrzehnte lang auf Abstand gehalten werden, bevor man sie akzeptiert. Es gibt Einwanderergruppen, wie die "verdammten Portugiesen", die Inder, die Schwarzen und andere ethnische Gruppen, die nicht sofort in die ansässige Gemeinschaft integriert werden. Die Yankees der achten oder neunten Generation bilden den Kern der örtlichen Bevölkerung, aber Mitglieder anderer Gruppen können nach und nach lokale Identität übernehmen.

Auf der Insel Martha's Vineyard (Labov 1963) war es dieses Netz sozialer Kategorien, das am engsten korrelierte mit dem fortschreitenden Sprachwandel − es war wichtiger als Beruf, Wohngegend (geography), Bildung oder Geschlecht. In der Schlußanalyse wurde der untersuchte Lautwandel mit der Aussage: "Ich bin ein Vineyarder" in Zusammenhang gebracht. Die Untersuchung auf Martha's Vineyard konzentrierte sich auf den Zusammenhang zwischen sozialen Faktoren und Sprachwandel; sie zeigte, daß Richtung und Entwicklung dieses Wandels nicht verstanden werden konnten, ohne daß man ihn zu den Grundkategorien der lokalen Identität in Beziehung setzte.

Die Umwandlung von Regionaldialekten in städtische schichtenspezifische Dialekte

Wyld beobachtete, daß eine regelmäßige Struktur in der Entwicklung des Englischen die Umwandlung ländlicher, regionaler Dialekte zu schichtenspezifischen Dialekten in den großen Städten war. Dieser Prozeß hängt oft mit dem Überwechseln ländlicher Sprecher in städtische Beschäftigungsverhältnisse mit niedrigem Prestige und in schnell anwachsende Ghettos zusammen.

Wenn der ländliche Sprecher in der Stadt ankommt, stellt er meistens fest, daß man sich über seine ländliche Sprechweise lustig macht. Sogar wenn sie ein Kennzeichnen lokaler Identität war, und damit zuhause eine Quelle des Prestiges, kann er sich des provinziellen Charakters seiner Sprache schon bewußt gewesen sein, bevor er in die Stadt kam. Als Folge sehen wir oft eine schnelle Umwandlung der hervorstechenderen Merkmale der ländlichen Dialekte, sobald Sprecher in die Stadt kommen.

In den USA hat die Wanderung der schwarzen Bevölkerung aus dem Süden in die Städte des Nordens die Schaffung eines einheitlichen Kastendialekts hervorgebracht – das Black English Vernacular von Harlem und anderen Stadtzentren (inner cities). Schwarze Sprecher in kleineren Gemeinschaften, die von diesem Prozeß der Dialektverschmelzung nicht betroffen sind, tendieren dazu, an den sprachlichen Veränderungen, die um sie herum vorgehen, teilzunehmen. Aber in den größeren Ghettogebieten stellen wir fest, daß schwarze Sprecher an einem sehr andersartigen System von Wandlungen teilnehmen, das keine direkte Beziehung hat zur charakteristischen Struktur der Gemeinschaft von Weißen (Labov et al. 1968).

Zunächst zeigt sich, daß die extremen ländlichen Formen stigmatisiert werden: lexikalische Elemente wie *tote*, Hilfsverben wie *done* oder *liketo* (= 'almost' ('fast')) werden weniger oft gebraucht. Die charakteristischen Vokalstrukturen der südlichen Regionaldialekte werden modifiziert. Diese Unterschiede sind so extrem, daß der Laut [dæ] in Alabama 'die' (sterben), aber in South Carolina 'deer' (Rotwild) bedeuten kann. Aber solche radikalen Lautverschiebungen werden in den Städten im Norden ausgeglichen: Das /ay/ von *die* ist nach hinten verschoben zu [daᵉ], [da:ᶜᵋ] oder [dæ>:], und *deer* ist [di:ə] oder [de:ə]. Die phonologischen Grundstrukturen, die mit der Grammatik interagieren – Konsonantengruppenvereinfachung, Vokalisierung von *r* und *l*, Tilgung der Kopula – bleiben im Bereich der Ghettogebiete des Nordens bemerkenswert konstant. Flexionsmorpheme, die im ursprünglichen südlichen Black English fehlen, wie das *–s* der dritten Person Singular, treten nicht auf. Syntaktische Strukturen der südlichen Umgangssprache werden beibehalten oder erweitert, so im Fall von Negativangleichung und -inversion (*Ain't nobody see that*). Das Endergebnis ist das Black English Vernacular – ein konsistenter Kastendialekt, der für Sprecher zwischen 6 und 20 Jahren ziemlich konstant ist und eine bemerkenswerte geographische Einheitlichkeit und Widerstandsfähigkeit gegenüber Übernahmen aus dem Standardenglischen auf dem Weg über das Schulsystem besitzt. Sprecher in Boston, Newark, Cleveland, Detroit, Chicago, New Orleans, St. Louis, Houston, San Francisco und Los Angeles weisen mit überraschender Regelmäßigkeit diese grammatischen Strukturen auf.

Ähnliche Prozesse scheinen in anderen Sprachen zu operieren, und zwar überall dort, wo große städtische Zentren sich auf Kosten des Hinterlands entwickeln. In der traditionellen Literatur, von der in Abschnitt 1 die Rede war, wird die gesellschaftliche Einbettung des Sprachwandels im Sinne einer Ausbreitung der Prestigemuster in großstädtischen Zentren wie London und Paris diskutiert. Die Herausbildung gering angesehener Dialekte der Arbeiterschicht ist eine Erscheinung von gleichem linguistischem Interesse; sie verkörpert zwei wichtige sprachliche Trends der letzten paar Jahrhunderte: den Verfall der lokalen Dialekte und die Zunahme der vertikalen Schichtung in der Sprache.

Diese rasch vor sich gehende Sprachmischung scheint einer Art klassischem strukturellem Reduktionismus zu folgen, und es wäre nicht schwer zu argumentieren, sie sei ein Subtyp des gleichen Prozesses, der auch Kontaktsprachen hervorbringt. Wie die Geschichte verschiedener kreolischer Sprachen zeigt, ist das rasche Ergebnis plötzlichen Kontakts zweier unähnlicher Strukturen oft der kleinste gemeinsame Nenner von beiden, begleitet von einem starken Druck in Richtung auf eine Vereinfachung der Flexion (vgl. Hymes 1971 für verschiedene Auffassungen zur Entstehung von Pidgins und Bickerton 1971b für eine entgegengesetzte Position). Eine der universellen, den Wandel betreffenden Beschränkungen scheint hier wirksam zu sein — daß in Kontaktsituationen Verschmelzungen sich auf Kosten von Distinktionen ausbreiten (Herzog 1965:211). Wenn wir jedoch unser linguistisches Verständnis darauf verwenden wollen, solche Verschmelzungen vorauszusagen, müssen wir zuerst die Existenz heterogener Dialekte als die übliche, ja die normale Form von Sprachsystem anerkennen. Nicht jeder Linguist ist gewillt, dies zu tun. Wyld und Kökeritz versuchten, die Reorganisation (realignment) der −ea− Wörter als das Ergebnis der Aufwärtsbewegung eines regionalen Dialekts innerhalb des Londoner Systems zu erklären. Halle jedoch zog es vor, in dieser Sache von jedem sozialen Beleg zu abstrahieren (1962) und die Geschichte von *mate, meat* und *meet* zu diskutieren, als handle es sich um Elemente in der von Chomsky und Martinet konstruierten homogenen Sprachgemeinschaft.

Die Rolle der Frauen

Gauchats elegante und überzeugende Untersuchung belegte die Variabilität der Mundart (patois) von Charmey, die Existenz von fortschreitendem Wandel und die Rolle der Frauen bei der Förderung des Sprachwandels. Immer wieder stellte Gauchat fest, daß Frauen mehr von den neueren sprachlichen Formen benutzten als Männer (1905:205, 209, 211, 218, 219, 224−26).

1. Die Palatalisierung von ł → y erwies sich als variabel bei 30- bis 40-jährigen Sprechern; sie war regelmäßig bei denen unter 30. Bei den über 40-jährigen zeigten nur Frauen dieses Merkmal.[20]

----

20 Gauchat berichtet, daß eine 63-jährige Frau die Liste von Wörtern mit ł durchgehend mit *y* sprach: *viyo* (veclu), *Pyare* (plorat), *byatse* (blanca) usw.

2. θ → h variabel für postverbale Pronomen, so daß für *veux-tu* unter der jüngsten Generation, unter 30, und "besonders unter Frauen": [vuθo → vuho].
3. a^O → ā ist in der älteren Generation variabel, und Frauen wenden die Regel
häufiger an als Männer. Laurent Rime, 59, sprach *douce* als [da^{O}θə] aus;
seine Frau Brigide, 63, sagte [dāθə].
4. ɒ → a^O, variabel in der mittleren Generation, regelmäßig in der jüngsten.
"Wie immer schlagen Frauen diese Richtung leichter ein . . . als Männer."

Gauchat verlieh seiner Beobachtung weiteren Nachdruck, indem er andere
Beispiele aus der Geschichte des Französischen zitierte, in denen die Pariser
Frauen als Initiatoren von Sprachwandel dargestellt werden. Wir können auf
ähnliches Verhalten in der Evolution des Englischen von New York verweisen,
und hier ist die Struktur der Geschlechtsunterschiede sogar noch reichhaltiger.
Ein ums andere Mal stellen wir fest, daß Frauen in ihrer eigenen zwanglosen
Sprechweise die fortgeschrittensten Formen gebrauchen und schärfer zum
anderen Extrem hin korrigieren, wenn sie sich eines formalen Stils bedienen.
Tab. 5–11 vergleicht Männer und Frauen in bezug auf ihre Hebung von gespanntem, kurzem *a*, (eh), in drei Stilen. In zwanglosem Stil gebrauchen Frauen
mehr hohe Vokale um (eh)-10 = [i ˅:ə] und zeigen einen Modalwert um (eh)-20
oder [e:˅ə]. Aber wenn sie Wortlisten mit (eh)-Elementen lesen, geraten Frauen
ins andere Extrem mit einem Modalwert um (eh)-40 = [æ:]. Männer andererseits
verschieben ihren Modalwert nur um eine Einheit, von (eh)-22-26 nach

Tabelle 5–11
Vergleich von Männern und Frauen für (eh) und (oh) in New York

Variable		Stil* A Männer	A Frauen	B Männer	B Frauen	C Männer	C Frauen
(eh)	10–13	–	1	–	–	–	–
	14–18	1	4	–	2	1	–
	19–21	3	10	3	9	1	2
	22–26	4	6	7	9	–	5
	27–32	3	4	11	12	8	9
	33–39	4	4	3	5	4	14
	40–42	1	2	–	6	4	16
		16	33	24	43	18	46
(oh)	10–13	3	4	–	1	–	3
	14–18	3	10	4	10	2	5
	19–21	4	14	7	7	5	13
	22–26	3	5	8	16	5	4
	27–32	3	4	5	10	5	8
	33–40	1	1	–	2	1	10
		17	38	24	46	18	43

* Kontextbezogener Stil: A = zwangloses Sprechen, B = gewähltes Sprechen, C = Lektüre
von Wortlisten.
Quelle: Labov (1966a:313)

(eh)-27-32. Unsere instrumentellen Untersuchungen bestätigen diese impressionistischen Tabellen: Frauen sind in der Hebung von (eh) den Männern fast eine ganze Generation voraus (Labov, Yaeger und Steiner 1972; Kap. 3).

Wir finden die gleiche Struktur in Detroit, wo Frauen in der extremeren Hebung dieses Vokals klar führen, und in Chicago ebenso. Fig. 5–2 (S. 120) zeigt die extreme Rotation des Vokalsystems in Chicago, das wir als Beispiel für junge Sprecher aus der Arbeiterschicht anführten; wieder sind es die Frauen in dieser Gruppe, die die extremeren Formen aufweisen. In Shuys Untersuchungen der Sprache von Detroit (Shuy, Wolfram und Riley 1967) finden wir durchgängig die gleiche Struktur – daß Frauen eher Verschiebungen aufweisen als Männer. Shuys ursprünglicher Bericht zeigte eine größere Verschiebung in Richtung auf Prestigeformen in formalem Stil, und unsere laufenden spektrographischen Untersuchungen bestätigen die vorgerückte Position der Frauen bei der Hebung von /æ/ und bei der Verschiebung von /a/ nach vorn im Vernacular.

Warum tun Frauen dies? Es kann nicht einzig ihre Sensibilität für Prestigeformen sein, da das nur die Hälfte der Struktur erklärt. Wir können sagen, daß sie sensibler sind für Prestigemuster, aber warum bewegen sie sich überhaupt schneller und nehmen die Spitzenposition ein? Unsere Antworten sind im Moment nicht besser als Spekulationen, doch es ist offensichtlich, daß dieses Verhalten der Frauen eine wichtige Rolle im Mechanismus des Sprachwandels spielen muß. Soweit Eltern die frühe Sprache von Kindern beeinflussen, tun dies insbesondere Frauen: es steht außer Zweifel, daß Frauen mehr mit kleinen Kindern sprechen als Männer und einen direkteren Einfluß ausüben während der Jahre, in denen Kinder sprachliche Regeln mit der größten Geschwindigkeit und Wirksamkeit ausbilden. Es scheint plausibel, daß das Tempo der Fortentwicklung und die Richtung eines Sprachwandels in großem Maß von der besonderen Sensibilität der Frauen für den ganzen Prozeß abhängen.

Es wäre ein schwerwiegender Irrtum, ein allgemeines Prinzip aufzustellen, nach dem Frauen im Verlauf des Sprachwandels immer führen würden. Die Zentralisierung von /ay/ und /aw/ auf Martha's Vineyard wurde vor allem bei männlichen Sprechern festgestellt; Frauen zeigten hier eine viel schwächere Tendenz. Trudgill (1974) zeigt in Norwich, daß Frauen mehr von Standardformen beeinflußt sind als Männer, daß Männer jedoch im Gebrauch neuer Vernacularformen in zwangloser Sprechweise führend sind. Dies scheint allgemein zuzutreffen für eine Anzahl von Lautveränderungen, die in englischen Großstädten vor sich gehen. Die korrekte Verallgemeinerung ist also nicht, daß Frauen im Sprachwandel führend sind, sondern vielmehr, daß die geschlechtsbezogene Differenzierung der Sprache oft eine entscheidende Rolle im Mechanismus der sprachlichen Evolution spielt.

Uns liegen nun Daten vor, die jene vor immer größere Schwierigkeiten stellen, die behaupten, Sprachwandel sei unabhängig von sozialer Variation. Die geschlechtsbezogene Differenzierung, mit der wir uns beschäftigen, hängt eindeutig von Strukturen sozialer Interaktion im täglichen Leben ab. Der Unterschied zwischen Männern und Frauen kann nicht auf Schwächen in den Kommunikationsnetzen beruhen, wie Bloomfield behauptet, oder auf dem Gesetz des geringsten Energieaufwands nach Sweet. In den Gemeinschaften, die wir untersucht haben, gibt es keine Schranke, die Männer und Frauen daran hindert, miteinander zu sprechen, und keinen Grund anzunehmen, Frauen seien fauler als Männer. Wenn irgend etwas, dann verwenden Frauen mehr Anstrengung auf die Sprache, wie wir an der extremen Verschiebung nach vorn in den Vokalsystemen von Frauen in der laufenden spektrographischen Arbeit beobachten. Wir haben es hier mit einem wirksamen Faktor zu tun, der auf der Grundlage eines komplizierten Systems konventioneller gesellschaftlicher Werte funktioniert. Es gibt natürlich physische Unterschiede zwischen den Sprechorganen von Mann und Frau, die berücksichtigt werden müssen, und die geringere Länge der weiblichen Stimmtrakte deutet auf höhere Formantenpositionen hin. Aber I. Mattingly hat gezeigt, daß an der unterschiedlichen Ausbildung der Sprache von Männern und Frauen auch konventionelle, gesellschaftliche Faktoren beteiligt sein müssen. Eine Durchsicht der Daten von Peterson und Barneys zur Vokalidentifikation zeigte eine relativ geringe Korrelation dieser Formantenunterschiede von einem Vokal zum anderen; eine rein physikalische Erklärung würde vergleichbare Verschiebungen bei allen Vokalen ergeben (1952). Unsere spektrographischen Untersuchungen zeigen, daß in vielen Dialekten der Unterschied viel mehr als eine aufwärtsgerichtete Verschiebung ist: Frauen gebrauchen ein breiteres Spektrum von Formantenpositionen, das über die Formantenpositionen der Männer in allen Richtungen hinausgeht, wobei zwischen Vokalpositionen viel größere Entfernungen liegen. Der geschlechtsspezifische Unterschied zwischen Sprechern ist deshalb nicht ein Produkt nur der physikalischen Faktoren oder der verschiedenen Mengen an referentieller Information durch die Sprecher, sondern eher eine expressive Haltung, die gesellschaftlich dem einen oder dem anderen Geschlecht mehr angemessen ist. Auf Martha's Vineyard sind Männer "kürzer angebunden" als Frauen und gebrauchen eingeengtere Bereiche des Lautbildungsraums. Dagegen gebrauchen Frauen in New York und Philadelphia weitere Bereiche des Lautbildungsraums als Männer, verbunden mit extremerer Lippenöffnung und Lippenrundung für Vokale und mehr Zungenblattaffrikatisierung (blade-affrication) und Palatalisierung von Konsonanten.

Umstrukturierung früher Muster unter dem Einfluß der Peer-Group

Die meisten Modelle und Untersuchungen zum Spracherwerb nehmen die Interaktion zwischen Mutter und Kind als den gesellschaftlichen Kontext des Erlernens von Sprache an (Brown und Bellugi 1964; Bloom 1970). Der Einfluß anderer Kinder und gleichaltriger Kameraden (peers) außerhalb der Familie wird meistens nicht berücksichtigt. So wissen wir also nicht, mit wem Adam und Eve in Browns Untersuchungen spielten, und wenn Adam plötzlich im Alter von vier Jahren mit Negativangleichung sowohl bei Indefinita als auch bei Verben nachhause kommt, wird dies als eine rein interne Entwicklung interpretiert, da er diese Formen ja innerhalb seiner Familie nicht zu hören bekommt. Halles Modell des Sprachwandels ist völlig auf die Interaktion zwischen Eltern und Kind aufgebaut: der Vater oder die Mutter fügen ihrer Grammatik später im Leben neue Regeln hinzu, und das Kind bildet eine neue Grammatik, die diese komplexere Struktur einer einfacheren eingliedert (1962).

Der Haken bei diesem Modell ist, daß Kinder nicht wie ihre Eltern sprechen. In der großen Mehrzahl der Fälle, die wir untersucht haben, oder auf die wir gestoßen sind, folgen Kinder dem Muster ihrer gleichaltrigen Kameraden.

Ich kann zahlreiche Beispiele aus meiner eigenen Erfahrung anführen, wozu jeder Linguist imstande ist, der sich mit dem Problem befaßt hat. Die Dialektologie liefert zu diesem Punkt beweiskräftiges Material. Obwohl Dialektologen prinzipiell Informanten vorziehen, deren Familie in der dritten Generation in einer bestimmten Gegend wohnt, findet man selten einen Sprecher der zweiten Generation, der Nachwirkungen der andersartigen Regeln seiner Eltern zeigte. In der Untersuchung der Lower East Side (Labov 1966a) waren die große Mehrzahl der Informanten New Yorker der zweiten Generation, aber die regelmäßige Evolution des Vokalsystems von New York erschien in ihrer Sprache genauso wie bei Befragten der dritten und vierten Generation. Die kritischen Fälle waren die, die in den ersten Lebensjahren nach New York gekommen waren. Wenn wir davon ausgehen, daß die formende Periode für einen muttersprachlichen Sprecher ungefähr zwischen 4 und 13 Jahren liegt, ist es sinnvoll anzunehmen, daß eine Person zumindest die Hälfte dieser Jahre in New York verbracht haben müßte, um die Struktur von New York anzunehmen. Es stellte sich heraus, daß dies der Fall war: diejenigen, die älter als mit 8 in die USA gekommen waren, stachen in jeder Tabelle und Abbildung als Ausnahmen hervor. Für diejenigen, die aus einem anderen Dialektraum innerhalb der USA nach New York gezogen waren, schien die kritische Trennungslinie bei 10 Jahren zu liegen.

Umstrukturierung ist ein seltsam unspezifizierter Begriff. Werden die frühen, von den Eltern gelernten Regeln einfach fallengelassen, verlernt, abgeändert? Oder werden sie beiseitegelegt, aber bleiben als potentielle Regeln der Grammatik bestehen? Es ist auch möglich, daß Umstrukturierung nie innerhalb der Muttersprache selbst stattfindet: daß niemand Regeln des Vernacular verlernt, sondern einfach neue hinzufügt. Es kann sein, daß die Dialekte, die von Gleichaltrigen gelernt werden, nur solche Regeln betreffen, die in den von den Eltern gelernten Grammatiken nicht spezifiziert waren. Eine detaillierte empirische Untersuchung dieses Prozesses der Umstrukturierung ist deshalb zur Klärung solcher Fragen erforderlich, wenn wir verstehen wollen, wie das Grundvernacular sich wandelt.

Ein strategisch günstiges Untersuchungsfeld für eine solche Studie ist eine Gemeinschaft mit vielen Familien, die von anderen Dialektgebieten mit gleichem oder höherem Prestige zugezogen sind. Hier könnten wir die allmähliche Umstrukturierung oder zusätzliche Entwicklung in den Dialektstrukturen von Kindern beobachten, die mit einem schon zu einem gewissen Grad ausgebildeten Dialekt in die Gemeinschaft kommen. Eine Voruntersuchung dieser Art wurde in der fünften Klasse in Radnor, einem Vorort von Philadelphia, in dem ungefähr die Hälfte der Eltern aus anderen Dialektgebieten kommen, durchgeführt. Ich habe die phonologischen Strukturen etlicher, aus Eigeninitiative zustandegekommener Peer-Groups von 11-jährigen Jungen untersucht; die relevanten sprachlichen Muster einer solchen Gruppe gehen aus Tabelle 5—12 hervor. Jim und Charlie haben einheimische Eltern und wuchsen in Radnor auf; Ken kam mit 8 Jahren aus Worcester, Mass.; Tim kam mit 7 aus Cleveland. Ken und Tim sind zwei der beliebtesten und angesehensten Mitglieder der Klasse — Tim ist Klassensprecher und Charlie ist bei einer Reihe von Sportarten unter den besten.

Tabelle 5–12
Erwerb des Lautsystems von Philadelphia durch vier Heranwachsende

	Jim W.	*Charlie C.*	*Tim M.*	*Ken A.*
Alter	11	11	11	11
Geburtsort	Radnor, Pa.	Radnor, Pa.	Cleveland, O.	Springfield, O.
nach Radnor gezogen im Alter von	–	–	7	8
Spannung und Hebung von kurzem a:				
vor stimmlosen Reibelauten (anterior)	11/12	4/7	<u>0/7</u>*	<u>1/5</u>
Nasalen (anterior)	19/19	4/4	3/3	6/6
stimmlosen Verschlußlauten	0/9	1/7	0/2	0/2
Zentralisierung von /ay/ vor:				
stimmlosen Konsonanten	19/19	11/11	12/12	<u>0/2</u>
stimmhaften und Endkonsonanten	0/22	3/9	0/4	0/2
Unterscheidung von tiefen Hinterzungenvokalen:				
kurze offene /ǫ̌/ Phone	ɑᶜ, ɑ	ɑᶜ, ɑ	ɑ	<u>ɒ</u>
lange offene /ǭ/ Phone	ɔᵛ, oᵛ	ɔᵛ, oᵛ	ɔ	<u>ɒ</u>
Verschiebung hoher Hinterzungenvokale nach vorn:				
/ow/ Kerne	ə	ə	ə	ə
/owl/ Kerne	o	o	o	o
/uw/ Kerne	ʉ	ʉ	ʉ	ʉ
/uwl/ Kerne	u	u	u	u

* Unterstreichungen:
die ursprüngliche Dialektstruktur ist erhalten und verschieden von der von Philadelphia.

Tab. 5–12 zeigt, daß Ken und Tim die besonderen Regeln von Philadelphia für die Verschiebung von /uw/ und /ow/ nach vorne gelernt haben; sie zeigen die strikte Unterscheidung der Gegend von Philadelphia zwischen den zentralen Allophonen, die für die meisten Vokale gebraucht werden, und den hinteren, nicht nach vorne verschobenen Vokalen vor /l/. Darüberhinaus hat Tim das nach hinten verschobene und zentralisierte Allophon von /ay/ vor stimmlosen Obstruenten, mit dem scharfen Kontrast zwischen diesem und dem in Endstellung etwas nach vorne verschobenen Kern erworben. Andererseits haben weder Ken noch Tim die komplexen Bedingungen für die Spannung von kurzem *a* in Philadelphia mitbekommen. Sie spannen *a* nicht vor vorderen Nasalen, stimmlosen Reibelauten und *mad, -bad, -glad* vor /d/, außer bei Funktionswörtern und unregelmäßigen Verben mit entsprechender Berücksichtigung folgender Morphemgrenzen, wie es gute Philadelphianer tun, sondern folgen viel einfacheren Strukturen, die charakteristisch für die Gegenden ihrer Herkunft sind: Spannung und Hebung vor Nasalen, ohne Rücksicht darauf, ob es sich um Funktionswörter oder lexikalische Wörter, geschlossene oder offene Silben oder sonst eine der anderen tiefliegenden Unterscheidungen des Regelsystems von Philadelphia handelt. Darüberhinaus hat Ken den für das östliche New England typischen Zusammenfall von kurzem und langem offenem *o* in *hock* und *hawk* auch nach drei Jahren nicht rückgängig gemacht. Die Regeln auf höherer Ebene scheinen unverändert zu bleiben, während die Bedingungen auf niedrigerer Ebene sich zur Struktur von Philadelphia hin gewandelt zu haben scheinen. Der Zusammenfall von *hock* und *hawk* ist recht allgemein in seiner Anwendung und hängt nicht von irgendwelchen früheren Regeln ab: wenn er vollständig ist, gibt es eine umfassende Umstrukturierung im Lexikon, die nur schwer wieder rückgängig gemacht werden kann. Die Spannungsregel für kurzes *a* ist relativ abstrakt; ihr folgen eine Reihe von Regeln, darunter die Hebungsregel, die Regel zur Bildung interdentaler geschlagener Konsonanten (flaps) und die Tilgung grammatischer Grenzen.

Wenn Kinder mit drei oder vier Jahren in ein neues Dialektgebiet kommen, scheinen sie die Grundstruktur der neuen Gegend zu übernehmen. Aber wir verfügen zu diesem Punkt über keinerlei systematische Untersuchungen, und viele Fragen sind offen. Für die Fünftkläßler in Radnor gibt es keine Belege für eine Umstrukturierung. Es ist möglich, daß ein kleineres Kind, wenn es in den Einfluß seiner Peer-Group gerät, die meisten der Regeln, die von Dialekt zu Dialekt unterschiedlich sind, noch nicht gebildet hat, und daß es bloß solche Regeln hinzufügt, die mit seinen eigenen nicht in Konflikt geraten. Aber es ist auch möglich, daß 6-jährige Kinder tatsächlich ein Regelsystem zugunsten eines anderen aufgeben. Dies ist gewiß ein entscheidendes Gebiet für die weitere Forschung.

Ein Fall, wo der Einfluß der Familie den der Peer-Group übertrifft, ist von Kostas Kazazis aus seiner eigenen Erfahrung berichtet worden (1969). Dabei handelt es sich um in Athen gebürtige Teenager der Mittelschicht, deren Eltern oder Großeltern aus Istanbul gekommen waren. Der Dialekt von Istanbul unterscheidet sich ganz deutlich vom Griechischen Athens: ein auffallendes Merkmal ist der Gebrauch des Akkusativs für indirekte Objekte anstelle des Genitivs. Obwohl die Istanbuler Jugendlichen viel mit den anderen zusammen waren und sich unter beträchtlichem Druck befanden, ihre Sprache zu verändern, taten sie dies nicht. Die Stärke und das Prestige der familiären Bindungen und der Wert der Identifikation mit Istanbul scheinen groß genug gewesen zu sein, um solchem Druck standzuhalten.

Doch die Kräfte, die zur Übereinstimmung drängen, sind offensichtlich ziemlich allgemein wirksam. Das Überleben unterschiedlicher Dialekte in benachbarten Ortschaften in der deutschsprachigen Schweiz ist ein interessanter Fall, der ebenfalls hierher gehört. Enderlin (1913) berichtete von Kesswil, daß bis zu 40% der Frauen aus anderen Dörfern kamen und folglich einen anderen Dialekt sprachen. Sie wurden stark verspottet wegen ihrer fremdartigen Sprache und nahmen bald die meisten Merkmale des Kesswiler Dialekts an. Hier wird die bemerkenswerte Heterogenität der Gegend als Ganzes durch die Zwänge zur Homogenität innerhalb des Dorfs unterstützt.

Wir müssen auf jeden Fall anerkennen, daß es viele Arten von Prestige und viele Arten von Rückhalt für Minderheitendialekte gibt. Zahlen allein erklären die Richtung nicht, die der Sprachwandel nimmt, noch tut dies die bloße Interaktionshäufigkeit.

5. Das Bewertungsproblem: Subjektive Reaktionen auf Sprachwandel

In unserer Untersuchung zur Einbettung des Sprachwandels in seine gesellschaftliche Matrix haben wir anhand vieler Beispiele gesehen, wie die neue Form in
einer bestimmten Schicht von Sprechern, oft einer Gruppe mit niedrigerem
Status, am raschesten Fortschritte macht und sich dann wellenartig von diesem
Zentrum nach außen ausbreitet. Wenn wir bedenken, daß die anderen Gruppen
die neue Form von der Gruppe, in der sie ihren Ausgang nahm, "entlehnen",
müssen wir Tardes Gesetz (1913) infragestellen, nach welchem Entlehnung
immer aus Gruppen mit höherem in solche mit niedrigerem Prestige erfolgt.
Wenn Bloomfield recht hätte, wäre die Lösung für das Bewertungsproblem
zu sehr eine Vereinfachung: Menschen würden einfach Verhalten nachahmen,
das mit den über ihnen Stehenden verknüpft ist. Das tun sie nicht; tatsächlich
wurde mir das primäre und grundlegende soziolinguistische Problem von einer
Frau der oberen Mittelschicht gestellt, die sagte: "Warum sage ich [ɒɪ], wenn
ich es nicht will?"

Sogar die Vorstellung des "Entlehnens" ist unzureichend, wenn wir die anderen beiden Hauptfaktoren im Sprachwandel betrachten. Wir haben für eine Reihe
von Gegenden gesehen, daß Frauen die neuen Formen leichter übernehmen als
Männer, und den starken Einfluß bemerkt, den Peer-Groups von Heranwachsenden auf den Wandel der Sprache ihrer Mitglieder haben. Diese objektiven Korrelationen sprechen stark dafür, daß irgendein Mechanismus sozialer Interaktion
am Werk ist, der nicht das Produkt einfacher struktureller Zwänge oder einfacher
Imitation sein kann. Es scheint, daß soziale Variation eine systematische Rolle
im Sprachwandel spielt; um zu sehen wie, müssen wir feststellen, welche soziale
Information durch diese Variation vermittelt wird. Der Begriff des "Prestiges"
muß sowohl nach den Kriterien der Leute, die ihn gebrauchen, als auch nach der
Situtation, in der er gebraucht wird, definiert werden; das heißt, er muß aus dem
Bereich der Spekulation herausgeholt und zum Mittelpunkt empirischer Unter-
suchung gemacht werden. Andere Dimensionen expressiver gesellschaftlicher
Information, die von neu auftauchenden sprachlichen Formen transportiert
wird, müssen ebenfalls erforscht werden.

Nicht jeder Sprachwandel trifft auf offenkundige gesellschaftliche Bewertung
oder auch nur auf Aufmerksamkeit. Einige scheinen weit innerhalb der Schwelle
offenkundiger gesellschaftlicher Reaktionen zu liegen, so z.B. die Veränderungen, die Gauchat untersucht hat. Die Sprecher von Charmey wollten diese Unterschiede, sogar wenn sie mit ihnen konfrontiert wurden, nicht wahrhaben: "Wir
sprechen alle auf dieselbe Weise!" (1905:202)

Das gleiche kann von der Reaktion der Vineyarder gesagt werden, die mit
Veränderungen in ihrer Aussprache von /ay/ und /aw/ konfrontiert wurden.
Wenn die Inselbewohner über Sprache reden, konzentrieren sie sich eher auf
einen speziellen seemännischen Jargon ("sie sprechen salzig" ("talking salty")),
als auf systematische Ausspracheregeln.[21] Grammatische Veränderungen ent-

----

21 Es gibt einige Anzeichen für ein gesellschaftliches Bewußtsein bezüglich der Ausspra-
    chestile auf Martha's Vineyard. Eines der deutlichsten Beispiele für die Zentralisierung
    von /ay/ und /aw/ ist ein junger Mann, der aufs College ging und zurückkehrte, um
    geschäftliche Aktivitäten an den Docks von Chilmark zu entwickeln. Seine Mutter stellte

gehen der allgemeinen Aufmerksamkeit schwerer, aber genau dies ist bei der Entwicklung des positiven *anymore* im mittleren Westen der Fall, das 'heutzutage' bedeutet in "That's the way it is with airplanes anymore" ("So ist das mit Flugzeugen heutzutage"). Dieses regionale Merkmal ist überall in der Midland-Region fest verankert, doch den meisten Sprechern ist es so gut wie nicht bewußt. Ich kann den folgenden typischen Dialog aus Cleveland belegen:

> W.L.: In dieser Gegend, kann man da sagen: "We go to the movies anymore?"
>
> Verkäuferin: Nein, wir sagen "show" oder "flick".

So augenfällig diese Ausbreitung des unbestimmten Adverbs einem Linguisten scheinen mag, so kommt sie doch von der Öffentlichkeit unbemerkt zustande. Eine Textüberschrift in einer *Life*-Ausgabe von 1969 lautete: "What it Takes to be a Lady Author Anymore" ("Was dazugehört, heutzutage als Frau zu schreiben"). Aber ich konnte bei keinem der Leser, die ich traf, irgendeine spontane Reaktion darauf feststellen.

Es gibt eine Anzahl systematischer Veränderungen, die im Englisch der westlichen USA stattfinden, und die keine sichtbare gesellschaftliche Bedeutung haben. In den meisten Gegenden geht der spontane (unconditioned) Zusammenfall der tiefen Hinterzungenvokale in *hock* und *hawk*, der zwei sehr große Gruppen von Wörtern betrifft, unbemerkt oder kommentarlos vonstatten. Cook zeigt, daß die Verschiebung von (aw) nach vorne in Salt Lake City von geringem gesellschaftlichem Belang ist und fast keine stilistische Verschiebung bedeutet (1969). In unseren jüngsten Untersuchungen in Utah haben wir eine vor sich gehende Verschmelzung einer Anzahl von Vokalen vor auslautendem /l/ beobachtet, so daß *fool* = *full*, *feel* = *fill* und weitere Paare in einigen Vierteln der Arbeiterschicht zusammenfielen. Aber diese Verschmelzungen werden von niemandem berichtet und scheinen im Bewußtsein der Gesellschaft keinen Eindruck hervorzurufen.

Zusammenfassend läßt sich sagen, daß neue sprachliche Veränderungen in ihren frühesten Stufen nur selten so bewußt werden, daß die Gesellschaft über sie spricht, und daß selbst in ihren fortgeschrittensten Stadien nicht alle Veränderungen zum Mittelpunkt bewußter Aufmerksamkeit werden. Aber zur sozialen Bewertung gehört weitaus mehr als nur die offenkundigen Reaktionen, die muttersprachliche Sprecher zu zeigen imstande sind. Das Problem, wie es bislang dargestellt wurde, ist beherrscht von der Oberflächlichkeit der Beobachtungen. Die traditionelle Literatur zur sozialen Bewertung beschränkt sich einerseits auf anekdotische Belege offenkundiger Reaktionen auf grobe Stereotypen und andererseits auf Spekulationen von Linguisten soweit sie die Leistungsfähigkeit und Ökonomie der Sprache betreffen. In den vergangenen beiden Jahrzehnten jedoch wurde mithilfe der "*Doppelrollen*"-Technik ("matched guise" technique) in der Messung unbewußter sozialer Reaktionen auf Sprache ein beträchtlicher Fortschritt erzielt.

----

fest, er habe erst wie die Männer auf den Docks zu sprechen begonnen, als er zurückkam, aber sie konnte kein spezielles Merkmal seiner Aussprache anführen.

Die Arbeit von Lambert, Tucker und ihren Mitarbeitern an der McGill University hat uns eine solide Methodologie und eine Anzahl empirischer Prinzipien für die Untersuchung subjektiver Reaktionen geliefert (Lambert 1967). Die Grundtechnik besteht darin, Hörer mit einer Serie von auf Tonband aufgenommenen Passagen zu konfrontieren, unter denen sich bilinguale Sprecher befinden, die in "zweierlei Rollen" ("matched guises") auftreten. Diese Sprecher kontrastieren Englisch und kanadisches Französisch (Lambert et al. 1960), kanadisches Französisch und europäisches Französisch (Preston 1963), Arabisch und Hebräisch (Lambert, Anisfeld und Yeni-Komshian 1965), Rundfunk-Englisch, Südstaatenenglisch der Weißen und der Schwarzen (Tucker und Lambert 1969) und so weiter. Die Hörer halten ihre Urteile über die Sprecher in einer Reihe von Persönlichkeitsmerkmalen fest: Intelligenz, Ehrlichkeit, Verläßlichkeit, Ehrgeiz, Aufrichtigkeit, Freundlichkeit, Geselligkeit, Humor und so weiter. Die unterschiedliche Einstufung des gleichen Sprechers in seinen verschiedenen Rollen gibt uns ein Maß für die unbewußte soziale Bewertung der beiden Dialekte oder Sprachen durch den Hörer, und ein paar zentrale Faktoren können aus der Menge der getesteten Attribute isoliert werden.

Von der Arbeit Lamberts und seiner Mitarbeiter können wir verschiedene wichtige Prinzipien ableiten:

1. Subjektive Bewertungen von sozialen Dialekten sind durch die Sprachgemeinschaft hindurch bemerkenswert einheitlich. Sprecher des kanadischen Französisch stimmen mit Sprechern des Englischen darin überein, daß sie ihre eigene Sprache bei den meisten dieser Persönlichkeitsmerkmale tiefer einstufen: in der französischen Version wurde der Sprecher als weniger intelligent, weniger verläßlich usw. wahrgenommen.

2. Bewertungen von Sprache sind gewöhnlich durch bewußte Befragung nicht zu erhalten, werden aber bereitwillig und konsistent in Form von Persönlichkeitsurteilen über verschiedene Sprecher ausgedrückt (Lambert, Anisfeld und Yeni-Komshian 1965). So konnte eine Untersuchung, die in Texas zu etlichen wohlbekannten soziolinguistischen Variablen durchgeführt wurde, keine signifikanten Reaktionen feststellen, weil alle der 16 konstruierten Dialektvariationen vom gleichen Sprecher aufgenommen waren (Baird 1969).

3. Alle Informanten erwerben diese Normen im frühen Jugendalter, aber Kinder aus der oberen Mittelschicht zeigen eine stärkere und dauerhaftere Reaktion. Brown übertrug die "Doppelrollen"-Technik auf sozioökonomische Unterschiede im kanadischen Französisch (1969), wobei er sich auf Teenager in der Rolle der Urteilenden konzentrierte. Seine Ergebnisse "sprechen stark für die Annahme, daß Sprache Motive und Werte ausdrückt." Urteilende jeglicher Herkunft zogen Sprecher des Französischen aus der Oberschicht solchen aus der Arbeiterschicht und das Englische dem Französischen vor, und zwar aufgrund eines allgemeinen "Kompetenz"-Faktors. Jungen von Schulen mit hohem Prestige zeigten Einstufungen, die denen erwachsener Urteilender näherlagen als die anderer Jungen, und zeigten damit, daß Erwachsenennormen unter Jugendlichen der oberen Mittelschicht früher erworben werden.[22]

----

22 Andererseits wurden Sprecher des Französischen bei einer Reihe von Attributen höher eingestuft, die, wenn man sie analysiert, den Faktor "Wohlwollen" enthalten.

Lambert beschäftigt sich in erster Linie mit der Auswirkung zugrundeliegender sozialer Werte auf das bilinguale Kind, den Sprachlerner und die zweisprachige Gemeinschaft. Diese Tests mithilfe der "Doppelrollen"-Technik kontrastieren nicht individuelle Merkmale der Sprache, sondern erheben undifferenzierte Reaktionen auf die Sprache oder den Dialekt als Ganzes. Eine vergleichbare Reihe von Tests der subjektiven Reaktion, die in New York durchgeführt wurden, unterschied sich auf zweierlei Weise. Die Sprecher tauchten in der Testreihe mit Sätzen wieder auf, die referentiell identisch und dazu in ihrem eigenen Dialekt gesprochen waren, aber mit unterschiedlichen Werten einer linguistischen Variablen. Zweitens waren die Skalen, die zum Messen von Reaktionen benutzt wurden, aus Situationen abgeleitet, die in der tagtäglichen sozialen Interaktion häufig auftreten: "Welches ist die höchste berufliche Stellung, die diese Person haben könnte, so wie sie spricht?"

Die New Yorker Untersuchungen (siehe Labov et al. 1968) haben die drei Prinzipien, die aus Lamberts Arbeit hervorgegangen sind, voll bestätigt. Ein weiterer Grundsatz tauchte auf:

4. Sprecher, die in ihrer eigenen natürlichen Sprache ein stigmatisiertes Element am häufigsten gebrauchen, zeigen die stärkste Tendenz, andere für ihren Gebrauch dieser Form zu stigmatisieren.

Wie dieses Prinzip operiert, können wir bei der Hebung von kurzem *a*, der (eh)-Variablen, und langem, offenem *o*, der (oh)-Variablen, beobachten. Wie wir oben gesehen haben, zeigen die Italiener eine größere Tendenz, den Vorderzungenvokal zu heben, während die Juden den Hinterzungenvokal bevorzugen. In subjektiven Reaktionstests stigmatisieren Italiener einen Sprecher (guise) mit einer hohen Aussprache von (eh) (wenn er [be:ᵊd] für *bad*, etc sagt) und stufen dieses Element konsistenter niedrig ein als andere Gruppen. Da New Yorker in diesem Punkt ein hohes Maß an Übereinstimmung zeigen, sind die Unterschiede gering, aber Tab. 5–13 zeigt, daß Italiener etwas konsistenter sind als die Juden.[23] Die sozioökonomische Differenzierung von Urteilenden in Tests der subjektiven Reaktion folgt dem gleichen Prinzip. Während Sprecher der Arbeiterschicht und der unteren Mittelschicht die größte Tendenz zeigen, den Vokal von *bad, ask, dance*, usw. zu heben, sind sie auch bei der Stigmatisierung dieses Verhaltens am konsequentesten, wie Tab. 5–14 zeigt. Sowohl in Tab. 5–13 als auch in Tab. 5–14 sehen wir, daß jüngere Sprecher eine deutliche Zunahme an Sensibilität für diese wohletablierte sprachliche Variable zeigen, und zwar im gleichen Maß, wie sie auch eine größere Tendenz haben, die stigmatisierte Form zu benutzen (siehe Tab. 5–10, S. 128).

----

23 Es handelt sich hier um eine Interaktion zwischen Schicht und ethnischer Gruppe. Die jüdische Untergruppe zeigt größere Aufwärtsmobilität und umfaßt in größerem Umfang Sprecher der unteren Mittelschicht, während das Sample der Italiener in größerem Umfang Informanten aus der Arbeiterschicht aufweist. Ethnische Zugehörigkeit scheint jedoch in der Tendenz, die Hebung von (eh) oder (oh) zu begünstigen, der vorherrschende Einfluß zu sein.

Tabelle 5–13

**Stigmatisierung von gehobenem (eh) in Tests der subjektiven Reaktion in Prozent
nach Alter und ethnischer Gruppe**

Altersstufe	Juden	Italiener	N	
20–39	86%	100%		
40–	81	88	14	6
alle Altersgruppen	82	91	28	15

Tabelle 5–14

**Stigmatisierung von gehobenem (eh) in Tests der subjektiven Reaktion in Prozent
nach Alter und sozioökonomischer Schicht**

Alter	Sozioökonomische Schicht				N			
	0–2	3–5	6–8	9				
8–15	100%	75%	100%	(100%)	7	8	6	1
16–19	86	100	100	75	7	12	4	4
20–39	75	90	100	80	4	10	11	5
40–	75	80	70	71	16	15	10	7

Die dramatischste Veränderung bei den subjektiven Reaktionen, die wir festgestellt haben, erfolgte als Antwort auf ein neu auftretendes Prestigeelement: die
Aussprache von auslautendem und präkonsonantischem /r/ in New York. [. . .]
In zwangloser Sprechweise zeigen diejenigen über 40 einige weniger *r*'s ohne irgendeine bestimmte Richtung; die unter 40 zeigen eine plötzliche Zunahme in
der Stratifikation, wobei die Gruppe mit dem höchsten Status [r] benutzt.
In den subjektiven Reaktionstests sehen wir eine Verschiebung von einer Zufalls-
reaktion bei den über 40-jährigen hin zur hundertprozentigen Übereinstimmung
für die unter 40: sie alle stufen unbewußt den gleichen Sprecher auf der Berufs-
skala höher ein, wenn [r] gesprochen wird, als wenn es nicht ausgesprochen wird.

Die bis hierher angeführten Tests der subjektiven Reaktion enthielten Reaktionen auf eine einzelne Berufseignungsskala, die sich strikt im dominierenden
Wertesystem der Mittelschicht hielt. Dies bringt uns zur Ausgangsfrage zurück:
warum verhalten sich Leute nicht so, daß ihr Verhalten mit den normenkonfor-
men Werten, die sie ausdrücken, in Einklang steht? Es gibt vier mögliche Antworten, die wir in Betracht ziehen könnten:

1. Sie sind zu träge oder zu nachlässig, die Normen zu gebrauchen, die sie
   anerkennen.
2. Unterschiedliche Kommunikationsstrukturen haben zur Folge, daß Sprecher
   der Unterschicht sich der subjektiven Normen der Oberschichtsprecher
   nicht bewußt sind.
3. Sogar wenn Unterschichtsprecher die Normen lernen, tun sie dies erst, wenn

es für sie zu spät ist, beständige produktive Kontrolle über die Prestigeformen zu erwerben.

4. Unterschichtsprecher wollen die Normen der Oberschicht nicht übernehmen; obwohl sie den vorherrschenden Normen in der Testsituation beipflichten, gibt es entgegengesetzte Wertsysteme, die die Vernacularformen unterstützen, und die in Tests der subjektiven Reaktion nicht erscheinen.

Wir können (1) als das Produkt eines Schichtbias zurückweisen; es gibt keinen Grund zu glauben, daß irgendeine Schicht ein Trägheitsmonopol besitzt. Die oben angeführten Belege schließen (2) aus. Die Tatsache, daß Sprecher in unterschiedlichem Alter subjektive Normen erwerben, und zwar mit unterschiedlicher Klarheit oder Rigorosität, scheint für (3) zu sprechen (Brown 1969, Labov 1966a). Wir finden strenge Evidenz für (4) in unserer jüngsten Arbeit zum Problem der subjektiven Reaktionstests in Harlem, wo wir zwei weitere Einstufungsskalen einführten: die "Freundschafts-" und die "Feindschaftsskala" (vgl. Labov 1970b).

Wenn man davon ausgeht, daß die gesellschaftliche Umgebung des Sprachwandels eine hierarchische, geschichtete Gesellschaft ist, so erobern nicht alle Prestigeformen die Gemeinschaft im Sturm, und nicht jeder Wandel von oben setzt sich durch. Die beste allgemeine Formulierung dieser Werteopposition ist noch immer die von Ferguson und Gumperz (1960):

1. Jede Gruppe von Sprechern der Sprache X, die sich als eine geschlossene soziale Einheit betrachtet, neigt dazu, ihre Gruppensolidarität dadurch auszudrücken, daß sie solche sprachlichen Neuerungen bevorzugt, die sie von anderen Sprechern, die der Gruppe nicht angehören, abheben.

2. Wenn alles andere gleich ist, und zwei Sprecher A und B einer Sprache X in dieser Sprache miteinander kommunizieren, und wenn A annimmt, B besitze mehr Prestige als er selbst, und danach strebt, mit B's Status gleichzuziehen, dann neigt die von A gesprochene Varietät von X zur Identität mit der von B gesprochenen.

Indikatoren, Marker und Stereotypen

Wir können die verschiedenen am Sprachwandel beteiligten Elemente entsprechend der Art von sozialer Bewertung klassifizieren, die sie erhalten. *Indikatoren* sind sprachliche Elemente, die in eine soziale Matrix eingebettet sind und soziale Differenzierung nach Alter oder sozialer Gruppe zeigen, aber keine Muster des Stilwechsels (pattern of style shifting) aufweisen und wenig Bewertungskraft zu haben scheinen. Der Zusammenfall von *hock* und *hawk* und die Erweiterung von *anymore* können als Beispiele genommen werden. *Marker* wie (eh) oder (r) zeigen sowohl stilistische als auch soziale Stratifikation. Obwohl sie unterhalb der Ebene bewußter Wahrnehmung liegen mögen, rufen sie regelhafte Reaktionen auf subjektive Reaktionstests hervor. *Stereotype* sind sozial gekennzeichnete Formen, die von der Gesellschaft eine markante Etikettierung erfahren haben. Im folgenden Unterabschnitt wollen wir uns mit den sprachlichen Veränderungen befassen, die durch solche Etikettierungen verursacht worden sind.

Die gesellschaftliche Stigmatisierung sprachlicher Formen (Stereotypisierung)

Ein gesellschaftliches Stereotyp ist eine gesellschaftliche Tatsache und Teil des Allgemeinwissens erwachsener Mitglieder der Gesellschaft; das ist auch dann wahr, wenn das Stereotyp mit keinem System objektiver Tatsachen übereinstimmt. Auf Stereotype wird von Mitgliedern der Sprachgemeinschaft verwiesen, und man spricht über sie; sie können ein allgemeines Etikett haben und einen charakteristischen Ausdruck, der in gleichem Maß den Zweck erfüllt, sie zu identifizieren.

1. "Brooklynese". Ein Stereotyp, das auf früheren Formen der Sprache der Arbeiterschicht in New York basiert, ohne Berücksichtigung der geographischen Lage. Ein charakteristisches Etikett ist *toity-toid street*, das sich auf die ältere Form des präkonsonantischen zentralen Mittelzungenvokals mit einem palatalen Gleitvokal (upglide) [əⁱ] gründet.
2. "Deses, dems, and doses". Allgemeines Kennzeichen der Arbeitersprache in den USA, das auf dem Gebrauch von interdentalen Verschlußlauten anstelle von interdentalen Reibelauten beruht.
3. "Bostonian", oft etikettiert als "Pahk your cah in the Hahvahd Yahd" (Parken Sie Ihr Auto im Hof von Harvard), basierend auf der r-losen Bostoner Struktur mit nach vorn verschobenem tiefem zentralem Vokal [a:].
4. "Broad a"-Aussprache (Aussprache "mit offenem a"), besonders für die Wörter *aunt* [ɑnt] und *bath* [bɑθ], gelegentlich karikiert als "Fahncy that" (Stellen Sie sich das nur mal vor!) [fɑnsiðat], Oberschichtsprechern in Großbritannien und New England zugeschrieben.
5. "Southern drawl" (südliches langsames, gedehntes Sprechen), basierend auf verschiedenen Imitationen südlicher Monophthonge, langer und zentrierender Vokale und besonders dem Wort *Y'all* (ihr alle) [jɔ:l].
6. "Outer Banks" von North Carolina, regional bekannt als "Hoi Toiders"; basierend auf der Aussprache von *high tide* (Flut) als [hɔⁱtɔⁱd] und der allgemeinen Hebung und Verschiebung von /ay/ nach hinten.
7. "Put the harse in the born" (Tu das Pferd in den Stall), eine übliche Art, auf das stigmatisierte Stereotyp ländlicher Sprecher in Utah hinzuweisen, denen nachgesagt wird, sie kehrten *horse* und *barn* und andere Wörter mit /ahr/ und /ohr/ um.
8. "Parigot", Sprache der Pariser Arbeiterschicht, basierend auf solchen Merkmalen wie dem Fehlen von *ne*, der Verschiebung von /a/ nach hinten, und oft charakterisiert mit *j'saispas* (weiß ich nicht) [šepɔ] oder [špɔ].

Diese Liste von Beispielen zeigt die Vielfalt der Faktenbezüge und die Vielfalt der gesellschaftlichen Werte, die mit Stereotypen verbunden sind. Einige stereotypisierte Merkmale sind stark stigmatisiert, aber bemerkenswert widerstandsfähig und langlebig, wie *dese* und *dose*.[24] Andere haben unterschiedliches Pre-

----

24 In den USA zeigen alle muttersprachlichen Sprecher die Fähigkeit, die Wortklassen mit /d/ und mit /ð/ auseinanderzuhalten und den Reibelaut in isolierten Wörtern zu sprechen. Aber das starke gälische Substrat von Irland bewirkt ein anderes Ergebnis. Hören Sie die folgende Geschichte, die mir Jerry Crowley aus Cork mitgeteilt hat: Der Schullehrer sagt: "Heute werden wir nun also die englische Aussprache durchnehmen. Und wir werden nicht *dese* und *dem* und *dose* sagen! Wir sagen *dese* und *dem* und *dose*!!"

stige, positives für die einen, negatives für die anderen, wie "Bostonian" oder "Southern drawl".

Die Tatsache, daß einige dieser Stereotype mit sozialem Stigma belegt wurden, hat zu raschem Sprachwandel und ihrem fast völligen Verschwinden geführt. Ein gutes Beispiel ist die [əⁱ]-Aussprache in New York. Tab. 5−15 zeigt, wie systematisch und wie vollständig dieses Merkmal in New York im Begriffe ist zu verschwinden. Bei den vor dem 1. Weltkrieg Geborenen ist es, außer für Sprecher der Mittelschicht, ohne Ausnahme ein regelmäßiges Merkmal. Bei den nach dem 2. Weltkrieg Geborenen findet es sich nur bei Sprechern der Unterschicht.

Tabelle 5−15

Anteil von Sprechern, die überhaupt [əⁱ] *in Interviews benutzen,*
nach Alter und sozioökonomischer Schicht in New York

Alter	Sozioökonomische Schicht					0−9	
	0−1	2−3	4−5	6−8	9		
8−19	2/7	0/11	0/12	0/16	0/5	2/51	04
20−39	3/4	3/7	3/10	1/11	0/7	10/39	24
40−49	1/3	5/14	4/8	4/13	0/4	14/42	33
50−59	3/3	2/4	3/3	2/4	0/3	10/17	59
60−	7/7	5/5	1/1			13/13	100
8−60	16/24	15/41	11/34	7/44	0/19	49/162	
%	67	38	32	16	00		

In den letzten Stadien des Rückgangs einer stigmatisierten Variablen mag sie als eine Form rituellen Humors auftauchen. Ein Beispiel für diesen Prozeß, das wir über einen langen Zeitraum hinweg dokumentieren können, ist die Verwechslung von /v/ und /w/ im Cockney. Die meisten Amerikaner kennen diese soziale Variable nur durch Dickens' Version der Sprache Sam Wellers und seines Vaters aus dem Jahre 1837. Es ist offensichtlich, daß der Wechsel von *v* und *w* schon ein Stereotyp war, da Dickens ihn so stark wie möglich zur Charakterisierung der Wellers gebrauchte und fast jedes /v/ und /w/ vertauschte.[25]

---

25 Die Verwechslung von *oil* und *Earl* in New York ("Brooklynese") stellt ein Stereotyp dar, das der hier angeführten v ∼ w Verwechslung recht vergleichbar ist. Wenn es auch Sprecher gibt, die [əⁱl] für die *Earl*-Klasse benutzen, so war es doch verbreiteter, für beide einen zentralen Vokal [əⁱl] zu gebrauchen, oder die beiden Klassen auseinanderzuhalten, indem man in der *oil*-Klasse einen gerundeten Vokal bewahrte. Aber für Außenstehende ist der Effekt eines Zusammenfalls, daß *oil* wie *Earl* und *Earl* wie *oil* klingt. Wenn es freie Variation gibt, bemerkt niemand jene Varianten, die mit dem Standard identisch sind; es sind solche Arten von Aussprache, die von der Standardstruktur abweichen, die einem auffallen und die man sich merkt.

"This here money . . . he's anxious to put
somevers, vere he knows it'll be safe,
and I'm wery anxious too, for if he
keeps it, he'll go a lendin' it to somebody,
or inwestin' próperty in horses,
or droppin' his pocket book down
a airy, or makin' a Egyptian mummy
of hisself in some vay or another."

Dieses Geld nun . . . möchte er recht
gerne wo anlegen, wo er es sicher weiß,
und ich sähe das auch nicht ungern, denn
wenn er es behält, wird er es doch nur
jemandem borgen, oder in Pferde stek-
ken, oder seine Brieftasche, leichtsinnig
wie er ist, irgendwo verlieren oder auf
die eine oder andere Weise eine ägypti-
sche Mumie aus sich machen).

Pickwick Papers, S. 800

Die drei Jahrhunderte früher von Henry Machyn gebrauchte Schreibung zeigte,
daß diese Variable damals ein regelmäßiges Kennzeichen der geachteten Mittelschicht war: *wacabondes* 'vagabonds', *waluw* 'value', *wue* 'view', *welvet, woyce,
voman, veyver,* 'weaver'; *Volsake* 'Woolsack', *Vetyngton* 'Whittington', *Vosseter*
'Worcester' (Wyld 1936:143). Der Zusammenfall von /v ~ w/ war offensichtlich
im 18. Jahrhundert allgemein stigmatisiert; Walker sagt, er sei ein "Schandfleck
ersten Ranges", der bei Londonern, und "keineswegs nur denen der niedrigen
Stände", auftritt. Achtzig Jahre später war er in London verschwunden. Wyld
stellt fest, er habe ihn in den 70-er Jahren des 19. Jahrhunderts tatsächlich nicht
mehr gehört, aber er hörte Leute mittleren Alters, die den rituellen Scherz,
weal statt 'veal' und *vich* statt 'which' zu sagen, benutzten; einen Scherz, den
er erst verstand, als er Dickens gelesen hatte. Lange, nachdem sie in der Sprache
tatsächlich ausgestorben ist, kann eine sprachliche Variable in Form des stereo-
typisierten Gebrauchs bestimmter Wörter, dann als ein konventioneller Scherz,
und schließlich als eine fossilierte Form, deren Bedeutung völlig vergessen ist,
weiterleben.

6. Das Auslösungsproblem

Obwohl wir eine beträchtliche Datenmenge zum Einbettungs- und zum Bewertungsproblem zur Verfügung haben, läßt sich über die speziellen gesellschaftlichen und sprachlichen Vorgänge, die einen bestimmten Wandel auslösen, verhältnismäßig wenig sagen. Wir können auf einige allgemeine Umstände hinweisen, die für die zeitliche Lokalisierung mancher der oben ausführlich behandelten
sprachlichen Veränderungen nicht unerheblich sind. Zum Beispiel kann die
Umkehrung der Einstellungen in New York gegenüber der *r*-Aussprache nur als
ein hervorstechendes Merkmal einer allgemeinen Verschiebung gesehen werden,
die zugunsten eines gesamtamerikanischen Rundfunkstandards wegführt von
britischen und New England-Modellen.

Zu einem bestimmten Zeitpunkt wurde der ältere Prestigedialekt neudefi-
niert: vom "internationalen Standard" wurde er zur "regionalen Besonderheit".
Dieses Ereignis scheint mit der Zeit des 2. Weltkriegs zusammenzufallen, und
man könnte behaupten, daß die Erfahrung von Männern, die in den Streitkräften
dienten, daran irgendwie ihren Anteil hatte. Dies zu beweisen, wäre schwierig;
alles, was wir im Moment tun können, ist, auf den Krieg als die sichtbarste
gesellschaftliche Erschütterung, die mit der Periode des Sprachwandels zusammenfiel, zu verweisen.

Wenn wir uns die Alternationen der Vokalentwicklung in New York anschauen, fällt uns notgedrungen der Unterschied zwischen der jüdischen und der italienischen ethnischen Gruppe bei der Hebung von (eh) und (oh) auf. Das Rohmaterial für diesen Prozeß scheint schon vor 1890 vorhanden gewesen zu sein, aber die Ankunft dieser beiden großen Einwanderergruppen ungefähr zu jener Zeit mag dem Prozeß der Hebung durchaus neue Energie zugeführt haben. Es scheint, die Juden haben die Hebung von (oh) in *coffee, lost* und *all* als den zugrundeliegenden Wandel aufgefaßt, und die folgende Verschiebung von (ah) → (oh) → (uh) erfuhr den entsprechenden Nachdruck durch jüdische Sprecher als Teil einer Kettenverschiebung (chain shift). Italienische New Yorker hoben auf den Vorderzungenvokal ab und setzten die ältere Tradition fort, diesen als die primäre betroffene Variable zu behandeln.

Wir können auf Martha's Vineyard eine parallele Tendenz feststellen. Der frühere von zwei Hebungsprozessen erfaßte (ay) in der Sprache der Yankees, und zwar zu einer Zeit, als die portugiesische Bevölkerung noch kaum als ein Teil der Gemeinschaft betrachtet wurde. Nach 1930 nahmen Portugiesen in zunehmendem Maß die Stelle der Yankees als Kaufleute und Politiker ein. Die Portugiesen begannen dann, in ihrem eigenen Englisch von der Zentralisierung Gebrauch zu machen, aber sie hoben (aw) auffälliger zu [ʌ¹] als sie (ay) zu [ɐ¹] verschoben. Ihr Nachdruck auf der Hebung von (ay) würde uns eine weitere Verallgemeinerung derart erwarten lassen, daß nun der Hinterzungenvokal den Vorderzungenvokal nach sich ziehen würde.

Auf solche Arten von Fluktuation bezog sich Meillet, als er die Gesellschaft charakterisierte als

> "ein Element, in dem Begleitumstände fortwährende Variation bewirken, die manchmal schnell, manchmal langsam, aber niemals vollkommen unterbrochen ist." (1921: 16)

Nachdem wir die Auswirkung der Einwanderung der Juden und Italiener nach New York betrachtet haben, können wir auf das Eintreffen der Iren und Deutschen in den sechziger Jahren des 19. Jahrhunderts zurückschauen; diese Bewegung kann sehr wohl auf die Evolution des Stadtdialekts Einfluß genommen haben, indem sie Elementen, die schon im Fluß waren, neuen Nachdruck verlieh. Gegenwärtig erleben wir den Aufstieg zweier neu hinzukommender Gruppen, der Schwarzen und Puerto Ricaner, die nicht an den eben beschriebenen Rotationen des Vokalsystems teilzuhaben oder sie direkt zu beeinflussen scheinen. Aber es ist möglich, daß der Einfluß der Struktur des Black English sich so auswirkt, daß die Hebung der gespannten Vokale unter weißen Sprechern aufgehalten oder rückläufig wird.

Als Vergleichsgrundlage in unseren Untersuchungen schwarzer Jugendlicher in Harlem suchten wir zwei (irische) Gruppen von Weißen aus der Arbeiterschicht aus, die von der nördlichen Spitze Manhattans, aus Inwood, kamen, einem ziemlich eindeutigen Wohngebiet von Weißen, wo man Schwarzen gegenüber beträchtliche Feindseligkeit zum Ausdruck brachte. Es war nicht leicht, in Manhattan eine Gruppe von Weißen der Arbeiterschicht mit weniger direkter Beeinflussung durch Schwarze oder Puerto Ricaner zu finden (Labov et al. 1968).[26] Die komplexe Spannungsregel für Wörter mit kurzem *a*, die nur Vokale

---

26 Die Tatsache, daß eine Gruppe gegenüber einer anderen Gruppe Feindseligkeit zum

vor stimmhaften Verschlußlauten und stimmlosen Reibelauten, vorderen Nasalen usw. betrifft, ist unter Mitgliedern der Inwoodgruppen ziemlich intakt. Für die Bevölkerung im großen und ganzen folgt auf die Spannungsregel eine Hebung von [æ:] in mittlere und dann in hohe Position, was den nachfolgenden Zusammenfall von /æh/ mit /ehr/ und dann mit /ihr/ mit sich bringt. Das heißt, *bad* fällt mit *bared* in den frühen Stadien zusammen, und dann verschmelzen sowohl *bad* als auch *bared* mit *beard*. Aber das /æh/ der Inwoodgruppe ist nicht viel höher als [æ:] und ist nicht mit /ehr/ zusammengefallen. Der Zusammenfall von /ehr/ und /ihr/ in *bared* und *beard, bear* und *beer* ist vollständig. Dieser zweite Zusammenfall ist unter schwarzen Sprechern weit verbreitet und spiegelt die Struktur der Küstenregion von South Carolina wider, aber im BEV ist die Hebung von /æh/ eher begrenzt.[27] Wir müssen deshalb die hohe Wahrscheinlichkeit eines Einflusses der Schwarzen auf die Veränderung der New Yorker Struktur im Fall der Inwoodgruppe in Betracht ziehen. Derartige Beispiele verleihen Meillets Argument Gewicht, daß Erklärungen für den unregelmäßigen Ablauf von Sprachwandel in der fluktuierenden sozialen Zusammensetzung der Sprachgemeinschaft zu finden seien.

7. Der Ort sozialer Variation in der Lebensgeschichte eines Sprachwandels

In den drei vorangegangenen Abschnitten haben wir genügend Daten angeführt, um eine Antwort auf die erste der drei in diesem Kapitel erhobenen grundlegenden Fragen, nämlich: Spielt soziale Variation eine wichtige Rolle im Sprachwandel? geben zu können. Ein Blick auf die asymmetrische Geschichte und Evolution der meisten sprachlichen Veränderungen und ihrer bemerkenswert einheitlichen Bewertung durch die Gesellschaft zeigt, daß eine die Gesellschaft außerachtlassende Beschreibung ohne inneren Zusammenhang wäre. Die geschichtlichen Abläufe, die ich skizziert habe, würden nicht existieren, wenn soziale Unterschiede losgelöst von den betreffenden Grammatiken betrachtet würden, denn die Beschreibungen des Wandels wären dann ohne Substanz. Der Gesamtüberblick läßt sich am besten herstellen, wenn man eine typische Lebensgeschichte eines Lautwandels skizziert.

Der Wandel erscheint zunächst als ein charakteristisches Merkmal einer bestimmten Untergruppe und wird von niemandem besonders beachtet. Mit zunehmendem Fortschreiten innerhalb der Gruppe kann er sich dann wellenförmig über sie hinaus ausbreiten, wobei er zuerst in den sozialen Gruppen wirksam wird, die der Ursprungsgruppe am nächsten stehen. Unausweichlich ist das sprachliche Merkmal mit den expressiven Charakteristika der Ursprungsgruppe verknüpft, mit eben dem Prestige oder eben den sozialen Werten, die von anderen Mitgliedern der Sprachgemeinschaft mit dieser Gruppe verbunden

----

Ausdruck bringt, schließt die Wahrscheinlichkeit sprachlicher Beeinflussung nicht aus. Wir haben in vielen Fällen das Gegenteil beobachtet: daß nämlich Gruppen von Weißen, die von Schwarzen umgeben sind und ihnen feindselig gegenüberstehen, von ihnen viele sprachliche Merkmale übernehmen. Ein solches Phänomen kann an der Lower East Side von New York oder im Highland Park in Detroit beobachtet werden.

27 In unseren Untersuchungen von Gruppen Heranwachsender im südlichen Central Harlem stellen wir fest, daß ungefähr die Hälfte den Zusammenfall von (ihn) und (ehr) in *beer* und *bear, cheer* und *chair* usw. belegen (Labov et al. 1968).

werden (Sturtevant 1947). Ob eine solche Verknüpfung mit sozialen Werten für die Erklärung der Verbreitung nach außen genügt, ist schwer zu sagen. Wir wissen, daß die Zunahme des betroffenen Gebietes von sprachlichen Faktoren (Herzog 1965), von gesellschaftlichen Faktoren oder historischen Unbeständigkeiten (Bloomfield 1933:344) oder vom negativen Prestige der Gruppe als Ganzem (wie im Fall von New York) verlangsamt oder zum Stillstand gebracht werden kann.[28] An diesem Punkt kann das sprachliche Merkmal ein *Indikator* für Alter und gesellschaftliche Distanz von der Ursprungsgruppe sein.

Mit seiner Entwicklung innerhalb der ursprünglichen Gruppe von Sprechern wird das sprachliche Merkmal in vielfacher Hinsicht allgemeiner. Im Laufe der Zeit (von drei oder vier Jahrzehnten) können ein breiteres Sprektrum von bedingten Unterklassen und extremere (weniger bevorzugte) Umgebungen einbezogen werden. Darüberhinaus führt die strukturelle Symmetrie des Systems zur Ausweitung auf andere Vokale oder Konsonanten oder Elemente der gleichen natürlichen Klasse, die sich dann in die gleiche (oder entgegengesetzte) Richtung zu bewegen beginnen. In der Zwischenzeit stoßen neue soziale Gruppen zur Gemeinschaft und deuten aufgrund historischen Zufalls oder des Einflusses ihres Ursprungsdialekts den ablaufenden Wandel um und geben anderen Elementen in diesem komplexen System Gewicht.

Diese Diskussion hat sich nicht mit den beteiligten internen Prozessen befaßt (vgl. Labov 1972d), aber es ist wichtig festzustellen, daß strukturelle Verallgemeinerungen in Sprachsystemen alles andere als die Sache eines Augenblicks sind. Sie sind ein langsamer Prozeß mit beträchtlicher zeitlicher Verzögerung, und zwischen der Bewegung eines Elements und der damit zusammenhängenden Bewegung eines anderen können mehrere Jahrzehnte samt ihrer sie begleitenden sozialen Veränderungen vergangen sein (Chen 1971).

Indem der ursprüngliche Wandel an Komplexität, Umfang und Tragweite gewinnt, erwirbt er auch mehr systematischen gesellschaftlichen Wert und wird bei gewähltem Sprechen Einschränkungen unterworfen oder korrigiert (ein *Marker*). Schließlich gar kann er als *Stereotyp* etikettiert werden, kommentiert und bemerkt von jedermann. Die Zukunftsaussichten dieses Stereotyps hängen vom Schicksal der Gruppe ab, mit der es verknüpft ist. Wenn die Gruppe in die umgebende Gesellschaft integriert wird und Anerkennung und Bedeutung erhält, dann kann es geschehen, daß die neue Regel nicht korrigiert, sondern auf Kosten der älteren Form in den vorherrschenden Dialekt aufgenommen wird. Wenn die Gruppe nicht in die umgebende Gesellschaft integriert wird oder ihr Prestige abnimmt, wird die sprachliche Form oder Regel stigmatisiert, korrigiert und sogar getilgt.

Aber solche Korrektur hat nicht den regelhaften Charakter des Wandels selbst. Stattdessen richtet sich Korrektur unregelmäßig auf gewisse auffällige Laute oder Wörter, was Veränderungen in der Regelmäßigkeit des sprachlichen Systems zur Folge hat. Obwohl der gespannte Hinterzungenvokal in *lost, coffee, water* und *chocolate* in New York korrigiert und gesenkt wird, wird er nie bemerkt oder korrigiert, wenn er als der erste Teil des Diphthongs in *boy* oder *Lloyd* auftritt.

----

28 Für das negative Prestige von New York siehe Labov (1966a, Kap. XIII.). Auf den eng begrenzten Bereich des Dialektgebiets von New York ist oben hingewiesen worden.

Die Unregelmäßigkeit dieser sekundären sozialen Korrektur kann, verglichen mit der Regelmäßigkeit des ursprünglichen Wandels, einen Teil der Erklärung für die umfangreiche Unregelmäßigkeit und Aufspaltung der Wortklassen liefern, die von Wang, Chen und Hsieh in der Geschichte der chinesischen Dialekte dokumentiert wird (Cheng und Wang 1970; Chen und Hsieh 1971; Chen 1971). Wenn die ursprünglichen Bewegungen den fortschreitenden Lautveränderungen, die wir momentan instrumentell untersuchen, überhaupt ähnlich waren, ist es ziemlich wahrscheinlich, daß sie regelhafter waren als die endgültigen Ergebnisse dies anzeigen. Aber gleichzeitig können wir die Auswirkung konkurrierender und überlappender Lautveränderungen, auf die Wang (1969) als eine Erklärung für solche Unregelmäßigkeiten hinwies, nicht vernachlässigen; und auch ohne solche Konkurrenz gibt es Belege für lexikalische Unregelmäßigkeit in diesen ablaufenden Veränderungen, die sich nicht in die junggrammatische Hypothese einfügen und doch frei sind von jeglichem Niederschlag gesellschaftlicher Beeinflussung.

8. Auf welcher Abstraktionsebene schlagen sich soziale Faktoren nieder?

Wir können uns nun der zweiten der drei allgemeinen Fragen, die wir gestellt haben, wieder zuwenden: können soziale Faktoren abstrakte grammatische und phonologische Regeln beeinflussen? Es steht wohl außer Frage, daß Mitglieder der Sprachgemeinschaft auf abstrakte phonologische Regeln wie z.B. die Spannungsregel für [æ] keine sozialen Reaktionen entwickeln. Das in besonderem Maße markierte soziale Merkmal ist die zweite Regel – die Hebung der Vokale, die gespannt worden sind. Für die erste Regel finden wir beträchtliche individuelle Variation in New York, was die Behandlung von Wörtern betrifft, die auf stimmhafte Reibelaute enden (*razz, jazz*), oder von unbetonten Wörtern, die auf einen Nasal auslauten (*am, can* und *and* variabel gegenüber *has, as, had*, die immer ungespannt sind). Es gibt ein großes Maß an Variation in der Behandlung von Wörtern wie *passage* oder *Abbie*, die analysiert werden können mit einer Ableitungsgrenze /. . æ K + V . . / im Gegensatz zur durchgehenden Spannung von Wörtern wie *passing* oder *stabbing* mit Flexionsgrenzen /. . æ K # V . ./ oder durchgehend ungespannter Behandlung von *castle* oder *cabbage*, wo keinerlei derartige Grenze existiert: /. . æ KV . . /. Diese Variation ist idiosynkratisch; sie zeigt keine regelmäßige soziale Distribution, unabhängig davon, wie sorgfältig wir die Daten untersuchen (Cohen 1970). Ehegatten und Geschwister können hierin voneinander abweichen, aber das Wie läßt sich nicht voraussagen, und keiner von beiden bemerkt den Unterschied.[29] Generell stellen wir fest, daß solche Variationen in abstrakten Regeln keinen Niederschlag sozialer Beeinflussung zeigen, wohl aber tun dies einzelne Wörter (vgl. Whitney 1901) oder Regeln der niederen Ebene für phonetisches Verhalten, die sehr häufige Elemente betreffen.

----

29 In einem neueren Interview in New York las ein Mann *Abbie* mit einem gespannten, gehobenen Vokal, während seine Frau im gleichen Wort einen ungespannten, nichtgehobenen Vokal benutzte. Sie hatten beide den gleichen dialektalen Hintergrund und zeigten keine anderen systematischen Unterschiede in ihren Vokalsystemen.

Sicher haben soziolinguistische Variablen bedeutende grammatische und phonologische Konsequenzen. Die Vereinfachung von Konsonantenhäufungen ist eine typische soziale Variable, die sowohl stilistische als auch soziale Schichtung zeigt. Eine der Beschränkungen der Regel ist das Vorhandensein einer Morphemgrenze vor dem Endkonsonanten, die anzeigt, daß es sich um ein selbständiges Morphem handelt. Wenn keine solche Grenze vorhanden ist, findet die Regel häufiger Anwendung:

$$[-\text{kont}] \rightarrow \;<\emptyset> \;/\; [\,+\text{kons}]\;<\emptyset>\;\underline{\quad}\;\#\,\#\;<-\text{silb}>$$

Die durch $<\emptyset>$ gekennzeichnete variable Beschränkung für die Umgebung registriert die Tatsache, daß die Konsonantengruppe in *last* ohne eine Morphemgrenze öfter vereinfacht wird als die in *pass # d* und die Konsonantengruppe in *old* öfter als die in *roll # d*. Die Regel in dieser Form mag keine unmittelbare Auswirkung auf die Grammatik haben, denn sie zeigt an, daß das Vergangenheitsmorphem *# d* tatsächlich bewahrt und berücksichtigt wird. Aber wenn solche soziolinguistischen Regeln erweitert und obligatorisch werden, stellen wir kompensierende und dramatische Veränderungen in der Grammatik fest. So veränderte sich, als *−pt* und *−kt* Häufungen im Schottischen obligatorisch vereinfacht wurden, die Lauteinfügungsregel (rule of epenthesis) offensichtlich und ergab *slippit* und *workit* anstelle von *slip'* und *work'* und machte es möglich, die regelmäßige Vergangenheit auszudrücken. (Für eine ausführlichere Diskussion und weitere Beispiele siehe Labov 1970b).

Wir können den Blick zurückwenden auf die phonetischen Prozesse im späten Altenglischen, die zum Verlust der Flexionsendungen führten: Reduktion unbetonter Vokale, Tilgung von auslautenden Nasalen und Verlust von auslautendem Schwa. Sie scheinen alle in der Geschichte des Englischen für einige Zeit fakultative soziolinguistische Variablen gewesen zu sein. Wir können die Vermutung wagen, daß sich vielleicht, bevor die Flexionen völlig weggefallen waren, einige der kompensierenden Veränderungen in der Wortstellung schon ereignet hatten. Aber dies ist noch immer ein spekulativer Bereich, denn wir konnten bis jetzt noch keinen solchen systematischen grammatischen Wandel im Laufe seines Vollzugs untersuchen.

Im ganzen gesehen deutet unser Belegmaterial also auf eine negative Beantwortung unserer zweiten Frage hin, aber es läßt den Schluß zu, daß die Verbindung zwischen sozialer Variation und Wandel auf höherer Ebene sich ziemlich rasch herstellen kann, wenn sich die variable Regel zu einer kategorischen entwickelt. Es ist wichtig festzustellen, daß soziale Signifikanz von Variabilität abhängig ist. In diesem Sinne steht soziale Bedeutung in parasitärer Beziehung zur Sprache: sie ist auf solche Variationsbereiche, die sich im allgemeinen an der vorderen Front eines sich überall hin ausbreitenden Sprachwandels befinden, beschränkt, wo es alternative Möglichkeiten gibt, "die gleiche Sache" auszudrücken.

Wir können die Ergebnisse eines syntaktischen Generalisierungsprozesses in der Behandlung der Negativangleichung im Englisch von Schwarzen beobachten (vgl. Kap. 5 in Bd. 1 dieser Ausgabe). Es handelt sich hier um eine expressive fakultative Regel für Dialekte von Weißen, die die Wahl läßt zwischen emphatischem *Nobody gave him nothing* und nicht markiertem *Nobody gave him anything* (Niemand gab ihm etwas). Einige Dialekte von Weißen verdoppeln fakultativ die Negationspartikel nach einem unbestimmten Subjekt — jedoch nur im Rahmen des gleichen Teilsatzes; so ist *Nobody didn't give him nothing* eine Art, das gleiche zu sagen, wie die beiden vorhergehenden Sätze. Schwarze Sprecher haben die zusätzliche Möglichkeit, diese Subregel über Teilsatzgrenzen hinaus auszudehnen wie in *It ain't nobody didn't give him nothing*, was das gleiche bedeutet wie *Nobody gave him anything.* Diese Ausweitung der expressiven Negativangleichungsregel fällt mit der Ausweitung der normalen Negativangleichung auf alle Indeterminativa innerhalb des Teilsatzes zusammen, die jetzt meistens im BEV obligatorisch ist; die neue Subregel fügt das expressive Merkmal hinzu, das die alte verloren hat.

Diese beiden letzten Beispiele werden post factum diskutiert und müssen als spekulative Rekonstruktionen eines historischen Prozesses gesehen werden, den wir im Laufe seines Vollzuges noch nicht beobachtet haben. Erst wenn wir das Glück haben, einen solchen syntaktischen Wandel zu erfassen, während er abläuft, werden wir in der Lage sein, das Übergangsproblem angemessen zu lösen und eine tragfähige Grundlage für weitere Argumente zur Bewertung und Auslösung von Sprachwandel zu liefern.

9. Hat sprachliche Vielfalt eine adaptive Funktion?

Es ist den meisten Linguisten völlig klar, daß die Theorie der sprachlichen Evolution, die vom "Zerstören und Neubilden" ausgeht, der Behauptung gleichkommt, der ganze Prozeß sei dysfunktional. Denn der systematische Teil ist der destruktive, und die analoge Neuformung scheint dann aus der verfahrenen Situation das beste zu machen. Und wenn das Gesetz des geringsten Energieaufwandes der böse Geist hinter der Zerstörung ist, dann können wir den Sprachwandel nur als eine Art massives Zeugnis der Erbsünde ansehen.

Gauchat machte klar, daß das Gesetz des geringsten Energieaufwandes zu sehr hochgespielt worden war. Er wies darauf hin (1905), daß die Diphthongierung von [ã] alle Anzeichen dafür zeigte, ein Mehr an Energie zu sein und nicht ein Weniger. Wir können das gleiche für die Spannungs- und Hebungsregeln sagen, die in diesem Beitrag eine so große Rolle gespielt haben. Die stigmatisierten Phone sind länger, mehr peripher, haben größere Intensität als die älteren Formen und entwickeln überdies einen Gleitvokal (offglide), so daß [bæːᴧd] kontrastiert wird mit [beːˤᵊd]. Diese Entwicklungen geben einem einen Eindruck von der starken motivierenden Kraft, die hinter dem Lautwandel steht, einer Kraft, die häufig gegenüber dem Argument der Ökonomie oder des geringsten Energieaufwandes das Gegenteil darstellt. Wir beobachten, daß Lautwandel Vokale dehnt, Systeme in Rotation versetzt, Wortklassen miteinander verschmelzen läßt, Distinktionen auflöst und sich über strukturelle Beschränkungen hinwegsetzt. Warum?

Eine klassische Kontroverse über die Frage, ob es in der Evolution der Sprache Fortschritt gibt oder nicht, kann in den Arbeiten von Greenberg (1959) und Hymes (1961) gesehen werden. Greenberg stellt sich auf den Standpunkt, daß es nur Evolution im Sinn von Differenzierung (diversification) gibt, aber keinen Fortschritt im Sinn einer Zunahme der Komplexität oder der adaptiven Ausstrahlung (adaptive radiation). Hymes verweist auf die Entwicklung komplexer Schichten im allgemeinen und wissenschaftlichen Vokabular, in Metasprachen und anderen Ausdrücken der Weltsprachen als Beweis für eine fort-schreitende Weiterentwicklung. Da dieses Kapitel sich eher mit dem zentralen Bereich von Grammatik und Phonologie als mit dem des Lexikons befaßt hat, müßte man meinen, wir würden eher Greenbergs Standpunkt zuneigen – daß es lediglich Diversifizierung gibt.

Was aber, wenn diese Differenzierung selbst ein wichtiges Element in der kulturellen Evolution wäre? Unausweichlich zieht es uns zur dritten Frage zurück: hat Diversifizierung eine adaptive Funktion oder ist sie das Produkt vielfacher örtlicher Störungen im Kommunikationsnetz? Meine eigenen Untersuchungen ablaufender sprachlicher Veränderungen deuten darauf hin, daß dialektale Differenzierung auch angesichts der Übersättigung durch die Massen-medien und trotz des engen Kontakts der davon betroffenen gesellschaftlichen Gruppen weiter besteht. Die Tatsache, daß Mannigfaltigkeit nicht automa-tisch mit Isolierung einhergeht, läßt annehmen, daß sie ebenso mit den norma-len Prozessen der unmittelbaren Kommunikation verbunden sein kann.

Die meisten Linguisten, die mit kleinen, unterschiedlichen Gruppen arbeiten, müssen bei sich selbst eine natürliche Befangenheit zugunsten des Weiterbe-stehens ihrer Untersuchungsgegenstände erkennen. Der vergleichende oder Ethnolinguist wird intuitiv für die Existenz seiner Gruppe kämpfen, und er versperrt sich der Vorstellung, die Kosten der Zweisprachigkeit seien zu groß, um diese weiter aufrechtzuerhalten. Er weigert sich, den Wert einer Sprache oder eines Dialekts nach ihrer Eignung für den Druck, nach dem Umfang ihrer literarischen Produktion oder danach, wie gut sie Kinder für ein europäisches Schulsystem vorbereitet, zu bemessen. Linguisten müssen erkennen, daß sie keine unbeteiligten Zuschauer bei diesem Streit sind.

Mit diesem Bewußtsein neige ich dennoch dazu zu glauben, daß die Ent-wicklung sprachlicher Unterschiede positiven Wert in der kulturellen Evolution der Menschheit besitzt – und daß kultureller Pluralismus vielleicht sogar ein notwendiges Element in der menschlichen Ausbreitung der biologischen Evo-lution sein mag.

Wenn wir uns an eine Spekulation über den allgemeinen Charakter der menschlichen Evolution wagen wollen, ist es nützlich, Vergleiche mit anderen Spezies anzustellen, die Kommunikationssysteme entwickelt haben. Meine Gedanken in dieser Richtung sind durch eine kürzlich erschienene Zusammen-fassung von Beiträgen zur Entwicklung des Vogelgesangs von Nottebohm (1970) angeregt worden. Ein Großteil der Arbeit Nottebohms galt dem Singenlernen von Buchfinken: sie sind eine von mehreren Spezies, die sich von den meisten Vögeln dahingehend unterscheiden, daß ihre Gesänge nicht in irgendeinem einfachen Sinne stereotypisiert und genetisch kontrolliert sind. Buchfinken durchlaufen eine kritische Periode von zehn Monaten, während der sie ihre Gesänge von anderen Vögeln ihrer Spezies lernen. Wenn sie früh in dieser Periode ihr Gehör verlieren, produzieren sie degenerierte und äußerst anormale Gesänge; wenn sie später als mit zehn Monaten taub werden, produzieren sie weiterhin normale Gesänge. Es ist für Linguisten von unmittelbarem Interesse, daß Vögel wie der Buchfink oder der weiß-schopfige Sperling Dialekte entwickelt haben. Nottebohm deutet an, daß die Verschiebung von "egozentrischer" zu "umwelt-abhängiger" Gesangsproduktion mit der raschen Ausbreitung der Vögel in unter-schiedliche Vorkommensbereiche einhergegangen sein könnte. Die Beispiele, die er vom Verhalten der weiß-schopfigen Sperlinge gibt, deuten darauf hin, daß Dialekte im Paarungssystem eine Rolle spielen könnten, indem sie ein gewisses Maß an genetischer Isolation bewirken, ohne jedoch, daß daraus "notwendig und unabänderlich eine tatsächliche Aufspaltung der Spezies folgen müßte".

> "Während genetische Isolation kleiner Populationen zu hohen Aussterberaten und möglicherweise sogar zu exzessiver Inzucht führen kann, sind gesangliche Unterschiede wahrscheinlich kaum unüberwindliche Grenzen für die Fortpflanzung, und so wird der mikroevolutionäre Prozeß flexibler und offener gehalten." (1970:955)

Nottebohm selbst weist auf die Möglichkeit hin, daß menschliche Dialekte eine evolutionäre Funktion besitzen und das Auftreten "lokaler physiologischer Anpassungen" beeinflußt haben könnten. Es ist auch möglich, daß die "sprachliche Pubertät", die wir durchlaufen und die unsere Spracherwerbsfähigkeit wesentlich verringert, selbst das Produkt evolutionärer Selektion wäre. Ein "Block" der Spracherlernung in der menschlichen Entwicklung hätte dann die gleiche allgemeine Funktion wie bei den Vögeln, nämlich zur Vielfalt der Dialektmuster beizutragen.

Beim Spekulieren über diese Möglichkeiten würde ich es vorziehen, vorwärts statt nach hinten zu schauen, und den Blick eher auf die Verbindung zur kulturellen Vielfalt als zur physiologischen Anpassung zu richten. Der Wert von Nottebohms Beitrag besteht nicht darin, daß er eine Theorie oder eine Hypothese aufstellt, die wir unmittelbar nachprüfen können, sondern daß er eine alternative Sichtweise in die Diskussion bringt, die unser Denken über sprachliche Evolution zu erweitern imstande ist. Es ist eine interessante Sache, sich zu überlegen, daß Vielfalt in der Sprache außer für Linguisten auch für andere Menschen von Wert sein könnte, indem sie eine gewisse kulturelle Isolation gewährt und kulturellen Pluralismus aufrechterhält. Und Linguisten selbst könnten angespornt sein, sowohl die Mechanismen, die Sprachen voneinander differenzieren als auch die einschränkenden Bedingungen, die den Inhalt einer universellen Grammatik bilden, weiter zu erforschen.

Übersetzt von Wolfgang Letz

6. Kontraktion, Tilgung und inhärente Variation der Kopula im Englischen

Die Untersuchung des Black English Vernacular (BEV) bietet einen günstigen Ausgangspunkt für die Analyse der Struktur des Englischen im allgemeinen.[1] Es gibt viele feine und überraschende Unterschiede zwischen dem BEV und dem Standard-Englischen (SE). In diesem Kapitel befassen wir uns mit einem besonders komplizierten und interessanten Problem, nämlich dem Vorhandensein bzw. Fehlen der Kopula im BEV. Wie in jeder Untersuchung über Variation liegt das Grundproblem darin, den Ursprung der Variation zu lokalisieren: was variiert? Auf welcher Ebene der Grammatik taucht die Kopula zuerst auf und was verursacht ihr Verschwinden? Gibt es irgendeine Beziehung zwischen dieser Variation und Prozessen in anderen Dialekten des Englischen?

Es ist wichtig, darauf hinzuweisen, daß man es hier mit der synchronischen Beschreibung des BEV zu tun hat, das in den Ballungsräumen der farbigen Bevölkerung in den USA gesprochen wird.[2] Die Ursprünge des BEV, seine Entwicklung und seine Beziehung zum Creole-Kontinuum sind sehr interessante Probleme, für die einige der Ergebnisse dieses Kapitels von Bedeutung sind. Ich werde an verschiedenen Punkten, an denen unsere Daten sich mit der Creole-Hypothese (Stewart 1968, 1970; Dillard 1971) berühren, hierauf hinweisen. Jüngere Untersuchungen über das Creole-Kontinuum in Guyana (Bickerton 1971b) und Hawaii (Day 1972) unterstreichen die von uns beschriebene Situation und lassen Ähnlichkeiten und Unterschiede deutlich werden. Wir müssen uns vor Augen halten, daß die Jugendlichen, die heute in den Kernbezirken der Städte aufwachsen, nicht in Kontakt mit dem Creole-Kontinuum stehen. Ihre Sprache ist wie jede andere das Ergebnis einer historischen Entwicklung, deren Rekonstruktion nur in der Weise möglich ist, daß man die plausibelste Interpretation für das begrenzte Korpus überlieferter Daten findet. Das Black English Vernacular dagegen, das sie täglich hören, lernen und sprechen, kann exakt beschrieben werden anhand eines unbegrenzten Korpus von Daten, das der alltäglichen Kommunikation entnommen werden kann. Mit diesem Vernacular beschäftigt sich das vorliegende Kapitel.

Der größte Teil der Daten für diese Untersuchung der Variation wurde in einer langfristigen teilnehmenden Beobachtung von Peer-Groups farbiger Jugendlicher im Süden von Zentral-Harlem erhoben. Wir werden auf Mitglieder dieser

----

1 Dieses Kapitel erschien zuerst in *Language* 45, 1969 (4). Die folgende Fassung enthält eine Reihe von Modifikationen der formalen Notation von variablen Regeln und ergänzende Erläuterungen zu den bestätigenden Daten aus anderen Untersuchungen.

2 In fast allen größeren Städten der Vereinigten Staaten führten wir selbst explorative Interviews durch. Die geographische Herkunft der zitierten erwachsenen Sprecher ist ein weiteres Argument für die Allgemeingültigkeit der BEV-Grammatik. Die von Wolfram (1969) und anderen durchgeführte gründliche Untersuchung von Detroit, die wir weiter unten zitieren, macht die Stabilität und Allgemeingültigkeit unserer Ergebnisse sowie die Einheitlichkeit der BEV-Grammatik noch stärker deutlich.

Peer-Groups, *lames**, Erwachsene aus verschiedenen sozialen Schichten und Kontrollgruppen von Weißen Bezug nehmen. Die Aufnahmemethoden bei den Gruppensitzungen und den Einzelinterviews wurden ausführlich in Labov et al. (1968) dargestellt. Die Gültigkeit unserer Aussagen über das BEV hängt davon ab, ob wir mit Hilfe unserer Methoden tatsächlich das natürliche Vernacular festhalten und das Beobachter-Paradoxon lösen konnten (vgl. Labov 1972a, Kap. 8). Verzerrungen durch die Aufnahmesituation sind natürlich niemals ganz zu vermeiden; sie können aber ausgeglichen werden durch stärkere soziale Kontrollen, die von den Mitgliedern der Peer-Group bei erregter, schneller Interaktion ausgeübt werden. Einen genaueren Einblick in den Interaktionsstil von Peer-Groups vermitteln die Kapitel 8 und 9.

Um die angeschnittenen Probleme in den Griff zu bekommen, werden wir eine Reihe von Regeln des BEV einführen und in den Kontext einiger allgemeingültiger Regeln der Phonologie des Englischen eingliedern; einige von diesen wurden bisher nicht untersucht. Die Ergänzung und Differenzierung der Regeln des Englischen, die auf einer höheren Abstraktionsebene beschrieben werden, durch Regeln des BEV bestätigen darüberhinaus Vorschläge, die in der generativen Phonologie gemacht worden sind. Die Analyse wird nach Prinzipien der generativen Grammatik durchgeführt: Ausgehend von syntaktischen Argumenten gehen wir zu phonologischen über. Verschiedentlich wird auf intuitive Urteile über das Standard-Englisch zurückgegriffen. Unter "SE" ist hier in erster Linie der umgangssprachliche Redestil des Autors und seiner Mitarbeiter zu verstehen, wobei wir jedoch mißtrauisch gegenüber Intuitionen sind, die nicht durch Beobachtung überprüft worden sind. Seit ich diese Analyse zum ersten Mal vorgestellt habe (1967 bei der *Linguistic Society of America*), habe ich zusätzliches Datenmaterial gesammelt, einmal durch Interviews und Beobachtung von farbigen und weißen Sprechern aus vielen Gebieten, zum anderen durch Beobachtung meiner eigenen Sprache.

In diesem Kapitel habe ich versucht, ein Modell einer linguistischen Analyse zu entwickeln, die sich gleichermaßen auf Beobachtung, Tests und formales Elizitieren von Sprachverhalten stützt (vgl. Labov 1972a, Kap. 8). Wir werden uns vorwiegend mit der quantitativen Untersuchung der Variation befassen, die im Mittelpunkt dieser Analyse steht. Im vorliegenden Kapitel wird die formale Darstellung von variablen Regeln (variable rules) im einzelnen entwickelt. Unter Berücksichtigung der Vorschläge von Cedergren und Sankoff (1974) geben wir eine revidierte Fassung der mathematischen Darstellung von variablen Regeln.

1. Der Status der Kopula im BEV

In diesem Abschnitt werden die Techniken der Standardversion der generativen Grammatik dazu benutzt, den Status der Kopula und des Hilfsverbs *be* im

---

* [Anm. d. Hrsgg.]
   lames, wörtlich übersetzt "Lahme", sind Einzelpersonen, die weder Peer-Groups fest angehören, noch sozial in diese integriert sind. Es handelt sich in der Regel um Individuen, die sich von den Werten und Normen ihres sozialen Milieus zugunsten eines individuellen Weges gelöst haben.

BEV zu untersuchen.[3] Bekanntlich fehlt im BEV *be* in verschiedenen syntaktischen Umgebungen, wie z.B. in (1)-(12)

___NP

     (1) She the first one started us off. *-35, S.C., 729*[4]

     (2) Means he a faggot or sump'm like that. *-18. Oscar Bros., 570*

___PA

     (3) He fast in everything he do. *-16, Jets, 560*

     (4) I know, but he wild, though. *-13, T-Birds, 451*

___Loc

     (5) You out the game. *-10, N.Y.C., 362*

     (6) We on tape. *-16, Chicago, 471*

___Neg

     (7) But everybody not black. *-15, Jets, 524*

     (8) They not caught. *-11, T-Birds, 429*

___Ving

     (9) He just feel like he gettin' cripple up from arthritis. *-48, N.C., 232*

     (10) Boot always comin' over my house to eat, to ax for food. *-10, T-Birds, 451*

___*gon*

     (11) He gon' try to get up. *-12, T-Birds, 451*

     (12) 'Cause we, we gon' sneak under the turnstile. *-13, Cobras, 488*

    Diese Beispiele für fehlendes *be* haben verschiedene Beobachter zu dem Schluß kommen lassen, daß es hier gar keine Kopula bzw. kein Hilfsverb gibt (vgl. Stewart 1966). Diese Folgerung scheint insofern vernünftig, als in sehr vielen Sprachen eine Kopula nicht auftritt — z.B. im Ungarischen oder im Hebräischen. Im französischen Creole der Karibik (Solomon 1966) findet man dieselbe Struktur ((13) - (14)), desgleichen im englischen Creole von Trinidad ((15) - (16)).

     (13) mwẽ ã čwizin.   (15) I in the kitchen.

     (14) mwẽ esit.   (16) I here.

Im englischen Creole von Jamaika (Bailey 1966) fehlt die Kopula in einigen der Umgebungen (1) -(12), z.B. vor prädikativen Adjektiven:

---

3   Die ungeschickte Trennung in "Kopula" und "Hilfsverb *be*" ist hier notwendig, da das *be* in der Verlaufsform und im Futur gewöhnlich nicht als dieselbe grammatische Form betrachtet wird wie die Kopula vor Nominalkomplexen und Prädikativen. Wenn Mißverständnisse ausgeschlossen sind, verwenden wir den Begriff "Kopula" stellvertretend für beide Formen. Es wird später deutlich werden, daß die Frage im Zusammenhang mit den hier behandelten Regeln nicht ausschlaggebend ist, da in der phonologischen Komponente der Grammatik nur die finiten Formen von *be* eine Rolle spielen. Die Unterscheidung zwischen Kopula und Hilfsverb wird allerdings dann wieder wichtig werden, wenn die Bedeutung der nachfolgenden grammatischen Umgebung für die variablen Regeln, die diese Formen kontrahieren und tilgen, untersucht wird.

4   Die drei Angaben nach jedem Zitat dienen der Identifizierung des Sprechers. Sie bezeichnen sein Alter, seine New Yorker Peer-Group bzw. seine geographische Herkunft (das Gebiet, in dem er im Alter zwischen 4 und 13 Jahren gelebt hat) und die Nummer des Tonbandes, von dem das Zitat abgehört werden kann. Die Tonbänder stehen für weitere Forschungen, Untersuchungen und Vergleiche allen zur Verfügung, die sich für die Untersuchung der Sprache im sozialen Kontext interessieren.

(17) im sik bad.   (18) di tiicha gud.

Ferner enthalten Sätze von Kindern im Alter von 18 bis 24 Monaten in der Regel
keine Kopula (Bloom 1970), und es spricht wenig dafür, in der zugrundeliegenden Konstituentenstruktur eine Kopula anzusetzen:

(19) That a lamb.   (23) Man in blocks.
(20) That a bear book.   (24) Tiny balls in there.
(21) It a my book.   (25) Mommy busy.
(22) Kathy in here.

Die These, daß es im BEV keine Kopula bzw. kein Hilfsverb *be* gibt, ist also
deshalb so plausibel, weil kopula-lose Strukturen häufig auftreten, und zwar besonders in den Sprachen, die vermutlich engen Kontakt mit dem BEV hatten
und es beeinflußt haben; nach dieser Analyse würde sich das BEV vom SE durch
eine Regel der höheren grammatischen Abstraktionsebene (high-level rule) unterscheiden.

Es wird hier nicht die Frage aufgeworfen, ob die Kopula in der Konstituentenstruktur des SE oder des BEV erscheint oder nicht. Es gibt viele Möglichkeiten, die Kopula in die "frühen" Regeln der Grammatik des Englischen einzuführen; dies muß keinesfalls durch eine Konstituentenstrukturregel erfolgen. In der
folgenden von Chomsky aufgestellten Regel (1965: 107) erscheint die Kopula in
der Konstituentenstruktur*:

$$(26) \quad VP \rightarrow \left\{ \begin{array}{l} \text{Kopula + Prädikativ} \\ V \left\{ \begin{array}{l} \text{(NP) (PP) (PP)} \qquad \text{(Art und Weise)} \\ \text{S'} \\ \text{Prädikativ} \end{array} \right. \end{array} \right\}$$

Allerdings erscheint auch der Vorschlag von Bach (1967) ganz sinnvoll, nach
dem die Kopula immer dann durch eine frühe Transformation wie (27) eingeführt
werden soll, wenn auf sie nur ein Prädikativ folgt, da sie in dieser Umgebung offensichtlich vorhersagbar ist.

(27) T^{ob} Kop: X - Aux - Präd - Y
                      1   2   3   4 $\longrightarrow$ 1 2 + *be* 3 4

Eine weitere Lösungsmöglichkeit gibt Rosenbaum (1968); hier wird das Hilfsverb *be* durch eine Segmentierungstransformation eingeführt, bei der ein Merkmal des folgenden Elements abgetrennt wird; die Kopula könnte auf genau dieselbe Weise behandelt werden.

---

* [Anm. d. Hrsgg.]
    Die grammatischen Termini übernehmen wir aus der Übersetzung von Chomsky (1965)
    durch die Arbeitsstelle Strukturelle Grammatik unter der Leitung von Ewald Lang (vgl.
    Chomsky 1969).

(28) $X - \begin{bmatrix} +prog \end{bmatrix}_{VB} - Y$

    1   2 $3 \rightarrow 1 \begin{bmatrix} +prog \\ +KOP \end{bmatrix} + 2 \quad 3$

Gleich welche Methode wir für die Behandlung der Kopula wählen, es bleibt die Frage, ob es im BEV solche Regeln der höheren grammatischen Abstraktions-ebene wie (26), (27) oder (28) gibt, oder ob sich das BEV durch das Fehlen sol-cher Regeln vom SE unterscheidet. Der folgende Abschnitt wird deutlich ma-chen, daß die erste Alternative eher zutreffend ist.

2. Umgebungen, in denen Formen von *be* im BEV regelmäßig auftreten

Obwohl die Kopula und das Hilfsverb *be* im BEV in den verschiedenen Um-gebungen (1) - (12) häufig nicht auftreten, gibt es eine Vielzahl von anderen Um-gebungen, in denen diese Formen regelmäßig erscheinen. Die folgenden Bei-spiele stehen stellvertretend für eine große Anzahl anderer, die wir bei der gram-matischen Analyse vieler Interviews und Gruppensitzungen gefunden haben. In den meisten dieser Umgebungen erscheinen die Formen von *be* in der großen Mehrzahl der Fälle; Gegenbeispiele sind äußerst selten. Man kann sagen, daß das Auftreten von *be* einer kategorischen Regel unterliegt.

Die ersten Beispiele betreffen Formen von *be* mit Ausnahme von *is* und *are*. Diese Formen werden selten getilgt. Im Imperfekt erscheint *was* regelmäßig:

(29) I was small; I was sump'm about one years o' baby. *-12, Aces, 464*
(30) She was likin' me . . . she was likin' George too. *-18, Oscar Bros., 566*

Man kann nun behaupten, daß es sich hier einfach um ein Merkmal des Präteri-tums handelt, das in keinem Zusammenhang mit dem *be* des SE steht. Ähnlich könnte man argumentieren, daß das regelmäßig auftretende *ain't* lediglich ein Negationsmerkmal ist.

(31) It ain't no cat can't get in no coop. *-15, Cobras, 490*
(32) My sons, they ain't but so big. *-26, N.Y.C., 840*

Nun tritt die einfache Negation *not* aber häufig auf wie z.B. in (7) - (8), wo sie offensichtlich die Negation ohne Kopula repräsentiert. Wenn *ain't* nicht *is* plus *not* entspricht, dann müssen wir daraus folgern, daß es zwei Negationsmerkma-le in freier Variation gibt, oder wir müssen nach einem möglichen semantischen Unterschied zwischen *They not black* und *They ain't black* suchen.

In der ersten Person erscheint regelmäßig die Form *I'm*:

(33) I'm tired, Jeannette. *-48, N.C., 232*
(34) I'm not no strong drinker. *-15., N.Y.C., YH44*

Diese Form erscheint außerordentlich häufig, obwohl man auch einige seltene Beispiele für einfaches *I, I is* oder sogar *I'm is* finden kann. Wenn die Aufgabe, eine Grammatik für eine Gemeinschaft von Sprechern zu schreiben, die nicht den Standard sprechen, darin besteht, die regelhaften Sprachstrukturen zu fin-

den, dann müssen wir zu dem Schluß kommen, daß die Form *I'm*, die in gut 99%
der Fälle auftritt, hier die Struktur repräsentiert.[5]

Die Fälle *i's, tha's* und *wha's* bilden weitere Beispiele, in denen die Kopula
häufig vorhanden ist.

> (35) I's a real light yellow color.*-15, Cobras, 490*
> (36) Tha's my daily routine: women.*-14, Cobras, 497*
> (37) Wha's virgin?*-12, Jets, 637*

Wenn wir auch gelegentlich auf einfaches *it* stoßen, wie z.B. in *It always somebody tougher than you are*, so treten in der großen Mehrzahl der Fälle doch die
Formen [ɪs], [ðæs] und [wʌs] auf; sie spielen eine wichtige Rolle bei der endgültigen Formulierung der Regel, die in (1)-(12) operiert.

Wir finden die Form *be* auch ausnahmslos immer da vor, wo im SE die Kopula auf ein Modalverb folgen oder im Infinitiv stehen würde.

> (38) You got to be good, Rednall!*-15, Jets, 524*
> (39) His wife is suppos' a be gettin' money for this child.*-48, N.C., 232*

Es liegt eigentlich auf der Hand, daß die Aussageform *You good, Rednall!* in Beziehung zur Modalform (38) steht. Man kann *You good* nicht in **You got to
good* umformen, ohne das zugrundeliegende *be* zu realisieren. Das Gleiche gilt
für Imperative:

> (40) Be cool, brothers!*-15, Jets, 524*
> (41) Don't be messin' with my old lady!*-16, Jets, 560*

Wir betrachten nun Umgebungen, in denen die Formen *is* und *are*, die in (1)-
(12) nicht erscheinen, im BEV regelmäßig vorhanden sind. In betonter Stellung finden wir:

> (42) Allah *is* God.*-16, Cobras, 648*
> (43) He *is* a expert. *-12, T-Birds, 396*

---

5   Zwar ist *I'm* die eindeutig überwiegende Form natürlicher Rede (960 von 1 000 Fällen),
    aber farbige Kinder haben Schwierigkeiten beim Zerlegen von *I'm* in *I + am*. Unter unse-
    ren Aufnahmen gibt es nur drei Fälle von *I'm is*, die von älteren Kindern im natürlichen
    Gespräch geäußert wurden. Dagegen war diese Form neben *I'm am* die übliche Antwort
    Sechsjähriger auf die Behauptung: *"You're not David"* ("Du bist nicht David!"), er es
    aber tatsächlich war. Eine Achtjährige beharrte darauf, daß die geschriebene Form AM
    den Buchstaben S und nicht den Buchstaben M enthielte, weil sie davon überzeugt war,
    daß die Kopula I-S buchstabiert würde. Gleichaltrige weiße Kinder scheinen diese Schwie-
    rigkeiten bei der Rekonstruktion der vollen Form von *am* nicht zu haben. Die Daten zei-
    gen, daß Kinder sich der Kopula in ihrem System voll bewußt sind, daß sie aber die
    Kontextbeschränkungen noch nicht ganz erfaßt haben. Bei Torrey (1972) finden sich
    Belege dafür, daß kleinere Kinder häufiger die volle Form von *is* verwenden als ältere
    Kinder. Die Schwierigkeiten, die farbige Kinder mit *I'm* haben, stellen ein Argument
    dar, das auf einen möglichen kreolischen Ursprung des gegenwärtigen BEV oder zu-
    mindest auf eine Zeit deutet, in der sich das BEV mehr vom SE unterschied, als das
    heute der Fall ist.

Die finiten Formen von *be* treten auch in Ja-Nein-Fragen auf, z.B. in:

(44) Is he dead? is he dead? -Count the bullet holes in his motherfucking head. *-16, Jets, 560*
(45) Are you down? *-13, Jets, 497*
(46) Are you gon' give us some pussy? *-13, Jets, 632*

Wir finden auch Ja-Nein-Fragen ohne *is* und *are*; das Problem der Frage-Transformation und der zugrundeliegenden Formen von Fragen muß an einer anderen Stelle betrachtet werden. In den zahlreichen Fällen aber, in denen *is* und *are* in Fragen erscheinen, müssen wir diese auf zugrundeliegende Aussagesätze mit der Kopula *be* beziehen. Die angeführten Beispiele sind bewußt deshalb gewählt worden, weil an ihnen gezeigt werden kann, daß sie Vernacular-Formen sind; die Hypothese, daß es sich bei ihnen um "Dialektmischung" oder um Einflüsse aus dem Standard-Englisch handelt, ist kaum haltbar.

Im Falle von angehängten Fragen (tag questions) ist eine finite Form von *be* erforderlich, z.B.:

(47) Is that a shock? or is it not? *-13, Cobras, 493*

Wir stellen wiederum fest, daß *is* auch bei sehr erregten, spontanen Interaktionen in Gruppensitzungen auftritt.

Syntaktisch gesehen sind die Beispiele am interessantesten, in denen *is* und *are* infolge verschiedener Transformationsprozesse am Satzende stehen, z.B. in elliptischen Antworten:

(48) (You ain't the best sounder, Eddie!) I ain't! He is! *-12, Cobras, 489*

Nach Ellipsen in Komparativ-Konstruktionen:

(49) He is better than the girls is, now. *-35, S.C., 729*
(50) It always somebody tougher than you are. *-25, Fla., 825*

In eingebetteten Fragen nach WH-Bindung*:

(51) That's what he is: a brother. *-14, Cobras, 492*
(52) I don't care what you are. *-16, Jets, 580*
(53) Do you see where that person is? *-15, N.Y.C., YH35*

In all diesen häufigen Konstruktionen treten ausnahmslos die finiten Formen *is* und *are* auf.

Mit dem genügenden Scharfsinn ist es möglich, für jeden der Fälle in diesem Abschnitt eine Erklärung bereitzustellen und zu behaupten, daß zwischen diesen Formen und den Sätzen (1)-(12) keine Beziehung besteht (vgl. Labov 1972b: 49). Einige dieser Argumente haben ad hoc-Charakter und überzeugen nicht, wie

---

* [Anm. d. Hrsgg.]
"WH-Bindung" (WH-attraction) bezeichnet die Verknüpfung eingebetteter Fragesätze mit dem Matrixsatz mittels WH-Fragepronomina.

z.B. die Behauptung, daß der Infinitiv *to be* eigentlich das gewöhnliche *be₂* des BEV und nicht die Kopula ist. Andere sind vertretbare und plausible alternative Erklärungen der Daten, z.B. die These, daß für junge Sprecher *I'm* ein einziges Morphem ist. Allen jedoch, die mit der Logik der Transformationsgrammatik vertraut sind, wird einleuchten, daß die aufgezeigten Zusammenhänge auf die Existenz einer zugrundeliegenden Kopula bzw. eines zugrundeliegenden Hilfs-verbs *be* hindeuten, das in den spezifischen Umgebungen (1)-(12) getilgt wird. Es bleibt die Frage, durch welche Art von Regeln diese finiten Formen von *be* getilgt werden. Handelt es sich um eine Transformationsregel, die die Kopula tilgt, oder um eine spezielle Menge von Regeln, die *is* und *are* tilgt? Oder handelt es sich um eine phonologische Regel, die auf einer niedrigeren Abstraktionsebene der Grammatik operiert? Im folgenden wollen wir nun genauer darstellen, wel-cher Art diese Tilgungsregel ist.

3. Die Tilgungsregel und ihre Beziehung zur Kontraktion

Wir können zunächst eine Reihe von Anzeichen für einen phonologischen Ein-fluß auf die Tilgungsregel feststellen. *Is* und *are* werden getilgt *'m* aber nicht: es gibt phonologische Prozesse, die über auslautendem [z] und [r] operieren, nicht aber über auslautendem [m]. *Ain't* und *be* unterscheiden sich phonologisch dadurch von *is* und *are*, daß sie gespannte Vokale enthalten, die nicht zu *Schwa* reduziert oder kontrahiert werden. *Was* und *were* beginnen mit einem Konsonan-ten, der im allgemeinen nicht getilgt wird. Die Formen *i's* [ɪs], *tha's* [ðæ's] und *wha's* [wʌs] sind offenbar das Ergebnis eines Assimilationsprozesses auf einer niederen Abstraktionsebene, durch den diese so transformiert werden, daß sie vor der Tilgungsregel geschützt sind. Daraus folgt, daß die Tilgungsregel nach den Regeln operiert, die *it is* in *i's* [ɪs] umwandeln.

Der wichtigste Gedanke aber, der sich aus den Beispielen von Abschnitt 2 er-gibt, betrifft die Beziehung zwischen Kontraktion und Tilgung. Wir stellen fest, daß ausnahmslos das folgende Prinzip gilt: Überall, wo im SE die Formen *is* und *are* kontrahiert werden können, können sie im BEV getilgt werden und umge-kehrt; wo im SE *is* und *are* nicht kontrahiert werden können, können sie im BEV nicht getilgt werden und umgekehrt. Diese enge Beziehung zwischen Kon-traktion und Tilgung wird durch die Beispiele weiter unten veranschaulicht.

3.1. Die *Kontraktionsregel für das Hilfsverb im Englischen*. So viel mir be-kannt ist, sind die Kontraktionsregeln des SE niemals genauer in einer Veröf-fentlichung untersucht worden. Es ist daher notwendig, die Bedingungen fest-zustellen, unter denen Kontraktion auftreten kann und die Form der Kontrak-tionsregel genau anzugeben, um ihre Beziehung zur Tilgung sowie die Form und Stellung der Tilgungsregel selbst zu verstehen.

So wie im SE am Satzende nicht kontrahiert werden kann, kann im BEV dort nicht getilgt werden. Folgende Beispiele veranschaulichen diese Parallele:

	SE	BEV
(54)	* He's as nice as he says he's.	* He's as nice as he says he.
(55)	* How beautiful you're!	* How beautiful you!
(56)	Are you going! *I'm.	Are you going? *I.
(57)	* Here I'm.	⁎ Here I.

Die Strukturen, die die Daten erkennen lassen, sind so eindeutig, daß ich mich dazu berechtigt fühle, in der Spalte des BEV durch Asterisken die Inakzeptabilität bestimmter Formen anzuzeigen, ohne das intuitive Urteil von kompetenten Sprechern (native speakers) eingeholt zu haben. Aus diesen Beispielen könnte die einfache Regel abgeleitet werden, daß Kontraktion am Satzende nicht möglich ist. Die Beispiele (58) - (61) zeigen aber, daß die Situation komplizierter ist:

	SE	BEV
	SE	BEV
(58)	* Who's it?	* Who it?
(59)	Who's IT?	Who IT?
(60)	* Wha's it?	* What it?
(61)	What's it for?	What it for? Wha's it for?

Satz (58) mit "dummy" *it* ist nicht möglich, dagegen aber (59) mit lexikalischem *IT* ("die Person, die *IT* in einem Spiel ist"). Satz (60) ist nicht möglich mit "dummy" *it*, dafür aber (61), sofern ein betontes *for* folgt. Das scheint darauf hinzudeuten, daß eine betonte Silbe auf *is* oder *are* folgen muß, wenn kontrahiert oder getilgt werden soll. In den Beispielen (62)-(64) wird aber deutlich, daß die Verhältnisse noch komplexer sind:

	SE	BEV
	SE	BEV
(62)	* He's now.	* He now.
(63)	* He's unfortunately.	* He unfortunately.
(64)	He's unfortunately here.	He unfortunately here.

Sowohl in (62) als auch in (63) folgen auf die Kopula betonte Formen, aber es kann weder kontrahiert noch getilgt werden. Nach Hinzufügung von *here* (64) kann kontrahiert und getilgt werden. Hier wird deutlich, daß die grammatischen Beziehungen zwischen *is* und *are* und den folgenden Elementen für die Regel von Bedeutung sind. Solche grammatischen Beziehungen spielen eine Rolle in den von Chomsky und Halle (1968) entwickelten Akzentregeln, die es uns erlauben, die Ausgangsbedingungen für die Kontraktion anzugeben. Die Regeln von Chomsky/Halle werden hier mit einer einzigen Abänderung verwendet, die die *weak word*-Regel* betrifft[6]. Durch das Operieren der folgenden drei Regeln werden diese Bedingungen hergestellt.

---

* [Anm. d. Hrsgg.] Die *"weak-word*-Regel" operiert auf schwachbetonten Wörtern, die als Vokal lediglich ein *Schwa* enthalten (vgl. Regel (66)).

6 Chomsky und Halle behandeln *be* bzw. die Kopula nicht im einzelnen; aber in *The Sound Pattern of English* (S. 22, Anm. 11) wird deutlich, daß Hilfsverben oder die Kopula keinen primären Akzent durch die Hauptakzentregel erhalten, wie es hier geschieht. Sie lassen diese Regel nur vor Klammern operieren, die mit den Hauptkategorien *N, A, V, S* oder *P*, nicht aber *Aux* etikettiert sind (S. 240). Die Grenze # wird automatisch am Anfang und am Ende jeder Kette eingesetzt, die von einer Hauptkategorie dominiert wird (S. 366). Auf diese Weise erhalten wir Oberflächenstrukturen wie z. B.

$$[_S \# [_{NP} \# [_N \# \text{ John } \#]_N \#]_{NP} [_{VP} \# \text{ } is \text{ } [_A \# \text{ } crazy \text{ } \#]_A \#]_{VP} \#]_S.$$

Hilfsverb und Kopula sind somit keine "phonologischen Wörter" im Sinne von Chomsky und Halle; sie erhalten keinen Hauptakzent, und der Vokal von *is* wird automatisch

(65) $\begin{bmatrix} 1\text{Akzent} \\ V \end{bmatrix}$ $\longrightarrow$ $\begin{bmatrix} 1\text{Akzent} \end{bmatrix}$ / $\overset{\wedge}{\text{V}}...\_\ ...\bigr]$ Nukleusakzentregel
α

(66) $\begin{bmatrix} +\text{W} \\ 3\text{Akzent} \\ V \end{bmatrix}$ $\longrightarrow$ $\begin{bmatrix} -\text{Akzent} \end{bmatrix}$ *weak word*-Regel

(67) $\begin{bmatrix} -\text{Akzent} \\ -\text{gespannt} \\ V \end{bmatrix}$ $\longrightarrow$ ə   Vokalreduktion

abgeschwächt, sofern nicht kontrastive Betonung vorliegt. Nach der Ellipsen-Transformation, die *crazy* eliminiert, erhielten wir vermutlich die Oberflächenstruktur

$[_S\# [_{NP}\# [_N\# \textit{John}\ \#]_N \#]_{NP} [_{VP}\# \textit{is}\ \#]_{VP} \#]_S.$

Durch die Hauptakzentregel, die ohne Ellipse *crazy* den Hauptakzent zuwiese, erhält in dieser elliptischen Form *is* den Hauptakzent. Dieses Verfahren, das ein spezielles Merkmal [+W] überflüssig macht, würde eine einfachere Lösung darstellen und uns erlauben, das Verhalten von *is* und *was* mit Hilfe der allgemeinen Akzentregeln vorherzusagen. Das würde bedeuten, daß die Hauptakzentregel auf Verbalkomplexe wie auf Verben anzuwenden wäre, denn die Nukleusakzentregel kommt nur bei Einheiten, die bereits einen primären Akzent erhalten haben, zur Anwendung. Sofern nicht eine Ellipse vorliegt, erhält *is* keinen Akzent, sondern wird automatisch abgeschwächt und unterliegt der Kontraktion. Damit ist eine weitere Betrachtung des transformationellen Zyklus nicht erforderlich.

Es gibt jedoch deutliche Anzeichen dafür, daß Hilfsverben durch die Hauptakzentregel einen primären Akzent erhalten und durch den transformationellen Zyklus abgeschwächt werden. Die Anwendung der oben skizzierten Chomsky-Halleschen Akzentregeln führt zu einem falschen Resultat, wenn ein elliptischer Satz mehrere Hilfsverben enthält:

2 - 1   2 - - 1
*He may have;   *He may have been.*

Auf das jeweils erste Element, das die Tempusmarkierung enthält, würde dann die Kontraktion Anwendung finden, die zu

2   1   2 - 1
He's   been und *He'll have been*

führte. Aber diese Kontraktion und diese Akzentmuster sind ganz und gar unmöglich. In Wirklichkeit finden wir einen primären Akzent auf dem ersten Hilfsverb und eine gleichmäßige Reihe von sekundären oder tertiären Akzenten auf den anderen:

2 1   2   1   2   1   2 1 2
He may have been; He will have; He has been.

Wir können den gleichmäßigen nicht-kontrastiven Akzent, der beim zweiten und dritten Element der Reihe auftritt, nicht erklären, außer wir nehmen an, daß die Hauptakzentregel operiert hat und der Akzent durch eine einmalige Anwendung des transformationellen Zyklus um nur eine Stufe abgeschwächt worden ist. Der Tatsache, daß das erste Element einen Nukleusakzent erhält, kann dadurch Rechnung getragen werden, daß die Regel für Komposita in der Weise erweitert wird, daß sie neben Nomina und Verben auch Hilfsverben einschließt: $[\textit{may have been}]_{\text{AUX}}$ gilt damit gleichermaßen als Kompositum wie $[\textit{hot dogs}]_N$ oder $[\textit{comparison shop}]_V$.

Schließlich ist darauf hinzuweisen, daß die Kategorie der "schwachen Wörter" und das Merkmal [+W] unabhängig davon durch die Regeln für die Gespanntheit von kurzem *a* in vielen Dialekten des Englischen gerechtfertigt werden. Paul Cohen (1970) hat gezeigt, daß die Oppositionen *an* ∼ *Ann*, *have* ∼ *halve*, *can* (Hilfsverb) ∼ *can* (Verb, Nomen), *as* ∼ *razz* durch ein einziges Merkmal [+W] erklärt werden können, während alternative Lösungen viel komplizierter sind.

Die Nukleusakzentregel (vgl. Chomsky und Halle 1968:17-18, Regeln 9-10) ist eine zyklische Regel, die den primären Akzent jeweils dem letzten lexikalischen Element innerhalb eines P-Markers zuordnet, wobei durch Konvention die Betonung aller übrigen Elemente um eine Einheit reduziert wird. (Der Index Alpha steht für alle Etiketten mit Ausnahme von *N, A* und *V.*) Dann werden die Grenzen des P-Markers beseitigt und die Regel auf die nächstgrößere Konstituente angewendet. Die *weak word*-Regel operiert in der Weise, daß Wörter, die mit einem *Schwa* als einzigem Vokal auftreten können, von [3Akzent] auf [-Akzent] reduziert werden, während andere Silben nur von [4Akzent] oder [5Akzent] (oder schwächer) auf [-Akzent] reduziert werden. Die Vokalreduktionsregel (67) ist die letzte in der Reihe der Chomsky-Halle-Regeln. Auf sie folgt die Kontraktion. Sie bewirkt die Beseitigung eines *Schwa*, das am Beginn eines Wortes vor einem einzelnen Konsonanten steht. Das Operieren dieser Regel ist in Fig. 6-1 illustriert. In *Tom is wild* operiert die Nukleusakzentregel zweimal, wobei *is* zu [3Akzent] reduziert wird; durch die *weak word*-Regel wird daraus [-Akzent], es erfolgen Vokalreduktion und Kontraktion und das Ergebnis ist *Tom's wild.* In der elliptischen Form *Tom is* liegt nur ein Zyklus vor mit der vollen Betonung auf *is* (oder, falls *Tom* besonders hervorgehoben wird, mit [2Akzent] auf *is*). Eine Kontraktion ist nicht möglich. In *Tom is wild at night* gibt es wiederum zwei Zyklen, und die Regeln liefern *Tom's wild at night.* Aber wenn *wild* durch Ellipse wegfällt, wie in *Bill is wild during the day, and Tom is at night* steht die Kopula nicht in einer Konstruktion zusammen mit *at night* und die Nukleusakzentregel operiert nur einmal.[7]

---

7 In einer neueren Untersuchung über die Auxiliar-Reduktion im Englischen vertritt Zwicky (1970) die Ansicht, daß die Betrachtung der Akzentverhältnisse allein nicht ausreiche, um die Kontrahierbarkeit von *is* vorherzusagen. Seine kritischen Fälle betreffen die Anwendung einer *Gleitlaut-Tilgung* (die nur über unbetonten Elementen operiert), aber nicht die Kontraktion. Als Beispiele werden zitiert: *Tweedledum has gobbled more oysters than tweedledee (h)as* und *Gerda has been to North Dakota as often as Trudi (h)as.* Zwicky erklärt, daß "in meiner Aussprache der Vokal von *has* in diesen Beispielen reduzierbar ist, so daß *has* als [ə z] erscheinen kann, nicht aber als [z] ", fügt aber hinzu, daß es "Sprecher des Englischen gibt, die mit mir in diesem Punkt nicht übereinstimmen". Diese Beispiele dienen seither als Argument für Ableitungsbeschränkungen (Lakoff 1970). Es scheint mir problematisch zu sein, eine wichtige theoretische Behauptung auf solch subjektive und umstrittene Daten zu gründen, insbesondere angesichts der Tatsache, daß in beiden Fällen das unmittelbar vor *has* stehende Element einen kontrastiven Akzent trägt. Wenn die Regeln für Kontrastakzent in derselben Weise operieren wie normale Akzentregeln, dann wird die Betonung der anderen Elemente des Teilsatzes in regelhafter Weise reduziert, was der Grund für das ungewöhnliche Verhalten des Hilfsverbs hier sein kann. Ich glaube nicht, daß dieselbe Behauptung aufgestellt würde für den Satz *I told him about the difficulty that George has,* in dem kein Kontrastakzent erscheint.

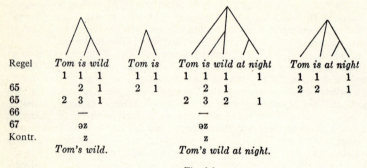

Fig. 6-1

3.2. Das *"what I mean*-Problem". In der bisherigen Diskussion sind wir von dem Grundgedanken ausgegangen, daß die Möglichkeit der Kontraktion im SE in einer eins-zu-eins-Beziehung zur Möglichkeit der Tilgung im BEV steht. Das folgende Beispiel scheint dem aber vollständig zu widersprechen:

> (68) What I mean by bein' destroyed, they was brought up into they right-ful nature.-*29, N.J., 737*

Dies ist ein Fall, wo *is* aufgrund von *WH-Bindung* am Ende des Teilsatzes steht und die oben dargelegten Regeln der Betonung und der Vokalreduktion keine Kontraktion erlauben:

> (69) *What I mean by being destroyed's, they was brought up into they right-ful nature.

Bisher deutet nichts darauf hin, daß dieses Prinzip variabel sein kann. Die Kontraktionsregel ist abhängig von den kategorischen Akzent- und Reduktionsregeln und - so haben wir argumentiert - wenn nicht kontrahiert werden kann, kann auch nicht getilgt werden.

Beispiele wie (68) sind im BEV keinesfalls selten. Wir können noch viele andere anführen:

> (70) All I knowed, that I was in the hospital.-*13, T-Birds, 458*
> (71) All I could do, as' him what he's tryin to do.-*16, N.Y.C., YH33*
> (72) But next thing I knew, he was on the ground.-*16, Jets, 560*

Eine sorgfältige Analyse dieser Beispiele zeigt, daß die Tilgung von *is* nicht auf die Tilgungsregel, sondern auf einen ganz änderen Prozeß zurückzuführen ist.

Die Richtigkeit dieser Annahme hängt von einigen empirischen und theoretischen Argumenten ab.

Zunächst einmal dürfte muttersprachlichen Sprechern des WNS* bekannt sein, daß diese Tilgung bei weißen Sprechern nicht völlig ausgeschlossen ist. Ausdrücke wie

(73) What I mean, he's crazy.
(74) All I know, he's going home.

sind bei den WNS-Sprechern durchaus üblich. Ferner stellen wir fest, daß in allen diesen Fällen Verben des *Sagens, Wissens* und *Meinens* - jeweils mit Satzergänzungen - sowie das Pro-Verb *do* eine Rolle spielen. Es gibt im BEV keine Sätze vom Typ

(75) *All I broke, my leg.

und im WNS gilt dies ebenfalls nicht als akzeptabel. Es ist möglich, daß Sätze der Art *All I broke* auf zugrundeliegende Strukturen mit *is* als Hauptverb zurückgehen. Es gibt auch viele ähnliche vorverweisende Konstruktionen wie z.B. *The only thing is, I broke my leg,* wobei auch *The only thing, I broke my leg* möglich ist. Wo also *is* getilgt werden kann, kann auch *was* getilgt werden, wie z.B. in Satz (70), was darauf hinweist, daß wir es nicht mit einem phonologischen Prozeß zu tun haben.

Die Tatsache, daß weiße Sprecher *is* hier tilgen können, in den Sätzen von Typ (29)-(53) aber nicht, läßt vermuten, daß wir es mit einem anderen Mechanismus als der eigentlichen Tilgungsregel zu tun haben. Uns geht es natürlich eher um die Oberflächenstruktur als um die Tiefenstruktur, weil erstere die Anwendung der Akzentregeln bestimmt; die Tiefenstruktur determiniert allerdings letztlich das Operieren der kritischen Transformationen. Wir können versuchen, der Zwischenstruktur von Sätzen des Typs (73), in der die WH-Bindung schon stattgefunden hat, nachzugehen (Fig. 6-2).

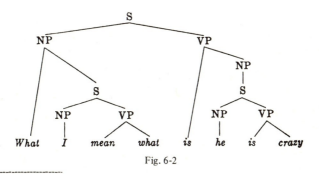

Fig. 6-2

---

* [Anm. d. Hrsgg.]
"WNS" ist eine Abkürzung for *White Nonstandard,* d.h. der Terminus bezeichnet das Sprachverhalten von Weißen, die nicht den amerikanischen Standard sprechen.

Bei der WH-Bindung, die hier in Subjekt-Position auftritt, handelt es sich um dasselbe WH, das Bestandteil von Ausrufen (*What an idea it is!*), freien Relativsätzen (*This is what I mean*) und - wenn Relativsätze angeschlossen werden - von Sätzen wie (73) oder *What I broke was my leg* ist. Nachdem das Objekt *what* aus dem Relativsatz entfernt und die *that*-Ergänzung vor den Ergänzungssatz gesetzt worden ist, erhalten wir die Konstituentenstruktur

(76) [What [I mean]$_S$]$_{NP}$ [is [that he is crazy]$_S$]$_{VP}$

in der *is* das Hauptverb des Satzes ist und vor einem Satz steht. Nach unserer bisherigen Analyse müßte dieses vor einem Satz stehende *is*, genau wie sonst die Kopula vor einer Satzergänzung, kontrahiert werden können:

(77) My home's where I want it.

Doch die meisten Sprecher finden

(78) *What I mean he's crazy.

kaum akzeptabel. Ein "gespaltener" (cleft) Satz wie (79) kann zu (80) kontrahiert werden, aber nicht zu (81) —

(79) What he is is smart.
(80) What he is's smart.
(81) *What he's is smart.

— obwohl (81) vom phonetischen Standpunkt aus viel leichter auszusprechen ist als (80). Alle diese Überlegungen lassen den Verdacht entstehen, daß die Satzstruktur in Fig. 6−2 nicht korrekt analysiert worden ist. Fig 6−3 zeigt eine andere Analyse von (73):

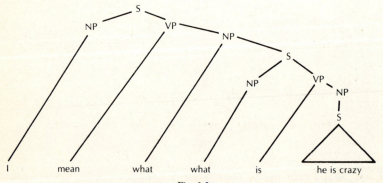

Fig. 6-3

Hier ist *mean* das Hauptverb und *is* das Verb des Relativsatzes. Die Regel, die *is* tilgt, ist identisch mit der Regel, durch die *the book that is yellow with age* reduziert wird zu *the book yellow with age*: diese Transformation wird in allen Dialekten des Englischen benötigt; sie operiert viel früher als die oben diskutierten phonologischen Prozesse und ist unabhängig von diesen. Wenn dies tatsächlich die Struktur von (73) ist, können wir verstehen, warum sowohl weiße als auch farbige Sprecher *is* tilgen können, obwohl es nicht kontrahiert werden kann. Dasselbe gilt für (79)-(80). Wenn das erste *is* das Hauptverb des Satzes ist, steht es nicht mehr in einer Konstruktion zusammen mit seinem Objekt *what*, das durch WH-Bindung an den Anfang gerückt ist und daher denselben Status hat wie Sätze vom Typ *That's what he is.*

3.3. Die Kontraktionsregel wird daher so zu formulieren sein, daß sie die Beseitigung eines anlautenden *Schwa* vor einem einzelnen Konsonanten wie in *am, is, are* beschreibt; *have, has,* und *had* werden einbezogen, nachdem durch eine Regel das anlautende *h* beseitigt worden ist; *will* wird einbezogen, jedoch offensichtlich als alternative lexikalische Form ohne anlautendes *w*, da es nun keine allgemeine Regelung zur Tilgung dieses Konsonanten gibt. Unbetontes *as* kann jedoch nicht kontrahiert werden, obwohl es die erforderliche phonologische Form [əz] hat. Wir wissen dies, weil die nach der Kontraktion automatisch erfolgende Assimilation auf *as* in *like as not* oder *hot as can be* keine Anwendung findet; ganz gleich wie ephemer das *Schwa* auch ist, wir sagen nicht [laɪksnɑt] oder [hɑtskənbi]. *His, him* und *her* werden ebenfalls nicht kontrahiert, obwohl die Regel, die anlautendes *h* beseitigt, hier genauso angewendet wird wie bei *has, had* und *have.*

Diese Beispiele erwecken den Eindruck, daß die Fähigkeit, kontrahiert werden zu können, vielleicht eine lexikalische Eigenschaft dieser Verben und Hilfsverben ist, wobei man beim Verb *have*, das im britischen Englisch kontrahiert wird (wie in *They'd a great deal of money*), nicht aber im amerikanischen Englisch, eine gewisse Variation feststellen kann. Abgesehen von dieser Idiosynkrasie bei *have* gibt es aber ein allgemeines Kontextmerkmal, von dem die Möglichkeit der Kontraktion abhängt und das klarmacht, warum *as, him, his* und *her* nicht kontrahiert werden können, während dies bei den Hilfsverben und der Kopula in der Regel möglich ist. Kontraktion erfordert das Vorhandensein des Typus- oder Tempus-Merkmals. Den entscheidenden Fall finden wir in *They may have.* Man kann zwar *They may've* schreiben, aber der Apostroph zeigt nur die Tilgung des *h-* an. Eine Kontraktion hat nicht stattgefunden, was wir daraus ersehen können, daß *They may've* sich nicht auf *knave* reimt. Wenn durch die Kontraktion ein *Schwa* getilgt wird, erhalten wir eine einzige Silbe: *They've* reimt sich auf *knave.* Kontraktion tritt also nur dann auf, wenn das Tempusoder Typus-Merkmal im Verb bzw. Hilfsverb enthalten ist. Die Kontraktionsregel nimmt damit die folgende allgemeine Form an:[8]

$$(82) \qquad \mathrm{ə} \rightarrow (\emptyset)/\cdots \#\# \begin{bmatrix} - \\ +\mathrm{T} \end{bmatrix} \mathrm{C}_0^1 \#\# \cdots$$

---

8   Obwohl in den meisten Dialekten des Englischen ein Tempus-Merkmal vorhanden sein muß, damit kontrahiert werden kann, gibt es Dialekte, in denen diese Beschränkung nicht existiert. In Dialekten im nordöstlichen New England (Maine), im Süden (Atlanta), in Nordengland (Leeds) und in anderen Dialekten werden *as* und *to* sowie *the* und

Die Punkte zeigen an, daß die Kontraktion weiteren Beschränkungen unterliegt. die wir weiter unten behandeln werden. Wir haben die Kontraktionsregel so weit wie möglich im Rahmen kategorischer, invarianter Regeln entwickelt; es gibt jedoch schwierige Probleme und wichtige Beschränkungen, denen die Kontraktion unterliegt, die nur mit einem erweiterten Begriff von "Regel der Grammatik" bewältigt werden können.

    3.4 *Reihenfolgebeziehungen zwischen Kontraktion und Tilgung.* Ein solches weitergehendes Problem betrifft die Beziehungen zwischen der Kontraktionsregel, wie sie oben dargestellt wurde, und der Tilgungsregel des BEV. Es gibt vier mögliche Arten der Anordnung von Kontraktion und Tilgung:

Fall 1	Fall 2	Fall 3	Fall 4
1. C	1. D	$1. \begin{Bmatrix} C \\ D \end{Bmatrix}$	1. C(D)
2. D	2. C		
$\mathrm{ \partial z \to z / \cdots}$	$\mathrm{\partial z \to \emptyset / \cdots}$	$\mathrm{\partial z \to \begin{Bmatrix} z \\ \emptyset \end{Bmatrix} / \cdots}$	$\mathrm{\partial z \to z \to \emptyset / \cdots}$
$\mathrm{z \to \emptyset / \cdots}$	$\mathrm{\partial z \to z / \cdots}$		

Im *Fall 1* erfolgt zuerst Kontraktion, dann Tilgung. Im *Fall 2* ist es umgekehrt: fakultativ zuerst Tilgung, dann Kontraktion. Das Schema macht deutlich, daß im Fall 2 keine besondere Beziehung zwischen den beiden Regeln impliziert ist; aus vielen Gründen erscheint diese als die am wenigsten wahrscheinliche Reihenfolge. *Fall 3* zeigt Tilgung und Kontraktion als gleichzeitige alternative Möglichkeiten derselben Regel, wobei nur eine Menge von Umgebungsbeschränkungen auftritt. Im *Fall 4* erscheint die Tilgung als eine Erweiterung der Kontraktion - eine "wildgewordene" Kontraktion sozusagen - wiederum mit nur einer Menge von Umgebungsbedingungen. Unsere Aufgabe besteht nun darin, die vier möglichen Reihenfolgebeziehungen näher zu prüfen und die Form der Tilgungsregel im einzelnen darzustellen.

4. Inhärente Variation der Tilgung

Bis hierhin habe ich die Formen (1) - (12) von Abschnitt 1 so dargestellt, als ob sie das BEV-System repräsentieren würden. Tatsächlich sind es die auffälligsten Formen, weil sie durch die Abweichung vom SE gekennzeichnet sind. Die Tilgung der Kopula ist jedoch bei allen von uns untersuchten BEV-Sprechern eine

---

a normalerweise kontrahiert. Wenn der Vokal von *to* getilgt wird, kann eine Konsonantencluster-Vereinfachung eintreten, durch diese dieses Formativ völlig beseitigt wird, wie z.B. in *I used' go* [arjusgoU] . Der verbleibende Konsonant von *the* wird oft zu einem Glottisschlag (oder zu null), was dann zu *get out' way* [getæoʔwei] führt; wenn *a* kontrahiert wird, bleibt natürlich gar nichts mehr übrig. Diese Erweiterung der Kontraktionsregel verursacht also auffallende Unterschiede in der Oberflächenstruktur, die auf den ersten Blick fälschlich als Unterschiede in den syntaktischen Regeln interpretiert werden können.

inhärente Variable. Wir werden nun die interne Struktur dieser Variable untersuchen, um das im vorigen Abschnitt aufgeworfene Problem der Regelordnung zu lösen.

Die Untersuchung von Variation ist notwendigerweise quantitativ, und quantitative Analysen implizieren notwendigerweise, daß man zählt. Auf den ersten Blick erscheint Zählen als eine einfache Operation, aber selbst die einfachste Art des Zählens wirft eine Anzahl heikler und schwieriger Probleme auf. Die endgültige Entscheidung darüber, was gezählt werden soll, stellt in der Tat die Lösung des Problems dar. Zu dieser Entscheidung kann man sich nur langsam über eine Reihe von Sondierungen vortasten.

Als erstes muß man die Grundgesamtheit der Äußerungen, in denen das Merkmal variiert, bestimmen. Es gibt immer einige Parallelfälle, in denen das variable Merkmal gar nicht variabel ist − z.B. in den Umgebungen (48) - (53), wo wir feststellen, daß *is* niemals getilgt wird. Wenn alle Umgebungen (29) - (53) in eine quantitative Untersuchung der variablen Tilgungsregel einbezogen würden, dann erschiene die Häufigkeit der Regelanwendung viel geringer, als sie es tatsächlich ist; einige wichtige Beschränkungen der Variabilität würden unerkannt bleiben, da es so aussähe, als würden sie nur für einen kleinen Teil der Fälle gelten, und die wichtige Unterscheidung zwischen variablem und kategorischem Verhalten würde verlorengehen.

Zweitens muß man eine Entscheidung über die Anzahl der Varianten treffen, die verläßlich identifiziert werden können, und die Umgebungen ausklammern, in denen die Unterschiede aus phonetischen Gründen neutralisiert werden. Im Falle von *is* entschlossen wir uns, volle, kontrahierte und getilgte Formen zu unterscheiden, nicht jedoch zu versuchen, Unterschiede bezüglich des Grades der Betonung oder der Reduktion des Vokals in der vollen Form zu machen. Ferner müssen Sätze wie *Boot is seventeen* unberücksichtigt bleiben, da die kontrahierte Form von der getilgten in [butsɛvntin] oder [but·sɛvntin] nicht unterschieden werden kann.

Drittens muß man alle Subkategorien bestimmen, die sinnvollerweise bei der Bestimmung der Häufigkeit, mit der die betreffende Regel angewandt wird, relevant sein können. In unserem Fall sind es viele grammatische und phonologische Charakteristika des vorhergehenden und des folgenden Elements, die die Häufigkeit der Kontraktion und der Tilgung von *is* bestimmen: nur wenige von ihnen können aufgrund einer vorliegenden Theorie oder aufgrund von Wissen über die Kontraktion vorhergesagt werden. Solche Subkategorien schälen sich im Laufe der Analyse heraus und sind das Ergebnis vieler Vermutungen, Überprüfungen und Analogieschlüsse. Natürlich gibt es kein einfaches Verfahren für das Auffinden der relevanten Subkategorien; das Endergebnis besteht in einer Menge regelhafter Beschränkungen, die bei jeder Gruppe und bei fast jedem Individuum zu beobachten sind. Wenn die drei oben skizzierten Operationen mit Sorgfalt und linguistischem Scharfsinn durchgeführt werden, sind die Regelmäßigkeiten so evident, daß eine statistische Analyse überflüssig wird.

In diesem Abschnitt werden wir uns auf die quantitative Analyse der Formen von *is* in den Umgebungen (1) - (12) konzentrieren. Unter allen BEV-Sprechern der verschiedenen Altersstufen aus unserem Sample (oder aus unseren explorativen Studien in Washington, Philadelphia, Cleveland, Detroit, Chicago und Los Angeles) gibt es keinen, der *is* in diesen Umgebungen immer (oder nie) tilgt, und zwar auch in sehr erregter und spontaner Interaktion. Alle Formen

- volle, kontrahierte und getilgte - sind charakteristisch für das BEV. Die kontrahierte, aber ungetilgte Form ist am wenigsten typisch für das BEV und besonders charakteristisch für das WNS und das SE. Analog zu dem Gefühl der WNS- und SE-Sprecher, daß kontrahierte Formen "natürlich" und volle Formen "gewählt" wirken, könnte man versucht sein zu argumentieren, daß die vollen Formen aus dem SE in den "gewählten" Stil des BEV übernommen worden sind. Beim Vergleich von Einzelinterviews mit spontanen Gruppensitzungen stellen wir jedoch fest, daß der Prozentsatz der vollen Formen in der Regel ansteigt. Das Merkmal, das mit dem Stilwechsel von Einzel- zu Gruppensitzungen korreliert, ist das Verhältnis von getilgten (*D*) zu ursprünglich kontrahierten (*C*) Formen − d.h. *D/D+C*. Mit anderen Worten, BEV-Sprecher kontrahieren nicht notwendigerweise mehr bei erregter Interaktion, aber sie tilgen in stärkerem Maße bereits kontrahierte Formen. Stilwechsel spielen nur eine geringe Rolle bei Peer-Groups von Halbwüchsigen und Heranwachsenden; sie werden erst bedeutend bei älteren Jugendlichen und Erwachsenen.[9]

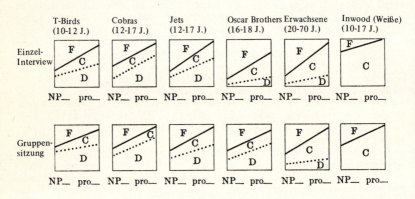

Fig. 6−4   *Prozentsätze der vollen, kontrahierten und getilgten Formen von* is *mit pronominalem Subjekt vs. anderer Subjekts-NP für sechs Gruppen im Einzelinterview- und (zwanglosen) Gruppenstil.*

---

9   Obwohl die Menge der grammatikalischen und phonologischen Regeln des BEV für alle Altersgruppen der Thunderbirds, Cobras und Jets relativ konstant ist, treten leichte Änderungen in der Struktur der Regeln beim Übergang von kindlichem zu jugendlichem Alter ein: hauptsächlich eine gesteigerte Kenntnis der zugrundeliegenden Formen bestimmter Wörter und eine schärfere Formulierung bestimmter phonologischer Regeln; wie wir weiter unten sehen werden, treten einige der wichtigsten phonologischen Beschränkungen von Regeln bei den jüngsten Sprechern nicht auf. Bei älteren Jugendlichen lassen sich andere Veränderungen beobachten, die eine Erweiterung des stilistischen Repertoires sowie ein stärkeres Bewußtsein für die Normen der Sprechergemeinschaft bei der sozialen Einschätzung der Sprache widerspiegeln.

Tabelle 6-1
Prozentsätze der Formen von is *mit Pronomen vs. anderer NP als Subjekt*

	T-Birds		Cobras		Jets		Oscar Brothers		Erwachsene		Inwood	
	NP_	pro_	NP_	pro_	NP_	pro_	NP_	pro_	NP_	pro_	NP_	pro_
Einzel-interviewstil												
voll	63	05	56	04	67	00	85	25	75	04	26	00
kontrahiert	25	44	26	29	15	39	11	60	17	80	74	100
getilgt	12	51	18	67	18	64	04	15	08	16		
insgesamt	100	100	100	100	100	100	100	100	100	100	100	100
N: Formen	124	212	35	106	145	189	45	47	187	118	54	61
Personen	13		9		15		3		17		8	
Gruppen-stil												
voll	44	07	45	00	54	00	51	04	61	01	41	01
kontrahiert	15	33	19	23	19	42	23	33	26	72	59	99
getilgt	42	60	36	77	27	58	26	64	14	27		
insgesamt*	101	100	100	100	100	100	100	100	100	100	100	100
N: Formen	53	43	85	30	113	75	73	80	170	112	110	81
Personen	5		9		11		4		15		7	

* Die Gesamtzahl ist durch Aufrunden manchmal höher als 100 %

Die wichtigste einzelne Beschränkung der Tilgung im BEV und der Kontraktion im SE und im BEV ist eine, die wir nicht erwartet hatten:[10] ob das Subjekt ein Pronomen oder ein anderer Nominalkomplex ist. Tab. 6–1 und Fig. 6–4 zeigen den Prozentsatz der vollen (F), der kontrahierten (C) und der getilgten (D) Formen für sechs Gruppen, die genau untersucht worden sind: die Thunderbirds (Halbwüchsige), die Cobras und die Jets (Heranwachsende) sowie die (etwas älteren) Oscar Brothers; ein Sample von 25 Erwachsenen der Arbeiterschicht aus den Wohngebieten der Cobras und Jets, das einer größeren Zufallsstichprobe von 100 Erwachsenen entnommen ist; und das kombinierte Material von zwei Gruppen der weißen Arbeiterschicht aus Inwood im oberen Manhattan (Halbwüchsige und Heranwachsende).

Auf der linken Seite jedes Kästchens in Fig. 6–4 ist der Prozentsatz der vollen, kontrahierten und getilgten Formen nach Nominalkomplexen, auf der rechten Seite der entsprechende Prozentsatz nach Pronomen angegeben. In allen Fällen ist der Prozentsatz der getilgten und kontrahierten Formen größer, wenn ein Pronomen vorangeht. Die oberen Kästchen zeigen das Muster für Einzelinterviews, die unteren das für Gruppeninteraktionen.[11] Obwohl die Tilgung im Verhältnis zur Kontraktion durchgängig zunimmt, ist das Grundmuster in den beiden Stilarten für alle Gruppen dasselbe.

In diesen Diagrammen wird angenommen, daß die Tilgung nach der Kontraktion eintritt (Fall 1 von Abschnitt 3.4.), d.h. der Prozentsatz der kontrahierten Formen enthält auch die später getilgten Formen. Das Muster für die Kontraktion, das sich hier erkennen läßt, ist bei den BEV-Gruppen ähnlich wie bei den WNS-Gruppen aus Inwood, die nicht tilgen. Kontraktion und Tilgung unterliegen also derselben syntaktischen Beschränkung. Die Tatsache, daß dieses Muster regelmäßig in den sechs verschiedenen Gruppen und in den beiden Stilarten auftritt, zeigt, wie durchgängig und regelmäßig solche variablen Beschränkungen sind. Wir haben es hier nicht mit Erscheinungen zu tun, die so unregelmäßig oder marginal sind, daß statistische Tests notwendig sind, um zu entscheiden, ob sie zufällig sind oder nicht.

Die Beziehung zwischen Kontraktion und Tilgung kann genauer analysiert werden, indem man die Wirkung der folgenden grammatischen Kategorie betrachtet. Wiederum stellen wir fest, daß beide Regeln derselben Menge von syntaktischen Beschränkungen unterliegen. Tab. 6–2 und Fig. 6–5 zeigen dieses Muster für die Thunderbirds und die Jets, wobei Einzelinterview-Stil und Gruppenstil zusammengefaßt sind. Die hier dargestellten Beziehungen gelten im wesent-

---

10 Ursprünglich hatten wir damit begonnen, die Wirkung eines pronominalen Subjekts zu untersuchen, weil die Arbeit von Brown und Bellugi gezeigt hatte, daß die Kopula häufiger nach einem Pronomen als nach Nominalphrasen erscheint, und zwar anscheinend als feste Form, ähnlich wie bei dem oben erwähnten *I'm*. Wir waren überrascht, bei Erwachsenen eine starke Tendenz in die entgegengesetzte Richtung festzustellen.

11 Im Falle der erwachsenen Sprecher ist die "zwanglose Rede" den Einzelinterviews entnommen worden. Als Kriterien zur Bestimmung eines Stilwechsels zum zwanglosen Redestil dienen deutliche Veränderungen paralinguistischer Merkmale ("channel cues") - Tonhöhe, Lautstärke, Sprechgeschwindigkeit und Atemrhythmus (einschließlich Lachen). Bei farbigen Sprechern wird die Zunahme des Tonhöhenbereichs als primäres Kriterium betrachtet, da es eine relativ viel größere Rolle spielt als bei weißen Sprechern.

Tabelle 6 - 2
Prozentsätze der Formen von is nach der
grammatischen Kategorie der Ergänzung für zwei Gruppen
in allen BEV-Stilen

	_NP	_PA	_Lok	_V + ing	_gon
Thunderbirds (13 Informanten)					
voll	40	25	30	04	00
kontrahiert	37	27	34	30	12
getilgt	23	48	36	66	88
insgesamt	100	100	100	100	100
Anzahl d. Formen	210	67	50	46	40
Jets (29 Informanten)					
voll	37	34	21	07	03
kontrahiert	31	30	27	19	03
getilgt	32	36	52	74	93
insgesamt	100	100	100	100	99
Anzahl d. Formen	373	209	70	91	58

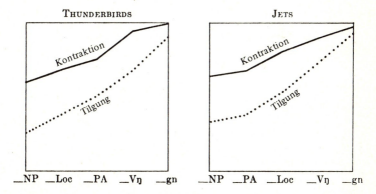

Fig. 6–5   Prozentsätze der vollen, kontrahierten und getilgten Formen von is nach der grammatischen Kategorie der Ergänzung.

lichen auch für andere Gruppen.[12] Am wenigsten wird vor einer Nominalphrase getilgt und kontrahiert; häufiger geschieht dies vor prädikativen Adjektiven
und Lokativen; beide Regeln werden noch häufiger vor einem Verb in der Pro-
gressivform *-ing* angewandt und am häufigsten vor der futurischen Form *gon'*
oder *gonna*. Es wird hier wiederum angenommen, daß die Kontraktion über der
Gesamtheit der vollen Formen operiert, während die Menge der Formen, über
der die Tilgungsregel operiert, auf die bereits kontrahierten Formen beschränkt
ist.

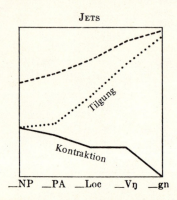

Fig 6–6   *Unabhängigkeit von Kontraktion und Tilgung.*

Fig. 6–6 zeigt die Konsequenzen der Behandlung von Kontraktion und Tilgung als voneinander unabhängige Prozesse. Hier wird als Prozentsatz der Kontraktion bei den Jets die Anzahl der tatsächlich festgestellten kontrahierten Formen dargestellt. Das Ergebnis ist eine schwächere, in Bezug auf die syntaktischen
Beschränkungen genau gegenläufige Tendenz. Ferner gibt es keinerlei Beziehung
zwischen der Kontraktion im BEV und der im WNS. Fig. 6–7 zeigt das Kontrak-
tionsmuster für die Inwood-Gruppen, das dem "kumulativen" Kontraktionsmu-
ster von Fig. 6–5 (in Fig. 6–6 durch die gestrichelte Linie markiert) recht ähnlich ist. Sollten wir trotzdem darauf bestehen wollen, Kontraktion und Tilgung als voneinander vollständig unabhängig anzusehen, so würden wir feststellen, daß die über ihnen operierenden syntaktischen Beschränkungen in sehr ver-

---

12 Die hier dargestellten quantitativen Untersuchungen basieren auf verschieden großen
   Datenmengen. Für die zuerst behandelten Variablen werden Strukturen von sechs verschiedenen Gruppen für jeweils zwei Stilebenen dargestellt, damit die ganze Regelhaftigkeit der Variablenbeziehungen deutlich wird. Bei später diskutierten Variablen wird
   nur ein Teil des vorhandenen Datenmaterials herangezogen. Wenn bestimmte Kreuz-
   korrelationen notwendig sind, werden einige der hier getrennt aufgeführten Kategorien
   zusammengefaßt. In den meisten Gruppen gibt es Sprecher, deren Material noch nicht
   vollständig untersucht worden ist. Ferner stehen Daten zur Verfügung, die noch nicht
   transkribiert worden sind, so daß unsere Analyse aufgrund neuer Daten möglicherweise in einigen Punkten revidiert werden muß. Aber in fast allen Fällen sind die regelhaften Beziehungen so eindeutig, daß sie auch dann unverändert bleiben, wenn nur
   die Hälfte oder ein Viertel der hier vorgelegten Daten herangezogen wird.

schiedener Weise wirken und daß Kontraktion im BEV und Kontraktion im WNS nichts miteinander zu tun haben. Dieses Ergebnis wäre sehr wenig plausibel. Wir können daher im folgenden davon ausgehen, daß das kumulative Diagramm von Fig. 6−5 die tatsächliche Situation wiedergibt.

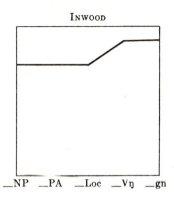

Fig. 6−7   *Kontraktion bei den Inwood-Gruppen*

Von diesen quantitativen Relationen ausgehend, können wir uns nun wieder dem Problem der Regelordnung von Kontraktion und Tilgung zuwenden. Die oben dargestellten vier Möglichkeiten der Anordnung können nun reduziert werden. Fall 2 (zuerst Tilgung und dann Kontraktion) würde zu keinem der oben dargestellten quantitativen Ergebnisse passen, denn es gibt keinen Grund, warum die Kontraktion eines ungetilgten [əz] von der Tilgung eines anderen [əz] abhängen sollte; d.h. es ist überhaupt nicht sinnvoll anzunehmen, daß bereits getilgte Formen kontrahiert werden. Die anderen drei Fälle kann man mit Hilfe der abstrakten quantitativen Modelle von Fig. 6−8 a bis c darstellen.

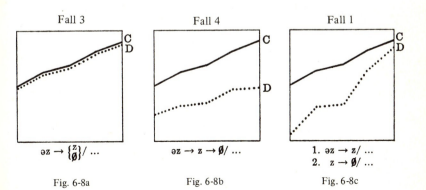

Fig. 6-8a   Fig. 6-8b   Fig. 6-8c

Die Anwendung der variablen Kontraktions- und Tilgungsregeln hängt offensichtlich von zwei Faktoren ab. Erstens von einer Input-Variable, die die Eingangshäufigkeit angibt, mit der die Regel gewählt wird, und zweitens von den variablen Beschränkungen, die die Häufigkeit, mit der die Regel entsprechend den syntaktischen und phonologischen Merkmalen der Umgebung operiert, bestimmen.[13] In den Fig. 6 − 8 a bis c werden verschiedene Kombinationsmöglichkeiten dieser beiden Faktoren dargestellt. Im Fall 3, wo Kontraktion und Tilgung als Alternativen auf der rechten Seite ein und derselben Regel stehen, wird die Regel nur einmal gewählt, und es gibt entsprechend auch nur *einen* variablen Input und *eine* Menge von variablen Beschränkungen. Das Spektrum der Häufigkeiten, mit denen die Kontraktions- und die Tilgungsregel angewendet werden, sollte also gleich 'sein, wie man in Fig. 6−8 a sehen kann. Wenn dagegen die Tilgung als eine Erweiterung der Kontraktion betrachtet würde (Fall 4), gäbe es zwei Selektionen und zwei variable Inputs, aber nur eine Menge von variablen Beschränkungen. Die Tilgung würde dann einen festen Prozentsatz der Kontraktion in allen Umgebungen ausmachen − z.B. 50% wie in Fig. 6-8 b. Die dritte Möglichkeit ist die, daß wir zwei Selektionen haben (mit variablen Inputs) und zwei Mengen von variablen Beschränkungen. Dies entspricht Fall 1, wo zuerst die Kontraktionsregel und dann die Tilgungsregel zur Anwendung kommt. Das quantitative Schema sähe in diesem Fall wie in Fig. 6-8 c aus, wo die variablen Beschränkungen zweimal wirksam sind. Nach diesem Muster unterliegt die Tilgung im Vergleich zur Kontraktion besonders extremen Beschränkungen. Tatsächlich ist das die Struktur, die in den empirischen Daten (Fig. 6-5) sowohl der Thunderbirds als auch der Jets zu erkennen ist und die auch bei den anderen Peer-Groups immer wiederkehrt. Aus diesem quantitativen Befund können wir den Schluß ziehen, daß Kontraktions- und Tilgungsregel eigenständige, aber ähnliche Regeln sind, die in der angegebenen Reihenfolge operieren.

Der grammatische Status der vorausgehenden und des folgenden Elements sind nur zwei von vielen Beschränkungen, denen die Kontraktions- und Tilgungsregel unterliegen; auf die Auswirkungen der phonologischen Umgebungen sind wir bisher nicht eingegangen. Bevor wir jedoch fortfahren, ist es notwendig zu untersuchen, ob die vorangehenden und die folgenden Umgebungen voneinander relativ unabhängig sind. Es ist möglich, daß eine von der anderen abhängig ist, daß also z.B. die Auswirkungen eines nachstehenden Nominalkomplexes ganz andere sind, wenn ein Pronomen vorausgeht, als wenn ein anderer Nominalkomplex

----

13 Drittens gibt es natürlich soziolinguistische Faktoren wie Alter, Geschlecht, ethnische Gruppe, soziale Schicht und kontextspezifischer Stil, die wir hier aber nicht betrachten wollen. Uns geht es um die relativ konstanten Grammatiken von heranwachsenden Farbigen im Alter zwischen zehn und siebzehn Jahren, die integrale Mitglieder von Peer-Groups sind, in denen die Vernacular-Kultur aufrechterhalten wird.
Will man diese Regeln in algebraische Ausdrücke fassen, so eignet sich dazu der lineare Ausdruck $y = ax + b$, wobei die Konstante b den variablen Input repräsentiert und der Faktor a die Steigung, die die abhängige Variable y mit einer anderen Variable x in Beziehung setzt. Wir haben es hier jedoch nicht mit einer kontinuierlichen Funktion y zu tun, sondern mit einer bestimmten Reihe von Umgebungsbeschränkungen, die uns ein charakteristisches Profil der Regelanwendung für ein Individuum, eine Gruppe oder eine Sprechergemeinschaft vorgeben. Es ist ein außergewöhnliches Ergebnis, daß bei allen untersuchten Peer-Groups im wesentlichen das gleiche Profil erscheint, d.h. die Regel gehört zu einer einzigen Grammatik, die wir für diese Sprechergemeinschaft konstruieren können.

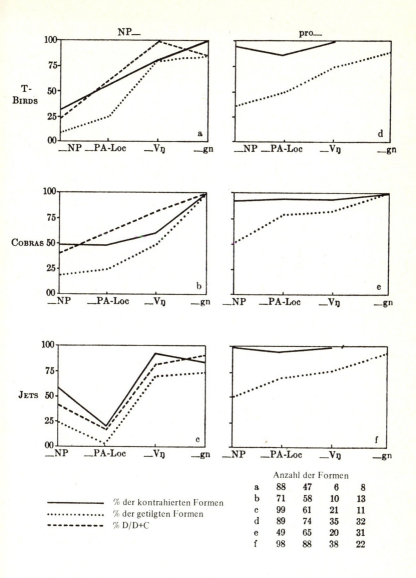

Fig. 6–9 *Prozentsatz der vollen, kontrahierten und getilgten Formen von* is *nach vorausgehenden und nachfolgenden Umgebungen.*

vorausgeht. Oder ein solcher Effekt könnte sogar einfach das Ergebnis einer un-
gleichen Distribution der Formen in den anderen Umgebungen sein: beispielsweise könnte ein nachstehender Verbalkomplex einfach deshalb Kontraktion und
Tilgung begünstigen, weil Pronomen häufiger vor Prädikaten mit *NP* auftreten.

In Fig. 6–9 wird dieses Problem dadurch gelöst, daß die beiden variablen Bedingungen als voneinander unabhängig dargestellt werden. Fig. 6–9 a bis c (auf
der linken Seite) zeigt die Wirkung der folgenden grammatischen Kategorie für
alle Sätze mit einem Nominalkomplex als Subjekt; auf der rechten Seite (6–9 d
bis f) stehen die Daten für Sätze mit einem Pronomen als Subjekt. Da die Gesamtzahl der Formen für jede Gruppe sehr niedrig ist (selbst wenn Einzelinterview-
und Gruppenstil zusammengefaßt werden), sind die Werte für nachstehende prä-
dikative Adjektive und Lokative zusammen angegeben. Einige Häufigkeiten liegen trotzdem zu niedrig, um zuverlässige Schlüsse zu erlauben, wie die Tabelle
unter den Figuren zeigt: für die T-Birds gibt es z.B. nur sechs Fälle, in denen ein
Verb auf eine Subjekts-NP folgt, und nur acht Fälle mit nachfolgendem *gon'*
oder *gonna*. Darin liegt möglicherweise der Grund für die Unregelmäßigkeit der
Struktur an dieser Stelle.

Fig. 6–9 zeigt, daß keine der – vorausgehenden oder folgenden – Umgebungsbeschränkungen von einer anderen abhängig ist. Es gibt gewisse Unregelmäßigkeiten in der Struktur, wenn ein Nominalkomplex vorausgeht: Bei den Jets z.B.
ist die Reihenfolge bezüglich der Wirkung von nachstehenden Lokativen und prädikativen Adjektiven vs. nachstehenden Nominalkomplexen umgekehrt (Fig.
6–9 c). Wir wissen noch nicht, ob diese Umkehrung konstant bzw. immer wie-
derkehrend ist; mit den hier vorgelegten Daten ist das bei den Jets und Cobras er-
hobene Material noch nicht ausgeschöpft, so daß die weitere Analyse Antworten
auf solche Fragen geben wird.[14]

Fig. 6–9 zeigt für alle drei Gruppen eine bemerkenswerte Regelhaftigkeit, besonders im Falle eines vorausgehenden Pronomens. Die Wirkung eines vorausgehenden Pronomens auf die Kontraktion ist für alle drei Gruppen nahezu kategorisch, d.h. die Kontraktionsregel wird fast immer angewendet. Die Tilgungsregel
dagegen operiert variabel und regelhaft über eine breite Skala von Häufigkeiten.

Sehr bedeutsam ist, daß alle sechs Diagramme von Fig. 6–9 mit dem Modell
von Fig. 6–8 c, wonach Kontraktion und Tilgung ähnlichen Beschränkungen unterliegen, übereinstimmen. Kontraktion und Tilgung folgen sogar dann demselben Muster, wenn die Beschränkungen anders geordnet sind, wie z.B. bei den
Jets in Bezug auf *NP ~PA-Loc* (Fig. 6–9 c). Diese Parallelität zeigt, daß Kontraktion und Tilgung getrennte variable Inputs und getrennte variable Beschränkungen
haben, die zunächst auf die Kontraktion und dann auf die Tilgung angewendet

----

14 In Fig. 6-9 unterscheiden sich die Jets von den T-Birds und Cobras in bezug auf das Verhältnis zwischen nachfolgendem Nominalkomplex und nachfolgenden Adjektiven/Lo-
kativen bei jeweils vorausgehendem Nominalkomplex. Das Verhältnis ist dagegen das
gleiche nach einem Pronomen. Wir stellen allgemein fest, daß die Unterschiede zwischen
nachfolgender Nominalphrase einerseits und Adjektiven/Lokativen andererseits von
Gruppe zu Gruppe stärker variieren als andere Merkmale, obwohl dieses Profil es uns innerhalb einer gegebenen Gruppe erlaubt, die Relationen zwischen Kontraktion und
Tilgung zu untersuchen. In allen Fällen entspricht die Linie *D/ C+D* dem Muster der Linie *C+D/F+C+D*: Anstatt konstant zu bleiben, wie in Fall 4, steigt sie an, wie man es
in Fall 1 erwarten würde. In der endgültigen Fassung der Regeln (vgl. Abschnitt 7)
wird die Auswirkung eines nachfolgenden Nominalkomplex für weitere Analysen of-
fengelassen.

werden. Damit spricht vieles für Fall 1, bei dem die Tilgungsregel auf die Kontraktionsregel folgt. Für jede Gruppe divergieren Kontraktion und Tilgung auf der linken Seite und konvergieren auf der rechten Seite. Geht man davon aus, daß die Tilgungsregel über der Menge der bereits kontrahierten Formen operiert, dann müßten die Häufigkeiten für die Tilgung *D/D + C* (in 6—9 a bis c durch die gestrichelte Linie angedeutet) regelmäßig von links nach rechts ansteigen, was ja auch der Fall ist (vgl. Tab. 6—4). In Fig. 6—9 d bis f ist die Kontraktion von der folgenden Umgebung im wesentlichen unabhängig, abgesehen von Spuren von Variabilität vor Nominalkomplexen und prädikativen Adjektiven. Man kann dies als das normale Ergebnis eines Vorgangs betrachten, bei dem eine variable Beschränkung auf eine höhere Ebene übergeht und das hier dargestellte semikategorische Muster entstehen läßt.

5. Die formale Notation von variablen Regeln

Das Ziel unserer Analyse besteht darin, variable Regeln wie Kontraktion und Tilgung in den Hauptbestand generativer Regeln einzugliedern, die wir für eine genaue Beschreibung des BEV oder des SE benötigen. Dadurch, daß wir die empirischen Daten von Abschnitt 4 zur systematischen Variation in die Regeln einbeziehen, sind wir in der Lage, Fragen der Regelordnung und -form zu lösen, die sonst unentscheidbar bleiben würden. Darüber hinaus ist es möglich, unser gegenwärtiges Verständnis von "sprachlichen Kompetenz" eines Sprechers (native speaker) zu erweitern. Um dieses Ziel zu erreichen, müssen wir einzelne Regeln für Kontraktion und Tilgung formulieren, so daß die Zusammenhänge, die wir in den Figuren 6—4 bis 6—9 aufgezeigt haben, erfaßt werden: Bestimmte Innovationen in der formalen Darstellung sind hierzu erforderlich, die diese Erweiterung des Begriffs "Regel der Grammatik" widerspiegeln. Unsere Argumentation wird sowohl anhand formaler Notationen als auch am Beispiel der Kontraktionsregel entwickelt. Die im folgenden dargestellte formale Notation von variablen Regeln berücksichtigt Änderungsvorschläge von Cedergren und Sankoff (1974) und gründet sich auf ein probabilistisches Modell, das eine Reihe von in der Erstfassung noch bestehenden mathematischen Problemen löst und die quantitative Beschreibung ein höheres Niveau empirischer Belegbarkeit erreichen läßt.

Grammatische Regeln werden gegenwärtig in der generativen Grammatik in folgender genereller Form geschrieben:

(83) $\quad$ X $\longrightarrow$ Y/A $\_$B
$\qquad$ Kontraktion: ə $\longrightarrow$ Ø / # # $\left[\_, + T\right]$ K$\emptyset$ # #

wobei X in der angegebenen Umgebung immer durch Y, niemals jedoch sonst durch Y ersetzt wird. Dies ist eine *kategorische* Anweisung — der einzige Regeltyp, der in jedem der traditionellen Ansätze zur formalen Grammatik vorgesehen ist. Wenn man mit der Tatsache der Variation konfrontiert ist — daß nämlich die Regel *nicht* immer angewendet wird, dann kann man sagen, daß die Regel optional ist — daß sie je nach Belieben vom Sprecher angewandt bzw. nicht angewandt werden kann. Den Fall der Optionalität können wir dadurch markieren, daß wir den in der Regel rechts vom Pfeil stehenden Ausdruck einklammern:

(84) $\quad$ X $\longrightarrow$ (Y)/A $\_$B
$\qquad$ Kontraktion: ə $\longrightarrow$ (Ø) / # # $\left[\_, + T\right]$ K$\emptyset$ # #

Wenn wir diese Notation jedoch so verstehen, als bedeute sie nicht mehr als der traditionelle Begriff "optional", wird es kaum möglich sein, die faktischen Gegebenheiten systematischer Variation, die wir oben vorgestellt haben, in einer Grammatik des BEV adäquat zu beschreiben. Der Begriff "optional" ist in diesem Zusammenhang von keinem größeren Nutzen als der Begriff der "freien Variation". Es stimmt zwar, daß wir dem aktuellen Sprachbestand des BEV gerechter werden, wenn wir optionale statt obligatorische Kontraktions- und Tilgungsregeln verwenden. Wir würden jedoch, wenn wir so verfahren würden, das BEV lediglich als eine durch zufällige Möglichkeiten gekennzeichnete Mischung charakterisieren — eine Auffassung, die mit dem üblichen Konzept der "Dialektmischung" in vollkommenem Einklang steht. Die Aufgabe einer soziolinguistischen Analyse besteht nicht darin, die Präzision linguistischer Regeln zu beeinträchtigen oder zu der Vagheit beizutragen, mit der die Sprachstruktur wahrgenommen wird. Wenn die Daten aus den vorangegangenen Abschnitten in der Repräsentation formaler Regeln Niederschlag finden sollen, ist zu zeigen, daß das Studium der Variation unser Wissen über die Sprachstruktur erweitert und die Forschungssituation vereinfacht, anstatt die Präzision der Regeln durch unkontrollierte und nicht überprüfbare Notationen zu beeinträchtigen.

Die variablen Regeln, die hier vorgestellt werden, sollen ein höheres Niveau empirischer Belegbarkeit erreichen als es die unbeschränkte freie Variation zuläßt. Sie gründen sich auf ein allgemeineres *Prinzip der Belegbarkeit* (principle of accountability), das wir für die Analyse von Sprachverhalten fordern: *Für jede variable Form (ein Element einer Menge alternativer Möglichkeiten, "den gleichen Sachverhalt auszudrücken") ist jener Anteil von Belegen, mit dem die Form in der relevanten Umgebung vorkam, im Verhältnis zur Gesamtzahl von Belegen zu notieren, mit der sie hätte vorkommen können.* Solange dieses Prinzip nicht befolgt wird, ist es möglich, jede beliebige vorgefaßte theoretische Position zu bestätigen, indem man isolierte Belege aufführt, die man einzelne Sprecher habe sagen hören. Sprechen wird auf kategoriale Weise wahrgenommen, und Linguisten, die auf der Suche nach einem invarianten, homogenen Dialekt sind, tendieren dazu, in noch stärkerem Maße kategorisch wahrzunehmen als die meisten anderen Leute. Dieses Problem erweist sich als besonders schwerwiegend bei der Untersuchung von Nonstandard-Dialekten. Unerwünschte Varianten bleiben zunächst als Beispiele von "Dialektmischung" unbeachtet und nur die vom Standard am meisten abweichenden Formen werden erfaßt. Allmählich nimmt selbst der Linguist nur die markierte und außergewöhnliche Form wahr, obwohl diese Formen in Wirklichkeit wohl nur mit einer verschwindend geringen Häufigkeit auftreten. Das Prinzip der Belegbarkeit gründet sich auf die Überzeugung, daß das Ziel einer linguistischen Analyse eher darin besteht, die regelmäßigen Strukturen einer Sprachgemeinschaft zu beschreiben als die Idiosynkrasien eines beliebigen Individuums.[15]

----

15 Es ist richtig, daß eine variable Regel nicht durch irgendein einzelnes Beispiel revidiert werden kann; daher hat es den Anschein, wir hätten uns jenes Prinzips der Belegbarkeit entledigt, das eine Hauptstütze der generativen Grammatik darstellt. Die Widerlegung einer variablen Regel erfordert die Analyse der Äußerungen von jedem Sprecher innerhalb einer kleinen Gruppe. Zum Glück ist die Regelhaftigkeit des sprachlichen Verhaltens so groß, daß diese Gruppen ziemlich klein sein können. Die hier dargestellten Strukturen gehen bereits in zuverlässiger Weise aus Äußerungsklassen hervor, die nicht mehr als fünf oder zehn Äußerungen umfassen; und da sie nahezu für jeden Sprecher Gültigkeit haben, ist eine Gruppe von 5 Sprechern mehr als ausreichend.

Der erste Schritt in der formalen Realisierung des Prinzips der Belegbarkeit besteht darin, jeder variablen Regel eine spezifische Quantität X zuzuweisen, die angibt, mit welcher Wahrscheinlichkeit eine Regel zur Anwendung gelangt. Diese Wahrscheinlichkeit sagt den Quotient von Fällen oder die relative Häufigkeit voraus, mit der die Regel, bezogen auf die Gesamtpopulation von Äußerungen, in der sie in der spezifizierten Umgebung im Falle einer kategorischen Regel vom Typ (83) zur Anwendung gelangen würde, tatsächlich zur Anwendung kommt. Es ist somit nicht die Vorkommenshäufigkeit, die Teil der Regel ist, sondern diese Wahrscheinlichkeit φ, die, wie wir sehen werden, eine Funktion verschiedener linguistischer und soziolinguistischer Faktoren ist.[16] Die Wahrscheinlichkeitswerte für φ liegen zwischen 0 und 1; für kategorische Regeln wie (83) gilt: $\varphi = 1$. Eine variable Regel ist somit eine optionale Regel, die unter den oben genannten Gesichtspunkten zu sehen ist. In der formalen Schreibweise bringen wir dies dadurch zum Ausdruck, daß wir den Ausdruck rechts des Pfeiles in spitze Klammern setzen, um darauf hinzuweisen, daß Relationen von mehr "$\rangle$" und weniger "$\langle$" linguistische Bedeutung haben.

(84') $X \rightarrow \langle Y \rangle\, /\, A\_B$
       Kontraktion: $\vartheta \rightarrow \langle \emptyset \rangle\, /\, \# \#\, [-,\, + T]\, K\emptyset \# \#$

5.1. *Input-Wahrscheinlichkeit.* Obwohl sehr viele Regeln kategorisch sind, d.h. ohne Ausnahme zur Anwendung kommen, gibt es Fälle, in denen irgendein Faktor die volle Anwendung der Regel beeinträchtigt oder verhindert, so daß sie nicht mehr kategorisch ist. Es ist daher angemessen, φ als

(85) $\varphi = 1 - k_0$

darzustellen, wobei k_0 die Einschränkungsgröße ist, die die Anwendung der Regel begrenzt. Liegen kategorische Regeln des Typs (83) vor, so folgt, daß es keinen variablen Input gibt, so daß $k_0 = 0$, d.h. das Operieren der Regel ist nicht eingeschränkt. Wenn $k_0 = 1$, dann gelangt die Regel natürlich überhaupt nicht zur Anwendung.

Die Einschränkungsgröße ist selbst wieder durch eine Reihe von Faktoren bedingt, die die allgemeine Form $(1 - x)$ haben. Dies sind die Faktoren, die eine Anwendung der Regel begünstigen; ihr Wertbereich liegt zwischen 0 und 1.

(86) $k_0 = (1 - x)(1 - y)(1 - z) \cdots$

---

16 Hierin liegt die wesentliche Modifikation in der Formulierung von variablen Regeln, die durch Cedergren und Sankoff eingeführt wurde. In der früheren Fassung (Labov 1969) stand φ für die Vorkommenshäufigkeit der Regeln und mußte als Mittelwert aus mehreren Stichproben oder als allgemeine Tendenz in Annäherung an einen unspezifizierten Grenzwert interpretiert werden. Formal gesehen war φ jeweils für eine gegebene Stichprobe gültig. Wenn φ korrekt als die *Wahrscheinlichkeit* betrachtet wird, mit der die Regel zur Anwendung gelangt, dann wird deutlich, daß φ eine stabile und abstrakte Eigenschaft einer Regel ist, die für die Sprache einer Sprachgemeinschaft charakteristisch ist. Eine Diskussion des Status von φ in bezug auf die "Kompetenz eines Sprechers" und der Kenntnis von variablen Regeln durch kompetente Sprecher einer Sprache erfolgt weiter unten.

Dieses Produktmodell von Cedergren und Sankoff hat die wichtige Eigenschaft, daß die Beschränkungen von k_O voneinander unabhängig sind.[17] Wenn in einem gegebenen Fall der Faktor x nicht wirksam oder gleich 0 ist, dann wirkt er sich weder auf k_O noch auf die Wahrscheinlichkeit φ der Regel aus. Lediglich wenn der Faktor x = 1 ist, wirkt er sich auf die anderen Faktoren aus, da in diesem Fall k_O insgesamt zu 0 wird und die Regel kategorisch zur Anwendung gelangt.

Der erste dieser Wahrscheinlichkeitsfaktoren, der die Regelanwendung begünstigt, ist die *Input-Wahrscheinlichkeit* p_O. Wenn sonst keine Beschränkungen bestehen, gilt: $k_O = 1 - p_O$, und p_O hat die gleichen Eigenschaften wie das oben beschriebene φ. Wenn $p_O = O$, gelangt die Regel überhaupt nicht zur Anwendung; wenn $p_O = 1$, kommt sie kategorisch zur Anwendung. Für eine variable Regel gilt: $O < p_O < 1$. Diese Größe muß variieren, wenn die Regel den Prozeß des Sprachwandels einbezieht: sie ist in diesem Fall eine Funktion des Alters des Sprechers oder der Gruppe, für deren Sprache die Regel gilt. Der variable Input wird ebenso durch solche soziolinguistischen Faktoren wie kontextspezifischer Stil, sozioökonomische Schicht, Geschlecht und ethnische Gruppe bestimmt. In diesem Kapitel wollen wir die Bestimmungsgrößen der Funktion p_O nicht formal untersuchen, da unser Hauptinteresse dem relativ gleichförmigen Vernacular von männlichen farbigen Mitgliedern der innerstädtischen Straßenkultur gilt. Wir werden jedoch genügend empirisches Material zu anderen Gruppen einbringen, um den Einfluß soziolinguistischer Faktoren aufzuzeigen. In Labov (1972a: Kap. 8) sind einige halbquantitative Funktionen für p_O aufgeführt, die die Faktoren Stil, Schicht und sprachliche Sicherheit berücksichtigen.

5.2. *Variable Beschränkungen*. Die in Abschnitt 4 angeführten Daten zeigten, daß die Variation bei der Kontraktion und Tilgung durch eine Reihe von Beschränkungen wie den Einfluß eines vorausgehenden Pronomens oder eines folgenden Verbs bestimmt wird. Diese variablen Beschränkungen sind Merkmale der Umgebung, die in einer variablen Regel durch spitze Klammern repräsentiert sind*:

$$(87) \qquad X \rightarrow \langle Y \rangle \; / \; \left\langle \begin{matrix} fea_i \\ \vdots \end{matrix} \right\rangle \; \left\langle \overline{\begin{matrix} fea_j \\ \vdots \end{matrix}} \right\rangle \; \left\langle \begin{matrix} fea_k \\ \vdots \\ fea_n \end{matrix} \right\rangle$$

----

* [Anm. d. Hrsgg.]
"*fea*" ist die Abkürzung von "feature" (Merkmal).
17 Die Annahme einer Unabhängigkeit ist natürlich nur eine Hypothese, die empirisch überprüft werden muß (siehe unten). Ein Nachteil des ursprünglichen additiven Modells bestand jedoch darin, daß die Werte voneinander nicht unabhängig waren (wenn eine variable Beschränkung in einem additiven Modell einen höheren Wert annimmt, müssen die Werte für andere Beschränkungen notwendig geringer werden, wenn die festgelegte Summe 1 beträgt). Dies konnte mit den faktischen Gegebenheiten unabhängiger Beschränkungen nur dadurch in Einklang gebracht werden, daß ad hoc-Bedingungen für die Interpretation von Werten von φ, die größer als 1 waren, festgelegt wurden.

Merkmale, die in der Umgebung vorhanden sein müssen, damit die Regel zur Anwendung gelangen kann (minimale Merkmale), werden wie üblich durch rechteckige Klammern markiert. So können wir auf folgende Weise darstellen, daß Kontraktion durch ein nachfolgendes Verb und vorangehendes Pronomen begünstigt wird:

$$(88) \qquad \mathrm{ə} \longrightarrow \langle \emptyset \rangle / \langle + \mathrm{Pro} \rangle \quad \# \, \# \quad \left[\overline{+ \mathrm{T}} \right] \mathrm{K}_0^1 \, \# \, \# \, \langle + \mathrm{Vb} \rangle$$

In dieser Form besagt Regel (88), daß Kontraktion in der variablen Tilgung eines Schwa besteht. Es gibt minimale Merkmale der Umgebung, die die Anwendung der Regel bedingen: Wie die Regel zeigt, muß dem Schwa eine Wortgrenze vorausgehen, es muß eine temporale Markierung tragen, höchstens ein Konsonant und eine Wortgrenze müssen ihm unmittelbar folgen. Außerdem gibt es variable Beschränkungen: Wir sehen, daß die Anwendung der Regel begünstigt wird, wenn das vorausgehende Wort ein Pronomen oder das folgende ein Verb ist.

Wenn wir den Beitrag jeder gegebenen variablen Beschränkung $\langle \mathrm{fea}_i \rangle$ zur Wahrscheinlichkeit der Regelanwendung mit v_1 bezeichnen, dann gilt allgemein

$$(89) \qquad k_0 = (1 - p_0)(1 - v_i)(1 - v_j) \ldots (1 - v_n)$$

Für φ gilt dann

$$(90) \qquad \varphi = 1 - (1 - p_0)(1 - v_i)(1 - v_j) \cdots (1 - v_n)$$

und im Falle von (88)

$$(91) \qquad \varphi = 1 - (1 - p_0)(1 - v(+ \mathrm{Pro}\underline{}))(1 - v(\underline{}+ \mathrm{Vb}))$$

5.3. *Die Invarianz-Bedingung.* Für viele variablen Regeln stellen wir fest, daß es ein Umgebungsmerkmal gibt, das die Anwendung der Regel so stark begünstigt, daß sie bei Vorhandensein des Merkmals immer oder fast immer zur Anwendung gelangt. Dies ist ein wichtiger Aspekt des Sprachwandels; typischerweise werden Regeln in den günstigsten Umgebungen zuerst kategorisch, während sie in anderen Umgebungen noch variabel sind. Im Falle der stabilen Situation der Kontraktionsregel stellen wir fest, daß *I'm* im BEV für alle praktischen Zwecke invariant ist; die meisten Sprecher kontrahieren in 98 bis 99% der Fälle in jener relevanten Umgebung, die in Regel (88) spezifiziert ist. Wenn v_i so nah bei 1 liegt, hat das zur Folge, daß *I am here* zu einer unerwarteten und außergewöhnlichen Form wird. Die gleiche Aussage kann für die Konservierung des *-t* in *just now* und zahlreiche andere Beispiele halbkategorischer Regelumgebungen geltend gemacht werden. In einigen Fällen haben wir es mit vollkommen kategorischer Realisierung (behavior) zu tun. Die Konsonantengruppe in *wasps, tests, desks* wird im BEV immer vereinfacht, und die meisten Sprecher können die Anwendung der Tilgungsregel selbst dann nicht unterbinden, wenn sie ihre gesamte Aufmerksamkeit auf dieses Ziel richten.

Unsere allgemeine Notation für variable Regeln sieht keine direkte Repräsentation von Wahrscheinlichkeitswerten vor, sondern spezifiziert lediglich Beziehungen von mehr oder weniger (relations of more or less). Die kategorische oder halbkategorische Wirkung einer gegebenen Umgebung stellt einen qualitativen

Unterschied dar, da sie die Auswirkungen anderer variablen Beschränkungen neutralisiert. Wenn $v_i = 1$ oder sehr nahe bei 1 liegt, versehen wir Merkmal$_i$ (feature$_i$) mit einem Stern.

$$(92) \qquad X \rightarrow \langle Y \rangle / \left\langle \begin{matrix} fea_i \\ \vdots \end{matrix} \right\rangle \quad \left\langle \begin{matrix} \overline{fea_m} \\ \vdots \end{matrix} \right\rangle \quad \begin{matrix} {}^{*}\langle fea_k \rangle \\ \left\langle \begin{matrix} fea_m \\ \vdots \end{matrix} \right\rangle \end{matrix} \; ,$$

Immer wenn ein gegebenes $v_i = 1$, hat das Vorkommen von fea$_i$ in der Umgebung die Wirkung, k_0 zu 0 werden zu lassen, so daß die Wahrscheinlichkeit der ganzen Regel gleich 1 ist. Im Falle der Kontraktionsregel können wir für viele Sprecher spezifizieren, daß die Regel immer zur Anwendung gelangt, wenn der auf das Schwa folgende Konsonant ein Nasal ist.

$$(93) \qquad \mathrm{\ni} \rightarrow \langle \emptyset \rangle / \langle +\mathrm{Pro} \rangle \, \# \# \left[\overline{\overline{+T}} \right] \begin{matrix} K_0^1 \\ {}_{*}\langle +\mathrm{nas} \rangle \end{matrix} \# \# \langle +\mathrm{Vb} \rangle$$

Immer wenn das Vorzeichen des Invarianzmerkmals + ist oder die Notation eher das Vorhandensein als das Fehlen eines Merkmals spezifiziert, können wir (93) abkürzen zu

$$(93') \qquad \mathrm{\ni} \rightarrow \langle \emptyset \rangle / \langle +\mathrm{Pro} \rangle \, \# \# \left[\overline{\overline{+T}} \right] \begin{matrix} K_0^1 \\ \langle {}^{*}\mathrm{nas} \rangle \end{matrix} \# \# \langle +\mathrm{Vb} \rangle$$

Wenn das Vorzeichen für das Merkmal fea$_i$, das die invariante Anwendung der Regel nach sich zieht, negativ ist, können wir einer ähnlichen Konvention folgen und $\langle {}^{*}$ - fea$_i \rangle$ schreiben. Die Interpretation der "*"-Notation bleibt die gleiche: ob fea$_i$ bei der Regelformulierung $\langle {}^{*}$ fea$_i \rangle$ vorhanden oder bei der Regelformulierung $\langle {}^{*}$-fea$_i \rangle$ nicht vorhanden ist, der Wert für die variable Beschränkung beträgt in jedem Falle 1 und die Regel gelangt immer zur Anwendung. Die Anwendungswahrscheinlichkeit von (93) ist somit folgende:

$$(94) \quad \mathscr{P} = 1 - (1 - p_0)(1 - v(\mathrm{Pro}\_\_))(1 - v(\_\_\mathrm{nas}))(1 - v(\_\_\mathrm{Fut}))(1 - v(\_\_\mathrm{Vb}))$$

wobei $v(\_\_\mathrm{nas}) = 1$. Liegen Sätze des Typs *I am your brother, I am Killer-Diller, I am gonna go* vor, gilt für den dritten Faktor $1 - 1 = 0$, und die Regel kommt immer zur Anwendung. Haben wir es dagegen mit Sätzen des Typs *He is here, She is my sister* zu tun, so ist $v(\_\_\mathrm{nas}) = 0$, und dieser Faktor hat keine Auswirkung mehr auf die Wahrscheinlichkeit der Regelanwendung.

5.4. *Die Ordnung von variablen Beschränkungen.* Die Notation der variablen Regel in (87) und (92) ist als von der quantitativen Darstellungsweise durch Wahrscheinlichkeitsfunktionen in (90) und (94) unabhängig zu betrachten. Die variablen Regeln spezifizieren bestimmte Relationen, denen wir linguistische Bedeutung beimessen: daß nämlich die Regel in einer Umgebung öfter zur Anwendung gelangt als in einer anderen, daß sie in einer bestimmten Umgebung kategorisch zur Anwendung kommt. Diese variablen Beschränkungen sind normalerweise für alle Mitglieder einer Gemeinschaft verbindlich und ihre Wirkung ist so stark, daß sie selbst bei einer nur sehr geringen Anzahl von Fällen regelmäßig auftritt. Aber auch der relative Einfluß bzw. die relative Wirkung dieser Beschränkungen kann linguistische Bedeutung haben, obwohl nicht notwendig für alle Betroffenen in gleichem Maße. Wie wir an anderer Stelle ausgeführt haben (Labov 1972 a, Kap. 2), besteht ein entscheidender Unterschied zwischen BEV-Sprechern und anderen in der gewichteten Ordnung der phonologischen und grammatischen Beschränkungen, die bei der Tilgung von *-t,d* wirksam sind. Im Sinne einer Regel gilt jedoch: Die Ordnung der variablen Beschränkungen innerhalb eines Segments ist regelhafter als die Ordnung zwischen Segmenten. So bestand der grundlegende Mechanismus des Sprachwandels bei der Zentralisierung von (ay) und (aw) auf Martha's Vineyard (Labov 1963, 1972 a: Kap. 1) in einer Umordnung von variablen Beschränkungen bei dem nachfolgenden Segment. Die Übergangsstadien des Sprachwandels wiesen wie gewöhnlich eine breite Skala geordneter variabler Beschränkungen auf, wobei die meisten Merkmale des Konsonantensystems eine Rolle spielten; in den Endstadien wurde die Wirkung eines folgenden Merkmales $\langle + \text{gesp} \rangle$ dominant, konnte schließlich als $\langle * \text{gesp} \rangle$ geschrieben werden und führte zum gleichen Typ von kategorischer Regel, den wir in Kanada oder Virginia beobachten: Zentralisierung tritt vor gespannten Konsonanten auf, nicht zentralisierte Formen erscheinen in anderen Umgebungen.

In der hier zugrunde gelegten Notation werden Ordnungsrelationen innerhalb eines Segments durch vertikale Anordnung spezifiziert. Invarianzbedingungen, die durch "*" markiert sind, werden dabei natürlich zuerst aufgelistet. Ordnungsrelationen zwischen Segmenten (across segments) sind durch die Verwendung griechischer Buchstaben markiert, die links oben neben der linken spitzen Klammer stehen. Auf dieser Weise können wir spezifizieren, daß die Wirkung eines vorausgehenden Pronomens auf die Kontraktion größer ist als die Wirkung eines nachfolgenden Verbs.

$$(95) \qquad \mathrm{\partial} \to \langle \emptyset \rangle /^{\alpha} \langle + \text{Pro} \rangle \ \# \# \ \left[\overline{} \atop {+T} \right] \ {K_0^1 \atop \langle * \text{nas} \rangle} \ {}^{\beta} \langle + \text{Vb} \rangle$$

Die griechischen Buchstaben können den Wert + oder − annehmen wie dies in der generativen Phonologie üblich ist, in der die Konvention für diesen Wertebereich "gleiches Merkmal" bedeutet. Da die Buchstaben hier weniger zur Markierung des gleichen Status von Segmenten als zur Spezifizierung ihrer Ordnungsrelation dienen, wird es niemals mehr als ein α oder ein β geben, so daß die Gefahr einer Verwechslung der beiden Notationen nicht besteht, wenn wir (95) vereinfachen zu

$$(95') \qquad \mathrm{\partial} \to \langle \emptyset \rangle / \langle \alpha \text{Pro} \rangle \ \# \# \ \left[\overline{} \atop {+T} \right] \ {K_0^1 \atop \langle * \text{nas} \rangle} \ \langle \beta \text{Vb} \rangle$$

Wie wir oben gesehen haben, ist die Richtung der variablen Beschränkungen für alle Gruppen konstant, die Ordnung dieser Beschränkungen variiert jedoch von Gruppe zu Gruppe, selbst innerhalb des BEV. Ein nachfolgendes Adjektiv begünstigt im allgemeinen Kontraktion und Tilgung stärker als ein nachfolgender Nominalkomplex, aber es gibt für einige Gruppen Ausnahmen in einigen Umgebungen. Die phonologische Beschränkung durch einen nachfolgenden Konsonanten ist für Gruppen jüngerer Sprecher von marginalem oder unstetem Einfluß, erhält aber mit dem Alter zunehmend Bedeutung, ähnlich wie die grammatische Konstante für die Tilgung von *-t,d,* die in Labov (1972a: Kap. 2) untersucht worden ist.

Ein wichtiger Aspekt der hier vorgestellten Notationskonvention besteht darin, daß es nicht notwendig ist, solche Ordnungsrelationen zwischen Segmenten zu spezifizieren.[18] Auf diese Weise ist es möglich, Regeln für die gesamte Sprachgemeinschaft zu schreiben, die die Entwicklungsrichtung der variablen Beschränkungen spezifizieren, ohne auf Umkehrungen von Ordnungsrelationen einzugehen, die für bestimmte Dialekte charakteristisch sind. Die allgemeine Regel für die Tilgung von *-t,d,* die in Labov (1972a: Kap. 2) aufgeführt wird, beschreibt somit die Sprache, die von allen Mitgliedern der englischen Sprachgemeinschaft benützt wird. Einzelne Dialekte können bei Bedarf durch die Konvention mit den griechischen Buchstaben markiert werden. Bei unserer Untersuchung der Bedingungen, die die freie Variation einschränken, können wir somit je nachdem die Beschreibung mehr oder weniger verfeinern. In der Regel sind wir an der Ordnung von variablen Beschränkungen dann am meisten interessiert, wenn wir Sprachwandel untersuchen. Veränderungen in der Ordnung von variablen Beschränkungen geben einen grundlegenden Mechanismus sprachlicher Entwicklung des Individuums als auch der Sprachgemeinschaft wieder. Die Ausführungen dieses Kapitels beschränken sich jedoch auf die wichtigsten Ordnungsrelationen innerhalb einer relativ einheitlichen Grammatik. Aus diesem Grunde ist noch eine weitere variable Beschränkung darzustellen, die auf Kontraktion und Tilgung einwirkt: die Wirkung eines vorausgehenden Vokals im Unterschied zu der eines vorausgehenden Konsonanten.

6. Die Wirkung eines vorangehenden Vokals

Es gibt eine ganze Reihe von phonologischen Beschränkungen für Kontraktion und Tilgung — die stärkste und linguistisch bedeutsamste geht vom vorausgehenden Element aus: ob es auf einen Konsonanten oder einen Vokal endet. Die meisten Pronomen, die in Subjekt-Position stehen, enden auf einen betonten Vokal,[19] aber die anderen Nominalkomplexe können auf vielerlei Weise entsprechend ihren Endsegmenten subklassifiziert werden. Die sinnvollsten Subkategorien der Umgebungen für Kontraktion und Tilgung von *is* sind die folgenden:

---

18 Ich bin Bruce Fraser für diesen Vorschlag zur Vereinfachung zu Dank verpflichtet; er ermöglicht die Beschreibung von variablen Beschränkungen ohne Bezug auf spezifische Ordnungsrelationen zwischen Segmenten. Wenn wir auf Ordnungsrelationen innerhalb von Segmenten verzichten wollen, können wir wie für die Regeln zur Vokalisierung des *r* (Labov 1972b: Kap. 2) im Rahmen eckiger Klammern geschweifte Klammern benutzen. Wir können uns nach Bedarf auch einer linearen Schreibweise bedienen, nach der drei geordnete Variablenbeschränkungen als $\langle$ fea$_i$ $\rangle$ fea$_j$ $\rangle$ fea$_k$ $\rangle$ und drei ungeordnete Beschränkungen als $\langle$ fea$_i$, fea$_j$, fea$_k$ $\rangle$ geschrieben werden können.

19 *That, what, it, lot* und *one* bilden die wichtigsten Ausnahmen; die ersten drei unterliegen speziellen, weiter unten diskutierten Regeln und werden zu *i's, tha's* und *wha's.* *One* und seine Ableitungen stellen die einzigen Pronomen dar, die es uns erlauben würden, die Tilgungsregel für diese Klasse zu untersuchen. Unpersönliches *one* kommt in der Umgangssprache nicht vor und die anderen Formen sind nicht gebräuchlich genug, um gegenwärtig zuverlässige Daten zu liefern.

a.   -S__   Nach Nominalkomplexen, die auf einen Sibilanten enden.

b.   -K^o__   Nach Nominalkomplexen, die auf nicht-sibilantische stimm-
          lose Konsonanten enden.

c.   -K^v__   Nach Nominalkomplexen, die auf nicht-sibilantische stimm-
          hafte Konsonanten enden.

d.   -V__   Nach Nominalkomplexen, die auf Vokale enden.[20]

Es ist kein Zufall, daß die ersten drei Kategorien dieselben sind, die zur Beschreibung von Formen des englischen Morphems $\{Z\}$ verwendet werden.[21]
Aber während normalerweise die Kategorien *c* und *d* als eine Kategorie behandelt werden können (die Kategorie "sonstige" oder "andere stimmhafte Segmente"), ist die Unterscheidung zwischen *c* und *d* für die Analyse von Kontraktion und Tilgung von entscheidender Bedeutung.

Tabelle 6-3 zeigt die prozentualen Anteile der vollen, kontrahierten und getilgten Formen nach der phonetischen Form des vorausgehenden Elements für
alle sechs in Abschnitt 4 untersuchten Gruppen. Wenn wir uns den Prozentsatz der vollen Formen ansehen, können wir sofort folgendes feststellen:

1) In allen Fällen treten die wenigsten vollen Formen nach Pronomen auf,
d.h. Tilgung ist nach Pronomen fast kategorisch, wie in Abschnitt 4 festgestellt
wurde.

2) In allen Fällen gibt es weniger volle Formen nach Nominalkomplexen, die
auf einen Vokal ausgehen, als nach solchen, die auf einen Konsonanten ausgehen;
es gibt aber mehr volle Formen als nach Pronomen. Mit anderen Worten: Die
Tatsache, daß Pronomen auf Vokale enden, erklärt ihre Auswirkung auf die Tilgung zum Teil, aber keineswegs völlig.

3) Mit einer Ausnahme[22] zeichnet sich überall eine leichte, aber deutliche
Tendenz ab, daß mehr volle Formen nach stimmlosen als nach stimmhaften
Konsonanten auftreten.

4) Es gibt fast keine kontrahierten Formen nach Sibilanten, obwohl entgegen
der üblichen Vorstellung einige Formen eindeutig festgestellt werden können.
Offensichtlich ist jedoch eine beträchtliche Anzahl von *is*-Formen nach Sibilanten sowohl kontrahiert als auch getilgt worden. Wenn wir davon ausgehen, daß

----

20 Wenn wir hier von "Vokalen" sprechen, meinen wir damit Vokale in der zugrundeliegenden Repräsentation. Auf einer niedrigeren Ebene des phonetischen Outputs sind sie
   gewöhnlich als Gleitlaute oder Halbvokale repräsentiert.
21 Die weiter unten vorgelegte Menge von Regeln zeigt, daß das durch die Kontraktion
   von *is* entstandene [z] sich sehr ähnlich verhält wie das Plural- $\{Z\}$ im BEV und das in
   der dritten Person Singular erscheinende, das possessive und das adverbiale $\{Z\}$ im SE.
   Eine Epenthesen-Regel operiert über Flektionsgrenzen und über die Wortgrenze hinweg,
   die das kontrahierte [z] von den vorausgehenden Elementen trennt. Obwohl es möglich ist, die verschiedenen Flektionsmorpheme mit den zugrundeliegenden Formen
   /əz/ oder /əs/ darzustellen, lassen die in Abschnitt 7 aufgezeigten Parallelen eine von /z/
   ausgehende Darstellung sinnvoller und ökonomischer erscheinen.
22 Diese Ausnahme, nämlich die Cobras, basiert auf einer relativ kleinen Anzahl von Fällen,
   und es ist möglich, daß weitere Daten zu anderen Resultaten führen. In jedem Fall ist
   Stimmhaftigkeit kein entscheidender Faktor.

Formen wie *The fish is...* denselben Regeln unterliegen wie die anderen Sätze des BEV, dann wird deutlich, daß die Tilgung nach Sibilanten praktisch kategorisch ist.

Tabelle 6-3
Prozentsatz der vollen, kontrahierten und getilgten Formen
nach der phonetischen Form des vorausgehenden Elements
(Einzelinterview- und Gruppen-Stil zusammengefaßt)

Gruppe	$-K^O\_$	$-K^v\_$	$-S\_$	$-V\_$	pro__
Thunderbirds					
voll	83	70	62	43	05
kontrahiert	05	28	00	30	42
getilgt	12	02	38	27	53
insgesamt	100	100	100	100	100
N:	24	92	21	79	255
Cobras					
voll	54	58	67	10	03
kontrahiert	08	09	06	53	28
getilgt	38	33	27	37	69
insgesamt	100	100	100	100	100
N:	13	33	18	32	136
Jets					
voll	89	58	80	42	00
kontrahiert	00	14	00	45	39
getilgt	11	28	20	13	61
insgesamt	100	100	100	100	100
N:	28	65	29	69	269
Oscar Brothers					
voll	93	71	68	40	04
kontrahiert	00	21	12	40	54
getilgt	07	08	20	20	42
insgesamt	100	100	100	100	100
N:	15	14	41	37	95
Erwachsene (Arbeiterschicht)					
voll	75	69	88	45	39
kontrahiert	08	21	03	45	47
getilgt	16	10	09	10	14
insgesamt	99	100	100	100	100
N:	48	100	75	83	200
Inwood-Gruppen					
voll	42	30	97	13	00
kontrahiert	58	70	03	87	100
getilgt	00	00	00	00	00
insgesamt	100	100	100	100	100
N:	12	46	34	65	61

Tabelle 6-4
Häufigkeit der Anwendung von Kontraktions- und Tilgungsregel
bei vorausgehendem Konsonanten oder Vokal für sechs BEV-Gruppen
(Einzelinterview- und Gruppen-Stil zusammengefaßt)

| Gruppe | f_C | | f_D | |
	$\dfrac{C + D}{F + D + C}$	N	$\dfrac{D}{C + D}$	N
Thunderbirds				
−K⎯	.28	116	16	32
−V⎯	.57	79	.47	45
pro⎯	.95	255	.56	241
Cobras				
−K⎯	.41	46	.80	20
−V⎯	.90	32	.41	29
pro⎯	.97	136	.71	132
Jets				
−K⎯	.32	93	.70	30
−V⎯	.58	69	.22	40
pro⎯	1.00	269	.61	269
Oscar Brothers				
−K⎯	.17	29	(.40)	5
−V⎯	.59	37	.33	22
pro⎯	.96	95	.44	91
Erwachsene (Arbeiterschicht)				
−K⎯	.30	148	.38	59
−V⎯	.55	83	.18	46
pro⎯	.61	200	.77	99
Inwood-Gruppen				
−K⎯	.67	58	.00	39
−V⎯	.87	65	.00	60
pro⎯	.99	142	.00	141

In Tabelle 6-4 werden die Daten nochmals bezüglich des Operierens von Kontraktions- und Tilgungsregeln untersucht. Da Nominalkomplexe im Vergleich mit Pronomen in Subjekts-Position selten sind, sind die Zahlen für alle diese Subkategorien nicht groß genug, um die Tilgungsregel in diesen Umgebungen zu untersuchen. In Tabelle 6-4 werden daher die Kategorien -K$\underline{^O}$⎯ und -K$\underline{^V}$⎯ zu einer einzigen Kategorie -K⎯ zusammengefaßt. Es wird angenommen, daß die Kontraktionsregel über den vollen Formen operiert hat, um die kontrahierten und getilgten Formen hervorzubringen, worauf dann die Tilgungsregel über der daraus resultierenden Menge der kontrahierten Formen operiert. Diese Tabellen zeigen nun die Häufigkeit, mit der die Kontraktions- und Tilgungsregeln operieren. Wir bezeichnen sie als f_C und f_D und geben damit die spezielle Häufigkeit für ein gegebenes Sample f im Unterschied zur allgemeinen Wahrscheinlichkeit der Regelanwendung in allen Samples, $\tilde{\varphi}$, an.

(96) $f_C = \dfrac{C + D}{F + C + D}$ $f_D = \dfrac{D}{C + D}$

Bei den Cobras, den Jets, den Oscar Brothers und der Gruppe der Erwachsenen
zeigt sich, daß ein vorangehender Vokal die Kontraktion begünstigt, während
für die Tilgung genau das Gegenteil der Fall ist; die Regel wird häufiger angewendet, wenn ein Konsonant vorausgeht. In Fig. 6-10 tritt diese Gegenläufigkeit
deutlich hervor, die im Gegensatz steht zur Parallelität von Kontraktion und Tilgung, die wir bisher feststellen konnten. Bei den Inwood-Gruppen tritt keine
Tilgung auf, aber wir beobachten, daß auch in ihrem Fall die Kontraktion
durch einen vorausgehenden Vokal begünstigt wird. Nur bei der jüngsten Gruppe,
den Thunderbirds, zeigt sich diese Wirkung nicht. Bei ihnen begünstigt ein vor-
ausgehender Vokal sowohl die Kontraktion als auch die Tilgung.[23]

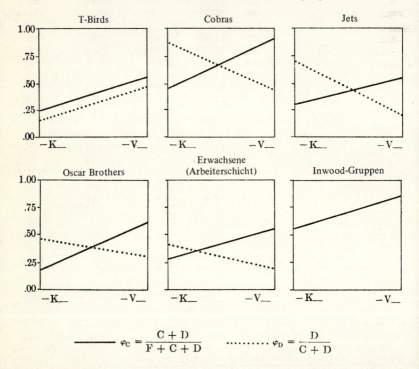

Fig. 6-10   *Wirkung eines vorausgehenden Konsonanten oder Vokals auf die Anwendung*
von Kontraktions- und Tilgungsregel für sechs Gruppen (Einzelinterview- und
Gruppen-Stil zusammengefaßt).

---

23 Wie bereits verschiedentlich angemerkt wurde, ist das Fehlen von phonologischer Sensitivität der Regel bei der Gruppe der Jüngeren charakteristisch für die allgemeine Tendenz, daß sich die phonologische Sensitivität von Regeln erst mit zunehmendem Alter
der Sprecher herausbildet.

Die vorherrschende Struktur kann durch folgende Beispiele verdeutlicht werden:

$$(97) \quad \frac{\text{Joe}}{\text{KV}} \ \frac{\text{is}}{\text{VK}} \ \frac{\text{here}}{\text{KVK}} \xrightarrow{C} \frac{\text{Joe's}}{\text{KVK}} \ \frac{\text{here}}{\text{KVK}} \xrightarrow{D} \frac{\text{Joe}}{\text{KV}} \ \frac{\text{here}}{\text{KVK}}$$

$$(98) \quad \frac{\text{Stan}}{\text{KVK}} \ \frac{\text{is}}{\text{VK}} \ \frac{\text{here}}{\text{KVK}} \xrightarrow{C} \frac{\text{Stan's}}{\text{KVKK}} \ \frac{\text{here}}{\text{KVK}} \xrightarrow{D} \frac{\text{Stan}}{\text{KVK}} \ \frac{\text{here}}{\text{KVK}}$$

Wenn ein Nomen in Subjekt-Position auf einen Vokal endet, sehen wir, daß die Kontraktion operiert, um eine Folge KVVK zu KVK zu reduzieren. (Zwar ist es richtig, daß der erste Vokal auch diphthongiert werden kann, so daß im phonetischen Output ein Gleitlaut zwischen die beiden Vokale tritt; dies ist jedoch im BEV nicht immer der Fall.) Wenn die Kontraktion dagegen über einem Nomen in Subjekt-Position operiert, das auf einen Konsonanten endet, so ist das Ergebnis ein Konsonanten-Cluster. Es gibt eine Anzahl von Regeln im BEV, die Konsonanten-Cluster reduzieren, jedoch gibt es keine einzelne Regel, die für alle Fälle gilt. Allgemein kann man sagen, daß das BEV, ähnlich wie das Standard-Englisch und wie die meisten indo-germanischen Sprachen, die Bildung von Konsonanten-Clustern im Wortauslaut vermeidet, und es lassen sich viele Beispiele historischer Prozesse anführen, die der Reduzierung von Konsonantenhäufungen galten. Diese Tendenz gilt in starkem Maße für das BEV, obwohl sie keineswegs extrem ausgeprägt ist.[24] Auf jeden Fall deutet das gegensätzliche Verhalten von Kontraktion und Tilgung bezüglich eines vorausgehenden Vokals klar darauf hin, daß sowohl Kontraktion als auch Tilgung phonologische Prozesse sind. Ferner wird unsere ursprüngliche Analyse, nach der Tilgung die Beseitigung eines durch Kontraktion entstandenen, einzelnen Konsonanten ist, durch die hier vorgelegten Daten klar bestätigt. Wir sind damit an einen Punkt gelangt, wo wir uns von der ursprünglichen Annahme, daß es im BEV kein zugrundeliegendes *be* und kein entsprechendes *is* gibt, sehr weit entfernt haben. Selbst die These, nach der das Morphem *is* getilgt wird, würde den hier angeführten Daten nicht gerecht werden.

Aus Tabelle 6 — 4 wird ebenso deutlich, daß die Wirkung eines vorangehenden Pronomens auf Kontraktion und Tilgung teilweise von der Wirkung eines vorangehenden Vokals abhängt, teilweise jedoch davon unabhängig ist. Fast alle Pronomina enden auf gespannte Vokale, und es ist eindeutig, daß Kontraktion stark begünstigt wird, wenn das Subjekt ein Pronomen ist. Die Wirkung ist jedoch viel stärker als bei anderen Nominalkomplexen, die auf Vokale auslauten. Im Falle der Tilgung kann man feststellen, daß die Regel viel häufiger operiert, wenn ein Pronomen vorausgeht, als wenn ein anderer auf einen Vokal auslautender Nominalkomplex vorausgeht. Die Wirkung eines vorausgehenden Pronomens dürfte daher eine der variablen Beschränkungen sein, denen die Tilgung unterliegt, jedoch nicht notwendigerweise die primäre.

----

24 Es gibt einzelne Sprecher des BEV, die die üblichen Regeln zur Vereinfachung von Konsonantenhäufungen stark erweitern sowie ferner die schwache Tendenz, einzelne Konsonanten im Auslaut zu tilgen, in stärkerem Maße zeigen, so daß es zu einem hohen Anteil von KV-Silben kommt.

Tabelle 6-5
Häufigkeit der Anwendung von Kontraktions- und Tilgungsregel
nach vorausgehenden und folgenden Umgebungen für vier BEV-Gruppen
von Heranwachsenden
(nur Gruppen-Stil)

	NP				PA-LOC				Vb				gon			
	f_C	N	f_D	N	f_C	N	f_D	N	f_C	N	f_D	N	f_C	N	f_D	N
−K−	.37	35	.62	13	.25	32	.50	8	.65	14	1.00	9	.89	9	.87	8
−V−	.80	64	.29	51	.70	23	.37	16	.86	14	.33	12	1.00	6	1.00	6
pro−	.94	32	.40	30	.98	65	.56	64	.97	32	.79	33	1.00	23	.96	23

Bis zu diesem Punkt können wir noch nicht sicher sein, daß die Wirkung eines vorangehenden Vokals oder Konsonanten nicht das Ergebnis einer ungewöhnlichen Verteilung von Nominalkomplexen vor verschiedenen Kategorien von Ergänzungen ist, da die Daten der Tabellen 6−3 und 6−4 alle diese Kategorien in gleicher Weise behandeln. Wie aus Tabelle 6−2 ersichtlich war, begünstigt ein nachstehendes Verb sowohl Kontraktion als auch Tilgung erheblich, und es ist möglich, daß jene Nominalkomplexe, die Verben vorausgehen, sich von denen unterscheiden, die vor Prädikaten stehen. Tabelle 6-5 zeigt die prozentualen Anteile von Kontraktion und Tilgung auf der gleichen Grundlage wie Tabelle 6-4, jedoch sind die Anteile für die vier nachfolgenden grammatischen Kategorien getrennt aufgeführt. Da die Zahlen notwendigerweise ziemlich klein werden, werden sie für die vier Gruppen heranwachsender BEV-Sprecher (T-Birds, Cobras, Jets und Oscar Brothers) zusammengefaßt. Das Ergebnis zeigt, daß die gegensätzliche Wirkung eines vorangehenden Vokals vs. Konsonanten in allen syntaktischen Umgebungen besteht - mit Ausnahme eines nachfolgenden Futurs in *gonna*, wo sowohl Kontraktion als auch Tilgung fast kategorisch sind, bei allerdings sehr kleinen Zahlen.[25] In den anderen Fällen stellen wir wiederum fest, daß ein vorangehendes Pronomen für die Kontraktion semi-kategorisch ist und daß Tilgung viel stärker auftritt, wenn ein Pronom vorangeht, als wenn ein auf einen Vokal auslautendes Nomen vorangeht. Tabelle 6-5 liefert eine zusätzliche Bestätigung für unsere Analyse der Beziehungen von Kontraktion und Tilgung.

Um die Leistungsfähigkeit des Wahrscheinlichkeitsmodells bei der Vorhersage des Outputs von variablen Regeln zu demonstrieren, prüften Cedergren und Sankoff die zwölf Zellen von Tabelle 6-5, die den Output der Kontraktionsregel zeigt. Mit Hilfe eines von Sankoff entwickelten Programms, das auf der

---

25 Der Einfluß von *gonna* ist nicht ganz so regelhaft wie der anderer Beschränkungen. In einigen Fällen scheint sich *gonna* wie ein kategorisches Merkmal zu verhalten, in anderen dagegen wie ein variabler Zusatz zu _Vb. Der Grund liegt vermutlich darin, daß *gonna* als ein quasimodaler Ausdruck interpretiert werden kann, vergleichbar mit *wanna* und *hafta*. Man hat es hier mit einem der vielen Lexikalisierungsprozesse zu tun, die in die phonologischen Prozesse eingreifen und ihre Ergebnisse reinterpretieren. Hierauf wird weiter unten noch eingegangen.

maximum-likelihood-Methode basiert, schätzen sie die Werte für die Eingabe-Wahrscheinlichkeit und die sieben Parameter, die diese Tabelle generieren. Folgende Wahrscheinlichkeiten wurden ermittelt:

$$p_0 = 0,25 \qquad v(\_Vb) = 0,49$$
$$v(Pro\_) = 0,95 \qquad v(\_gon) = 0,89$$
$$v(V\_) = 0,65 \qquad v(\_PA, Lok) = 0$$
$$v(K\_) = 0 \qquad v(\_NP) = 0,16$$

Sankoffs Methode erfordert, daß einer der Werte für jedes Segment 0 ist, so daß insgesamt sechs Werte benötigt werden, um die zwölf Zellen von Tabelle 6-5 vorherzusagen. Tabelle 6-6 zeigt, daß das Modell bei der Vorhersage der Daten recht erfolgreich ist. Spalte 1 gibt die Anzahl der Vorkommen an, Spalte 2 die Anzahl der kontrahierten (und getilgten) Fälle und Spalte 3 die vorhergesagte Anzahl. Der Erwartungswert wird gewonnen, indem (a) die oben angegebenen Parameter in die Formel (90) eingesetzt werden, um die Wahrscheinlichkeit der Regelanwendung $\mathcal{P}$ für jeden einzelnen Fall zu berechnen, und (b) der dadurch erhaltene Wert mit der entsprechenden Anzahl aus Spalte 1 multipliziert wird. Cedergren und Sankoff haben ebenfalls die Werte für die Tilgung aus Tabelle 6-5 vorausberechnet und ihr Verfahren auf eine Anzahl anderer variabler Regeln angewandt, unter anderem auf Regeln für die Pharyngalisierung des panama-spanischen (R) und die Tilgung von *que* im Französisch von Montreal. Alle ihre ersten Tests haben weitgehend die Hypothese bestätigt, daß die variablen Beschränkungen voneinander unabhängig sind. In Tabelle 6-6 wird dies besonders deutlich; in anderen Fällen gibt es einige Anhaltspunkte dafür, daß keine Unabhängigkeit vorliegt. Diese Fälle erfordern weitere Analysen.

Tabelle 6-6
Vorhersage der Häufigkeit der Kontraktion für Tabelle 6-5 nach dem Modell von Cedergren und Sankoff

Nachfolgende Umgebungen					
1	2	3	1	2	3
	_NP			_PA-Lok	
Vorausgehende Umgebung	N	gefunden	vorhergesagt	N	gefunden	vorhergesagt
K_	35	22	21,9	32	24	24
V_	64	13	14	23	7	6
Pro_	32	2	1	65	1	2,3

(second part)

	_Vb			_gonna	
	N	gefunden	vorhergesagt	N	gefunden	vorhergesagt
K_	14	5	5,3	9	1	0,8
V_	14	2	1,9	6	0	0,2
Pro_	32	1	0,6	23	0	0,1

In den von Cedergren und Sankoff benutzten Daten stellt das Übergewicht eines folgenden Nominalkomplexes über ein folgendes Adjektiv eher die Ausnahme als den Normalfall dar. Ferner haben sie als variable Beschränkungen die syntaktischen Oberflächenformen genommen statt der zugrundeliegenden Merkmale wie [+Vb], die in mehreren Umgebungen vorhanden sind (also *gonna* und *Verb*). Trotz dieser Einschränkungen bleibt die Tatsache bestehen, daß ihr quantitatives Modell einen außerordentlichen Schritt nach vorn bei der Entwicklung der empirischen Grundlagen der linguistischen Theorie darstellt. Die Bedeutung ihrer Arbeit geht über die Problematik variabler Regeln beträchtlich hinaus.

Die prinzipielle Arbeit des Linguisten besteht darin, einzelne Fälle zu registrieren, allgemeine Regeln zu schreiben, die für diese Fälle gelten, und schließlich diese allgemeinen Regeln zu formalen Regelschemata zusammenzufassen. Chomsky und Halle (1968) heben hervor, daß uns die Auswahl geeigneter Notationskonventionen - gescheifte und eckige Klammern, Indizes und die Methoden der Darstellung dieser formalen Schemata - den besten Einblick in die Sprachstruktur vermittelt. Das Vermögen eines kompetenten Sprechers, eine Sprache zu erwerben, wird für genau jene Fähigkeit gehalten, Daten zu Regeln zu ordnen und solche Regeln zu abstrakten Schemata zusammenzufassen (1968: 331). Die Überprüfung der geeigneten Konventionen setzt jedoch einen internen Bewertungsmaßstab voraus, der bis jetzt noch nicht zur allgemeinen Zufriedenheit ausgearbeitet worden ist; noch kann sogar ein beliebiger Linguist mit Recht behaupten, daß mit dem Argument der *Einfachheit* bisher nichts bewiesen worden ist.[26] Viele Linguisten sind der Meinung, daß wir für unsere Bemühungen um formale Abstraktionen keine empirische Berechtigung haben: untergeordnete Regeln in übergeordnete zusammenzufassen und soviel Redundanz wie möglich auf Kosten eines erheblichen Erkenntnisverlustes zu eliminieren. (Vgl. die Hauptakzentregel von Chomsky und Halle 1968: 240.)

Angesichts der Bedeutung dieser Probleme sollte das Gewicht, das dem Beitrag von Cedergren und Sankoff zukommt, deutlich werden. Wenn man die variable Regel für die Kontraktion, die Tabelle 6-6 zugrundeliegt, in ihre einzelnen Komponenten zerlegen würde - nehmen wir als Beispiel die untergeordnete Regel (95') -

$$(95') \qquad \mathrm{\partial} \rightarrow \langle \emptyset \rangle / \begin{bmatrix} +\mathrm{Pro} \\ +\mathrm{V} \end{bmatrix} \#\# \begin{bmatrix} \underline{\quad} \\ +\mathrm{T} \end{bmatrix} \begin{matrix} \mathrm{K}^1 \\ [-\mathrm{nas}] \end{matrix} \#\# \begin{bmatrix} +\mathrm{Vb} \\ -\mathrm{Fut} \\ -\mathrm{NP} \end{bmatrix}$$

dann bliebe kein Raum mehr für variable Beschränkungen. Vielmehr hätte man es mit einer Tabelle von einzelnen Häufigkeiten (oder Wahrscheinlichkeiten) für jeden spezifischen Fall zu tun. Man könnte sie in einer Art Implikationsskala

---

26 G. Lakoff schreibt in seiner Einleitung zu *Linguistics and Natural Logic* (1970, Anm. 2), daß Chomskys Analyse des Auxiliars (1965) die einzige explizite Anwendung eines internen Bewertungsmaßstabs darstellt, und - ausgehend von Ross' Kritik daran - kommt er zu dem Schluß, daß "es nicht den geringsten Grund für die Annahme gibt, daß Bewertungsmaßstäbe in der Grammatiktheorie irgendeine Rolle spielen, erst recht aber nicht für die angeborenen biologischen Mechanismen des Kindes".

anordnen, so daß durchaus Strukturen sichtbar werden würden. Aber die sechs von Cedergren und Sankoff abgeleiteten Wahrscheinlichkeiten würden uns nicht zur Verfügung stehen; stattdessen hätten wir zwölf aus Häufigkeiten abgeleitete Werte für φ . Dieser Schritt wäre - auch wenn er einen Verlust an Ökonomie implizierte - dann notwendig, wenn die Hypothese von der Unabhängigkeit der variablen Beschränkungen nicht dadurch gerechtfertigt wäre, daß mit Hilfe des Modells von Cedergren und Sankoff Tabelle 6-6 vorhergesagt werden kann. Mit anderen Worten, die Hypothese von der Unabhängigkeit der variablen Beschränkungen ist äquivalent der Hypothese, daß das Zusammenfassen von Regeln in Regelschemata legitime linguistische Bemühungen sind: Solche Bemühungen spiegeln die Eigenart der Sprachstruktur eher wider als die individuellen Neigungen des Linguisten. Die theoretische Konstruktion der variablen Regel in Abschnitt 5 entspricht also dem empirischen Nachweis der Unabhängigkeit von variablen Beschränkungen in Abschnitt 4 und geht weit darüber hinaus.

Mir scheint dies ein bemerkenswertes Beispiel für die Leistungsfähigkeit der quantitativen Analyse bei der Lösung entscheidender sprachtheoretischer Probleme zu sein.

7. Die Regeln für Kontraktion und Tilgung

Wir können nun die quantitativen Daten der Abschnitte 4 und 6 in den logischen Aufbau geordneter Regeln für Kontraktion und Tilgung aus den Abschnitten 1-3 einbeziehen, wobei wir uns des formalen Apparates aus Abschnitt 5 bedienen. Die folgende Übersicht zeigt 17 phonologische Regeln des BEV, unter ihnen die Regel für Kontraktion (10) und die für Tilgung von *is* (13).

Siebzehn phonologische Regeln des BEV

**1. Nukleus-Akzentregel

$$\begin{bmatrix} 1 \text{ Akzent} \\ V \end{bmatrix} \longrightarrow 1 \text{ Akzent}/ \begin{bmatrix} V \dots \_ \dots \end{bmatrix}_a$$

**2. *Weak word*-Regel

$$\begin{bmatrix} +W \\ 3 \text{ Akzent} \\ V \end{bmatrix} \longrightarrow \begin{bmatrix} - \text{ Akzent} \end{bmatrix}$$

**3. Syllabierung des *r*

$$V \longrightarrow \langle\!\langle \emptyset \rangle\!\rangle / \begin{bmatrix} -\text{tief} \\ -\text{gesp} \end{bmatrix} \begin{bmatrix} +\text{zent} \\ +\text{kons} \end{bmatrix} \langle +\text{kons} \rangle$$

**4. Vokalreduktion

$$\begin{bmatrix} -\text{Akzent} \\ -\text{gespannt} \\ V \end{bmatrix} \longrightarrow [+\text{zent}]$$

5. Vokalisierung des *r*

$$[+\text{zent}] \longrightarrow [-\text{kons}] \quad / \quad [-\text{kons}] \underline{\hphantom{xx}} \begin{matrix} (\# \ \#) \\ \langle \# \ \# \rangle \end{matrix} \langle *\text{-silb} \rangle$$

6. Verlust des postvokalischen Schwa

$$[+\text{zent}] \longrightarrow \langle \emptyset \rangle \quad / \quad \begin{bmatrix} +\text{vok} \\ -\text{kons} \\ \langle +\text{hoch} \rangle \end{bmatrix} \underline{\hphantom{xx}} \# \# \ \ldots$$

**7. Verlust des anlautenden Gleitlauts

$$h \longrightarrow \langle \emptyset \rangle \quad / \underline{\hphantom{xx}} \text{ə} K_0^1 \ \# \ \#$$

8. Tilgung von *-t,d*

$$[-\text{kont}] \longrightarrow \langle \emptyset \rangle \quad / \quad \langle +\text{kons} \rangle \langle \emptyset \rangle \underline{\hphantom{xx}} \langle \# \ \# \rangle \text{-silb}$$

9. Vokalisierung des *l*

$$l \longrightarrow \langle \tfrac{1}{\cap} \rangle \ / \quad [-\text{kons}] \underline{\hphantom{xx}} (\# \ \#) \langle \text{-silb} \rangle \ \ldots$$

**10. Auxiliar-Kontraktion

$$\begin{bmatrix} +\text{vok} \\ -\text{scharf} \\ +\text{zent} \end{bmatrix} \longrightarrow \langle \emptyset \rangle \ / \left\langle \begin{matrix} +\text{Pro} \\ -\text{kons} \end{matrix} \right\rangle \# \# \begin{bmatrix} \ \\ \overline{+T} \end{bmatrix} \begin{matrix} K_0^1 \\ \langle *\text{nas} \rangle \end{matrix} \# \# \left\langle \begin{matrix} +\text{Vb} \\ +\text{Fut} \\ -\text{NP} \end{matrix} \right\rangle$$

11. Verlust des postvokalischen ł

$$ł \longrightarrow \langle \emptyset \rangle \ / \begin{matrix} [+\text{vok}] \\ \left\langle \begin{matrix} +\text{rund} \\ : \end{matrix} \right\rangle \end{matrix} \underline{\hphantom{xx}} \# \# \ \ldots$$

12. Assibilierung des *t*

$$[\text{-kont}] \longrightarrow \begin{bmatrix} +\text{kont} \\ +\text{scharf} \end{bmatrix} / \begin{bmatrix} \underline{\quad\quad} \\ +\text{Pro} \end{bmatrix} \# (\#) \; [+\text{scharf}] \; \# \;\#$$

13. Auxiliar-Tilgung

$$[+\text{kons}] \longrightarrow \langle \emptyset \rangle \;/\; \left\langle \begin{matrix} *\text{scharf} \\ +\text{kons} \\ +\text{Pro} \end{matrix} \right\rangle \# \# \begin{bmatrix} \underline{-\text{nas}} \\ +\text{kont} \end{bmatrix} \# \# \left\langle \begin{matrix} +\text{Vb} \\ +\text{Fut} \\ -\text{NP} \end{matrix} \right\rangle$$

14. Vereinfachung von -sK-Clustern

$$[\text{-kont}] \longrightarrow \langle \emptyset \rangle \;/\; [+\text{scharf}] \underline{\quad\quad\quad} \# (\#) \left\langle \begin{matrix} *\text{scharf} \\ -\text{silb} \end{matrix} \right\rangle$$

**15. Epenthese

$$\emptyset \longrightarrow \begin{bmatrix} +\text{zent} \\ -\text{kons} \end{bmatrix} \;/\; [+\text{scharf}] \; \# (\#) \; \underline{\quad\quad} \; [+\text{kont}] \# \;\#$$

**16. Assimilation (voicing assimilation)

$$[\text{-vok}] \longrightarrow [\alpha\,\text{stimmh}] \;/\; [\alpha\,\text{stimmh}] \; \# (\#) \underline{\quad\quad} \# \;\#$$

**17. Geminatenvereinfachung

$$X_1 \longrightarrow \emptyset \;/\; X_1 \; \# (\#) \underline{\quad\quad}$$

** = Regeln, die in allen Dialekten des Englischen Gültigkeit haben

Die Regeln für Kontraktion und Tilgung sind vollständig spezifiziert; andere Regeln sind genügend detailliert dargestellt, um ihren allgemeinen Charakter und ihre Beziehung zu den Regeln 9 und 13 deutlich werden zu lassen (sie werden im einzelnen in Labov et al. 1968: Vol. 1 diskutiert).

Nur einige dieser Regeln gelten speziell für das BEV. Die Hälfte von ihnen gehört zum grundlegenden Regelwerk des SE und operiert im BEV in genau der gleichen Weise; diese Regeln sind durch zwei Sterne gekennzeichnet. Die Nukleus-Akzentregel 1 operiert, wie oben bereits dargestellt wurde, vor allen anderen, um die Bedingungen für die Vokalreduktion herzustellen; die *weak-word*-Regel 2 und die Regel zur Vokalreduktion 4 liefern das $[\ni]$, über dem Regel

10 operiert. Die Regeln 3, 5, 6, 7, 9 und 11 sind relevant für andere Elemente, die kontrahiert werden können, wie z. B. für *have, has, will* und *are*; auf sie wird unten kurz eingegangen. Regel 8 betrifft die Vereinfachung von *-t,d* Clustern, die im Zusammenhang mit der grammatischen Kategorie der Vergangenheit zu sehen sind (eine ausführliche Darstellung findet sich in Labov et al. 1968: 3.2.). Regel 14 steht für den Sonderfall der Cluster auf *-sp, -st, -sk* (eine Rechtfertigung für die Formulierung einer gesonderten Regel erfolgt an der gerade zitierten Stelle). Sind einmal die grundlegenden Bedingungen für die Kontraktion durch die Regeln 1, 2 und 4 aufgestellt, wird das Verhalten von *is* durch die fünf Regeln 10, 12, 13, 15 und 16 determiniert, die wir weiter unten untersuchen.

      7.1 *Die Form der Regeln für Kontraktion und Tilgung.* Regel 10 spezifiziert die Eliminierung eines isolierten Schwa vor (nicht mehr als) einem einzelnen Konsonanten in einem Wort, das den Tempus-Marker enthält.[27] Für die vorausgehende Umgebung gelten zwei variable Beschränkungen: die Regel wird begünstigt, wenn das Subjekt ein Pronomen ist und auf ein nicht-konsonantisches Segment endet - auf einen Vokal oder einen Gleitlaut. Der alternative Fall wirkt sich am wenigsten günstig aus: ein Nominalkomplex, der auf einen Konsonanten endet. Für die nachfolgende Umgebung gelten drei variable Beschränkungen. Der entscheidende Punkt ist, ob das folgende Element ein Verb ist oder nicht. Wir finden hier teilweise die Unterscheidung zwischen der Kopula und dem *be* der Verlaufsform wiederhergestellt; es ist sogar wahrscheinlich, daß die Tilgung des *be* (in seinen finiten Formen) mit seiner redundanten Beziehung zu der folgenden *-ing* Form zu tun hat. Anstatt *gonna* als die besonders begünstigte Form in die Beschreibung aufzunehmen, wählen wir sein abstraktes Merkmal [+ Futur] , die Eigenschaft, die *gonna* zur bevorzugten Form unter den Verbformen macht, und spezifizieren die zweite variable Beschränkung mit Hilfe dieses Merkmals. Die dritte, ⟨-NP⟩ , wirft die meisten Probleme auf. Sie trägt der Tatsache Rechnung, daß die Anwendung der Regel stärker begünstigt wird, wenn das folgende Element kein Nominalkomplex ist - also ein Adjektiv, Lokativ etc. Es gibt einige Fälle, für die diese Beschränkung in umgekehrter Stärke wirkt; da sie jedoch in der Minderheit sind, fügen wir diese Beschränkung, die weiter zu untersuchen sein wird, unserer Beschreibung tentativ hinzu.

      Die Tilgungsregel 13 tritt in der Eliminierung eines alleinstehenden oralen Kontinuanten zwischen Wortgrenzen auf. Sie könnte durchaus die Tilgung des /d/ in *would* und *had* implizieren, aber wir haben die relativ kleine Anzahl von Fällen noch nicht untersucht, in denen dieser Verschlußlaut verschwindet. Das nasale /m/ von *I'm* wird definitiv ausgeschlossen. Zusätzlich zu dem [z] von *is* wird durch die Regel auch das [v] von *have* getilgt, obwohl es nicht klar ist, in welchem Ausmaß diese Tilgung den für *is* festgelegten Beschränkungen unterliegt. Wenn wir uns der vorausgehenden Umgebung zuwenden, dann stellen wir

---

27 Einzelheiten über die Kontraktion anderer Auxiliare findet man in Zwicky (1970). Zwicky führt aus, daß *is* und *has* die einzigen Auxiliare sind, bei denen alle möglichen phonetischen Strukturen des vorausgehenden Elements Kontraktion erlauben. *Would, had, will, have* und *are* unterliegen viel stärkeren Beschränkungen. Wie wir jedoch gesehen haben, geht Zwicky zu weit, wenn er schreibt: "Die Reduktion von *is* und *has* findet ungeachtet der Beschaffenheit des vorausgehenden Wortes statt" (1970: 331).

fest, daß die Regel kategorisch operiert, wenn ein scharfer Konsonant vorhanden ist. Wir haben den Kontraktionsvorgang nicht für den Fall blockiert, daß das Subjekt auf einen Sibilanten oder scharfen Konsonanten endet; die Daten zeigen vielmehr, daß bei einer Clusterbildung aus zwei Sibilanten der zweite kategorisch getilgt wird. Wir stellen ebenfalls fest, daß genau wie in Regel 10 die Beschränkung ⟨+ Pro⟩ vorhanden ist. Die von dem Konsonanten ausgehende Beschränkung wirkt jedoch in umgekehrter Weise: die Kontraktion wird durch einen vorausgehenden Vokal oder Gleitlaut begünstigt, die Tilgung dagegen durch einen vorausgehenden Obstruenten oder Liquiden. Die Anordnung der folgenden Umgebung ist die gleiche wie bei der Regel für Kontraktion.

Die Regeln für Kontraktion und Tilgung sind also parallel wirksame, aber voneinander getrennte Regeln der phonologischen Komponente. Sie stimmen in vier variablen Beschränkungen überein, die alle den Einfluß der grammatischen Umgebung repräsentieren. Sie wirken nicht in gleicher Weise, ja sogar gegensätzlich auf die phonetische Struktur der Phrase, und wir stellen entsprechend fest, daß die variablen phonetischen Beschränkungen einander diametral entgegengesetzt sind. Sowohl die Ähnlichkeiten als auch die Unterschiede zwischen den Regeln für Kontraktion und Tilgung bestätigen unsere Auffassung, daß das Fehlen von *is* im BEV auf die Tilgung des alleinstehenden Segments [z] zurückzuführen ist, das nach der Kontraktion übrigbleibt.

Die in diesem Kapitel vorgelegten quantitativen Daten reichen aus, um die wesentlichen variablen Beschränkungen zu spezifizieren, die auf diese Regel einwirken - Beschränkungen, die voneinander unabhängig sind und regelhaft bei fast allen Stilen und für fast alle Peer-Groups auftreten. Es wird zweifellos möglich sein, diese Darstellung später zu modifizieren, wenn wir über mehr Daten verfügen; es gibt viele interessante Fragen in bezug auf die Rolle verschiedener Typen von Prädikaten, die untersucht werden müssen. Das Ziel dieser Art von Analyse ist es jedoch nicht, jede denkbare Beschränkung, die auf eine variable Regel einwirkt, bis zu den Grenzen der Reproduzierbarkeit zu explorieren; vielmehr geht es darum, aus der Logik dieser konvergierenden (und divergierenden) Strukturen Ort, Form und Ordnung der Regeln für Kontraktion und Tilgung im BEV abzuleiten.

Eines der ersten und einleuchtendsten Argumente für das Vorhandensein einer Ordnung ergibt sich aus den zahlreich anzutreffenden Formen *i's, tha's* und *wha's* [ɪs, ðæs, wʌs] als phonetischer Output von BEV-Formen, denen *it is, that is* und *what is* zugrunde liegt. Auf den ersten Blick hat es den Anschein, daß die Assimilation des / z / an den vorhergehenden stimmlosen Verschlußlaut ein [s] hervorgebracht hat, das nicht von der Tilgungsregel erfaßt wird; daher findet Tilgung nicht statt.[28] Im Sinne dieser Belege könnte man die Regel 16 (Assimilation) der Tilgungsregel vorordnen. Das ergibt dann folgende Ableitungen:

---

28 Die Schreibkonvention, bei *i's* vor das *s* einen Apostroph zu setzen, deutet darauf hin, daß man bei einer voreiligen Analyse dieser Form zu der Ansicht gelangt, daß das *s* ursprünglich von einem *is* herstammt. Wie wir noch sehen werden, ist dies nur insoweit richtig, als das *s* in nichtlinearer Weise das Vorhandensein der Kopula reflektiert.

(99)   ɪt # #ɪz

             ɪt # #əz   Vokalreduktion

             ɪt # # z   Kontraktion

             ɪt # # s   Assimilation (Tilgung – wird nicht auf
                           [s]angewendet)

             ɪs # # s   Assibilierung

             ɪ # # s   Geminatenvereinfachung

Nach einem Sibilanten könnte man dann entweder *The fish is dead* oder *The fish dead* erhalten, je nachdem ob die Kontraktion zur Anwendung kommt:

                  A   B
(100)   fɪš # #ɪz   fɪš # #ɪz

           fɪš # #əz   fɪš # #əz   Vokalreduktion

                          fɪš # # z   Kontraktion

                          fɪš # # s   Assimilation (voicing assimilation)

                          fɪš # #   Tilgung

Zunächst möchte man abstreiten, daß Kontraktion nach Sibilanten erfolgen kann, aber einige kontrahierte Formen wurden festgestellt. Weiterhin treten Null-Formen in beträchtlicher Anzahl auf und lassen erkennen, daß der in B beschriebene Prozeß den Tatsachen entspricht. Die Tilgung des /s/ nach einem Sibilanten muß daher als semikategorisch bezeichnet werden, wie ja auch die Regel 13 durch das Merkmal ⟨*strid⟩ __ spezifiziert ist.

Allerdings würden wir uns dann im Falle des Plural *fishes* ein schwieriges Problem einhandeln:

(101)   fɪš#z

           fɪš#s   Assimilation (Tilgung operiert nicht über die
                          Flexionsgrenze hinweg

        *fɪš#əs   Epenthese

Dieses Ergebnis ist völlig falsch, und wir müssen notgedrungen zu der Schlußfolgerung kommen, daß die Assimilation der Epenthese nachgeordnet ist, so daß /z/ nicht an einen vorausgehenden stimmlosen Sibilanten assimiliert wird. Die Epenthese muß aber *nach* der Tilgung erfolgen, da die gesamte Beweiskraft des Materials in den Abschnitten 4 und 6 darauf verweist, daß Tilgung als die Eliminierung eines alleinstehenden Konsonanten zu verstehen ist; wir finden keinerlei Spuren eines epenthetischen Vokals in Ausdrücken wie *That des' [e] mine* oder *One fish [e] on my line*.[29] Und Assibilierung muß der Tilgung vorausgehen, wenn Formen wie *i's* so regelmäßig erhalten bleiben wie dies der Fall ist. Die richtige Ordnung muß daher folgendermaßen sein:

----

29 Man könnte meinen, daß sich diese Schwas nicht unterscheiden lassen von reduzierten Formen von *are*; im BEV kommt es jedoch sehr selten vor, daß Person und Numerus bei *is* und *are* nicht übereinstimmen, und es lassen sich praktisch keine Belege von *are* finden, die in Kontexten des Singular auftreten

Kontraktion
Assibilierung
Tilgung
Epenthese
Assimilation

Die Idee, die Assimilationsregel ans Ende zu setzen, ist verlockend, da es sich tatsächlich um eine ganz allgemeine Beschränkung handelt; diese wirkt sich auf jene Cluster im Wortauslaut aus, die Morphemgrenzen enthalten. Aber diese Anordnung widerspricht der oben gemachten Annahme, daß in *i's* das /z/ vor der Tilgung zu [s] assimiliert wird. Der Widerspruch liegt in der Hypothese, daß das [s] von [ts] aus *is* abgeleitet ist; in der Literatur zu Dialekten wird dies durch die übliche Schreibweise *i's* symbolisiert. Es wird jetzt klar, daß dieses [s] das assibilierte [t] von *it* ist: das Verb *is* verschwindet vollkommen, wirkt sich jedoch auf folgende Weise auf das vorausgehende Pronomen aus.[30]

(102)   It # #ɪz
    It # #əz   Vokalreduktion (4)
    It # # z   Kontraktion (10)
    ɪs # # z   Assibilierung (12)

Wir haben schon gesehen, daß Tilgung nach Sibilanten kategorisch erfolgen muß, so daß der letzte Schritt notwendigerweise so aussehen muß:

    ɪs # #   Tilgung (13)

Die Reihenfolge 10-12-13-15-16 im Regelapparat führt also zu den richtigen Ergebnissen. Regel 12 besagt, daß Assibilierung auf Wörter mit [+ Pro] beschränkt ist; es gibt vier Pronomen, die auf *-t* enden: *it, that, what* und *lot*. Diese Regel kommt in anderen (WNS-) Dialekten des Englischen mit einem etwas niedrigeren φ zur Anwendung. Weder im WNS noch im BEV wird [pæsgud] für *Pat's good* verwendet; das scheint sich nicht auf [ðæsgud]   *That's good* zu reimen. Es ist aber möglich, daß die Beschränkung der Assibilierungsregel auf Pronomen und ein einzelnes /z/ zu streng ist; die Regel kann möglicherweise auf andere häufige Formen, die auf *-t* enden, wie z.B. *outside*, angewendet werden. Wir haben gegenwärtig nicht genügend Material, um zu beurteilen, ob die Regel in Fällen wie diesen regelmäßig operiert, und Intuitionen sind in diesen Bereichen der morphologischen Komplexität recht unzuverlässig.

Mit Hilfe der oben dargestellten Regelordnung kommen wir zu den folgenden Ableitungen:

(103)   A   B   C
      fish is   *fish is*   *fish* (pl.)
      fɪš # #ɪz   fɪš # #ɪz   fɪš # z
      fɪš # #əz   fɪš # #əz   Vokalreduktion (4)
      fɪš # # z   Kontraktion (10)
      fɪš # #   Tilgung (13)
                                 fɪš # əz   Epenthese (15)

---

30 Ich bin Joshua Waletzky für diese Lösung des Problems zu Dank verpflichtet.

Die Form *fish is* kann die Folge A oder B durchlaufen, je nachdem, ob die
Kontraktion zur Anwendung kommt; das Ergebnis lautet dann jeweils *The
fish good today* oder *The fish is good today.* Der Plural *fishes* erscheint nur
als [fĩš # əz], da Tilgung nicht über eine Flektionsgrenze hinweg angewendet wird.

Ein hervorstechendes Charakteristikum der Morphologie des BEV besteht
darin, daß Cluster auf *-sts*, *-sps* und *-sks* im Auslaut notwendigerweise vereinfacht werden, so daß eine zugrundeliegende Form //test// (die in der Verbform
testing erscheint) nicht den Plural tɛsts haben kann.[31] Als phonetische
Form tritt hauptsächlich [tɛsəz] auf. Diese Form wird in der folgenden Ordnung
abgeleitet:

(104)   tɛst # z

           tɛs # z   Vereinfachung von Clustern auf *-sK* (14)

           tɛs # əz   Epenthese (15)

Man sollte festhalten, daß viele Sprecher des BEV diesen Plural als [tɛs] aussprechen, was nur bedeuten kann, daß die Epentheseregel anders geordnet ist. Wenn
Regel 15 *vor* Regel 14 kommt, erhalten wir [tɛs # z] ohne Epenthese; dann folgen die Assimilation 16 und die Geminatenvereinfachung 17, so daß [tɛs] daraus
hervorgeht. Dies scheint eher ein genuiner Fall von Alternation infolge einer
Regelumordnung zu sein als eine Wahl zwischen verschiedenen Möglichkeiten.
In jedem Falle ist [tɛsts] unmöglich, da bei nachfolgendem Sibilant kategorisch
eine Vereinfachung der Cluster auf *-sK* erfolgt, wie die Regel 14 spezifiziert.
Wenn der Sibilant aus einem selbständigen Wort abgeleitet wird wie z.B. in *The
test is . . .*, ist eine Umordnung nicht erforderlich, um [tɛs] als Resultat zu erhalten, denn nach der Kontraktion kommt die Tilgungsregel 13 zur Anwendung:

(105)   tɛst # # ɪz

           tɛst # # əz   Vokalreduktion (4)

           tɛst # # z   Kontraktion (10)

           tɛst # #   Tilgung (13)

           tɛs # #   Vereinfachung (14)

Die Kontraktionsregel ist hier jedoch nicht kategorisch; wenn sie nicht zur
Anwendung kommt, erfolgt die Vereinfachung von Clustern auf *-sK* vor einem
folgenden Vokal, und daraus resultiert entweder A oder B:

	A	B	
(106)	tɛst # # ɪz	tɛst # # ɪz	
	tɛst # # əz	tɛst # # əz	Vokalreduktion (4)
	tɛs # # əz		Vereinfachung (14)

---

31 In der folgenden Darstellung werden wir Fälle behandeln, in denen die allgemeine Regel 9 zur Tilgung von *-t,d* nicht zur Anwendung kommt und die ihr nachgeordnete
-sK-Regel den Endkonsonanten tilgt. *-sKs*-Cluster werden kategorisch vereinfacht. Sie
stellen besondere Schwierigkeiten für BEV-Sprecher dar, die sie selbst in gewähltester
Sprechweise nur mühsam artikulieren können. Bei äußerster Anstrengung entstehen dann
rekursive Formen wie [tɛstsəsəsəs] (vgl. Labov 1972 b: Kap. 1 und Labov et al
1968: 3.2.4 und 3.9.5).

Die bisher erörterten Regeln sind also in hohem Maß geordnet. Auf die Akzent-zuweisungsregel 1 folgt die *weak word*-Regel 2, die den Akzent eliminiert. Die Vokalreduktion 4 hängt von 1 und 2 ab, da nur unbetonte Vokale reduziert werden. Kontraktion 10 hängt wiederum von der Reduktion ab, da sie die durch die Reduktion entstandenen Schwas eliminiert. Assibilierung 12 tritt nur nach Kontraktion auf und geht notwendigerweise der Tilgung 13 voraus, falls sie überhaupt irgendeinen Einfluß ausübt. Die Vereinfachung von Clustern auf -*sK* 14 muß auf die optionale Tilgungsregel 13 folgen, denn wenn 13 nicht zur Anwendung käme, würden wir als Resultat in *The test's O.K.* die Konsonantenhäufung [-sts] antreffen. Die Epentheseregel 15 muß natürlich auf die -*sK*-Regel 14 folgen, damit in [tɛsəz] das Schwa eingefügt wird. Schließlich muß die Assimilation 16 auf Epenthese 15 folgen, damit wir nicht [tɛsəs] ableiten können.

7.2 *Andere Verben, die kontrahiert werden können.* Die Regeln 3, 5, 6, 9 und 11 operieren über den Liquiden /r/ und /l/ als allgemeingültige phonologische Regeln des BEV und wirken auf andere Verbformen ein, die später kontrahiert und getilgt werden - hauptsächlich auf *are* und *will*. Die Vokalisierung dieser Konsonanten ist ein Prozeß, der in etwas unterschiedlicher Form in vielen anderen Dialekten des Englischen vorkommt, aber der Verlust des sich daraus ergebenden vokalischen Gleitlauts durch die Regeln 6 und 9 ist ziemlich charakteristisch für das BEV.

Wie wir in Labov (1972 b: Kap. 2) gezeigt haben, ist die allgemeine Regel für die Vokalisierung des *r* in New York und in anderen *r*-losen Gebieten schwächer als die Regel des BEV. Es fehlt die zweite variable Beschränkung in Regel 5, die spezifiziert, daß das BEV die Umgebung _# #V gegenüber der Umgebung _V begünstigt, jedoch _V nicht ausschließt. Im Unterschied dazu muß die Regel für das WNS zunächst einmal ausschließen, daß direkt auf das *r* _V mit dem minimalen Merkmal [-silb] folgt; das heißt, ein Vokal kann nicht unmittelbar auf das *r* folgen, außer es liegt eine Wortgrenze dazwischen.

(107) $\text{r} \rightarrow \langle\text{ə}\rangle/[-\text{kons}]$ _____ $\begin{array}{l}[-\text{silb}]\\(\#\#)\langle\begin{Bmatrix}K\\\emptyset\end{Bmatrix}\rangle\end{array}$

Unterhalb dieses minimalen Merkmals erscheint die variable Beschränkung, die besagt, daß die Regel begünstigt wird, wenn ein Konsonant oder eine Pause folgt, gleichgültig ob eine Wortgrenze dazwischen liegt oder nicht. Damit werden die Fälle _# #K, _# #und _K begünstigt vor der noch verbleibenden Möglichkeit _# #V, die bereits ausgeschlossen worden ist. Die BEV-Version in Regel 5 enthält als erste variable Beschränkung die gleiche Struktur mit der Bedeutung "final und präkonsonantisch"; sie ist außerdem noch mit einer Sternkonvention "*" versehen, was darauf verweist, daß die Beschränkung kategorisch ist. Die zweite variable Beschränkung $\langle\#\ \#\rangle$ begünstigt dann _# #V gegenüber _V, das nicht ausgeschlossen ist

Bei der Analyse dieser Vokalisierungsprozesse wird deutlich, daß sie den plötzlichen oder allmählichen Verlust eines einzelnen Merkmals darstellen; an die Stelle von [+konsonantisch] tritt [-konsonantisch]. Es ist daher wesentlich, daß sich das schwach konstringierte [r] und das [ə] nur in diesem einen Merkmal unterscheiden. Diese beiden Segmente könnte man hier dadurch charak-

terisieren, daß sie das Merkmal [+zentral] gemeinsam haben, was [r] und
[ə] von [l] und dem hinteren lateralen Gleitlaut[ɫ] unterscheidet. Diese
Merkmalordnung wird in den Regeln 5 und 6 sowie in der Regel 10 spezifiziert.

Das laterale *l* in Regel 9 kann auch als [-zent, +vok, +kons] und der Gleitlaut in Regel 11 als [-zent, -vok, -kons] dargestellt werden, aber diese Regeln
werden für unsere Diskussion des Prozesses von Kontraktion und Tilgung der
Kopula nur grob umrissen.

Durch die variablen Regeln 6 und 11 werden die Gleitlaute eliminiert, wenn
sie nach Vokalen stehen; dadurch kommt es zu den bekannten Formen *po'*
[po] und *do'* [do] anstelle von [poə] und [doə] , die niedriges Sozialprestige haben und in den Südstaaten zu finden sind. Regel 6 wirkt sich auf den
Gleitlaut in *there, their* und *your* aus, ein Vorgang, der zu phonetischen Formen geführt hat, die mit *they* und *you* homonym sind. Hier geht es um die
Auswirkungen der Regeln 5 und 6 auf *are*:

(108)   # #är# #   *weak word*-Regel (2)
             # #ər# #   Vokalreduktion (4)
             # #əə# #   Vokalisierung des *r* (5)
             # #ə # #   Verlust des postvokalischen ə (6)
             # #   # #   Kontraktion (10)

Die Kontraktion von *are* ist daher gleichbedeutend mit seiner Tilgung; es ist
nichts mehr übrig, worauf Regel 13 angewendet werden könnte. Wenn die
Kontraktion bei einigen Formen nicht zur Anwendung kommt, dann werden
sie höchstwahrscheinlich durch den Prozeß der Tilgung eliminiert. Das Endergebnis besteht jedenfalls darin, daß im BEV viel weniger *are*-Formen als *is*-For-
men überleben: für viele Sprecher ist die Tilgung von *are* (semi-)kategorisch.
Dies kann man mit Hilfe eines Sterns ausdrücken, mit dem der Index 0 von
K_0^1 versehen wird (für quantitative Vergleiche von Kontraktion und Tilgung von
is und *are* siehe Labov 1972 b: Kap. 2).[32]

Die Regeln 9 und 11 operieren auf analoge Weise über dem nicht-zentralen
Liquid *l*, so daß das Hilfsverb in *I will be here* unter allen Umständen eliminiert
wird, nachdem es kontrahiert worden ist. Die Vokalisierung des *l* ist ein Pro-

---

32 Ein Hinweis darauf, daß diese Analyse der Kontraktion von *are* richtig ist, ist die Tatsa-
    che, daß weiße Südstaatler aus der Arbeiterschicht *are* auslassen in Ausdrücken wie
    You gettin' the salad? und *Cucumbers? We out of them* (von mir beobachtet in Georgia
    und North Carolina). Andererseits deutet nichts darauf hin, daß weiße Südstaatler *is*
    tilgen, und viele Linguisten und Laien in den Südstaaten würden intuitiv meinen, daß
    Tilgung von *is* für einen weißen Sprecher unmöglich ist. Es handelt sich hier nicht um
    eine willkürliche Entscheidung zugunsten der Tilgung von *are* und gegen die Tilgung von
    is, sondern um eine Berücksichtigung der Tatsache, daß weiße Südstaatler gelegentlich
    Regel 6 anwenden, um *po'* zu produzieren (anscheinend in den gleichen stilistischen
    Kontexten, in denen man das Fehlen von *are* feststellen kann), jedoch über keine Til-
    gungsregel für *is* verfügen. Ein weiterer Hinweis findet sich in den Ergebnissen von
    Wolframs Untersuchung in Detroit (1969): die Häufigkeiten von Null-Formen für *are*
    liegen in Detroit beträchtlich niedriger als in New York City (allerdings immer noch
    höher als die von *is*), was deutlich die Tatsache reflektiert, daß in diesem Gebiet, in dem
    das *r* ausgesprochen wird, die Vokalisierung des *r* weniger kategorisch ist.
        Wenn Regel 5 und 6 beide nicht auf *are* angewendet werden, dann wird der hieraus
    hervorgehende Geminat [ə·ə] automatisch vereinfacht zu [ə] durch die Regel 17.

zeß, der später einsetzt und unregelmäßiger verläuft als die Vokalisierung des *r*: sonst hätten wir ein vokalisches *l* nach einem konsonantischen *r* in *Charles*, d.h. *[čarɟ]*, während wir gegenwärtig den umgekehrten Fall vorfinden: [ča:lz]. (Das Symbol [ɟ] steht für einen hinteren, ungerundeten, möglicherweise lateralen Gleitlaut.) Die Regel zur Vokalisierung des *l* muß also auf die allgemeingültige Regel zur Vereinfachung von *-t,d* folgen, denn das *d* verhält sich eher wie ein Konsonantencluster wie z. B. in *old* und *told* als wie ein Gleitlaut und isolierter Konsonant wie z. B. in *card* und *cared*. Damit kommen wir zu folgendem Ergebnis:

(109)
# # wɪl # #	*weak word*-Regel (2)
# # wəl # #	Vokalreduktion (4)
# # əl # #	w → ∅ (7?)
# # əɟ # #	Vokalisierung von l (9)
# # ɟ # #	Kontraktion (10)
# # # #	Ausfall des finalen ɟ (11)

Regel 11 folgt auf die Kontraktionsregel, denn wir finden selten ein einfaches [ə] als Futur vor (außer in der kondensierten Form von *I am going to → I'ma*) (siehe Labov et al. 1968: Kap. 3.5). Es gibt wahrscheinlich keinen allgemeinen Prozeß, der im SE oder im BEV das *w* eliminiert: vielleicht ist ein anderer lexikalischer Ausdruck für *will* erforderlich, damit das Äquivalent von 7 erzeugt wird. Diese Regel eliminiert das *h* immer dann, wenn es vor einem Schwa und einem Konsonanten bzw. keinem Konsonanten auftritt: das *h* in *his, her, him* wird also ebenso getilgt wie das in *have, has* und *had*. Die Form *has* ist nicht typisch für das BEV; obwohl in den Formen von *be* Person und Numerus übereinstimmen, stellen wir fest, daß *do, have* und *was* in allen Personen im Verhältnis zu *does, has* und *were* überwiegen.

Die Kontraktion operiert natürlich nicht über den Pronomen *his, her* und *him*, da sie keinen Tempus-Marker enthalten. Der in konventioneller Schreibweise verwendete Apostroph deutet nur auf die Tilgung des *h* hin. Die Kontraktion operiert über *have*, wenn es den Tempus-Marker enthält; in der hier formulierten Regel wird lediglich das undifferenzierte Symbol K_0^1 für den verbleibenden Konsonanten aufgeführt. Eine vollständige Regel würde Variabilität vor oralen Konsonanten spezifizieren. Die resultierende Form # # V # # wird durch Regel 13 getilgt:

(110)
# # hæv # #	
# # hæ̌v # #	*weak word*-Regel (2)
# # əv # #	Vokalreduktion (4)
# # v # #	Kontraktion (10)
# # # #	Tilgung (13)

Die Tilgungsregel 13 spezifiziert die Eliminierung eines isolierten oralen Kontinuanten: d.h. [v] und [z], nicht aber [d] oder [m], obwohl Fasold festgestellt hat, daß das [d] u. a. in Ausdrücken wie *He be mad right then* getilgt werden kann. Wir besitzen im Moment noch keine vollständigen Daten über irgendeine

der anderen Verbformen, aber es scheint nicht fraglich zu sein, daß der hinten
liegende Konsonant [v] die Tilgung stärker begünstigt als [z] . Dies gilt natürlich
besonders für labile Konsonanten, so daß *I've been* zu den seltensten Formen
des BEV zählt.

Ein Wort der Vorsicht ist angebracht, bevor man all diese Regeln als in
BEV-Grammatiken wirksame Prozesse einer beliebigen Sprachgemeinschaft akzeptiert. Für viele Sprecher mag das *have* vor *been* synchronisch gesehen nicht
mehr existieren. Phonologische Prozesse sind im allgemeinen umkehrbar: wenn
ein Hilfsverb durch die Vokalisierung von /r/ verschwindet, kann es wieder auftauchen, wenn diese Regel nicht mehr operiert oder umgekehrt wird. Es scheint
aber, daß ein irreversibler Wandel stattfindet, wenn durch einen phonologischen
Wandel ein Element des Lexikons mit einem anderen identifiziert wird, so
daß die zugrundeliegenden Formen sich ändern. Dies mag tatsächlich der Fall
sein bei *they book* oder eben für einige Sprecher bei der Null-Form *We crazy*.
Im ersten Fall stellen wir fest, daß die Regeln 5 und 6 über dem zugrundeliegenden Possesivpronomen folgendermaßen operieren:

(111)   ðe + r
             ðe + ə   Vokalisierung von *r* (5)
             ðe +   Ausfall des postvokalischen ə (6)

Das letzte Element fällt zusammen mit [ðeˇɪ], dem phonetischen Output
für das Pronomen *they*, und selbst wenn Regel 5 durch den Einfluß einer um-
gebenden Sprachgemeinschaft, die das *r* ausspricht, stark eingeschränkt wird,
kann die Form [ðeˇɪ] immer noch in attributiver Stellung verwendet werden.
Die Sprecher können diese phonetische Form tatsächlich als ein Äquivalent der
Form reanalysiert haben, die in Subjekt-Position als *they* erscheint; das Fehlen
eines possessiven /z/-Suffixes mag dieser Analyse Nachdruck verleihen. Es ist
jedoch klar, daß wir es mit etwas zu tun haben, das - zumindest ursprünglich - ein
phonologischer Prozeß war: in Dialekten weißer Sprecher in den Südstaaten,
in denen in *There's a difference* ein "dummy"-*there* verwendet wird, unterliegt die Form [ðer] dem gleichen Prozeß, so daß eine phonetische Form produziert wird, die äquivalent ist mit *they*, ohne daß irgend eine Possessiv-Ka-
tegorie im Spiel ist. In welchem Ausmaß solche Lexikalisierungen stattgefunden
haben, ist ein Gegenstand für empirische Forschung mit Hilfe der oben skizzierten Techniken des belegbaren, quantitativen Vorgehens.

Diese kurzen Bemerkungen über andere Verbformen als *is* sind nicht als eine
endgültige Übersicht über ihre Beschreibung im BEV gedacht; dies ist nicht
möglich ohne dieselben quantitativen Daten, wie wir sie für *is* aufgeführt haben.
Diese breitere Übersicht über das Operieren des Systems ermöglicht es uns zu
zeigen, wie die Tilgungs- und Kontraktionsregeln in allgemeinere Prozesse eingebettet sind, die die phonetische Form des Verbalsystems im BEV steuern.
Die Konstruktion solcher weitergehender Regeln wirft Fragen auf, die durch genauere Untersuchungen der variablen Regeln gelöst werden können. Beispielsweise kann uns eine genauere Erforschung der Beziehung zwischen der Tilgung
des *v* und der des *z* dazu dienen zu bestimmen, ob der relativ seltene Gebrauch
der Perfektform *have* (im Vergleich zum relativ gebräuchlichen Plusquamperfekt *had*) auf phonologische Prozesse zurückzuführen ist oder auf den seltenen
Gebrauch der grammatischen Kategorie selbst (vgl. zum Status von *have* Kap. 2

Tabelle 4 – 7

Beispiele phonologischer Ableitungen ausgewählter lexikalischer Einheiten

	worker	will	are	are	have	fiš##iz	it##iz	test##iz	test##iz	test#z	test#z
1. Nukleus-Akzent-Regel	wórker	^{3}wil	^{3}ar	^{3}ar	^{3}hǽv	^{3}fɪš##iz	^{3}ɪt##iz	^{3}tést##iz	^{3}tést##iz	^{3}tést#z	^{3}tést#z
2. *Weak word*-Regel		wɪl	ár	ár	hɐ̃v	fɪš##ɪz	ɪt##ɪz	tést##ɪz	tést##ɪz	tést#z	tést#z
3. Syllabierung von *r*	wɜker		ɜr	ɜr							
4. Vokalreduktion	wɜkər		ər	ər	hɐv						
5. Vokalisierung von *r*	wɜkəə		əə	əə							
6. Ausfall des postvokalischen ə	wɜkə		ə								
7. Ausfall des anlautenden Gleitlauts					ave						
8. Tilgung von ⁻t/d								tɜs##zə		tɜs#z	tɜs#z
9. Vokalisierung von *l*		ɪ̯l									
10. Kontraktion		Ø			v	fɪš##z	ɪt##z	tes##z	test##z	tes##z	tes##z
11. Ausfall des postvokalischen ł											
12. Assibilierung von -t							ɪs##z				
13. Auxiliar-Tilgung					Ø	fɪš#	ɪs	tɛs			
14. Vereinfachung von -sK- Clustern									tes##z	tes##z	tes##əz
15. Epenthese									tes##əz	tes##əz	tes##əz
16. Assimilation				ə							
17. Geminatenvereinfachung											
Phonetischer Output	[wɜkə]	[Ø]	[Ø]	[ə]	[Ø]	[fɪš]	[ɪs]	[tes]	[tesɪz]	[tes]	[tesɪz]

in Labov: 1972 b). Auf die vorgestellten 17 Regeln sind wir nur insoweit eingegangen, als sie mit Kontraktion und Tilgung in Beziehung stehen. Die Beschränkungen der Anordnung für die gesamte Menge der Hilfsverben sind fast
ebenso eng miteinander verbunden wie jene für *is*, die wir oben diskutierten.
Tabelle 6-7 gibt eine Übersicht über einige phonologische Ableitungen für die
ersten 15 Regeln und über die ihnen inhärente Ordnung.[33]

8. Allgemeine Implikationen der Untersuchung von variablen Regeln

In diesem Kapitel ist eine systematische explorative Analyse eines speziellen
grammatischen Problems des BEV vorgestellt worden, die von kontrollierten
Daten aus der Sprachgemeinschaft, einbezogen in ein für diesen Zweck ad-
äquates formales Regelsystem, Gebrauch macht. Allgemeiner gesagt, dieses
Kapitel ist einem methodologischen Problem gewidmet, das meines Erachtens
gegenwärtig in der Linguistik von überragender Bedeutung ist, nämlich eine Verbindung herzustellen zwischen theoretischen Fragen und einer großen Menge
von intersubjektiven Daten, die eine klare Beantwortung dieser Fragen ermöglichen. Die generativen Grammatiker waren in ihren ersten Erklärungen davon
ausgegangen, daß man Theorien auf eine große Anzahl klarer Fälle gründen könne, über deren Wohlgeformtheit alle Mitglieder einer Sprachgemeinschaft gleiche intuitive Urteile abgeben würden, und daß die Theorie dann eine Entscheidung über die marginalen Fälle ermöglichen würde. Die Anzahl der Aufsätze
aber, die auf idiosynkratischen und unsicheren Urteilen basieren, hat schnell in
dem Maße zugenommen, wie sich die Fragen schärfer stellten und die Analyse
stärker ins Detail ging.[34]   Die Intuitionen des Theoretikers mögen ihm beim
Formulieren seiner Hypothesen noch so hilfreich sein, es ist klar, daß seine eigenen Intuitionen den einzigen Typ von Daten darstellen, die *nicht* als Beweis-
material zugelassen werden können, denn niemand kann einschätzen, inwieweit solche Urteile durch den allgemein verbreiteten und verständlichen Wunsch
beeinflußt sind, die Richtigkeit der eigenen Behauptungen zu beweisen. Auf

---

33 Bei Sprechern, die *tests* gewöhnlich [tɛs] aussprechen, ist die Ordnungsrelation zwischen den Regeln 14 und 15 umgekehrt; so kann das t ohne Epenthese getilgt werden
   und die Regel zur Geminatenvereinfachung (17) führt zu dem Ergebnis [tɛs].
34 Unter Chomskys ersten Veröffentlichungen finden wir folgende Passage zu diesem Punkt
   (1975:14): ,,In vielen Zweifelsfällen sollten wir die Grammatik selbst entscheiden lassen,
   vorausgesetzt sie ist auf einfachste Weise konstruiert, so daß sie Sätze, die eindeutig zu
   einer Sprache gehören, einschließt und Sätze, die eindeutig nicht zu dieser Sprache gehören, ausschließt." Dann sollte man aber auch nach Möglichkeit vermeiden, zweifelhafte Fälle als Überprüfungsbelege zu verwenden. Ein Großteil der Diskussionen über
   Syntax in der letzten Zeit wurde an Satztypen festgemacht, die in Bezug auf Grammatikalität deutlich eine Zwischenstellung einnehmen in dem Sinne, daß weitgehend Un-
   einigkeit bzw. "Variation" in den Urteilen über Grammatikalität vorherrscht. Die hier
   benutzten Techniken zur Beschreibung inhärenter Variation sind möglicherweise auch
   anwendbar auf die Fälle marginaler Grammatikalität, bei denen die Urteile der Sprecher
   in Abhängigkeit von irgendeiner unbekannten Beschränkung variieren. Weitere Daten zu
   diesen Problemen findet man in Labov (1972a: Kap. 8). Carden 1972 macht Vorschläge
   für die Anwendung von variablen Regeln auf das Kontinuum von Urteilen für die Struk-
   turtypen NEG-Q und NEG-V.

jeden Fall ist die Konstruktion vollständiger Grammatiken für "Idiolekte" - und sei es auch der eigene - ein fruchtloses und undankbares Unterfangen; wir wissen jetzt genug über die Sprache im sozialen Kontext, um zu sehen, daß die Grammatik einer Sprachgemeinschaft regelhafter und systematischer ist als das Verhalten jedes Individuums. Solange die Sprachstruktur des Individuums nicht im Rahmen des Gesamtsystems der Sprachgemeinschaft untersucht wird, wird sie als ein Mosaik aus unberechenbarer und sporadischer Variation erscheinen.

Die Daten, die wir benötigen, können wir nicht in der Studierstube oder in irgendeiner privaten oder öffentlichen Bibliothek sammeln: zu unserem Glück besteht für die meisten Sprachen kein Mangel an kompetenten Sprechern, wenn wir uns nur die Mühe machen, ihnen beim Sprechen zuzuhören. Ohne empirische Daten befinden wir uns in der Situation, daß wir sehr viele wohlgeformte Theorien entwickeln, ohne daß wir eine feste Basis unter den Füßen hätten: schöne Konstruktionen auf tönernen Füßen. Der Versuch, die Theorien nach ihrer Einfachheit zu beurteilen - d.h. nach einem internen Bewertungskriterium, das beständig revidiert wird - hat bis heute nicht viele Linguisten befriedigt. Es ist vernünftig, die Forderung aufzustellen, bei der Bewertung alternativer Analysen verfügbarer Daten so zu verfahren, daß man auf weitere Daten verweist, anhand derer dann eine endgültige Entscheidung zwischen den Alternativen getroffen werden kann.

An dieser Stelle scheint es notwendig, auf die Unterscheidung zwischen Kompetenz und Performanz einzugehen, und zwar vor allem deshalb, weil sie so breit diskutiert wird. Ich bin mir nicht sicher, ob dies auf die Dauer eine nützliche Unterscheidung ist. Sprecher scheinen gewissen Einschränkungen unterworfen zu sein, die mit der Gedächtnisspanne oder mit Artikulationsschwierigkeiten zu tun haben, Dingen also, die außerhalb des eigentlichen Sprachsystems liegen. Sicher möchte niemand den Begriff der Performanz als eine Sammelkategorie benutzen, in die man alle unbequemen Daten über Variation und Sprachwandel wie in einen Abfalleimer hineinstopft; für diesen Zweck steht uns eine ganze Reihe von Etiketten wie "freie Variation" oder "Dialektmischung" zur Verfügung. Sind die in diesem Kapitel erörterten variablen Beschränkungen eher Erscheinungen der Performanz als der Kompetenz? Bei bestimmten Typen der Vereinfachung von Konsonanten-Clustern könnten wir versucht sein, mit ja zu antworten. Aber die variablen Regeln selbst erfordern so häufig die Bezugnahme auf grammatische Kategorien, auf Unterscheidungen zwischen grammatischen Grenzen, und sind so eng mit grundlegenden kategorischen Regeln verflochten, daß man kaum einen Gewinn darin sehen kann, aus dem ganzen komplexen System ein Quentchen Performanz herauszukristallisieren. Die Regeln 1 - 17 in Abschnitt 7 stellen offensichtlich einen Teil der Kenntnis eines Sprechers von seiner Sprache dar, und wenn einige dieser Regeln eine andere Form haben als die traditionellen kategorischen Regeln, dann müssen wir einfach unsere Vorstellung davon, was es bedeutet, eine Sprache zu "beherrschen", revidieren.

Es sollte ebenfalls klar sein, daß wir es keinesfalls mit statistischen Aussagen oder Annäherungen an irgendeine ideale oder wahre Grammatik zu tun haben. Wir haben es vielmehr mit einer Menge quantitativer *Relationen* zu tun, die die Form der Grammatik selbst ausmachen. Eine Grammatik, in der alle variablen Regeln von 1 - 17 plötzlich kategorisch würden, stünde in keiner direkten Beziehung zu der von uns beschriebenen Sprache; das System müßte sicherlich eine Anzahl von Umgestaltungen und einschneidenden Veränderungen durchmachen. (Vgl. Labov 1972a: Kap. 8).

Die Untersuchung von variablen Regeln wird es uns ermöglichen, in folgenden fünf Bereichen der linguistischen Theorie, die bei der Untersuchung einer jeden Sprache oder Sprachgemeinschaft eine Rolle spielen, Fortschritte zu erzielen:

1. Was ist die allgemeinste Form einer linguistischen Regel? Das heißt, welche Notationen, Konventionen, Schemata und Interpretationen erlauben es uns, die produktiven und regelhaften Strukturen des Sprachverhaltens zu erklären?

2. Welche Beziehungen bestehen zwischen den Regeln in einem System? Welche Prinzipien der Ordnung, der Kombination und der Analogie herrschen in Systemen wie dem Regelsystem 1 - 17 ?

3. Welche Beziehungen bestehen zwischen Regelsystemen? Über welchen Bereich erstrecken sich die möglichen Unterschiede zwischen gegenseitig verstehbaren Dialekten? Wie verbinden sich ursprünglich verschiedene Sprachen in zweisprachigen Sprachgemeinschaften miteinander?

4. Wie verändern und entwickeln sich Regelsysteme? Dieser historische Aspekt steht in enger Beziehung zum letzten Punkt:

5. Wie werden Regelsysteme erworben? Wie verändert und entwickelt sich das Regelsystem eines Individuums beim Erwerb der Normen einer Sprachgemeinschaft?[35]

In diesem Kapitel ging es insbesondere um Fragen, die den ersten und zweiten Punkt betreffen, jedoch wurde an vielen Stellen auf weitere Probleme verwiesen, die in die unter 3 und 4 genannten Fragenkomplexe hineinreichen. Bei dem hier untersuchten Problem ging es darum, Form und Anordnung der Regeln zu bestimmen, die das Vorhandensein der Kopula und des Hilfsverbs *is* im BEV kontrollieren. Wir gingen von einer breiten Skala möglicher Lösungen aus: völliges Fehlen der Kopula; Tilgung eines abstrakten *be*; Tilgung des Formativs *is*; al-

---

35 Die hier skizzierten theoretischen Probleme sind durchaus relevant für einige aktuelle Probleme der angewandten Sprachwissenschaft, die die Vermittlung von Schreib- und Lesefertigkeiten im SE für Sprecher des BEV betreffen. Obwohl die hauptsächlichen Hindernisse in den Schulen soziale und kulturelle Faktoren sind, gibt es einige sprachliche Unterschiede, die sich entscheidend auswirken - nicht etwa, weil das BEV sich vom SE so stark unterscheidet, sondern weil es ihm so ähnlich ist (vgl. Labov 1972b: Kap. 1). Die Schlußfolgerungen, die wir in diesem Kapitel ziehen, sollten unmittelbar verdeutlichen, daß die Aufgabe weniger darin besteht, die BEV-Sprecher an der Tilgung der Kopula zu hindern als sie die Kontraktion zu lehren - nicht die abstrakte Kontraktionsregeln, sondern das Beherrschen der Kontraktion ohne unmittelbar daraus hervorgehende Tilgung. Gegenwärtig gibt es kein in Gebrauch befindliches Lehrprogramm für Englisch, das auf diesen entscheidenden Punkt abhebt, denn einem Sprecher des SE oder des WNS käme niemals die Idee, daß Kontraktion gelehrt werden muß. Wenn ein BEV-Sprecher sagt *He wild*, würde ihn der Lehrer in der Regel mit *He is wild* in der Auffassung korrigieren, daß dies das Übersetzungsäquivalent ist. Wie wir jedoch gesehen haben, hätte der BEV-Sprecher *He is wild* gesagt, wenn er das gemeint hätte. Was er sagen wollte, ist äquivalent mit dem SE-Ausdruck *He's wild* und dieses Äquivalent muß explizit gelehrt werden. Bei der Lektüre haben BEV-Sprecher eine Menge Schwierigkeiten mit gedruckten Kontraktionen. In der löblichen Absicht, Lesebücher weniger formal zu gestalten, haben einige Autoren damit begonnen, kontrahierte Formen einzuführen wie *I'll* und *we're*, ohne sich darüber klar zu sein, welche Schwierigkeiten sie damit für Sprecher des BEV schaffen, für die die vollen Formen *I will* und *we are* völlig natürlich sind, viel natürlicher als für Sprecher des WNS. Damit ist in mehrfacher Hinsicht die Kenntnis des abstrakten Regelsystems des BEV wesentlich für den richtigen Ansatz zur Lösung von pädagogischen Problemen.

ternativ Kontraktion oder Tilgung von *is* oder zuerst Kontraktion, dann Tilgung eines einzelnen Konsonanten. Es ist anhand des Materials deutlich geworden, daß die zuletzt genannte Lösung die richtige ist. Um zu diesem Ergebnis zu kommen, haben wir die Techniken der generativen Grammatik mit der quantitativen Analyse der systematischen Variation im BEV kombiniert und dabei notwendigerweise den Begriff "Regel der Grammatik" erweitert. Diese Erweiterung und unsere Untersuchungsmethoden mögen denen als neuartig oder sogar herausfordernd erscheinen, die davon überzeugt sind, daß die linguistische Theorie aus der Erforschung des Sprachverhaltens wenig lernen kann. Aber ich halte diese Methoden und dieses formale Verfahren nicht für eine radikale Revision der generativen Grammatik und Phonologie. Ganz im Gegenteil glaube ich, daß durch unsere Ergebnisse der Wert der generativen Techniken in verschiedener Hinsicht eine unabhängige Bestätigung erfährt. Zunächst einmal kenne ich kein anderes Verfahren, das es uns erlauben würde, diese komplexe Folge geordneter Regeln auszuarbeiten, die sowohl grammatische als auch phonologische Beschränkungen enthalten. Zweitens scheinen die von Chomsky und Halle aufgestellten Akzentregeln genau die richtigen Bedingungen für die Vokalreduktion und die Kontraktionsregel herzustellen. Da die Kontraktionsregel noch nie vorher im einzelnen dargestellt worden ist, müssen wir dies als eine unabhängige Bestätigung auf der Grundlage diskreter Daten ansehen - einen klareren Nachweis, als wir ihn von stetigen Dimensionen wie Akzent oder Vokalreduktion erhalten können. Wir erhalten ferner eine unabhängige Bestätigung der Position und Rolle des Tempus-Markers, und zwar sogar da, wo er eine Null-Form annimmt. Drittens finden wir reichlich Hinweise für die Richtigkeit der Chomsky'schen Position, daß die Dialekte des Englischen sich eher in der Oberflächenrepräsentation als in den zugrundeliegenden Strukturen unterscheiden. Das Konzept der geordneten Regeln ist besonders gut geeignet, solche komplexen Mengen von Beziehungen in einer relativ einfachen Weise herauszuarbeiten und darzustellen.

Tabelle 6-8
Auswirkungen der grammatischen Umgebung auf die Tilgung der Kopula bei farbigen Sprechern in Detroit

		Vorausgehende Umgebung			
Mittelschicht		N _		Pro _	
obere		1,8		6,2	
untere		6,3		13,8	
Unterschicht					
obere		18,9		40,7	
untere		30,1		63,1	
		Nachfolgende Umgebung			
	_N	_PA	_Lok	_Ving	_gn
Mittelschicht	1,6	4,2	13,3	11,3	33,3
Unterschicht	36,5	47,3	44,4	50,0	78,9

Nach Wolfram (1969: 209, 211)

Noch ermutigender als diese Übereinstimmungen im Bereich der Theorie ist die Tatsache, daß die einmal festgestellten quantitativen Beziehungen in anderen Untersuchungen des BEV wieder erscheinen. Tabelle 6-8 zeigt einige vergleichbare Daten aus einer Untersuchung mit 48 farbigen Sprechern, die von Wolfram in Detroit durchgeführt wurde (1969). Wolframs sorgfältige Analyse wurde innerhalb eines formalen Rahmens durchgeführt, der sich von dem hier dargestellten unterscheidet, bestätigte aber trotzdem in vollem Umfang alle grundlegenden qualitativen und quantitativen Beziehungen, die hier dargelegt worden sind; die Übereinstimmung erstreckt sich sogar auf Schwankungen in der Ordnung der nachfolgenden grammatischen Umgebungen __*PA* und __*Lok.*[36] Die Arbeit von Wolfram bestätigt die Umgebungen, in denen die Kopula getilgt werden kann; die Beziehung zwischen der Kontraktion im SE und der Tilgung im BEV; die inhärente Variation der Tilgung; den Stilwechsel und die Auswirkung eines vorausgehenden Pronomens; die Auswirkung der folgenden grammatischen Umgebung; die quantitative Beziehung von Kontraktions- und Tilgungsprozeß und die Beziehungen zwischen *am, is* und *are.* Untersuchungen derselben variablen Beschränkungen finden sich in einer von Mitchell-Kernan durchgeführten sorgfältigen Analyse zweier Erwachsener aus der farbigen Sprachgemeinschaft von San Francisco; ferner in einer Arbeit von Henrie über farbige Kinder aus demselben Gebiet (1969); in der Arbeit von Legum und seinen Kollegen am SWRL, die sich mit farbigen Kindern in Los Angeles befaßt (Legum et al. 1971); und in einer Arbeit von Jane Torrey über kleinere Kinder in Harlem (1972). Die Übereinstimmung derartig komplexer quantitativer Ergebnisse auf dieser abstrakten Ebene ist ein überzeugender Beweis für die Leistungsfähigkeit der soziolinguistischen Methode und Theorie.

Wiederkehrende konvergierende Resultate dieser Art stärken meine Überzeugung, daß intersubjektive Erkenntnis abstrakter sprachlicher Strukturen im Bereich der Möglichkeiten der linguistischen Theorie liegt. Die in diesem Kapitel dargestellte Untersuchung zielt nicht nur darauf ab, dieses spezielle Problem zu lösen oder einen vorgegebenen theoretischen Rahmen zu erweitern, um Variation berücksichtigen zu können, sondern sie will auch ein Modell für linguistische Forschung anbieten, das definitive Lösungen theoretischer Fragen mit Hilfe von Daten aus der Sprachgemeinschaft erzielt. Ich glaube, daß dieser Typ von Arbeit zu der Stabilität und soliden empirischen Basis führen wird, die für die Linguistik heute dringend nötig ist.

Übersetzt von Angelika Becker unter Mitarbeit von Norbert Dittmar, Bert-Olaf Rieck und Wolfgang Wildgen

---

36 Wolfram kannte die hier dargestellten Ergebnisse in der Fassung unseres Projektberichts (Labov et al. 1968) und entschied sich mit Absicht dafür, einige derselben Variablen zu untersuchen.

7. Das Erlernen der Syntax von Fragen

(William und Teresa Labov)

Dies ist ein erster Bericht über eine Längsschnittuntersuchung zum Erwerb einer syntaktischen Regel: der Inversion von WH-Fragen.[1] Allgemein geht es uns hier darum zu zeigen, wie bestimmte Änderungen in Theorie und Praxis der Linguistik zu einer Untersuchung des Spracherwerbs und allgemein der Sprachpsychologie beitragen können. Diese neuen Entwicklungen entspringen einem Ansatz der linguistischen Analyse, der auf einer Beobachtung des Sprechens in alltäglichen Kontexten und auf Experimenten, die in alltäglichen Situationen durchgeführt werden, beruht. Bei diesem Ansatz mag die Introspektion als praktischer Wegweiser zu den Ergebnissen dienen, nicht jedoch zur Begründung der sich entwickelnden Theorie.

Zu diesen Methoden gehören notwendig neue Techniken und eine neue theoretische Grundlage zur Erfassung der Variation, die für Sprache, wie sie verwendet wird, charakteristisch ist. Bis vor kurzem spielte die Variationstheorie nur eine geringe Rolle beim Spracherwerb, ja überhaupt bei der Untersuchung der Sprache, die fast völlig von dem mengentheoretischen Ansatz absorbiert wurde, den wir hier als "kategorische Betrachtungsweise" bezeichnen (vgl. Abschnitt 4 unten).[2] Aber den Spracherwerb untersuchen, heißt notwendigerweise, Sprachveränderung und Sprachvariation untersuchen. Es ist schwer vorstellbar, daß eine Menge von Regeln oder Kategorien einfach zu einer andern wird, und es folgt für die Theorie wie für die Praxis, daß, wenn man die Sprache als eine diskrete, invariante Menge von Kategorien ansieht, die Veränderung auf keine vernünftige Weise behandelt werden kann. Wir vertreten im folgenden, im Anschluß an Weinreich, die Auffassung, daß ein Modell, in dem die Sprache eines Kindes als homogenes Objekt dargestellt wird, sich unnötig weit von den realen Verhältnissen entfernt und ein Rückschritt gegenüber strukturalistischen Theorien ist, die die Gegebenheiten einer geordneten Heterogenität erfassen können (Weinreich, Labov und Herzog 1968:100).

Untersuchungen zum Spracherwerb beruhten bisher auf zwei Arten von Daten: Stichproben mit Aufnahmen in bestimmten Abständen, im typischen Fall etwa eineinhalb bis zwei Stunden alle zwei Wochen, oder Tagebücher, in denen ein Elternteil das erste Vorkommen bestimmter Formen aufzuzeichnen versuchte, kleine, illustrative Begebenheiten aufschrieb, und seltener auch das

----

1 Eine kürzere Fassung dieses Papiers wurde von W. Labov auf der Conference on Psychology of Language an der University of Sterling (Schottland) am 26. Juni 1976 unter dem Titel "Recent modifications of linguistic theory applied to the study of language acquisition" vorgetragen. Es war zur Konferenz als gemeinsamer Bericht von W. und T. Labov eingereicht worden und wird hier in seiner vollständigen Fassung von beiden Autoren vorgestellt.

2 Die Untersuchung des Spracherwerbs wurde in den letzten Jahren durch den Einbezug des semantischen und sozialen Kontextes erweitert (z.B. Bloom 1970, Shatz und Gelman 1973). Aber bislang gab es nur wenige Verbindungen zwischen Variationstheorie und Erwerb früher syntaktischer Regeln, denn der mittelbare Beitrag von W. Labov zu der Arbeit von Bloom beschränkte sich auf die Entwicklung des generativen Rahmens. Es sei jedoch vermerkt, daß Blooms Forschungen ganz unabhängig an einen Punkt gelangt sind, an dem man es mit Problemen der Variation zu tun bekommt.

Verschwinden bestimmter Erscheinungen vermerkte. Die erste Art von Daten gibt ein klares Bild der Distribution von Formen über kurze Zeiträume und könnte für quantitative Untersuchungen benutzt werden. Dies ist selten geschehen, da es den Analysierenden hauptsächlich darum geht, ein Entwicklungsstadium im Rahmen einer homogenen Betrachtungsweise der Sprache zu beschreiben, und Variationen als Überbleibsel früherer oder Vorwegnahmen späterer Stadien übergangen werden. Übergänge von Stadium zu Stadium gibt man mit denselben formalen Darstellungsmitteln wieder, wie sie in Grammatiken verwendet werden, die auf den Introspektionen des theoretischen Linguisten beruhen. Man könnte besser überprüfbare Verfahren benutzen, um die Variation in diesen aufgezeichneten Stichproben zu analysieren, aber zwei Stunden aufgezeichneten Sprechens enthalten selten genug Daten, daß darin die Entwicklung syntaktischer Regeln sichtbar würde. Mit dem Tagebuch-Verfahren erhält man genaue Angaben über die Übergangspunkte, aber diese Aufzeichnungen genügen qualitativ nicht dem grundlegenden Prinzip der Überprüfbarkeit, das zur Untersuchung der Variation erforderlich ist: zur Beurteilung des Gebrauchs einer jeden Form im Umkreis aller möglichen Alternativen, die in dem betreffenden Zeitraum im Gebrauch sind.

Dieser Bericht beruht auf einem umfassenderen Typ von Daten: einer nahezu vollständigen Aufzeichnung aller linguistischen Formen im Sprechen eines Kindes — in diesem Fall aller WH-Fragen — vom allerersten Beleg bis zum Erwerb des Erwachsenensystems. In den vergangenen viereinhalb Jahren haben wir den Spracherwerb unseres jüngsten Kindes Jessie systematisch untersucht.[3] Um dem soziologischen Interesse am sozialen Kontext des Erwerbs Rechnung zu tragen, wurden detaillierte Aufzeichnungen über eben diesen Kontext gemacht. Um dem Interesse des Linguisten an quantitativer Analyse Rechnung zu tragen, haben wir eine in ihrer Art einzige Aufzeichnung all dessen, was Jessie bis zu 30 Monaten sagte — soweit hörbar —, zusammengestellt, sowie eine vollständige Aufzeichnung ausgewählter sprachlicher Merkmale danach.[4]

Um die Art, wie sich Jessies Sprache entwickelt hat, zu beschreiben und zu erklären, machten wir Gebrauch von einigen aus der jüngsten Zeit stammenden Modifikationen der linguistischen Theorie zur Untersuchung des Erwerbs von Syntax und Semantik. Wir hatten bereits viel mit Psychologen zusammengearbeitet, die an der Ausbildung von Kategorien interessiert sind; unsere Untersuchung von Jessies ersten beiden Wörtern "The Grammar of *Cat* and *Mama*" (Labov & Labov 1974), benutzte das erstmals in Labov (1973) beschriebene Verfahren zur Behandlung der Variabilität in der Denotation. Dies bedingt gewichtige Änderungen gegenüber der Konzeption von "distinktiven" und "redundanten" Merkmalen, die in der semantischen Analyse vorherrschend war, und steht im Einklang mit neueren empirischen Ergebnissen in der Psycho-

---

3 Jessie ist am 16. September 1971 geboren. Sie ist unser fünftes Kind, aber zwischen ihr und dem zweitjüngsten liegt ein Abstand von elf Jahren. Sie hat drei Schwestern, die 1954, 1956 bzw. 1960, und einen Bruder, der 1958 geboren ist.

4 Der bei weitem größte Teil der Daten wurde von T. Labov schriftlich aufgezeichnet (vgl. Fußnote 9 und 10 zu den Methoden); die Variationsanalyse wurde von W. Labov durchgeführt, und für die Interpretation der Ergebnisse sind beide Autoren verantwortlich. Wir sind Donald Hindle für die Anpassung des Cedergren-Sankoff-Programms zur Variationsanalyse an unser PDP 11/10-System an der University of Pennsylvania sehr verpflichtet; dies ermöglichte uns flexiblere und vielfältigere Datenanalysen.

logie, die diesen Ansatz gleichfalls in Frage stellen.[5] In diesem Bericht wird eine der herausforderndsten und einschneidendsten Fragen beim Erwerb der Syntax angegangen: wie werden Transformationsregeln gelernt?

1. Einige Inkonsistenzen bei der Inversion von WH-Fragen

Die folgenden zwanzig Fragen gehören zu denen, die Jessie am 16. Juli 1975 im Alter von 3:10 (d.h. genau 3 Jahren und 10 Monaten) stellte.

(1) Where's the chickens?
(2) Where's Philadelphia?
(3) Where this comes from?

(4) What's that?
(5) What is this?
(6) What do you do when you want to be rich?
(7) What does sun do to snow?
(8) What that means?
(9) What NOT starts with?
(10) What the address is?

(11) How do babies get inside the mommies?
(12) But how them buy their tents?

(13) Why are we going down?
(14) Why you said to Daddy you might be kidding?
(15) Why we can't wear sandals for walking in the wood?
(16) Why when we don't know what it is we have to press it?
(17) Why when a child grows up there's no daddy?

(18) Does you have it or you?
(19) Is peaches bigger than apricots?
(20) Is there some on the top of the cars?

Offenbar zeigte Jessie eine Variation in dem Grad, in dem sie die Erwachsenen-regeln für WH-Fragen erworben hat, die auf zwei Transformationen der deklarativen Form beruhen:

(T1) WH-Anfangsstellung

$$X - WH - NP - Y$$
$$1 \quad\quad 2 \quad\quad 3 \;\rightarrow\; 2 \quad 1 \quad 3$$

(T2) Inversion

$$\left\{ \begin{matrix} Q \\ WH-NP \end{matrix} \right\} - NP - Tempus - \left\{ \begin{matrix} \emptyset \\ Modal \\ have \\ be \end{matrix} \right\} - (NEG) - (Verb) - X$$

$$1 \quad\quad\quad 2 \quad\quad 3 \quad\quad\quad 4 \quad\quad\quad 5 \quad\quad 6 \quad 7$$

$$\rightarrow\; 1 \; 3 \; 4 \; (5) \; 2 \; 6 \; 7$$

----

5 Ein Teil der Zusammenarbeit von linguistischen und psychologischen Forschungen ging aus dem Workshop über "Nature and Structure of Categories" hervor, der unter Förderung des Social Science Research Council vom 17. bis 19. Mai 1974 an der University of California (Berkeley) stattfand.

Der in der generativen Grammatik benutzte Formalismus darf nicht die engen Beziehungen zwischen diesen Regeln und dem Prozeß des Fragens sowie das Verhältnis zwischen Sätzen, wie sie im täglichen Leben benutzt werden, verdunkeln. X und Y sind Platzhaltersymbole für nicht weiter analysierte Teile der **Kette**, die aus einer beliebigen Anzahl von Wörtern bestehen oder leer sein können. Die in (T1) angegebene Analyse legt lediglich die Stellung eines zu erfragenden Elements fest, und zwar mit dem zugegebenermaßen abstrakten Begriff eines an eine Nominalphrase gehängten WH-, das zuletzt unter Formen erscheint, in denen bestimmte semantische Merkmale des erfragten Elements vermerkt sind. So wird gemäß (T1) die Frage (2) wie folgt analysiert:

(21) Philadelphia is − [WH-lokative Nominalphrase]?

 X   WH−NP
 1   2

d.h. sie besteht aus zwei Teilen (Y ist hier leer), und wie der Pfeil angibt, wird der zweite an den Anfang des Satzes geschoben:

(22) [WH-lokative Nominalphrase] − Philadelphia is?

 WH−NP   X
 2   1

Man kann die Regel umgangssprachlich so wiedergeben: stell das erfragte Wort an den Anfang des Satzes.

Die Ausgabe von (T1) unterliegt dann dem komplexeren (T2), dem zufolge dann, wenn ein Fragewort am Anfang des Satzes steht, die Tempusmarkierung an dieses Wort gehängt wird; dazu muß es um die Subjekt-Nominalphrase herumgeschoben werden.[6] Der Begriff "Tempusmarkierung" ist natürlich sehr abstrakt; sie kann als der Unterschied zwischen *is* und *was* erscheinen, oder als Nullform in *should*. Aber der Sprecher muß eine Entsprechung zu dieser Tempusmarkierung im Satz ausfindig machen, um zu wissen, welches Element an den Anfang des Satzes zu schieben ist und wie die Inversion durchgeführt werden muß, wenn sie der Erwachsenengrammatik entsprechen soll. Wenn das Auxiliar kein anderes Element enthält, erscheint die Tempusmarkierung als der Unterschied zwischen präsentischem *do* und präteritalem *did*, im ersten Fall zudem mit Numeruskongruenz wie in (6) oder (7). Ist das nächste Wort ein Modal (*can, should*), das Auxiliar *be* oder das Verb *be*[7], dann wird auch dies an das WH-Wort gehängt,

---

6 Neben der WH-NP-Konstituente wird auch eine "Q"-Kennzeichnung in Konstituente 1 zur Wahl zugelassen: dies ist die abstrakte Repräsentation des Fragesignals bei Entscheidungsfragen, das auch eine Inversion auslöst. Wir sind nicht auf die ganzen negativen und affektiven Elemente eingegangen, die optional in verschiedenen Dialekten eine Inversion auslösen können (wie bei der literarischen Form *Seldom was he seen* oder der Form *Ain't nobody see it* im Black English Vernacular), denn sie sind nicht unmittelbar für das Problem, um das es hier geht, relevant.

7 Wenn *be* Hauptverb ist, unterliegt es einer Regel, die es in Auxiliarposition schiebt, und wird daher von (T2) erfaßt. Derselbe Prozeß verschiebt optional auch *have*, allerdings nicht in der amerikanischen Umgangssprache in ihren verschiedenen Dialekten. Die Konstituente für das Hauptverb, *Verb*, wird daher als optional in Klammern gesetzt, denn sie kann durch eine derartige Regel in die Stellung der Konstituente 4 geschoben werden.

zusammen mit der Tempusmarkierung und (optional) der Negation, wenn vorhanden. (T2) erfordert also die folgende abstraktere Analyse von (22):

(23) [WH-lokative Nominalphrase] − [Philadelphia]$_{NP}$ − Tempus − be
      1   2   3   4

Dies wird dann transformiert in

(24) [WH-lokative Nominalphrase] − Tempus − be − [Philadelphia]$_{NP}$
      1   3   4   2

Andere Regeln der Grammatik realisieren die WH-lokative Nominalphrase als *where*, verbinden die Tempusmarkierung mit dem folgenden *be* zu *is* und kontrahieren *is* und *where*, so daß sich schließlich (2) *Where's Philadelphia?* ergibt.

Im Rahmen der generativen Grammatik sind (T1) und (T2) als formale Darstellungen der minimal komplexen Menge von Beziehungen gedacht, die erfaßt werden müssen, wenn die Struktur, wie sie bei Erwachsenen vorliegt, erzeugt werden soll. Wir wollen uns hier nicht weiter um andere mögliche Formalismen kümmern, sondern unsere Aufgabe ist es zu entscheiden, ob und wann Jessies Sprache während dieser Zeitspanne von zweieinhalb Jahren Belege für syntaktische Relationen aufweist, die in Aussagen dieses Allgemeinheitsgrades gefaßt werden können.

Nach einem ersten Blick auf Jessies zwanzig Fragen scheint es, daß etwas (T1) Entsprechendes vollständig gelernt ist und daß (T2) für Entscheidungsfragen (Ja–Nein-Fragen), nicht aber für WH-Fragen gelernt ist. Dies stimmt soweit mit den Regularitäten überein, die in anderen Spracherwerbsstudien beobachtet wurden (Brown 1973, Ravem 1974, Labov et al. 1968: 291−300). Es besteht zunächst eine allgemeine Implikationsbeziehung, derzufolge die Inversion in Entscheidungsfragen früher als in WH-Fragen gelernt wird. Dies läßt sich anscheinend leicht funktional rechtfertigen: in Entscheidungsfragen ist die Inversion das einzige Fragekennzeichen, in WH-Fragen ist sie hingegen redundant. Ohne Zweifel wird mit *What does that mean?* und *What that means?* auf zwei Weisen "dasselbe gesagt". Aber dennoch ist hier etwas merkwürdig.

Zunächst einmal stellt sich heraus, daß Jessies WH-Fragen zu den ersten von ihr benutzten Sätzen gehören und daß sie − mit Inversion − vor Entscheidungsfragen auftreten. Mit 2:3:28 fragte sie

(25) What's that?

und produzierte fünf weitere Fälle vor ihrer ersten Entscheidungsfrage neunzehn Tage später:

(26) Are you work?

Zweitens scheint es keine Belege dafür zu geben, daß (T1) falsch angewendet würde, weder in Jessies Daten noch in älteren Untersuchungen zu WH-Fragen (Ravem 1974). Wir finden keine frühen Sätze der Form

(27) He can't do it why?

Dies ist nicht so leicht zu verstehen, und einige bekommen deshalb Bedenken hinsichtlich der transformationellen Analysen (Ravem 1974). Aber Sätze wie (3), (8), (9) oder (10) kann man ohne Bezug auf (T1) nur schwer verstehen. Das Kind hört solche Sätze von Erwachsenen nicht,[8] und vielleicht produziert es sie, weil es eine Beziehung zwischen (9) *What NOT starts with?* und

(9′)   NOT starts with the letter N.

wahrnimmt.

Wir müssen daher zwei verwirrende Fragen beantworten: warum zeigte Jessie, wenn sie zuerst die Inversion in WH-Fragen lernte, 18 Monate später eine solche Inkonsistenz, also lange nachdem sie den konsistenten Gebrauch der Erwachsenenformen von Entscheidungsfragen erworben hatte? Und warum zeigte sie, wie andere Kinder, eine völlige Beherrschung von (T1), aber einen variablen Gebrauch von (T2)?

Als ersten Schritt zur Beantwortung dieser Fragen schauen wir uns die Gesamthäufigkeit von WH-Fragen an. Bei der Untersuchung von Jessies ersten Wörtern erwies sich dies als eine wertvolle Strategie; dort stellte sich heraus, daß ein extremes Anschwellen der Häufigkeit im Gebrauch einer Form Fortschritten in der semantischen und syntaktischen Struktur vorangeht.

2. Die Häufigkeit von WH-Fragen und von Inversionen in WH-Fragen

Fast vierzehn Monate lang nach ihren ersten WH-Fragen verwendete Jessie diese syntaktische Form nur sporadisch, weniger als einmal am Tag. In den ersten drei Monaten des Jahres 1975 (3:4 − 3:8) stieg die Verwendung schwach, aber deutlich auf zwei bis drei am Tag an. Dann erfolgte ein plötzlicher Anstieg auf durchschnittlich 30 Fragen pro Tag im April, Mai und Juni, und noch einmal ein plötzlicher Sprung auf einen Schnitt von 79 Fragen pro Tag im Juli, mit einem Maximum von 115 Fragen am 16. Juli, dem Tag, von dem die Stichprobe von 20 Fragen stammt.

Fig. 7−1 zeigt diese Entwicklung der durchschnittlichen Anzahl von WH-Fragen pro Tag für jeden Monat. Nach dem Maximum Mitte Juli sank die durchschnittliche Häufigkeit in den nächsten zwei Monaten (bis 4:0) leicht ab, dann fiel sie im Oktober bis zum Dezember deutlicher bis zu einem gleichbleibenden Plateau von 14 − 18 pro Tag während der nächsten sieben Monate.

----

8   Manche Kinder hören mehr als andere: wenn andere kleine Kinder im Haus sind, oder sie es mit Sprechern zu tun haben, in deren Dialekt nach WH-Formen nicht immer Inversion erfolgt (Labov et al. 1968). Es scheint unvermeidlich, daß Jessie auch einige WH-Sätze ohne Inversionen von Gleichaltrigen gehört hat, aber leider haben wir nicht genug aufgezeichnet, um dies ermitteln zu können.

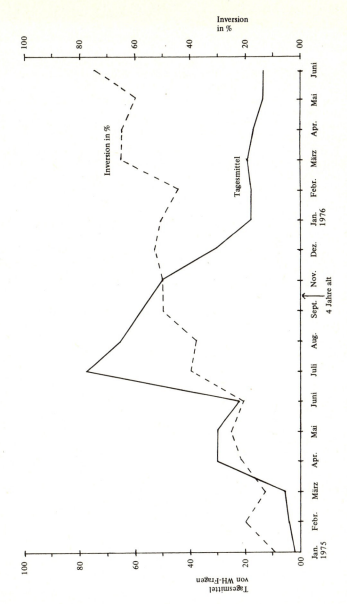

Fig. 7 – 1   Häufigkeit von Jessies WH-Fragen (Tagesdurchschnitt) und Anteil der Inversion nach Monaten

Die Daten sind eine nahezu vollständige Aufzeichnung von Jessies WH-Fragen. Jede Frage wurde Minuten, nachdem sie geäußert worden war, aufgeschrieben, gewöhnlich von Teresa Labov.[9] Natürlich sind einige Fragen nicht erfaßt, die Jessie sich selbst oder anderen Leuten stellte.[10] Fig. 7–1 repräsentiert eine Stichprobe von etwa einem Sechstel der rund 25.000 Fragen, und alle folgenden Analysen beruhen auf dieser Stichprobe von 3 368 Fragen.[11]

Die Auffassung, Kinder lernten syntaktische Regularitäten sehr leicht und schnell, wird durch diese Daten nicht gestützt. Wir befassen uns mit einer Zeitspanne von zweieinhalb Jahren und einer Unmenge an Fragen. Das Problem liegt nicht in der Frage: wie lernt das Kind diese syntaktische Regel so schnell, sondern: warum braucht es soviel Zeit und soviele Anläufe?

Fig. 7–1 zeigt auch den Prozentsatz an Inversionen in den WH-Fragen (unterbrochene Linie) für die zweite Hälfte dieser zweieinhalb Jahre. Er beginnt tief mit 9% und steigt dann stetig mit einer gewissen Fluktuation auf 76% am Schluß der Zeitspanne. In der ersten Hälfte ist die Parallele zwischen dem Anteil an Inversionen und der Häufigkeit frappierend. Das starke Anwachsen der Häufigkeit im Juli wird von einem zwanzig-Prozent-Sprung an Inversionen begleitet, und die höchste Häufigkeit wird erreicht, unmittelbar bevor die Inversion die fünfzig Prozent überschreitet: dann steigt die Inversion weiter an, die Häufigkeit hingegen sinkt.

Insgesamt betrachtet zeigt Fig. 7–1 eine auffällige Parallelität zu der Beziehung zwischen Häufigkeit und semantischer Entwicklung bei Jessies ersten Wörtern. Wir vermuten, daß dieses Schema bei weiteren detaillierten Längsschnitt-Untersuchungen immer vertrauter werden wird. Es besteht hier ein enger Zusammenhang von Wirkung und Ursache: Der Gebrauch von mehr Fragen wird von einem weiteren Spektrum an syntaktischen Formen begleitet und gestattet eine umfangreiche Praxis in der Anwendung der Regeln. Eine Ursache der großen Häufigkeit mag durchaus das Interesse am syntaktischen Prozeß selber sein – an der Bildung von Sätzen. Wenn sich die Regel festigt, scheint der Praxiseffekt zu verschwinden. Allerdings muß man berücksichti-

---

9 Die Fragen wurden Minuten, nachdem sie gestellt worden sind, auf Zettel der Größe 7,5 x 12,5 cm niedergeschrieben. In der ersten Zeit wurden alle Äußerungen Jessies erfaßt, aber in der Zeitspanne der Fig. 7–1 bis 7–5 wurden nur ausgewählte Strukturen vollständig aufgezeichnet. Es ist natürlich möglich, daß Jessies Produktion von WH-Fragen durch Teresas Interesse gesteigert wurde, und möglicherweise liegt ihre Gesamtproduktion höher als sie ohne Beobachtung gelegen hätte; aber dies dürfte den relativen Anteil an Inversionen und anderen Variablen, auf die es bei unserer Untersuchung ankam, nicht berühren.

10 Wir haben einige Fragen aufgezeichnet, die sich Jessie selber stellte (siehe (44) und (58)). Seit September 1975 ging Jessie tagsüber in die Kinderkrippe (nursery school), und wir haben daher keine Aufzeichnungen über Fragen, die sie vielleicht anderen gestellt hat, außer für jene Tage, an denen T. und W. dort gearbeitet haben. Aus unseren Beobachtungen dort war jedoch zu schließen, daß sie in dieser Situation relativ wenig Fragen stellte, so daß die Gesamtzahl der von ihr gestellten Fragen nicht ernsthaft beeinflußt wird. So ergibt sich, daß sie im November 1975 an Werktagen im Schnitt 25 und am Wochenende und an Feiertagen im Schnitt 31 WH-Fragen stellte. Ein Bias wurde weiterhin dadurch verringert, daß wir unsere Stichproben mit allen Sonntagen beginnen ließen (vgl. Anm. 11).

11 Diese erste Stichprobe schließt jeden Tag ein von Januar bis März 1975 und jeden Sonntag danach sowie den 7. – 18. April 1975, den 17 – 20. Juli 1975 und die erste Hälfte vom Januar und vom Mai 1976.

gen, daß die Häufigkeitsentwicklung Ergebnis vieler anderer Faktoren ist.[12]
Wie immer wir die Regularitäten von Fig. 7—1 betrachten mögen, sie sprengen den Rahmen der traditionellen linguistischen Theorie, die wir hier als "kategorische Betrachtungsweise" bezeichnet haben. In diesem Rahmen soll das Regelsystem, das Jessie zu lernen versucht, aus Regeln bestehen, die entweder (a) obligatorisch oder (b) optional sind. Die Erwachsenenregel für die Inversion ist bei WH-Fragen obligatorisch. Jessies Inversionsregel müßte demnach als optional zu charakterisieren sein oder aber als obligatorische Regel mit einer wechselnden Zahl an "Performanzfehlern". Keine dieser Formulierungen hilft bei der Beantwortung von Fragen, die man für die Erwerbstheorie als grundlegend anzusehen hat. Wie wird eine optionale Regel obligatorisch? Welcher Art war Jessies Kenntnis der Inversionsregel während dieser Zeitspanne?

Man kann diese Fragen zunächst einmal analytisch angehen. Die Variation in Jessies Gebrauch der Inversion war vielleicht das Ergebnis der Vermischung von invarianten Komponenten: sie wandte die Regel in manchen Umgebungen immer und in manchen nie an. Zur Überprüfung dieser Möglichkeit möchten wir die wichtigeren Umgebungen untersuchen, in denen eine Inversion erfolgt. Die erste und offensichtlichste Variable ist das Element, nach dem gefragt wird; je nachdem, ob Jessie etwas über eine Person, ein Objekt, einen Ort, eine Zeit, eine Art und Weise oder einen Grund wissen wollte, spiegelt sich dies in den WH-Formen *who, what, when, where, why* und *how* wider.

3. Differenzierung der WH-Formen

Die Beispiele (1)—(17) erwecken den Eindruck, als zeigte Jessie in der Inversion aller ihrer WH-Formen denselben Grad an Variation, aber schon bei oberflächlicher Betrachtung der Daten zeigt sich, daß dies nicht zutrifft. Zwischen den WH-Wörtern gibt es erhebliche Unterschiede. Fig. 7—2 zeigt den monatlichen Anteil an Inversionen für die vier gängigsten: *how, where, what* und *why* für die gleiche Zeitspanne wie in Fig. 7—1 (3:3 bis 4:9). Betrachtet man diese Abbildung, so legt sich eine Unterteilung in vier Zeitspannen nahe:

Zeitspanne (a): Januar bis März 1975. In dieser ersten, durch geringe Häufigkeit gekennzeichneten Zeit gibt es keinen nennenswerten Unterschied zwischen den WH-Formen außer bei *how*, das sich allgemein von den anderen durch höhere Häufigkeit der Inversion absetzt.

Zeitspanne (b): April bis September 1975. Von 3:6 bis 4:0 zeigte Jessie eine regelhafte Stufung der vier Formen in der Reihenfolge *how, where, what, why*, wobei allerdings *why* im Juni auf ein Minimum fiel, während die anderen stiegen.

---

12 Ein solcher Faktor ist es, neuen Orten und Situationen ausgesetzt zu sein. Im Juli und im August 1975 nahmen wir Jessie, die schon eine Menge Reiseerfahrungen hatte, mit nach Marseille, Berlin, Florenz und Korsika. Das krasse Ansteigen von WH-Fragen fällt mit dem Beginn dieser Reise zusammen; das Absinken hingegen auf ein tiefes Plateau erfolgt im Oktober und November, als Jessie in einer stabilen sozialen Situation in Philadelphia war.

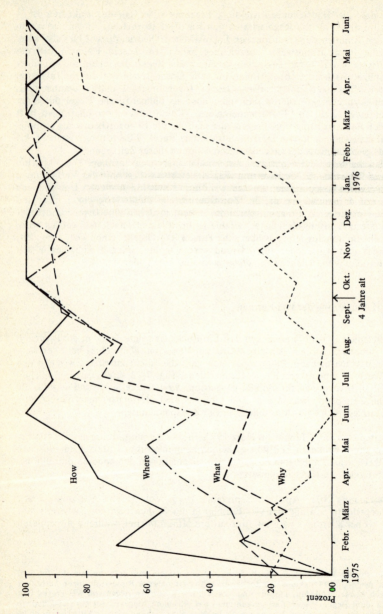

Fig. 7 – 2   Entwicklung der Inversion in Jessies WH-Fragen: prozentual nach Monaten

Zeitspanne (c): September 1975 bis Februar 1976. In den nächsten sechs Monaten, von 4:0 bis 4:6, schien Jessie eine feste Regel der Inversion nach *how, where, what* ausgebildet zu haben, nicht jedoch nach *why*, das bei 10—15% Inversion stabil blieb.

Zeitspanne (d): März bis Juni 1976. In dieser Zeit zeigte Jessie ein schnelles Anwachsen der Inversion nach *why* bis in die Nähe der Erwachsenenregel, d.h. obligatorischer Inversion.

Die dritte Zeitspanne scheint der bemerkenswerteste Abschnitt in Fig. 7—2, insofern hier klar zu sein scheint, daß Jessie für sich selbst eine besondere Regel ausgebildet hat:

(28) Führe Inversion nach allen WH-Wörtern außer *why* durch.

Für eine derartige Regel gibt es kein Modell beim Erwachsenen, und sie ist vielleicht die schlagendste Illustration, die wir für den Spracherwerbsmechanismus als einen Regelbildungsmechanismus gefunden haben. Nicht nur bildete Jessie diese Regel im Verlauf der zweiten Zeitspanne aus, sie behielt sie auch konsistent während der sechs Monate von Zeitspanne (c) bei.

Das Beibehalten von Regel (28) ist umso bemerkenswerter, wenn man berücksichtigt, daß Jessie die Erwachsenenregel kannte und nachahmen konnte. Am 14. Juli, kurz vor der höchsten Häufigkeit von WH-Fragen, als die Inversion nach *what* 50% erreicht hatte, fragten wir Jessie: "Wie sagen denn die Großen eher, *What is this?* oder *What this is?*" Sie dachte einen Augenblick nach und sagte: *"What is this?"* Wir achteten darauf, diesen Versuch nicht zu wiederholen, um nicht eben das zu lehren, was wir untersuchen wollten; aber fünf Tage später begannen wir mit einem Versuch – dem Fragespiel – das uns mehr Daten über Jessies Beherrschung der Erwachsenenform der Inversion lieferte.

Beim Fragespiel stellt ein Elternteil eine Frage, gewöhnlich mit *why*. Dann war Jessie an der Reihe, eine Frage zu stellen. Sie schloß sich in der WH-Form immer an, zeigte aber bei der Inversion Unabhängigkeit, wie ihre vier ersten Gegenfragen belegen:

	Erwachsenenform	Jessies Frage
(29)	Why do . . .	Why does, why you wearing hair?
(30)	Why does . . .	Why do you have sneakers?
(31)	Why do . . .	Why do you always wear watch?
(32)	Why is . . .	Why are you wearing sunglasses?

Außer bei der ersten Frage zeigen Jessies Gegenfragen die richtige do-Periphrase und die richtige Tempus- und Numeruskongruenz, die nicht das Ergebnis einer direkten Nachahmung sein können. Ihre gesamte Performanz im Fragespiel während der Monate Juli und August zeigte in 22 von 26 Fällen Inversion nach *why*: ihr Erfolg außerhalb des Spiels belief sich auf 13 von 292 Fällen, das sind 4%.

Es sollte nicht weiter erstaunen, daß Jessie zwei verschiedene Sprechstile hatte. Shatz und Gelman (1973) haben gezeigt, daß Vierjährige verschiedene Stile haben, wenn sie mit Großen, mit Zweijährigen und mit ihren Spielkameraden reden. Es gibt noch andere Sonderbedingungen für die Inversion, die mit metasprachlichen Situationen zusammenhängen. Fragen der Form (8) *What that means?* kamen öfter als andere *what*-Fragen ohne Inversion vor. In ebendieser Zeit, Juli − August, wurden nur 4 von 26 *what*-Fragen zur Bedeutung invertiert, im Gegensatz zu 66% sonst. Wir haben daher alle metasprachlichen Fragen − über Orthographie, Namen und Bedeutung − aus den Prozentsätzen von Fig. 7−2 herausgenommen, denn dadurch, daß sie *why* steigen und *what* fallen lassen, ändern sie die Anteile der einzelnen Formen so, daß die Wirkungen der inneren Beschränkungen verdunkelt werden.

Das Zurückbleiben der Inversion bei *why* bemerkte schon Ravem (1974) sowohl in seiner Untersuchung über den Englischerwerb seiner Kinder, deren Muttersprache Norwegisch ist, als auch in Browns Daten. Ravem schlug eine semantische Erklärung vor: der Begriff *why* ist schwierig zu erlernen, und dies beeinflußt irgendwie den Erwerb der Inversion. Wir werden unten sehen, daß dies eine wenig nützliche und unnötig spekulative Lösung ist, jedenfalls was Jessies Belege angeht.

Weiter unten wird sich zeigen, daß Jessies zugrundeliegendes Regelsystem noch regelhafter und systematischer ist, als die einfache Regel (28) "Inversion außer nach *why*" vermuten läßt. Aber schon um diese erste und besonders offenkundige Generalisierung über Jessies System innerhalb der traditionellen kategorischen Betrachtungsweise zu erfassen, müßte man eine ganze Fülle von Daten beiseiteschieben. Man könnte noch gut sagen, daß während der Zeitspanne (c) die geringen Prozentsätze von *how, where* und *what* ohne Inversion Performanzfehler sind, aber es ginge einem weniger leicht über die Lippen, daß die 5−10% Inversionen nach *why* auch Performanzfehler sind. Bei dieser Strategie ist die traditionelle Analyse gezwungen, zu der ersten, wenig erhellenden Feststellung zurückzukehren, daß (T2) optional war, wobei Formen mit und ohne Inversion zweieinhalb Jahre lang in freier Variation stehen.

Um zu sehen, warum dies so ist, muß etwas mehr über die traditionelle "kategorische" Betrachtungsweise gesagt werden, und dann müssen wir sehen, wie ein direkterer Ansatz zur Untersuchung der Variation in Jessies WH-Fragen entwickelt werden kann.

4. Die systematische Untersuchung der Variation

Die kategorische Betrachtungsweise. An einer Reihe von Stellen in dieser Diskussion haben wir darauf verwiesen, daß der bis vor kurzem im sprachwissenschaftlichen Denken herrschende Standpunkt zur Untersuchung variabler Eigenschaften der Sprachproduktion nicht sonderlich geeignet war. Man stellte sich die Sprachstruktur als eine Menge diskreter, qualitativ distinkter, invarianter Kategorien vor. Daten, die Variation aufwiesen, wurden als für die linguistische Theorie irrelevant ("Datenschwall"), als durch den Einfluß konkurrierender Systeme verunreinigt ("Dialektmischung") oder als Ergebnis von Unzulänglichkeiten in Wahrnehmung und Gedächtnis ("Performanzfehler") beiseite geschoben. Der eigentliche Gegenstand der linguistischen Untersuchungen sei eine ideale Konstruktion einer homogenen Sprachgemeinschaft, in der alle Sprecher die Sprache vollkommen und flugs erlernen (Chomsky 1965:3).

Diese Ablehnung quantitativer Studien mag Leuten, die in anderen Disziplinen stark mit der Korrelation von Variablen und der Analyse der Variabilität arbeiten, seltsam vorkommen. Es sei aber angemerkt, daß die kategorische Betrachtungsweise eine gute erste Annäherung an die linguistische Struktur war, die ja in gewisser Weise ein Verfahren ist, Invariantes in den zugrundeliegenden, fließenden Bereichen der phonetischen und semantischen Substanz ausfindig zu machen.

Diese Suche nach Invariantem beginnt mit den grundlegenden linguistischen Postulaten, wie sie Bloomfield 1926 formulierte: daß einige Äußerungen dieselben sind (1926:26−27). Aber das bald in jedem Lehrbuch zugestandene Grundfaktum der Phonetik ist, daß keine zwei Äußerungen genau gleich sind. Dieser Widerspruch wird in dem, wie man sagen könnte, grundlegenden Korollar der Linguistik aufgelöst: daß manche Unterschiede keinen Unterschied ausmachen. Anders gesagt, manche Unterschiede zwischen alternativen Arten, dasselbe zu sagen, stehen in freier *Variation* zueinander. Das Vorhandensein freier Variation ist das notwendige Gegenstück zum grundlegenden linguistischen Postulat der invarianten Struktur.

Bewegt man sich streng innerhalb dieser Betrachtungsweise, so kann nichts linguistisch Signifikantes darüber gesagt werden, ob die eine oder die andere zweier freier Varianten vorliegt: diese Variation kann in keiner Weise durch linguistische Regeln beschränkt werden. Es folgt, daß keine linguistische Regel Beziehungen nach mehr oder weniger ausdrücken kann.[13] Aber die Vorstellung, die Variation unterliege keinen Beschränkungen, geht fälschlich davon aus, die linguistische Struktur sei auf das referentielle "Gleiche" begrenzt. Aus historischen, sozialen und psychologischen Gründen gibt es viele strukturelle Relationen zwischen alternativen Weisen, "dasselbe" zu sagen, die keine referentielle Information liefern, aber über viele Generationen als stabile Aspekte der linguistischen Struktur bewahrt werden. Obwohl viele solche Beschränkungen für die ganze Sprachgemeinschaft stabil und einheitlich sind, unterscheiden sich einige ihrer Stärke nach in Abhängigkeit vom grammatischen Wissen des Sprechers. Die Tilgung des auslautenden [t] oder [d] in *past, old, missed* oder *fined* wird stark davon beeinflußt, ob dieser Konsonant eine selbständige Markierung für das Präteritum oder Partizip ist, und dies umso mehr, je älter der betreffende Sprecher ist (vgl. Labov 1972, Summerlin 1972).

Linguistische Variablen und variable Regeln. Will man die Variation systematisch angehen, so muß man die Existenz von Varianten erkennen und definitorisch festlegen, die alternativ "dasselbe sagen".[14] Diese Varianten werden

---

13 So haben einige Linguisten unter Verteidigung der traditionellen Betrachtungsweisen die Ansicht vertreten, es sei für Kinder unmöglich, solche Regularitäten zu lernen (Bickerton 1971, Butters 1971). Diese Position läßt sich natürlich schwer vereinbaren mit der Fülle an Beobachtungen über Variablenbeschränkungen, die man ganz gleichmäßig in der gesamten Sprachgemeinschaft feststellen kann (Labov et al. 1968, Summerlin 1972, Guy 1975), und mit Untersuchungen von Psychologen, die zeigen, wie empfindlich auf Wortschatzhäufigkeiten reagiert wird (Solomon und Howes 1951, Solomon und Postman 1952). Neuere Untersuchungen in unserem Labor durch Sally Boyd zeigen, daß Kinder schon mit fünf Jahren die für Philadelphia typische Art der −t−, −d-Tilgung gelernt haben, bei der häufiger vor einem Konsonant und minder häufig vor einer grammatisch bedingten Konsonantengruppe getilgt wird.

14 Nicht alle Untersuchungen zur Variation befassen sich mit Varianten, die semantisch äquivalent sind. Die Entwicklung von Phrasenstrukturregeln muß unbedingt auch die

dann zu einander ausschließenden Mengen möglicher Alternativen angeordnet. Wir können dann das folgende Prinzip der Überprüfbarkeit formulieren: statt bloß das Vorkommen einer Variante zu vermerken, wird die Anzahl von Vorkommen mit der Gesamtzahl von Vorkommen der Umgebung, in der die Variante auftreten kann, vermerkt (d.h. wie oft sie vorgekommen ist und wie oft sie hätte vorkommen können).

Im Verlauf der Untersuchung wird die Beschreibung der Umgebung, die die Variable definiert, ständig verfeinert. Invariante Bedingungen werden erkannt und beiseitegelassen, ebenso Umgebungen, in denen die Variable nicht eindeutig identifiziert werden kann. Bei der Untersuchung der Inversion zum Beispiel muß man Fälle mit Nullkopula beiseitelassen, wie in *Why he gonna go?*, denn man kann hier nicht sagen, ob vor der Tilgung eine Inversion erfolgte oder nicht. Beim weiteren Vorgehen hat man vielleicht neu festzulegen, auf welcher Ebene die Variation erfolgt: was wie phonetische Variation aussah, erweist sich vielleicht als Ergebnis einer Variation auf einer höheren Ebene oder umgekehrt. Zum Beispiel wurde in einer älteren Arbeit die Tilgung der Kopula zunächst als grammatische Variable aufgefaßt, und später erwies sie sich als phonologischer Prozeß, bei dem ein einzelner Konsonant getilgt wird (Labov 1969). Die Variation bei einer Regel kann sich als Variation zwischen konkurrierenden Regeln oder konkurrierenden Ableitungen herausstellen.

Bei der Untersuchung der Variation geht es vorrangig um die Analyse von variablen Beschränkungen, Umgebungsmerkmalen, die das Vorkommen der einen oder anderen Variante begünstigen oder hemmen. Im generativen Rahmen, in dem man sich für diesen Zweck gewöhnlich bewegt, erscheint die Variation als gerichtete *variable Regel*, im Falle der phonologischen Variation etwa als eine eingeschränkte Ersetzungsregel der Form[15]

(33) A → <B> / C __ <D>

Hier zeigen die spitzen Klammern um die Ausgabe der Regel – hier B – an, daß der Prozeß variabel ist, und die spitzen Klammern um ein Element der Umgebung hinter dem " / " zeigen variable Beschränkungen an, die die Regel begünstigen. Wir können (33) so wiedergeben: "A wird variabel als B realisiert, wenn C vorangeht (eine invariante Bedingung) und öfter, wenn D folgt, als wenn kein D folgt (eine variable Beschränkung)."

Variation in der Wahl zwischen bedeutungstragenden Entscheidungsmöglichkeiten einbeziehen, und zwei Forschungsgruppen beginnen dieses Gebiet zu untersuchen: die von Bloom geleitete Gruppe am Teachers College in Columbia und die Forschungsgruppe zum Pidgin-Deutschen in Heidelberg unter Leitung von W. Klein und N. Dittmar.

15 Mit eingeschränkten Ersetzungsregeln ist hier gemeint, daß nur die Ersetzung oder Tilgung einzelner Elemente zugelassen ist. Man kann diese Einschränkung bei phonologischen Regeln mit dem größeren Spielraum bei Transformationen vergleichen, die in ihrer Operationsbreite noch nicht sinnvoll beschränkt werden konnten.

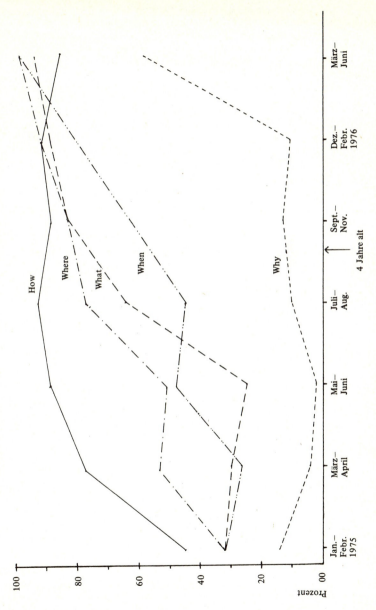

Fig. 7 – 3   *Entwicklung der Inversion in Jessies WH-Fragen: prozentual nach Zeitspannen*

Für syntaktische Prozesse wie Jessies WH-Inversion gehen die variablen Beschränkungen in die Strukturanalyse einer Transformation ein. So kann man, um die Daten aus Fig. 7–3 in Zeitspanne (c) zu erfassen, (T2) wie folgt umschreiben:

(T2′)

$$\left\{ {\begin{matrix} Q \\ WH - NP \end{matrix}} \right\} - NP - Tempus - \left\{ {\begin{matrix} \emptyset \\ Modal \\ have \\ be \end{matrix}} \right\} - (NEG) - (Verb) - X$$

$$\left\langle {\begin{matrix} + \text{Weise} \\ + \text{Lokativ} \\ + \text{konkret} \\ + \text{temporal} \\ + \text{Ursache} \end{matrix}} \right\rangle$$

$$\begin{matrix} 1 & 2 & 3 & 4 & 5 & 6 & 7 \end{matrix}$$

$$\cdot \rightarrow 1 < 3 \ 4 \cdot (5) > 2 \ 6 \ 7$$

Auch hier verweisen runde Klammern auf Optionalität, und die spitzen Klammern in der Ausgabe deuten den variablen Charakter der Transformation an: manchmal wird sie angewandt, manchmal nicht. Spitze Klammern in der Strukturanalyse verweisen darauf, daß fünf syntaktische Merkmale der WH-NP variable Beschränkungen in der Umgebung der Regel sind[16], und die senkrechte Anordnung deutet ihr relatives Gewicht an, so daß die Regel am häufigsten angewandt wird, wenn die WH-Form *how* ist, am zweithäufigsten bei *where* usw.

Eine variable Regel ist also eine grammatische Regel mit einer variablen Ausgabe und einer Festlegung, daß zumindest ein Faktor in der Umgebung diese Ausgabe beeinflußt. Durch den Einbezug von variablen Regeln in den üblichen Rahmen der generativen Grammatik erfassen wir das Vorhandensein von Variation als einen festen und reproduzierbaren Aspekt der linguistischen Struktur. Entsprechende Modifikationen kann man in anderem formalem Rahmen vornehmen. Der fundamentale Wandel liegt in einer Veränderung der Beziehung von Theorie und Daten, so daß die Theorie sich ihre Belege aus der Sprache holen kann, wie sie in der Sprachgemeinschaft oder in der Sprachproduktion von Kindern, unserer Hauptdatenquelle für den Grammatikerwerb, tatsächlich verwendet wird.

Durch eine Beschränkung der freien Variation schränkt man auch die Zahl möglicher Relationen ein, die zwischen optionalen Regeln bestehen können, und grenzt so den Begriff des grammatischen Systems enger ein. Eine weitere Folge ist, daß man stärkere Beweismittel dafür hat, ob eine gegebene Hypothese über die Grammatik zutrifft oder nicht. Innerhalb der traditionellen Betrachtungsweise waren die Daten eingeschränkt, so daß die wichtigste theoretische

---

16 Das Merkmal [+ konkret] soll hier in einfacher Weise auf das *what* verweisen, wie Jessie es verwendet. Um diese Nominalphrase von denen zu unterscheiden, die durch *who* erfragt werden, müßten wir ein [−belebt] hinzufügen.

Tätigkeit darin bestand, eine Entscheidung zwischen alternativen Formalismen auf der Grundlage einer inneren "Einfachheitsmetrik" zu treffen: insgesamt gesehen haben sich diese Lösungen nicht als sicher oder überzeugend erwiesen. Hingegen liefert der Vergleich von variablen Beschränkungen unbegrenzt viele Möglichkeiten, Regelsysteme zu untersuchen, um auf Datengrundlage selbst festzustellen, ob sie gleich oder verschieden sind, und Veränderung und Entwicklung in einer geordneten Folge von Regelsystemen zu verfolgen. Dieser Strategie folgen wir hier, um die in Abschnitt 2 aufgeworfenen Fragen über Jessies Inversionsregeln in den Griff zu bekommen.

Bei weiterer Untersuchung von variablen Beschränkungen stößt man rasch auf eine multivariate Situation, in der die arithmetischen Methoden von Fig. 7−3 nicht mehr hinreichen, um die vielen sich überschneidenden Beziehungen zu analysieren. Hier kann man nun die von H. Cedergren und D. Sankoff 1972 entwickelten Methoden aufgreifen, die ein Programm zur Berechnung des Beitrags einer jeden variablen Beschränkung zur Berechnung der Gesamtwahrscheinlichkeit einer Regelanwendung geschrieben haben (Cedergren und Sankoff 1974). Andere Methoden der multivariaten Analyse erweisen sich als ungeeignet für interne linguistische Relationen, und zwar wegen zweier Besonderheiten linguistischer Regeln:

(1) die Unvermeidlichkeit kleiner und leerer Zellen in der Matrix: zum Beispiel kommt die Negation vor allem mit *why*-Fragen in Jessies Daten vor, nicht mit *how, when, what* oder *where*.

(2) die linguistischen Beschränkungen sind im Regelfall unabhängig; während wir bei sozialen Variablen ein Zusammenspiel erwarten, zeigen die internen linguistischen Beschränkungen in der Regel kein Zusammenspiel.

Das Programm von Cedergren und Sankoff berücksichtigt diese Besonderheiten dadurch, daß es unmittelbar auf unregelmäßig gefüllten Zellen operiert, die in jeder vermerkte Information über Quantitäten bewahrt und größeren Zellen höheres Gewicht beimißt als kleineren. Zweitens nimmt es Unabhängigkeit der Faktoren an und testet diese Annahme immer sogleich. Das folgende Beispiel mit den Inversionsdaten veranschaulicht das Vorgehen.

Betrachten wir zwei Gruppen einander ausschließender variabler Beschränkungen bei Inversion: drei WH-Formen bilden eine Gruppe von Faktoren, und Vorhandensein oder Nichtvorhandensein der Auxiliarkontraktion die zweite. Die Daten werden dem Programm als Anzahl von Sätzen mit Inversion und Gesamtzahl der Fälle für jede Faktorenkombination, für die es mindestens einen Beleg gibt, eingegeben. In diesem Fall sind alle Zellen gefüllt, aber manche haben einen höheren Wert als andere.

Zahl der Inversionen	Insgesamt	Gruppe 1 WH-Form	Gruppe 2 Kontraktion	Prozentsatz Inversion
14	38	where	nein	36
16	20	where	ja	80
50	242	what	nein	20
28	36	what	ja	77
13	209	why	nein	6
1	26	why	ja	3
122	571			21

Das Programm liefert für jeden Faktor in jeder Gruppe G_i eine Wahrscheinlichkeit p_i sowie eine Eingabewahrscheinlichkeit p_0. Nach 15 Iterationen des Maximum-Likelihood-Programms erhalten wir:

p_0	p_1		p_2	
Eingabe 0.66	where	0.72	Kontraktion	0.67
	what	0.50	keine Kontraktion	0.33
	why	0.28		

In diesem einfachen Fall liefert uns das Programm die Relationen, die man aus den ursprünglichen Prozentsätzen oben hätte erschließen können, in etwas exakterer Form: *where* begünstigt die Inversion, *what* hat keine Auswirkung, *why* hemmt sie; begünstigt wird sie auch durch die Kontraktion. Die Annahme der Unabhängigkeit äußert sich darin, daß jeder Faktor bei p_1 denselben Wahrscheinlichkeitswert erhält, ganz gleich, welchen Wert p_2 haben mag. Wir können diese Annahme nun dadurch testen, daß wir diese unabhängigen Werte miteinander verbinden, so für jede Kombination von Faktoren einen berechneten Wert erhalten und diesen dann jeweils mit unseren ursprünglichen Beobachtungen vergleichen. Bei dem hier verwandten Modell von variabler Regel erhält man die Gesamtwahrscheinlichkeit P aus den einzelnen Wahrscheinlichkeiten mithilfe der folgenden Formel:

$$(34) \quad \frac{P}{1 - P} = \frac{(p_0) \quad (p_1) \quad (p_2) \ldots (p_n)}{(1 - p_0) \cdot (1 - p_1)(1 - p_2) \ldots (1 - p_n)}$$

Ein Faktor mit der Wahrscheinlichkeit 0.5 trägt nichts zur Anwendung der Regel bei, denn $p_i / (1 - p_i) = 0.5/(1 - 0.5) = 1$. Setzt man unsere Werte in (34) ein und löst nach P auf, so erhält man die folgenden berechneten Werte für Anwendungen der Regel, die hier mit den beobachteten verglichen werden:

WH-Form	Kontraktion	beobachtete Inversionen	berechnete Inversionen	Chi-Quadrat
where	nein	14	13.94	0.00
where	ja	16	16.14	0.00
what	nein	50	54.01	0.39
what	ja	28	20.04	7.13
why	nein	13	9.15	1.68
why	ja	1	8.69	10.22
				19.41

Die Übereinstimmung ist gut für *where*, aber bei *what* mit Kontraktion besteht ein beträchtlicher Abstand zwischen berechnetem und beobachtetem Wert, und *why* liegt weit weg, es liefert den größten Beitrag zum Chi-Quadrat (mit dem die Unabhängigkeit gemessen werden kann: je größer der Wert, desto größer die Abhängigkeit). Dies bestätigt, was wir in diesem einfachen Fall aus einer einfachen Betrachtung der Prozentsätze herausbekommen hätten: es besteht ein Zusammenhang zwischen Kontraktion und WH-Form, denn die Kontraktion bei *where* und *what* begünstigt die Inversion stark, hemmt sie aber bei *why*.

Das Programm hat also bewiesen, daß (T2′) keine geeignete Repräsentation der Inversion für die verfügbaren Daten ist. Da *why* am stärksten zur Abhängigkeit der Faktoren untereinander beiträgt, trennen wir im nächsten Schritt *why* von *what* und *where*. Hierfür liefert dann das Programm die folgenden Wahrscheinlichkeiten:

p_0	p_1		p_2	
Eingabe 0.66	where	0.60	Kontraktion	0.70
	what	0.40	keine Kontraktion	0.30

und die folgende Übereinstimmung von berechnetem und beobachtetem Wert:

WH-Form	Kontraktion	beobachtete Inversion	berechnete Inversion	Chi-Quadrat
where	nein	14	13.10	0.10
where	ja	16	18.08	2.48
what	nein	50	52.64	0.17
what	ja	28	24.02	1.98
				4.72

Die Übereinstimmung ist deutlich besser: das ursprüngliche Chi-Quadrat von 7.13 für Kontraktion bei *what* fiel auf 1.98, und der Wert von Chi-Quadrat pro Zelle von 3.23 auf 1.18. Man kann vorläufig schließen, daß *where* und *what* derselben Regel unterliegen. Für *why* ist eine eigene Regel erforderlich: welcher Art sie sein muß, bleibt zu prüfen.

Der Chi-Quadrat-Wert wird hier nicht als Maß für die Signifikanz benutzt, sondern um den Grad der Übereinstimmung zu messen, so daß auf verschiedenen Entwicklungsstufen gezeigt werden kann, wie man Komponenten einer Regel mit mehr oder minder großem Erfolg zusammenbringen kann, und so daß sich bestimmte Bereiche ermitteln lassen, in denen fehlende Unabhängigkeit sich bei dieser Übereinstimmung störend bemerkbar macht. In den eben gegebenen Beispielen ist die Übereinstimmung immer noch nicht besonders gut, weil es offenbar andere, wichtige Quellen der Variation gibt, die hier nicht berücksichtigt sind. Wenn wir in die Analyse noch andere Faktoren einbeziehen, sollte der Chi-Quadrat-Wert pro Zelle auf unter 1.00 fallen.

Das Variablenregelprogramm ist keine vortheoretische Analyse, die Rohdaten in Faktoren umsetzt. Es kann nur aufgrund einer Eingangsanalyse arbeiten, in der Faktoren und Faktorengruppen aufgestellt werden. Diese Analyse muß ihrerseits von einer Theorie der Sprachstruktur ausgehen, die vorauszusagen hat, was wohl die wahrscheinlichsten Beschränkungen bei einer solchen Regel sein werden. Dies gilt natürlich sowohl für die ersten Schritte mit einfachen arithmetischen Analysen wie für das verfeinerte Testen von Hypothesen, wie wir es mit dem Variablenregelprogramm durchführen können.

Wir haben bereits gesehen, daß die WH-Formen die Inversion stark beeinflussen: diese Auswirkung kann man nicht theoretisch vorhersehen, und die Gründe dafür werden in den folgenden Abschnitten erkundet. Daneben müssen wir das Wesen von Stellungstranformationen etwas näher betrachten. Die Form von (T2) und (T2′) reflektiert die Vorstellung, daß syntaktische Relationen zwei Prozesse einbegreifen: Konstituentenanalyse und Verschiebung von Konstituenten. Unser Ansatz, variable Beschränkungen ausfindig zu machen, geht von derselben Vorstellung aus. Wir müssen Ausschau halten nach:

(1)   Faktoren, die Umfang und Komplexität der Konstituenten, die ihre Stellung ändern, beeinflussen. Dies ist die offenkundigste Strategie: wir müssen natürlich untersuchen, wie die Elemente 3, 4 und 5 in Regel (T2) realisiert sind, um zu ermitteln, was zu verschieben ist: nur die Tempusmarkierung, ein Modal oder auch eine Negation. Man könnte erwarten, daß eine einsame Tempusmarkierung schwerer zu bearbeiten ist, da sie zusätzlich eine Anwendung der *do*-Periphrase erfordert. Beim anderen Extrem erfordert die Verbindung einer Negation mit einem Modal und einer Tempusmarkierung kompliziertere Neuanordnungen. In diesem Bereich müssen wir auch besonders auf komplexe Nominalphrasen in Subjektstellung aufpassen, denn dies erschwert die Aufgabe, die Stelle für die Tempusmarkierung ausfindig zu machen.

(2)   Faktoren, die die analytische Trennung der zu verschiebenden Elemente beeinflussen. Die Kontraktion ist einer der Hauptfaktoren, die sich bei der Analyse des Kindes störend geltend machen: die Tendenz des Auxiliars, mit dem Subjekt zu einer festen Form zu verschmelzen, macht die Ausführung von (T2) schwieriger. Da wir schon wissen, daß die Kontraktion öfter mit Pronomina als mit anderen Nominalphrasen in Subjektstellung vorkommt, vor allem mit solchen, die auf Vokal enden (Brown 1973:339; Labov 1969), müssen wir im Hinblick auf die Kontraktion die verschiedenen Pronominaformen wie auch die Formen des Verbs und des Auxiliars unterscheiden. Zu dieser Kategorie von Faktoren zählen auch größere Probleme der Regelanordnung, etwa solche, wie sie das Voranstellen ganzer Sätze wie in (16) oder (17) schafft.

(3)   Stilistische Faktoren, die das Verhältnis zwischen der Grammatik des Sprechers und den Grammatiken von Statushöheren und Statusniedrigeren betreffen. Wir haben in Abschnitt 3 schon eine Reihe solcher Faktoren erwähnt.

Diese Überlegungen führten uns zu einer Auswahl von 41 Faktoren, die die Variation in Jessies Inversion erklären könnten. Diese Faktoren werden nicht in der oben angegebenen Weise in die Regeln eingeführt, denn ihr syntaktischer Status und ihre möglichen Auswirkungen auf die Inversion sind sehr verschiedenartig. Um zu einander ausschließenden, exhaustiven Mengen zu kommen, müssen wir sie nach ihrer Substituierbarkeit an der Oberfläche in acht Gruppen einteilen. Diese acht Gruppen werden unten aufgelistet, und zwar in der Reihenfolge, in der sie in einer von (T2) analysierten Kette vorkommen:

Gruppe 1:   die acht WH-Formen: *who, whose, what, which, where, when, how, why.*

Gruppe 2:   die verschiedenen Subjekttypen: verschiedene Pronomina[17], andere Nominalphrasen in Singular und Plural.

----

17 Die hier betrachteten Kategorien von Pronomina sind *I; you; he* oder *she; it; we; this; these* oder *those; that.*

Gruppe 3: das Auxiliar und die Verbformen: Modalwörter wie *can, will, should* (nur diese werden gebraucht); *is* und *are* als Formen des Auxiliars und des Verbs *be*[18]; Verben ohne lexikalisiertes Auxiliar.

Gruppe 4: das Komplement (Objektgruppe): eine einzelne Nominalphrase wie in (1), (2), (4), (5); Sätze als Komplement wie in (6), (14); nach vorn geschobene Teilsätze wie in (16).

Gruppe 5: ob Kontraktion des Verbs oder Auxiliars mit dem vorangehenden Element vorliegt oder nicht.

Gruppe 6: Tempus und Aspekt: Wahl des Präteritums, der Verlaufsform, *gonna*, der Verlaufsform im Präteritum, oder der Restfall des allgemeinen Präsens.

Gruppe 7: Vorhandensein oder Nichtvorhandensein einer Negation.

Gruppe 8: metasprachliche Funktionen: Fragespiel, Fragen zur Bedeutung, Orthographie oder zu Namen (vor allem die Frage "what is this called").

5. Variablenanalyse von WH-Inversionen

Die 41 Faktoren unserer vollständigen Analyse sind mehr als wir in diesem ersten Bericht bewältigen und erklären können: sie sind die Quellen, aus denen wir Erklärungen ziehen können. Die 3 368 Fragen unserer ersten Stichprobe sind gleichfalls eine Quelle, die wir heranziehen und in verschiedener Weise unterteilen können. Wenn wir alle Fragen nach allen Faktoren analysieren, darf man keine gute Übereinstimmung erwarten, denn wir haben bereits das Vorhandensein von Veränderungen und Abhängigkeiten innerhalb der WH-Formen festgestellt. Wir können eine solche Gesamtanalyse verwenden, um die Wirkung von Beschränkungen zusammenzufassen, von denen wir herausgefunden haben, daß sie über jede Zeitspanne hinweg konsistent wirksam sind.

Tabelle 7–1 zeigt die Ausgabe der variablen Regel für diese vollständige Analyse.[19] Die Übereinstimmung ist nicht besser, als zu erwarten ist: ein durchschnittlicher Chi-Quadrat von 2.17 pro Zelle. Aber angesichts dieser Datenmasse konvergierte das Programm sehr schnell (9 Iterationen), und wir dürfen annehmen, daß jene Beziehungen, die in Teilabschnitten der Daten konsistent repräsentiert sind[20], stabil und zuverlässig sind.

----

18 Da es keine Variation in der Zuordnung von *is* zu Nominalphrasen im Singular und von *am* zur ersten Person gibt, braucht man keine eigene Kategorie für *am* anzusetzen. Andererseits besteht eine gewisse Variation bei dem Vorkommen von *is* und *are* mit Nominalphrasen im Singular bzw. Plural. Das Fehlen einer Kopula kann nicht über eine eigene Kategorie vermerkt werden, denn es geht invariant mit dem Fehlen der Inversion einher; in einigen Fällen wurde dies zu den wahrscheinlichsten Verbformen gerechnet.

19 Das gesamte N (d.h. die Gesamtbelegzahl) stimmt nicht mit den 3 368 Belegen der gesamten Stichprobe überein, denn es liegt eine Reihe invarianter Subkategorien vor, die bei dieser Version des Cedergren-Sankoff-Programms ausgeschlossen werden müssen.

20 Die untersuchten Einzelabschnitte umfassen alle Unterteilungen in den Fign. 7–3 und 7–4 wie auch umfangreichere Zusammenstellungen dieser.

Tabelle 7–1
Inversionshäufigkeiten und Wahrscheinlichkeiten der variablen Regeln von 41 Faktoren:
alle WH-Fragen Jessies, Jan. 1974 – Juni 1976

	N	Inversion in %	p_i
Gruppe 1: WH-Form			
whose	17	94	0.81
how	248	89	0.78
which	59	88	0.67
who	16	87	0.55
where	364	78	0.53
what	1294	66	0.41
when	57	56	0.38
why	921	15	0.05
Gruppe 2: Subjekt			
it	226	60	0.63
that	287	70	0.62
NP im Sing. [–Pro]	724	63	0.57
you	595	48	0.56
we	407	42	0.48
NP im Plural [–Pro]	175	60	0.48
they	126	44	0.44
this, these, those	181	59	0.44
he, she	146	37	0.43
I	109	33	0.34
Gruppe 3: Verbform			
will	18	72	0.82
are	340	65	0.57
can	150	35	0.47
Hauptverb [–Kop, –Modal]	1172	48	0.40
is, am	1259	59	0.36
should	37	40	0.33
Gruppe 4: Komplement (Objekte)			
Satzobjekt	161	60	0.72
nur NP	728	76	0.58
vorangestellter Satz	20	10	0.20
sonstige	2055	46	0.36
Gruppe 6: Tempus und Aspekt			
Präteritum	246	59	0.69
Prät. Verlaufsform	29	51	0.55
Präsens	2312	55	0.50
Präs. Verlaufsform	254	41	0.40
gonna	135	44	0.36
Gruppe 7: Negation			
Negation	194	11	0.42
ohne Negation	2782	57	0.58
Gruppe 8: metasprachlich			
Fragespiel	40	77	0.95
Namen	113	66	0.45
Buchstabieren	94	67	0.45
Bedeutung	73	30	0.14

Metasprachliche Wirkungen (Gruppe 8). Der stärkste Faktor zugunsten der Inversion von allen Gruppen ist das Fragespiel mit 0.95 (in erster Linie eine Beschränkung, die für *why* gilt). Nahezu gleich wirksam in umgekehrter Richtung sind Fragen zur Bedeutung ("What that means?") mit 0.14. Fragen, wie etwas geschrieben wird, haben eine leicht hemmende Wirkung auf die Inversion mit 0.35. Wir können all diese Fälle als besondere eingefahrene Redeformen ansehen, die in ihrer ursprünglichen Form fest geworden sind.

Negation (Gruppe 7). Es gibt 194 Fragen mit Negation, und nur 11% davon haben Inversion. Sie ballen sich in der *why*-Kategorie (alle bis auf 8), aber die Negation bei diesen liegt immer noch niedriger als bei den *why*-Fragen insgesamt (15%). Das Programm weist dementsprechend bei der Negation mit 0.42 eine leicht negative Wirkung aus.

Tempus und Aspekt (Gruppe 6). Aus Gründen, die wir noch nicht verstehen, begünstigt das Präteritum durchgängig die Inversion (0.69). Es kann sein, daß der Gebrauch des Präteritums ungefähr gleichzeitig mit der Inversionsregel entwickelt wurde und sich so mit ihr verband. Andererseits gibt es zwei klare Gründe dafür, daß die Verlaufsform (0.40) und *gonna* (0.36) die Regel hemmen. Erstens, weil das redundante Auxiliar beim −*ing*-Suffix (und noch öfter bei *gonna*) weggelassen wird, und zweitens, weil ein zusätzlicher Akt der Analyse erforderlich ist, um das Auxiliar herauszusuchen und zu verschieben. Dieselbe Überlegung gilt für das Modal *should* (0.33).

Nach vorn geschobene Teilsätze (Gruppe 4). Sätze wie (17) *Why when a child grows up there's no daddy?* hemmen die Inversion stark (0.20). Es gibt hier vielfältige Komplikationen; sie betreffen fast alle Probleme, die unter Kategorie (2) oben auftreten.

Die WH-Formen. Wir können nun zu den Elementen zurückkehren, die, wie wir wissen, mit der Veränderung und Entwicklung von Jessies WH-Formen verknüpft sind. Das Bild der bekannteren WH-Formen in Tab. 7−1 gibt den Wellen-Effekt von Zeitspanne (b) in Fig. 7−2 wieder:

$$how \rightarrow where \rightarrow what \rightarrow why$$

Wir wollen nun in erster Linie das Variablenregelprogramm verwenden, um die Entwicklung der Inversion bei den wichtigeren WH-Formen genauer zu untersuchen, unbeschadet irgendwelcher Unterschiede in der Distribution bei anderen variablen Beschränkungen für sie. Es ist zu diesem Zeitpunkt nicht möglich, jeden Monat einzeln zu untersuchen: wenn N auf etwa hundert reduziert wird, werden zuviele kleinere Variable invariant und müssen aus dem Programm ausgeschlossen werden.[21] Die Daten müssen daher zu Zeitspannen von zwei oder drei Monaten zusammengefaßt werden: Fig. 7−3 zeigt die prozentualen Rohwerte dafür. Hier konnten wir Daten für *when*-Fragen hinzunehmen, während die Belege für *who, whose* und *which* zu gering sind, um eine saubere quantitative Untersuchung in diesen Teilbereichen zu erlauben.

---

21 Frühere Versionen des Cedergren-Sankoff-Programms verlangten diesen Ausschluß invarianter Kategorien nicht, obwohl dies ein wirklichkeitsnäheres Bild gibt und die Auswirkung der tatsächlich wirksamen Variablen deutlicher hervortreten läßt.

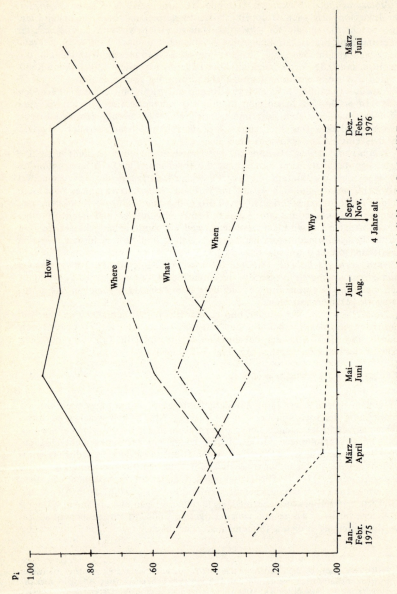

Fig. 7 – 4   *Beitrag des WH-Wortes zur Inversionswahrscheinlichkeit in Jessies WH-Fragen*

When kompliziert das Bild etwas und deutet schon eine stärkere Stufung in Zeitspanne (c) an als die einfache Formulierung von Jessies Regel in (28) zum Ausdruck bringt. Wir können nun die Daten für jede dieser Zeitspannen nehmen und sie in das Variablenregelprogramm eingeben, so daß wir einer vollständigen Analyse von Tab. 7−1 so nahe wie möglich kommen.[22] Fig. 7−4 zeigt die Werte für die fünf WH-Formen von Fig. 7−3.

Zwischen den prozentualen Rohwerten von Fig. 7−3 und der Variablenregelanalyse von Fig. 7−4 kann man eine Reihe von Unterschieden beobachten. In Fig. 7−4 steigt *how* nicht gleich von Anfang an wie in Fig. 7−3, sondern es ist durchgängig hoch außer beim schnellen Abfall am Ende. Dieser Abfall wird durch die sehr hohen Prozentsätze an Inversion unter den drei leitenden Faktoren in Zeitspanne (d) hervorgerufen: wenn Jessie auch nur einmal keine Inversion bei einer *how*-Frage machte, sank der Wert von *how* unter den von *what* und *where*, die häufiger als *how* sind und nicht so leicht von einzelnen Belegen berührt werden. Ansonsten sehen wir, daß *how* regelmäßig höchster Faktor ist, *where* zweithöchster, dann *what, when* und zum Schluß *why*. Diese regelmäßige Stufung gilt vom Maximum im Juli an bis zum Februar 1976, über eine Spanne von acht Monaten also. Die Äquivalenz der WH-Formen am oberen Ende von Fig. 7−3 ist verschwunden.

Der Grund für die Unterschiedlichkeit beider Abbildungen ist, daß die hohen Werte für *where*- und *what*-Fragen − soweit die prozentualen Rohwerte betroffen sind − teilweise auf ein gemeinsames Vorkommen mit begünstigenden variablen Beschränkungen wie Kontraktion, günstigen Subjektformen usw. zurückzuführen sind, während die hohen Werte für *how* in erster Linie der Wirkung dieser Form selbst zuzuschreiben sind.[23]

Durch die Aufnahme von WH-Beschränkungen in eine einzelne Regel (T2′) deuteten wir an, daß für Jessie die Inversion ein einziger Prozeß ist. Im Licht anderer neuerer Untersuchungen zum Spracherwerb[24] scheint es sehr plausibel, daß Jessie eine feste Menge von variablen Beschränkungen lernen und über sechs oder acht Monate hinweg beibehalten könnte. Aber eine solche Behauptung kann man nur in bezug auf die Verhältnisse bei WH-Inversion und der Belege, die wir dafür haben, machen. Woher wissen wir, daß (T2′) als einzige Regel wirkt, und von welchem Zeitpunkt an tut sie dies? Auch wenn die Zeitspannen (a) und (b) nicht die regelhafte Stufung von WH-Faktoren zeigen, wie wir sie in (c) finden, bedeutet dies nicht, daß (T2′) zu dieser Zeit nicht mit einer anderen Anordnung der Faktoren in Gruppe 1 wirksam war.[25]

Der Wechsel von einer fluktuierenden Beziehung zwischen den WH-Formen zu einer festen deutet auf eine innere Reorganisation, aber er könnte auch für eine

----

22 Es sei noch einmal darauf hingewiesen, daß die Vergleichbarkeit der Teilabschnitte durch die Unterschiede in der Anzahl varianter Zellen beschränkt wird. Sobald mehr Daten aus unseren Aufzeichnungen herangezogen werden, verringert sich dieses Problem.
23 Schaut man sich die Anfänge der WH-Fragen in Jessies Sprache an, so stellt man fest, daß *how* von Faktoren, die *where* und *what* betreffen, unabhängig ist. *How* wird nicht kontrahiert und kommt mit einer größeren Vielzahl von Subjekt-Nominalphrasen vor. Die Inversion von *how* beruht darauf, daß am Anfang *how*-Fragen und die Formen *how about* sowie *how come* gleichgesetzt werden.
24 Die Untersuchungen über die Tilgung von *t* und *d* sind in Anm. 13 angegeben.
25 Die Umordnung von variablen Beschränkungen ist ein grundlegender Mechanismus der Sprachveränderung; er wurde erstmals in Labov (1963) bemerkt; zum Zusammenhang von Veränderung und Alter vgl. Labov (1972).

feste Beziehung zwischen einzelnen und konkurrierenden Regeln stehen. Wir müssen zwei Arten von Belegen heranziehen, um diese Fragen zu klären: (1) Daten vor den Zeitspannen (b) und (c), die erklären könnten, wie und wann die Ordnung der WH-Faktoren entstand, und (2) Daten innerhalb von (c), die zeigen könnten, ob die verschiedenen Faktorengruppen wirklich unabhängig zur Anwendung der Regel beitragen.

6. Die Entstehung der WH-Beschränkungen

Jessies erste WH-Fragen werfen ein deutliches Licht auf die eben gestellten Probleme. Von November 1973 (2:2) an finden wir über einen Zeitraum von fünf Wochen die folgenden:

(35) 24. Nov. Where the boy? [geht im Wohnzimmer herum]
(36) 26. Nov. How 'bout that, Mama? [T. zieht J. an]
(37) 27. Nov. How 'bout daddy? [geht in W's Arbeitszimmer]
(38) 28. Nov. How 'bout the wash? [zu T., die Gabel und Löffel aus dem Geschirrspüler nimmt]
(39) 28. Nov. How 'bout these? [bekommt von ihrer Schwester Jo Spielzeugtiere]
(40) 28. Nov. Where Daddy? [nachdem T. sie gebadet hatte]
(41) 30. Nov. How 'bout a baby? [J. und T. schauen ein Buch mit Bildern eines Babys in einem Stuhl an; J. zieht ihr Hemdchen hoch und "stillt" das Baby]
(42) 30. Nov. How 'bout a boy? [J. und T. schauen ein Bild einer Familie in einem Buch an]
(43) 30. Nov. How 'bout a girl? [gleiche Situation]
(44) 7. Dez. How 'bout these? [zu sich selbst, zieht Schuhe aus]
(45) 13. Dez. How 'bout that, yeah? [hält die Katze Toby, die gerade ihre Bemühungen freizukommen aufgegeben hat]
(46) 29. Dez. How 'bout the face? [T. wäscht J.'s Hände; sie hat gerade gesagt, sie würde J. das Gesicht waschen]
(47) 30. Dez. How 'bout these, mommy? [bringt T. Kleider, als T. sie anzuziehen versucht]
(48) 30. Dez. How [də] Nam? [zweimal, als T. das Frühstück zu richten anfängt und J. den Hund Sam sieht und seines zu richten anfängt].

Dem plötzlichen Ausbruch Ende November (14 WH-Fragen) folgte eine spärlichere Verwendung im November (8), dann aber ein plötzlicher Anstieg im Januar 1974 (70) und im Februar (117). Es ist klar, daß die vorherrschende Form bei den ersten Fragen "How about [NP]?" war und daß die Verwendung einer Frageform *how* eine gewisse Assoziation zu den anderen WH-Fragen *where* usw. hat. Der Gebrauch von "How about [NP]" ist zunächst eine vage Art von Identifikation, entwickelt sich aber Ende Dezember zu klaren Handlungsaufforderungen. Das erste Verb erscheint am 18. Januar mit *How about*, als sie das, was sie mit (48) drei Wochen zuvor zum Ausdruck brachte, wiederholt·

(49)   How 'bout [də] eat? [zu T., als T. Futter in Sams Teller gibt]

Dies ist der syntaktischen Struktur nach nicht ganz klar, da [də] strukturell mehrdeutig ist, aber am nächsten Tag erhalten wir eine Form, die weitgehend der Formulierung entspricht, die ein Erwachsener wählen würde.

(50)   How 'bout get ketchup? [ißt pommes frites, zu T.]

Diese Verwendung von *how 'bout* setzt sich sporadisch durch das ganze Jahr 1974 und die in den Fig. 7−2 bis 7−4 erfaßten Zeitspannen von 1975-76 fort. Die folgenden Formen mit 3:4 zeigen die Sicherheit in seinem Gebrauch wie überhaupt den Fortschritt an linguistischer Reife:

(51)   25. Jan.   How 'bout you move so we both can have some space
       1975   for lie down?
(52)   25. Jan.   How 'bout I move your hair out of the way: it's really
       1975   hard for brush it.

Bemerkenswerterweise gibt es noch keine klare Verwendung von *how* als Frage nach Adverbien der Art und Weise bis ziemlich zum Ende von Zeitspanne (a). Am nächsten Tag finden wir:

(53)   26. Jan.   How we get tired?

aber eine klare Frage nach der Art und Weise beobachten wir erst vierzig Tage später:

(54)   7. März   How did Simon and Joanna get back from there? [zwei-
                   mal, bezieht sich auf ihren Besuch bei Sears Roebuck
                   am Abend zuvor]

Trotzdem zeigt Fig. 7−4, daß *how*-Fragen schon deutlich vor dieser Zeitspanne die Inversion stark begünstigen. Wir vertreten die Ansicht, daß dies das Ergebnis einer Phrasenstrukturregel (formal gesehen) ist, die die semantischen Entwicklungslinien durchkreuzt:

(S1) $Q_{HOW} \rightarrow How + V_1 + NP\ (VP)$

wobei V_1 eine Klasse von Funktionswörtern ist, die ursprünglich auf *about* beschränkt war, in der weiteren Entwicklung aber auch *come* und *do* umfaßte. Es scheint natürlich, wenn dieses *do* nun die für die Tempusmarkierung charakteristischen Veränderungen in Tempus und Numerus ausbildet, da die optionale VP, die in beispielsweise (49) − (52) folgt, nie eine Tempusmarkierung aufweist.[26] *'Bout* und *come* könnte man dann parallel zu anderen Einheiten sehen, die nach außen hin keine Tempusmarkierung haben, wie *should*.

----

26 Beim ersten Vorkommen von *how 'bout* mit ganzem Satz und Subjekt-Nominalphrasen sind diese Subjekte gewöhnlich in der ersten oder zweiten Person; und da das Tempus Präsens ist, stoßen wir auf kein *−s* der dritten Person Singular, das ja das einzige äußere Kennzeichen der Tempusmarkierung ist. Wie (50) − (52) zeigen, werden Vorschläge gewöhnlich für *I, you* und *we* gemacht.

Man kann daher sagen, die hohe Rate an Inversionen zu Beginn für *how* repräsentiert überhaupt keine Inversion nach (T2$'$), sondern eine starke Begünstigung von (S1). Gleichzeitig bedingt das gelegentliche Vorkommen von Formen ohne Inversion wie

(55) 7. März 1975 How it goes?

das Vorhandensein einer anderen Phrasenstrukturregel, die der Erwachsenenregel nähersteht:

(S∅) S → NP + Aux + VP

Eine spätere Regel würde im Rahmen der VP ein Adverbial der Art und Weise entwickeln, etwa [Präp + WH−NP], das seinerseits (T1) erfordert, um (55) zu erzeugen. Es folgt, daß zu einem noch zu bestimmenden Zeitpunkt die Formen mit Inversion von Jessie (plötzlich oder allmählich) als Ergebnis von (S∅), (T1) und (T2) statt von (S1) analysiert wurden. Wir müssen nun zeigen, wie man diesen Punkt ausfindig machen kann.

What und where. Es folgt auch ganz natürlich, daß die ersten Vorkommen von *where* "Inversionen" sind, die unmittelbar von einer Phrasenstrukturregel erzeugt werden. Es gibt keinen Grund, (35) oder (40) aus einer zugrundeliegenden Phrasenstruktur nach (S∅) abzuleiten:

(40$'$) Daddy − Tempus − is − [WH-lokative Nominalphrase]

sondern aus einer einfachen Regel

(S2) Q$_{WHERE}$ → where (s) + NP

Die ersten *what*-Fragen folgen einer entsprechenden Regel:

(56) 26. Jan. 1974 What's that? [J. bringt T. ein Buch mit doppelten Seiten, die zusammengepappt sind]
(57) 28. Jan. 1974 What's that? [macht T's Frage nach, während sie im Fernsehen ein Pferd sieht]
(58) 30. Jan. 1974 What's this? [zu sich selbst, als sie in einem Buch ein Karussell sieht]

Diese Sätze scheinen von einer Phrasenstrukturregel erzeugt zu sein, die zu (S2) parallel ist:

(S3) Q$_{WHAT}$ → what (s) + NP

(S2) und (S3) kann man vielleicht als eine einzige Regel betrachten, aber wir wollen diese Frage in diesem Bericht nicht zu klären versuchen. Unser Hauptargument ist, daß Sätze wie (8) und (9) nicht von (S3) erzeugt sein können und daß an einem unbestimmten Punkt in Fig. 7−4 Sätze mit Inversion wie (4) − (6) und (56) − (58) in derselben Weise als Ergebnis von (S∅), gefolgt von (T1) und dann (T2) neu analysiert werden.

Why. Es ist sicher nicht der Fall, daß sich *why*-Fragen in Jessies Sprache spät entwickeln. Ein wichtiger Aspekt der früheren Zeit, die den Fign. 7—2 und 7—3 (2:4 — 3:4) vorangeht, ist die dominante Verwendung von *why*-Fragen. Die ersten Beispiele stammen aus dem Januar 1974, kurz nach der in (35) — (48) gezeigten Entwicklung, und sie haben alle die einfache Form *Why?* Diese einfachen Fragen steigen rasch auf vier am Tag (31. Jan.), zehn am Tag (2. Febr.) und zwanzig am Tag (28. Febr.). Diese hohe Frequenz steigt immer rascher an bis zu 56 am Tag (26. April), bis dann *why* erstmals mit einem ganzen Satz auftritt:

    (59) Why Mommy put up curtains?

Am folgenden Tag bildet Jessie erneut 56 alleinstehende *why*, aber auch die folgenden vollständigeren Formen:

    (60) Why water on these? [T. gießt Blumen]
    (61) Why over our picnic, why? [T. hat gesagt, das Picknick sei vorbei]
    (62) Why pieces stops? [T. hat aufgehört, Stücke aufzustapeln]
    (63) Why move fence back? [T. und J. setzen einen Zaun zurück, um ein eingesätes Stück zu schützen]
    (64) Why you pick macaroni? [T. sagt, die Makkaroni sind fertig]
    (65) Why you drink milk? [T. trinkt Milch; sie sagt, sie mag sie]
    (66) Why that bowl?

Der plötzliche Sprung von einer auf sieben *why*-Fragen zeigt, daß Jessie ein geeignetes Mittel hat, *why*-Fragen zu bilden, und das ist einfach:

    (S4) $Q_{WHY} \rightarrow$ why + NP (S)

(S4) wird dadurch erhärtet, daß (62) und (63) als Antwort auf Teresas Aufforderung, *Why?* zu erweitern, erzeugt wurden.

    (63$'$) J.: Why?
             T.: Why that?
             J.: Why move fence back?

Regel (S4) unterscheidet sich von (S1) — (S3) in einer wichtigen Hinsicht: sie gibt an, daß *why* nicht in die Struktur des erfragten Satzes integriert ist. Dies ist leicht einzusehen, wenn man betrachtet, zu welchem relativen Grad die verschiedenen erfragbaren Nominalphrasen in der Erwachsenengrammatik integriert sein können. Eine Reihe syntaktischer Argumente deuten darauf hin, daß das direkte Objekt am engsten in die Verbphrase integriert ist, es folgt der Lokativ, das Adverbial der Art und Weise, das temporale Adverbial und schließlich das der Ursache. Es ist offenkundig, daß die Anordnung an der Oberfläche diesen Grad der Integration widerspiegelt, wie in *He took the train downtown in a hurry last Wednesday for a very good reason.* Den Unterschied in der syntaktischen Integration kann man an der Möglichkeit ablesen, welche syntaktischen Einheiten man vor die betreffende Konstituente einschieben kann, an der Leichtigkeit, mit der etwas nach vorn geschoben werden kann sowie an der Operation von Reflexivtransformationen und anderen syntaktischen Regeln, deren Anwendungsbereich auf "denselben Satz" beschränkt ist. Sehr oft zeigt sich, daß Adverbiale der Ursache eigene Sätze darstellen, die mit dem Hauptsatz nur locker verknüpft sind. So ist das unabhängige (S) von Regel (S4) leicht zu identifizieren, vor allem in Antworten auf "Why what?". Alle diese syntaktischen Argumente zeigen *why* an einem Ende des Integrationskontinuums, dann folgen *when, where* und *what*, und dies schlägt sich in der Anordnung der Inversionswahrscheinlichkeiten in Jessies Fragen nieder. Wichtigste Ausnahme ist die Stellung von *how*, das wir zwischen *when* und *where* erwarten würden, wenn es nicht zu Beginn durch einen völlig anderen Mechanismus erzeugt worden wäre. Läßt man *how* weg und berücksichtigt man die sehr niedrigen Häufigkeiten von *when*, erhält man einen scharfen Gegensatz im Verhalten von *what* und *where* einerseits und *why* andererseits. Die Tatsache, daß dieser Gegensatz im Juni 1975, am Ende der Zeitspanne (b), am ausgeprägtesten ist, läßt uns vermuten, daß dies ein Wendepunkt in der syntaktischen Reorganisation ist, aber dies ist bloß eine Vermutung, und man braucht substantiellere Argumente.

7. Kontraktion

Das vereinfachte Beispiel einer Analyse durch variable Regeln in Abschnitt 4 wurde nicht eigens für diesen Fall durchgeführt: es repräsentiert die tatsächlichen Daten für die Zeitspanne März – Juni 1975. Wir erinnern daran, daß die Kontraktion des Auxiliars gegensätzliche Wirkungen hat, insofern es die Inversion bei *what* und *where* begünstigt, bei *why* aber hemmt. Wir zogen daraus den Schluß, daß man für *what* und *where* einerseits und für *why* andererseits eine eigene Regel schreiben könnte, versuchten aber nicht, dies zu tun.

Es gibt offenbar keinen Weg, die Kontraktion als eine variable Beschränkung auszuweisen, die auf (T2′) einwirkt. In der Erwachsenengrammatik ist die Kontraktion ein morphophonemischer Prozeß, der auf einer tieferen Ebene als die syntaktischen Transformationen operiert.[27] In diesem besonderen Fall ist die einzige Möglichkeit, (2) *Where's Philadelphia* aus (SØ) zu erhalten, die folgende:

(SØ) S	→ NP + Aux + VP
. . .	→ Philadelphia is [WH-lokative Nominalphrase]
	→ Philadelphia is where
(T1)	→ Where Philadelphia is
(T2)	→ Where is Philadelphia
(Kontr)	→ Where's Philadelphia

---

27 Der Gebrauch der Kontraktion könnte die Inversion nur beeinflussen, wenn man Ableitungsbeschränkungen und "globale Regeln" (Lakoff 1970b) verwendet, mit denen die Grammatik gleichsam vorausieht und mögliche Ableitungen vergleicht. Dies ist hier wohl keine mögliche Lösung.

Obwohl unsere Analyse mithilfe von variablen Regeln so durchgeführt worden ist, als seien alle Fragen durch eine Inversion gebildet, verweist die innere Logik der Kontraktionsbeschränkung auf eine andere Ableitung. Die einzige Möglichkeit, nach der die Kontraktion die Inversion bei *where* und *what* beeinflussen könnte, besteht in der Erzeugung durch die Phrasenstrukturregeln (S2) und (S3). So wie diese Regeln formuliert sind, ist die Kontraktion obligatorisch, aber man könnte sie leicht so umschreiben, daß sie *Where is Philadelphia?* oder *What is this?* erzeugen. Da (S2) nicht *Where is Philadelphia?* erzeugen kann, müssen wir irgendwie (S∅) und (T1) benutzen, und wenn diese Regeln gegeben sind, muß sich (T2) anschließen. Schematisch:

	(S2)	(S∅) →	(T1) →	(T2)
Where's Philadelphia	ja	möglich	möglich	möglich
Where is Philadelphia	möglich	möglich	möglich	möglich
Where Philadelphia is	nein	ja	ja	nein

Insoweit die Kontraktion die Inversion begünstigt, kann man behaupten, daß (S2) in einigen, aber nicht allen Fällen unabdinglich ist, weil sonst die Beziehung kategorisch würde. Eine Analyse von *where's* zu *where + is* gemäß (S2) ist möglich, aber es gibt keinen Grund, dies nicht gemäß (S∅) zu tun.

Die Entwicklung der variablen Beschränkung auf die Kontraktion wird uns ein genaueres Bild dieser Möglichkeiten liefern. Fig. 7–5 (unterbrochene Linie) zeigt die prozentualen Rohwerte für die Kontraktion bei WH-Fragen für die Zeiträume von Fig. 7–3 bis 7–4: sie sinkt zuerst und steigt dann von März 1975 stetig an. Die durchgezogene Linie zeigt die Ausgabe des Cedergren-Sankoff-Programms für die variable Beschränkung. Sie macht zwei verschiedene Phasen deutlich: ein hohes Plateau um 0.75 den Juni hindurch, und ein niedriges Plateau unter 0.40 seit September 1975.

Diese Umkehrung des Kontraktionseffekts liefert eine erste Antwort auf die Frage: wann macht (S2) (S∅) Platz? Es scheint, dies erfolgt unmittelbar nach dem starken Häufigkeitsanstieg im Juli, wenn wir in die stabile Zeitspanne (c) eintreten.

Es ist vielleicht hilfreich, das Kontraktionsverhalten für einzelne WH-Formen zu untersuchen. Für *what* und *why* wurde eine Analyse mithilfe von variablen Regeln für die beiden sechsmonatigen Zeiträume März–August 1975 und September 1975 – Februar 1976 durchgeführt: das heißt, zu beiden Seiten der wichtigsten Übergangsstelle in Fig. 7–5. Die Kontraktionswahrscheinlichkeiten sind:

	März – August 1975	September 1975 – Februar 76
what	0.78	0.65
why	0.20	0.17

Das Zurückgehen der Kontraktionswahrscheinlichkeiten insgesamt ist daher zurückzuführen auf einen Rückgang in der Begünstigung der Inversion bei *what* (und *where*). *Why* bleibt diesbezüglich die ganze Zeit unverändert: nur eine Inversion unter 55 kontrahierten Formen in den ersten sechs Monaten und nur eine unter 40 in den zweiten sechs Monaten.

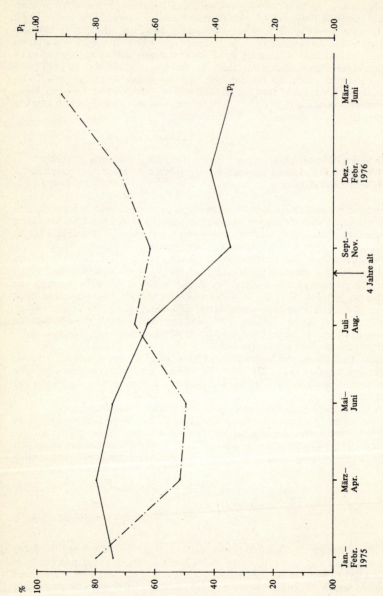

Fig. 7 – 5   *Auswirkung der Kontraktion auf die Inversion in Jessies WH-Fragen: prozentualer Anteil vs. Wahrscheinlichkeit*

Warum soll die Kontraktion eine solche umgekehrte Wirkung auf *why* haben? Es kann wohl sein, daß die Kontraktion bei Subjektpronomina in diesem Stadium kein produktiver Prozeß ist (Brown 1973:392). In Sätzen wie

(17) Why when a child grows up there's no daddy?

ist *there's* eine ebenso feste Form wie *where's* in (1) und (2), und dies   bleibt in Zeitspanne (c) durchgängig so.

Andererseits wird die begünstigende Wirkung der Kontraktion auf *what*- und *where*-Inversionen schwächer in dem Maße, in dem die Unterschiede zwischen kontrahierten und nichtkontrahierten Formen in jener Zeitspanne, in der sie gegen 100% gehen, verschwinden.

	März – August 1975	Sept. 1975 – Febr. 76
kontrahiertes *what*	91%	97%
nichtkontrahiertes *what*	53%	89%

Dies ist ein deutlicher Hinweis auf die wachsende Bedeutung von (T2), obwohl wir oben schon bemerkt haben, daß es nicht unmöglich ist, daß unkontrahierte Formen unmittelbar durch Phrasenstrukturregeln erzeugt werden. Wir haben jedoch keinerlei Belege für eine solche Entwicklung, und es gibt keinen Grund, die primitive Phrasenstrukturregel (S3) zu ändern, weil die Inversion öfter angewendet wird, oder anzunehmen, daß (T1) nach der ursprünglichen Zunahme nun wieder sinkt.

Eine bessere Stütze kann uns die fundamentale Logik des in Abschnitt 4 entwickelten Programms für .variable Regeln liefern: wenn die Inversionsregel (T2) sich tatsächlich in Jessies System entwickelt, sollte man eine bessere Übereinstimmung zwischen berechneten und beobachteten Werten erhalten.

8. Regelübereinstimmung

Der nächste Schritt in unserer Analyse ist sehr einfach: wir untersuchen die Chi-Quadrat-Werte für die aufeinanderfolgenden Zeiträume von Fig. 7–3 bis 7–5. Dabei ist in Rechnung zu stellen, daß sich das Chi-Quadrat für kleine Zellen, vor allem solche mit nur einem Element, nicht gut eignet.[28] Wenn man nur Chi-Quadrate für Zellen mit zwei und mehr Elementen betrachtet, stellt man die folgende Progression fest:[29]

----

28 Die Formel zur Berechnung von Chi-Quadrat ist hier $(E-O)^2/E + (E-O)^2/(N-E)$, wobei E der berechnete Wert ist, O der beobachtete und N die Belegzahl. Wenn der berechnete Wert für eine Zelle sehr niedrig sein sollte, sagen wir 0.04, und nur ein Element in der Zelle steht, kann man immer noch gelegentlich eine Form mit Inversion antreffen und erhält dann ein Chi-Quadrat von 24.
29 Progressionen, die dieser parallel sind, kann man für Zellen jeden Umfangs beobachten.

	Zahl der Zellen	Zahl der Belege	Chi-Quadrat pro Zelle
Jan. – Febr. 1975	32	94	0.61
März – April 1975	144	427	1.15
Mai – Juni 1975	95	216	0.73
Juli – August 1975	241	886	1.32
Sept. – Nov. 1975	143	400	1.12
Dez. 1975 – Febr. 76	144	378	0.50

Die letzte Zeitspanne hat das niedrigste Chi-Quadrat pro Zelle, das für irgendeine Datengruppe ermittelt wurde. Ferner liegen andere Chi-Quadrat-Werte für relativ kleine Teilstichproben, nämlich die erste und die dritte, unter 1.00: der niedrige Wert in der letzten Zeitspanne kann nicht auf die Stichprobengröße zurückgeführt werden.

Wir sehen uns daher zu der Schlußfolgerung veranlaßt, daß in den zweiten drei Monaten von Zeitspanne (c) – Dezember 1975 bis Februar 1976 – die erwartete Verschmelzung der Regeln erfolgte und zu einer variablen Regel der Form (T2′) führte; bis zu diesem Zeitpunkt war die Grammatik gekennzeichnet durch eine Alternative zwischen den ursprünglichen Phrasenstrukturregeln (S1) – (S3) einerseits und der Regelfolge (SØ), (T1) sowie der variablen Inversionsregel (T2′). Der Rückgang der Inversion als eines begünstigenden Faktors war ein deutliches Zeichen für den Rückgang der ursprünglichen Phrasenstrukturregeln: der vollständige Triumph der Inversionsregel markiert notwendig das Ende der Kontraktion als eines Merkmals, das die WH-Formen begünstigt oder hemmt.

9. Ausblick

Wir scheinen nun ein Bild von den historischen Ursprüngen der variablen Beschränkungen in Jessies WH-Fragen, ihrem Verhältnis zu möglichen Regelbildungen und der bei ihnen wirksamen Dynamik zu haben. Wir erwarten, daß uns unsere weiteren Untersuchungen genauere Aufschlüsse darüber liefern, wie disparate Elemente zu einem einzigen System verschmolzen werden. Dazu braucht man vielleicht nicht alle 25 000 Fragen dem Programm für variable Regeln zu unterwerfen: aber wir haben genug Material, um dem Fortgang der Überlegungen folgend jeden Übergangspunkt genauer ins Auge fassen zu können.

Diese Analyse steht vor dem Hintergrund einer älteren Perspektive, derzufolge die Hauptaufgabe der linguistischen Theorie darin besteht, zwischen wegen mangelnder Daten rasch auswuchernden Analysen eine Wahl zu treffen. Dies ist nur wahr, wenn wir es wahr machen, indem wir aufgrund vorgefaßter Meinungen über das, was sein kann, die Daten künstlich beschränken. Wir finden, daß die Welt, in der die Sprache benutzt wird, sehr groß ist, und die, die die Sprache analysieren, gering an Zahl: auch ist klar, daß es sehr sehr viele Kinder gibt, und diese sehr sehr viel reden. Wir glauben, einige Mittel zur Hand zu haben, die man braucht, um das System in dem, was sie sagen, herauszufinden, um zu sehen, wie Systeme wachsen und umgeändert werden. Auch sollte klar sein, daß die Formalismen, die wir benutzen, sich anpassen können müssen und nicht unsere Herren sein dürfen. Wir haben viele effiziente mathematische Instrumente zur Verfügung, um unsere Daten zu analysieren, sofern wir erst einmal die einschränkenden Annahmen der kategorischen Betrachtungsweise erkannt und beiseitegeschoben haben.

Die Verbindung des theoretischen Fortschritts mit empirischer Untersuchung, die hier gesucht wird, unterscheidet sich stark von dem Modell, das die Linguistik der Psychologie in der Vergangenheit angeboten hat. Zu welchem Ausmaß verändert das, was hier vorgeschlagen wurde, die Grammatiktheorie? Fünf Punkte scheinen uns bedeutsam:

(1) Als die wichtigsten Daten der Linguistik werden nicht mehr die Intuitionen des theoretischen Linguisten angesehen, sondern Beobachtungen der Sprache im Alltagsgebrauch und Experimente zum Verhalten, die diesen Gebrauch erhellen.

(2) Beschränkungen für alternative Arten, dasselbe zu sagen, können als Bestandteil der linguistischen Struktur angesehen werden, sobald wir handfeste Belege dafür finden, daß solche Beschränkungen im alltäglichen Sprachgebrauch wirksam sind.

(3) Diese Beschränkungen beschränken ihrerseits die Theorie in zweierlei Weise: (a) sie erlauben uns, die meisten der möglichen Beziehungen zwischen Varianten auszuschließen und eine geschlossenere Menge linguistischer Beziehungen als heute angenommen vorherzusagen; (b) sie erlauben uns zu zeigen, wann die Daten eine Regel zu schreiben gestatten, die in einer Vielzahl von Umgebungen wirksam ist und Einzelregeln in einem einzigen Regelschema zusammenfaßt.

(4) Wir verlangen nicht länger, daß es nur eine Weise gibt, eine gegebene Form-Bedeutung-Konstruktion wie *Where's Philadelphia?* zu erzeugen. Wenn Kinder neue sprachliche Daten aufnehmen und neue Regeln bilden, geben sie die älteren nicht sofort auf: das heißt, es gibt keinen Grund für die Annahme, daß die grammatische Schiefertafel eine tabula rasa ist, auf der alles ausgewischt und neugeschrieben wird, sobald neue Eingabedaten hinzukommen.

(5) Der Wechsel von einem Regelsystem zu einem anderen wird daher als zwei kontinuierliche Veränderungen in den Wahrscheinlichkeiten aufgefaßt: Eingabewahrscheinlichkeit bei konkurrierenden Regeln und relative Veränderungen im Gewicht der variablen Beschränkungen innerhalb einer Regel.

Wir glauben nicht, daß diese Modifikationen irgendeinen der positiven und aufschlußreichen sprachwissenschaftlichen Ansätze im Strukturalismus des zwanzigsten Jahrhunderts einschneidend berühren. Was in den beiden vergangenen Jahrzehnten geleistet wurde, hat uns die bemerkenswerte Feinheit der syntaktischen Beziehungen eindringlich vor Augen geführt und unser Augenmerk auf die außerordentliche Leistung des Kindes als Sprachlerner gelenkt. Die hier vorgelegte Untersuchung stellt sich in diese Tradition und liefert eine neue Würdigung von Fleiß und Findigkeit des Kindes. Wir haben hier nicht ein Bild einer plötzlichen und dramatischen Reifung der linguistischen Struktur gegeben, sondern eine bemerkenswerte Entwicklung in der Fähigkeit des Sprachlerners dargestellt.

Es ist nicht schwer, die Analogie zwischen dem Kind als Sprachlerner und den Forschern zu sehen, wie wir sie uns vorstellen. Beide wenden ihre Aufmerksamkeit der Sprache der Personen um sie herum zu und sind dennoch nicht so unklug, ihr eigenes System aufzugeben, sobald sie ein anderes kennenlernen. Aber im Lauf der Zeit überarbeiten sie ihre Theorie, bis sie jenem Modell immer näher kommt, das ihnen die Alltagswelt liefert, denn sie erkennen, daß diese Welt reicher, lohnender und feiner zusammengesetzt ist als alles, was sie sich ausdenken können. Wer das Glück hatte, seine Analysen in engen Kontakt zur Alltagswelt zu bringen, wird zustimmen, daß dies wirklich so ist.

Übersetzt von Wolfgang Klein

8. Regeln für rituelle Beschimpfungen*

Wir wenden uns nun dem Gebrauch des Black English Vernacular (BEV) zu und wollen die Behauptung belegen, daß Mitglieder der Vernacular-Kultur über große Sprechfertigkeiten verfügen.[1] Wir könnten eine Vielzahl von Sprechereignissen, in denen diese Fertigkeiten zum Ausdruck kommen, betrachten: *shucking, rifting, toasting, sweet-talking* (Kochman 1970, Abrahams 1970). Statt dessen soll in diesem Kapitel eine besondere Art von Sprechereignis eingehend analysiert werden, nämlich das System der rituellen Beschimpfungen, unterschiedlich bekannt als *sounding, signifying, woofing, cutting** usf. (. . .)
[. . .]

Die Sprachwissenschaftler sind bei der Untersuchung von Texten noch nicht allzu weit gekommen; im großen und ganzen sind sie noch auf die Grenzen des Satzes beschränkt. Wenn auch die *Diskursanalyse* an sich kein unbekanntes Gebiet ist, so ist sie es zumindest technisch doch, da nämlich die grundlegenden Fragen noch nicht ernsthaft erforscht worden sind. Es gibt natürlich die bekannte Veröffentlichung von Harris mit dem Titel *Discourse Analysis Reprints* (1963); sie beschäftigt sich aber mit Neuordnungen der Satzstruktur, die in keiner Beziehung zu den allgemeinen Fragen stehen, die wir hier aufwerfen wollen.[2] Obwohl viele Linguisten zunehmend mehr zur Diskursanalyse beitragen, ist es für Sprachwissenschaftler doch einigermaßen überraschend festzustellen, daß die entscheidenden Schritte von Soziologen unternommen wurden. Sacks (1972) und Schegloff (1972) haben eine Reihe grundlegender Probleme abgegrenzt und einigen Erfolg bei ihrer Lösung gehabt: die Auswahl von Sprechern, die Identifizierung von Personen und Orten, die Herausarbeitung derjenigen sozialen Kompetenz, die es den Mitgliedern einer Gesellschaft ermöglicht, sich zu unterhalten. Der Einfluß ihrer Arbeit auf dieses Kapitel wird deutlich, indem beson-

----

* [Anm. d. Hrsgg.]
  Das Kapitel wurde für die vorliegende Taschenbuchausgabe von den Herausgebern gekürzt. Für die ungekürzte Fassung siehe: W. Labov, *Sprache im sozialen Kontext*. Bd. 2. Königstein/Ts. 1978.
** [Anm. d. Hrsgg.]
  Diese Termini sind ins Deutsche nicht übertragbar. Sie kennzeichnen verschiedene regelhafte Spielarten, rituelle Beschimpfungen als Sprechakte zu realisieren.
1 Dieses Kapitel [in der englischen Fassung – d. Hrsgg.] ist mit Erlaubnis von The Macmillan Company ein leicht veränderter Abdruck aus *Studies in Social Interaction*, hrsg. von David Sudnow. Copyright © 1972 bei The Free Press, einer Abteilung von The Macmillan Company.
2 Die Definition von Diskursanalyse, mit der Harris sein "Discourse Analysis Manual" beginnt, steht in keiner direkten Beziehung zu den in diesem Papier zu behandelnden Problemen. Für Harris ist "die Diskursanalyse eine Methode, um aus jedem beliebig ausgewählten kohärenten und linear verlaufenden Material . . . einige allgemeine Strukturmerkmale des ganzen Textes zu gewinnen . . ." Diese allgemeine Struktur ist "ein Vorkommensmuster (pattern of occurence) von Textsegmenten, die miteinander in Beziehung stehen." Harris betont, daß dies die einzige Art von Struktur sei, die untersucht werden kann, "ohne daß andere Arten von Merkmalen, wie z.B. die Bedeutungsbeziehungen innerhalb des Textes, berücksichtigt werden müssen." Dieses Vorgehen ergibt sich demnach aus Harris' früherem Interesse an der Analyse von Phonologie und Grammatik einer Sprache ohne Einbeziehung der Bedeutung.

deres Gewicht auf die Sequenzenbildung innerhalb der rituellen Beschimpfungen und auf das Wissen um die sozialen Verhältnisse, das für deren Interpretation notwendig ist, gelegt wird.

Linguisten sollten, da sie zu formalisieren gewohnt sind, mit dieser Fähigkeit zu der Untersuchung beitragen können. Es wäre sicherlich nicht übertrieben zu behaupten, daß die Begriffe der Invarianz und des regelhaften Verhaltens in der Sprachwissenschaft weiter entwickelt sind als in irgendeinem anderen sozialwissenschaftlichen Gebiet. Jedoch besteht auch die Gefahr einer voreiligen Formalisierung, die Garfinckel, Goffman, Sacks und Schegloff zu vermeiden bemüht sind: das kategoriale Modell sprachlichen Verhaltens kann in der Tat die Linguisten dazu verleiten, Paradigmen von distinktiven Merkmalen, die sich gegenseitig durch ihre Opposition definieren, auch dort aufzustellen, wo in Wirklichkeit nur offene Mengen anzutreffen sind. Aber auch wenn sie falsch ist, ist Formalisierung ein fruchtbares Verfahren; denn es macht unsere Fragen präziser und treibt die Suche nach möglichen Antworten voran.

Einige allgemeine Prinzipien der Diskursanalyse

Der erste und wichtigste Schritt bei der Formalisierung der Diskursanalyse liegt in der Unterscheidung zwischen dem, was *gesagt* wird, und dem, was *getan* wird. Grammatisch gesehen gibt es nur eine beschränkte Zahl von Satztypen; und zwar im wesentlichen *Aussagen, Fragen* und *Imperative*; diese müssen nun durch Diskursregeln zu der sehr viel größeren Zahl von Handlungen, die mit Worten geschehen, in Beziehung gesetzt werden. Gewöhnlich werden diese Termini austauschbar mit den Bezeichnungen für bestimmte Handlungen gebraucht, d.h. entsprechend für *Behauptungen, Bitten um Information* und *Befehle*. Eine solche eins-zu-eins Relation besteht jedoch keineswegs; z.B. läßt sich leicht zeigen, daß Bitten um Information mittels Aussagen, Fragen oder Imperativen gestellt werden können:

> Ich möchte gerne Ihren Namen wissen.
> Wie heißen Sie?
> Sagen Sie mir Ihren Namen!

Darüber hinaus gibt es eine Vielzahl anderer Handlungen, die mit Worten erfolgen und mit einer Regel der Äußerung zugeschrieben werden müssen, wie Weigerungen, Herausforderungen, Zurücknahmen, Beleidigungen, Versprechungen, Drohungen usw. Die Regeln, die das, was gesagt wird, mit den Handlungen, die mit Worten vollzogen werden, verbinden, sind sehr komplex; die Hauptarbeit der Diskursanalyse besteht darin, diese Regeln zu untersuchen und somit zu zeigen, daß ein Satz dem anderen in kohärenter Weise folgt. Wenn wir z.B. den folgenden Dialog hören:

> *A:* Gehst du morgen zur Arbeit?
> *B:* Ich habe Geschworenendienst

wissen wir intuitiv, daß wir einem kohärenten Gespräch zuhören. Jedoch gibt es keine formale Basis in der Satzgrammatik, die unsere Reaktion auf diese wohlgeformte Sequenz erklären könnte. Eine *Aussage* folgt auf eine *Frage*; die Frage ist eine *Bitte um Information*; inwiefern aber ist die Aussage eine *Antwort* darauf? Einige befürchten, daß Linguisten niemals auf solche Fragen eine Antwort werden geben können, da dann nämlich in unsere Grammatiken jede bekannte Relation zwischen Personen und Objekten aufgenommen werden müßte; in dem vorliegenden Fall z.B. daß Menschen, die Geschworenendienst haben, nicht zur Arbeit gehen können.[3] Dem ist jedoch entgegenzuhalten, daß die Form von Diskursregeln von solchen Details unabhängig ist. Indem B A's Bitte um Information $Q-S_1$ mit einer Aussage S_2, die in ihrer Oberflächenform in keiner Beziehung zu S_1 steht, beantwortet, behauptet B in der Tat, daß es eine sowohl A als auch B bekannte Proposition gibt, die S_2 mit S_1 verbindet. Wenn A B sagen hört "Ich habe Geschworenendienst", sucht er nach der Proposition, die B erklärt; im vorliegenden Fall macht er aus: 'Wenn jemand Geschworenendienst hat, kann er nicht zur Arbeit gehen'. Er versteht dann B's Antwort als 'Ich gehe morgen nicht zur Arbeit'.

Wir können nun die folgende Diskursregel formulieren:

Wenn A eine Bitte um Information $Q-S_1$ äußert und B als Antwort eine Aussage S_2 macht, die nicht durch Ellipsenregeln zu X S_1 Y erweitert werden kann, dann wird S_2 als Behauptung, daß es eine sowohl A als auch B bekannte Proposition P gibt, verstanden:

Wenn S_2, dann (E) S_1

wobei (E) ein Existenzoperator ist; und von dieser Proposition wird die Antwort auf A's Bitte um Information abgeleitet: (E) S_1.

Dies ist eine Interpretationsregel, die das, was gesagt wird (S_2), mit dem, was getan wird (die Behauptung von P), und mit der Antwort auf $Q-S_1$ verbindet. Wichtig ist, daß es keine direkte Verbindung zwischen den beiden Äußerungen $Q-S_1$ und S_2 gibt; nach einer solchen zu suchen, wäre völlig fruchtlos.

Die Gesamtrelation von Diskursregeln zu Äußerungen zeigt verschiedene Ebenen der Abstraktion. Man betrachte z.B. eine Unterhaltung von folgender Oberflächenform:

A: Gehst Du morgen zur Arbeit? (U_1)
B: Ich habe Geschworenendienst. (U_2)
A: Kannst Du Dich davon nicht freimachen? (U_3)
B: Wir haben alles versucht. (U_4)

---

3 In einem unveröffentlichten Entwurf von Bever und Ross über "Underlying Structures in Discourse" (1966) wurde dieses Problem am deutlichsten aufgeworfen. Um die Kohärenz in einem Text wie *Jeder sollte die Bibel lesen. Das Deuteronomium ist eines der größten Bücher der Welt* aufzuzeigen, hielten es Bever und Ross für notwendig, daß in die Grammatik aufzunehmen sei, daß das Deuteronomium eines der Bücher der Bibel ist; und sie meinten daher, daß die Diskursanalyse außerhalb der Linguistik läge. Die hier entwickelten Diskursregeln werden von diesem Problem jedoch nicht betroffen. Da sie entsprechend formuliert sind, würden sie nämlich zeigen, daß eine derartige Beziehung aus der Sequenz selbst hervorgeht, wie auch Zuhörer, die die Bibel nicht kennen, ohne Schwierigkeiten folgern würden.

Um die Verbindungen zwischen diesen vier Äußerungen zu verstehen, müssen sie zu einem Schema wie dem folgenden erweitert werden:

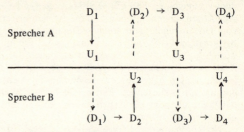

Zunächst hat Sprecher A die Absicht, die Handlung D_1 auszuführen; mittels einer Produktionsregel tut er dies mit der Äußerung U_1. Sprecher B wendet die umgekehrte Interpretationsregel an, um U_1 als A's Handlung zu interpretieren, und dann eine Sequenzen-bildende Regel, um seine Antwort D_2 zu entscheiden. Er kodiert D_2 dann durch eine Produktionsregel zur Äußerung U_2, die wiederum von Sprecher A interpretiert wird − in diesem Falle durch die oben erwähnte Regel, die ihm sagt, daß die Aussage *Ich habe Geschworenendienst* eine Antwort auf D_1 ist und zu interpretieren ist als 'Ich gehe nicht zur Arbeit, weil ich Geschworenendienst habe'. Die anderen Sequenzen folgen in der gleichen Weise.

Es gibt hier zwei Arten von Diskursregeln: Interpretationsregeln UD (mit ihren umgekehrten Produktionsregeln DU) und die Sequenzen-bildenden Regeln DD, die Handlungen verbinden. Natürlich gibt es auch andere Regeln, die Handlungen auf höheren Abstraktionsebenen verbinden. Das Diagramm kann in der Tat Strukturen wie unten dargestellt abbilden, wo D_5, D_6 und D_7 für rituelle Äußerungen (exchanges), Auseinandersetzungen, Nachfragen oder sogar Herausforderungen und Verteidigungen angesehen werden können, je nach dem größeren Kontext der Interaktion und den auf höherer Ebene gelegenen Regeln.

Aber nicht jede Aussage S_2 ist passend in diesen Sequenzen. Wenn B erwidert hätte, "De Gaulle hat gerade die Wahl verloren", könnte sich A zu Recht beklagen: "Was hat das damit zu tun, ob Du morgen zur Arbeit gehst?". Die Regel gibt A an, daß er nach einer Proposition P suchen muß, die die Verbindung herstellt: Wenn er sie nicht findet, wird er B's Antwort ablehnen. Das Operieren der Regel ist jedoch invariant. A muß S_2 daraufhin prüfen, ob es ein mögliches Element in einer Proposition *wenn S_2, dann (E) S_1* ist, bevor er reagieren kann. Gelingt es ihm nicht, eine solche Proposition auszumachen, kann das ein Zeichen für echte Inkompetenz sein; jüngere Mitglieder einer sozialen Gruppe sind möglicherweise nicht fähig, die mitbehauptete Proposition zu erkennen. So klopft

Linus an Violets Haustür und sagt:[4]

Linus: Spielst du mit mir, Violet?
Violet: Du bist kleiner als ich. (Sie macht die Tür zu)
Linus: (verwundert) Sie hat meine Frage nicht beantwortet.

Von der nicht genannten Proposition, die hier von Violet aufgestellt wird, wird angenommen, daß sie zum *gemeinsam geteilten Wissen* gehört; tatsächlich aber hat Linus sie noch nicht begriffen. Dieser Begriff "geteiltes Wissen" ist ein wesentliches Element in der Diskursanalyse; zur Verdeutlichung seiner Wichtigkeit sollen Beispiele betrachtet werden, in denen Aussagen als *Bitten um Bestätigung* verstanden werden. Der folgende Dialog stammt aus einem therapeutischen Gespräch.[5]

Therapist: Oh, so she *told* you.	*Therapeut:* Aha, also hat sie es Ihnen *erzählt.*
Patient: Yes.	*Patient:* Ja.
Therapist: She didn't say for you ...	*Therapeut:* Und sie sagte Ihnen nicht . . .
Patient: No.	*Patient:* Nein.
Therapist: And it never occurred to her to prepare dinner.	*Therapeut:* Und es fiel ihr nie ein, Mittagessen zu kochen.
Patient: No.	*Patient:* Nein.
Therapist: But she does go to the store.	*Therapeut:* Aber sie geht doch einkaufen.
Patient: Yes.	*Patient:* Ja.

Die vier Sequenzen sind typisch für eine große Zahl anderer Beispiele, wo die erste Äußerung eine Aussage und die zweite ein *Ja* oder *Nein* ist. Offensichtlich fungiert eine Aussage als Äquivalent zu einer Ja-Nein-Frage, – d.h. zu einer Bitte um Information. Diese Aussagen haben dieselbe zwingende Kraft wie Bitten, die in Frageform geäußert werden: wir sehen wiederholt, daß es dem Patienten nicht gestattet wird, fortzufahren, bevor er nicht eine Ja- oder Nein-Antwort gegeben hat.

Sehr viele Sprecher gebrauchen gewöhnlich Aussagen, wollen sie Bestätigungen bekommen. Wie kommt es, daß wir sie regelmäßig und zuverlässig als Bitten und nicht als Behauptungen verstehen? Eine einfache, invariante Diskursregel findet hier Anwendung; sie hängt mit dem Begriff des gemeinsam geteilten Wissens zusammen, den ich in die Regeln einführen möchte, indem ich alle mitgeteilten Ereignisse als A-Ereignisse, B-Ereignisse oder AB-Ereignisse klassifiziere. In jeder beliebigen Unterhaltung zwischen zwei Menschen besteht ein Einvernehmen darüber, daß es Ereignisse gibt, die A kennt, aber B nicht; sowie Ereignisse, die B kennt, aber A nicht; und AB-Ereignisse, die beiden bekannt sind. Wir können nun einfach die folgenden Interpretationsregeln aufstellen:

> Wenn A eine Aussage über ein B-Ereignis macht, wird sie als Bitte um Bestätigung verstanden.

Wenn A eine Aussage über ein A-Ereignis macht (z.B. "Ich bin müde"), wird das nicht als eine solche Bitte verstanden. Aber wenn er eine Feststellung über ein B-Ereignis äußert (z.B. "Du warst gestern abend noch lange auf"), wird das

---

4   Charles M. Schulz, *Peanuts a Vendre* (J. Dupuis, Marcinelle-Charleroi-Belgique, 1968) S. 64. Ich habe dies zwar zufällig in einer französischen Übersetzung gesehen, aber ich bin sicher, daß das englische Original viele parallele Fälle im wirklichen Leben widerspiegelt.

5   Aus jüngsten Untersuchungen von therapeutischen Gesprächen, die von David Fanshel von der Columbia School of Social Work und mir durchgeführt wurden.

aufgefaßt als eine Bitte um Bestätigung, "Es ist wahr, daß . . . ".[6]

Neben diesen Begriffen des geteilten und ungeteilten Wissens gibt es andere Gesprächselemente, die auf Konzepte aus der Soziologie zurückgehen: Begriffe wie Rolle, Rechte, Pflichten und mit sozialen Regeln verbundene Verpflichtungen. Man betrachte nun folgenden Dialog, der aus einer Erzählung einer Patientin, Rhoda, während der oben erwähnten therapeutischen Sitzungen stammt.

Rhoda: Well, when are you planning to come home?	*Rhoda:* Nun, wann hast Du vor, nach Hause zu kommen?
Rhoda's mother: Oh, why-y?	*Rhoda's Mutter:* O warum?

Angesichts einer solchen Sequenz heißt es gewöhnlich, daß "eine Frage mit einer Frage beantwortet wird". Aber Fragen beantworten keine Fragen, genauso wenig wie es Aussagen tun. Antworten werden auf Bitten gegeben; bisweilen können sie die Form von Fragen annehmen. Eine genauere Untersuchung dieser Sequenz zeigt aber, daß Rhoda's Frage eine Bitte zu handeln ist und keine Bitte um Information, und daß die Frage ihrer Mutter eine Verneinung dieser Bitte ist. Welches sind aber die Regeln, die uns eine solche Interpretation gestatten?

Ein paralleler Fall kann in dem folgenden Auszug aus einer unserer Gruppensitzungen mit den Jets beobachtet werden.[7] Die Sprecher, die hier vorkommen, sind Stanley, der "Präsident" der Jets, und Rel, ein Puertorikaner, der auch einer ihrer Führer (officers), nämlich "Premierminister" ist. An einer Stelle will Rel die Ruhe wiederherstellen:

Rel: Shut up please!	*Rel:* Ruhe, bitte!
Stanley: . . . 'ey, you tellin' *me?*	*Stanley:* . . . eh, sagst Du das zu *mir?*
Rel: Yes. Your mother's a duck.	*Rel:* Ja. Deine Mutter ist 'ne dumme Kuh.

Rels erste Bemerkung — ein Imperativ — ist eindeutig ein Befehl oder eine Bitte zu handeln. Stanley's Antwort ist in ihrer Form eine Frage, bestimmt aber keine Bitte um Information; auch hier wieder erkennen wir intuitiv, daß Stanley ablehnend antwortet; aufgrund welcher regulären Interpretationsregel erkennen wir das aber?[8] Die allgemeine Form der Antwort kann wie folgt umrissen werden. Die Basisregeln für eine Bitte zu handeln haben offenbar die Form: A bittet B X zu tun zum Zwecke Y unter den Bedingungen Z. Damit dies auch als echter Befehl verstanden wird, müssen notwendigerweise noch die folgenden zusätzlichen Voraussetzungen zutreffen. B muß glauben, daß A glaubt, daß:

1. X getan werden muß.
2. B fähig ist, X zu tun.
3. B verpflichtet ist, X zu tun.
4. A ein Recht hat, B zu sagen, daß er X tun solle.

----

6   Es gibt Fälle, wo A über ein AB-Ereignis eine Aussage macht, die eine Antwort verlangt; hier scheint es sich aber um Äquivalente zu rhetorischen Fragen zu handeln, die keine Bitten um Information sind und deshalb wahrscheinlich von einer anderen Regel beschrieben werden müßten.

7   Diese spezielle Sitzung war Gegenstand einer ausführlichen Untersuchung: sie wurde auf Video-Band und auf Tonband mit mehreren Spuren aufgenommen.

8   Auf einer höheren Interepretationsebene ist dies eine Herausforderung an Rel (vgl. Labov et al. 1968: Abschnitt 4.2.4.). Die hier dargestellten Regeln zielen aber auf die niedrigste Abstraktionsebene ab, die dem Sprachmaterial am nächsten bleibt.

Es gibt viele Arten, wie diese Bitten geäußert und die Stärke des Befehls bekräftigt oder gemildert werden kann. Eine Möglichkeit besteht darin, daß Aussagen gemacht oder Fragen gestellt werden, die sich auf *eine* der vier Voraussetzungen beziehen. Derselbe Mechanismus kann bei der Ablehnung der Bitte benutzt werden. In beiden eben angeführten Beispielen antwortet B ablehnend, indem er eine Frage stellt, die die Relation von A, B und X betrifft und die als Frage nach (und Infragestellung von) Voraussetzung 4 verstanden wird.

Diese kurzen Erläuterungen, die aus jüngsten Arbeiten über Diskursanalyse stammen, zeigen, daß die Form der Diskursregeln unabhängig ist von den einzelnen Propositionen, die behauptet, in Frage gestellt oder verneint werden. Diese Regeln haben mit invarianten Beziehungen zwischen den linguistischen Einheiten und den Handlungen, die intendiert oder interpretiert werden, zu tun. Diskursregeln enthalten auch Referenzen auf nicht explizit erklärte Annahmen über soziale Beziehungen, bei deren Untersuchung wir erst am Anfang stehen. Hierzu gehören die Begriffe des geteilten oder sozialen Wissens, die Rollen von Sprecher, Hörer und Zuhörer, ihre Rechte und Pflichten und andere Beschränkungen, die bisher nicht in der Reihe linguistischer Grundbegriffe auftauchten. Einige Linguisten, die gegenwärtig die Tiefenstruktur von Sätzen untersuchen, sind zu der Erkenntnis gelangt, daß man komplexe Präsuppositionen postulieren muß, um syntaktisches Material zu erklären; sie haben jedoch noch nicht versucht, derartige Präsuppositionen in ihre formalen Regeln einzubauen.

Die bisher aufgeworfenen Fragen bezogen sich alle auf Beispiele, bei denen wir relativ leicht erfassen konnten, was getan wurde (vor allem wenn größere Textabschnitte herangezogen werden). Aber das letzte Beispiel ist in diesem Sinne keineswegs klar. Warum sagte Rel zu Stanley, daß seine Mutter eine dumme Kuh sei? Hat das irgendeine erkennbare Bedeutung, und wenn, welche Interpretationsregeln werden hier angewandt? Rels Bemerkung war ja irgendwie effektvoll, weil Stanley dann seine drohende Haltung aufgab und den Vorfall offensichtlich als beendet ansah. Normalerweise besteht Stanley auf seinem Status als Präsident der Jets; nie kneift er vor einer Herausforderung, noch drückt er sich je vor einem Kampf. Es kam während dieser Gruppensitzung öfters vor, daß Sequenzen wie diese zu Schlägereien führten – halb ernstgemeinte zwar, aber um nichts weniger echte. Hätte Rel einfach "Ja" gesagt, wäre es sicher zu einem kurzen Kampf gekommen. Seine letzte Bemerkung wurde aber akzeptiert als angemessene, kohärente Rede, die dem Vorfall ein Ende machte. Für die, die außerhalb dieser Subkultur stehen, sind Rels Bemerkung (und die bezweckte Handlung) genauso undurchsichtig, wie die früheren Beispiele transparent waren. Diejenigen aber, die einigen Einblick in die Gettokultur der amerikanischen Städte haben, werden Rels Bemerkung *Your mother's a duck* als eine rituelle Beschimpfung erkennen und sie mit den institutionellen Sprechereignissen des *dozens, sounding* oder *signifying* in Verbindung bringen. *Sounding* ist ein wohl-organisiertes Sprechereignis, das sehr häufig in der verbalen Interaktion von schwarzen Jugendlichen, die wir untersucht haben, vorkommt und einen Großteil ihrer Zeit einnimmt. Dieses Sprechereignis ist es wert, als Teil des allgemeinen Programms der "Ethnographie des Sprechens", das von Hymes 1962 entworfen wurde, beschrieben zu werden. Wir haben hier Gelegenheit, darüber hinauszugehen, und wir hoffen, die Basisregeln, die das *sounding* bestimmen, aufzustellen; ferner soll mit dieser Untersuchung ein tieferer Einblick in die Diskursanalyse erreicht werden. Wenn die Regeln für das *sounding* angemessen und gut konstruiert sind, müßte es möglich sein, das hier angeführte spezielle Problem zu klären: warum zieht sich Stanley zurück, als Rel zu ihm sagt: "Your mother's a duck"?

Auf den folgenden Seiten wird umfangreiches Material über dieses Sprechereignis dargeboten.[9] Es sollte nur wenig Schwierigkeiten bereiten, die *sounds* in ihrer wörtlichen Bedeutung als englische Sätze zu verstehen*: die benutzte Grammatik (BEV) macht den meisten Amerikanern keine besonderen Probleme; das Vokabular ist nicht ausgesprochen "hip" oder esoterisch; die Warenzeichen und die Personen, die erwähnt werden, gehören zur allgemeinen amerikanischen Szene. Die Tätigkeit selbst jedoch ist nicht allzu gut bekannt: der eigentliche Sinn des ganzen Vorgangs wird vielen Lesern entgehen. Die Art und Weise, wie die *sounds* dargeboten werden, und ihre Bewertung durch die Gruppe folgen einem festen rituellen Muster, das viele gemeinsame Voraussetzungen und großes soziales Wissen, an welchem die Mitglieder anderer Subkulturen keinen Anteil haben, widerspiegelt. Um die Bedeutung der *sounds* und ihre Funktion für die Mitglieder der Vernacular-Kultur zu verstehen, wird es notwendig sein, explizite Regeln für das Produzieren, Interpretieren und Beantworten von *sounds* zu schreiben. In unserer ersten Untersuchung des *sounding* waren die vorkommenden syntaktischen Strukturen unser Hauptanliegen; viel von diesem Material ist hier enthalten, da es unser Verständnis für die hier ablaufenden abstrakten Vorgänge beträchtlich vertieft.

Bezeichnungen für das Sprechereignis

Es gibt sehr viele verschiedene Ausdrücke, um diese Tätigkeit zu beschreiben: *the dozens, sounding* und *signifying* sind drei der bekanntesten. Die Tätigkeit an sich ist in den verschiedenen "black communities" bemerkenswert ähnlich, sowohl in Form und Inhalt der Beschimpfungen selbst als auch in den Regeln, die in dieser verbalen Interaktion angewendet werden. In diesem Abschnitt soll zur Bezeichnung dieses institutionellen Sprechaktes der in Harlem bekannteste Ausdruck, *sounding*, verwendet werden.
[...]

Die Gestalt der Sounds

Wie bereits oben erwähnt, sind einige der vollendetsten und traditionellen *sounds dozens* in der Form gereimter Zweizeiler. Ein typisches Eröffnungs-*dozen* wurde bereits angeführt, ein weiteres bevorzugtes ist:

----

9 Ich bin besonders Benji Wald zu Dank verpflichtet für die Vorschläge, die in die vorliegende Fassung der Analyse des *sounding* eingearbeitet wurden. Ein großer Teil des folgenden Materials über *sounding* wurde — entsprechend verändert — entnommen aus Labov et al. 1968, Bd. 2, Abschnitt 4.2.3.
* [Anm. d. Hrsgg.]
   Die Übersetzung der folgenden Beispiele ritueller Beschimpfungen ins Deutsche machte allerdings große Schwierigkeiten. Sie versucht, für Inhalt und Form der rituellen Beschimpfungen im BEV ein deutsches Äquivalent zu finden. Insofern ist die Übersetzung meistens "frei". — Wir danken John Holm an dieser Stelle für zahlreiche gute Einfälle.

> I hate to talk about your mother, she's a good old soul
> She got a ten-ton pussy and a rubber asshole.

> (Ich red' nicht gern von deiner Mutter, sie ist eine liebe Frau
> Sie hat eine ungeheure Geige und trägt sie ständig zur Schau.)

In beiden dieser Eröffnungs-*dozens* wird in der ersten Zeile etwas "zurückgenommen" (disclaim) oder abgelehnt, dem dann mit der zweiten Zeile widersprochen wird. In dieser Hinsicht sind sie typisch für die Praxis junger Erwachsener, die sich häufig den *dozens* ablehnend gegenüber verhalten, indem sie z.B. sagen: "Ich spiele dieses Spiel nicht", oder das Sprichwort zitieren "Ich lache, scherze und rauche, aber ich spiele nicht" (Abrahams 1962: 210). Allgemein besteht der Eindruck, daß das *sounding* mehr und mehr eine Sache von jüngeren Altersgruppen wird; es wird jetzt in erster Linie von den Jugendlichen und Halbwüchsigen und weniger von den jungen Männern zwischen 20 und 30 praktiziert; exakte Unterlagen zur Stützung dieser Auffassung liegen uns jedoch nicht vor. Die gereimten *dozens* wurden vor 20 Jahren von Jugendlichen in New York benutzt. Auf jeden Fall aber kennen die meisten der Jugendlichen nur wenige der älteren gereimten *dozens* und sind von ihnen sehr beeindruckt. Zur Illustration des allgemeinen Stils sollen noch einige weitere *dozens* zitiert werden, die auf die Jets und Cobras* einen großen Eindruck gemacht haben (und nicht zu den von Abrahams angeführten 20 Beispielen gehören):

> I fucked your mother on top of the piano
> When she came out she was singin' the Star Spangled Banner.

> (Ich fickte deine Mutter auf dem Klavier,
> nachher sagte sie, "Kauf mir ein Bier!")

> Fucked your mother in the ear,
> And when I came out she said, "Buy me a beer."

> (Ich fickte deine Mutter mehrmals ins Ohr,
> nachher schrie sie, "Was für ein Mohr!")

Der Zweizeiler mit der größten Wirkung war wahrscheinlich:

> Iron is iron, and steel don't rust,
> But your momma got a pussy like a Greyhound Bus.

> (Eisen ist Eisen, und Stahl rostet nie,
> Die Geige deiner Mutter reizt Fahrzeug und Vieh.)

In einem solchen Wettstreit gewinnt derjenige, der über die meisten Zweizeiler verfügt, das beste Gedächtnis hat und sie vielleicht noch am überzeugendsten vorbringt. Es geht dabei aber nicht um Improvisation oder Kreativität während des Spiels oder um die Frage, ob die *dozens* zueinander passen. Diese Zweizeiler können aufeinander in beliebiger Reihenfolge folgen: einer ist genauso geeignet wie der andere. Die Schöpfer dieser Verse beweisen zweifelsohne eine große Fertigkeit und großes Können; und C. Robins erinnert sich an viele Stunden, die seine Gruppe in den vierziger Jahren damit verbrachte, daß sie versuchte,

----

* [Anm. d. Hrsgg.]
"Jets" und "Cobras" sind Namen von Peer-Groups.

neue Reime zu finden; aber von niemandem wird erwartet, daß er sie in der Hitze des Gefechts verfertigt. Die Jets kennen einige gereimte *dozens* wie z.B. "Fucked his mother on a red-hot heater/I missed her cunt 'n' burned my peter" (Ich fickte deine Mutter auf dem Kachelofen/Verbrannte mir den Schwanz, denn ich hab' sie nicht getroffen), aber die meisten der traditionellen Reime sind nicht mehr bekannt. Man muß sehr vorsichtig sein, wenn man die gereimten *dozens* Jüngeren gegenüber gebraucht: wenn sie sie nicht überbieten können, fühlen sie sich von Anfang an geschlagen und der Redefluß ist abgewürgt. Deshalb verwenden wir, wenn wir in einem Einzelinterview oder in einer Gruppensitzung das *sounding* in Gang bringen wollten, stattdessen so einfache Sequenzen wie "Was würdest du sagen, wenn jemand zu dir sagte: 'Your momma drink pee?' (deine Mutter säuft Pipi)". Die Antwort ist den meisten Mitgliedern von Peer Groups bekannt: "Your father eat shit" (Dein Vater frißt Scheiße). Durch diese Standardantwort wird eine Interaktion möglich, die konventionell anfängt, aber Raum für weitere Entwicklung und Erfindungsgeist läßt.

Für unsere momentanen Zwecke können die Grundformen als Typen syntaktischer Strukturen beschrieben werden, besonders in Hinblick auf die Art und Weise, wie Sätze eingebettet werden. Die meisten der Beispiele stammen aus zwei ausgedehnten *sounding*-Sitzungen, in denen die *sounds* eher *eingesetzt* (used) als lediglich nur *zitiert* (quoted) wurden. Eine dieser Sitzungen fand während der Rückfahrt von einem Ausflug mit den Jets statt: 13 Teilnehmer waren in einen Kleinbus gezwängt; 180 *sounds* wurden auf der Tonbandaufnahme, die während der 35-minütigen Fahrt gemacht worden war, ausgemacht. Das andere war eine Gruppensitzung mit 5 Thunderbirds, während der Boot, Money, David und Roger ausgedehnt gegeneinander *sounds* machten. Von den da zustande gekommenen 60 *sounds* liegt eine komplette Tonbandaufnahme vor, auf der die Sprecher exakt identifiziert werden konnten.*

Es gibt natürlich noch viele andere Sitzungen, bei denen *sounds* zitiert oder verwendet werden. Von den unten angeführten Beispielen stammen einige von einer Fahrt mit den Cobras, nach der 35 *sounds* auf einer kurzen Bandaufnahme entschlüsselt wurden. Da, wo es sich bei den Belegen um echte Sequenzen handelt, werden die Sprecher namentlich oder mit Initialen genannt.

a. *Your mother is (like)* ——— . (Deine Mutter ist (wie) ———). Der einfachste aller *sounds* ist vielleicht der Vergleich oder die Identifizierung der Mutter mit etwas Altem, Häßlichem oder Ungewöhnlichem: eine einfache Gleichsetzungsprädikation. Die Jets verwenden viele dieser einfachen *sounds*:

> Your mother look like Flipper ... like *Hoppity* Hooper ... Your mother's a Milk Dud ... A Holloway Black Cow ... a rubber dick ... They say your mother was a Gravy Train ... Your mother's a bookworm ... a ass, period. Your mother James Bond, K.C.... Your mother Pussy Galore.

> (Deiner Mutter sieht wie Flipper aus ... wie ein Cowboy ... Deine Mutter ist ein Schokoladenplätzchen ... eine Milchkuh ... ein Gummischwanz ... Deine Mutter sieht wie Hundefutter aus ... Deine Mutter ist ein Bücherwurm ... ein Arschloch, Schluß, Punkt. Deine Mutter ist James Bond ... Deine Mutter ist Pussy Galore.)

----

* [Anm. d. Hrsgg.]
Vgl. hierzu Kap. 3 (Bd. 1), "Instrumente und Methoden der Datenerhebung", das die Erhebung des Sprachmaterials in Labov et al. (1968) thematisiert.

Die Cobras gebrauchen eine Anzahl *sounds* des folgenden Typs:

> Your mama's a weight-lifter . . . a butcher . . . a peanut man . . . a iceman . . . a Boston Indian. Your mother look like Crooked-Mile Hank! . . . like that piece called King Kong! . . . Quahab's mother look like who did it and don't want to do it no more!

> (Deine Mutter ist ein Muskelprotz . . . ein Metzger . . . ein Maroniverkäufer . . . ein Eismann . . . ein Ringmeister . . . ein Fußballheld. Deine Mutter sieht aus wie Jean-Paul Belmondo . . . wie dieser King Kong! wie Meister Proper . . .)

Man beachte, daß sehr viele dieser Bilder aus dem Bereich der Massenmedien und der Werbung übernommen werden. Derartige *sounds* schienen besonders geeignet auf dem Ausflug der Jets, weil jeder etwas auffallende oder alte Mensch auf der Straße den Stimulus für einen weiteren *sound* geben konnte.

> Your mother look like that taxi driver . . . Your mother a applejack-eater . . . a flea-bag . . . the Abominable Snowman . . . Your mother is a Phil D. Basket (calypso accent) . . . Your mother's a diesel . . . a taxicab driver.

> (Deine Mutter sieht wie dieser Taxichauffeur aus . . . Deine Mutter ist ein Haferflok-kenfresser . . . ein Flohmarkt . . . der Schreckliche Schneemensch . . . Deine Mutter heißt Schwanziska . . . ist ein Dieselmotor . . . ein Taxifahrer.)

Ein anderer Passant setzt einen Schwung von einfachen Identifizierungen ganz am Ende des Ausflugs der Jets in Gang:

> *J1:* There go Willie mother right there.
> *J2:* Your mother *is* a lizard.
> *J3:* Your mother smell like a roach.
> *J4:* Your mother name is Benedict Arnold.*

> *(J1:* Das ist Willies Mutter da drüben.
> *J2:* Deine Mutter ist eine Eidechse.
> *J3:* Deine Mutter riecht wie eine Küchenschabe.
> *J4:* Deine Mutter heißt Benedict Arnold.)

Um eine Frau auf der Straße dreht sich eine ganze Reihe von *sounds*. Man kann gegen jemand einen *sound* machen, indem man einfach sagt: "There go your mother" (Da geht deine Mutter).

> *J1:* Hey-ey (whistle) . . . That's your mother over there!
> *J2:* I know that lady.
> *J1:* That's your mother.
> *J3:* Hell, look the way that lady walk.
> *J4:* . . . she sick in the head.
> *J3:* Walk like she got a lizard-neck.

> *(J1:* Oha (pfeift) . . . das ist deine Mutter da drüben!
> *J2:* Ich kenne diese Frau.
> *J1:* Das ist deine Mutter.
> *J3:* Teufel auch, schau nur wie die geht.
> *J4:* Sie spinnt.
> *J3:* Sie geht, als ob sie einen Eidechsennacken hätte.)

----

* [Anm. d. Übers.]
Benedict Arnold: Amerikanischer Verräter im Unabhängigkeitskrieg.

b. *Your mother got* ——— . (Deine Mutter hat ———). Syntaktisch gleich einfach ist eine Reihe von *sounds* mit der Form *Your mother got so and so.* Die Thunderbirds verwenden lange Sequenzen dieser Art.

Boot:	Your mother got a putty chest.
Boot:	Your mother got hair growin' out her dunkie hole.
Roger:	Your mother got a .45 in her left titty.
Money:	Your mother got a 45-degree titty.
Boot:	Your mother got titties behind her neck.

(*Boot:*	Deine Mutter hat eine Brust aus Kitt.
Boot:	Deine Mutter hat einen haarigen Hintern.
Roger:	Deine Mutter hat einen 45er neben der linken Titte.
Money:	Deine Mutter hat eine 45-gradige Titte.
Boot:	Deine Mutter hat Titten auf dem Hals.)

Die Jets benutzen auch solche einfachen *sounds*. (Die erste Aussage hier ist kein *sound*: sie liefert nur die Basis, auf der der *sound* aufgebaut wird, in diesem Fall das Verb *got*).

J1:	You got the nerve to talk.
J2:	Your mother got funky drawers.
J3:	Your mother got braces between her legs.

(*J1:*	Du hast Courage, so zu reden.
J2:	Deine Mutter hat muffige Unterhosen.
J3:	Deine Mutter hat eine Klammer zwischen den Beinen.)

Und weiter,

Your mother got boobies that shake . . . hangdown lips
Bell mother got a old beat-up boot . . .
Her mother got a face like a rubber ass . . .
Junior got a face like a clown . . .

(Deine Mutter hat zitternde Zitzen . . . runterhängende Lippen . . .
Bells Mutter hat einen ausgetretenen Arsch . . .
Ihre Mutter hat ein Gesicht wie ein Gummiarsch . . .
Junior hat ein Gesicht wie ein Clown . . .)

Von einer Gruppe Jugendlicher in Chicago:

Your momma got three titties: chocolate milk, white milk, and half-and-half.
(Deine Mutter hat drei Titten: Schokoladenmilch, weiße Milch und gemischt.)

Bei den Cobras zeigt sich derselbe Stil; man beachte, daß *wear* genauso gut wie *got* gebraucht werden kann, wenn es sich um Kleidung handelt:

Your mother got on sneakers!
Your mother wear high-heeled sneakers to church!
Your mother wear a jock-strap.
Your mother got polka-dot drawers!
Your mother wear the seat of her drawers on the top of her head!

(Deine Mutter trägt Turnschuhe!
Deine Mutter trägt Turnschuhe mit hohem Absatz zur Kirche!
Deine Mutter trägt Jockey-Unterhosen.
Deine Mutter trägt getüpfelte Unterhosen.
Deine Mutter trägt ihre Unterhosen auf dem Kopf.)

Die *sounds* der Cobras über Kleidung bewegen sich allmählich von den Grund-
mustern für *sounds* fort und gehen über zu einer komplexeren Struktur, die ein
Wortspiel mit Namen von New Yorker Kaufhäusern ist:

Your momma got shit on . . .
Bell's mother bought her clothes from Ohrbach's. All front and no back.
You got your suit from Woolworth! All wool but it ain't worth shit!
You get your shoes from Buster Brown — brown on the top
   and all busted on the bottom!

(Deine Mutter hat Scheiße an . . .
Bells Mutter hat ihre Sachen bei Ohrbach's gekauft. Vorne viel und hinten nichts.
Du hast deinen Anzug von Woolworth! Ganz aus Wolle, aber keinen Dreck wert!
Du hast deine Schuhe von Buster Brown — oben sind sie braun
   und unten ganz hin!)*

Zu bemerken ist, daß zwar einer der Jets oder Cobras Subjekt eines *sound* sein
kann, der Großteil aber gegen jemandes Mutter gerichtet ist. In gewisser Weise
sind *sounds* vom Typ *X got* . . . komplexer, wenn sie sich gegen ein Mitglied
richten, wahrscheinlich weil die Vergleiche nicht so ritualisiert sind. Einige dieser
sounds sind echte und/oder komplexe Gleichnisse (similes):

He got a head like a water-hydrant, and shit . . .
He got a head like a water-pump . . . a mailbox.
   . . . like the front of a bus.
You got a nose like a car fender!

(Er hat einen Kopf wie ein Hydrant.
Er hat einen Kopf wie eine Wasserpumpe . . . ein Briefkasten.
   . . . wie der vordere Teil eines Busses.
Du hast eine Nase wie ein Kotflügel!)

Die Thunderbirds sagen:

Boot: Money got a head like a tornado mixed with a horse.
Money: You got a head of a motor.

(*Boot:*   Money hat einen Kopf wie eine Kreuzung von einem Pferd mit einem Wirbel-
          sturm.
Money: Du hast einen Kopf wie ein Motor.)

c. *Your mother so* ——— *she* ——— . (Deine Mutter (ist) so ——— sie ———).
Komplexere Vergleiche erfolgen durch einen Quantor, ein Adjektiv und einen
eingebetteten Satz vom Typ *b* oder eine andere Prädikation.

David: Your mother so old she got spider webs under her arms.
Boot: Your mother so old she can stretch her head and lick out her ass.

(*David:*   Deine Mutter ist so alt, daß sie Spinnweben in den Achselhöhlen hat.
Boot: Deine Mutter ist so alt, daß sie sich strecken und am eigenen Arsch lecken
          kann.)

----

* [Anm. d. Übers.]
  Die Wortspiele mit den Namen der New Yorker Kaufhäuser lassen sich im Deutschen
  natürlich nicht nachmachen.

Solche *sounds* können ohne weiteres gegen ein Mitglied der Gruppe angewandt
werden.

> Roger: Hey Davy, you so fat you could slide down the
> razor blade without gettin' cut.
> ... an' he so thin that he can dodge rain drops.
>
> (Roger: He, Davy, du bist so dick, daß du an einer Rasierklinge runterrutschen
> kannst, ohne dich zu schneiden.
> ... und er ist so dünn, daß er Regentropfen ausweichen kann.)

Dies sind traditionelle "dick" und "dünn" Gleichnisse; sie bekommen hier besondere Bedeutung, weil David dick *ist* (ein ritualisiertes Attribut für ihn). Boot
setzt dann mit rituellen *sounds* diese Richtung fort:

> Boot: Eh, eh, your mother so skinny she could split
> through a needle's eye.
>
> Boot: Your mother's so skinny, about that skinny, she can
> get in a Cheerioat and say, "Hula hoop! hula hoop!"
>
> (Boot: Du, deine Mutter ist so mager, daß sie durch ein
> Nadelöhr gehen kann.
>
> Boot: Deine Mutter ist so mager, daß sie in einen Fingerring reinpaßt
> und Hula-Hoop tanzen kann.)

Die letzte Variante ist um ein Grad komplexer; sie hat zwei Nebensätze und zwei
Markenartikel in einer rhetorischen Figur vereint ("Cheerioat"). Derselbe Vergleich mit einer anderen Haferflockenmarke taucht in einem *sound* der Jets auf:

> Stanley: Your mother so skinny, she do the hula hoop in a Applejack.
>
> (Stanley: Deine Mutter ist so mager, daß sie Hula-Hoop in einem 'Applejack'
> tanzen kann.)

[...]

Die Syntax dieser Vergleiche kann sehr komplex werden und eine zweite Subordi-
nation einschließen: "your mother ist so —— that when she —— she can
——". Es ist nicht leicht, im Eifer des Gefechts dies alles in eine Proposition
zu bringen.

> Your mother's so small, you play hide-and-go-seek,
> y'all c'slip under a penny.
>
> (Deine Mutter ist so klein, daß, wenn man Verstecken spielt,
> man unter einen Pfennig kriechen kann.)

In dieser Version ist die Konjunktion *when* ausgelassen (in der Sprache der Kinder nichts Ungewöhnliches), die Hinzufügung des *y'all* scheint aber nicht am
Platze; die Syntax dieses *sound* liegt gerade jenseits des Performanzbereiches,
über den der Sprecher verfügt. Boot von den Thunderbirds kann mit derartig
komplexen Konstruktionen fertig werden, aber er ist auch der einzige, der das
kann. Der folgende *sound* ist sogar noch komplexer, da der *when*-Satz zwei
andere Teilsätze verbindet:

> Boot: His mother was so dirty, when she get the rag take
> a bath, the water went back down the drain.
>
> (Boot: Deine Mutter war so schmutzig, daß, als sie die Binde auszog und baden
> wollte, das Wasser den Abfluß wieder hochkam.)

In der Oberflächenstruktur dieses Satzes besteht das einzige Manko wahrscheinlich in der Auslassung von *and* vor *take a bath*. Die diesem Satz zugrundeliegende Struktur kann etwa wie in dem folgenden Diagramm beschrieben werden.

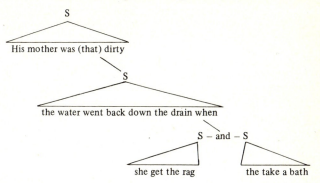

Die Struktur dieses *sound* macht es notwendig, den *when*-Satz vorzuziehen, so daß der *sound* nicht mit einer Bedingung endet, sondern vielmehr die Handlung, die die Beschimpfung ausmacht, an letzter Stelle steht. Damit liegen zwei Nebensätze zwischen dem Quantor und der Prädikation *went down* — ein Typ linksverzweigender Einbettung in der Oberflächenform, der in der Umgangssprache in der Tat selten ist. Boot gebraucht eine ähnliche Konstruktion ohne den *so*-Satz am Anfang in dem folgenden *sound*, der auch wieder jenseits der syntaktischen Kompetenz der meisten Mitglieder liegt.

> *Boot:* Your mother, when she go to work and she had — those, you know — opentoe shoes, well, her stockings reach her — be sweeping the ground.

> *(Boot:* Deine Mutter, als sie zur Arbeit ging, trug sie diese — weißt du — Schuhe mit offener Zehe, gut, ihre Strümpfe wischten den Boden auf.)

Man beachte, daß der folgende *sound* sehr viel einfacher ist, da die Hauptaussage durch einen Nebensatz gemacht wird, der deshalb in Endposition stehen kann.

> *Boot:* His mother go to work without any drawers on, so that she c'd get a good breeze.

> *(Boot:* Seine Mutter geht ohne Unterhosen zur Arbeit, um sich gründlich auszulüften.)

Einige der Jets verwenden Konstruktionen, die ähnlich komplex sind, wie die eben angeführten von Boot. Die komplexeste Syntax kommt in *sounds* vom Typ *Your X has Y* vor, wobei die attributiven Quantoren mehrere Sätze dominieren.

> *J1:* Who father wear raggedy drawers?
> *J2:* Yeh, the ones with so many holes in them when-a-you walk, they whistle?

> *(J1:* Wessen Vater trägt zerfetzte Unterhosen?
> *J2:* Ja, die mit so vielen Löchern, daß sie, wenn man geht, pfeifen?)

Dieser *sound* wird sofort mit großer Begeisterung aufgenommen.

> *J3:* Oh, shi-it! When you walk they whistle! oh shit!
> *J4:* Tha's all he got lef' . . . He never buys but one pair o'drawers.
>
> (*J3:* O Scheisse! Wenn man geht, pfeifen sie! O Scheisse!
> *J4:* Das ist alles, was er noch hat . . . er kauft nie mehr als eine einzige Unterhose.)

Und kurz darauf wird ein anderer *sound* mit derselben Form dem Modell entsprechend gebildet:

> *J1:* Ronald got so many holes in his socks, when he walks them shoes hum!
> *J2:* Them shoes MMMM!
>
> (*J1:* Ronalds Socken haben so viele Löcher, daß, wenn er geht, seine Schuhe summen!
> *J2:* Es macht MMMM!)

Die abstrakte Struktur, die *sounds* dieser Komplexität zugrunde liegt, ist auf der nächsten Seite dargestellt.

Der Komparativknoten *so many* ist in diesem Relativsatz enthalten und dominiert seinerseits einen Satz, der einen temporalen Nebensatz dominiert. Es ist sicher kein Zufall, daß alle diese komplexen Strukturen von der Gruppe positiv bewertet werden: wir können argumentieren, daß nur die Vorstellung, es sei ein besonderes Verdienst, den Schöpfer veranlaßt, sich der Anstrengung einer derartigen Syntax zu unterziehen, und daß die Bemerkung sich auf diese Vorstellung bezieht; oder wir können so argumentieren, daß die Komplexität der Struktur an sich für den Zuhörer beeindruckend ist.

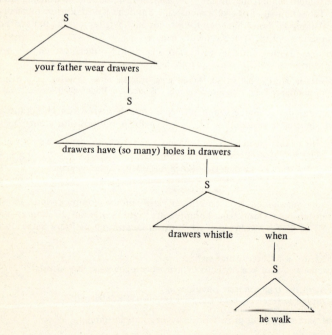

d. *Your mother eat* —— . (Deine Mutter frißt ——). Wir kehren nun zu einem anderen Typ von *sound* zurück, der keine gleichnishaften Vergleiche oder Metaphern enthält, sondern direkte Handlung mit einfachen Verben beschreibt. Die Kraft dieser *sounds* scheint in der Unvereinbarkeit oder dem Widersinn der nebeneinandergestellten Elemente zu liegen – womit vielleicht nur auf andere Art gesagt wird, daß wir sie nicht wirklich verstehen.

Boot: I heard your mother eat rice crispies without any milk.
Roger: Eat 'em raw!
Boot: Money eat shit without puttin' any cornflakes on.

(*Boot:*   Man sagt, deine Mutter frißt Rice crispies ohne Milch.
Roger: Frißt sie roh!
Boot: Money frißt Dreck, ohne Cornflakes dran zu tun.)

Auch die Jets benutzen solche Konstruktionen häufig und gern.

His mother eat Dog Yummies.
They say your mother eat Gainesburgers.
Your mother eat coke-a-roaches.
Your mother eat rat heads.
Your mother eat Bosco.
Your mother a applejack-eater.

(Seine Mutter frißt Friskis.
Man sagt, deine Mutter frißt Whiskas.
Deine Mutter frißt Kakerlaken.
Deine Mutter frißt Rattenköpfe.
Deine Mutter frißt Ovomaltine.
Deine Mutter ist ein Haferflockenfresser.

Ein Rezept für die Bildung solcher *sounds* ist offensichtlich, daß man etwas Ekelerregendes zu essen erwähnt. Jedoch gehören die meisten der hier erwähnten Dinge nicht zu dieser Klasse; und wie wir weiter unten sehen werden, können weniger als die Hälfte unserer Beispiele wirklich als obszön angesehen werden. *Dog Yummies* sind nicht widerwärtig (sie sind eßbar, wenn sie auch nicht gut schmecken), aber es ist schlicht "menschenunwürdig" (low), Hundefutter zu essen. Die Eleganz derartiger *sounds* kann auch auf syntaktischer Komplexität beruhen. *Your mother a applejack-eater* scheint ein sehr viel wirkungsvollerer *sound* zu sein, als *Your mother eat applejack*. ('Applejack' ist eine neue Haferflockenmarke und wird vielleicht deswegen gern verwendet, weil es an 'applejack whiskey' denken läßt). Wenn das zutrifft, ist es ein weiterer Beweis dafür, daß syntaktische Komplexität ein positives Merkmal von *sounds* ist.

e. *Your mother raised you on* —— . (Deine Mutter ernährte dich mit ——). Dies ist ein besonderes Muster für *sounds,* das eine recht einfache Syntax hat, aber sehr wirksam ist, um sowohl den Gegner als auch dessen Mutter zu treffen. In einer der Sitzungen mit den Thunderbirds lösten wir eine ganze Reihe dieser *sounds* aus:

WL: Your mother raised you on ugly milk.
Boot: Your mother raised you on raw corn.
David: Your mother raised you with big lips.
Boot: Your mother gave you milk out of a cave.
Boot: Your mother gave you milk out of her ass.
     .. when you just born, she say "Take a shot".

(*WL:*   Deine Mutter ernährte dich mit Häßlichkeitsmilch.
Boot: Deine Mutter ernährte dich mit rohem Mais.
David: Deine Mutter ernährte dich mit großen Lippen.
Boot: Deine Mutter gab dir Milch aus einer Höhle.
Boot: Deine Mutter gab dir Milch aus ihrem Arsch.
     . . . als du zur Welt kamst, sagte sie: "Trink' einen Schuß!")

f. *I went to your house* . . . (Ich ging zu deinem Haus . . .). Eine Reihe zahlreicher und wichtiger *sounds* ist gegen das Zuhause und die Armut, die dort
herrscht, gerichtet. Einige sind komplexe Reime, den gereimten *dozens* ziemlich
ähnlich:

Boot: I went to your house to ask for a piece of cheese.
       The rat jumped up and say "Heggies, please."

(*Boot:* Ich ging zu deinem Haus und bat um ein Käsestück,
      Eine Ratte sprang auf: "Gib mir die Hälfte zurück!")

(*Heggies* ist ein Ausdruck, mit dem man seine Forderungen geltend zu machen
sucht, und entspricht *dibbs, halfsies, allies, checks* usw. Er war vor 20 Jahren
in New York City üblich und ist heute eine weniger bekannte Variante, die aber
noch anerkannt wird. An seine Stelle ist jetzt *thumbs up* getreten.)

Die meisten *sounds* dieses Typs sind in Prosa verfaßt und als Anekdoten
verkleidet. Küchenschaben sind ein beliebtes Thema:

Boot: Hey! I went up Money house and I walked in Money house, I say, I wanted
      to sit down, and then, you know a roach jumped and said, "Sorry, this
      seat is taken".
Roger: I went to David house, I saw the roaches walkin' round in *combat* boots.

(*Boot:* Ich ging zu Moneys Haus und trat in Moneys Haus rein und sagte, daß ich
      mich setzen wollte, und dann, weißt du, eine Küchenschabe sprang auf
      und sagte, "Entschuldigung, dieser Platz ist besetzt".
Roger: Ich ging zu Davids Haus und sah, daß die Küchenschaben in *Militär*stiefeln
      rumliefen.)

Mehrere *sounds* aus einer Sitzung mit den Aces können hier angeführt werden.
Die Teilnehmer gaben dabei an, wo sie die verschiedenen *sounds* gelernt hatten.

Tony: A boy named Richard learned me this one: When I came across your house,
      a rat gave me a jay-walkin' ticket.
Renard: When I came to your house, seven roaches jumped me and one search me.
Ted: And I made this one up: I was come in your house; I got hit on the back
      of my head with a Yoohoo bottle.

(*Tony:* Ein Junge namens Richard hat mir diesen beigebracht: Als ich zu deinem
      Haus kam, bekam ich einen Strafzettel von einer Ratte, weil ich auf der
      Straße vor mich hin geträumt hatte.
Renard: Als ich zu deinem Haus kam, griffen mich sieben Küchenschaben an und
      eine durchsuchte mich.
Ted: Diesen habe ich selber erfunden: Ich kam zu deinem Haus und kriegte eins
      auf den Schädel mit einer Flasche Comella.)

Teds selbstgemachter *sound* klingt schwach; er lehnt sich an den Witz mit der
Yoohoo bottle an; aber er geht von dem Ratten- und Küchenschaben-Thema
aus, ohne es dabei mit irgendeinem der Hauptthemen des *sounding* zu verbinden.
Das W.C. oder das Fehlen eines W.C. ist z.B. ein solches Thema:

> *Boot:* I went to your house and ask your mother, could I go to the bathroom. She said, "The submarine jus' lef'."
> *Roger:* I went to his house – I wanted to go to the bathroom, and her mother – his mother gave me a pitchfork and a flashlight.
> *Roger:* I ringed his bell and the toilet stool flushed.
>
> *(Boot:* Ich ging zu deinem Haus und fragte deine Mutter, wo das W.C. ist. Sie sagte, "Das U-Boot ist schon abgefahren".
> *Roger:* Ich ging zu seinem Haus – ich wollte das W.C. benutzen, und ihre Mutter – seine Mutter gab mir eine Mistforke und eine Taschenlampe.
> *Roger:* Bei ihm läutete ich die Türklingel und da spülte das W.C.)

Bemerkungen über das Zuhause von jemandem können ziemlich persönlich werden, wie wir weiter unten sehen. Die Jets produzierten nicht viele solcher *sounds*, aber die folgenden kamen rasch nacheinander:

> *J1:* I went in Junior house 'n' sat in a chair that caved in.
> *J2:* You's a damn liar, 'n' you was eatin' in my house, right?
> *J3:* I went to Bell's house 'n' a Chinese roach said, "Come and git it."
> *J1:* I brought my uncle – I brought my uncle up Junior house – I didn't trust them *guys.*
>
> *(J1:* Ich ging zu Juniors Haus und setzte mich in einen Stuhl, der zusammenkrachte.
> *J2:* Du bist ein verdammter Lügner und du kamst in mein Haus, um zu essen, oder?
> *J3:* Ich ging zu Bells Haus und eine italienische Küchenschabe sagte: "Das Essen ist angerichtet."
> *J1:* Ich brachte meinen Onkel mit – ich brachte meinen Onkel mit zu Juniors Haus: ich traute diesen *Leuten* nicht.)

Die Tendenz, die *"house"-sounds* persönlich zu nehmen, wird in der 2. Zeile dieser Sequenz deutlich. Wie wir unten sehen werden, wird durch die Beschuldigung "Du kamst in mein Haus, um zu essen" der Vorwurf des Hungers gegen den, der mit dem *sounding* angefangen hat, gerichtet. Und das kann sehr wohl im wirklichen Leben vorkommen.

[···]

Bewertung von sounds

Einer der wichtigsten Unterschiede zwischen dem *sounding* und anderen Sprechereignissen besteht darin, daß die meisten *sounds* offen und sofort von den Zuhörern bewertet werden. In gut angelegten Situationen, wie der *sounding*-Sitzung der Thunderbirds, gilt das für jeden *sound*. In Sitzungen, in denen es wilder zugeht und sehr viel mehr Teilnehmer anwesend sind wie bei der Sitzung der Jets in dem Kleinbus, folgt eine bestimmte Anzahl von *sounds* schnell hintereinander, ohne daß jeder einzeln bewertet würde.

Das wichtigste Zeichen positiver Bewertung ist Lachen. Wie wirkungsvoll ein *sound* in einer Gruppensitzung ist, läßt sich schließen aus der Zahl der Zuhörer, die lachen. An der Sitzung der Thunderbirds nahmen fünf Jugendliche teil; wenn einer erfolgreich gegen den Gegner einen *sound* vorgebracht hatte, lachten die anderen drei; ein weniger erfolgreicher *sound* bekam dann nur einen oder zwei Lacher. (Hier zeigt sich, wie wertvoll es ist, für jeden Sprecher eine getrennte Aufnahmespur zu haben.)

Ein wirklich erfolgreicher *sound* wird laut und offen kommentiert; in der Sitzung der Jets waren die gebräuchlichsten Kommentare der Bewertung: "Oh!", "Oh, shit!", "God damn!" oder "Oh lord!". Die bei weitem üblichste Form ist "Oh shit!". Die Intonation ist dabei wichtig; wenn Zustimmung signalisiert werden soll, ist der Vokal in jedem Wort ziemlich lang, mit einem hohen, langgezogenen Anfangston und einem langsam abfallenden Tonhöhenverlauf. Dieselben Worte können auch verwendet werden, sollen eine negative Reaktion oder Ekel ausgedrückt werden, aber dann ist die Tonhöhe niedrig und langgezogen. Die Implikation der positiven Exklamationen ist "That is too much" (Das ist zu viel) oder "That leaves me helpless" (Das haut mich um).

Eine andere, noch bekräftigendere Art, die *sounds* positiv zu bewerten, besteht darin, daß man selbst den eindruckvollen Teil des *sound* wiederholt:

> *John L.:* Who father wear raggedy drawers?
> *Willie:*   Yeh the ones with so many holes in them when–a–you walk they whistle?
> *Others:*   So . . . shi–it! When you walk they whistle!
>   Oh shit!
>
> (*John L.:* Wessen Vater trägt zerfetzte Unterhosen?
> *Willie:*   Ja, die mit so vielen Löchern, daß, wenn man geht, sie pfeifen?
> *Andere:*   Oh Scheiße! Wenn man geht, pfeifen sie! Oh Scheiße!)

Negative Reaktionen auf *sounds* sind üblich und ebenso unverhohlen. Die am häufigsten vorkommende Form ist "Tha's phony!" (Das bringt's nicht) oder "Phony shit!" (Das ist Dünnschiß), aber *sounds* werden auch abgeurteilt als *corny, weak* oder *lame* (unecht, schwach, lahm).

[···]

Die Tätigkeit des sounding

Wir können zwei verschiedene Verwendungsweisen der *sounds* unterscheiden: (1) rituelles *sounding* und (2) angewandtes *sounding*. Die oben zitierten Belege stammen aus *sounding*-Sitzungen, die Beispiele für die erste Verwendung sind: Rituale, in denen das *sounding* seiner selbst willen betrieben wird. Angewandtes *sounding* impliziert, daß die *sounds* im Rahmen anderer verbaler Interaktion für einen bestimmten Zweck verwendet werden, und folgt einer ganz anderen Menge von Regeln. Wir wollen zunächst das rituelle *sounding* betrachten und dabei mit den allgemeinen Regeln, die angewandt werden, beginnen; in der Folge soll dann untersucht werden, wie diese Regeln in den beiden oben genannten Sitzungen operieren.

Es gibt drei Teilnehmer an diesem Sprechereignis: Antagonist A, Antagonist B und die Zuhörer. A macht einen *sound* gegen B; die Zuhörer bewerten ihn; B macht einen *sound* gegen A; sein *sound* wird bewertet. Die allgemeine Struktur ist daher komplexer als die meisten ABABAB Interaktionen, nämlich:

A–1 e B–1 e A–2 e B–2 e . . .

A−1 enthält fast immer eine Referenz auf B's Mutter. B−1 sollte sich auf A−1 beziehen; in dem Maße, wie B−1 eine originelle oder gut vorgetragene Transformation von A−1 ist, kann B als der Gewinner gelten. A−2 kann dann ein völlig neuer *sound* sein. Aber wenn A−2 eine weitere Transformation von B−1 ist, wird er gewöhnlich noch höher bewertet. Während wir sagen können, daß A−2 B−1 "übertrifft" (A−2 "tops" B−1), wenn er inhaltlich besser ist, kann von A gesagt werden, daß er B am meisten "schlägt" ("get"), wenn A−2 eine Variante von B−1 ist oder sich eindeutig darauf bezieht. Dies wird also darunter verstanden, wenn es heißt, daß B "übertroffen" wird − der Schlagabtausch bleibt offen. Ein geschickter *sounder* kann ein Wechselspiel der Varianten noch über den Punkt hinaus fortführen, bis zu dem es nach allgemeinem Dafürhalten normalerweise für entschieden gilt. Die Serie kann beendet werden, wenn ein Antagonist eindeutig den anderen besiegt. Demnach wird Money ganz deutlich von Boot geschlagen in dem Teil der Sitzung der Thunderbirds, der Rickys Kollaps folgt. Diese rituelle Interaktion fängt an mit Boots langer Geschichte von Money, den sie reingelegt hatten und der dann dachte, ein Krug mit Urin sei Eistee, und ihn austrank. Moneys Protest ist ziemlich unzusammenhängend: "I know you love thuh − ice tea . . . I know you love to pee − i − ice cream tea." (Ich weiß, du liebst so'n . . . Eistee . . . Ich weiß, du liebst pippi . . . i . . . Eiscremetee). Boot fängt nun mit dem *sounding* an.

A−1 *Boot:*		His mother go to work without any draws on so that she c'd get a good breeze.
B−1 *Money:*		Your mother go, your mother go work without anything on, just go naked.
e	*David:*	That's a lie.

(A−1 *Boot:*		Seine Mutter geht ohne Unterhosen zur Arbeit, um sich auszulüften.
B−1 *Money:*		Deine Mutter, deine Mutter geht zur Arbeit mit gar nichts an, sie geht nackt.
e	*David:*	Das ist eine Lüge.)

Bei dem ersten Austausch von Beschimpfungen versagt Money eindeutig, wie sein Zögern beweist: er übertreibt einfach B's gut formulierten und witzigen *sound* ohne den entsprechenden Witz. Davids Kommentar ist negativ, besonders da er Moneys *sound* so auffaßt, als erhebe er Anspruch auf Wahrheit.

A−2 *Boot:*		Your mother, when she go to work and she had − those, you know − open-toe shoes, well her stockings reach her be − sweeping the ground.
e	⎰ *Rickey:*	(laughs)
e	⎱ *Roger:*	Ho lawd! (laughs)

(A−2 *Boot:*		Deine Mutter, als sie zur Arbeit ging, trug sie diese − weißt du − Schuhe mit offener Zehe, gut, ihre Strümpfe wischten den Boden auf.
e	⎰ *Rickey:*	(lacht)
e	⎱ *Roger:*	Großer Gott! (lacht).)

Boots A−2 geht beinahe über die Grenzen der ihm verfügbaren Syntax hinaus, und er hat beträchtliche Schwierigkeiten, damit klarzukommen. Ganz deutlich ist sein *sound* eine Erweiterung von A−1 und B−1, die die Form haben "Your mother go to work with . . . ". Aber anstelle des konventionellen Witzes von A−1 oder der minderen Variante von B−1 betritt A−2 das Gebiet des Unkonventionellen und Absurden. Boot kann zwei positive Reaktionen von Rickey und Roger für sich buchen.

Money kann auf dem syntaktischen Modell nicht weiter aufbauen, aber er versucht, auf das Thema von den Löchern in den Schuhen zu antworten. Von den Zuhörern kommt keine Reaktion.

> B–2 *Money:*   Your mother have holes – potatoes in her shoes.
>
> (B–2 *Money:*   Deine Mutter hat Löcher – Kartoffeln in den Schuhen.)

Da Boot diesen Austausch gewonnen hat, fängt er nun eine neue Sequenz an:

> A–3 *Boot:*   Your mother got a putty chest (laugh).
> B–3 *Money:*   Arrgh! Aww – you wish you had a putty chest, right?
>
> (A–3 *Boot:*   Deine Mutter hat eine Brust aus Kitt.
> B–3 *Money:*   Ach, du wünschtest, du hättest eine Brust aus Kitt, oder?)

Money antwortet, aber nicht mit einem *sound*. Boot fährt mit einem anderen *sound* vom *"got"* Typ fort; jetzt jedoch wird das Muster komplizierter dadurch, daß Roger einsteigt und speziell gegen Money einen *sound* macht. Dies ist eine zweite Phase, zu der es dann kommt, wenn einer der Antagonisten deutlich an Boden verliert: die Gruppe macht ihn zum Angriffsziel ihrer *sounds*:

> A–4 *Boot:*   Your mother got hair growin' out her dunkie hole.
> C–4 *Roger:*   Money your mother got a .45 in her left titty.
>   *Money:*   Awwww!
> e   *Rickey:*   (laughter)
>
> (A–4 *Boot:*   Deine Mutter hat einen haarigen Hintern.
> C–4 *Roger:*   Money, deine Mutter hat einen 45er neben der linken Titte.
>   *Money:*   Aachch!
> e   *Rickey:*   (lacht))

Money antwortet nun auf Rogers *sound* mit einer Variante, die wir sehr gekonnt finden.

> B–4 *Money:*   Your mother got a 45-degree titty.
> (B–4 *Money:*   Deine Mutter hat eine 45-gradige Titte.)

Diesmal antwortet Roger auf Money und bekommt starken Applaus. Boot fügt darauf einen *sound* an, der unzusammenhängend vorgetragen ist und unkommentiert bleibt.

> C–5 *Roger:*   Your mother got baptised in a whiskey bottle.
> e ⎰ *Money:*   (laughs)
> e ⎱ *Rickey:*   (laughs)
> e   *David:*   (laughs)
> A–5 *Boot:*   Yourmothersailthesevenseasinasardine can. [laughs]
>
> (C–5 *Roger:*   Deine Mutter wurde in einer Schnapsflasche getauft.
> e ⎰ *Money:*   (lacht)
> e ⎱ *Rickey:*   (lacht)
> e   *David:*   (lacht)
> A–5 *Boot:*   Deine-Mutter-durchsegelte-die-sieben-Meere-in-einer-Sardinenbüchse.
>   [lacht])

Die Situation ist unübersichtlich geworden. Teilnehmer verstehen unter *sounding*, daß *einer* gegen einen anderen *sounds* macht, aber jetzt sind drei Leute im Spiele. Moneys Lachen zeigt, daß er glaubt, Rogers *sound* sei nicht gegen ihn, sondern gegen Boot gerichtet. David sagt nun explizit, daß Boot und Roger die beiden Antagonisten sind, aber Roger bestreitet das: er richtet seinen *sound* weiterhin gegen Money. Mit seiner sarkastischen Bemerkung macht Boot nun ganz deutlich, daß mit Rogers *him* Money und nicht Boot gemeint ist:

> *David:* Now you and Roger sounding. (laughs)
> *Roger:* I'm sounding on him.
> *Boot:* That half of a motor. (laughs)

> (*David:* Jetzt spielt Roger mit dir. (lacht)
> *Roger:* Ich spiele gegen ihn.
> *Boot:* So geht's mit halber Kraft. (lacht))

Nachdem die Sanktion eines Gruppenangriffs gegen Money erfolgt ist, fängt jetzt David einen eigenen *sound* an. Aber Money dreht sich plötzlich zu uns um und sagt: "Könnten wir jetzt singen?" (ein vorher angekündigter Zweck der Sitzung war, das Singen der Gruppe auf Tonband aufzunehmen). Moneys Frage wird als offenkundiger Versuch gedeutet zu kneifen, und ein Sturm der Entrüstung von Seiten der Anführer der Gruppe entlädt sich auf sein Haupt. Er ist gezwungen, seine Niederlage explizit zuzugeben:

> D–6 (*David:* Everytime Money looks at the moon, everytime
>   *Money:* Could we sing now?
>   *Boot:* (laughs)
>   *Roger:* (laughs)
>   *David:* Money look at moon, he say "Ooo, look at the moonshine."
>   *Roger:* He changing the subject!
>   *Rickey:* Awww! Tryin' to change thuh – ih – subject
>   *Roger:* What's the matter, you feeling all right, or you want some more sounding?
>   *Money:* Uh–uh.

> (D–6 (*David:* Jedes Mal schaut Money den Mond an, jedes Mal.
>   *Money:* Könnten wir jetzt singen?
>   *Boot:* (lacht)
>   *Roger:* (lacht)
>   *David:* Money schaut den Mond an, er sagt: "Oooh, schaut den Mondschein an!"
>   *Roger:* Er wechselt das Thema!
>   *Rickey:* Aachch! Du versuchst, das – das Thema zu wechseln.
>   *Roger:* Was ist los, ist dir nicht gut? Spielen wir weiter?
>   *Money:* Nein.)

Die *sounding*-Sitzung geht weiter, wobei Money nichts sagt. Als er sich später einschaltet, sagt Rickey: "Hey Money, you better keep quiet, if you don't want 'em soundin' bad on you." (He, Money, du hältst besser den Mund, wenn du nicht willst, daß die anderen dich mit *sounds* übel zurichten.) Es wird damit eindeutig klargestellt, daß es in *sounding*-Sitzungen Gewinner und Verlierer gibt.

[…]

Wir wollen nun übergehen zu einer Reihe von hypothetischen *sounds* – was gesagt werden "würde". Boot ist B; Money ist A.

> B–1 *Boot:* I'd say, "His father got four lips."
> A–2 *Money:* I'd say, "Your mother got four lips."
>   (Boot: "That ain't nothin'." CR: "What does that mean?")

> (B–1 *Boot:* Ich würde sagen, "Sein Vater hat vier Lippen."
> A–2 *Money:* Ich würde sagen, "Deine Mutter hat vier Lippen."
>   (Boot: "Das ist gar nichts." CR: "Was bedeutet das?")

Boots erster *sound* traf das bekannte Thema der dicken Lippen; es gehört zu einem älteren Muster im BEV, mit dem man sich selbst klein macht. (Z.B. bei den Jets: "Your father got lips like a – Oldsmobile." (Dein Vater hat Lippen wie ein – Oldsmobile.)) Money's hypothetischer A–2 ist die schwächste Art zu kontern: Substitution eines Verwandten durch einen anderen, und er wird mit Recht sofort deklassiert. Money hat wieder versagt. Die Rolle des zweiten Antagonisten wurde daraufhin von David übernommen; er ist ein kleiner, dicker Junge, der ununterbrochen von Boot eins draufkriegt und über den ständig Witze gerissen werden. Andererseits hat er aber eine Menge Mut, und im Gegensatz zu den anderen gibt er niemals den Kampf um eine Position in der Gruppe auf und erlaubt Boot nie, daß dieser die Situation völlig beherrscht. In der folgenden *sounding*-Sitzung bot Boot rücksichtslos seine ganze Sprechfertigkeit auf, um David klein zu kriegen, aber Davids sprachliche Ressourcen waren größer, als man vorher erwartet hätte.

> C–3 *David:* So your . . . so then I say, "Your father got buck teeth."
> B–3 *Boot:* Aw your father got teeth growing out of his behind!(Money, Ricky, Roger laugh).

> (C–3 *David:* Also ha . . . also würde ich sagen, "Dein Vater hat vorstehende Zähne."
> B–3 *Boot:* Ach, dein Vater hat Zähne, die aus seinem Hintern wachsen! (Money, Ricky, Roger lachen))

Boots Antwort ist eine Bemühung um den Sieg. Er übernimmt Davids hypothetischen A–3 und fügt Elemente der Absurdität und Obszönität hinzu; B–3 wird von allen drei Zuhörern positiv bewertet. Man beachte, daß Boots *sound* nicht länger hypothetisch ist: er ist der erste „echte" *sound* dieser Serie. David versucht nun, diesen *sound* zu übertrumpfen, indem er das *behind*-Thema weiterverfolgt, aber es gelingt ihm nicht, einen zusammenhängenden Gedanken herauszubringen. Er ist auf diesem Gebiet nicht sehr gewandt, zumindest nicht angesichts der Fähigkeiten von Boot:

> C–3 *David:* Yeah, your father, y-got, your father grow, uh, uh, grow hair from, from between his, y'know. (Money laughs)
> B–4 *Boot:* Your father got calluses growin' up through his ass, and comin' through his mouth. (Boot, Money, and Ricky laugh)

> (C–3 *David:* Ja, dein Vater hat, weißt du, dein Vater hat Haare, die zwischen dem Dings-da wachsen. (Money lacht)
> B–4 *Boot:* Dein Vater hat Hühneraugen im Arsch, die so tief gewachsen sind, daß sie aus dem Mund herauskommen. (Boot, Money, Ricky lachen))

Mit B–4 baut Boot weiter auf dem ursprünglichen Thema auf und schmettert David mit einer Virtuosität zu Boden, daß es diesem die Sprache verschlägt. Boot hat aber nicht die Absicht, es dabei bleiben zu lassen; wie viele gute *sounder* versucht er, seinen Vorteil schnell wahrzunehmen, indem er einen *sound* an den anderen reiht. Er geht abrupt zu B–5 über:

> B–5 *Boot:* Your father look like a *grown pig*. (Boot, Money, and Ricky laugh.)

> (B–5 *Boot:* Dein Vater sieht wie ein ausgewachsenes Schwein aus. (Boot, Money, Ricky lachen))

David greift nun zu einem *sound*, der die Regeln verletzt. Er ist keineswegs mehr eine rituelle Beschimpfung, sondern eine persönliche Bemerkung, mit der er eine wirkliche Schwäche von Boots Stiefvater trifft.

> C–5 *David:* Least my – at least my father don't be up there talking
> uh-uh-uh-uh-uh-uh!
>
> (C–5 *David:* Wenigstens spricht m-m-mein V-vater n-n-nicht s-s-so!)

Daß dies eine persönliche Beleidigung und keine rituelle Beschimpfung ist, wird durch die Tatsache deutlich, daß Boot jetzt darauf antwortet. Da rituelle Beschimpfungen nicht als Tatsachenbehauptungen intendiert sind, dürfen sie nicht bestritten werden. Aber Boot reagiert auf David, und Roger verkündet, daß Boot geschlagen worden ist. (Das Bestreiten einer Beschimpfung A–x wird als B–x' markiert.)

> B–5' *Boot:* Uh – so my father talks stutter talk what it mean?
> (Roger: He talk the same way a little bit.)
>
> (B–5' *Boot:* So soll mein Vater stottern. Na und?
> (Roger: Er spricht auch so – ein wenig.))

Als nächstes erwidert Boot Davids Beschimpfung mit einer Beschimpfung, die in derselben Beziehung zu A–5 steht, wie ein *sound* zu einem anderen. Boots Vater stottert; Davids Vater ist alt und hat graue Haare.

> B–6 *Boot:* At least my father ain't got a gray head! His father got a big bald
> spot with a gray head right down there, and one long string . . .
>
> (B–6 *Boot:* Wenigstens ist mein Vater kein Graukopf! Sein Vater hat eine große
> Glatze auf seinem grauen Kopf. Als Haar hat er nur e i n e lange
> Schnur . . .)

David ist verletzt, und er dementiert die persönliche Beleidigung, so gut er kann. Aber Boot hört nicht auf: er greift das Thema "one long string" auf und wälzt es zum großen Vergnügen von Roger und Money aus.

> C–6' *David:* Because he' old he's old, that why! He's old, that's why! . . .
> B–7 *Boot:* . . . and one long string, that covers his whole head, one, one long
> string, about that high, covers his whole head. (Roger: Ho Lord,
> one string! Money, Boot laugh.)
>
> (C–6' *David:* Das ist nur, weil er alt ist. Er ist alt, deswegen . . .
> B–7 *Boot:* Nur eine lange Schnur, die seinen ganzen Kopf bedeckt, nur eine
> lange Schnur, ungefähr so hoch, bedeckt seinen ganzen Kopf.
> (Roger: Großer Gott, nur eine Schnur! Money, Boot lachen.))

Boot bringt David zum Weinen. Boots Bundesgenosse Money macht das nichts, aber Ricky erhebt Einspruch.

> C–7' *David:* You lyin' Boot! . . . You know 'cause he old, tha's why!
> *Ricky:* Aw man, cut it out.
>
> (C–7' *David:* Du lügst, Boot! Du weißt, daß er alt ist. Es ist deswegen!
> *Ricky:* Ach, Mensch, hör' doch auf damit.)

Boot ist Sieger des Tages, aber er hat kein Gespür für das Maß. Was nun folgt, ist nicht länger der kontrollierte Ablauf des *sounding* in Form von A e B e, sondern eher ein aufgeregtes Streiten, bei dem beide Parteien sich die meiste Zeit heftig überschreien. Es ist jetzt hauptsächlich David gegen Boot: Boots Beschimpfungen werden von den anderen nicht sehr beachtet, und es ist zu spüren, wie die Unterstützung durch die Gruppe nachläßt.

B–8	*Boot:*	Your father look like this – with his butt coming out, and he go (slurp) he look like . . .
C–8'	*David:*	You a liar!
B–9	*Boot:*	You know one time I came over his house, I saw some slop in the garbage, you know, and then, and I left it there, and David say (slurp, chomp, chomp, chomp) (Money laughs).

(B–8	*Boot:*	Dein Vater sieht so aus – mit einem hervorstehenden Hintern, er sieht aus wie . . .
C–8'	*David:*	Du bist ein Lügner!
B–9	*Boot:*	Wißt ihr, einmal kam ich zu seinem Haus, ich sah Abfall im Kübel. Den ließ ich sein, aber David machte "Schlürf, Mampf, Schlürf"! (Money lacht.))

David ist nun soweit, daß er zu jeder verfügbaren Waffe greift. Er packt das Thema der Armut an und bringt eine persönliche Beschuldigung vor, die voll ins Schwarze trifft. Zwar dauert es seine Zeit, bis David gehört wird; aber schließlich dringt er zu Boot durch und dieser hört auf zu schmatzen und verteidigt sich heftig (aber erfolglos).

| C–9 | *David:* | So! and you always come over my house and say, yeah, Boot always come over my house and say, Boot always coming over my house to eat. He ask for food, and Ohhh laww . . . |
| B–9' | *Boot:* | I don't come over your house – I don't come nuttin! I only come over your house on school days and from now on I do. |

| (C–9 | *David:* | Ja? Und du kommst immer zu meinem Haus und sagst, ja, Boot kommt zu meinem Haus und sagt, Boot kommt zu meinem Haus, um zu essen! Er bittet um Essen, mein Gott . . . |
| B–9' | *Boot:* | Ich komme nicht zu deinem Haus – ich komme nie! Ich komme nur nach der Schule, und von jetzt an . . .) |

David spürt seinen Vorteil und baut ihn weiter aus.

| C–10 | *David:* | . . . and when we go swimmin', we go, you ask for food, and ever ti – and you come over my house – |

| (C–10 | *David:* | . . . und auch wenn wir schwimmen gehen, bittest du um etwas zu essen, jedes Mal. Und du kommst zu meinem Haus . . .) |

Boot kann nicht länger abstreiten, daß Davids Beschuldigung den Tatsachen entspricht. Aber er versucht, die Fakten zu entschärfen, törichterweise vielleicht, da David jetzt zu einer vernichtenden Antwort ausholt:

| B–10'*Boot:* | Yeah, I only be playin', I only be playin'! |
| C–11 *David:* | Yeah, but you sure be eatin'! |

| (B–10'*Boot:* | Ja, aber ich spiele nur, ich spiele doch nur! |
| C–11 *David:* | Ja, aber du frißt trotzdem!) |

Nicht jede Geschichte wird durch einen Außenseiter (underdog) zum Abschluß gebracht, der sich so gut schlägt wie David. Davids momentaner Erfolg ist umso erstaunlicher, als Boot zweifellos die Gruppe sprachlich beherrscht. Boot, in keiner Weise entmutigt durch diese Umkehr der Rollen, hatte weiterhin triumphale Erfolge im *sounding* gegen andere. Die obigen Beispiele sind ein schlagender Beweis für die wichtige Tatsache, daß Boot *der sprachliche Anführer* (the verbal leader) der Thunderbirds ist — daß er sich in allen Sprechfertigkeiten der BEV-Subkultur vor den anderen hervortut. Es ist nicht nur der Fall, daß Boot über einen größeren Vorrat an *sounds* verfügt und leichter auf sie zurückgreifen kann. Auch seine Syntax ist komplexer und er kann *sounds* vorbringen, die kein anderer kann; alle komplexeren Beispiele von den Thunderbirds, die oben zitiert wurden, stammen von ihm.

Die Regeln für rituelles sounding

Aus der bisherigen Darstellung des *sounding* ist zu ersehen, daß dieses Sprechereignis eine wohl-gegliederte Struktur hat. Seine Regeln können zwar verletzt werden; es ist möglich, persönliche Beschimpfungen auszustoßen, und es ist möglich, daß alle vereint über einen allein herfallen. Aber es hat immer seinen Preis, wenn man dem erwarteten Muster nicht entspricht; der kann die Gestalt einer unbeherrschten und bösen Antwort annehmen, die durchaus vorkommt, oder Ausdruck der allgemeinen Verwirrung darüber sein, wer was wem gegenüber tut.

Bei der Analyse der vorliegenden Beispiele für das *sounding* tritt der fundamentale Unterschied zwischen rituellen Beschimpfungen und persönlichen Beschimpfungen deutlich hervor. Die jeweils angemessenen Erwiderungen sind recht verschieden: eine persönliche Beschimpfung wird durch Bestreiten, eine entschuldigende Erklärung oder Entschärfung des Vorwurfs beantwortet; während auf einen *sound* oder eine rituelle Beschimpfung mit längeren Sequenzen geantwortet wird, da nämlich ein *sound* und seine Erwiderung im wesentlichen dasselbe sind und eine Erwiderung eine weitere Erwiderung verlangt. Die Komplexität des *sounding* folgt aus dieser vergleichsweise einfachen Struktur, so daß unser Diagramm für das *sounding* folgendermaßen vereinfacht werden kann:

S−1 e S−2 e S−3 . . .

Die persönlichen Beschimpfungen dagegen bringen Interaktionsdyaden hervor: Beschimpfung (I) und Bestreiten oder entschuldigende Erklärung (D). In dem letzten Austausch von Beschimpfungen zwischen Boot und David können wir eine Kette beobachten:

I−1 D−1 I−2 D−2 I−3 D−3 . . .

aber für diese Verkettung gibt es keinen inhärenten, strukturellen Grund wie im Falle der *sounds*. Ein Bestreiten kann die Folge beenden. Aber die Formen des Abstreitens, die für eine persönliche Beschimpfung normal und automatisch sind, sind für *sounds* undenkbar. Es kommen solche Muster des Austauschs von

Beschimpfungen vor wie A: *You come over to my house and ask for something to eat;* B: *I do not!* und A: *Your father got grey hair and one long string . . .* B: *That's cause he's old, that's why!* Es kommen aber keine Wechselreden vor wie A: *Your momma drink pee.* B: **That's a lie!* Die richtige Antwort dagegen ist B: *Your father eat shit.* Das ist eine invariante Regel: *sounds* werden nicht bestritten. Wenn es nur eine semi-kategorische Regel wäre, könnte man scherzhafte Antworten beim Bestreiten erwarten, bewußte Fehlinterpretationen der *sounds* entsprechend wie man es manchmal bei Bitten hört: *Would you mind opening the window? No. Can you give me the time! Yes.* (Würdest du etwas dagegen haben, das Fenster zu öffnen? Nein. Kannst du mir sagen, wie spät es ist? Ja.) Da die Erwiderungen auf *sounds* so automatisch und unbewußt kommen, müssen wir eine gut ausgebildete Kompetenz bei den Teilnehmern voraussetzen, aufgrund derer sie rituelle von persönlichen Beschimpfungen unterscheiden können. Äußerlich betrachtet scheint es nicht einfach, diese Unterscheidung vorzunehmen. Eine Antwort auf diese Frage ist u.a. davon abhängig, wie ernst es der Antagonist meint: will er einen Streit anfangen? Will er es wirklich? Werden die Leute glauben, daß es wahr ist? Aufgrund welcher natürlichen Kompetenz ist es Boot möglich, Davids persönliche Beschimpfung sofort als solche zu erkennen und in seiner Antwort diese abzustreiten? Wieso können die Jets stundenlang gegeneinander *sounds* vorbringen, ohne daß irgendjemand beleidigt wird?

Um auf diese Fragen eine Antwort zu geben, gilt es, die Struktur der *sounds* genauer zu spezifizieren. Die unter *a* bis *j* gegebene Klassifizierung nach der Oberflächenform markiert lediglich die Unterschiede in den syntaktischen Formen der *sounds,* wie sie geäußert werden. Wenn die *sounds* als *eine* Art von Äußerung angesehen werden, muß es eine einheitliche Interpretationsweise geben, die zeigt, daß alle diese Formen auf eine ihnen gemeinsam zugrundeliegende Struktur zurückgeführt werden können. Wir schlagen vor, diese Struktur sei

T(B) ist so X, daß P

wobei T das Angriffsziel des *sound* ist, X das Attribut von T, worauf abgezielt wird, und P eine Proposition, die mit dem Attribut verbunden ist durch den Quantor *so . . . that,* mit dem der Grad, in dem T X zukommt, ausgedrückt werden soll. Das Angriffsziel T(B) ist gewöhnlich B's Mutter oder ein anderer Verwandter. (Es mag der Eindruck entstehen, als gäbe es komplexere Angriffsziele so wie "Your mother's clothes" oder "Your mother's face"; aber diese werden am besten so betrachtet, daß sie von Konstruktionen wie "Your mother is so ugly that her face . . ." herrühren.) Das Attribut X wird dem oben umrissenen Bereich von Themen oder Merkmalen entnommen: Alter, Gewicht, Kleider usw. Es ist auf einen spezifisch *pejorativen* Wert beschränkt: Alter ist immer besonders *alt,* Gewicht ist *mager* oder *fett,* Kleidung ist *zerlumpt* oder *schmutzig,* Aussehen ist *häßlich* oder *dreckig,* sexuelles Verhalten ist *locker* oder *unmoralisch;* Geruch ist *Gestank,* Vermögensstand ist *arm,* Essen ist *arm* oder *ekelhaft.* Die Proposition P kann viele verschiedene Formen haben, obwohl es Sequenzierungsregeln geringerer Abstraktionsstufe und niedrigerer Beherrschungsstandards gibt, die ihre Form bestimmen. So haben wir folgenden typischen *sound*: *Your mother* [T(B)] *so old* [X], *she fart dust* [P].

Es wird hier zu beobachten sein, daß es sehr viele *sounds* mit einfacheren Formen als dieser gibt und einige, die komplexer sind. Wir könnten so argumentieren, daß die einfacheren Formen wie *Your mother the Abominable Snowman* aus der vollen Form *T(B) is so X that P* durch Tilgungsregeln abgeleitet werden entsprechend den syntaktischen Regeln für Ellipsen. Jedoch scheint es plausibler, Diskursregeln zu schreiben, nach denen *sounds* indirekt vollzogen werden, entsprechend den Regeln für Befehle oder Bitten. Man kann Vorbedingungen für solche Bitten angeben. So kann jemand um ein Glas Wasser bitten, indem er sagt, er habe Durst. Ein *sound* kann gemacht werden, indem bloß die Proposition P geäußert wird. Die Tilgung von *T(B) is so X that* ... wird in der Interpretation des Zuhörers wiederhergestellt, dessen Kompetenz ihm sagt, über welches Attribut der *sound* gemacht wird. Z.B. muß *Your mother look like Flipper* verstanden werden als 'Deine Mutter ist so häßlich, daß sie wie Flipper aussieht', während *Your mother name the Black Boy* verstanden werden wird als 'Deine Mutter ist so schwarz, daß sie "Black Boy" genannt wird'. *Your father got teeth growing out his ass* ist einer der vielen *sounds,* die sich auf ein Attribut wie *seltsam, verrückt* oder vielleicht ganz wörtlich *total durchgebumst* (fucked-up) beziehen.

Von den einfacheren, oben unter *a* bis *d* aufgeführten Formen sind die einzigen Typen, die ernsthafte Schwierigkeiten bereiten, die Gleichsetzungsformen. Typ *a, Your mother the Abominable Snowman*, kann verstanden werden entweder als 'Deine Mutter ist so häßlich, daß sie wie der Schreckliche Schneemensch aussieht' oder als '. . . daß sie der Schreckliche Schneemensch genannt wird', Wenn man die Frage etwas symbolhafter angeht — nämlich daß der Sprecher behauptet, 'Deine Mutter ist tatsächlich der Schreckliche Schneemensch' — so ist dies genauso, als sagte man, daß die Beschimpfung eher gegen den Gegner selbst als gegen seine (rituelle) Mutter gerichtet ist. Wenn wir die Vorstellung haben, daß mit dem *sound* die Mutter des Gegners beschimpft oder herabgewürdigt werden soll und nicht behauptet werden soll, daß er eine völlig andere Mutter habe, dann sind Interpretationen wie "wie" und "wird genannt" geboten.

Sounds vom Typ *d, Your mother eat* ... werden gewöhnlich so ausgelegt, daß sie auf das Attribut "arm" (oder "hungrig", was unter "arm" subsumiert werden kann) verweisen. So kann *Your mother eat corn flakes without any milk* verstanden werden als 'Deine Mutter ist so hungrig, daß sie Cornflakes völlig ohne Milch ißt' oder als 'Deine Mutter ist so arm, daß sie Cornflakes völlig ohne Milch essen muß'.

Dagegen muß die folgende Sequenz von *sounds* anders interpretiert werden:

J1: His mother eat Dog Yummies . . .
J2: Somebody said your mother's breath smell funny.
J3: They say your mother eat Gainesburgers.
J4: They say your mother was a Gravy Train.

(*J1:* Seine Mutter frißt Friskis.
J2: Man sagt, deine Mutter habe Mundgeruch.
J3: Man sagt, deine Mutter fresse Whiskas.
J4: Man sagt, deine Mutter sehe aus wie Hundefutter.)

Diese *sounds* beruhen schlicht auf der traditionellen Sitte, jemandes Mutter dadurch zu beschimpfen, daß man sie einen Hund nennt. Die direkten Beschimpfungen *Your mother's a bitch* ... *a dog* ... *Your're a son of a bitch* (Deine

Mutter ist eine Hündin . . . ein Hund . . . Du bist der Sohn einer Hündin.)
haben heute im *sounding* keinerlei Gewicht mehr. Aber das Vorhandensein
dieses Modells macht deutlich, daß die zugrundeliegende Interpretation nicht
'Deine Mutter ist wie ein Hund' oder 'Deine Mutter wird *Hund* genannt' ist,
sondern vielmehr 'Deine Mutter ist ein Hund'. Auf der anderen Seite ist Boots
sound Your father look like a grown pig nicht dasselbe, als würde gesagt *Your
father is a pig . . . a swine!*; sondern der *sound* muß eher gedeutet werden als
'Dein Vater ist so fett, daß er wie ein ausgewachsenes Schwein aussieht.'

Typ *e, Your mother raised you on ugly milk* ist in dieser Reihe einzigartig,
weil er als *sound* verstanden werden muß, der direkt gegen den Gegner gerichtet
wird: 'Du bist so häßlich, daß dich deine Mutter mit Häßlichkeitsmilch er-
nährt [haben muß]'. Aber wir dürfen hinzufügen, daß auch die Mutter hier
beschimpft wird, und damit der *sound* einen doppelten Effekt hat: 'und das
ist die Schuld deiner Mutter!'

Die komplexeren *sounds* wie der anekdotenhafte unter *f, I went to B's
house . . .* müssen als gegen die ganze Familie gerichtet verstanden werden:
B's Familie ist so arm, daß . . . Andererseits können komplexe Vergleiche wie
Your father drawers have so many holes in them that when he walk they whistle
interpretiert werden als: 'Dein Vater ist so zerlumpt, daß er Unterhosen mit so
vielen Löchern hat, daß sie pfeifen, wenn er geht.'

Es gibt natürlich eine gewisse Zahl verschiedenartiger *sounds* die nur schwer
im Rahmen irgendeines Schemas zu interpretieren sind: *Your mother play dice
with the midnight mice* ist in vieler Hinsicht ambig.

Es liegt auf der Hand, daß die gegebene formale Definition nicht die gereimten *dozens* mit einschließt, denen die Struktur *I fucked your mother so much
that . . .* zugrundeliegt. Eine Reihe anderer *sounds* wie *I took your mother*
basieren auf dem Modell, in dem der *sounder* erklärt, daß er die Mutter des
Gegners sexuell beschimpfte oder herabwürdigte. Dieses Modell muß noch als
Alternative zu dem oben umrissenen Modus für die Bildung von *sounds* hinzugefügt werden. Aber die meisten der von den Jets, den Cobras und den Thunderbirds verwendeten *sounds* passen in das Schema *T(B) ist so X daß P*. Wir müssen
voraussetzen, daß die Teilnehmer die Kompetenz haben, derartige Interpretationen vorzunehmen, wenn wir ihr Verhalten erklären wollen.

Die Fähigkeit, *sounds* zu interpretieren, hängt häufig davon ab, ob der Hörer
imstande ist, das zugrundeliegende negative Adjektiv X auszumachen, wenn
allein die Proposition P übrigbleibt. Was bedeutet es, wenn man sagt: *Your
mother eat Bosco?* Eine muttersprachliche (native) Kompetenz ist erforderlich,
um zu entscheiden, ob dies ein *sound* gegen die Schwärze der Haut deiner Mutter ist (Bosco ist ein Schokoladenprodukt; wie in *Your mother so black she
sweat chocolate*); oder gegen ihre Armut (wie in *Your mother eat corn flakes
without any milk*); oder gegen ihre Anständigkeit (wie in *Your mother eat
scumbag*).

Wir können nun *sounding*-Regeln schreiben, die die Interpretation eines
sound und die Wahl einer angemessenen Erwiderung darauf erklären. Die folgende Regel geht aus von der Position des Zuhörers B, der hört, was gesagt wird
und das Gesagte interpretiert, um zu entscheiden, was getan wurde: es ist eine
Interpretationsregel UD in dem Schema auf Seite 254.

(1) Wenn A eine Äußerung S in der Gegenwart von B und den Zuhörern C tut, die sich auf ein mit B in Verbindung stehendes Angriffsziel T(B) in einer Proposition P bezieht und

a. B glaubt, daß A glaubt, daß P nicht wahr ist und
b. B glaubt, daß A glaubt, daß B weiß, daß P nicht wahr ist . . .

dann ist S ein *sound*, verstanden als *T(B) ist so X daß P*, wobei X ein pejoratives Attribut ist, und von A gesagt wird, daß er gegen B einen *sound* vollzogen hat.

Diese Regel kann (und muß) abgekürzt werden, indem die Bedingungen *a* und *b* mit Bedingungen für gemeinsam geteiltes oder soziales Wissen gleichgesetzt werden. Dies sind nur die ersten einer unendlichen Reihe von rekursiven Bedingungen, die für die Tatsache stehen, daß zwischen A und B ein gemeinsam geteiltes Wissen darüber besteht, daß P nicht wahr ist. In der nun zu entwickelnden Terminologie der Diskursanalyse ist ein A-Ereignis eines, das ausschließlich A bekannt ist (in A's Biographie), und ein B-Ereignis eines, daß ausschließlich B bekannt ist, während ein AB-Ereignis eines ist, das beiden bekannt ist. Wir können die Bedingungen *a* und *b* zusammenfassen als: *es ist ein AB-Ereignis, daß P nicht wahr ist.*

Die Zuhörer C sind ein wesentlicher Bestandteil hier. Zwar *kann* eine Person gegen eine andere *sounds* vorbringen, ohne daß eine dritte Person anwesend ist; aber die Präsupposition, daß dies ein öffentliches Verhalten ist, läßt sich dem verbalen Stil leicht entnehmen. *Sounds* werden nicht im Gesprächston, an ein unmittelbares Gegenüber gerichtet, geäußert. Die Stimme ist erhoben und gleichsam publikumsbezogen. In einer *sounding*-Sitzung mit zwei Personen behandeln die Antagonisten sich gegenseitig so, daß jeweils der andere die Zuhörer darstellt.

Man beachte, daß Regel 1 nicht erfordert, daß das Attribut A explizit genannt wird. Dagegen muß die Proposition P genannt werden. Wir hören selten *sounds* von der Form *T(B) ist (Q)X*, wobei Q ein einfacher Quantor ist; und es ist auch zweifelhaft, ob sie überhaupt als *sounds* zu klassifizieren sind. *Your mother is very fat; your father is real black* (Deine Mutter ist sehr dick; Dein Vater ist wirklich schwarz) werden nicht als *sounds* verstanden. In der Tat können wir die Nicht-Tilgbarkeit von P erklären, wenn wir zu der Frage nach den Bedingungen zurückkehren, aufgrund derer *sounds* als im Gegensatz zu persönlichen Beleidigungen stehend erkannt werden. Regel 1 wurde aufgestellt, um die ursprüngliche Frage zu beantworten: wie erkennt B eine rituelle Beschimpfung? Erstens, er erkennt ein geeignetes Angriffsziel. Zweitens, er erkennt die *sounding-Situation*: eine Bemerkung von A wird mit lauter Stimme gemacht, damit sie von den Zuhörern C gehört wird. Drittens, er beurteilt die Proposition P als für eine rituelle Beschimpfung dadurch geeignet, daß jeder Anwesende sofort weiß, daß sie nicht wahr ist. Die Mütter der Jets sehen nicht aus wie Flipper oder Micky Maus; sie sind nicht der Schreckliche Schneemensch; sie essen keine Friskies oder geröstete Eicheln. Darüberhinaus ist es eine Frage der Kompetenz des Menschen, daß er weiß, daß jedermann weiß, daß diese Propositionen nicht wahr sind. Die Attribute X dagegen können mit Recht jemandes Mutter zugeschrieben werden; sie kann sehr wohl dick sein, oder spindeldürr, oder häßlich oder schwarz oder arm oder alt. Wenn die Proposition

P getilgt wäre, würde die rituelle Beschimpfung zu einer persönlichen Beleidigung werden. *Your family is poor!* (Deine Familie ist arm) ist keine rituelle Beschimpfung, sondern eine persönliche. Wir haben bemerkt, daß der Stiefvater von Boot tatsächlich stottert; Davids Vater ist wirklich alt und hat graues Haar − und alle Thunderbirds wissen das.

Außenstehende wären natürlich fähig, rituelle Propositionen P zu erkennen; aber ohne das gemeinsam geteilte Wissen der Teilnehmer darüber, welche Familie arm ist, welche am ärmsten ist und welche Mutter die schwärzeste Haut hat, könnte der Außenstehende ebenso leicht eine persönliche Beschimpfung erkennen. Er könnte nicht endgültig entscheiden, um welche Art von Beschimpfung es sich handelt. Die Gruppe teilt nicht alles Wissen gleichermaßen, und *sounding* ist nicht auf eine einzige Peer-Group oder eine einzige Clique (hang-out group) beschränkt. Deshalb müssen *sounds* von vornherein als rituelle Beschimpfungen erkannt werden, ohne daß irgendein spezielles Wissen über die Familie des *sounders* vorausgesetzt wird. Aus diesem Grund tendieren die Propositionen P dazu, immer bizarrer und unwahrscheinlicher zu werden. *Your mother so low she c'play Chinese handball on a curve* (curb) (Deine Mutter ist so klein, daß sie Tennis allein gegen die Straßenkante spielt) ist ein sicherer *sound*. Niemand ist so klein. Dagegen ist etwas gefährlich Persönliches in *Your mother look like HIS father, boy; 'n' you know how HE look, boy* (Deine Mutter sieht aus wie SEIN Vater, Mann; und du weißt, wie ER aussieht, Mann).

Es gibt andere Fälle, von denen einige unten zitiert werden, in denen schwache *sounds* als persönliche Beschimpfungen ausgelegt werden können; sie werden dann abgestritten und ein Streit ist die Folge. Aber wenn man die oben angeführten *sounds* noch einmal daraufhin durchgeht, wird in fast jedem Fall sofort deutlich, daß von den Propositionen P gewußt wird, daß sie unwahr sind.

Dasselbe Argument gilt für die gereimten *dozens*. Wenn man unter jungen Erwachsenen sagt, *I fucked your mother* (Ich fickte deine Mutter), so ist das nicht etwas offensichtlich Unwahres. Ganz eindeutig unwahr ist aber folgendes: „ *I fucked your mother from tree to tree/ Your father said, 'Now fuck me!' "* (Ich fickte deine Mutter von Baum zu Baum/Dein Vater schrie, 'Zu mir kommste kaum'!). In einigen Stadtvierteln kann die Situation sehr schwierig werden. Im puertorikanischen Viertel East 111. Straße (in New York) ist ein üblicher *sound* zu sagen „Your mother's on Fifth Avenue!" (Deine Mutter ist auf der Fünften Avenue), was bedeutet, daß sie eine Prostituierte ist. Auf die Frage, „What about the kids whose mothers *are* on Fifth Avenue!" (Und was ist mit den Kindern, deren Mütter auf der Fünften Avenue *sind!)* antworten Mitglieder, „They don't say much" (Die sagen nicht so viel).

Bemerkenswert ist vor allem, daß P getilgt werden *kann*, wenn X ebenfalls fehlt; wir haben dann *Your mother!* (Deine Mutter). Dies ist ein sehr üblicher *sound*, wie oben bereits angeführt:

> *John Lewis:* Faggots!! Motherfuckers!!
> *Rel:* Your *mother!*
>
> *(John Lewis:* Tanten! Mütterficker!
> *Rel:* Deine Mutter!)

Hier ist die Tilgung natürlich nicht wiederherstellbar − d.h. es gibt kein X oder P, das rekonstruiert werden kann. Wir können *Your mother* so interpretieren, daß es entweder eine verallgemeinerte Beschimpfung signalisiert, oder daß damit die Absicht kundgetan wird, gegen jemanden einen *sound* zu machen. Es kann ferner auch in der Öffentlichkeit, wo das Verhalten nicht so ungeniert wie gewöhnlich ist, als eine elliptische Form verwendet werden. Man betrachte folgende Sequenz, die von zwei 10-jährigen, die in ein Lebensmittelgeschäft kommen, stammt:

> *A:* Your mother!
> *B:* Your father!
> *A:* Your uncle!
>
> (*A:* Deine Mutter!
> *B:* Dein Vater!
> *A:* Dein Onkel!)

Die Gefahr, daß *sounds* als persönliche Beleidigungen mißverstanden werden kann nicht genug betont werden. Eine echte Begebenheit ist es wert, hier als Beispiel gebracht zu werden.[10] Eine Gruppe von Musikern war auf der Rückfahrt nach New York in einem Bus; und sie fingen an, auf die Frau eines der Bandmitglieder, der in Detroit lebte, *sounds* zu machen: sie hüpft mit dem Eismann in's Heu usw. Als sie zum Hotel kamen, merkten sie, daß er nicht mehr da war. Später fanden sie heraus, daß er nach Detroit zurückgefahren war und dort tatsächlich seine Frau mit einem anderen Mann im Bett vorgefunden hatte. Kurze Zeit darauf beging er Selbstmord.

Man braucht nicht von vielen solcher Fälle zu berichten, um zu zeigen, wie gefährlich ein nicht eindeutig unwahrer ritueller *sound* ist. Im Verkehr mit Fremden ist es beträchtlich schwieriger zu sagen, was ein sicherer *sound* ist; und es gibt sehr viele Tabus, deren Verletzung ernsthafte Folgen haben kann. Allgemein gesprochen ist ausgedehntes rituelles *sounding* ein Prozeß innerhalb einer Gruppe (an in-group process), und wenn das *sounding* über die Grenzen der Gruppe hinaus stattfindet, soll damit oft ein Kampf provoziert werden. Ein solcher Fall ist von Swett (1966) belegt worden. Ein junger Musiker, genannt Young Beartracks, brachte einen anderen jungen Mann, der unter Chicago Eddi bekannt war, vor der Tür einer Spielhalle in East Palo Alto um. Bei der Zeugenvernehmung vor Gericht wurde gesagt, daß der Schießerei ein Wortstreit zwischen den beiden vorausgegangen wäre. Swett, der die Situation ganz gut kannte, führt aus, daß sie gerade *dozens* gegeneinander richteten, und daß zwischen den beiden bereits eine ziemliche Spannung bestand: Eddi war Mitglied einer Stadtbande und Young Beartracks seit kurzem Mitglied einer Bande auf dem Lande. Die Rolle der *dozens* war in dieser Situation offenkundig für die anschließende Schießerei — tatsächlich war dies ein Fall von verbaler Aggression seitens Eddie gegen Young Beartracks — aber die Richter und die Geschworenen bekamen diesen entscheidenden Aspekt nicht mit:[11]

---

10 Dieser Vorfall ist selbstverständlich anonym; er wurde mir jedoch von engen Mitarbeitern berichtet, die einige der Beteiligten gut kennen.
11 Ich verdanke Dan Swett vom San Francisco State College weiteres Material über diesen Vorfall; er war direkt bekannt mit einigen der Hauptpersonen in diesem Fall.

Der erste Zeuge der Anklage, der Aufpasser der Spielhalle und Mitglied der Stadtbande, sagte im Kreuzverhör aus, daß „Eddie ihn (Young Beartracks) mit *dozens* beschimpfte" (he put him in the dozens); aber den Bemühungen des Verteidigers, für eine Klärung des Begriffs *dozens* zu sorgen, wurde von der Anklage entgegengetreten mit der Begründung, daß der Zeuge nicht als ein Experte für semantische Fragen qualifiziert sei (Swett 1966).

Wir können nun Regel 2 für die Reaktion auf einen *sound* geben.

(2)   Wenn A einen *sound* auf B gemacht hat, macht B einen *sound* auf A, indem er eine neue Proposition P' behauptet, die sich auf ein mit A in Verbindung stehendes Angriffsziel, T(A), richtet, und zwar so, daß es ein AB-Ereignis ist, daß P' unwahr ist. P' kann in einen Satz als eine Quantifikation eines pejorativen Attributs X' von T(A) eingebettet sein.

Dies ist eine Produktionsregel in dem unten dargestellten Schema. Sie enthält auch, im ersten Satz, eine Beziehung zu der DD Sequenzierungs-Regel, die unabhängig formuliert werden kann als:

(3)   die Antwort auf einen *sound* ist ein *sound*.

Wir haben damit das Paradigma für Diskursanalyse, von dem wir ausgegangen sind, ausgefüllt; es kann nunmehr folgendermaßen dargestellt werden:

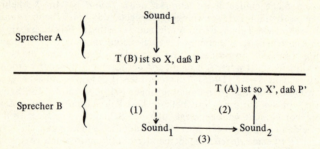

Eine interessante Bedingung besteht hier für P', nämlich: *wenn* X' ≠ X, *dann* P' = P. Mit anderen Worten, wenn A sagt, *Your mother so old she fart dust (Deine Mutter so alt,* daß sie Staub furzt), kann B nicht sagen, *Your mother so skinny she fart dust* oder *Your mother so black she fart dust* (Deine Mutter ist so mager, daß sie Staub furzt. Deine Mutter ist so schwarz, daß sie Staub furzt). Aber wenn X' = X, dann ist es möglich, daß P' = P, wenn das Angriffsziel T geändert wird, wenngleich dies die schwächste Art von Erwiderung ist. Unter kleinen Kindern, die nicht so gute *sounds* machen können, hört man bisweilen solche *sounds* wie:

Your mother got funky drawers.
Your father got funky drawers.

(Deine Mutter hat stinkige Unterhosen.
Dein Vater hat stinkige Unterhosen.)

Aber man hört als eine Antwort nicht, *"Your* mother got funky drawers" (*Deine* Mutter hat stinkige Unterhosen), weil das einem Bestreiten des *sound* gleichkäme. Man kann jetzt auch sehen, warum es unmöglich ist, rituelle *sounds* abzustreiten; denn einen *sound* abstreiten heißt zugeben, daß es *nicht* eine Frage des allgemeinen Wissens ist, daß er offensichtlich unwahr ist; gerade so wie einen *sound* entschuldigend zu erklären oder zu entschärfen ein Zugeständnis ist, daß er tatsächlich zutreffend ist.

Die Beschreibung von P als etwas, das offensichtlich unwahr ist — daß seine Unwahrheit ein AB-Ereignis ist — ist äquivalent mit der Entscheidung, daß der *sounder* es nicht "ernst" meint. Diese Entscheidung muß bei jedem Gespräch zwischen zwei Menschen getroffen werden; ob es sich um Befehle, Bitten, Behauptungen oder *sounds* handelt, dies ist immer der erste Interpretationsakt, den der Hörer zu machen hat. Wie Harvey Sacks (1972) betont, zieht diese Entscheidung wichtige Folgen nach sich: wenn der Sprecher als ernsthaft beurteilt wird, muß eine angemessene, zu der Situation passende Erwiderung gefunden werden. Wenn der Sprecher scherzt, dann ist alles, was normalerweise erwartet wird, ein Lachen — unabhängig von dem, was von dem ersten Sprecher gesagt wurde. Im Falle des *sounding* wird die Entscheidung getroffen, daß der Sprecher es nicht ernst meint — die Beschimpfung ist eine rituelle —, die Antwort aber wird bis zu einem gewissen Grade von der Natur der Proposition P gesteuert. Überlegenheit im *sounding* und der erfolgreiche Ausgang des Wettstreits hängen von der Relation von P' zu P ab.

Die folgende, mehr allgemeine Formulierung der Interaktionsstruktur geht auf Vorschläge von Erving Goffman zu einer früheren Version dieser Analyse zurück. Goffmans Bezugsrahmen grenzt 4 grundlegende Eigenschaften des *rituellen sounding* ab gegenüber anderen Typen von beleidigendem Verhalten:

1. Ein *sound* eröffnet ein *Feld,* bei dem die Absicht besteht, es zu behaupten. Ein *sound* wird in der Erwartung vorgebracht, daß ein anderer *sound* als Antwort darauf erfolgen wird, und daß dieser zweite *sound* formal auf ihn aufbaut. Ein Spieler, der einen Anfangs*sound* macht, bietet damit den anderen die Gelegenheit, ihr Können auf seine Kosten zu entwickeln.

2. Neben den ersten beiden Spielern ist die Rolle einer dritten Person notwendig.

3. Jede dritte Person kann zu einem Spieler werden, besonders wenn einer der beiden zunächst beteiligten Spieler versagt.

4. Beträchtliche symbolische Distanz wird gewahrt und ermöglicht, dies Sprechereignis gegenüber anderen Arten verbaler Interaktion abzugrenzen.

Diese Eigenschaften, die in den vorausgehenden Absätzen erläutert wurden, sind die Mittel, durch die der Beschimpfungsprozeß sozialisiert und zu einem Spiel wird. Sie können möglicherweise durch abstrakte Regeln der verbalen Interaktion formalisiert werden.

[...]

Damit liegt die Antwort auf das von uns gestellte anfängliche Problem in dem Begriff eines rituellen Ereignisses als einem Ereignis, das ohne Bezugnahme auf die genannten Personen formuliert wird. *Sounds* sind auf Angriffsziele gerichtet, die dem Gegner sehr nahe stehen (oder auf ihn selbst), aber aufgrund sozialer Konvention herrscht Übereinstimmung darüber, daß sie sich auf keine Attribute, die die Personen tatsächlich besitzen, beziehen: in Goffmans Formulierung dient die bewahrte symbolische Distanz dazu, diese rituelle Interaktion vor weiteren Konsequenzen abzuschirmen. Die oben für das *sounding* angegebenen Regeln und die Entwicklung von *sounds* ins Bizarre und Verwunderliche haben alle die Wirkung, daß dieser rituelle Status erhalten bleibt. Wie wir gesehen haben, kann die Konvention für das Ritual bei jüngeren Sprechern oder unter ungewöhnlichen Umständen zusammenbrechen − und die Gefahren eines solchen Versagens ritueller Sicherheitsvorkehrungen sind sehr groß. Rituale sind Freiräume (sanctuaries); im Ritual sind wir von persönlicher Verantwortung für unsere Handlungen befreit. Wenn also jemand in anderen Subkulturen eine Aufforderung zu handeln äußert und ihm aufgrund der vierten Vorbedingung vorgehalten wird "What right have you to tell me that?" (Mit welchem Recht sagst du mir das?), kann seine Erwiderung derselben Strategie folgen:

> It's not my idea − I just have to get the work done.
> I'm just doing my job.
> I didn't pick on you − somebody has to do it.
>
> (Es ist nicht meine Idee − ich muß mich nur darum kümmern, daß die Arbeit getan wird.
> Ich tue nur meine Arbeit.
> Gegen dich habe ich nichts − aber einer muß es ja tun.)

Jede dieser Bemühungen, die Situation unpersönlich zu machen, kann darin erfolgreich sein, daß die Gefahren einer unmittelbaren und direkten Konfrontation und Herausforderung der Autorität beseitigt werden. Rituelle Beschimpfungen werden in derselben Weise dazu benutzt, um Herausforderungen innerhalb einer Peer-Group zu begegnen; und daher muß ein Verständnis des rituellen Verhaltens ein wesentliches Element bei der Aufstellung einer allgemeinen Diskurstheorie sein.

Übersetzt von Hedwig Schilling

9. Der Niederschlag von Erfahrungen in der Syntax von Erzählungen

Im Verlauf unserer Untersuchungen des Vernacular haben wir eine Reihe von Techniken entwickelt, um die Grenzen des individuellen Interviews zu überwinden und umfangreiches Datenmaterial zwangloser Rede auf Tonband aufzuzeichnen.[1] Die wirkungsvollste dieser Techniken stimuliert *Erzählungen persönlicher Erfahrung*, in denen der Sprecher tief in Ereignisse seiner Vergangenheit hineingezogen wird, die er wiedererzählt oder sogar wiedererlebt. Die Frage nach einer "lebensgefährlichen Situation" ("Danger of Death" question) ist der Prototyp und findet nach wie vor allgemeine Anwendung: an einem bestimmten Punkt des Gesprächs[2] fragt der Interviewer: "Waren Sie (warst du) jemals in einer Situation, wo Sie (du) in ernster Gefahr waren (warst), getötet zu werden, wo Sie sich sagten (wo du dir sagtest): 'Jetzt ist es aus'?" In dem Teil unseres Interviewplans, in dem es um Schlägereien geht, fragen wir : "Hattest du schon einmal eine Schlägerei mit einem Typ, der stärker war als du?" Wenn der Informant "ja" sagt, warten wir einen Augenblick und fragen dann einfach: "Was geschah?"[3] Die Erzählungen, die wir durch solche Methoden elizitierten, bilden ein großes Datenkorpus von vergleichbaren sprachlichen Fertigkeiten, die quer durch Altersstufen, Schichten und ethnische Gruppen gehen. Weil sie Reaktionen auf einen sprachlichen Stimulus in der Interviewsituation darstellen, sind sie durch die Interaktionsbeziehung zu dem von außen kommenden Beobachter beeinflußt. Ihre Form ist in der Tat typisch für Erzählungen, die an jemand gerichtet sind, der außerhalb der unmittelbaren Peer-Group des Sprechers steht. Aber weil die Erfahrungen und Emotionen, die hier berührt werden, einen wichtigen Teil in der Lebensgeschichte des Sprechers ausmachen, scheint er teilweise jene Erfahrungen wiederzuerleben, und er kann sein Sprachverhalten nicht mehr so kontrollieren, wie er es normalerweise in individuellen Interviews tut (vgl. Kap. 2, Bd. 1).

----

1 Vgl. für einen Überblick über diese Techniken und eine quantitative Analyse ihrer Wirksamkeit Kap. 2 von Band 1 dieser Ausgabe, "Die Isolierung von Kontextstilen". Unsere gegenwärtige Problemstellung bezieht sich auf die Untersuchung der Struktur und Funktion der Sprache, die in South Central Harlem gesprochen wird; eine vorläufige Fassung stellt der Abschnitt 4.8 in Labov et al. 1968 dar.

2 Wir benutzen keine standardisierten Fragebögen, sondern einen Leitfaden von Themen mit gewissen Überleitungen und von Fragen, die einzeln und detailliert aufgeführt sind. Es ist hier zu bemerken, daß der Zeitpunkt, zu dem die Frage nach der Lebensgefahr gestellt wird, von Bedeutung ist. Es werden komische Ergebnisse erzielt, wenn Studenten sie in einer mechanischen Art und Weise im Stil eines konventionellen Interviews stellen.

3 Man beachte, daß die Ausgangsfrage nur ein oder zwei Worte als Antwort verlangt; sie ist eine "Ja-Nein"-Frage. Der Informant verpflichtet sich zunächst durch ein einfaches 'ja' zu einer Erzählung. Dann verstrickt er sich, als notwendige Rechtfertigung der Behauptung seiner ersten Antwort, mehr und mehr in die Details dessen, was passiert war. Der erste Impuls, der durch die Ja-Nein-Frage gegeben wird, ist ein wichtiges Element bei diesem Vorgehen. In vielen formalen Interviews werden Fragen gestellt wie die folgende: "Können Sie mir etwas Lustiges (Gefährliches, Aufregendes, Wichtiges) erzählen, das Ihnen passiert ist?" Obwohl solche Fragen bei manchen Zuhörern irgendeine Reaktion hervorrufen, sind sie in der Regel sowohl für den Sprecher als auch für den Interviewer unbefriedigend; die Gründe für ihre Inadäquatheit sind ein interessantes Thema für die Analyse von Gesprächen.

In einer früheren Untersuchung haben wir ein allgemeines Analyseverfahren für die Beschreibung von Erzählungen vorgelegt, das spezifiziert, wie sprachliche Fertigkeiten dazu benutzt werden, Erfahrungen zu bewerten (Labov und Waletzky 1967). In diesem Kapitel untersuchen wir die Erzählungen, die wir bei unserer Studie in South-Central Harlem von Halbwüchsigen (9 bis 13 Jahre alt), Heranwachsenden (14 – 19) und Erwachsenen erhalten haben, um zu sehen, welche verbalen Techniken innerhalb der Kultur des Black English Vernacular verwendet werden, um Erfahrungen zu bewerten. In der früheren Analyse konzentrierten wir uns auf die Anordnung der evaluativen Teilsätze (evaluative clauses) in einem „Evaluationsteil" (evaluation section), die die Handlung der Erzählung an einem kritischen Punkt unterbrachen; die folgende Darstellung berücksichtigt ein breiteres Spektrum von evaluativen Elementen, einschließlich der syntaktischen Elaboration des Teilsatzes selber. Ein unerwartetes Ergebnis des Vergleichs quer durch die Altersgruppen hindurch ist, daß der Gebrauch vieler syntaktischer Muster für die Evaluation sich erst in späteren Lebensjahren entwickelt, d.h., sie entwickeln sich stetig von den Halbwüchsigen über die Heranwachsenden bis zu den Erwachsenen.

Bevor wir mit der Analyse beginnen, scheint es hilfreich, den Leser mit dem allgemeinen Charakter der Erzählungen und ihrem Einfluß auf den Stil des Black English Vernacular vertraut zu machen. Wir wollen hier drei Erzählungen von Schlägereien vollständig anführen, und zwar von Anführern von Peer-Groups aus Gebieten in South-Central Harlem, die weit und breit für ihre sprachliche Gewandtheit im Vernacular bekannt sind; auf diese werden wir im Laufe der Untersuchungen verweisen, um die strukturellen Merkmale der Erzählung zu erläutern. Die erste ist von Boot.[4]

(1)	(Something Calvin did that was really wild?) Yeah.	(Etwas, was Calvin gemacht hat, was wirklich hart war?) Ja.
a	It was on a Sunday	Es war an einem Sonntag
b	and we didn't have nothin' to do after I – after we came from church	und wir hatten nichts zu tun, nachdem ich – nachdem wir aus der Kirche kamen.
c	Then we ain't had nothin' to do.	Dann hatten wir nichts zu tun.
d	So I say, "Calvin, let's go get our – out our dirty clothes on and play in the dirt"	Also sagte ich, "Calvin, ziehen wir unsere dreckigen Sachen an und spielen wir im Dreck."
e	And so Calvin say, "Let's have a rock – a rock war."	Und dann sagte Calvin, "Machen wir eine Stein - eine Stein-schlacht."
f	And I say, "All right."	Und ich sagte, "Na gut."
g	So Calvin had a rock.	Dann nahm Calvin einen Stein.
h	And we as – you know, here go a wall	Und wir – weißt du, hier läuft eine Mauer
i	and a far away here go a wall.	und, ein ganzes Stück von hier läuft eine Mauer.
j	Calvin th'ew a rock.	Und Calvin warf einen Stein.
k	I was lookin' and – uh –	Ich guckte und – uh –

---

4 Die Äußerungen in Klammern stammen vom Interviewer. Die Ausgangsfragen, die vom Interviewer gestellt wurden, sind außerdem angeführt, um den evaluativen Fokus der Erzählung verständlicher zu machen.

l	And Calvin th'ew a rock.	l	Und Calvin warf einen Stein.
m	It oh – it almost hit me.	m	Er ah – er hat mich fast getroffen.
n	And so I looked down to get another rock;	n	Nun schaute ich herum, um einen anderen Stein zu kriegen.
o	Say "Ssh!"	o	Es machte "Schsch!"
p	An' it pass me.	p	Und er ging an mir vorbei.
q	I say, "Calvin, I'm bust your head for that!"	q	Ich sagte, "Calvin, dafür schlag' ich dir den Schädel ein!"
r	Calvin stuck his head out.	r	Calvin streckte seinen Kopf vor.
s	I th'ew the rock	s	Ich warf den Stein
t	An' the rock went up,	t	und der Stein flog hoch,
u	I mean – went up –	u	ich meine – er flog hoch –
v	came down	v	kam runter
w	an' say [slap!]	w	und macht [Klatsch!]
x	an' smacked him in the head	x	und schlug ihm an den Kopf
y	an' his head busted.	y	und da platzte ihm der Kopf.

Die zweite Geschichte ist von Larry H., dem Kernmitglied der Jets, dessen logisches Denken in Labov (1970a) analysiert wurde. Dies ist eine der von Larry erzählten drei Geschichten von Schlägereien, die in sprachlicher Gewandtheit seinem rhetorischen Talent entsprechen, in der kulturellen Eigenart des Black Vernacular zu argumentieren, rituelle Beschimpfungen und andere Sprechereignisse zu äußern.[5]

(2) a	An' then, three weeks ago I had a fight with this other dude outside.	a	Und dann, vor drei Wochen kam es zu einer Schlägerei zwischen mir und diesem anderen Kerl da draußen.
b	He got mad 'cause I wouldn't give him a cigarette.	b	Er wurde sauer, weil ich ihm keine Zigarette geben wollte.
c	Ain't that a bitch? (Oh yeah?)	c	Ist das nicht blöd? (Ja?)
d	Yeah, you know, I was sittin' on the corner an' shit, smokin' my cigarette, you know	d	Ja, weißt du, ich saß auf dem Gehsteig, und so, rauchte eine Zigarette, weißt du.
e	I was high, an' shit.	e	Ich war high, und so.
f	He walked over to me,	f	Er kam zu mir herüber,
g	"Can I have a cigarette?"	g	"Kann ich eine Zigarette haben?"
h	He was a little taller than me, but not that much.	h	Er war etwas größer als ich, aber nicht so viel.
i	I said, "I'ain't got no more, man,"	i	Ich sagte, "Ich habe keine mehr, Mensch",
j	'cause, you know, all I had was one left.	j	weil, weißt du, ich hatte nur noch eine übrig.
k	An' I ain't gon' give up my last cigarette unless I got some more.	k	Und ich gebe niemandem meine letzte Zigarette, bevor ich keine neuen habe.
l	So I said, "I don't have no more, man."	l	Also sagte ich, "Ich habe keine mehr, Mensch."

---

5 Siehe Kapitel 8 für weitere Zitate von Larry.

m   So he, you know, dug on the pack,
    'cause the pack was in my pocket.

n   So he said, "Eh man, I can't get a
    cigarette, man?

o   I mean – I mean we supposed to
    be brothers, an' shit."

p   So I say, "Yeah, well, you know,
    man, all I got is one, you dig it?"

q   An' I won't give up my las' one to
    nobody.

r   So you know, the dude, he looks
    at me,

s   An' he – I 'on' know –
    he jus' thought he gon' rough that
    motherfucker up.

t   He said, "I can't get a cigarette."

u   I said, "Tha's what I said, my man".

v   You know, so he said, "What you
    supposed to be *bad*, an' shit?

w   What, you think you *bad* an' shit?"

x   So I said, "Look here, my man,

y   I don't think I'm bad, you under-
    stand?

z   But I mean, you know, if I had it,
    you could git it.

aa I like to see you with it, you dig it?

bb But the sad part about it,
cc You got to do without it.

dd That's all, my man."
ee So the dude, he 'on' to pushin'
    me, man.
    (Oh, he pushed you?)
ff An' why he do that?
gg *Everytime somebody fuck with
    me,*
    why they do it?
hh I put that cigarette down,
ii An' boy, let me tell you,
    I beat the shit outa that mother-
    fucker.

m   Dann, weißt du, sah er das Pa-
    ket, denn das Paket war in mei-
    ner Hemdentasche.

n   Dann sagte er, "Was, Mensch,
    ich kriege keine Zigarette,
    Mensch?

o   Ich meine – ich meine, wir soll-
    ten Brüder* sein, oder?"

p   Nun, ich sage, "Ja, gut, Mensch,
    weißt du, alles, was ich habe, ist
    diese eine, kapierst du das?"

q   Und ich gebe meine letzte
    Zigarette niemandem.

r   Na, gut, der Kerl, er guckt mich
    an,

s   und er – ich weiß nicht –,
    er wollte mir eine in die
    Fresse schlagen.

t   Er sagte, "Ich kriege keine
    Zigarette".

u   Ich sagte, "Das habe ich gesagt,
    mein Lieber".

v   Weißt du, da sagte er, "Glaubst
    du eigentlich, du wärst wer
    weiß wie *stark*, und so?

w   Was, bildest du dir etwa ein,
    du wärst *stark* und so?"

x   Na, ich sagte, "Guck mal, mein
    Lieber,

y   ich bilde mir nicht ein, daß ich
    stark bin, verstehst du?

z   Aber ich glaube, weißt du, wenn
    ich eine hätte, so würdest du die
    bekommen.

aa Ich wäre froh, dich damit zu se-
    hen, verstehst du?

bb Aber das Traurige ist,
cc daß du ohne sie auskommen
    mußt.

dd So ist das, mein Lieber."
ee Und dann fängt der Typ an,
    mich zu stoßen.
    (Ah, er stieß dich?)
ff Und warum hat er das getan?
gg *Jedesmal fängt einer mit so ei-
    nem Scheiß an,*
    warum tun sie das?
hh Ich legte die Zigarette hin,
ii und Mensch, ich sage dir,
    ich habe diesen Scheißkerl ge-
    prügelt, bis er in die Hosen schiß.

----

*   [Anm. d. Hrsgg.]
    "Soul brothers" bedeutet "Wir sind beide Schwarze und sollten einander helfen".

jj	I tried to *kill* 'im – over one cigarette!		jj	Ich wollte ihn *totschlagen* – wegen einer Zigarette!
kk	I tried to *kill* 'm. Square business!		kk	Ich wollte ihn *totschlagen*. Ehrlich!
ll	After I got through stompin' him in the face, man,		ll	Nachdem ich damit fertig war, ihm ins Gesicht zu treten,
mm	You know, all of a sudden I went crazy!		mm	weißt du, hab' ich auf einmal durchgedreht.
nn	I jus' went crazy.		nn	Ich hab' einfach durchgedreht.
oo	An' I jus' wouldn't stop hittin the motherfucker.		oo	Und ich wollte nicht aufhören, diesen Scheißkerl zu schlagen.
pp	Dig it, I couldn't stop hittin 'im, man, till the teacher pulled me off o' him.		pp	Verstehst du, ich konnte nicht aufhören, bis mich der Lehrer von ihm losriß.
qq	An' guess what? After all that I gave the dude the cigarette, after all that.		qq	Und weißt du was? Schließlich gab ich diesem Kerl die Zigarette, nach all dem, was passiert war.
rr	Ain't that a bitch? (How come you gave 'im a cigarette?)		rr	Ist das nicht blöd? (Warum gabst du ihm die Zigarette?)
ss	I 'on' know.		ss	Weiß nicht.
tt	I jus' gave it to him.		tt	Ich habe sie ihm einfach gegeben.
uu	An' he smoked it, too!		uu	Und er hat sie auch geraucht!

Unter den Jugendlichen, die wir bei unseren Voruntersuchungen in South-Central Harlem interviewten, fiel uns John L. sofort als begabter Geschichtenerzähler auf; die folgende ist eine von etlichen Erzählungen, die bei vielen Zuhörern starke Beachtung gefunden hat.

(3)	(What was the most important fight that you remember, one that sticks in your mind . . .)		(Welches war die wichtigste Schlägerei, an die du dich erinnern kannst, eine, die dir im Gedächtnis geblieben ist . . .)
a	Well, one (I think) was with a girl.	a	Na, (ich glaube), es war eine mit einem Mädchen.
b	Like I was a kid, you know,	b	Ich war noch klein, weißt du,
c	And she was the baddest girl, *the baddest girl in the neighbourhood.*	c	Und sie war das stärkste Mädchen, *das stärkste Mädchen in der Gegend.*
d	If you didn't bring her candy to school, she would punch you in the mouth;	d	Wenn man ihr keine Bonbons in die Schule mitbrachte, schlug sie dir eine in die Fresse.
e	And you had to kiss her when she'd tell you.	e	Und man mußte sie küssen, wenn sie es befahl.
f	This girl was only about 12 years old, man,	f	Dieses Mädchen war nur etwa 12 Jahre alt, Mensch,
g	but she was a killer.	g	aber sie war ein Killer.
h	She didn't take no junk;	h	Sie ließ sich nichts sagen.
i	She whupped all her brothers.	i	Sie schlug alle ihre Brüder nieder.
j	And I came to school one day	j	Eines Tages kam ich in die Schule
k	and I didn't have no money.	k	und ich hatte kein Geld.

l	My ma wouldn't give me no money.	l	Meine Alte wollte mir kein Geld geben.
m	And I played hookies one day,	m	Als ich einmal die Schule schwänzte,
n	(She) put something on me.[6]	n	haute sie mir ordentlich eine runter.
o	I played hookies, man,	o	Ich schwänzte die Schule, Mensch,
p	so I said, you know, I'm not gonna play hookies no more 'cause I don't wanna get a whupping.	p	aber ich sagte mir, weißt du, ich werde die Schule nie wieder schwänzen, denn ich will keine Prügel.
q	So I go to school	q	Also gehe ich in die Schule,
r	and this girl says, "Where's the candy?"	r	und dieses Mädchen sagt, "Wo sind die Bonbons?"
s	I said, "I don't have it."	s	Ich sage, "Ich habe keine."
t	She says, poww!	t	Sie sagt, paaaf!
u	So I says to myself, "There's gonna be times my mother won't give me money because (we're) a poor family	u	Also sage ich mir: "Es wird noch oft passieren, daß mir meine Mutter kein Geld gibt, weil wir eine arme Familie sind,
v	And I can't take this all, you know, every time she don't give me any money."	v	und ich kann das nicht ertragen, weißt du, jedes Mal, wenn sie mir kein Geld gibt."
w	So I say, "Well, I just gotta fight this girl.	w	Also sage ich mir, "Gut, dann muß ich mich einfach mit diesem Mädchen prügeln.
x	She gonna hafta whup me.	x	Sie wird mich niederschlagen müssen.
y	I hope she don't whup me."	y	Hoffentlich schlägt sie mich nicht nieder."
z	And I hit the girl: powwww!	z	Und ich schlug das Mädchen: paaaf!
aa	And I put something on it.	aa	Und ich schlug sie heftig.
bb	I win the fight.	bb	Ich habe die Schlägerei gewonnen.
cc	That was one of the most important.	cc	Das war eine der wichtigsten.

Im folgenden wollen wir zunächst eine allgemeine Definition der Erzählung geben (Abschnitt 1) sowie herausfinden, welche Gesamtstruktur sie hat (Abschnitt 2), welche Arten der Evaluation es gibt und wie diese in der Erzählstruktur verankert sind (Abschnitt 3); dann wollen wir die zugrundeliegende Syntax von narrativen Teilsätzen (narrative clauses) und die Bedingungsfaktoren syntaktischer Komplexität untersuchen (Abschnitt 4) und schließlich die Verwendung von komplexen syntaktischen Strukturen im Bereich der Evaluation und ihre Entwicklung mit fortschreitendem Alter (Abschnitt 5). Der größte Teil der Erzählungen, die hier aufgeführt werden, stammt aus unserer Arbeit in South-Central Harlem, aber es wird häufig auf Material verwiesen, das in anderen Stadtteilen und ländlichen Gebieten aufgezeichnet wurde und sowohl auf weiße als auch auf farbige Informanten zurückgeht.

---

6 *To put something on someone* bedeutet 'to hit him hard' (jemanden heftig schlagen).
   Vergleiche auch Zeile aa *I put something on it* = 'I hit hard'.

1. Definition der Erzählung

Wir definieren die Erzählung als eine Methode, zurückliegende Erfahrung verbal dadurch zusammenzufassen, daß eine Folge von Teilsätzen (clauses) eine Folge von Ereignissen zum Ausdruck bringt, die, wie wir annehmen, tatsächlich vorgefallen sind.

Zur Erläuterung folgende Beispiele:

Die Erzählung eines Halbwüchsigen:

(4)	a	This boy punched me	a	Dieser Junge schlug mich
	b	and I punched him	b	und ich schlug ihn
	c	and the teacher came in	c	und die Lehrerin kam herein
	d	and stopped the fight.	d	und stoppte die Schlägerei.

und die Erzählung eines Erwachsenen:

(5)	a	Well this person had a little too much to drink	a	Ja, also, diese Person hatte ein wenig zu viel getrunken
	b	and he attacked me	b	und er griff mich an
	c	and the friend came in	c	und die Freundin kam herein
	d	and she stopped it.	d	und sie stoppte es.

In jedem der beiden Beispiele haben wir vier unabhängige Teilsätze, die der Reihenfolge der angedeuteten Ereignisse entsprechen. Es ist wichtig, hier zu erwähnen, daß andere Mittel zur Verfügung stehen, um diese Erfahrungen zu rekapitulieren; diese zeigen dann nicht die gleiche Abfolge; so kann syntaktische Einbettung verwendet werden:

(6)	a	A friend of mine came in just in time to stop this person who had a little too much to drink from attacking me.	a	Eine Freundin von mir kam gerade im richtigen Augenblick herein, um diese Person, die ein wenig zu viel getrunken hatte, davon abzuhalten, mich anzugreifen.

Andererseits kann das Plusquamperfekt benutzt werden, um die Abfolge umzukehren:

(7)	a	The teacher stopped the fight.	a	Die Lehrerin stoppte die Schlägerei.
	b	She had just come in.	b	Sie war gerade hereingekommen.
	c	I had punched this boy.	c	Ich hatte diesen Jungen geschlagen.
	d	He had punched me.	d	Er hatte mich geschlagen.

Erzählungen sind dann nur eine Möglichkeit, vergangene Erfahrung zu rekapitulieren: die Teilsätze sind in charakteristischer Weise nach ihrer temporalen Abfolge geordnet; wenn narrative Teilsätze umgekehrt werden, wird die angenommene temporale Abfolge der ursprünglichen semantischen Interpretation verändert: *I punched this boy / and he punched me* (Ich schlug diesen Jungen / und er schlug mich) anstelle von *This boy punched me / and I punched him* (Dieser Junge schlug mich / und ich schlug ihn).

Im Sinne dieser Konzeption von einer Erzählung können wir eine *Minimal-Erzählung* als Abfolge von zwei Teilsätzen definieren, die *temporal geordnet* sind: das heißt, eine Veränderung in ihrer Reihenfolge läuft auf eine Veränderung der temporalen Abfolge der ursprünglichen semantischen Interpretation hinaus. Mit anderen Worten, es gibt eine temporale Verknüpfung (temporal juncture) zwischen den zwei Teilsätzen, und eine Minimal-Erzählung ist dann dadurch definiert, daß sie eine einzige temporale Verknüpfung enthält.

Der Kern einer Erzählung besteht dann aus einer Folge von temporal geordneten Teilsätzen, die wir als *narrative Teilsätze* (narrative clauses) bezeichnen können. Eine Erzählung wie (4) oder (5) besteht vollständig aus narrativen Teilsätzen. Die folgende ist eine Minimal-Erzählung, die nur zwei enthält:

(8) a I know a boy named Harry.

     b Another boy threw a bottle at him
        right in the head

     c and he had to get seven stitches.

a Ich kenne einen Jungen, der Harry heißt.

b Ein anderer Junge warf ihm eine Flasche direkt an den Kopf

c und er mußte sieben Stiche bekommen.

Diese Erzählung besteht aus drei Teilsätzen, aber nur zwei sind narrative Teilsätze. Der erste weist keine temporale Verknüpfung auf und könnte hier hinter *b oder c* placiert werden, ohne die temporale Folge zu stören. Es gilt gleichermaßen für das Ende wie für den Anfang, daß der Erzähler einen Jungen kennt, der Harry heißt. Satz *a* kann als *freier Teilsatz* (free clause) bezeichnet werden, da er keiner temporalen Einschränkung unterliegt.

Manchmal will es bei einer Anzahl von Sätzen so scheinen, als stellten sie eine Erzählung dar, aber eine genauere Untersuchung zeigt, daß sie keine temporale Verknüpfung aufweisen und damit in der Tat keine Erzählung in unserem Sinne sind. Zum Beispiel wurde Folgendes als Antwort auf die Frage nach der Lebensgefahr von einem Mitglied der Inwood-Gruppe erzählt:

(9) (You ever been in a situation where
      you thought you were gonna get
      killed?)
      Oh, yeah, lotta time, man.
      (Like, what happened?)

     a Well, like we used to jump off
        the trestle

     b and the trestle's about six-seven
        stories high.

     c You know, we used to go swimmin'
        there . . .

     d We used to jump offa there, you
        know.

     e An' uh-like, wow! Ya get up there

     f An' ya feel like
        you are gonna die and shit,
        you know.

     g Couple a times I almost . . .
        I thought I was gonna drown,
        you know.

(Bist du je in einer Lage gewesen, wo du dachtest, daß du umkommen würdest?)
Ach ja, oft, Mensch.
(Was passierte da?)

a Na ja, wir sprangen immer von einem Bahnübergang

b und der Bahnübergang ist ungefähr sechs oder sieben Stockwerke hoch.

c Weißt du, wir gingen dort schwimmen . . .

d Wir tauchten von dort, weißt du.

e Und oh-uh, Mensch! Man steigt hinauf und steht da

f und man fühlt sich so, als ob man sterben wird und so, weißt du.

g Mehrmals habe ich fast habe ich gedacht, ich würde ertrinken, weißt du.

Da sich all diese Teilsätze auf allgemeine Ereignisse beziehen, die unbestimmt häufig vorgekommen sind, ist es nicht möglich, die Situation dadurch zu falsifizieren, daß man die Teilsätze umkehrt. Die Sätze *f* und *g* verweisen auf Ereignisse, die sich auf einen bestimmten Vorfall beziehen, aber da sie im verallgemeinernden Präsens stehen, verweisen sie auf eine unbestimmte Anzahl von Vorfällen, so daß der Fall ist, daß auf einige *f* einige *g* folgten. Teilsätze, die *used to, would* und das Präsens enthalten, sind keine narrativen Teilsätze und tragen somit nicht zur Substanz einer Erzählung bei.

Es ist ebenso der Fall, daß Nebensätze (subordinate clauses) keine narrativen Teilsätze darstellen. Wenn einmal ein Satz einem anderen untergeordnet ist, ist es nicht mehr möglich, die ursprüngliche semantische Interpretation dadurch zu verändern, daß man die Reihenfolge der beiden Sätze umkehrt. Entsprechend enthält John L.s Erzählung

(3) d If you didn't bring her candy
        to school
        she would punch you in the mouth.
     e And you had to kiss her
        when she'd tell you.

     d Wenn man ihr keine Bonbons
        in die Schule mitbrachte,
        schlug sie dir eine in die Fresse.
     e Und man mußte sie küssen,
        wenn sie es befahl.

zwei Ereignisfolgen, von denen jede tatsächlich temporal geordnet ist: *zuerst* brachte man ihr keine Bonbons mit, *dann* würde sie dich schlagen, *zuerst* befahl dir das Mädchen, und *dann* küßtest du sie, und nicht umgekehrt. Aber dieses ist nicht durch die Reihenfolge der Sätze gegeben; ihre Umkehrung beeinträchtigt diese Interpretation nicht:

     d′ She would punch you in the mouth
         if you didn't bring her candy to
         school,
     e′ and when she'd tell you
         you had to kiss her.

     d′ Sie schlug dir eine in die Fresse,
         wenn man ihr keine Bonbons in
         die Schule mitbrachte,
     e′ und wenn sie es befahl,
         mußtest du sie küssen.

Lediglich unabhängige Teilsätze (independent clauses) können als narrative Teilsätze fungieren, und, wie wir später sehen werden, nur bestimmte Arten von unabhängigen Teilsätzen. In der folgenden Darstellung von Erzählungen wollen wir jeden Teilsatz in einer neuen Zeile aufführen, aber nur den unabhängigen Teilsatz mit einem Buchstaben bezeichnen. Die Syntax der einzelnen Teilsätze wird der Schwerpunkt der Abschnitte 4 und 5 sein; zunächst wollen wir die Teilsätze als ganze, d.h. nicht weiter segmentierte, untersuchen, klassifiziert als narrativ und frei.[7] Die entsprechende Anordnung dieser Teilsätze ist der Aspekt der Erzählanalyse, der in Labov und Waletzky (1967) untersucht worden ist; wir wollen uns hiermit nur kurz befassen, bevor wir zu der internen Struktur (der Teilsätze) übergehen.

----

7 Es gibt auch *eingeschränkte Teilsätze* (restricted clauses), die für einen Teilbereich der Erzählung umgestellt werden können, ohne die temporale Abfolge der ursprünglichen semantischen Interpretation zu verändern, nicht aber für den gesamten Bereich (der Teilsätze) einer Erzählung.

2. Die Gesamtstruktur der Erzählung

Einige Erzählungen, wie zum Beispiel (4), enthalten nur narrative Teilsätze; sie sind vollständig in dem Sinne, daß sie einen Anfang, eine Mitte und ein Ende haben. Aber es gibt andere Elemente in der Erzählstruktur, die in weiter entwickelten Typen vorgefunden werden. Eine voll entfaltete Erzählung (fully-formed narration) zeigt in der Regel folgende Struktur:

(10)　1. Abstrakt (abstract)
　　　　2. Orientierung (orientation)
　　　　3. Handlungskomplikation (complicating action)
　　　　4. Evaluation (evaluation)
　　　　5. Resultat oder Auflösung (result or resolution)
　　　　6. Koda (coda)

Natürlich gibt es komplizierte Verkettungen und Einbettungen dieser Elemente, aber hier beschäftigen wir uns mit einfacheren Formen. Die Handlungskomplikation ist in Abschnitt 1 erläutert worden, und das *Resultat* kann für den Moment als Beendigung dieser Reihe von Ereignissen angesehen werden. Wir wollen kurz den Charakter und die Funktion des Abstrakts, der Orientierung, der Koda und der Evaluation betrachten.

2.1. Der Abstrakt

Es ist für den Erzähler nicht ungewöhnlich, mit einem oder zwei Sätzen anzufangen, die die ganze Geschichte zusammenfassen.

(11)　(Were you ever in a situation where　　(Bist du je in einer Lage gewesen,
　　　 you thought you were in serious　　　 wo du dich in ernsthafter Gefahr
　　　 danger of being killed?)　　　　　　 glaubtest, getötet zu werden?)
　　　 I talked a man out of – Old Doc Simon　Ich mußte einem Mann ausreden –
　　　 I talked him out of pulling the trigger.　es war der alte Doktor Simon –
　　　　　　　　　　　　　　　　　　　　　　ich mußte ihm ausreden, abzu-
　　　　　　　　　　　　　　　　　　　　　　drücken.

Wenn man diese Geschichte hört, hat man den Eindruck, daß der Abstrakt den Kern der Geschichte wiedergibt. In (12) findet man eine Sequenz zweier solcher Abstrakts vor:

(12)　(Were you ever in a situation where　　(Bist du je in einer Lage gewesen,
　　　 you were in serious danger of being　　wo du dich in ernster Gefahr
　　　 killed?)　　　　　　　　　　　　　　glaubtest, getötet zu werden?)
　　 a My brother put a knife in my　　　 a Mein Bruder hat mir ein Messer
　　　 head.　　　　　　　　　　　　　　 in den Kopf gestoßen.
　　　 (How'd that happen?)　　　　　　　 (Wie kam das denn?)
　　 b Like kids, you get into a fight　　 b Wie das bei Kindern so ist,
　　　　　　　　　　　　　　　　　　　　 hatten wir eine Schlägerei
　　 c and I twisted his arm up behind　　c und ich habe seinen Arm nach
　　　 him.　　　　　　　　　　　　　　　 hinten gedreht.
　　 d This was just a few days after my　 d Das war einige Tage, nachdem
　　　 father died . . .　　　　　　　　　　 mein Vater gestorben war . . .

Hier gibt der Sprecher erst einen Abstrakt, und dann, nach der Frage des Interviewers, einen weiteren. Darauf beginnt er mit der Erzählung selbst, ohne ein weiteres Stichwort. Die Erzählung könnte genauso gut mit dem freien Teilsatz* *d* begonnen haben; *b* und *c* sind in diesem Sinne nicht unbedingt erforderlich, da sie den gleichen Vorgang thematisieren wie die Erzählung als ganze. Larrys Erzählung (2) ist die dritte einer Dreierfolge, und es wurde keine Frage unmittelbar vor der Erzählung selbst gestellt, aber man findet einen gut formulierten Abstrakt vor:

(2)	a	An' then, three weeks ago I had a fight with this other dude outside.	a	Und dann, vor drei Wochen, kam es zu einer Schlägerei zwischen mir und diesem anderen Kerl da draußen.
	b	He got mad 'cause I wouldn't give him a cigarette.	b	Er wurde sauer, weil ich ihm keine Zigarette geben wollte.
	c	Ain't that a bitch?	c	Ist das nicht blöd?

Larry gibt den Abstrakt nicht *anstelle* der Geschichte; er hat nicht die Absicht, dort abzubrechen, sondern er fährt fort, um die Darstellung zu vervollständigen. Was ist dann die Funktion des Abstrakts? Es ist weder eine Ankündigung noch eine Warnung: Der Erzähler wartet nicht darauf, daß der Zuhörer sagt: "Ich habe bereits davon gehört" oder "Erzähle mir das ein anderes Mal". Wenn der Abstrakt den gleichen Vorgang wie die Geschichte thematisiert, was trägt er dann zur Erzählung bei? Wir werden auf dieses Problem weiter unten bei der Diskussion des Evaluationsteils eingehen.

2.2. Orientierung

Zu Beginn ist es notwendig, in irgendeiner Weise den Zeitpunkt, den Ort und die Personen, ihre Aktivität oder die Situation zu kennzeichnen. Dies kann im Verlauf der ersten narrativen Teilsätze geschehen, aber weit häufiger findet man einen Orientierungsteil vor, der sich aus freien Teilsätzen zusammensetzt. In Boots Erzählung (1) setzt der Teilsatz *a* die Zeit fest (*Sonntag*), Teilsatz *b* die Personen (*wir*), die Situation (*nichts zu tun*) und eine weitere Zeitspezifizierung (*nachdem wir aus der Kirche kamen*); danach folgt der erste narrative Teilsatz. In Larrys Erzählung (2) ist eine gewisse Information schon in dem Abstrakt vorhanden (die Zeit − *vor drei Wochen*, der Ort − *draußen vor der Schule*; und die Personen − *dieser andere Kerl und Larry*). Der Orientierungsteil beginnt dann mit einer detaillierten Schilderung der Situation − *Larry sitzt auf dem Gehsteig und ist high*.

Viele der Erzählungen von John L. beginnen mit einer rhetorischen Porträtierung der Hauptfigur − in diesem Fall sind die Teilsätze *a−i* alle dem *stärksten Mädchen in der Gegend* gewidmet, und der erste narrative Teilsatz läßt es zu einer Begegnung zwischen John L. und dem Mädchen auf dem Schulhof kommen. Der Orientierungsteil weist einige besondere syntaktische Eigenschaften

----

* [Anm. d. Hrsgg.]
"Freie Teilsätze" sind solche, die unbeschränkt über dem gesamten Teilsatzbereich der Erzählung permutiert werden können.

auf; es ist durchaus gewöhnlich, daß man eine große Anzahl von Verlaufsformen der Vergangenheit in den Teilsätzen des Orientierungsteiles vorfindet; sie skizzieren diejenigen Vorfälle, die vor Eintreten des ersten Ereignisses der Erzählung oder aber während der ganzen Episode passierten. Was die Orientierung jedoch zu einem so interessanten Phänomen macht, ist ihre Plazierung. Theoretisch ist es für alle freien Orientierungssätze möglich, am Anfang der Erzählung zu stehen, aber in der Praxis sehen wir, daß eine Menge dieses Materials an strategischen Punkten weiter hinten plaziert wird, und zwar aus Gründen, die im folgenden untersucht werden.

2.3. Die Koda

Es gibt auch freie Teilsätze, die am Ende der Erzählung stehen; zum Beispiel endet John L.s Erzählung so:

> cc   That was one of the most important.   Das war eine der wichtigsten.

Dieser Teilsatz bildet die *Koda*. Sie ist eine der vielen Alternativen, die dem Erzähler offenstehen, um anzuzeigen, daß die Erzählung beendet ist. Wir finden viele ähnliche Formen vor.

> (13)   And that was that.   Und das war das.

> (14)   And that – that was it, you know.   Und das – das war es, weißt du.

Kodas können auch allgemeine Beobachtungen enthalten, oder sie können die Wirkung der Ereignisse auf den Erzähler zeigen. Am Ende einer Erzählung über eine Schlägerei steht:

> (15)   I was given the rest of the day off.   Ich hatte den Rest des Tages frei.
>   And ever since then I haven't seen   Seitdem habe ich den Kerl nie wie-
>   the guy   der gesehen,
>   'cause I quit,   denn ich habe gekündigt,
>   I quit, you know.   ich habe gekündigt, weißt du.
>   No more problems.   Keine Probleme mehr.

Einige Kodas, die uns als besonders kunstvoll auffallen, sind auf merkwürdige Art und Weise von dem Hauptteil der Erzählung losgelöst. Eine Frau aus New Jersey erzählte eine Geschichte darüber, daß sie als kleines Mädchen gedacht hatte, sie wäre dabei zu ertrinken, bis ein Mann vorbeikam und sie auf die Füße stellte – das Wasser war nur vier Fuß tief.

> (16)   And you know that man who picked   Und wissen Sie, dieser Mann, der
>   me out of the water?   mich aus dem Wasser gerettet hat,
>   He's a detective in Union City   er ist Detektiv in Union City
>   And I see him every now and again.   und ich sehe ihn hin und wieder.

Diese Kodas (15) und (16) haben die Eigenschaft, den Abstand zwischen dem Zeitpunkt des Endes der Erzählung selbst und der Gegenwart zu überbrücken. Sie bringen den Erzähler und den Zuhörer zurück zu dem Punkt, an dem sie in die Erzählung eingestiegen sind. Es gibt viele Wege, dies zu leisten: in (16) wird der Hauptbeteiligte an der Handlung in die Gegenwart projiziert, in (15) der Erzähler. Aber es gibt auch eine viel allgemeinere Funktion der Koda, die sowohl die Beispiele von (15) und (16) als auch die einfacheren Formen von (13) und (14) subsumiert. Die Koda schließt die Sequenz von Handlungskomplikationen aus und zeigt an, daß keines der Ereignisse, die folgten, für die Erzählung wichtig war. Eine Handlungskette kann als aufeinanderfolgende Antworten auf die Frage "Was passierte?", "Und was passierte dann?" gedacht werden. Nach einer Koda wie *That was that* (das war's) ist die Frage "Was passierte dann?" eigentlich schon beantwortet. "Nichts, ich habe dir gerade erzählt, was passiert ist." Dies ist sogar noch offensichtlicher nach den komplexeren Kodas von (15) und (16); die Zeitreferenz der Unterhaltung ist in die Gegenwart zurückgeführt worden, so daß die Frage "Was passierte dann?" nur als Frage in bezug auf die Gegenwart interpretiert werden kann; die Antwort ist "Nichts; hier bin ich.". Demgemäß kommen die "disjunktiven" Kodas von (15) und (16) weiteren Fragen zur Erzählung selbst zuvor: die Ereignisse der Erzählung sind weggeschoben und besiegelt.[8]

2.4. Die Evaluation

Die Anfänge, die mittleren Teile und die Ausgänge von Erzählungen sind in vielen Untersuchungen von überlieferten Volksgeschichten oder Erzählungen analysiert worden. Aber es gibt einen wichtigen Aspekt von Erzählungen, der nicht diskutiert worden ist – vielleicht das wichtigste Element neben dem zentralen narrativen Teilsatz. Es handelt sich um jenes Element, das wir die *Evaluation* der Erzählung nennen: das Mittel, die der Erzähler benutzt, um den Kernpunkt der Erzählung, ihre raison d'être, zum Ausdruck zu bringen, nämlich: warum sie erzählt wurde und welche Wirkung der Erzähler mit ihr erreichen will. Es gibt viele Wege, dieselbe Geschichte zu erzählen, ganz verschiedene Pointen oder überhaupt keine zu setzen. Auf Geschichten ohne Pointe reagiert man (im Englischen) mit der vernichtenden Erwiderung "So what?" (Also was

---

8 Die Koda kann folglich als ein Hilfsmittel zur Auflösung des Problems angesehen werden, das Ende von einem Redebeitrag ("turn")* beim Sprechen anzuzeigen. Wie Harvey Sacks aufgezeigt hat, ist der Satz eine optimale Einheit für die Äußerung insofern, als die syntaktische Kompetenz des Zuhörers in einem doppelten Sinne zur Anwendung gelangt: ihn einerseits wissen zu lassen, wann der Satz vollständig ist und ihm andererseits zu signalisieren, wann er an der Reihe ist zu erzählen. In Erzählungen muß sich der Erzähler anderer Hilfsmittel bedienen, um die Tatsache zu signalisieren, daß er mit einer langen Folge von Sätzen beginnt, die einen doppelten Redebeitrag bilden, und um das Ende dieser Folge zu markieren. Viele der Techniken, die wir hier diskutiert haben, können am besten unter dem Gesichtspunkt verstanden werden, wie der Sprecher und der Zuhörer einander wissen lassen, wer an der Reihe ist zu erzählen. Traditionelle Volkssagen und Märchen haben formelhafte ˙ endungen, die dies am Anfang und am Ende leisten, aber diese stehen nicht für Erzählungen persönlicher Erfahrung zur Verfügung. Andererseits kann man sagen, daß eine gute Koda mehr als eine mechanische Auflösung des Problems der Erzählfolge ist: sie läßt den Zuhörer mit einem Gefühl der Befriedigung und des Eindrucks zurück, daß die Sache vollendet, abgerundet und erledigt ist.

* [Anm. d. Hrsgg.]
   Der Terminus "turn", der von Harvey Sacks eingeführt wurde, ist sehr schwer ins Deutsche übersetzbar. Am besten kann er noch durch den Ausdruck "Redebeitrag" wiedergegeben werden. "turn taking" ist nach Harvey Sacks die organisierte Verteilung von Redebeiträgen unter Interaktionspartnern, d.h. die interaktionsspezifische Regelung von Sprecherwechseln.

soll das?). Jeder gute Erzähler ist immer wieder bestrebt, diese Frage abzuwen-
den; wenn seine Geschichte zu Ende ist, sollte es undenkbar sein, daß ein Zuhörer sagt "Also was soll das ganze?" Statt dessen würde die angemessene Reaktion
sein: "Ach, wirklich?", oder es würde mit vergleichbaren Mitteln zum Ausdruck
gebracht, daß die Ereignisse der Erzählung mitteilenswert waren.

Der Unterschied zwischen einer bewerteten und einer nicht-bewerteten
Erzählung tritt deutlich hervor, wenn wir Erzählungen von Erfahrung aus zweiter
Hand untersuchen. In unserer ersten Interviewserie mit Halbwüchsigen aus
South-Central Harlem ließen wir uns von Lieblingssendungen des Fernsehpro-
gramms erzählen; die damals populärste Sendung war "The Man from U.N.C.L.E."

(17)				
	a	This kid – Napoleon got shot	a	Dieser Junge – Napoleon wurde angeschossen.
	b	and he had to go on a mission.	b	er hatte ein Ding zu erledigen.
	c	And so this kid, he went with Solo.	c	Also ging dieser Junge mit Solo.
	d	So they went	d	Dann gingen sie
	e	and this guy – they went through this window,	e	und dieser Kerl – sie gingen durchs Fenster,
	f	and they caught him.	f	und sie haben ihn gefangen.
	g	And then he beat up them other people.	g	Und dann hat er diese Leute zusammengeschlagen.
	h	And they went	h	Und sie gingen
	i	and then he said that this old lady was his mother	i	und dann sagte er, diese alte Frau wäre seine Mutter,
	j	and then he – and at the end he say that he was the guy's friend.	j	und dann – schließlich sagte er, er wäre der Freund von diesem Kerl.

Dies ist typisch für viele solcher Erzählungen von Erfahrungen aus zweiter
Hand, die wir gesammelt haben. Sie beginnen in medias res, ohne irgendeinen
Orientierungsteil; pronominale Bezüge sind in vieler Hinsicht zweideutig und
durchgängig unklar. Aber der sinnlose und desorientierende Gesamteindruck
von (17) hat tiefere Wurzeln. Keines der bemerkenswerten Ereignisse, die auftreten, ist *bewertet*. Wir können (17) mit der Erzählung von einer persönlichen
Erfahrung vergleichen, die von Norris W., einem elf Jahre alten Jungen, stammt:

(18)				
	a	When I was in fourth grade –	a	Als ich in der vierten Klasse war
	b	no, it was in third grade –	b	– nein, es war in der dritten Klasse –
		This boy he stole my glove.		hat dieser Junge meinen Handschuh gestohlen.
	c	He took my glove	c	Er nahm meinen Handschuh
	d	and said that his father found it downtown on the ground.	d	und sagte, sein Vater habe ihn in der Stadt auf dem Boden gefunden.
		(And you fight him?)		(Hast du mit ihm gekämpft?)
	e	I told him that it was impossible for him to find downtown	e	Ich sagte ihm, daß es unmöglich wäre, daß er ihn in der Stadt gefunden hätte,
		'cause all those people were walking by and just his father was the only one that found it?		denn es gab alle diese Leute, die vorbeigingen, und wie sollte ausgerechnet sein Vater genau derjenige sein, der ihn gefunden hat?

f	So he got all (mad).	f	Also wurde er böse.
g	Then I fought him.	g	Dann habe ich mit ihm gekämpft.
h	I knocked him all out in the street.	h	Dann habe ich ihn durch die ganze Straße geboxt.
i	So he say he give	i	Also sagte er, er gebe auf.
j	and I kept on hitting him.	j	Und ich schlug ihn weiter.
k	Then he started crying	k	Dann fing er an zu heulen
l	and ran home to his father.	l	und rannte nach Hause zu seinem Vater.
m	And the father told him	m	Und der Vater sagte ihm,
n	that he ain't find no glove.	n	daß er keinen Handschuh gefunden habe.

Diese Erzählung ist (17) in ihrem Grade der Bewertung diametral entgegengesetzt. Jede Zeile und fast jedes Element der Syntax trägt zum Höhepunkt bei, und jener Höhepunkt ist die erhöhende Selbstdarstellung (self-aggrandizement). Jedes Element der Erzählung ist daraufhin angelegt, Norris in einem guten und "diesen Jungen" in einem schlechten Licht erscheinen zu lassen. Norris wußte, daß dieser Junge seinen Handschuh gestohlen hatte – den Mut dazu hatte, einfach damit wegzugehen und dann großartig zu erklären, daß es seiner sei. Norris verlor seine Gelassenheit nicht und kommt langsam in Schwung: zuerst zerstörte er die Lüge des Jungen durch Logik, so daß jedermann klar wurde, was für ein Schwindler er war. Dann verlor *er*, der Junge, den Kopf, wurde böse und fing eine Schlägerei an. Norris verprügelte ihn und geriet so in Wut über die falsche Art, wie er sich benommen hatte, daß er nicht aufhörte, als der Junge sich ergab – er "geriet außer sich" und prügelte weiter. Dann fing diese Flasche an zu heulen und lief nach Hause zu seinem Vater, wie ein Baby. Dann erzählte ihm sein Vater – *sein eigener Vater*, daß seine Geschichte nicht stimmte.

Norris' Geschichte folgt der charakteristischen zweiteiligen Struktur von Erzählungen über Schlägereien im BE-Vernacular; jeder Teil zeigt eine andere Seite seines vorbildlichen Charakters. In der Darstellung des Wortwechsels, der zu dem Kampf führte, ist Norris gelassen, logisch, wortgewandt und energisch darin, auf sein Recht zu pochen. Im zweiten Teil, der von der Aktion handelt, erscheint er als Kämpfer der gefährlichsten Sorte, der "einfach außer sich gerät" und "nicht weiß, was er tat". Auf der anderen Seite wird sein Gegner als unehrlich dargestellt, schwerfällig in der Argumentation, unfähig, seine Wut zu kontrollieren, als ein Anfänger, ein Versager und ein Feigling. Obwohl Norris nicht denselben Grad an sprachlicher Gewandtheit entfaltet wie Larry in (2), gibt es doch eine sich Punkt für Punkt entsprechende Parallelität in der Struktur und in den evaluativen Merkmalen der beiden Erzählungen. Niemand, der bei Norris' Erzählung im Rahmen des Wertsystems des Vernacular zuhört, wird sagen "Also was soll das ganze?" Die Erzählung hat ihre Pointe, und sie schließt diese Frage erfolgreich aus.

Wenn wir nach einem Evaluationsteil in (18) suchen wollten, indem wir uns auf eine Ordnung von Teilsätzen konzentrierten wie in Labov und Waletzky (1967), müßten wir auf die Teilsätze *d – e* eingehen, wo die Handlung suspendiert wird, während die Argumentation rhetorische Wirkung erreicht. Hier liegt in der Tat der Höhepunkt der Argumentation, wie auch die dramatische Koda in den Teilsätzen *m – n* zeigt. Aber es wäre ein Fehler, wenn man die Evaluation in (18) auf die Teilsätze *d – e* beschränken würde, da evaluative Merkmale über die ganze Erzählung hin verstreut sind. Deshalb müssen wir das Schema von Labov und Waletzky (1967) modifizieren, indem wir *E* als Fokus von Evaluationswellen auffassen, die die Erzählung durchdringen. Dies veranschaulicht Figur 9−1.

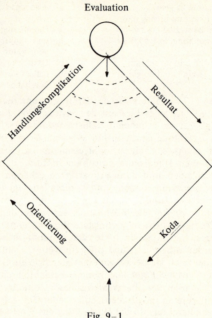

Fig. 9−1

Eine vollständige Erzählung beginnt mit einer Orientierung, geht über zu der Handlungskomplikation, wird an dem Fokus der Evaluation vor der Auflösung suspendiert, schließt mit dem Resultat ab und führt mit der Koda den Zuhörer in die Gegenwart zurück. Die Bewertung der Erzählung bildet eine sekundäre Struktur, die sich in dem Evaluationsteil konzentriert, aber in verschiedenen Formen überall vorgefunden werden kann. In den folgenden Abschnitten werden wir sehen, wie sich die Art, in der Bewertungen die Erzählung durchdringen, sowohl in der internen Struktur narrativer Teilsätze als auch in ihrer Anordnung vollzieht und niederschlägt.

Wir können eine Erzählung genauso gut als Folge von Antworten auf zugrundeliegende Fragen betrachten:

a. Abstrakt: worum handelt es sich?
b. Orientierung: wer, wann, was, wo?
c. Handlungskomplikation: was passierte dann?
d. Evaluation: was soll das ganze?
e. Resultat: wie ging es aus?

Lediglich *c*, die Handlungskomplikation, ist wesentlich, um eine Erzählung zu erkennen, wie in Abschnitt 1 ausgeführt wurde. Der Abstrakt, die Orientierung, das Resultat und die Evaluation beantworten Fragen, die sich auf die Funktion einer wirkungsvollen Erzählung beziehen: die ersten drei haben referentielle Funktionen, die letzte beantwortet die funktionale Frage *d* — warum die Geschichte in erster Linie erzählt wurde. Aber die referentielle Funktion des Abstrakts ist breiter als die der Orientierung und die der Handlungskomplikation: sie schließt sowohl diese als auch die Bewertung ein, so daß der Abstrakt nicht nur erläutert, worum es in der Erzählung geht, sondern auch, warum sie erzählt wurde. Die Koda stellt keine Antwort auf irgendeine dieser fünf Fragen dar, und sie wird demgemäß weniger häufig vorgefunden als irgendein anderes Element der Erzählung. Die Koda schiebt eine Frage *beiseite*, sie gibt zu verstehen, daß die Fragen *c* und *d* nicht mehr relevant sind.

3. Arten der Evaluation

Es gibt sehr viele Möglichkeiten, durch die die Pointe einer Erzählung vermittelt werden kann — durch die der Erzähler dem Zuhörer zu verstehen gibt, warum er sie erzählt. Um den Anteil der Evaluation an einer Erzählung zu bestimmen, ist es notwendig zu wissen, warum diese Erzählung — oder irgendeine Erzählung — als erzählbar empfunden wird; mit anderen Worten, warum die Ereignisse der Erzählung *wert sind, erzählt zu werden*.

Der größte Teil der Erzählungen, die hier angeführt werden, betrifft Dinge, die immer erzählenswert sind: die Lebensgefahr oder die Gefahr einer körperlichen Verletzung. Diese Themen nehmen einen großen Stellenwert in einem unhinterfragten, alltäglichen Tagesablauf ein. Immer dann, wenn Leute sich unterhalten, ist es von Belang, wenn jemand sagt "Ich habe gerade gesehen, wie ein Mann auf der Straße getötet wurde." Niemand wird auf eine solche Bemerkung mit der Frage "Was soll das?" antworten. Wenn andererseits aber jemand sagt "Ich rutschte auf der Brücke aus und wäre fast heruntergefallen", kann jemand anderes erwidern "Na und? Das passiert mir jedes Mal, wenn ich sie überquere". Mit anderen Worten, wenn der Vorfall alltäglich genug wird, stellt er nicht mehr eine Verletzung einer erwarteten Verhaltensregel dar, und damit ist er nicht erzählenswert. Die Erzähler fast aller dieser Geschichten standen unter dem sozialen Druck zu zeigen, daß die betreffenden Ereignisse tatsächlich gefährlich und ungewöhnlich waren, oder daß irgendein anderer wirklich die normalen Regeln in einer unerhörten und mitteilenswerten Weise durchbrochen hatte. Evaluative Merkmale teilen uns mit: dieses war furchterregend, gefährlich, unheimlich, kühn, verrückt; oder amüsant, übermütig, wunderbar; allgemeiner, daß es seltsam, außerordentlich oder ungewöhnlich war — dies ist es wert, erzählt zu werden. Es war nicht gewöhnlich, einfach, langweilig oder alltäglich.

In diesem Abschnitt wollen wir kurz auf einige der umfangreichen, externen Mechanismen der Evaluation eingehen und uns dann in Abschnitt 4 einer detaillierteren Untersuchung der syntaktischen Merkmale innerhalb des Teilsatzes zuwenden, der diese Funktion erfüllt.

3.1. Externe Evaluation

Der Erzähler kann die Erzählung unterbrechen, sich dem Zuhörer zuwenden und ihm mitteilen, was der Kernpunkt ist. Dies ist ein allgemeines Merkmal bei Erzählern der Mittelschicht, die häufig den Lauf ihrer Erzählung unterbrechen. Als Beispiel diene eine lange Geschichte, die von einer Sekretärin erzählt wurde, und zwar über einen Flug von Mexiko City, bei dem das Flugzeug fast nicht über die Berge kam. Sie unterbrach ihre Erzählung häufig mit Kommentaren wie

(19)	gg and it was the strangest feeling because you couldn't tell if they were really gonna make it hh if they didn't make it, it was such a small little plane, there was no chance for anybody. . . .	gg Und es war sehr komisch, denn wir konnten nicht wissen, ob wir wirklich durchkämen. hh Falls wir nicht durchkamen, es war so ein kleines Flugzeug, daß niemand eine Chance hatte. . . .
	xxx But it was really quite terrific yyy it was only a half-hour's ride to Mexico City . . .	xxx Aber es war wirklich furchtbar yyy Wir waren nur eine halbe Stunde von Mexico City weg. . . .
	aaaa But it was quite an experience.	aaaa Aber das war wirklich ein Er- lebnis.

Andere Erzähler würden zufrieden sein, dem Zuhörer durch die Erzählung selbst diese Information zu übermitteln — *ihm* das Erlebnis zu vermitteln. Aber für diese Sprecherin ist es unmöglich, innerhalb der Grenzen der Erzählung zu bleiben. Solch eine externe Evaluation ist in therapeutischen Interviews üblich, wo sie die Substanz einer Stunde Diskussion ausmachen kann. Die Erzählungen selbst sollen nur als Rahmen für die Evaluation dienen.

Es gibt eine Anzahl von Zwischenschritten, durch die eine externe Evaluation einer Erzählung vorgenommen wird; diese unterbrechen offensichtlich nicht die Abfolge narrativer Teilsätze. Es ist für den Erzähler am einfachsten, in diesem Moment eine bewertende Bemerkung auf sich selbst zu beziehen. Eine farbige Frau, in North Carolina aufgewachsen, erzählte über einen beinahe geschehenen Unfall auf der Straße, als sie auf dem Weg zu einer Beerdigung war.

(20)	j I just closed my eyes	j Ich habe meine Augen einfach geschlossen.
	k I said, "O my God, here it is!"	k Ich sagte, "Oh lieber Gott, jetzt ist es aus!"

Da sie aber fühlt, daß der Hintergrund ihres Schreckens vom Zuhörer nicht verstanden wird, steigt sie aus der Erzählung aus, um mit dieser externen Evaluation zu erklären, was in ihr vorging.

	l Well, 'cause you have heard of people going to a funeral and getting killed themselves before they got there m and that is the first thing that came to my mind.	l Nun, Sie haben doch vielleicht von Leuten gehört, die zu einem Begräbnis gingen, und selber getötet wurden, ehe sie dort ankamen. m Und das ist das Erste, was mir einfiel.

3.2. Einbettung einer Evaluation

Der erste Schritt für den Erzähler, eine Evaluation in die Erzählung einzuflechten und dabei die Kontinuität der Spannung zu bewahren, ist eher eine Gefühlsregung, die ihm im Augenblick kommt, anzuführen, als diese an den Zuhörer außerhalb der Erzählung zu richten. Die paradigmatische Form "Jetzt ist es aus!" erscheint in (20) und im Zusammenhang mit unserer anfangs erwähnten Frage nach der Lebensgefahr. In der Erzählung (3) von John L. wird die Handlung unterbrochen durch die Einschätzung der Gründe, die ihn dazu veranlaßten, mit dem stärksten Mädchen der Gegend eine Schlägerei anzufangen; sie findet in den Zeilen *u – y* ihren Ausdruck, nämlich in dem, was er damals zu sich selbst sagte. Natürlich ist es ziemlich unwahrscheinlich, daß dieser ganze innere Dialog zwischen dem Zeitpunkt stattfand, als das Mädchen *powww!*[9] sagte und dem Zeitpunkt, als er zurückschlug, aber die Zuhörer akzeptieren diese dramatische Fiktion gerne.

Eine zweite Möglichkeit für den Erzähler, eine Evaluation einzuflechten, besteht darin, sich an sich selbst zu wenden, als wäre es jemand anderes. Boot drückt seine moralische Empörung über Calvins gefährliches Verhalten in (1) folgendermaßen aus:

q	I say, "Calvin, I'm bust your head for that!"	q	Ich sagte, "Calvin, dafür schlag ich dir den Schädel ein!"

Und Larrys kunstvolle Evaluation des Problems mit der letzten Zigarette kommt durch drei Reimpaare zum Ausdruck, offensichtlich an den Typ in den Zeilen *x – dd* gerichtet. Larry behauptet seine Rolle als Provokateur in brillianter Weise, indem er sich in Form eines Reims rechtfertigt: da eine aufrichtige Rechtfertigung spontan geäußert wird, könnte man kaum etwas für weniger aufrichtig halten als dieses kunstvolle Ritual.

Ein weiterer Schritt der Einbettung besteht darin, eine dritte Person einzuführen, die die Handlungen des Antagonisten im Sinne des Erzählers bewertet. Ein 74 Jahre alter Mann, der sein Leben lang bei der Kirmes gearbeitet hatte, erzählte eine Geschichte über einen Mann, der gedroht hatte, ihn umzubringen, weil er glaubte, daß seine Frau durch das Verschulden des Erzählers Selbstmord begangen hatte. Er schließt seine Erzählung folgendermaßen:

(21)	z	But, however – that settled it for the day.	z	Aber – aber an diesem Tag war die Sache erledigt.
	aa	But that night the manager, Lloyd Burrows, said, "You better pack up and get out	aa	Aber am Abend sagte der Chef, Lloyd Burrows, "Es wäre besser, wenn du einpacken und fortgehen würdest,
		because that son of a bitch never forgives anything once he gets in his head."		weil dieser Scheißkerl so etwas nie vergißt, wenn er es einmal im Kopf hat."
	bb	And I did.	bb	Das tat ich dann.
	cc	I packed up and got out.	cc	Ich packte und ging fort.
	dd	That was two.	dd	Das war Nummer zwei.)

---

9 Im BEV sagt man von Objekten, die nicht sprechen, sondern Geräusche von sich geben, *to say X* und nicht *to go X*. In Boots Erzählung (1) findet man: *the rock say shhh!* und in (3): *the girl says powww!*, während Weiße in ihrem Vernacular ihre Fäuste *go powww!* machen lassen.

Der Erzähler hätte diesen evaluativen Kommentar genauso gut sich selbst zuschreiben können, aber er hat eine größere dramatische Aussagekraft, wenn er von einem neutralen Beobachter kommt. Es sollte hervorgehoben werden, daß diese Technik lediglich von älteren, bemerkenswert sprachgewandten Erzählern aus dem traditionellen Milieu der Arbeiterschicht verwendet wird. Mittelschichtsprecher scheinen wohl weniger geneigt zu sein, ihre evaluativen Kommentare so wirkungsvoll in die Erzählung einzuflechten; tatsächlich neigen sie eher dazu, externe Evaluationen vorzunehmen.

3.3. Evaluative Handlung

Ein weiterer Schritt, die Evaluation einer Erzählung zu dramatisieren, besteht darin, eher zu erzählen, was die Leute *taten*, als das, was sie sagten. Ein Jugendlicher der Unterschicht aus der Lower East Side erzählte, was in einer Marineausbildungsstätte passierte, als ein Seil riß und er am Masttopp hängen blieb:

| (22) | I never prayed to God so fast and so hard in my life! (What happened?) Well, the boys came up and they got me. I couldn't touch nuttin'. I was shakin' like a leaf. | In meinem ganzen Leben habe ich nie so schnell und ernst gebetet. (Was geschah?) Die Jungen kamen hinauf, und sie holten mich. Ich baumelte in der Luft. Ich zitterte wie ein Blatt im Wind. |

In der Geschichte über den Flug von Mexico City (19) gibt es viele bemerkenswerte Beispiele von Handlungen, die die gespannte Situation der handelnden Personen offenbaren. Obwohl die Sprecherin eine Vielzahl externer Evaluationen verwendet, hat sie ebenso die Fähigkeit, eine Evaluation maximal einzubetten:

z	and we were sitting with our feet –	z	und wir saßen dort mit unseren Füßen –
	just sitting there waiting for this thing to start.		wir saßen einfach dort und warteten darauf, daß es begann.
	People in the back saying prayers, 'n everything . . .		Die Leute hinten beteten und so weiter . . .
nnn	and when we saw that he was really over	nnn	und als wir sahen, daß er wirklich darüber geflogen war,
ooo	and then everybody heaved a sigh of relief	ooo	stießen wir alle einen Seufzer der Erleichterung aus,
ppp	and everybody came to	ppp	und alle kamen wieder zu sich
qqq	and put away their prayer beads . . .	qqq	und legten den Rosenkranz hin . . .
sss	and when we realized that we were really out of danger	sss	und als wir merkten, daß wir wirklich außer Gefahr waren,
	then we found out that we had been so tense		da haben wir gemerkt, daß wir so angespannt gewesen waren,
	that our feet were up against the panel, you know, and we were holding on to everything.		daß wir die Füße gegen den vorderen Sessel drückten und uns an allem möglichen festhielten.

3.4. Evaluation durch Unterbrechung der Handlung

Die meisten evaluativen Merkmale, die bisher genannt wurden, haben den Effekt, die Handlung der Erzählung zu suspendieren. Die Emotionen, die ausgedrückt werden, können damals gleichzeitig und unverzüglich mit der Handlung eingetreten sein, aber wenn sie in aneinandergereihten Sätzen ausgedrückt werden, wird die Handlung aufgehoben. Der Vorgang, die Handlung zu suspendieren, lenkt die Aufmerksamkeit des Zuhörers auf diesen Teil der Erzählung und weist ihn darauf hin, daß er mit dem evaluativen Höhepunkt zusammenhängt. Wenn dies auf kunstvolle Art und Weise geschieht, ist die Aufmerksamkeit des Zuhörers auch zeitweilig suspendiert, und das Resultat erreicht eine viel stärkere Wirkung. Wie wir in John L.s Erzählung (3) beobachtet haben, gibt es eine größere Unterbrechung der Erzählung zwischen dem Zeitpunkt, als das Mädchen ihn schlug und dem Zeitpunkt, als er sich entschloß, zurückzuschlagen. Diese Unterbrechung kann wie in Labov und Waletzky (1967) in einem Diagramm dadurch zum Ausdruck gebracht werden, daß die Umstellungsmengen (displacement sets) aller narrativen Teilsätze wie in Tabelle 9–1 aufgeführt werden.

Tabelle 9–1

Umstellungsmengen für John L.s Erzählung
über das stärkste Mädchen der Gegend

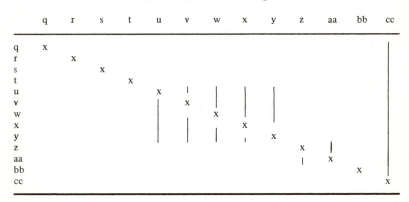

	q	r	s	t	u	v	w	x	y	z	aa	bb	cc
q	X												
r		X											
s			X										
t				X									
u					X								
v						X							
w							X						
x								X					
y									X				
z										X			
aa											X		
bb												X	
cc													X

Die horizontale Achse stellt das Auftreten der narrativen Teilsätze in der narrativen Sequenz dar, die vertikale Achse den Bereich von Teilsätzen, die vor oder hinter jeden gegebenen Teilsatz hätten plaziert werden können, ohne die temporale Abfolge der ursprünglichen semantischen Interpretation zu verändern. Die vertikalen Linien verweisen auf solche *Umstellungsmengen* für den jeweiligen Teilsatz. Die vorliegende Erzählung beginnt damit, daß der Charakter des Antagonisten ausführlich geschildert wird; dieser Teil besteht aus freien oder eingeschränkten Teilsätzen. Nachdem dann das erste Ereignis der Erzählung eingetreten ist, wird zurückgeblendet. Mit *q* kehren wir dann zum ersten Ereignis der Erzählung zurück: Tabelle 9–1 zeigt die Hauptsequenz der Erzählung *q – cc*.

Es gibt vier Ereignisse der Erzählung in narrativen Teilsätzen, von denen jeder seine eigene Umstellungsmenge ist − *q, r, s, t*. Dann folgen Umstellungsmengen von fünf evaluativen Teilsätzen, den Teilsätzen *u − y*, die alle keine echten Ereignisse der Erzählung sind. Schließlich gelangen wir zur Auflösung in den Teilsätzen *z − bb* und zur Koda *cc*. Die Geschichte von John L. wird daher durch die Figur 9−1 angemessen erfaßt: der Abschnitt der Orientierung umfaßt die Teilsätze *a − p*, der der Handlungskomplikation die Teilsätze *q − u*, der der Evaluation die Teilsätze *v − y*, der des Resultats die Teilsätze *z − bb* und der der Koda den Teilsatz *cc*.

4. Erweiterungen der zugrundeliegenden narrativen Syntax

Der narrative Teilsatz selbst ist eines der einfachsten grammatischen Muster in zusammenhängender Rede. Die Oberflächenstrukturen sind größtenteils einfach und direkt mit einer gleichermaßen einfachen Tiefenstruktur verbunden. Es ist sinnvoll, diese Struktur als eine Folge von acht Elementen zu beschreiben, deren Phrasenstruktur nicht hierarchisch geordnet ist. Das erste dieser acht Elemente ist das Satzadverb, das zweite die Nominalphrase und das dritte bis achte gehört zur Verbalphrase. Die lineare Schreibweise, die wir hier benutzen, impliziert keinerlei Feststellungen über grammatische Relationen, sondern liefert uns lediglich ein Schema, das dazu dient, die Aufmerksamkeit auf komplexere Elemente zu lenken, wenn diese auftreten.

1. Konjunktionen, einschließlich temporale Konjunktionen: *so, and, but, then.*
2. Einfache Subjekte: Pronomina, Eigennamen, nominale Ausdrücke wie *this girl, my father.*
3. Das zugrundeliegende Auxiliar ist ein einfacher Vergangenheitskennzeichner, der zum Verb gehört; kein Merkmal des Auxiliars erscheint in der Oberflächenstruktur, außer einigen Verlaufsformen der Vergangenheit wie *was . . . ing* im Orientierungsteil und gelegentlich auftauchenden Quasi-Modalverben wie *start, begin, keep, used to, want.*[10]
4. Verben des Präteritums mit adverbialen Partikeln wie *up, over, down.* (Diese Partikel werden gelegentlich unter 6. oder 7. aufgeführt, wobei die Transformationen nicht angeführt werden.)
5. Ergänzungen verschiedener Komplexität: direkte und indirekte Objekte.
6. Modaladverbiale.
7. Lokaladverbiale. Die narrative Syntax ist in diesem Bereich besonders reich.

---

10 Die Quasi-Modalverben bringen viele Probleme mit sich, die noch nicht vollständig gelöst sind. Einige kommen der Bedeutung "echter" Modalverben sehr nahe, wie *needs to, ought to*; obwohl sie in der Regel eine feste Stellung im Satz haben, sind sie im Grunde Satzmodifikatoren vom Typ *It ought to be that . . .,* und sie sind eindeutig evaluativ. Die Situation ist nicht so eindeutig bei *start* und *keep (on)*. Das inchoative Verb *start* scheint nicht als evaluatives Element zu fungieren, aber *keep* tut es fast immer ("I kept on hitting him"). Aber in diesem Sinne ist *keep* mit Sicherheit ein Funktionswort der Intensivierung und nicht ein Funktionswort des Vergleichs.

8. Temporaladverbiale und Komitativsätze.*[11]

Die erste Erzählung eines Halbwüchsigen (4), die als Beispiel für eine einfache narrative Form angeführt wurde, kann auch als Beispiel dieser zugrundeliegenden Syntax dienen.

	1	2	3	4	5	6	7
a		This boy		punched	me		
b	and	I		punched	him		
c	Then	the teacher		came			in
d	and			stopped	the fight		

Viele der langen Kampferzählungen von Halbwüchsigen sind meistens auf diese syntaktische Grundstruktur beschränkt. Wir erhalten Sequenzen von narrativen Teilsätzen wie in (23):

(23)	1	2	3	4	5	6	7
m		I		hit	him		in the jaw.
n	So	we		went			up on the sidewalk
o	and	we	start	fightin'			
p		I		knocked	him		down
q	and	we	was	rolled over			in the gutter
r	And	he		took	some doodoo		
s				rubbed	it		in my face
t	and	I		took	some		
u	and			rubbed	it	all	in his mouth
v		We	was	fightin'			
w	Then	a man		came			
x	and			grabbed	me		by my shirt
y	and			pulled	me		off
z		he	hadda	get up			
aa		I		thought*			
*		he	had	kicked	me		in my back
bb	So	I		turned			around
cc	and			kicked	him		in the knee

Jede dieser Spalten enthält eine Gruppe einfacher und regelhafter Strukturen (außer der Spalte 8 für Temporaladverbiale, die in diesem Auszug nicht vertreten ist). Wir treffen gelegentlich auftretende Rechtseinbettungen an mit *that*-Ergänzungen nach Verben des Sagens oder Infinitivergänzungen nach Verben wie *try*. Dies ist hier durch Sternchen gekennzeichnet; eine Veränderung der linearen Ordnung ist nicht erforderlich.

----

* [Anm. d. Hrsgg.]
 "Komitativ" bedeutet "zusammen mit". In dem Satz *Hans ging mit Franz zur Beichte* hat *Franz* komitative Funktion.
11 Es scheint klar zu sein, daß es vor dem Subjekt eine zeitmarkierende Leerstelle gibt, die von *then-* oder *when*-Teilsätzen ausgefüllt wird. Aber wenn ein Temporalsatz wie *ever since then* an diesem Punkt eingeführt wird, scheint er stark markiert zu sein.

Die grundlegende Einfachheit der narrativen Syntax ist nicht auf die Geschichten von Halbwüchsigen beschränkt. Lange Abschnitte von Erzählungen Erwachsener weisen dieselbe Struktur auf. Die Erzählung als ganze steht in scharfem Kontrast zu normaler Konversation, die eine viel komplexere Struktur aufweist. Die einfache Auxiliarstruktur von Erzählungen ist ein besonders auffälliges Merkmal. In normaler Konversation registrieren wir eine Vielzahl von Modalwörtern, Negationspartikeln, "have's" und "be's" vor dem Verb und eine große Anzahl von Transformationen und Einbettungen, die nicht in diesen Erzählungen vorgefunden werden. Da es nun eine Tatsache ist, daß die narrativen Teilsätze in dieser einfachen Weise organisiert sind, können wir fragen: wo, wann und mit welchem Effekt weichen Erzählungen davon ab? Da die syntaktische Komplexität in Erzählungen relativ selten auftritt, muß sie, wenn sie vorkommt, eine nachdrückliche Wirkung haben. Und in der Tat finden wir, daß Abweichungen von der zugrundeliegenden narrativen Syntax einen deutlichen evaluativen Effekt haben. Die Perspektive des Erzählers wird häufig durch relativ unbedeutende syntaktische Elemente im narrativen Teilsatz ausgedrückt. Untersuchungen in dieser Richtung haben uns dazu veranlaßt, die evaluativen Elemente in der Erzählung nach vier Haupttypen zu klassifizieren: Funktionsformen der Intensivierung (intensifiers), des Vergleichs (comparators), der Korrelation (correlatives) und der Explikation (explications). Diese vier Typen untergliedern sich in jeweils sechs bis zehn Subtypen, die von den syntaktischen Merkmalen abhängen, welche dazu verwendet wurden, die entsprechenden Funktionen zum Ausdruck zu bringen.

4.1. Funktionsformen der Intensivierung

Die wesentlichen Modifikationen der narrativen Teilsätze können am besten in Beziehung auf das folgende grundlegende Schema verstanden werden:

Das Schema zeigt eine lineare Folge von Ereignissen an, die in der Erzählung in derselben Reihenfolge angeordnet sind, in der sie sich ereigneten. Eine Funktionsform der Intensivierung wählt eines dieser Ereignisse aus und verstärkt oder intensiviert es:

Funktionsformen der Intensivierung:

Es gibt viele Arten und Weisen, in denen diese Intensivierung zum Ausdruck kommen kann; die meisten von ihnen führen zu geringfügigen Abweichungen von der zugrundeliegenden narrativen Syntax. Wir wollen nun so vorgehen, daß wir von den einfachsten zu den komplexesten syntaktischen Abweichungen fortschreiten.

Normalerweise wird ein deiktisches *this* oder *that* der mithilfe des Tonbandes aufgezeichneten Erzählung durch Gesten begleitet.

Hier ein Auszug aus einer Geschichte, die Speedy, der Anführer der Cobras, von einer Schlägerei erzählt:

(24)	g	He swung	g	Er schlug aus,
	h	and I backed up	h	und ich ging zurück
	i	and I do like *that*	i	und ich mache *so*
		. . .		. . .
	q	Then all the guys start hollerin'	q	Dann fangen die Typen alle an zu schreien
		"You bleedin'		"Du blutest,
		you bleedin'		du blutest,
		Speedy, you bleedin'!"		Speedy, du blutest!"
	r	I say (sound) like *that*.	r	Ich mache (Geräusch) *so*.

Manchmal wird die Geste anstelle eines Geräusches verwendet, so wie in Boots Erzählung (1): *und der Stein machte (Klatsch!)*.

Paralinguistische Faktoren überlagern andere Wörter des Teilsatzes. Eine der gebräuchlichsten Methoden ist, Vokale zu dehnen. In einer seiner Geschichten betont Larry:

(25)	And we were fightin' for a	Und wir kämpften schon so−o−o
	lo−o−ong ti−i−me, buddy.	lange, weißt du.

Die meisten Faustschläge werden durch *powww!* umschrieben. Es wird langgezogen und in der Regel stimmlos ausgesprochen. Solche sprachlichen Ausdrücke sind wesentlich gebräuchlicher als einfache Gesten mit der Hand; sie sind übliche Konventionen: man beachte aber Boots Art, das Vorbeifliegen des Steins zu beschreiben: *es machte Schsch.*

Quantoren sind die gebräuchlichsten Mittel, einen Mitteilungsaspekt in einem Teilsatz hervorzuheben, und sie werden von Erzählern aller Altersgruppen verwendet. Das Funktionswort der Intensivierung *all* wird oft an einem kritischen Punkt in den Erzählungen von Halbwüchsigen eingefügt; das folgende Beispiel stammt aus einer Kampfgeschichte, in der ein Mitglied der Aces von einer Schlägerei erzählt:

(26)	g	and then, when the man ran in the barber shop he was all wounded	g	und dann, als der Mann in den Friseurladen rannte, war er total verwundet,
	h	he had cuts all over.	h	er hatte überall Schnittwunden.

In der Erzählung von Norris (18) haben wir eine ähnliche Verwendung von *all*:

	h	I knocked him all out the street.	h	Ich habe ihn durch die ganze Straße geboxt.

Einige Verwendungsweisen von Quantoren sind ziemlich mechanisch. Wenn zwei Typen einen anderen fertigmachen, so ist das schlimm; aber wenn sechs Mann ihn fertigmachen, so ist das ein Ereignis anderer Größenordnung, das eine andere Art von Handlung verlangt.

Das Merkmal der *Wiederholung* ist vom syntaktischen Gesichtspunkt aus gesehen ziemlich einfach, dennoch in zweifacher Hinsicht in der Erzählung wirkungsvoll: es hebt eine bestimmte Handlung hervor, und es suspendiert die Handlung. Wir haben oben viele Beispiele solcher Wiederholungen angeführt. In Boots Erzählung mit dem Stein sagt er "An' the rock went up − I mean − went up". In dem Auszug aus Speedys Erzählung, der oben angegeben

wurde, finden wir eine außergewöhnlich wirkungsvolle Verwendung einer Wiederholung vor: "You bleedin', you bleedin', Speedy, you bleedin'". Eine Erzählung
eines bekannten Geschichtenerzählers aus Martha's Vineyard handelt von einem
Hühnerhund, der weggeschickt worden war, um eine Ente zurückzubringen, die
geschossen worden war. Er kam zweimal ohne sie zurück und wurde erneut
weggeschickt mit genauen Anweisungen "geh dahinten hin und hol' die Ente";
der Erzähler berichtet:

(27)	Well sir, he went over there a third time.	Na gut, er ging ein drittes Mal dort-hin.
	And he didn't come back.	Und er kam nicht zurück.
	And he didn't come back.	Und er kam nicht zurück.

Erzählungen von Schlägereien weisen viele *rituelle Ausdrücke* auf, die durch
keine offenkundigen Merkmale von Emphase markiert sind — weder durch
Tabuwörter, noch durch Quantoren, noch durch paralinguistische Ausdrucks-
mittel. Doch unser kulturelles Hintergrundwissen sagt uns, daß diese scheinbar
nicht expressiven Äußerungen eine evaluative Rolle spielen: sie werden in dieser
Position normalerweise benutzt, um die Situation zu markieren und zu bewerten. In einer Erzählung eines Erwachsenen aus der Interview-Serie in Harlem
erzählte ein Farbiger, der in New York City aufgewachsen war, von einer Schlägerei mit " einem großen starken Kerl in einer finsteren Seitengasse".

(28)	f	And I went to pieces inside, you know?	f	Ich wurde halb wahnsinnig, weißt du?
		Before I know it		Ehe ich wußte, was ich tat,
	g	I picked me up a little rock,	g	nahm ich einen Stein in die Hand
	h	hauled off,	h	warf ihn,
	i	and landed me a David and Goliath.	i	und angelte mir einen David und Goliath.
	j	I hit him up with that rock.	j	Dieser Stein traf ihn.
	k	An' he grabbed his head	k	Und er griff sich an den Kopf.
	l	An' I grabbed him,	l	Und ich packte ihn,
	m	told him "Come on right back up the back stairs."	m	und sagte ihm, "Komm auf die Hintertreppe zurück."
	n	And there it was.	n	Und dann wurde es ernst.

Der Satz *n* ist eine rituelle Äußerung; er kann als 'dann ging es erst richtig los'
oder als 'und dann war es soweit' verstanden werden.
   Funktionsformen der Intensivierung stellen insgesamt gesehen keine Kompli-
zierung der zugrundeliegenden narrativen Syntax dar. Aber die anderen drei Arten interner Evaluation sind Quellen für syntaktische Komplexität.

4.2. Funktionsformen des Vergleichs

Die Einfachheit der narrativen Syntax sollte nicht erstaunen, wenn wir die Sache
von einem entgegengesetzten Standpunkt aus betrachten: warum *sollte* syntaktische Komplexität in Erzählungen eine Rolle spielen? Warum sollte das Auxiliar
anders als durch einfache Präteritalformen und Quasi-Modalverben realisiert
sein? Wenn es die Aufgabe eines Erzählers ist, das zu erzählen, was passiert ist, so
werden diese sehr gut dazu geeignet sein. Was nutzen ihm Fragen, oder welchen
Grund hat er, von der Zukunft zu sprechen, da es ihm um vergangene Ereignisse

geht? Und warum sollte das Auxiliar Negationsträger enthalten? Welchen Grund sollte der Erzähler haben, uns etwas zu erzählen, was nicht passiert ist, wo es doch eigentlich seine Aufgabe ist, uns zu erzählen, was passiert ist? Wir können dieses Problem dadurch angehen, daß wir erneut die Negation untersuchen. Der Gebrauch von Negationsträgern in Darstellungen vergangener Ereignisse ist überhaupt nicht selbstverständlich, da eine Negation nichts darstellt, was passiert: sie drückt vielmehr die Vereitelung einer Erwartung aus gegenüber etwas, das geschehen sollte. Negierte Sätze beziehen sich auf einen kognitiven Hintergrund, der beträchtlich breiter ist als die Reihe von Ereignissen, die beobachtet wurden. Sie eröffnen die Möglichkeit, Ereignisse zu bewerten, indem sie auf dem Hintergrund anderer Ereignisse gesehen werden, die hätten geschehen können, aber nicht geschehen sind. *Funktionsformen des Vergleichs* (inclusive Negationsträger) vergleichen die Ereignisse, die vorgefallen sind, mit solchen, die nicht vorgefallen sind. Bezogen auf den Ablauf der Erzählung kann dies folgendermaßen ausgedrückt werden:

Funktionsformen des Vergleichs;

Wenn wir die Spalte für Auxiliare durchsehen und insbesondere die verschiedenen Vorkommen für Modalverben, negierte Auxiliare und Auxiliare in Futurform beachten, können wir feststellen, daß sie typischerweise im Zusammenhang mit Bewertungen auftreten; entweder erscheinen sie gemeinsam mit anderen evaluativen Elementen oder sie erfüllen diese Funktion alleine.

Anstatt daß wir jede dieser Möglichkeiten getrennt für sich betrachten, wollen wir die Auxiliare in einigen Erzählungen untersuchen, die schon unter dem Aspekt dieser vorgeschlagenen Funktionen analysiert wurden, und zwar solche, die in der Funktion von Modalverben, negierten Auxiliaren und Auxiliaren in Futurform vorkommen.

Boots Erzählung über den Zweikampf mit den Steinen weist einige Negationsträger in der Orientierung auf, die deutlich eine Referenzfunktion haben − *we ain't had nothin' to do* im Zusammenhang mit der handlungsplanenden Imperativform *Let's go*. Dann erscheint eine Verlaufsform der Vergangenheit *I was lookin'* im ersten Evaluationsteil, wo Boot die Erzählung für einen Moment unterbricht, um nachdrücklich zu betonen, wie knapp er der Gefahr entronnen ist. Der Rest der Verben besteht aus Imperfektformen[12], mit Ausnahme einer Futurform *I'm bust*. Indem Boot von einem Ereignis spricht, das noch nicht eingetreten ist, markiert er es als Bewertung für Calvins kühnes Vorgehen: es geschieht aus *diesem* Grunde, daß er danach trachtet, seinen Kopf zu treffen (und schließlich auch traf).

Die Erzählung eines Heranwachsenden, nämlich Larry, ist in der Auxiliarstruktur viel komplexer. Der Abstrakt enthält am Anfang eine negierte Frage, die eindeutig evaluative Funktion hat und am Ende in der Koda wiederholt wird:

---

12 *Say* kann nicht als Form des historischen Präsens betrachtet werden, da es im BEV regelmäßig als Vergangenheitsform verwendet wird, wenn keine anderen unregelmäßigen Präsensformen auftreten.

Ain't that a bitch? Dies ist in der Tat ein Abstrakt der evaluativen Komponente der Erzählung. Der Orientierungsteil besteht aus den Teilsätzen *d – e*, die erwartungsgemäß Kopula- und Verlaufsformen enthalten. Dann finden wir eine Reihe von Modalverben und Negationsträgern vor. Sie treten am deutlichsten hervor, wenn wir von den narrativen Teilsätzen die Spalte 3 für Auxiliare isolieren und die verba dicendi und die Tempusmarkierung unberücksichtigt lassen:

		Aux	
f	He		walked over to me.
g	"I	can	have a cigarette?"
h	He		was a little taller than me . . .
i	"I	ain't	got no more, man . . .
j	I	ain't gon'	give up my last cigarette . . .
k	I	don't	have no more."
l	He		dug on the pack.
m	"I	can't	get a cigarette?
	We	supposed to	be brothers . . . "

Diese Sequenz besteht aus einer Frage mit einem Modalverb, mehreren Negationsträgern, einer negierten Futurform, einem Modalverb mit Negationsträger und dem Quasi-Modalverb *supposed to*. Wir können uns von dieser Erzählung, die in besonderem Maße Evaluationen aufweist, einer Erzählung über Erfahrungen aus zweiter Hand zuwenden, die wir unter (17) bereits angeführt haben.

		Aux	
a	Napoleon		got shot
b	he	had to	go on a mission
c	this kid		went with Solo.
d	they		went
e	they		went through
f	they		caught him.
g	he		beat up them other peoples
h	they		went
i	he		said
j	this old lady		was his mother
k	he		say
l	he		was the guy's friend.

Die Spalte für Auxiliare ist leer, abgesehen von einem einzelnen *had to*, das man als Orientierung dieser Erzählung auffassen kann. Wir wollen erneut das Fehlen von Funktionsformen des Vergleichs in diesem Text mit der höchst evaluativen Erzählung von John L. kontrastieren. Das stärkste Mädchen aus der Gegend wird zu Anfang verbal durch Ereignisse charakterisiert, die passieren *würden*, wenn andere Ereignisse nicht geschehen wären.

		Aux	
a	Well	one	was with a girl
b	Like	I	was a kid . . .
c	And	she	was the baddest girl in the neighbourhood
d	If	you	didn't	bring her candy to school*
		she	would	punch you in the mouth
e	And	you	had to	kiss her*
	*when	she	would	tell you.
f		This girl		was only 12 years old
g	but	she	didn't	take no junk.

In unmittelbarer Abfolge haben wir drei Modalverben und zwei negierte Auxiliare in der Auxiliarspalte. Die folgende Rückblende erläutert den Grund, warum John L. ohne Geld zur Schule kam; wiederum wird das vorgebracht, was nicht der Fall war und wovon er nicht wollte, daß es passierte. Dann folgt die eigentliche Erzählung, die in Tab. 9–1 Gegenstand der Untersuchung war:

		Aux	
q	I		go to school
r	This girl		says*
	*"Where	's	the candy?"
s	I		said*
	*"I	don't	have any."
t	She		says: powww!

Die Hauptverben der vier narrativen Teilsätze enthalten keine Funktionsformen des Vergleichs, aber die direkte Rede in *s* weist einen Negationsträger auf. Wie sollen solche eingebetteten Funktionsformen des Vergleichs analysiert werden? Im Lichte unserer allgemeinen Feststellungen über die Einbettung von Evaluationen müssen wir sie als evaluativ im gleichen Sinne wie jene in den Zeilen *a − i* akzeptieren. Die Sprecher bewerten in der Tat die Situation: das Mädchen, das die Bonbons nicht sieht, äußert eine Aufforderung in Form einer Bitte um Information über einen für sie nicht einsehbaren Stand der Dinge, indem sie die Existenz der Bonbons voraussetzt; der Junge weist ihre Erwartungen zurück. Sie haben mit einer Ebene erwarteter und nichtrealisierter Ereignisse zu tun, die über die zugrundeliegende narrative Sequenz hinausgeht. In dieser Sequenz von vier narrativen Teilsätzen finden wir einen Negationsträger und ein Funktionswort der Intensivierung vor. Wir gehen nun zur Untersuchung des nachfolgenden Evaluationsteils über:

		Aux	
u	So	I	says to myself,*
	*"There	's gonna	be times*
		my mother	won't	give me money*
	*because	we	're a poor family
v	and	I	can't	take this all, every time*
		she	don't	give me any money."
w	So	I	say*
	*Well,	I	just gotta	fight this girl.
x		She	gotta hafta	whup me.
y		I	hope*
	*she	don't	whup me."

Diese sechs Teilsätze werden vom Erzähler als Bewertung der Situation formuliert, an die er sich erinnert. Sie enthalten vier Futurformen, vier Negationsträger und drei Modalverben – zusammen elf Funktionsformen des Vergleichs –
und ebenso den Ausdruck der Intensivierung *this all*[13]. Es ist klar, daß diese
evaluativen Merkmale im Evaluationsteil in erheblich größerem Maße konzentriert sind. Der Teil der Auflösung kehrt zur zugrundeliegenden Syntax zurück.

> z I hit the girl: powwww!
> aa I put something on it.
> bb I win the fight.

Bei der Untersuchung dieser drei Erzählungen dürfte deutlich geworden
sein, daß Negationsträger, Futurformen und Modalverben in den evaluativen
Abschnitten der Erzählung konzentriert sind. Es ist ebenso offensichtlich, daß
solche Elemente, wenn sie auftauchen, als Funktionsformen des Vergleichs
eine evaluative Funktion haben. Wir können nun andere Arten von funktionalen Ausdrücken des Vergleichs untersuchen, nämlich solche mit einem höheren
Grad an syntaktischer Komplexität.

Die zitierte Frage aus der Zeile *r* der Erzählung von John L. legt nahe, *Fragen*
auch eine vergleichende Funktion zuzusprechen. Wenn das Mädchen fragt:
„Wo sind die Bonbons", stellt sie eine Frage zu einem nicht einsehbaren Stand
der Dinge, indem sie die Existenz der Bonbons voraussetzt; aber auf einer
höheren Ebene äußert sie die Aufforderung zu einer Handlung, und im Lichte
zurückliegender Erfahrung wird diese als eine Drohung verstanden: *gib sie her,
oder* . . . . Wenn wir den zwingenden Charakter aller Fragen (*mands* in der Terminologie Skinners) in Betracht ziehen, ist es klar, daß alle Bitten, selbst sehr
abgeschwächte, als eine nicht realisierte Möglichkeit negativer Konsequenzen
zu verstehen sind, wenn sie nicht beantwortet werden. In Larrys Erzählung
gibt es viele Beispiele solcher impliziten Drohungen. Die meisten sind in die
Redebeiträge der handelnden Personen eingebettet. Fragen, die unmittelbaren
evaluativen Charakter haben, werden direkt an den Zuhörer gerichtet. Diese
kurzen Überlegungen zeigen uns, daß die evaluative Wirkung von Fragen nicht
auf der Grundlage ihrer interrogativen Oberflächenform bestimmt werden
kann. Eine tiefergehende Untersuchung würde erfordern, jeden Sprechakt der
direkten Rede in Begriffen einer hierarchischen Ordnung von Handlungen zu
analysieren, die zu vollziehen sind: z.B. *Bitte um Information → Bitte um
Handlung → Aufforderung → Durchführung.* Offene Fragen, die nicht in die
dramatische Handlung eingebettet sind, aber unmittelbar an den Zuhörer gerichtet werden, haben eine direkte evaluative Funktion. So schützt Larry in
seiner Rolle als Provokateur eine falsche Unschuld vor und wendet sich an den
Zuhörer:

> ff An' why he do that?   ff Und warum hat er das getan?
> gg *Everytime somebody fuck with me,*   gg *Jedesmal fängt einer mit so
>   einem Scheiß an,*
>   Why they do it?   warum tun sie das?

----

13 Es gibt hier auch eine komplexe Einbettung, die eine evaluative Wirkung hat. Obwohl
   wir einzelne Rechtsverzweigungen nicht als evaluativ betrachten, wird eine Struktur
   wie im Teilsatz *u* weiter unten als Ausdruck einer korrelativen Funktion gewertet.

Diese Fragen verlangen eine Bewertung der Handlungen seines Rivalen. Dieser verlangt seinerseits eine Bewertung von Larrys Handeln, wenn er sagt: "What you supposed to be, *bad* an' shit?" ("Glaubst du eigentlich, du wärst wer weiß wie *stark*, und so?") Und Larry seinerseits verlangt wieder eine Bewertung vom Zuhörer gegen Ende der Erzählung:

qq An' guess what?	qq Und weißt du was?
After all that, I gave the dude	Schließlich gab ich diesem Kerl
the cigarette,	die Zigarette,
after all that.	nach all dem, was passiert war.
Ain't that a bitch?	Ist das nicht blöd?

Der *Imperativ* hat ebenfalls die Funktion eines Vergleichs, da die nachdrückliche Wirkung des Befehls in der Erzählung häufig bedeutet ‚du machst das, sonst . . .'. Ein Taxifahrer aus Lower East Side erzählte eine lange Geschichte über einen Fahrgast, der, wie er sicher war, einen Überfall auf das Taxi vorhatte, und nicht davon abließ, ihm Anweisungen zu geben, ihn zu völlig abgelegenen Orten zu fahren. Trotzdem hatte er Glück, und er brachte es fertig, ihn loszuwerden. Am Schluß erzählt er:

(29) mm and	I		said,*
	*"I	can't	run around with you all night.
nn Now		let's	put an end to this.
oo This			is the fare,
pp	You		go your way
qq and	I	'll	go mine."
rr so	I		got out of it that way.

Die enge Verbindung zwischen dem Imperativ und der Futurform erscheint in *nn*, *pp* und *rr*; beide beziehen sich auf noch nicht eingetretene Ereignisse, die in ausgewogener Weise gegenübergestellt werden.

Bisher legt unsere Analyse den Schluß nahe, daß Negationsträger, Futurformen, Modalverben, Fragen und Imperative allesamt Funktionsformen des Vergleichs darstellen und alle einen Vergleich implizieren. Die paradigmatische Form des Vergleichs ist natürlich der *Komparativ* selbst in seinen verschiedenen Realisierungen: als der grammatische Komparativ und Superlativ in Teilsätzen mit *as*, in Präpositionalphrasen mit *like*, in Metaphern und Gleichnissen. Unter den verschiedenen syntaktischen Formen, die jüngeren Sprechern Schwierigkeiten bereiten, steht der Komparativ an erster Stelle, und unter der Rubrik "eigenartige Syntax" ("strange syntax") haben wir eine große Anzahl von Problemen im Zusammenhang mit komplexen Komparativkonstruktionen zusammengestellt. Von den verschiedenen Funktionsformen des Vergleichs ist es der Komparativ selbst, der die höchste Stufe syntaktischer Komplexität erreicht.

In Boots Erzählung über den Zweikampf mit den Steinen kommen keine Komparative vor. Larry verwendet in (2) einen ziemlich komplexen Komparativ, dem großes Gewicht hinsichtlich der Bedeutung alles dessen zukommt, was dann folgt:

h He was a little taller than me,	h Er war etwas größer als ich,
but not that much.	aber nicht so viel.

Der Komparativ wird von John L. in (3) an der gleichen Stelle verwendet, um die Bedeutung der folgenden Ereignisse dadurch zu bewerten, daß der Gegner charakterisiert wird — in diesem Fall in der Form des Superlativs:

c And she was the baddest girl, *the baddest girl* in the neighbourhood.	c Und sie war das stärkste Mädchen, *das stärkste Mädchen* in der Gegend.

John L. benutzt den Superlativ auch in seiner letzten Evaluation der Erzählung:

cc That was one of the most important	cc Das war eine der wichtigsten (Schlägereien)

Wenn wir die Erzählungen älterer, außerordentlich geschickter Erzähler untersuchen, finden wir eine Vielzahl von Vergleichen vor, die weit über die normale Kapazität eines Heranwachsenden hinausgehen. In der oben zitierten Geschichte über den Jagdhund (27) findet man folgende Evaluation vor, als der Hund ohne die Ente zurückkam:

(27) And that was unusual. He'd track a duck same as a hound would take a rabbit track	Und das war ungewöhnlich. Er spürte Enten auf, so wie ein Jagdhund Kaninchen aufspürt.

Um zu zeigen, wie erbost er über den Hund war:

I never come nearer bootin' a dog in my life.	Niemals in meinem Leben war ich näher daran, einem Hund einen Fußtritt zu geben.

Und am Ende findet er heraus, daß die in Frage kommende Ente überhaupt keine Wildente war — es war ein zahmer Lockvogel, der sich losgerissen hatte, und den der Hund mit seiner Pfote unter Kontrolle hielt:

By gorry sir, that that dog knew more than I did. If I had booted that dog, I'd a felt some bad.	Mein Gott, dieser Hund wußte mehr als ich. Wenn ich diesem Hund einen Fußtritt gegeben hätte, wäre ich mir ziemlich schlecht vorgekommen.

Eine der dramatischsten Geschichten über eine Situation mit Lebensgefahr wurde von einem pensionierten Postboten aus der Lower East Side erzählt: sein Bruder hatte ihm mit einem Messer eine Stichwunde am Kopf versetzt. Er schließt folgendermaßen:

And the doctor just says, "Just about this much more," he says, "and you'd a been dead."	Und der Arzt sagte einfach, "Nur so viel tiefer," sagte er, "und du wärst tot gewesen".

Funktionsformen des Vergleichs umfassen also Negationsträger, Futurformen, Modalverben, Quasi-Modalverben, Fragen, Imperative, durch *or* eingeleitete Teilsätze, Superlative und Komparative, die mehr oder weniger in dieser Ordnung eine wachsende syntaktische Komplexität aufweisen.

4.3. Korrelativa

Eine Funktionsform des Vergleichs bewegt sich von der Kette der narrativen Ereignisse weg, um noch nicht eingetretene Möglichkeiten in Betracht zu ziehen und sie mit den Ereignissen zu vergleichen, die stattgefunden haben; Korrelativa bringen zwei Ereignisse in Zusammenhang, die tatsächlich vorgefallen sind, so daß sie in einem einzigen unabhängigen Satz zusammengefaßt sind.

Korrelativa:

Diese Operation verlangt eine komplexe Syntax; sie übersteigt schnell die syntaktische Kompetenz jüngerer Erzähler. In der Reihenfolge ihrer wachsenden syntaktischen Komplexität können wir anführen:

1. *Verlaufsformen* mit *be . . . ing.* Sie werden normalerweise in Erzählungen benutzt, um anzuzeigen, daß ein Ereignis gleichzeitig mit einem anderen eintritt; sie können aber auch auf andauernde oder fortgeführte Handlungen hinweisen. Am häufigsten kommen sie im Orientierungsteil vor; es gibt Fälle, wo sie sogar narrative Teilsätze bilden können.[14] Aber wir finden auch Teilsätze mit *was . . . ing,* die die Handlung im Evaluationsteil suspendieren, wie wir in der Erzählung von Boot gesehen haben.

2. *Beigeordnete Partizipien:* Ein oder mehrere Verben mit *-ing* sind dem Hauptverb parallel zugeordnet unter Tilgung der Tempusmarkierung und des *be*; die Handlung, die beschrieben wird, wird als eine solche verstanden, die gleichzeitig mit der durch das Hauptverb des Satzes ausgedrückten Handlung eintritt, das selbst eine Verlaufsform sein kann. Solche koordinierten Verlaufsformen werden häufig im Orientierungsteil benutzt; in Larrys Erzählung finden wir: .

d I was sittin' on the corner an' shit, smoking my cigarette, you know.	d Ich saß auf dem Gehsteig, und so, rauchte eine Zigarette, weißt du.

Hier charakterisieren die Verlaufsformen den Schauplatz der Erzählung als ganzen. Aber wesentlich häufiger werden solche Techniken dazu verwendet, um das Ereignis eines bestimmten narrativen Teilsatzes hervorzuheben und zu bewerten. Aus einer anderen Erzählung Larrys stammt dieser Auszug:

----

14 Die Verlaufsform der Vergangenheit *was . . . ing* kann in vielen Fällen nicht als Erweiterung der zugrundeliegenden narrativen Syntax gerechnet werden, da sie als narrativer Teilsatz zu fungieren scheint. Während der Ausdruck *was . . . ing* normalerweise gleichzeitig mit anderen Ereignissen erscheint, ist er gelegentlich nur *erweitert* und kann als Kern des narrativen Teilsatzes gelten. Zum Beispiel: 'And [we] got back − it was a tent show − she was laying on a cot with an ice bag on her head'.

(31) e	So	the dude		got smart.	
		I		know*	
*		he		got smart	
	'cause	I	was	dancin'	with her, you know
	'cause	I	was	dancin'	with her,
				talkin'	to her, an' shit,
				whisperin'	in her ear, an' shit,
				tongue	
				kissin'	with her, an'shit.

Solche aneinandergereihten Partizipien dienen dazu, die Handlung in einem Evaluationsteil zu suspendieren; sie führen einen erweiterten Bereich gleichzeitig stattfindender Ereignisse ein, während der Zuhörer darauf wartet, daß das nächste Ereignis eintritt, wie in diesem Beispiel aus dem Evaluationsteil der Fluggeschichte (19):

z	and we		were sitting	with our feet —
			just sitting there,	
			waiting	for this thing to start
	people in the back		saying	prayers, 'n everything.

Ein anderer Typ des Korrelativum ist die *doppelte Apposition*, die relativ selten vorkommt; sie wird verwendet, um die Wirkung einer bestimmten Beschreibung zu verstärken oder zu vertiefen. In einer Erzählung eines Halbwüchsigen finden wir:

(32) f	and I knocked 'im down	f	und ich schlug ihn nieder
g	and one of them fought for the Boys' Club	g	und einer von ihnen kämpfte für den Boys' Club.
h	I beat him.	h	Den schlug ich.
i	and then, they gave him a knife, a long one, a dagger.	i	und dann gaben sie ihm ein Messer, ein langes, einen Dolch,
j	and I fought,	j	und ich kämpfte,
k	I fought him with that ...	k	ich kämpfte trotzdem mit ihm.

Wir stellen fest, daß *doppelte Attribute* genauso selten vorkommen wie doppelte Appositionen. Man könnte glauben, daß solche Nominalphrasen wie *big red house* und *cold wet day* oft genug vorkommen, aber Tatsache ist, daß sie in der Umgangssprache (colloquial style) ungebräuchlich sind. In Subjektstellung ist sogar ein alleinstehendes Attribut ungebräuchlich (anders ist es mit Demonstrativpronomina, Artikeln und Possesivpronomina), wie aus der Untersuchung der hier angeführten Erzählungen ersichtlich wird. Einige Erwachsene benutzen solche komplexen Nominalphrasen häufiger als andere; ein Mann aus der Arbeiterschicht von der Stichprobe der Erwachsenen in Harlem eröffnete seine Erzählung mit diesem Satz:

(33) a	You see, a great big guy in the back alley,	a	Verstehst du, ein großer kräftiger Kerl in der Seitengasse,
	He tried to make them push him on the swing		er versuchte sie dazu zu bringen, ihn zu schaukeln,
	by him pestering them		indem er sie laufend belästigte
	or trying to take advantage of them.		oder versuchte, sie auszunutzen.

Mit dem Gebrauch dieses doppelten Attributs ist die äußerst komplexe Syntax des Folgenden eng verbunden. Einige erfahrene erwachsene Erzähler neigen zu solchen Kombinationen und verwenden andere Korrelativa wie *linkseingebettete Partizipien* (left-hand participles). Zum Beispiel finden wir die folgende komplexe Struktur in der oben zitierten Erzählung (29) vor:

(29)	j	and suddenly somebody is giving me a destination	j	und plötzlich gibt mir jemand eine Adresse	
	k	I look in the back	k	Ich schaue nach hinten.	
	l	There's an *unsavory-looking passenger* in the back of the cab who had apparently gotten into the cab while is was parked and decided he's gonna wait for the driver.	l	Dort sitzt ein *widerlich aussehender Fahrgast* hinten im Taxi, der anscheinend in das Taxi gestiegen war, während es dort stand, und sich entschlossen hatte, auf den Chauffeur zu warten.	

Der Ausdruck *an unsavory-looking passenger in the back of the cab* könnte in mehreren narrativen Teilsätzen paraphrasiert werden: I looked into the back of the cab / I saw his character / I didn't care for the way he looked (Ich schaute in den hinteren Teil des Taxis / Ich sah diesen Typ / Ich störte mich nicht an seinem Aussehen). Das linkseingebettete Partizip leistet einen großen Teil der Aufgabe, den Antagonisten in dieser Erzählung zu charakterisieren − vielleicht prägnanter als es die ausführlichen Beschreibungen tun, die John L. in (3) gibt. Es ist keineswegs zufällig, daß teilweise die komplexesten syntaktischen Konstruktionen dazu benutzt werden, den Antagonisten zu beschreiben, der die wichtigste Rechtfertigung für den Anspruch darstellt, daß die Erzählung erzählenswert ist. Es sollte beachtet werden, daß eine Ursache für diese komplexe Form darin zu sehen ist, daß sie mit drei anderen Aussagen über den Gegner verbunden ist; so ist es ziemlich hilfreich, diesen zu beschreibenden Sachverhalt durch ein links vom Nomen eingebettetes Attribut in den Griff zu bekommen.

Die Hervorhebung von *linkseingebettet* vs. *rechtseingebettet* ist durch die Tatsache motiviert, daß das zuerstgenannte für Sprecher und Hörer in gleichem Maße komplexer ist. Reine Rechtseinbettungen sind für die meisten Kinder eine einfache Sache, wie aus ,,The house that Jack built" hervorgeht. Man kann ohne weiteres ein rechtseingebettetes Partizip hinzufügen, um eine Handlung näher zu qualifizieren, wie dieses Beispiel aus der Erzählung eines Erwachsenen deutlich macht:

(34)	But some reason every day after school this kid was come and slap me side o' my head, impressin' this girl.	Aber aus irgendwelchem Grund kam ein Junge jeden Tag nach der Schule und haute mir eine runter, um dieses Mädchen zu beeindrucken.

Aber es ist etwas ganz anderes, Partizipien wie Attribute vor ein Nomen zu setzen und die syntaktische Struktur offenzuhalten, während sich das Äquivalent eines ganzen Satzes zwischen andere Modifikatoren und den Kern der Nominalphrase schiebt:

(35)	She was a big, burly-looking, dark type sort of girl, a real, geechy-lookin' girl	Sie war ein großer, stämmig aussehender, dunkler Typ Mädchen, ein wirklich Klasse aussehendes Mädchen.

Diese komplexe Konstruktion mit zwei links des Nomens eingebetteten Partizipien und mehreren Attributen wird angewendet, um in einer Erzählung von einer Schlägerei den Antagonisten differenzierter und nachdrücklicher zu charakterisieren.

4.4. Explikativa

Einige Evaluationen und Explikationen einer Erzählung finden sich notwendig in separaten Teilsätzen, die dem narrativen Hauptteilsatz oder einem explizit evaluativen Teilsatz zugeordnet sind. Diese können *nähere Bestimmungen* sein, die durch Konjunktionen wie *while* oder *though* angeschlossen werden, oder aber durch *since* oder *because* eingeleitete *Kausalsätze*. Wir unterscheiden weiter drei Arten von Bindungen an den Hauptteilsatz: einfache, komplexe und zusammengesetzte. *Einfach* bedeutet, daß es nur einen Teilsatz gibt; *komplex*, daß ein Teilsatz in einen anderen Teilsatz eingebettet ist; und *zusammengesetzt*, daß zwei Teilsätze an derselben Stelle des Matrix-Teilsatzes eingebettet sind. Wir berücksichtigen hier keine Einbettungen, die auf verba dicendi oder verba sentiendi zurückgehen, da der Gebrauch von reinen Rechtseinbettungen in Verbindung mit Verben dieses Typs universal ist und bei allen Sprechern automatisch erfolgt. Die folgende graphische Darstellung zeigt eine solche Einbettung bei *realize*, gefolgt von einer Einbettung bei *found out* und zwei tiefer eingebetteten Explikationen, die sowohl zusammengesetzt als auch komplex sind.

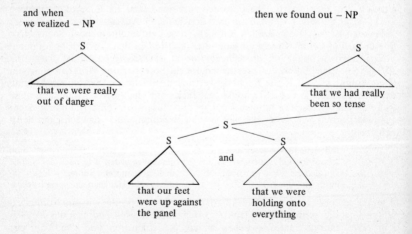

Man beachte, daß die beiden letzten *that*-Teilsätze an der Stelle der Komparativform *so* eingebettet sind. Auf den ersten Blick scheint es, daß sich solche eingebetteten finiten Teilsätze lediglich in technischer Hinsicht von den Nominalisierungen und Partizipien unterscheiden, die als Korrelativa klassifiziert wurden. Bei den Korrelativa haben wir es mit zusätzlichen Transformationen zu tun, die die Tempusmarkierungen tilgen und diese Konstituenten in einzelnen Teilsätzen zusammenfassen, während bei den Explikativa vollständige Teilsätze angeschlossen werden. Dies wird normalerweise als trivialer Unterschied gewertet; zum Beispiel werden die drei Funktionsformen der Satzergänzung (complementizers) *for — to, Possessivum + -ing* und *that* oftmals als eine Menge betrachtet — als drei äquivalente Arten und Weisen, eingebettete Sätze an den Matrixsatz anzuschließen. Aber im Sinne unserer Untersuchungsinteressen gibt es einen entscheidenden Unterschied zwischen der Tilgung der Tempusmarkierung nach *for — to* und der nach *-ing*.[15] Bei Infinitiven und Gerundien kann keine separate Tempusunterscheidung gemacht werden; sie gelten notwendigerweise als koordiniert mit dem Hauptverb, soweit es um die temporale Abfolge geht. Das trifft nicht auf die finiten Teilsätze zu, die *that*-Ergänzungen haben. Hier kann man ein Ereignis dadurch erklären, daß man auf etwas verweist, das lange vorher oder viel später eintrat. Dies ist bei (19) der Fall, wo die Tempora des explikativen Teilsatzes an der Oberfläche realisiert sind und sich auf Zeitpunkte beziehen, die viel früher in der Erzählung liegen. Folglich dienen die Explikativa nicht unbedingt der evaluativen Funktion, verschiedene Handlungen in einen engen Zusammenhang zu bringen. Die Handlung der Erzählung wird unterbrochen, aber die Aufmerksamkeit des Zuhörers wird zu diesem Zeitpunkt nicht aufrechterhalten — sie kann in die Vergangenheit oder in die Zukunft gelenkt werden oder auch in einen Bereich abstrakter Spekulation, der in gar keiner Beziehung zu der Erzählung steht. Wir können Explikativa in Erzählungen folgendermaßen schematisch darstellen:

Explikativa:

Die Explikation der verschiedenen Handlungskomplikationen, die die narrative Situation ausmachen, kann einer evaluativen Funktion dienen, z.B. wenn man erklärt, warum ein Mensch Angst hatte oder wie großartig jemand war. Aber eine Explikation selbst mag nur erforderlich sein, um Handlungen und Ereignisse zu schildern, die dem Zuhörer nicht ganz vertraut sind. Wir würden dann erwarten, daß die Distribution von Explikationen sehr verschieden von derjenigen der anderen Bedingungsfaktoren syntaktischer Komplexität sind, und im nächsten Abschnitt wird sich herausstellen, daß dies auch der Fall ist.

In der Diskussion der Bedingungsfaktoren syntaktischer Komplexität in Erzählungen haben wir eine Klassifizierung der verschiedenen Arten und Weisen vorgenommen, in denen eine minimale syntaktische Struktur entwickelt wird. Es gibt viele andere technische Mittel, die in der Erzählung verwendet werden und hier eigentlich diskutiert werden sollten: *Tilgungen*, die Berufung

---

15 Andere Gründe, diese Ergänzungen klar voneinander zu unterscheiden, finden sich bei Kiparsky und Kiparsky 1970. Der Dimension, nach der sich diese drei Satzergänzungen unterscheiden lassen, entsprechen im wesentlichen drei Klassen von [FAKT].

auf Unkenntnis einschließen; der Gebrauch des *Passivs* und der *Ellipse; Umstellungen*, die Monologe einschließen, Rückblenden und die Verlagerung der Orientierung. Es gibt ebenso dysfunktionale Aspekte in Erzählungen: die Verwechslung von Personen, anaphorischen und temporalen Bezügen. Diese Untersuchung wurde auf jene evaluativen Techniken eingeschränkt, die die innere Struktur und die syntaktische Komplexität der narrativen Einheiten betreffen.

Einige der syntaktischen Eigenschaften, die hier diskutiert wurden, erscheinen in Teilsätzen, die eine rein referentielle Funktion haben: sie klären für den Zuhörer die einfachen faktischen Umstände der Erzählung. Aber meistens ist das Auftreten dieser Merkmale eng an die Evaluation der Erzählung gebunden: Sie intensivieren bestimmte narrative Ereignisse, die eine große Relevanz für den Kernpunkt haben; sie vergleichen die Ereignisse, die stattgefunden haben, mit denen, die eintreten sollten, aber nicht eintraten; sie schaffen Zusammenhänge zwischen den Gliedern der linearen Dimension der Erzählung, indem sie ein Ereignis mit einem anderen überlagern; und sie explizieren den Kernpunkt der Erzählung mit so vielen Worten. Die Beispiele, die wir oben angeführt haben, illustrieren diese Verbindung zwischen syntaktischer Komplexität und Evaluation, beweisen sie aber nicht. Im nächsten Abschnitt wollen wir einige quantitative Daten anführen, die diesen Zusammenhang etwas plausibler erscheinen lassen. Wir wollen den Zusammenhang wachsender syntaktischer Komplexität mit dem Alter aufzeigen.

5. Die Entwicklung der Syntax von Evaluationen mit fortschreitendem Alter

Es wird oft gesagt, daß ein Kind, das im Alter von fünf Jahren in die Schule kommt, den größten Teil der Grammatik seiner Sprache bereits gelernt hat. Diese Behauptung mag ein vernünftiger, ausgleichender Hinweis gegenüber denjenigen sein, die wiederum behaupten, daß sie dem Kind die englische Sprache erst in der vierten Klasse beibringen, geht aber wohl zu weit. Im Verlauf unserer Untersuchung der narrativen Strukturen und der syntaktischen Komplexität verglichen wir Geschichten, die von farbigen Halbwüchsigen (10–12 Jahre alt), Heranwachsenden (13–16 Jahre alt) und Erwachsenen aus der Stichprobe in Harlem erzählt wurden, um zu sehen, welche Entwicklung im Gebrauch der evaluativen Techniken, die oben skizziert wurden, tatsächlich vorliegt. Es ist klar, daß jedes Kind über die grundlegende narrative Syntax verfügt. Ebenso trifft es zu, daß Kinder wissen, wie man von Gesten, Quantoren, Wiederholungen, Negationsträgern, Futurformen, Modalverben und *weil*-Sätzen Gebrauch macht. Die Frage ist nur, ob sie wissen, wie und wann sie diese Techniken für bestimmte Zwecke im Verlauf des Geschichtenerzählens nutzen können.

Zehn Geschichten von Schlägereien wurden für jede Gruppe ausgewählt; die grundlegende Struktur geht mit großer Klarheit aus dieser kleinen Menge hervor. Tabelle 9–2 zeigt den Gebrauch der vier wichtigsten Typen der evaluativen Techniken für die drei Altersgruppen auf. Die erste Spalte zeigt die Rohwerte; die zweite Spalte gibt jene Werte wieder, die – im Sinne einer Korrektur – an der durchschnittlichen Länge der Erzählung relativ zur Anzahl unabhängiger Teilsätze bemessen wurde. Diese durchschnittliche Länge ist bei

Erwachsenen (Erw) am größten, nämlich 27,4 Teilsätze, etwas geringer für die Heranwachsenden (HW), aber viel geringer für die Halbwüchsigen (Hlbw).

Tabelle 9–2

Gesamtvorkommen evaluativer Kategorien in Erzählungen nach Alter

	Hlbw		HW		Erw	
	Anzahl	Anzahl/L	Anzahl	Anzahl/L	Anzahl	Anzahl/L
Funktionsformen der Intensivierung	12	1,23	51	2,05	88	3,20
Funktionsformen des Vergleichs	12	1,23	71	2,85	113	4,10
Korrelativa	1	0,12	12	0,48	23	0,84
Explikativa	1	0,12	12	0,48	20	0,73
L:	9,6		24,8		27,4	

L   = Durchschnittliche Anzahl unabhängiger Teilsätze
Hlbw = Halbwüchsige
HW   = Heranwachsende
Erw = Erwachsene

Die Zahlen für alle vier evaluativen Kategorien zeigen ein regelmäßiges und ausgeprägtes Ansteigen der Werte von den Halbwüchsigen zu den Teenagern und ferner ein starkes Ansteigen der Werte von den Heranwachsenden zu den Erwachsenen. Die Funktionsformen der Intensivierung weisen das geringste Gefälle auf, ungefähr von 1 zu 2 zu 3; die Werte für die Funktionsformen des Vergleichs steigen etwas steiler an; die Korrelativa und die Explikativa zeigen die Unterschiede zwischen den Durchschnittswerten am deutlichsten von allen, nämlich von 1 zu 4 zu 8. Wenn man sich diese Tabelle ansieht, so kann man behaupten, daß die Halbwüchsigen noch ein großes Stück Weg bei der Erlernung der Sprache vor sich haben. Die Fähigkeit, Negationsträger, Futurformen und Modalverben in normaler Konversation zu verwenden, ist nicht gleichbedeutend mit der Fähigkeit, sie in Erzählungen zu benutzen.

Man kann sich die Frage stellen, ob es sich hier um eine syntaktische Fähigkeit, um eine Frage der sprachlichen Gewandtheit im weiteren Sinne oder aber um eine Evolution der kognitiven Fähigkeiten handelt. In jedem Fall betrifft ein wesentlicher Aspekt die Entfaltung der narrativen Struktur selbst, die erst erlernt wird, nachdem die grundlegende Syntax der Sprache lange schon erworben ist. Es ist ziemlich wahrscheinlich, daß einige der komplexeren Funktionsformen des Vergleichs und der Korrelativa nicht im Bereich der sprachlichen Fähigkeiten von Halbwüchsigen liegen.

Tabelle 9–3 zeigt die Verwendung der verschiedenen Untergruppen evaluativer Merkmale bezogen auf die Anzahl der Erzähler, die ein Merkmal zumindest einmal verwendet haben. Die Werte variieren zwischen 1 und 10; es zeigt sich, daß die einzigen Kategorien, die 100%-Werte aufweisen, die von Erwachsenen benutzten Negationsträger und Quantoren sind.

Tabelle 9–3

Anzahl der Erzähler, die die vier evaluativen Hauptmerkmale mindestens einmal verwenden

Funktionswörter d. Intensivierung	Hlbw	HW	Erw	Funktionswörter des Vergleichs	Hlbw	HW	Erw
Gesten	0	1	1	Imperative	1	3	6
Paralinguist. Faktoren	0	5	3	Fragen	1	4	4
Quantoren	4	6	10	Negationsträger	4	7	10
Lexikalische Einheiten	0	5	7	Futurformen	0	1	2
Hervorhebungen	1	1	2	Modale	2	4	7
Wiederholungen	0	5	3	Quasi-Modale	2	6	7
Rituale	3	1	5	Or-Teilsätze	0	3	2
WH-Ausrufe	1	3	1	Komparative	1	6	6
Summe	9	27	32	Summe	11	34	44

Korrelativa	Hlbw	HW	Erw	Explikativa	Hlbw	HW	Erw
Be . . . ing	0	3	0	Einfach: qual.	0	3	3
Doppeltes . . . -ing	0	1	0	Einfach: kaus.	1	3	5
Doppelte Apposition	1	1	2	Komplex: qual.	0	0	2
Doppeltes Attribut	0	1	2	Komplex: kaus.	0	1	1
Partizip: rechtst.	0	1	5	Zusammenges.: qual.	0	0	0
linksst.	0	1	1	Zusammenges.: kaus.	0	1	2
Nominalisierungen	0	1	2				
Summe	1	9	13	Summe	1	8	13

Was die Funktionsformen der Intensivierung betrifft, so ist offensichtlich, daß die Halbwüchsigen am ehesten Gewandtheit im Gebrauch von Quantoren zeigen; bei den Heranwachsenden läßt sich ein nachdrücklicher Gebrauch von paralinguistischen Faktoren und markierten lexikalischen Einheiten feststellen. Unter den Funktionsformen des Vergleichs zeigt der Komparativ die auffälligste Korrelation mit dem jeweiligen Alter. Die Korrelativa als Ganzes stehen praktisch den hier repräsentierten Halbwüchsigen nicht zur Verfügung. Das einzige Element, das überhaupt mit einer gewissen Häufigkeit bei einer Gruppe auftritt, nämlich bei der Gruppe der Erwachsenen, ist das rechts des Nomens eingebettete Partizip. Die Explikativa zeigen dieselbe Verteilung über die Altersgruppen. Das Element, das am häufigsten vorkommt, ist der einfache kausale Teilsatz.

Wir haben diese Erzählungen von farbigen Sprechern aus Harlem mit denen unserer Kontrollgruppen weißer Sprecher aus der Arbeiterschicht, der Inwood-Gruppe, verglichen. Sechs Erzählungen von Schlägereien, die von den Heranwachsenden der Inwood-Gruppe erzählt wurden, zeigen die folgende Verwendung von evaluativen Funktionsformen:

	Anzahl	Anzahl/L
Funktionsformen der Intensivierung	29	1,26
Funktionsformen des Vergleichs	23	1,00
Korrelativa	4	0,16
Explikativa	0	0,00

L = 23,3

Die Werte für diese kleine Gruppe weißer Jugendlicher sind mit denen der farbigen · Halbwüchsigen eher vergleichbar als mit denen der farbigen Heranwachsenden, obwohl die Länge typisch für dieses Alter ist. Das Profil der vier Typen evaluativer Funktionsformen ist annähernd dasselbe wie das für die Halbwüchsigen aus Harlem. Es geht vielleicht zu weit, wenn man, von dieser kleinen Untersuchung ausgehend, behauptet, daß die farbigen Sprecher im Erzählen von Geschichten eine größere sprachliche Gewandtheit besitzen als die Sprecher der Inwood-Gruppe, aber sie liegen in dieser Hinsicht mit Sicherheit nicht zurück. Im Gegenteil, es gibt hier genügend Belege, die Behauptung zu stützen, die wir früher schon aufgestellt haben, daß nämlich ein Höchstmaß an sprachlicher Gewandtheit in der Kultur des BEV gefunden werden kann.

Die späte Entwicklung im Gebrauch der Syntax von Evaluationen scheint allen Subkulturen gemeinsam zu sein, obwohl wir die einzelnen Altersstufen der weißen Arbeiter- und Mittelschichtsgruppen noch nicht systematisch untersucht haben. Es ist erstaunlich, daß dieser Gebrauch komplexer Syntax in Erzählungen, verglichen mit der Kompetenz in normaler Konversation so weit im Rückstand sein sollte. Der Kontrast tritt bei den Funktionsformen des Vergleichs am schärfsten in Erscheinung; es ist keine Frage, daß Halbwüchsige vollkommen über die Fähigkeit verfügen, andere Mittel wie Modalverben, Fragen und Futurformen zu gebrauchen. Aber sie verfügen über diese Elemente nicht so uneingeschränkt wie Erwachsene, um ihre eigenen Erfahrungen zu schildern. Der erfahrene Erwachsene kompliziert seine Darstellung von Erfahrungen, indem er sich von realen zu imaginären Ereignissen vor und zurück bewegt. Kinder fragen, bestreiten, beklagen und beunruhigen sich, aber Erwachsene sind sich der Bedeutung dieser Handlungen bewußt und sind eher geneigt, sich darüber zu unterhalten.

Erwachsene haben dadurch, daß sie immer wieder über ihre eigenen Erfahrungen berichten, die Fähigkeit entwickelt, ihr eigenes Verhalten mit komplexeren sprachlichen Mitteln zu bewerten. Sprecher der Mittelschicht verlieren bei diesem Prozeß oft die Übersicht, und so kommt es, daß viele Erzähler in einem Übermaß an externer Evaluation und syntaktischer Elaboriertheit den Faden ihrer Geschichte gänzlich verlieren. Aber wenn diese Mittel in der dramatischen Handlung konzentriert und tief in sie eingebettet sind, können sie ihre volle Wirkung erreichen. Viele der Erzählungen, die hier angeführt wurden, reflektieren ein sehr hohes Kompetenzniveau; wenn sie im authentischen Wort-

laut der Sprecher wiedergegeben werden, können sie die gesamte Aufmerksamkeit einer Zuhörerschaft in bemerkenswerter Weise in Anspruch nehmen und
ein tiefes und aufmerksames Schweigen hervorrufen, das weder in akademischen
noch in politischen Diskussionen zu finden ist. Die Reaktion von Zuhörern auf
diese Erzählungen scheinen zu zeigen, daß diejenige Form der Sprache in besonderem Maße bewertet wird, die unsere persönliche Erfahrung in eine dramatische Form übersetzt. Das Vernacular, das von Sprechern der Arbeiterschicht
verwendet wird, scheint eine unverkennbare Überlegenheit über Stile zu besitzen, die sich Sprecher eher durch Bildung angeeignet haben. Wir haben noch
keine Vergleiche zwischen dem Vernacular der Weißen und dem der Farbigen
durchgeführt; aber in bezug auf Erzählungen sollte es klar sein, daß das BEV
ein Medium, der Kommunikation darstellt, das von einigen der talentiertesten
und eindrucksvollsten Sprechern der englischen Sprache verwendet wird.

Übersetzt von Monika Krah

Literaturverzeichnis

ABRAHAMS, R.,
1962   "Playing the Dozens", in: *Journal of American Folklore* 75, 209-218.
DERS.,
1970   "Rapping and Capping: Black Talk as Art", in: J.F. Szwed, Hg., *Black America*. New York.
ALLEN, P.,
1968   /r/ Variable in the Speech of New Yorkers in Department Stores. SUNY, Stony Brook (unveröff.).
ANSHEN, F.,
1969   Speech Variation among Negroes in a Small Southern Community. Unveröff. Diss., New York University.
BACH, E.,
1967   "*Have* and *be* in English Syntax", in: *Language* 43, 462-485.
BAILEY, B.,
1966   *Jamaican Creole Syntax*. London.
DERS.,
1971   "Jamaican Creole: can Dialect Boundaries be Defined?", in: Hymes 1971, 341-348.
BAIRD, S.J.,
1969   Employment Interview Speech: a Social Dialect Study in Austin, Texas. Unveröff. Diss., University of Texas.
BARBER, B.,
1957   *Social Stratification*. New York.
BICKERTON, D.,
1971a   "Inherent Variability and Variable Rules", in: *Foundations of Language* 7, 457-492.
DERS.,
1971b   On the Nature of the Creole Continuum. Unveröff. Ms.
BLACK, M. und D. METZGER,
1965   "Ethnographic Description and the Study of Law", in: *American Anthropologist* 67, 141-165.
BLOOM, L.,
1970   *Language Development: Form and Function in Emerging Grammars*. Cambridge, Mass.
BLOOMFIELD, L.,
1926   "A Set of Postulates for the Science of Language", in: *Language* 2, 153-164.
DERS.,
1927   "Literate and Illiterate Speech", in: *American Speech* 2, 432-439.
DERS.,
1933   *Language*. New York.
BRIGHT, W. und A.K. RAMANUJAN,
1964   "Socio-linguistic Variation and Language Change", in: H.G. Lunt, Hg., *Proceedings of the Ninth International Congress of Linguists*. Den Haag.
BROADBENT, D.E.,
1962   "Attention and the Perception of Speech", in: *Scientific American* 206, 143-151.
BRONSTEIN, A.,
1962   "Let's take Another Look at New York City Speech", in: *American Speech* 37, 13-26.

BROWN, L.,
1969   The Social Psychology of Variations in French Canadian Speech. Unveröff. Diss., McGill University.

BROWN, R.,
1970   *Psycholinguistics*. New York.

DERS.,
1973   *A First Language: the Early Stages.* Cambridge, Mass.

BROWN, R. und U. BELLUGI,
1964   "Three Processes in the Child's Acquisition of Syntax", in: *Harvard Educational Review* 34, 133-151.

BUTTERS, R.R.,
1971   "On the Notion 'Rule of Grammar' in Dialectology", in: *Papers from the 7th Regional Meeting of the Chicago Linguistic Society.* University of Chicago.

CARDEN, G.,
1970   "A Note on Conflicting Idiolects", in: *Linguistic Inquiry* 1, 281-290.

DERS.,
1972   Disambiguation, Favored Readings and Variable Rules. Vervielf.

CEDERGREN, H.
1970   Patterns of Free Variation. Vervielf. Ms.

CEDERGREN, H. und D. SANKOFF,
1974   "Variable Rules: Performance as a Statistical Reflection of Competence", in: *Language* 50, 333-355.

CHAO, Y.,
1934   "The Non-Uniqueness of Phonemic Solutions of Phonetic Systems", in: E. Hamp et al., Hg., *Readings in Linguistics II.* Chicago.

CHEN, M.,
1971   *The Time Dimension: Contribution Toward a Theory of Sound Change.* Berkeley, Cal.

CHEN, M. und H. HSIEH,
1971   "The Time Variable in Phonological Change", in: *Journal of Linguistics* 7, 1-13.

CHENG, C. und W. WANG,
1970   "Phonological Change of Middle Chinese Initials", in: *Project on Linguistic Analysis* 2, H. 10. Berkeley, Univ. of California.

CHOMSKY, N.,
1957   *Syntactic Structures.* Den Haag.

DERS.,
1961   "Some Methodological Remarks on Generative Grammar", in: *Words* 17, 219-239.

DERS.,
1965   *Aspects of the Theory of Syntax.* Cambridge, Mass. (deutsch 1969).

DERS.,
1966   "Topics in the Theory of Generative Grammar", in: T. Sebeok, Hg., *Current trends in linguistics 3: linguistic theory.* Bloomington, Ind.

DERS.,
1970   "Remarks on Nominalization", in: P. Rosenbaum und R. Jacobs, Hgg., *Readings in Transformational Grammar.* Waltham, Mass.

CHOMSKY, N. und M. HALLE,
1968   *The Sound Pattern of English.* New York.

COHEN, P.,
1970   The Tensing and Raising of Short *a* in the Metropolitan Area of New York City. Unveröff. Magisterarbeit, Columbia University.

COOK, S.,
  1969   Language Change and the Emergence of an Urban Dialect in Utah. Unveröff. Diss., University of Utah.

DARWIN, Ch. R.,
  1871   *The Descent of Man, and Selection in Relation to Sex.*

DAY, R.,
  1972   Patterns of Variation in Copula and Tense in the Hawaiian Post-Creole Continuum. Unveröff. Dissertation, University of Hawaii.

DILLARD, J.L.,
  1971   "The Creolist and the Study of Nonstandard Negro Dialects in the Continental United States", in: Hymes (1971), 393-408.

DOLLARD, J.,
  1939   "The Dozens: the Dialect of Insult", in: *American Image* 1, 3-24.

ELLIOTT, D., S. LEGUM und S. THOMPSON,
  1969   "Syntactic Variation as Linguistic Data", in: R. Binnick et al., Hgg., *Papers from the 5th Regional Meeting of the Chicago Linguistic Society*. University of Chicago.

ENDERLIN, D.,
  1913   "Die Mundart von Kesswil im Oberthurgau", in: A. Bachmann, Hg., *Beiträge zur Schweizer-Deutschen Grammatik*. Frauenfeld.

FERGUSON, Ch. A. und J.J. GUMPERZ,
  1960   *Linguistic Diversity in South Asia*. Bloomington, Ind.

FISCHER, J.L.,
  1958   "Social Influences on the Choice of a Linguistic Variant", in: *Word* 14, 47-56.

GAUCHAT, L.,
  1905   "L'unité phonétique dans le patois d'une commune", in: *Aus romanischen Sprachen und Literaturen: Festschrift Heinrich Mort*. Halle.

GLEASON, H.A.,
  1961   *Introduction to Descriptive Linguistics*. 2. Aufl. New York.

GLEITMAN, L.,
  1971   The Child as Grammarian. Vervielf. Ms.

GOIDANICH, P.G.,
  1926   "Saggio critico sullo studio de L. Gauchat", in: *Archivio Glottologico Italiano* 20, 60-71.

GREENBERG, J.H.,
  1959   "Language and Evolution", in: *Evolution and Anthropology: a Centennial Appraisal*. Washington, D.C.

GUMPERZ, J.J.,
  1964   "Linguistic and Social Interaction in Two Communities", in: J.J. Gumperz und D. Hymes, Hgg., *The Ethnography of Communication (American Anthropologist* 66, H. 6.2).

GUY, G.,
  1975   Variation in the Group and the Individual: the Case of Final Stop Deletion. *Pennsylvania Working Papers on Linguistic Change and Variation* I.4. Philadelphia.

HALLE, M.,
  1962   "Phonology in Generative Grammar", in: *Word* 18, 67–72.

HARRIS, Z. S.,
  1963   *Discourse Analysis Reprints*. Den Haag.

DERS.,
  1965   "Transformational Theory", in: *Language* 41, 363–401.

HENRIE, S. N., Jr.,
  1969   A Study of Verb Phrases Used by Five-Year-Old Non-Standard Negro English Speaking Children, Unveröff. Dissertation, University of California.

HERINGER, J. T.,
1970   "Research on Quantifier-Negative Idiolects", in: *Papers from the 6th Regional Meeting of the Chicago Linguistic Society*. Chicago.
HERMANN, M. E.,
1929   "Lautveränderungen in der Individualsprache einer Mundart", in: *Nachrichten der Gesellschaft der Wissenschaften zu Göttingen, Philosophisch-historische Klasse* 11, 195–214.
HERZOG, M. I.,
1965   *The Yiddish Language in Northern Poland: its Geography and History*. Bloomington, Ind.
HUBBELL, A. F.,
1950   *The Pronunciation of English in New York City*. New York.
HYMES, D.,
1961   "Functions of Speech: an Evolutionary Approach", in: F. C. Gruber, Hg., *Anthropology and Education*. Philadelphia.
DERS.,
1962   "The Ethnography of Speaking", in: T. Gladwin und W. C. Sturtevant, Hgg., *Anthropology and Human Behavior*. Washington, D.C.
DERS., Hg.,
1971   *Pidginization and Creolization of Languages*. London

JACKENDOFF, R. S.,
1968   "Quantifiers in English", in: *Folia Linguistica* 4, 422–442.
JESPERSEN, O.,
1946   *Mankind, Nation, and Individual from a Linguistic Point of View*. Bloomington, Ind.
JOOS, M.,
1959   "The Isolation of Styles", in: *Georgetown University Monograph Series on Languages and Linguistics* 12, 107–113.
KAZAZIS, K.,
1969   The Relative Importance of Parents and Peers in First-Language Learning. Vortrag bei der Linguistic Society of America. San Francisco.
KIHLBOM, A.,
1926   *A Contribution to the Study of Fifteenth-Century English*. Uppsala.
KIPARSKY, P. und C. KIPARSKY,
1970   "Fact", in: M. Bierwisch und K. Heidolph, Hgg., *Progress in Linguistics*. Den Haag.
KOCHMAN, Th.,
1970   "Towards an Ethnography of Black Speech Behavior", in: N. E. Whitten und J. F. Szwed, Hgg., *Afro-American Anthology*. New York.
KUHN, S. M. und R. QUIRK,
1953   "Some Recent Interpretations of Old English Digraph Spellings", in: *Language* 29, 143–156.
KURATH, H. und R. McDAVID,
1951   *The Pronunciation of English in the Atlantic States*. Ann Arbor.
KURYLOWICZ, J.,
1964   "On the Methods of Internal Reconstruction", in: H. G. Lunt, Hg., *Proceedings of the Ninth International Congress of Linguistis*. Den Haag.
LAKOFF, G.,
1970a   *Linguistics and Natural Logic*. Ann Arbor
DERS.,
1970b   "Global Rules", in: *Language* 46, 627–639.
LAMBERT, W. E.,
1967   "A Social Psychology of Bilingualism", in: J. Macnamara, Hg., *Problems of Bilingualism* (Sonderheft von *The Journal of Social Issues* 23,2).

DERS.,
    1969   "Some Current Psycholinguistic Research: The Tu-Vous and Le-La Studies", in: J. Puhvel, Hg., *Substance and Structure of Language*. Berkeley.

LAMBERT, W. E., M. ANISFELD und G. YENI-KOMSHIAN
    1965   "Evaluational Reactions of Jewish and Arab Adolescents to Dialect and Language Variations", in: *Journal of Personality and Social Psychology* 3, 313–320.

LAMBERT, W. E. et al.,
    1960   "Evaluation Reactions to Spoken Languages", in: *Journal of Abnormal and Social Psychology* 60, 44–51.

LEGUM, S., C. PFAFF, G. TINNIE und M. NICHOLAS,
    1971   *The Speech of Young Black Children in Los Angeles*. Los Angeles (Technical report no. 33, Southwestern Regional Laboratory).

LEHMANN, W. P.,
    1963   *Historical Linguistics: An Introduction*. New York.

LEVINE, L. und H. J. CROCKETT,
    1966   "Speech Variation in a Piedmont Community: Postvocalic *r*", in: S. Lieberson, Hg., *Explorations in Sociolinguistics*. Bloomington, Ind.

MAHL, G.,
    1972   "People Talking When They Can't Hear Their Voices", in: A. Siegman und B. Pope, eds., *Studies in Dyadic Communication*. New York.

MALKIEL, Y.,
    1967   "Each Word Has a History of Its Own", in: *Glossa* 1.2.

MARTINET, A.,
    1955   *Économie des Changements Phonétiques*. Bern

DERS.,
    1964a   *Elements of General Linguistics*. Chicago.

DERS.,
    1964b   "Structural Variation in Language", in: H. G. Lunt, Hg., *Proceedings of the Ninth International Congress of Linguists*. Den Haag.

MEILLET, A.,
    1921   *Linguistique Historique et Linguistique Générale*. Paris

MITCHELL-KERNAN, C.,
    1969   *Language Behavior in a Black Urban Community*. Working Paper no. 23. Language Behavior Research Laboratory, Berkeley, Cal., Vervielf. Ms.

MORGAN, J. L.,
    1969   "On Arguing About Semantics", in: *Papers in Linguistics* 1, 49–70.

MOULTON, W. G.,
    1962   "Dialect Geography and the Concept of Phonological Space", in: *Word* 18, 23–32.

NIDA, E.,
    1949   *Morphology*. Ann Arbor.

NOTTEBOHM, F.,
    1970   "Vocal Imitation and Individual Recognition of Finch Calls", *Science* 168, 480–482.

OSTHOFF, H. und K. BRUGMANN,
    1878   *Morphologische Untersuchungen auf dem Gebiet der indogermanischen Sprachen* Bd. 1. Leipzig.

PAUL, H.,
    1885   *Grundzüge der Sprachgeschichte*. Halle.

PETERSON, G. E. und H. L. BARNEY,
    1952   "Control Methods Used in a Study of the Vowels", in: *Journal of the Acoustical Society of America* 24, 175–184.

PIKE, K.,
1947   *Phonemics*. Ann Arbor.
POPPER, K. R.,
1959   *The Logic of Scientific Discovery*. New York.
POSTAL, P.,
1964   "Constituent Structure: a Study of Contemporary Models of Syntactic
          Description", in: *International Journal of American Linguistics*, Publi-
          cation 30.
DERS.,
1968   *Cross-over Constraints*. Vortrag, gehalten bei der Linguistic Society of
          America, Winter 1968, New York.
PRESTON, M.S.,
1963   *Evaluational Reactions to English, Canadian French and European French
          Voices*. Unveröff. Magisterarbeit, McGill University.
RAVEM, R.,
1974   "The Learning of WH-questions", in: J. C. Richards, Hg., *Error Analysis:
          Perspectives on Second Language Acquisition*. London.
REICHSTEIN, R.,
1960   *"Study of Social and Geographic Variation of Linguistic Behavior"*, in:
          Word 16, 55.
ROSENBAUM, P.,
1968 ◢   *Grammar II*, Yorktown Heights, N. Y.

SACKS, H.,
1972a   "The Search for Help", in: D. Sudnow, Hg., *Studies in Social Interaction*.
          New York.
SANKOFF, G. und H. CEDERGREN,
1971   "Some Results of a Sociolinguistic Study of Montreal French", in: R. Dar-
          nell, ed., *Linguistic Diversity in Canadian Society*. Champaign, Ill.
SAUSSURE, F. de,
1962   *Cours de Linguistique Générale*, Paris.
SCHEGLOFF, E.,
1972   "Notes on a Conversational Practice: Formulating Place", in: D. Sudnow,
          Hg., *Studies in Social Interaction*. New York.
SCHUCHARDT, H.,
1909   "Die Lingua Franca", in: *Zeitschrift für romanische Philologie* 33, 441–461.
SHATZ, M. und R. GELMAN,
1973   The Development of Communication Skills: Modifications in the Speech of
          Young Children as a Function of Listener. *Monographs of the Society for
          Research in Child Development* 38, 5.
SHUY, R., W. WOLFRAM und K. RILEY,
1967   *A Study of Social Dialects in Detroit*. Report on project 6–1347. Washing-
          ton, D. C., Office of Education.
SOLOMON, D.,
1966   *The System of Predication in the Speech of Trinidad: a Quantitative Study
          of De-Creolization*. Unveröff. Dissertation, Columbia University.
SOLOMON, R. L. und D. H. HOWES,
1951   "Word Frequency, Personal Values and Visual Duration Thresholds", in:
          Psychological Review 58, 256–270.
SOLOMON, R. L. und L. POSTMAN,
1952   "Frequency of Usage as a Determinant of Recognition Thresholds for
          Words", in: *Journal of Experimental Psychology* 42, 195–201.
SOMMERFELT, A.,
1930   "Sur la Propagation de Changements Phonétiques", in: *Norsk Tidsskrift for
          Sprogvidenskap* 4, 76–128.

STEWART, W.,
  1966   "Social Dialect", in: *Research Planning Conference on Language Development in Disadvantaged Children*. New York.
DERS.,
  1968   "Continuity and Change in American Negro Dialects", in: *Florida Foreign Language Reporter* 6, 13ff.
DERS.,
  1970   "Toward a History of Negro Dialect", in: F. Williams, ed., *Language and Poverty*. Chicago.
STOCKWELL, R. P. und C. W. BARRITT,
  1961   "Scribal Practice: Some Assumptions", in: *Language* 37, 75–82.
STURTEVANT, E.,
  1947   *An Introduction to Linguistic Science*. New Haven.
SUMMERLIN, N. C.,
  1972   *A Dialect Study: Affective Parameters in the Deletion and Substitution of Consonants in the Deep South*. Unveröff. Diss., Florida State University.
SWEET, H.,
  1900   *The History of Language*. London.
SWETT, D.,
  1966   *Cross-cultural Communications in the Courtroom: Applied Linguistics in a Murder Trial*. San Francisco State College, vervielf. Ms.

TARDE, G. de,
  1890   *Les Lois d'Imitation*.
TORREY, J.,
  1972   *The Language of Black Children in the Early Grades*. New London, Conn.
TRAGER, G. L.,
  1940   "One Phonemic Entity Becomes Two: the Case of 'Short *a*' ", in: *American Speech* 15, 255–258.
TRUBETZKOY, N. S.,
  1939   *Grundzüge der Phonologie*. Prag.
TRUDGILL, P.,
  1974   *The Social Differentiation of English in Norwich*. Cambridge.
TUCKER, G. R. und W. E. LAMBERT,
  1969   *White and Negro Listeners' Reactions to Various American English Dialects*. Vervielf.

VENDRYES, J.,
  1951   *Language: a Linguistic Introduction to History*. New York.

WANG, W. S.-Y.,
  1969   "Competing Changes as a Cause of Residue", in: *Language* 45, 9–25.
WEBB, E. J. et al.,
  1966   *Unobtrusive Measures: Non-Reactive Research in the Social Sciences*. Chicago.
WEDGE, G. und F. INGEMANN,
  1970   "Tag Questions, Syntactic Variables, and Grammaticality", in: *Papers from the 5th Kansas Linguistics Conference*, 166–203.
WEINBERG, M. und M. NAJT,
  1968   "Los Pronombres de Tratamiento en el Español de Bahia Blanca", in: *Actas de la Quinta Asembla Interuniversitaria de Filologia y Literatures Hispanicas*.
WEINREICH, U.,
  1954   "Is a Structural Dialectology Possible?" in: *Word* 10, 388–400.

WEINREICH, U., W. LABOV und M. HERZOG,
    1968   "Empirical Foundations for a Theory of Language Change", in: W. P. Leh-
              mann und Y. Malkiel, Hgg., *Directions for Historical Linguistics.* Austin,
              Texas.
WHITNEY, W. D.,
    1901   *Language and the Study of Language.* New York.
WHYTE, W. F.,
    1955   *Street Corner Society: the Social Structure of an Italian Slum.* Chicago.
WOLFE, P.,
    1969   *Linguistic Change and the Great Vowel Shift in English.* Unveröff. Diss.,
              University of California, Los Angeles.
WOLFRAM, W.,
    1969   Linguistic Correlates of Social Stratification in the Speech of Detroit Ne-
              groes. Unveröff., Hartford Seminary Foundation.
WYLD, H. C.,
    1936   *A History of Modern Colloquial English.* 3. Aufl. Oxford.
ZWICKY, A.,
    1970   "Auxiliary Reduction in English", in: *Linguistic Inquiry* 1, 323–336.

Verzeichnis der Schriften von William Labov

1963   "The Social Motivation of a Sound Change", in: *Word* 19: 273–309. Wieder-
abgedruckt in Labov (1972a: 1–42).

1964a   "Phonological Correlates of Social Stratification", in: *American Anthropologist*
Vol. 66, Nr. 6, Teil 2: 164–176.

1964b   "Stages in the Acquisition of Standard English", in: Roger W. Shuy, Hg., *Social
Dialects and Language Learning*, 77–104.

1965   "On the Mechanism of Linguistic Change", in: Charles W. Kreidler, Hg., *Georgetown University Monograph Series on Languages and Linguistics* Nr. 18, Report
on the 16th Annual Round Table Meeting. Washington D.C., 91–114.
In leicht modifizierter Fassung erneut abgedruckt in Labov (1972a: 160–192).
In deutscher Übersetzung ("Über den Mechanismus des Sprachwandels") in:
Gudula Dinser, Hg., *Zur Theorie der Sprachveränderung.* Kronberg/Ts., 1974:
145–177.

1966a   *The Social Stratification of English in New York City.* Center for Applied Linguistics. Washington D.C.

1966b   "Hypercorrection by the Lower Middle Class as a Factor in Linguistic Change",
in: W. Bright, Hg., *Sociolinguistics.* Den Haag, 81–113.
Erneut abgedruckt in leicht modifizierter Fassung in: Labov (1972b:122–142).

1966c   "The Effect of Social Mobility on Linguistic Behavior", in: S. Lieberson, Hg.,
Explorations in Sociolinguistics. Bloomington, Ind., 58–75.
Erneut abgedruckt in: *Sociological Inquiry* 36, 186–203.

1966d   "The Linguistic Variable as a Structural Unit", in: *Washington Linguistics Review*
3, 4–22.

1966e   "On the Grammaticality of Everyday Speech". Paper given before the Linguistic
Society of America. New York.

1967   "Some Sources of Reading Problems for Speakers of the Black English Verna-
cular", in: A. Frazier, Hg., *New Directions in elementary English.* Champaign,
Ill., 140–167.
Erneut abgedruckt in: J.C. Baratz und R.W. Shuy, Hgg., *Teaching Black Children
to Read.* Center for Applied Linguistics. Washington D.C., 1969, 29–67.
Erneut abgedruckt in leicht revidierter Fassung in: Labov (1972b: 3–35).

1968   "The Reflection of Social Processes in Linguistic Structures", in: J.A. Fishman,
Hg., *Readings in the Sociology of Language*, Den Haag, 240–251.
In deutscher Übersetzung in:
1. Horst Holzer und Karl Steinbacher, Hgg., *Sprache und Gesellschaft*, Hamburg
1972: 338–350.
2. Bernhard Badura und Klaus Gloy, Hgg., *Soziologie der Kommunikation.* Eine
Textauswahl zur Einführung. Problemata 11. Stuttgart-Bad Cannstatt, 1972:
309–323.

1969   "Contraction, Deletion, and Inherent Variability of the English Copula", in:
Language 45, 715–762.
In erheblich revidierter Fassung erneut abgedruckt in: Labov (1972b: 65–129).

1970a "The Logic of Nonstandard English", in: J. Alatis, Hg., *Georgetown Monograph Series on Languages and Linguistics* Nr. 22, Report on the 20th Annual Round Table Meeting. Washington D.C., 1–43.
Mehrmals erneut abgedruckt, u.a. in: F. Williams, Hg., *Language and Poverty: Perspectives on a Theme.* Chicago, 1970, 154–191.
A. Aarons, B. Gordon und W. Stewart, Hgg., *Language and Cultural Differences in Our Schools. Florida FL Reporter* 7 (1), 1970.
Deutsche Übersetzung des Abschnitts 5 dieses Aufsatzes in: W. Klein und D. Wunderlich, Hgg., *Aspekte der Soziolinguistik.* Frankfurt 1972, 95–109.
Die deutsche Übersetzung der Abschnitte 1–4 dieses Aufsatzes findet sich in: Manfred Dirks und Hartwig Zander, Hgg., *Sprachgebrauch und Erfahrung.* Soziologische Grundfragen pädagogischer Praxis. Pädagogik Monographien 5. Kronberg/Ts., 1975, 20–43.

1970b "The Study of Language in Its Social Context", in: *Studium Generale* 23 (1), 30–87.
Erneut abgedruckt in: J.A. Fishman, Hg., *Advances in the Sociology of Language I.* Basic Concepts, Theories and Problems: Alternative Approaches. Den Haag und Paris 1971, 152–216.
In erweiterter und revidierter Fassung abgedruckt in: Labov (1972a: 183–259).
Die deutsche Übersetzung der 1970 erschienenen Erstfassung (Labov 1970b) findet sich in: W. Klein und D. Wunderlich, Hgg., *Aspekte der Soziolinguistik.* Frankfurt 1972, 123–206.

1970c "The Reading of the *–ed* Suffix", in: H. Levin und J.P. Williams, Hgg., *Basic Studies on Reading.* New York, 222–245.

1970d *Proposal for Continuation of Research on Sound Changes in Progress.* Submitted to National Science Foundation (NSF–GS–3287). Philadelphia.

1971a "Variation in Language", in: C.E. Reed, Hg., *The Learning of Language.* National Council of Teachers of English, 187–221.

1971b *On the Adequacy of Natural Languages I. The Development of Tense.* Unveröffentlichtes Manuskript (erscheint demnächst in *Language*).

1971c "Methodology", in: W. Dingwall, Hg., *A Survey of Linguistic Science.* College Park Md., Linguistics Program, University of Maryland, 412–497.

1971d "Finding Out About Children's Language", in: D. Steinberg, Hg., *Working Papers in Communication.* Honolulu, Pacific Speech Association.

1971e "The Notion of 'System' in Creole Languages", in: D. Hymes, Hg., *Pidginization and Creolization of Languages.* Cambridge, 447–472.

1972a *Sociolinguistic Patterns.* Conduct and Communication 4. Philadelphia.

1972b *Language in the Inner City: Studies in the Black English Vernacular.* Conduct and Communication 3. Philadelphia.

1972c "The Recent History of Some Dialect Markers on the Island of Martha's Vineyard", in: L. Davis, Hg., *Studies Presented to Raven McDavid.* Alabama.

1972d "Internal Evolution of Linguistic Rules", in: R. Stockwell und R. Macaulay, Hgg., *Historical Linguistics and Generative Theory.* Bloomington, 101–171.

1972e "Some Principles of Linguistic Methodology", in: *Language in Society* 1 (1), 97–120.

1972f "Rules for Ritual Insults", in: D. Sudnow, Hg., *Studies in Social Interaction.* New York.
In leicht revidierter Fassung wieder abgedruckt in: Labov (1972b: 297–353).

1972g   "The Social Setting of Linguistic Change", in: T. A. Sebeok, Hg., *Current Trends in Linguistics 11: Linguistics in North America.* Teil 3, Den Haag. Erneut abgedruckt in: Labov (1972a: 260-325).

1973a   "Negative Attraction and Negative Concord", in: *Language* 48, 773-818. Erneut abgedruckt in: Labov (1972b: 130-196).

1973b   "Where Do Grammars Stop?", in: R. W. Shuy, Hg., *Monograph Series on Languages and Linguistics Nr. 25. Sociolinguistics: Current Trend and Prospects.* 23rd Annual Round Table. Washington D.C., 43-88.

1973c   "The Linguistic Consequences of Being a Lame", in: *Language in Society* 2 (1), 81-115. Wieder abgedruckt in: Labov (1972b: 255-292).

1973d   "The Place of Linguistic Research in American Society", in: Eric P. Hamp, Hg., *Themes in Linguistics: The 1970s.* Den Haag, 97-129.

1973e   "The Boundaries of Words and Their Meanings", in: Ch.-J. Bailey und R.W. Shuy, Hgg., *New Ways of Analyzing Variation in English.* Georgetown University School of Languages and Linguistics. Washington D.C., 340-373.

1974   "The Unity of Sociolinguistics", in: L. P. Krysin und D. H. Schmelev, Hgg., *Jazyk i obscestvo.* Moskau.

1975a   "On the Use of the Present to Explain the Past", in: *Proceedings of the 11th International Congress of Linguists,* hg. v. L. Heilmann. Bologna, 825-851.

1975b   „The Quantitative Study of Linguistic Structure", in: K.H. Dahlstedt, Hg., *The Nordic Languages and Modern Linguistics.* Stockholm. 188 - 244.

1977   "Marginality and Retrievability". Vervielf. Ms., Linguistic Agency University of Trier. (Series B, Paper No. 28).

Mit A. Bower, D. Hindle, E. Dayton, M. Lennig und D. Schiffrin

1978   *Social Determinants of Sound Change.* Philadelphia: U.S. Regional Survey.

Mit A. Bower, D. Hindle, M. Lennig und D. Schiffrin

1979   *Linguistic Change in Philadelphia.* Technical Progress Report on NSF Grant SOC 7500245, Philadelphia: U.S. Regional Survey.

Mit P. Cohen

1967   "Systematic Relations of Standard and Nonstandard Rules in the Grammars of Negro Speakers", in: *Projects Literacy Reports Nr. 8.* Ithaca, 66-84.

Mit P. Cohen und C. Robins

1965   *A Preliminary Study of the Structure of English Used by Negro and Puerto Rican Speakers in New York City.* Final Report, Cooperative Research Project Nr. 3091. Washington D.C., Office of Education. Beziehbar durch den ERIC Document Reproduction Service (ED 003 019).

Mit P. Cohen, C. Robins und J. Lewis

1968   *A Study of the Non-Standard English of Negro and Puerto Rican Speakers in New York City.* Vol. I und II. Final Report, Cooperative Research Project Nr. 3288. U.S. Office of Education and Welfare, Washington D.C. Beziehbar über den ERIC Document Reproduction Service.

Mit D. Fanshel

1977   *Therapeutic Discourse.* Psychotherapy as Conversation. New York, San Francisco, London.

Mit T. Labov

1977   „Learning the Syntax of Questions", in: R. Campbell und P. Smith, Hgg., *Recent Advances in the Psychology of Language.* New York. In deutscher Übersetzung in: *Zeitschrift für Literaturwissenschaft und Linguistik* H. 23/24, 1978.

Mit C. Linde

1975   "Spatial Networks as a Site for the Study of Language and Thought", in: *Language* 51 (4), 924-939.

Mit C. Robins

1969   "A Note on the Relation of Reading Failure to Peer-Group Status in Urban Ghettos", in: *The Teachers College Record* 70, 395-405.

Mit D. Sankoff
1979   „On the Uses of Variable Rules ", in: *Language in Society* 8, 189 - 222.

Mit J. Waletzky
1967   "Narrative Analysis: Oral Versions of Personal Experience", in: J.H. MacNeish,
          Hg., *Essays on the Verbal and Visual Arts*. Proceedings of the 1966 Annual Spring
          Meeting. Seattle, 12-44.
          "Erzählanalyse: Mündliche Versionen persönlicher Erfahrung" (dt. Übersetzung),
          in: J. Ihwe, Hg., *Literaturwissenschaft und Linguistik*. Bd. 2. Frankfurt 1973, 78-
          126.

Mit U. Weinreich und M. Herzog
1968   "Empirical Foundations for a Theory of Language Change", in: W. P. Lehmann
          und Y. Malkiel, Hgg., *Directions for Historical Linguistics*. Austin, Texas.

Mit M. Yaeger und R. Steiner
1972   *A Quantitative Study of Sound Change in Progress*. Final Report on National
          Science Foundation, Contract NSF-GS-3287. Philadelphia, U.S. Regional Sur-
          vey, 204 N. 35th St., Philadelphia 19104.

Quellennachweis

1. Kapitel – "Some Principles of Linguistic Methodology", in: *Language in Society 1 (1972), H. 1, 97-120.*

2. Kapitel – "The Social Stratification of (r) in New York City Department Stores", in: *Labov 1972a: 43-69.*

3. Kapitel – "The Isolation of Contextual Styles", in: *Labov 1972a: 70-109.*

4. Kapitel – "Hypercorrection by the Lower Middle Class as a Factor in Linguistic Change", in: *Labov 1972a: 122-142.*

5. Kapitel – "The Social Setting of Linguistic Change", in: *Labov 1972a: 260-326.*

6. Kapitel – "Contraction, Deletion and Inherent Variability of the English Copula", in: *Labov 1972b: 65-129.*

7. Kapitel – "Learning the Syntax of Questions", in: R. Campbell und P. Smith, Hgg., *Recent Advances in the Psychology of Language.* New York 1977.

8. Kapitel – "Rules for Ritual Insults", in: *Labov 1972b: 297-353.*

9. Kapitel – "The Transformation of Experience in Narrative Syntax", in: *Labov 1972b: 354-396.*

Sachregister

ATHENÄUM SCRIPTOR

Einführungen in Sprach- und Literaturwissenschaft

Otfrid Ehrismann/Hans Heinrich Kaminsky
Literatur und Geschichte im Mittelalter
Versuch, in deutschsprachige Texte der
Stauferzeit einzuführen
Texte von 1150 bis 1220
Athenäum Taschenbücher
Literaturwissenschaft, AT 2122
1976. 294 Seiten, DM 18,–
ISBN 3–7610–2122–4 (Athenäum)

Wolfgang Eichler/Karl-Dieter Bünting
Deutsche Grammatik
Form, Leistung und Gebrauch der deutschen
Gegenwartssprache
Athenäum Taschenbücher Linguistik, AT 2136
1978. 306 Seiten, DM 14,80
ISBN 3–7610–2136–4 (Athenäum)

Udo Gerdes/Gerhard Spellerberg
Althochdeutsch – Mittelhochdeutsch
Grammatischer Grundkurs zur Einführung
und Textlektüre
Athenäum Taschenbücher Linguistik, AT 2008
1972. 180 Seiten, DM 9,80
4. Aufl. 1978
ISBN 3–7610–2008–2 (Athenäum)

Reinhold Grimm (Hrsg.)
Deutsche Romantheorien
Athenäum Taschenbücher
Literaturwissenschaft, AT 2066
Band 1: 1974, 261 Seiten, DM 8,80
ISBN 3–7610–2066–X
Band 2: Athenäum Taschenbücher
Literaturwissenschaft, AT 2067
1974. 203 Seiten, DM 8,80
ISBN 3–7610–2067–8 (Athenäum)

Jürgen Hauff/Albert Heller/Bernd Hüppauf/
Lothar Köhn/Klaus-Peter Philippi
Methodendiskussion
Arbeitsbuch zur Literaturwissenschaft
Band 1: Positivismus – Formalismus/
Strukturalismus
Athenäum Taschenbücher
Literaturwissenschaft, FAT 2003
1972. 3. Aufl. 1975, 183 Seiten, DM 8,80
ISBN 3–7610–2003–1 (Athenäum)

Band 2: Hermeneutik – Marxismus
Athenäum Taschenbücher
Literaturwissenschaft, FAT 2004
1972. 3. Aufl. 1975, 264 Seiten, DM 8,80
ISBN 3–7610–2004–X (Athenäum)

Walter Hinck (Hrsg.)
Sturm und Drang
Ein literaturwissenschaftliches Studienbuch
Athenäum Taschenbücher
Literaturwissenschaft, AT 2133
1978. 270 Seiten, DM 19,80
ISBN 3–7610–2133–X (Athenäum)

Peter Horn
Das erzählerische Werk Heinrich von Kleists
Eine Einführung
Taschenbücher S 141
1978. 224 Seiten, DM 19,80
ISBN 3–589–20661–6 (Scriptor)

Gerhard Jancke
**Georg Büchner – Genese und Aktualität
seines Werkes**
Eine Einführung in das Gesamtwerk
Athenäum Taschenbücher
Literaturwissenschaft, AT 2146
1975. 3. Aufl. 1979. 303 Seiten, DM 16,80
ISBN 3–7610–2146–1 (Athenäum)

**Verlagsgruppe Athenäum/Hain/Hanstein/Scriptor
Postfach 1220, D–6240 Königstein/Ts.**

ATHENÄUM
SCRIPTOR

Einführungen in Sprach- und Literaturwissenschaft

Cordula Kahrmann/Gunter Reiß/Manfred
Schluchter
Einführung in die Analyse von Erzähltexten
Mit Materialien zur Geschichte der
Erzähltheorie
Band 1: Athenäum Taschenbücher
Literaturwissenschaft, AT 2121
1977. 168 Seiten, DM 14,80
ISBN 3–7610–2121–6
Band 2: Athenäum Taschenbücher
Literaturwissenschaft, AT 2132
1977. 360 Seiten, DM 14,80
ISBN 3–7610–2132–1 (Athenäum)

Werner Kallmeyer/Wolfgang Klein/Reinhard
Meyer-Hermann/Klaus Netzer/Hans-Jürgen
Siebert
Lektürekolleg zur Textlinguistik
Athenäum Taschenbücher
Literaturwissenschaft, FAT 2050 und 2051
2 Bände, 1974
Band 1: Einführung. 290 Seiten, DM 12,80
ISBN 3–7610–2050–3
Band 2: Reader. 312 Seiten, DM 12,80
ISBN 3–7610–2051–1 (Athenäum)

Dieter Kimpel/Beate Pinkerneil (Hrsg.)
**Methodische Praxis der Literatur-
wissenschaft**
Modelle der Interpretation
Taschenbücher S 55
1975. 323 Seiten, DM 16,80
ISBN 3–589–20049–9 (Scriptor)

Karl Riha
Moritat, Bänkelsong, Protestballade
Zur Geschichte der engagierten Lyrik in
Deutschland
Athenäum Taschenbücher
Literaturwissenschaft, FAT 2100
1975. 2. überarb. Aufl. 1979. 196 Seiten,
DM 11,80
ISBN 3–7610–2100–3 (Athenäum)

René Wellek/Austin Warren
Theorie der Literatur
Athenäum Taschenbücher
Literaturwissenschaft, AT 2005
1972. 406 Seiten, DM 8,80
ISBN 3–7610–2005–8 (Athenäum)

Viktor Žmegač (Hrsg.)
**Geschichte der deutschen Literatur vom
18. Jahrhundert bis zur Gegenwart**
In zwei Bänden
Band I: 1700–1850
Bd. I/1: 1979. 480 Seiten, DM 19,80
Athenäum Taschenbücher Literaturwissen-
schaft, AT 2152
Bd. I/2: 1979. 384 Seiten, DM 19,80
Athenäum Taschenbücher Literaturwissen-
schaft, AT 2153
Bd. II in Vorbereitung

**Verlagsgruppe Athenäum/Hain/Hanstein/Scriptor
Postfach 1220, D–6240 Königstein/Ts.**